Konstanze Schütze

Bildlichkeit nach dem Internet

Kunst Medien Bildung
Band 3

Andreas Brenne / Christine Heil / Torsten Meyer / Ansgar Schnurr
(Herausgeber*innen im Auftrag der Wissenschaftlichen Sozietät Kunst Medien Bildung e.V.)

Editorial

Die Schriftenreihe Kunst Medien Bildung ist ein Forum für den wissenschaftlichen Austausch über die Erforschung von existierenden und denkbaren Verknüpfungen von Kunst, Medien und Bildung in wechselnden diskursiven Feldern.

- Bildung wird dabei als ein vieldimensionaler und durchaus unscharfer Begriff verstanden und als Herausforderung begriffen. Bildung ist ein Handlungs- und Forschungsfeld, das Interaktion und Kommunikation anders bestimmt als eines, das sich nur auf quantitative Evaluation oder intentional zu erreichende Standards beschränken lässt.
- Kunst wird dabei als ein vieldimensionaler und durchaus unscharfer Begriff verstanden und als Herausforderung begriffen. Kunst ist ein Handlungs- und Forschungsfeld, insbesondere für die Untersuchung der Konstitution des Subjekts unter bestimmten historischen Bedingungen.
- Medium wird als konstitutives Dazwischen verstanden und nicht auf ein passives technisches Werkzeug, Gerät oder Instrument für die intentional ausgerichtete Übertragung oder Verbreitung von Information reduziert.
- Das Feld der Verknüpfung lässt sich unterschiedlich konzipieren: beispielsweise als Vermittlung, Information, Erziehung, Sozialisation, Unterricht, Experiment, Anlass zur Forschung oder zum Diskurs.

Die Schriftenreihe Kunst Medien Bildung wird – wie die gleichnamige Online-Zeitschrift zkmb – herausgegeben im Auftrag der Wissenschaftlichen Sozietät Kunst Medien Bildung e.V., die sich als Interessengemeinschaft von Wissenschaffenden versteht, mit dem Ziel, theoretisch ausgerichtete Ergebnisse aus Forschung und Lehre, die das Profil des Gegenstandsbereichs und seine bildungstheoretischen Besonderheiten im Schnittfeld transdisziplinärer Ansätze betreffen, zu befördern und zu dokumentieren. Die Schriftenreihe dient der Darstellung und Veröffentlichung dieser Arbeit und ihres Umfeldes.

kunst-medien-bildung.de
zkmb.de

Konstanze Schütze

Bildlichkeit nach dem Internet

Aktualisierungen für eine Kunstvermittlung am Bild

kopaed

Bibliografische Information der Deutschen Nationalbibliothek
Die Deutsche Nationalbibliothek verzeichnet diese Publikation in der Deutschen Nationalbibliografie; detaillierte bibliografische Daten sind im Internet über http://dnb.de abrufbar

Diese Dissertation wurde von der Humanwissenschaftlichen Fakultät der Universität zu Köln im Oktober 2018 angenommen.

Impressum

Autorin: Konstanze Schütze
Herausgeber*innen der Reihe „Kunst Medien Bildung": Andreas Brenne, Christine Heil, Torsten Meyer, Ansgar Schnurr (im Auftrag der Wissenschaftlichen Sozietät Kunst Medien Bildung e.V.)
Korrektorat: Inga Luchs, Carina Herring
Layout und Satz: Carmela Fernández de Castro, Paul Barsch
Gestaltungskonzept: Torsten Meyer, Gesa Krebber, Konstanze Schütze
Umschlagbild: Paul Barsch, Konstanze Schütze
Druckerei: docupoint, Barleben

Arnulfstr. 205, 80634 München
Fon: 089.68890098 Fax: 089.6891912
E-Mail: info@kopaed.de
Internet: www.kopaed.de

ISBN 978-3-86736-546-8
eISBN 978-3-86736-628-1

Inhalt

Teil II – Exploration Bild und Bildwissenschaften

5 Überblick zum Bild

Teil III – Exploration Bild im Plural

6 Bilder als Komplexe

7 Vorschläge zum Umgang mit Bild

Teil IV – Bild nach der materiellen Abhängigkeit

8 Explorationen

Vorwort

Die Grundlage dieses Buches ist meine im Jahr 2018 an der Universität zu Köln eingereichte und verteidigte gleichnamige Dissertationsschrift. Über Umwege und wechselhafte Prozesse, zahlreiche Interviews sowie kuratorische Untersuchungen fand dieses Projekt zwischen 2010 und 2016 zu einer Kontur. Aus intensiven teilnehmenden Beobachtungen im Feld der Gegenwartskunst, entstand mittels disziplinübergreifender theoretischer Explorationen am Bild schließlich die vorliegende Version des Textes. Die weitläufigen Kapitel sind Zeitdokumente einer leidenschaftlichen Suche nach Mustern und Anknüpfungspunkten an die hochkomplexen techno-sozialen Verschiebungen der Gegenwart und ihre bildungswirksamen Potenziale im Bild. Dieses Buch spiegelt auf vielfache Weise das unsichere Terrain eines medienkulturellen Wandels und dessen unbewiesenen Auswirkungen auf die Gegenwartskunst und Kunstpädagogik wider. Der mäandernde Prozess des Forschungsprojektes, das neben meiner Lehre an Hochschule und Schule, parallel zu Ausstellungs- und Lehrprojekten über Sammlungen und Beispiele verdichtet wurde, schlägt sich auch in der Logik des Textes nieder. Trotz seiner linearen Abbildung im Inhaltsverzeichnis ist dieser Text – auch wegen des langen Anlaufs – selbst Dokument der Veränderung und der Suche nach noch unverfügbaren Antworten.

Mein Dank gilt vor allem meinem Doktorvater Torsten Meyer, ohne dessen fachkundige und ermutigende Betreuung diese Untersuchung nicht hätte entstehen können. Danken möchte ich zudem Nora Sternfeld für die kritischen Anmerkungen, die mich meine Arbeit besser verstehen ließen und tragende Verbindungen anregten. Ein besonderer Dank gilt darüber hinaus meinen Kolleg*innen am Institut für Kunst & Kunsttheorie der Universität zu Köln für ihre Geduld und offenen Ohren während der ausufernden Verfassung meiner Thesen. Für die motivierende Begleitung im Lektorat danke ich Carina Herring und Inga Luchs herzlich. Besonders danke ich an dieser Stelle auch meinen Eltern sowie meiner Schwester Franziska, die mich stets unterstützten und ermutigten, dieses Projekt zu verfolgen und zu vollenden. Mein tiefer Dank gebührt schließlich Paul Barsch, denn er ist unbeschreiblich.

9. August 2020. ☺

1 Einleitung: You are here[1]

1.1 Begriffe von Bild in der nächsten Kunstpädagogik

In dieser Arbeit untersuche ich Potenziale für Bildung in der Begegnung mit Gegenwartskunst. Dabei geht es mir darum, ein Angebot zur Verständigung zwischen Bild- und Kunstorientierung zu formulieren und eine produktive Schnittfläche für die notwendigen Verhandlungen am Beispiel des Bildes für die Kunstpädagogik zu konturieren. Gegenwartskunst soll hiernach als Durchdringungsversuch an der Gegenwart verstanden und als Praxis am Bild untersucht werden. Dabei soll dem Bild allerdings gleich im ersten Schritt seine ungebrochene physische Einheit (u.a. als Foto, Leinwand oder Tableau) genommen werden, denn ebenjene Annahme einer Einheit scheint ausgesprochen unproduktiv für die Verhandlungen in der Kunstpädagogik. Zudem findet eine Annäherung an das Bild heute unter den fundamental geänderten Bedingungen einer globalisierten und vernetzten Digitalität statt. Ein Bild kann entsprechend weniger als Material verstanden werden, als es in Wechselwirkung mit anderen Entitäten im Sinne einer Akteur*in erschlossen werden muss. Dem gilt es in jeder Hinsicht Rechnung zu tragen. Gerade in der Kunstbetrachtung, die routiniert nach Bedeutung und Effekt visueller Markierungen fragt, verliert sich leicht der Zusammenhang zwischen den visuellen Oberflächen und den technischen und inhaltlichen Strukturen der Bildlichkeit. In der Kunst kommt es aber auf das Zusammenwirken beider an. Der Kontur dieser These werde ich auf die Spur gehen, indem ich Bilder in ihren Relationen und strukturellen Zusammenhängen untersuche und das Bild neu vorstelle. Die unterstellte Annahme: Auf diese Weise ernst genommen, müssen Bilder möglichst aus unterschiedlichen disziplinären Perspektiven simultan in den Blick genommen werden. Der Fokus muss sich nun auf die Durchdringung der Strukturen und die Untersuchung der Organisationsformen ihres Auftretens richten. Damit ziele ich vor allem – auch abseits des Visuellen – auf eine nachhaltige Überarbeitung der Werkzeuge des Betrachtens, Beschreibens und Einordnens sowie Interpretierens. Mit diesem Vorhaben sind nun zweifelsohne sehr viele der alten Annahmen über das Bild infrage gestellt und es gilt

1 Diese Orts- und Zustandsbeschreibung, die wir von Kartenmaterial in Wandergebieten oder Shoppingmalls kennen, entleihe ich dem Titel einer der zentralen Sammlungen um die Phänomene der Gegenwart: Kholeif, Omar. *You Are Here. Art After the Internet.* London/Manchester, 2014.

einige haltbare Ankerpunkte zu identifizieren, über die mit den Bildern im Zusammenhang kultureller Anforderungen weiterhin operiert werden kann.

Die Frage nach dem Wesen der Bilder ist so alt wie die Bilder selbst. Für die Kunstpädagogik scheint die Frage nach dem Wesen der Bilder aber zugleich von besonderer Bedeutung und zentraler Austragungsort wesentlicher fachlicher Debatten zu sein. Bekanntermaßen haben die zentralen Fragen am Bild und damit das Fragen nach angemessenen Formen der Begegnung mit Bildern in der Vergangenheit des Faches bereits ein hohes Potenzial für innerfachliche Missverständnisse bewiesen.[2] Um dieser traditionellen Streitfläche (u. a. zwischen Qualität, Bedeutung, Vermittlung und Analyseansätzen) möglichst aus dem Weg zu gehen und konzentriert auf die weit grundlegenderen und strukturellen Fragen am Bild der Gegenwart zielen zu können, werden jene fachlichen Debatten der Kunstpädagogik (bis auf wenige Verweise) in dieser Untersuchung ausgeklammert.[3] In dieser Arbeit werde ich als methodische Setzung Bildlichkeit darüber hinaus abseits ihrer rein visuellen Verwirklichung[4] diskutieren und als strukturelles Phänomen mit visuellen Anteilen untersuchen. Für die Kunstpädagogik dabei spannend: Dieser Ansatz erfordert es in Orientierung an den Potenzialen für Bildung traditionelle Kategoriefragen, besonders zwischen Bild und Kunst, langfristig zu verlassen und die Untersuchung der Bilder an ihren Relationen zu führen, was ich im Folgenden versuchen werde.

Postdigitale Bildpraxis

Der Titel dieser Arbeit ist stark pointiert. Mit der Formulierung »nach dem Internet« sollen jedoch nicht das Ende, die Zerstörung oder gar eine Abschaltung des Internets beschworen werden. Die Präposition *nach* markiert in diesem Zusammenhang kein zeitliches Verhältnis im eigentlichen Sinn, sondern einen Zustand, der die allumfassenden Auswirkungen eines medientechnologischen Wandels umschließt. Obwohl Sorgfalt bei der Bearbeitung anderer Dimensionen der Bilder durchaus gerade vor dem Hintergrund techno-sozialer Bedingungen ebenso dringlich anstünde und nicht zuletzt Fragen der Repräsentation von Minderheiten-

2 Besonders zwischen den verschiedenen Auslegungen des Auftrags der Kunstvermittlung: u. a. (1) kunsthistorisches Schulen, (2) gestalterisch-praktischen Tätigsein, (3) kunsttheoretisch, (4) alltagsfunktional begleitend.

3 Georg Peez gibt hier neben anderen eine Übersicht über die konkurrierenden Lager und deren Entwicklung und Fragen: Peez, Georg. »Kunstpädagogik jetzt. Eine aktuelle Bestandsaufnahme: Bild – Kunst – Subjekt«. In: Bering, K.; Niehoff, R. (Hg.). *Bilder. Eine Herausforderung für die Bildung*. Oberhausen, 2005, S. 75–89.

4 Mit »visueller Verwirklichung« wird ein optischer Niederschlag oder eine Darstellung mit visuellen Mitteln bezeichnet. Ein Sachverhalt, der auch vor seiner Darstellung wirksam war, wird *visuell* erfahrbar. Zum Beispiel könnte man die Temperaturen der Meeresströme zwar messen oder auch fühlen, allerdings kann erst ihre visuelle Darstellung in blauen und roten Strömen die Wechselwirkungen und Zusammenhänge eindrücklich darstellen. Damit verbunden kommt häufig das Missverständnis auf, dass etwas existiert, nur weil man es sehen kann. Häufiger bleiben aufgrund überzeugender visueller Präsenz viele weitere Aspekte dahinter verborgen.

perspektiven in Datensätzen und der Forschung an Bilderkennung (weiterführend auch künstlicher Intelligenzen) mehr als notwendig wären, soll es im Folgenden vorerst zugunsten struktureller blinder Flecken nur sehr vereinzelt darum gehen. In den hier eingeleiteten Verhandlungen am Bild geht es um eine ebenso dringende, aber grundsätzlich andere Vorarbeit für die Reflexion der komplexen Bildstrukturen und deren Dynamiken, die eine Untersuchung vor dem Hintergrund anderer Post-Dimensionen der Gegenwart nur vorbereiten kann. Durch die Fragestellung bedingt, geht ein aufklärerischer, bisweilen stark zum Universalismus neigender, forschender Ansatz mit dieser Untersuchung einher. Ziel ist aber nicht eine Wahrheit über das Bild zu entdecken oder offenzulegen, sondern einen modellhaften, eher grundlegenden Vorschlag zum Überdenken der Strukturen von Bildern auf den Weg zu bringen. Während das Bild[5] zweifelsohne auch in seinen historischen Formen (bspw. als Tableau) oder eingebettet in kulturell und historisch geprägte Blick- und Sichtbarkeitsmuster (vor allem mit dekolonisierenden Strategien) erneut Bearbeitung erfahren sollte, wird in den folgenden Kapiteln ein eher fundierendes Ausgangsangebot unterbreitet. Die vorliegende Arbeit fokussiert das Bild als Struktur, Akteur*in und *agile Entität* in Wechselbeziehungen vor dem Hintergrund technischer Veränderungen. Unter den Bedingungen der Gegenwart scheint ein gründliches Durchdenken der visuellen Strukturen ebenso notwendig wie eine Überarbeitung der Methoden und Werkzeuge, mit welchen diesen begegnet werden soll. Der Vorschlag lautet hier entsprechend, möglichst von dem Aspekt der Sichtbarkeit abzusehen und die Potenziale im Bild, (auch) abseits des Visuellen, in deren Wirkungsstruktur auszuloten. Im Fokus steht aber auch die Kunst, die als Kunst der Gegenwart[6] unter den uns umgebenden gesellschaftlichen und medialen Bedingungen operiert und sich auf die aktiven medialen, technischen, politischen, und kulturellen Bedingungen bezieht.[7] Diese Überlagerung wirkt produktivierend für die strukturelle Auseinandersetzung mit den Bildern, weil gerade die Kunst nur im Zusammenhang ihres Entstehens vermittelt werden kann und auch nur auf diese Weise (also im Zusammenhang) ihr Potenzial für die Gestaltung der Zukünfte entfalten können wird. Für Fragen der Bildung am/mit/über Bilder scheint die Kontextgebundenheit ein vielversprechender Ansatz zu sein.
Für den Untersuchungsaufbau dieser Studie ist aber ein weiterer Messpunkt unabdingbar: Die Spezifik der Situation der Gegenwart. Dieses raumzeitliche Setting kann, u. a. kulturwissenschaftlich und medientheoretisch argumentiert, als *digitales* Zeitalter beschrieben

5 Das bleibt zweifelsfrei in einer für den Gegenstand unangebrachten universalistischen Betrachtung, die im Sinne einer Modelluntersuchung nur unter bestimmten Bedingungen festgehalten werden kann. Die dahinterliegende Frage: Von welchen Bildern aus welchen Zusammenhängen ist hier die Rede? Was ist das genaue Material?

6 Hier stellt sich die Frage sehr deutlich: Welche Gegenwart? Wessen Gegenwart? Wessen Kunst?

7 Dieser Bezug kann direkt und indirekt, bewusst oder unbewusst erfolgen – expliziert werden oder eben nicht. Auszugehen ist aber von einem Verhältnis bzw. Verhalten in irgendeiner Art.

werden, was auch häufig geschieht. Um diese etwas diffuse Formulierung allerdings greifbarer zu machen und das schwergängig historisch argumentierende Entwicklungsnarrativ des Zeitalters etwas zu erleichtern, beschreibe ich die Spezifik der gegenwärtigen Situation als *Bedingungsgefüge* und damit englischsprachig, mit Rückgriff auf Fredric Jamesons Ausführungen zur *cultural logic*[8] der Postmoderne und Jean-François Lyotards Bericht zum postmodernen Wissen, als eine »condition«[9]. Unter dieser *Condition*, wie ich den Zustand folgend nennen möchte, lässt sich in relativer (aber notwendiger) Verkürzung die Gesamtheit aller Bedingungen und Narrative der Gegenwart fassen. Im Bedingungsgefüge der Gegenwart dieser Untersuchung werden also geistesgeschichtliche, soziale, ökonomische wie technische Grundlagen der umfassenden Digitalisierung aller Bereiche des Lebens als gegeben vorausgesetzt und in der *Postdigital Condition* gefasst. Darüber hinaus wird aufgrund der hohen Komplexität (u. a. durch die unsichtbaren Algorithmen und Netzwerke[10]) zunehmend gar der Versuch obsolet, ein prädigitales Leben überhaupt noch zu imaginieren.[11] Für den Umgang mit Bildern stellen sich folglich gerade vor diesem Hintergrund völlig neue Fragen. Wie könnte sich eine Untersuchung am Bild diesen Anforderungen nun ernsthaft nähern?

Durchdringung: Bild als Vehikel

Während es vor dem skizzierten Hintergrund ebenso notwendig wie wünschenswert wäre, sich mit den politischen, sozialen, ökologischen und ökonomischen Wechselwirkungen der Gegenwart im Detail auseinanderzusetzen, möchte ich diese allerdings nur im Rahmen einer Vorbetrachtung explizieren. Anschließend setze ich einige Hauptstränge als grundlegende Orientierungspunkte für die Diskussion am Bild der Gegenwart ein. Der Fokus dieser Auseinandersetzung und auch das Material dieser Exploration sind Phänomene

8 Jameson, Fredric. *Postmodernism, or, The Cultural Logic of Late Capitalism.* London, 1995.

9 Vgl. Lyotard, Jean-François. *The Postmodern Condition: A Report on Knowledge.* Minneapolis, 1984 (1979).

10 Timothy Morton schreibt über sogenannte »Hyperobjects«, dass sie »nonlocal« sind und sich nicht in einer bestimmten Zeit oder an einem bestimmten Ort manifestieren. Sie dehnen sich über Zeit und Raum hinweg aus und haben intermaterielle Qualitäten und damit ergeben sie sich nicht nur Entitäten oder deren Relationen untereinander, sondern gehen darüber hinaus. Um sie zu denken oder zu verstehen, werden »computational prosthetics« benötigt. Er gibt das Beispiel »global warming requires petaflops of computing speed, for instance«. Morton, Timothy. *Hyperobjects. Philosophy and Ecology after the End of the World (Posthumanities).* Minnesota, 2013. Online: http://ecologywithoutnature.blogspot.de/2012/12/what-does-hyperobjects-say.html [11.02.2018].

11 Pointiert zusammengefasst: »We will never be offline again und wir können uns nicht mehr in allen Dimensionen an das Leben vor der Digitalisierung erinnern.« Auf dem Blog »Think with Google« beschreibt David Sable 2012 den Zustand so: »We used to talk about living online and offline. But more and more, we are creating seamless paths between the two, creating a complete lifestyle, enriched and enabled by technology rather than engulfed by it. This is something qualitatively different from having both a distinct online and a distinct offline presence«. Sable, David. »A Post Digital World, Really?«, *Think with Google*, Mai 2012. Online: https://www.thinkwithgoogle.com/marketing-resources/a-post-digital-world-really/ [15.09.2020].

aktueller Kunst, die die *Postdigital Condition* in ihrer Beschäftigung besonders explizit behandeln und ihre Strategien an deren Anforderungen angepasst haben. Damit werden sie (die Phänomene der Kunst) innerhalb dieser Arbeit einerseits zum Material für die darauffolgende Hypothesenbildung (das zu Beschreibende) und gleichzeitig zu Beobachtern, Kommentatoren und Experten des Zeitgenössischen im Umgang mit den Bildern (das Beschreibende). Um diese Phänomene an ausgewählten Schnitten zugänglich zu machen, bediene ich mich nun eines Hilfsmittels: Ich verstehe Bilder vorerst als *Zugriffe* auf komplexeres Material. Das Bild wird – ob seiner zentralen Rolle innerhalb der *Postdigital Condition* – in all seinen Relationen zum Objekt, folglich zum Vehikel der Untersuchung. Eine Beschreibung des Phänomens und die Reflexion des zur Hilfe genommenen Materials sowie eine Klärung der Begrifflichkeiten und des spezifischen Vorgehens gehen dem voraus. Mit der vorliegenden Untersuchung des Bildes soll eine Vorarbeit für ein Handbuch für Kunstvermittler*innen und Kunstpädagog*innen geliefert werden. Ein solches Handbuch würde dann wesentliche Aspekte der *Postdigital Condition* zusammenfassen, künstlerische Strategien vorstellen und damit zur gelegentlichen Konsultation in der Praxis am Bild dienen. Zur Seite gestellt wird eine Skizze zur Überarbeitung der Methoden der Bilderschließung, die diesen Bedingungen auf Augenhöhe zu begegnen vermag. In der Untersuchung folge ich bei der Beschreibung der künstlerischen Arbeiten (als Bilder) vielfältigen Traditionen und teils sehr verschiedenen Auffassungen des Begriffs *Bild* in konkurrierenden Diskursen. Trotz aller Auseinandersetzungen um seine Einheit und deren Beschreibung ist (über sämtliche Aktualisierungen des Kunstbegriffs hinweg) gerade das Bild essenzielles und willkommenes Hilfsmittel zur Annäherung an künstlerische Äußerungen geblieben. Dies gilt es auch hier produktiv im Sinne der Durchdringung der raumzeitlichen Spezifika des Bedingungsgefüges Gegenwart einzubeziehen. In der Kunstpädagogik verspricht eine Überarbeitung des Begriffs – trotz aller Probleme mit der Definition und dem Umgang – gar eine neuerliche Annäherung zwischen Kunst und Bild. Die Beschäftigung mit dem Bild als Vehikel der Gegenwartsdurchdringung scheint eine günstige Gelegenheit, den Faden zwischen Bild und Kunst erneut aufzunehmen, was ich hiermit anregen möchte.

1.2 Untersuchungsfrage am Bild

Unter den veränderten Produktions-, Verbreitungs- und Rezeptionsmodi der Gegenwart verändert sich nicht nur das Verhältnis der Bilder untereinander, auch der Umgang mit den Bildern in der Kunst verändert sich irreversibel. Um dem zu begegnen, bedarf es einer Untersuchung mit erhöhter Aufmerksamkeit, die den visuellen Praxen in Abgrenzung zum Umgang mit weitläufigeren Fragen der Bildlichkeit nachgeht. Entsprechend wird im Folgenden ein Vorschlag erarbeitet, der den Zugang zum Bild über eine Bilddiskussion (analog zur Kurvendiskussion in der Mathematik) vorsieht. Diese Form der Diskussion bietet, anders als die Bildanalyse, wesentlich mehr Flexibilität im Umgang mit strukturellen Veränderungen. Eine Bilddiskussion, wie sie hier von mir vorgeschlagen wird, trägt – in der Logik des Bedingungsgefüges der Gegenwart – der Struktur und Dynamik der Bilder in ihren Beziehungen Rechnung. Um das Vorgehen nun punktweise aufzustellen und nachvollziehbarer werden zu lassen, ist es notwendig, die bereits vorliegenden Theorien zum Bild zu untersuchen und gegeneinander zu lesen. Orientierung bieten zeitgenössische philosophische Überlegungen. Der erste dafür notwendige Schritt ist eine logische Unterscheidung des Untersuchungsgegenstandes zugunsten der Übersichtlichkeit der Darstellung. Dieser Schritt trennt zwei Punkte auf einem Kontinuum, die sich oberflächlich sehr ähnlich sind:

(1) *das Bild, einschließlich der Bilder der Kunst,*
(2) *das Visuelle als visuelle Äußerung.*

Die alltagssprachliche Verwendung des Begriffs Bild ist, trotz seiner Verwendung innerhalb der Vorbetrachtung dieser Arbeit, für die nun folgenden Überlegungen nicht hinreichend genau. Das Verhältnis zwischen Visuellem und Bildern bedarf eingehenderer Untersuchungen. Vier Fragen sind dabei durch die gesamte Untersuchung mitgedacht und werden, wo notwendig, auch erneut thematisiert: Wie zeigen sich Bilder in der aktuellen Kunst? Welche Konsequenzen ergeben sich aus diesen Auftritten für die Kunstpädagogik?[12] Vorausgesetzt, die Bilder könnten tatsächlich oben skizzierte Einstiege in komplexere Auseinandersetzungen oder Durchdringungen der Verhältnisse bieten, ergibt sich noch eine dritte Frage zum Bild der Kunst: Inwieweit lassen sich Bilder (und vor allem die Bilder der Kunst) dann auch als Denkmodelle und momenthafte Displays künstlerischer Durchdringungsprozesse beschreiben? Und folglich: Wie könnte eine solche Modellhaftigkeit für die fachspezifischen Fragen der Kunstpädagogik genutzt werden?

Um auf Augenhöhe mit den Bildpraxen der Gegenwart auch die notwendigen Kompetenzen am Bild zu ermitteln und vermitteln, ist eine differenzierte Diskussion am Bild als Vorbereitung des Feldes vorab notwendig. Außerdem bedarf es einer Überarbeitung der Strategien des Verstehens am Bild. Dies geht mit einer Überarbeitung des zugrundeliegenden Bildbegriffs und einem Verständnis von Bild einher, das sowohl visuelle (Einzelbild und serielles Bild) als auch strukturelle Phänomene (Ansammlungen von Bildern)

12 Kunstvermittlung ist hier immer mitgedacht. Jedenfalls, solange sie sich als Praxis und Theorie der Gegenwart versteht.

in ihren jeweiligen Beziehungen bedenkt und die Displays (visuell und nicht-visuell) der Bildlichkeit selbstverständlich einbezieht. Im Schnittfeld dieser Perspektiven ergibt sich ein derzeit wenig beachteter Aspekt der Bilder: die Relationen der Bilder untereinander und ihre Beziehungen zu anderen humanen und nicht-humanen Akteur*innen. In Konsequenz werde ich den Bildern grundsätzlich eine gewisse Relationalität unterstellen und diese konsequent mitdenken. Das bedeutet praktisch, dass die statische Annäherung an Bilder in Form von Bildanalysen durch dynamischere Formen des Zugangs ergänzt werden. Wie das organisiert werden kann, ist Gegenstand der folgenden Untersuchung. Um also den Bedingungen der Gegenwart überhaupt in Angemessenheit der Komplexität Rechnung zu tragen, gilt es dann die aktualisierten Modi der Annäherung nicht nur relational – in Bezug auf die Beziehungen – zu verstehen, sondern diese auch auf ein objektorientiertes Verständnis von Bildern auszudehnen. Einzelbilder würden folglich probeweise als *Entitäten in komplexen Relationen* verstanden, welche (dem Agens verpflichtet) in Handlungsbeziehungen mit anderen Akteur*innen stehen und gemeinsam Handlungseinheiten bilden können und als solche aktiv werden. Dies genauer zu untersuchen und zu belegen, soll in dieser Arbeit argumentativ vorbereitet werden.

1.3 Über den Aufbau der Arbeit

Im Rahmen der Vorbetrachtungen und Hinführung werden Verankerungen im Feld unternommen, die zur Einordnung der Grundannahmen dienen und in gewisser Weise überhaupt erst zu dieser Arbeit geführt haben.[13] In den Vorbetrachtungen biete ich eine Zusammenfassung der gegenwärtigen kulturellen und wahrnehmungsökonomischen Rahmenbedingungen für das Bild der Gegenwart, im Sinne einer Übersicht im Terrain, an.[14] Anschließend leite ich die Forschungsfrage ab und formuliere grundlegende Thesen zum Bild der Gegenwart. Darauf folgen in Kapitel 3 einige Überlegungen zum methodischen Vorgehen in der Untersuchung zum Bild. Kapitel 4 bietet eine eingehendere Untersuchung des Bedingungsgefüges und versucht, einen Überblick über die theoretischen Anschlüsse und den Stand der Forschung in den Bezugswissenschaften zum gegenwärtigen Umgang mit Bildphänomenen zu liefern. In Kapitel 5 folgt eine Untersuchung gegenwärtiger Verständnisse von Bild in Kunstwissenschaft und Kunstpädagogik. Dabei

13 Einige Überlegungen zur *Postdigital Condition* finden sich aufgrund meiner langjährigen Tätigkeit als wissenschaftliche Mitarbeiterin in früheren Formulierungen auch in einigen Antragstexten und Ankündigungen des Forschungsschwerpunktes »Post-Internet Arts Education« am Institut für Kunst & Kunsttheorie der Universität zu Köln wieder und sind in gemeinsame Publikationen mit dem Kolleg des Fachbereichs eingeflossen.

14 Schütze, Konstanze. »Moving Beyond. Bodies of Images in spekulativer Zeitlichkeit«. In: Schumacher-Chilla, D.; Ismail, N. (Hg.). *Be Aware! Mehr an Gegenwart in der zeitgenössischen Kunst.* Oberhausen, 2018, S. 75–89.

wird eine Übersicht verschiedener Modi der Annäherung an das Bild gegeben und exemplarisch Ansätze zur Annäherung an das Bild zusammengetragen. Kapitel 6 schließt folgerichtig mit Explorationen zum Bild als Komplex an und untersucht in einer theoretischen wie praktischen Annäherung die Bedingungen für einen gegenwärtigen Umgang mit Bildern. In Kapitel 7 wird auf der Basis der erarbeiteten Ankerpunkte am Bild ein Vorschlag für einen angemessenen Umgang mit den Bildphänomenen im Rahmen einer Bilddiskussion in der Kunst erarbeitet und vorgeschlagen. Kapitel 8 führt über drei Explorationslinien (Post-Screen, Post-Screen Image, Post-Screen Practice) zu einer diachronen Vermessung der Untersuchung im Anwendungsfeld. Schließlich führen diese vielfältigen Untersuchungen in Kapitel 9 zu einem Vorschlag für eine produktive Wendung der Komplexität des Gegenstandes für einen spezifisch kunstpädagogischen Umgang mit den Phänomenen der Bildlichkeit.[15] Zu allen Kapiteln und Unterkapiteln finden sich visuelle Erläuterungen im Anhang der Kapitel, auf die jeweils im Text verwiesen wird und die als Modellierungen essenziell zum Verständnis der Untersuchung beitragen.

Abb. 1: Mona Lisa auf dem Motorrad.

15 Eigener Vortrag: Schütze, Konstanze. »Mittendrin. Post-Internet Art Education – Reflexion und Kritik ohne die Sicherheit des Abstands«. Vortrag, Universität Hamburg in der Reihe *Einführung in die Kunstpädagogik*, 01.06.2017.

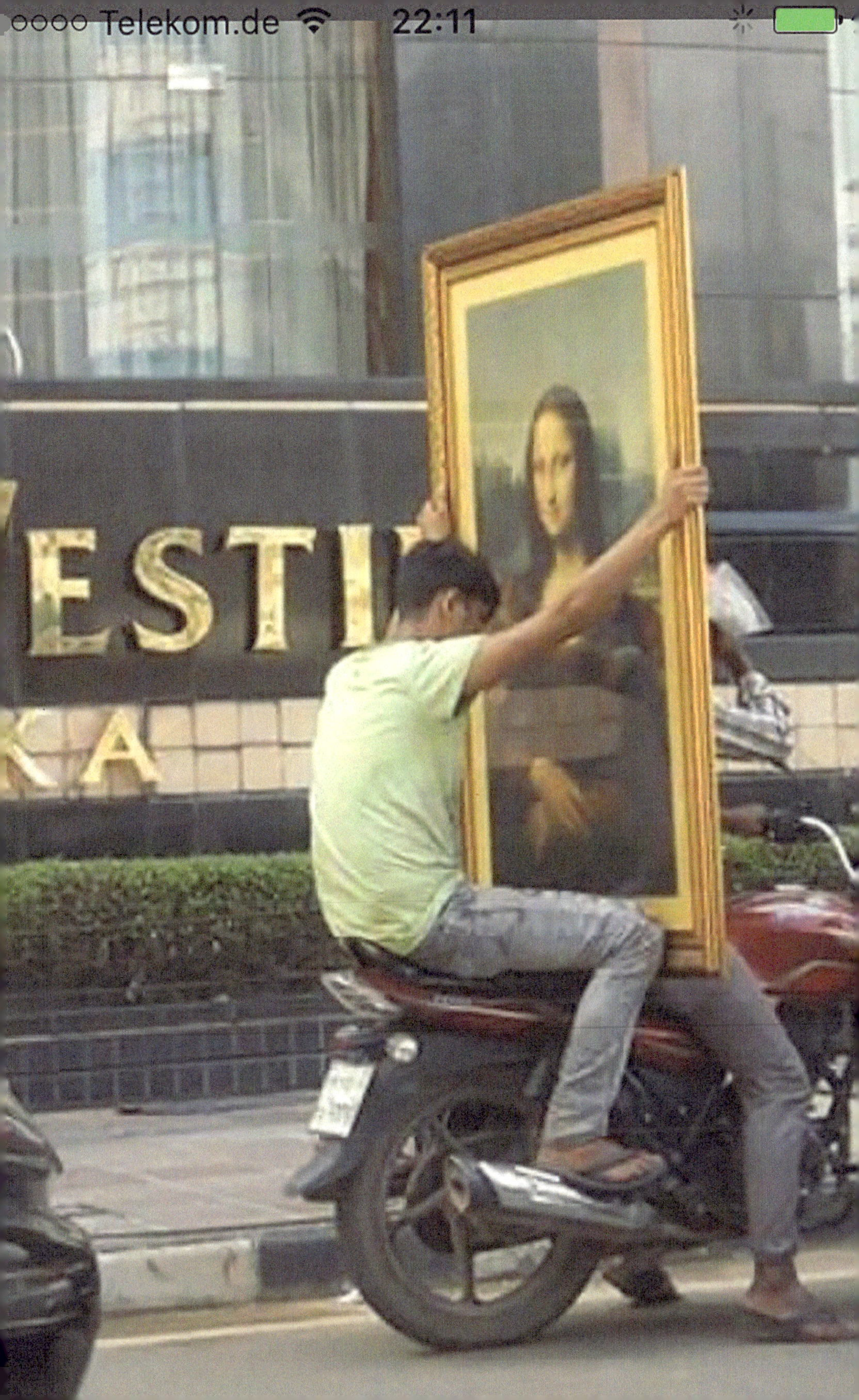
○○○○ Telekom.de
22:11
ESTI
KA

2 Präliminarien

2.1 Vorbetrachtungen zur Gegenwart

In den folgenden Abschnitten stelle ich gezielte Vorüberlegungen zu einer Untersuchung der These einer veränderten Bildlichkeit an. Dafür beleuchte ich die kulturelle Verfasstheit der Gegenwart im Überblick und biete eine Skizze, die den anschließenden Kapiteln als Gerüst für eine eingehende Untersuchung der Phänomene im Bild dienen kann. Aufgrund dieses Vorgehens werden mitunter weitreichende Schlagwortketten aufgeworfen, die erst über den Verlauf der weiteren Untersuchungen spiralartig, und zunehmend ausführlicher, entwickelt werden. Die zugrundeliegende These dabei: Gerade das Bild eignet sich mit seinem vielgestaltigen Auftreten dazu, die kleinteiligen und vielfältigen Veränderungen anschaulicher begreifen zu können. Aus den Untersuchungen dieser Bildphänomene lassen sich dann Potenziale und Funktionsweisen von Bildern verstehen, die in der Folge dieser Ausführungen differenzierter in ihrer Modellhaftigkeit für die Veränderungen in größerem Maßstab heranzuziehen sind. Pointiert gesagt: Wer sich in die Lage versetzt, das Bild als Akteur*in der Gegenwart strukturell zu verstehen, sollte interpolieren können, was uns als Gegenwart und Bedingungsgefüge durchdringt.

Geteilte Gegenwart und Kontur

Wie in der Einleitung bereits aufgegriffen wurde, lieferte Jean-François Lyotard schon Ende der 1970er-Jahre mit dem Aufsatz »The Postmodern Condition«[1] den Versuch einer Beschreibung für eine gemeinsam erlebte Zeit, mit einer eigenen zugrundeliegenden Logik: die jeweilige Gegenwart. Darin machte er sich eine Methode der Konturierung per Beschreibung zunutze, die zwar nicht zweifelsfrei alle Bedingungen der Nachmoderne zu bestimmen vermochte und viele Verkürzungen zuließ, aber immerhin wesentliche gesellschaftliche Zusammenhänge, Werkzeuge und Auswirkungen ausreichend anschaulich zu umreißen vermochte. Mit seiner Beschreibung gelang ihm der Umriss der gesamt-

1 Ich verwende hier die englische Version des Titels, weil in der Folge vor allem englischsprachig Bezug auf die Schriften Lyotards und seine Thesen genommen wird. Frz. Original: Lyotard, Jean-François. *La condition postmoderne: Rapport sur le savoir*, erschienen 1979. Erstauflage in engl. Sprache: *The Postmodern Condition: A Report on Knowledge*. Minneapolis, 1984.

gesellschaftlichen Implikationen einer in den Veränderungen der Moderne gründenden Gegenwart. Durch diesen Versuch einer Kontur wird die Gegenwart, trotz aller methodisch bedingter Verkürzungen, als etwas Geteiltes und damit Gemeinsames erkennbar und zumindest in ihren Ansätzen greifbar. Die Zusammenhänge, die nicht von vornherein offensichtlich waren, konnten Ausschnitt für Ausschnitt und Beschreibung für Beschreibung aus dem endlosen Kontinuum hervortreten. Die Gegenwart wurde selbstverständlich nicht weniger fragil, kurzlebig oder gar stabiler, aber sie wurde in Einzelaspekten gestützt anschaulicher und auch greifbarer. Auch heute trägt eine Aufarbeitung der fragilen und dynamischen Zusammenhänge in Form konturierender Beschreibungen entscheidend dazu bei, innerhalb der Unübersichtlichkeit der gegenwärtigen Anforderungen eine Position zur Mitgestaltung zu finden. Um diese Grundlage für strategisches Handeln in Gegenwart und Zukunft soll es perspektivisch auch in dieser Arbeit gehen. Während Beschreibungen bekanntermaßen sowieso zu kurz greifen,[2] können auch technische Werkzeuge zur Messung und Erfassung – wie GPS, Geotracking und Atomuhren – keine unhinterfragten Ergebnisse für die Konturierung der Gegenwart liefern. Für eine punktgenaue Verortung oder Bestimmung der gegenwärtigen oder zukünftigen Bedingungsgefüge fehlen auch hier die passenden Werkzeuge. Um Werkzeuge geht es in dieser Arbeit zwar nicht zentral, aber grundlegend. Denn ohne ein durchgreifendes Verständnis davon, was uns umgibt und wie die Dinge in Relation treten, ist die Handlungsfähigkeit im Pädagogischen wie Sozialen unproduktiv und eingeschränkt. Um Strukturen zu analysieren bedarf es geeigneter Werkzeuge, die kontinuierlich re-evaluiert werden sollten.

Postdigital Condition: Nachdem das Internet neu war

Es soll bei nichts Geringerem begonnen werden als der Wahrnehmung der Zeit und den Implikationen, die jede Veränderung daran mit sich bringen muss. Die Gegenwart selbst ist natürlich permanent im Zerfall zwischen Zukunft und Vergangenheit begriffen. Das, was wir Gegenwart nennen, ist nachweislich eher an einem virtuellen Ort anzutreffen, denn im Prinzip ergibt sich das Gegenwärtige unaufhörlich aus dem Plural unterschiedlicher, aber gleichzeitiger Gegenwarten, die sich zu einer geteilten Gegenwart ergeben. Damit ist die gemeinsam erlebte Gegenwart im Sinne eines *sharings* (dt.: etwas, das geteilt wird) gemeint. Zunehmend ist dieses gemeinsame Erleben nicht mehr geografisch eingeschränkt, sondern kann u. a. per Social Media mit vielfältigen Akteur*innen

2 Vgl. Draxler, Helmut. »Jenseits des Augenblicks. Geschichte, Kritik, und Kunst der Gegenwart«. In: Kernbauer, E. (Hg.). *Kunstgeschichtlichkeit. Historizität und Anachronie in der Gegenwartskunst.* Paderborn, 2015, S. 129–143, hier: S. 137.

über große geografische Entfernungen geteilt werden. Eine geteilte Gegenwart ist allerdings zugleich auch ein Verweis auf die Gräben, die in der Gegenwart zwischen den Realitäten, Zugängen und Ausgrenzungen der einzelnen Teilnehmenden liegen. Entsprechend ist, was uns als Gegenwart offensichtlich wird, keine Einheit, sondern eine Kontur[3], oder die Erzählung einer Kontur, und damit auch eine Darstellungsprojektion der individuellen Erlebnisse. In der vorliegenden Untersuchung gehe ich davon aus, dass eine solche Kontur der Gegenwart dennoch als temporäres Denkmodell dienen kann, das es zu durchdringen gilt, um pädagogisch handlungsfähig zu sein und dies auch über Veränderungen hinweg zu bleiben.

Die Omnipräsenz des Internets, die durchgreifende Digitalisierung und die enorme Steigerung der Rechenleistungen (*computing power*) verändern seit mehreren Jahrzehnten kulturelle Praxen online wie offline und haben weitreichende Auswirkungen auf die Anforderungen des Alltags. Mit den zunehmenden Rechenleistungen und den unmittelbaren Darstellungsmöglichkeiten (teils in Echtzeit) werden Prognosen über die Zukunft möglich und glaubwürdig. Scheinbar irrelevante Bruchteile von Sekunden und unbedeutende Glasfaserkabellängen entscheiden z. B. in Finanzgeschäften über Gewinn oder Verlust in existenzbedrohendem Ausmaß.[4] In Echtzeit kann z. B. auf eigentlich unvorhergesehene Schwankungen und Veränderungen (an der Börse wie in biologischen Prozessen) bereits spekulativ reagiert werden. Alles scheint simulierbar und prognostizierbar und damit kontrollierbar. Die »zukünftige Gegenwart«[5] verschwimmt dabei unweigerlich mit ihrer Prognose. Für die Arbeit an den Phänomenen der Bildlichkeit noch spannender: selbst wenn die Prognose versagt, kann in Bruchteilen von Sekunden reagiert, nachjustiert und manipuliert werden; das Szenario wird der Prognose angepasst. Ein lückenloses Monitoring der Zukunft und ihrer Aufkündigungen in der Gegenwart[6] scheinen also die geschäftsführende Logik und damit vorantreibende Kraft zu sein. In Form von Termingeschäften, Anlageberatung, Lebensläufen, Timelines und Architektursimulationen tritt die veränderte geschäftsführende Logik in Form sich realisierender Fiktionen in unseren Alltag, eure Sparbücher, ihre Portfolios sowie Anlage- und Aufmerksamkeitsmuster ein und stellt die Bedingung für das Handeln in der Gegenwart auf. Während sich viel darüber spekulieren ließe, wo genau der Anfang und die Verantwortlichkeiten für diese Entwicklungen zu suchen sind und wohin dieser Umbau (zum größeren Teil

3 Kurbjuhn, Charlotte. *Kontur. Geschichte einer ästhetischen Denkfigur.* Berlin/Boston, 2014.

4 Vor allem an Finanzmärkten im sogenanntem High-Frequency Trading kommen Strategien der Spekulation vor, die um die Möglichkeiten von autonomen Programmen erweitert sind. Diese Form der Spekulation wird zum Standard von Finanzmarktgeschäften.

5 Die Soziologin Elena Esposito hat zur Fiktion aus systemtheoretischer Perspektive eine für diesen Zusammenhang grundlegende Analyse angelegt. Vgl. Esposito, Elena. *Die Fiktion der wahrscheinlichen Realität.* Frankfurt/Main, 2007.

6 Gemeint ist hier, wie sich die Zukunft in der Gegenwart schon andeutet und Spekulationen zulässt.

unsichtbar) führen könnte, so ist doch sicher, dass die mit dem Umbau einhergehenden medialen und gesellschaftlichen Veränderungen mindestens spürbare Auswirkungen auf den *State-of-Mind*[7] haben werden.

Internet State-of-Mind und Post-Internet Art

Die Geisteshaltung, die sich daraus automatisch ergibt, ist zugleich präskriptiv wie deskriptiv und bestimmt die Weisen des Denkens, Produzierens, Verbreitens und Kritisierens (eben irritierenderweise auch reziprok). Trotz aller Trägheit und Ressentiments im kulturellen Feld, lassen sich gerade an den Praxen der Kunst im *doing* bereits ganz erhebliche Veränderungen im Umgang mit den veränderten Bedingungen ablesen. Eine Überlegung, die ich in dieser Arbeit konsequent weiterverfolgen werde: Aufgrund ihrer Konzentration und Dichte eignen sich gerade Durchdringungsversuche an der Gegenwart, welche die Kunst liefert, als indirekte Beschreibungsversuche und Allianzen im Versuch der Erschließung der Gegenwart. Konkreter auf die aktuellen Formen hin formuliert: Die voranschreitende Digitalisierung, das Internet und die exponentiell wachsenden Rechenleistungen evozieren veränderte ästhetische und soziale Praxen, die sich für die Künste in besonderem Maße als ausgesprochen einflussreiche Messpunkte und überaus brauchbares Aneignungsmaterial zeigen.

Als Kunst, nachdem das Internet neu war,[8] ist die sogenannte »Post-Internet Art«[9] nun eine Kunst, in der die Verschiebungen zunächst augenscheinlicher werden. Das »post« ist dabei, wie eingangs auch für das »nach« im Titel dieser Arbeit formuliert, bewusst irreführend. Es geht nicht darum, einen zeitlichen Zustand nach dem Internet zu markieren. Vielmehr geht es darum, der durchgreifenden Durchdringung zu begegnen und den Zustand eines *moving beyond*[10] oder *deriving from*[11] zu beschreiben, den Jean-François Lyotard für den Zustand

7 Gemeint ist damit eine veränderte Geisteshaltung, die Art und Weise, mit der man der Gegenwart bewusst wie unbewusst begegnet. Vgl. Carson Chan nach Müller, Dominikus. »Für eine Handvoll JPGs. Tumblerismus und der Internet State of Mind unter die Lupe genommen«. *De:Bug*, 07.04.2011. Online: http://de-bug.de/mag/fur-eine-handvoll-jpgs/ [06.03.2019].

8 »Kunst, nachdem das Internet neu war« verwende ich als Beschreibung für aktuelle Praxen und entlehne es den Ausführungen des Kurators Omar Kohleif. Vgl. Kholeif, Omar. *You Are Here. Art After the Internet.* London/Manchester, 2014, S. 5.

9 Während mit dem Begriff Post-Internet Art ursprünglich eine bestimmte neue Ästhetik und Materialverwendung einer jungen Generation von Künstler*innen gemeint war und auch nur bestimmte, neu auf dem Kunstmarkt vertretene Positionen darunter subsumiert wurden, kann mit etwas Abstand doch eine allgemeingültigere Entwicklung aus diesen künstlerischen Strategien abgeleitet werden. Ich wähle die Bezeichnung hier für einen Zusammenhang, der direkter von der Wortbedeutung abgeleitet und nicht deckungsgleich mit den kursierenden Definitionen der Internet-Avantgarde um Maria Olsen und Artie Vierkant ist.

10 Heidenreich, Stefan. »Freeportism as Style and Ideology: Post-Internet and Speculative Realism, Part 1«. *e-flux journal*, 71, 2016. Online: http://worker01.e-flux.com/pdf/article_9005992.pdf [05.04.2018], S. 5.

11 Ebd.

der endlosen Moderne durch das Präfix »post« in *postmodern* anzeigte. Gemeint war die Unumgänglichkeit einer vorherrschenden Logik, welche sich mit ausgesprochener Selbstverständlichkeit auf die Errungenschaften der Moderne gründete.[12] Das »post« in *postinternet* will nun sagen: Es gibt kein analog im Digitalen. Der Zustand des Neuen ist überwunden. Das Internet sowie dessen Ausläufer sind in ihrer Tiefenstruktur und in den sich daraus ergebenden Oberflächenphänomenen bereits derartig weit in die Gegenwart, in ihre Werkzeuge und Praxen eingeschrieben, dass es sich mehr und mehr in unsichtbaren Strukturen (siehe Wi-Fi, Cloud-Computing usw.), den sich verbreitenden Gesten (z.B. *tinder swipe*) und Denkweisen (z.B. STRG-C/STRG-V), aber auch Haltungen (z.B. Smartphone-Zombies) ansiedelt. Das Internet wird dabei verstanden als ein Teilphänomen einer den Globus umspannenden Techno- und Infosphäre[13], und ist bereits so selbstverständlich eingebettet, dass es aus der Wahrnehmung verschwindet und seine Teilbereiche als Akteur*innen visuell beinahe nicht mehr greifbar sind oder gar in die Verantwortung gezogen werden können. Jenes World Wide Web erwächst sich zeitweise zu einem Phänomen der »zweiten Natur«[14], eine Natur, welche vom Menschen gemacht wurde und ein zunehmend unkontrollierbares Eigenleben führt.[15]

Spekulation und Gegenwart

Unter den Bedingungen einer technischen und kulturellen Gleichzeitigkeit, maßgeblich hervorgerufen durch die globale Vernetzung in Echtzeit, spitzen sich die Verhältnisse in einer geteilten Gegenwart oder Zeitgenossenschaft[16] stetig weiter zu. Folgt man den Ausführungen der Philosophen Armen Avanessian und Suhail Malik zum Zeitkomplex, leben wir in einer spekulativen Zeit oder in einer »spekulativen Zeitlichkeit«.[17] In der Folge der

12 Siehe Kapitel 4: Untersuchung des Bedingungsgefüges Gegenwart. Vgl. Lyotard 1984.

13 Infosphäre (*infosphere*) bezeichnet u.a. nach Luciano Floridi den gesamten semantischen Raum aus der Gesamtheit aller Dokumente, der Agenten, ihren Operationen, inklusive aller Daten, Informationen und erforderlichen Systeme und Interaktionen. Vgl. Floridi, Luciano. *Philosophy and Computing: An Introduction.* New York, 1999. Mit Technosphäre (*technosphere*) werden alle komplexen sozialen Strukturen des Menschen mit der dazugehörigen Infrastruktur und den technologischen Artefakten bezeichnet, die die Systeme für Energie, Information und Materialien zur Versorgung der Menschheit stellen. Das sogenannte Langzeitprojekt des Hauses der Kulturen der Welt in Berlin benennt dies wie folgt: »Die zunehmende Verflechtung von menschlicher Kultur, natürlichen Umwelten und globalen Technologien bildet eine neue und hochdynamische Komponente des Erdsystems.« Haus der Kulturen der Welt. »Technosphere. Forschungsprojekt 2015–2019«. *HKW. Offizielle Webseite,* o.J. Online: http://www.hkw.de/de/programm/projekte/2015/technosphere/technosphere_start.php [15.09.2020].

14 Mensvoort, Koert van. »Real Nature is not Green«. In: Meyer, T.; Hedinger, J. M. (Hg.). *What's next? Kunst nach der Krise.* Berlin, 2013, S. 368–369, hier: S. 368.

15 Vgl. ebd.

16 Auch Zeitgenossenschaft, vgl. Meyer, Torsten. »Zeitgenossenschaft«. In: Burkhardt, S.; Newid, M. (Hg.). *Kunstpädagogische Knotenpunkte. 1-13 kunstpädagogische Begriffe*, Band 2. Halle, 2016, S. 106–119, hier: S. 106.

17 Avanessian, A.; Malik, S. (Hg.). *Der Zeitkomplex: Postcontemporary.* Berlin, 2016.

bereits genannten enormen Rechenleistungen und Möglichkeiten für Zukunftsprognosen nähern sich Vergangenheit und Zukunft so stark an, dass die Gegenwart zwischen Vergangenheit und Zukunftsprognosen eingeklappt wird oder gar verschwindet.[18] Das bedeutet, dass der verbleibende Handlungsspielraum sich so stark verkürzt, dass augenscheinlich keine Möglichkeiten zur Einflussnahme mehr vorzuliegen scheinen. Es entsteht der Eindruck, dass die Gegenwart sich zugunsten der Zukunft aufgelöst hat und von der Vergangenheit so stark bestimmt ist, dass die Möglichkeiten der Gegenwart äußerst eingeschränkt auf eine vorherbestimmte interpolierte Zukunft zugeschnitten sind. Die Aufmerksamkeit landet auf dem Punkt, dem Moment. Avanessian pointiert überdies wie folgt: »Die Zeit selbst – die Richtung der Zeit – hat sich geändert. [...] Die Zukunft ereignet sich vor der Gegenwart, die Zeit kommt aus der Zukunft«.[19] Während das, noch ein wenig sperrig formuliert, wenig Aufschluss über den Zustand zwischen Vergangenheit und Zukunft zu ergeben scheint, verfolgt Gerald Raunig einen ähnlichen Gedankengang ein wenig konkreter und bildlicher. Er spricht von »simulierten Linien«, die in die Zukunft gezogen werden, um die Gegenwart zu kolonisieren.[20] Dieser Effekt führt, nach Raunig, wiederum zu einer Art vorauseilendem Gehorsam in der Gegenwart gegenüber einer prognostizierten Zukunft. Mithin ergebe sich dann – per Einschränkung der Handlungs- und Entscheidungsalternativen – eine Verkürzung der Möglichkeiten in der Gegenwart. Ein anschauliches Beispiel ist der Aktien- oder Kredithandel, bei dem nicht selten aufgrund von Frühwarnzeichen oder Prognosen ganze Kurse einbrechen, weil die Anleger alle gleichzeitig die gleichen Vorzeichen auswerten und darauf mit Verkauf reagieren. Aufgrund einer verlässlichen Prognose wird also kollektiv in sichere Optionen (z.B. in Form einer Anlage oder eines Immobilienerwerbs) investiert, und gerade wegen dieser Investitionen besteht nun selbstverständlich auch ein berechtigtes Interesse daran, dass sich ebenjene prognostizierte Entwicklung (z.B. die Wertsteigerung) auch einstellt. Sind genügend Menschen der Prognose gefolgt und haben sich ihr verpflichtet, realisiert sich die Prognose relativ automatisch. Die Entscheidungsoptionen schwinden, sobald die Prognosen verlässlicher und vorstellbarer werden, weil sie darstellbarer sind. In der Folge scheint es tatsächlich nur noch diese eine Möglichkeit der Zukunftsgestaltung zu geben.

Abb. 2.1–2.2: Übersichten zu den zeitlichen Verhältnissen in der Gegenwart.

18 Dies entspricht der These zum »Postcontemporary« bei Armen Avanessian und Suhail Malik (2016).

19 Ebd.

20 Raunig, Gerald. »No Future. Dividuelle Linien, neue Akteure der Kreativität«. *Springerin*, 1, 2016, S. 12–14, hier: S. 12.

Um Zukunftsvorhersagen überzeugend und realisierbar darzustellen, braucht es konstante Datenerhebungen, Rechenleistungen sowie aufwendige Simulationen und damit Verbildlichung. Immer überzeugendere Simulationen der Zukunft und dessen, was uns in der Zukunft erwartet, beeinflussen also die Handlungsoptionen in der Gegenwart. Da auch aus der Vergangenheit Prognosen, Werte und berechtigtes Einlösungsinteresse besteht, schwinden die Möglichkeiten der Einflussnahme auf die Zukunft und das Vertrauen in diese zerfällt. Zukunft und Vergangenheit wirken also wechselseitig soweit in die Gegenwart, dass diese zwischen ihnen eingestülpt und unbegehbar wird. Diese unbrauchbare Gegenwart klemmt unrealisiert zwischen Vergangenheitsdaten und Zukunftsprognosen fest. Als Potenz – also eine Option der Realisierung des einen (der Annahmen der Vergangenheit) oder des anderen (der Prognose für die Zukunft) – verharrt die Gegenwart in einer untätigen Ausweglosigkeit. Paradoxerweise rücken mit der Ausweglosigkeit sowohl Zukunft als auch Vergangenheit in so weite, aber unantastbare Ferne, dass die Gegenwart, wenn auch ausweglos, unendlich lang und damit absolut erscheint.[21] Die Vergangenheit war dann immer schon – und die Zukunft wird niemals sein. Die Gegenwart bleibt dabei endlos lang, ohne jemals gegenwärtig und erfahrbar zu sein.[22] Pat*innen dieser prognostizierten Zukunft, die sich wie bereits in der Vorschau wie eine Realität anfühlt, sind Daten aus der Vergangenheit, die in überzeugende Visualisierungen übersetzt worden sind. Zwischen Prognose und eintretender Zukunft entsteht beinahe automatisch ein Spannungsfeld zwischen einem Storytelling zur, und einer Visualisierung der Zukunft. Für die Kunstpädagogik und -vermittlung entsteht ebendort ein Raum für kritisches Handeln, den es zukünftig viel stärker zu entdecken und nutzen gelten wird.

2.2 Bilder als Lücken in der Zeit

Auch für die visuellen Phänomene[23] der Gegenwart entstehen neue Anforderungen aus den beschriebenen veränderten Rahmenbedingungen. Unter den Wirkungsbedingungen mehrfach überlagerter Gleichzeitigkeiten sowie einer verkürzten Gegenwart werden Bilder[24] zu kurzlebigen visuellen Entitäten, die ad hoc auftauchen, vereinnahmt, überlagert und über die Verteilungsmechanismen der sozialen Medien (*streams*) verwertet werden. Das geschieht so schnell, meist in Bruchteilen von Sekunden, dass die Bilder, bevor sie ihr Potenzial entfalten, wieder verloren gehen. Sie bleiben dabei zu weiten Teilen als Material

21 Quent, Marcus (Hg.). *Absolute Gegenwart*. Berlin, 2016, S. 16.

22 Ebd.

23 Eingebettet in ihre »bodies of images«; u. a. siehe Kapitel 8.4.

24 An diese Stelle ist die genaue Definition dessen, was unter Bild verstanden wird, noch nicht von Belang. Gemeint sind hier triviale visuelle Bilder im Umlauf, alltägliche Bilder sozusagen.

– also als Bild – unrealisiert. Ihre Verweildauer und Präsenzen sind zum größeren Teil so kurz, dass sie meist wirkungslos bleiben und objektiv in ihrem Effekt vernachlässigbar sind. Um dieser Überlegung auch Rechnung zu tragen, halte ich nun folgende strukturelle Überlegung fest: Jedes Einzelbild müsste als bloßer Vektor der Gegenwart beschrieben werden, der zwischen Vergangenheit und Zukunft als Möglichkeit aufblitzt und verschwindet. Ob ihrer kommunikationslogischen Vergänglichkeit werden digitale Bilder zu reinen Potenzialen ihrer jeweiligen Gegenwarten, d.h. sie markieren die Möglichkeit (*possibility*) einer Wirksamkeit, die sich dann aber nicht mehr zu materialisieren vermag.[25] Visuelle Äußerungen, und mit ihnen die Bilder der Kunst, sollten entsprechend als Markierungen in einem hochproduktiven und kurzlebigen Fluss verstanden werden. Diese Markierungen, oder Vektoren, sind der Fragilität in andauernder Erneuerung und Aktualisierung unterworfen und in permanenten Überschreibungsprozessen begriffen. Die Unwirksamkeit einzelner Bilder gegenüber der Wirksamkeit von Bildgruppen und Bildstrukturen scheint in direktem Zusammenhang mit den Veränderungen der Gegenwart zu stehen. Für Bildungsfragen, die sich immer zwischen Vergangenheit und Zukunft orientieren müssen, ist die Beschäftigung mit Bildern und ihren Verbreitungsgefügen zentral.

Abb. 2.3: Übersichten zu den zeitlichen Verhältnissen in der Gegenwart.

Ohne die beschriebene Dynamik, die zweifelsohne weiter erforscht werden sollte, verharmlosen zu wollen, geht mein Plädoyer nun dennoch dahin, dass es in der Zukunft wie in der Gegenwart aus den Bildern direkt etwas zu lernen gilt. Denn Bilder sind als Phänomene ihrer Zeit (in diesem Fall in bedingungsloser Gleichzeitigkeit, absoluter Gegenwart und spekulativer Zeitlichkeit) zu verstehen und in ihrer jeweils eigenen Zeitlichkeit – außerhalb der Überschreibungsprozesse – zu untersuchen. Um dies zu realisieren müsste es ganz pragmatisch gelingen, sie als wirksame Entitäten in vielfältigen Beziehungen[26] wahrzunehmen und sie als solche auch in ihren konstituierenden Beziehungen beschreiben zu lernen. Die Besonderheit der Bilder, die es vor allem für die Bildung am Bild zu aktivieren gelten würde, ist eines der Anliegen hinter dieser Arbeit.
Unter Realisierung ihrer Qualitäten dürften Bilder gar als Lücken in der Zeit[27] verstanden werden, denn trotz der Unwahrscheinlichkeit, ein einzelnes Bild zu fassen zu bekommen, ist es gerade die Begegnung mit einzelnen Bildern, bei denen für einen Moment pausiert

25 Mit ihren jeweils eigenen enthobenen Zeiten im Aorist. Mehr dazu in Kapitel 5.2.6.
26 Vgl. Bryant, Levi R. *Democracy of Objects*. Michigan, 2011.
27 Arendt, Hannah. *Zwischen Vergangenheit und Zukunft*. New York, 2013 (1968), S. 16.

werden kann.[28] Die Bilder der bildenden Kunst sind in besonderem Maße verdichtete Strukturen und für ein solches Pausieren bieten sie Einstiege in die wirksamen Verhältnisse. Gerade die Arbeiten aus dem Kontext der Kunst scheinen das Potenzial des Pausierens außerhalb der Gegenwartsverhältnisse um ein Vielfaches zu intensivieren. Eine ausdauernde Durchdringung der Gegenwart wird – wegen der Verdichtung und des Potenzials zur »Lücke« – gerade bei der Kunst nach dem Internet umso wahrscheinlicher. An den gewählten Beispielen im Explorationsteil werde ich diesen Zusammenhang aufzeigen. Aber auch dieses Vorhaben ist nicht ohne Schwierigkeiten durchzuführen, denn nie stand das Bild der Kunst so sehr in seiner Bedeutung infrage wie unter den Bedingungen der Gegenwart. Die abnehmende Darstellungshoheit und die schwindende materielle Präsenz der Kunst im Allgemeinen führen allein quantitativ zur Bedeutungslosigkeit und Marginalisierung[29] des künstlerischen Bildes in der Gegenwart. In der oben beschriebenen Unüberschaubarkeit der visuellen Äußerungen im Alltag (z.B. Snapchat, Instagram, Internet-Meme etc.) entsteht aber auch eine Chance für das künstlerische Bild, sich wiederum in Abgrenzung zur allgegenwärtigen und eher bedeutungslosen Visualität der anderen Angebote zu behaupten. Ich würde diesen Umstand, mit Hannah Arendts Überlegungen zur Lücke in der Zeit, gern als Aufforderung formulieren: Ein Bild (visuell oder nichtvisuell) vermag es, ein Pausieren der Zeit zu initiieren und bietet damit im Sinne der »Lücke«[30] geeignete Oberflächen für Momente der Gegenwartsdurchdringung und Reflexion an – unter den Anforderungen der Gegenwart kein schlechtes Angebot. Besonders gilt es nun diese Verdichtung der Bilder der Kunst im Sinne der Bildung zu nutzen.

Abb. 2.4: Übersichten zu den zeitlichen Verhältnissen in der Gegenwart.

Während Bilder tatsächlich über Internet-Meme, Werbeflächen und personalisierte Formen der Einflussnahme wesentlich an den politischen und ökonomischen Geschäften der Gegenwart beteiligt zu sein scheinen, eignen sich Künstler*innen jene starren und entleerten Oberflächen einer spätkapitalistischen Gegenwart an und verharren – ja, pausieren sogar – in ihnen. Zwischen Affirmation und einer gewissen Verführung durch das Unbeschreibliche, oder schlicht Unbegreifliche, der professionellen Oberflächen der Vermarktung, spannen ihre Durchdringungsversuche einen Moment der befriedeten Begegnung mit

28 Der Bezug auf Arendt ergab sich aus dem Weiterdenken eines Tagungsbeitrages des Kunstpädagogen Juuso Tervo. Er bezog Arendts Überlegungen zur *Lücke in der Zeit* auf Ryan Trecartins Videoarbeit »Center Jenny« (2013). Diese »gapness«, von der er als Bildungsmoment spricht, möchte ich hier nochmals näher an Arendts »Lücke« begleitend für mein Denken verstehen. Vgl. Tervo, Juuso. »Education in the Present Tense«. Vortrag, *Dank Contemporaneities: One-Day Symposium on the Post-internet*. Department of Art, Aalto University, Helsinki, 2017 (unveröffentlicht).

29 Gemeint ist die Verdrängung an die Ränder der Betrachtung in die Bedeutungslosigkeit.

30 Ebd.

den intakten und fehlerlosen Produkten des Alltags auf. Damit begegnen sie dem Gefühl einer wachsenden Ohnmacht gegenüber der Entleertheit kapitalistischer Oberflächen aus künstlerischer Perspektive und wenden die stetig wachsende Anzahl perfektionierter Applikationen und Programme an, die es selbst Laien zunehmend erleichtern, generische Oberflächen der Seduktion im D.I.Y.-Modus selbst zu produzieren. Meist nutzen sie Formen des Bewegtbildes, Performances oder verwunderliche Arrangements von Konsumerprodukten (z.B. Gel, Palmen und andere überformte Gebrauchsgegenstände) in ungeklärten oder überdefinierten Räumen, die sich wie Kosmetiksalons nach der Apokalypse anfühlen. Die Suggestionserfahrungen und Ängste des Alltags werden zu einer metaphorischen Falte gestülpt. Diese Verstülpung ließe sich in Arendts Sinne als »Lücke«[31] beschreiben, weil sie einen sehr ausführlichen und bewusst begangenen Moment der Reflexion an den Verhältnissen der Gegenwart anbietet, der kaum anders zu greifen wäre als in der Befremdung durch ein künstlerisches Werk. In ebenjener Falte also wird die Gegenwärtigkeit der unumgänglichen Gegenwart und Zukunft im Bild offengelegt und trotz aller Fragilität der Gegenwart[32] entsteht genau dort eine parallele enthobene Zeitlichkeit[33], in der sich plötzlich wieder etwas ereignen kann. Die Zeit pausiert. Gleichzeitig verlangt sie eine produktive Begegnung mit der Gegenwart. Die scheinbare Unausweichlichkeit der sich realisierenden Prognosen (zwischen Gegenwart und Zukunft) wird dabei in ihrem Fluss angehalten. Genau da lässt sich ein Bildungsmoment vermuten und diesem gilt es auf die Spur zu kommen.

Schließlich werden in derartigen Lücken die glänzenden Oberflächen der spätkapitalistischen Ästhetik, die so oft in der Kritik stehen, wieder zu fragenden Entitäten, die mit den Verhältnissen konfrontieren und sich zwischen »gegenwärtiger Zukunft«[34] und »zukünftiger Gegenwart«[35] aufspannen. Enggeführt, z.B. auf einen winzigen Moment in nur einem aufblitzenden Bild, weiten sich die Möglichkeiten zur Durchdringung dann dennoch zur Unendlichkeit aus. Künstlerische Arbeiten wie die von Hito Steyerl, Ryan Trecartin, Cécile B. Evans sowie Ed Atkins wissen diesen Effekt ganz beispielhaft einzusetzen. Die gewohnten visuellen wie nicht-visuellen Oberflächen künstlerischer Objekte werden fachgerecht bis zum Kollaps der spezifischen Merkmale überhöht und nicht selten im Generischen aufgelöst.[36] Im Explorationsteil zur Praxis der vorliegenden Arbeit werden einige der Momente und die sprachlichen Kontexte ihres

31 Vgl. Arendt 1968, S. 17; Tervo 2017, S. 2.

32 Siehe Verkürzung der Gegenwart in Abschnitt »Spekulation und Gegenwart« sowie Kapitel 4.3.1 (c).

33 Alloa, Emmanuel. »Der Aufstand der Bilder«. In: ders. (Hg.). *Bildtheorien aus Frankreich. Eine Anthologie.* München, 2011, S. 9–41, hier: S. 11.

34 Esposito 2007, S. 12.

35 Ebd.

36 Hierzu u.a.m. in Kapitel 7.2 Ebenen des Visuellen bei Philipp Ekardt.

Auftretens explizit gemacht und mit den Thesen zur theoretischen Anbindung der Phänomene der Gegenwartskunst belegt. Im Bewusstsein der Bedingungen für künstlerische Produktion in der Gegenwart empfiehlt sich entsprechend besonders für die Kunstpädagogik ein genaues Studium dessen, was diese Generation von Künstler*innen der Gegenwart produziert und wie sie der Gegenwart weitreichender ökonomischer und technologischer Veränderungen materiell begegnet. Um den veränderten Bedingungen tatsächlich Rechnung zu tragen und diese veränderten Formen zu verstehen, wird es nötig sein, auch die Werkzeuge des Verstehens anzupassen und zu überdenken. Diese Werkzeuge zu finden, zu untersuchen und einzusetzen, sollte Fokus der Auseinandersetzungen mit den Bildern der Gegenwart sein. In dieser Arbeit skizziere ich die Notwendigkeit mit einem Vorschlag für eine Überarbeitung der Begegnungen im Bild und stoße diese über die Möglichkeiten einer Bilddiskussion aus der Kunstpädagogik heraus an.

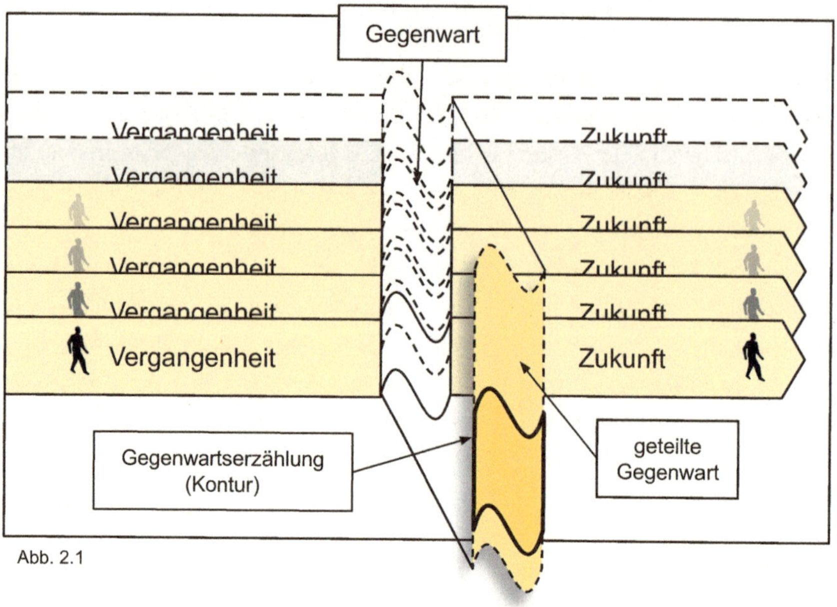
Gegenwart
Vergangenheit
Vergangenheit
Vergangenheit
Vergangenheit
Vergangenheit
Vergangenheit
Zukunft
Zukunft
Zukunft
Zukunft
Zukunft
Zukunft
Gegenwartserzählung
(Kontur)
geteilte
Gegenwart

Abb. 2.1

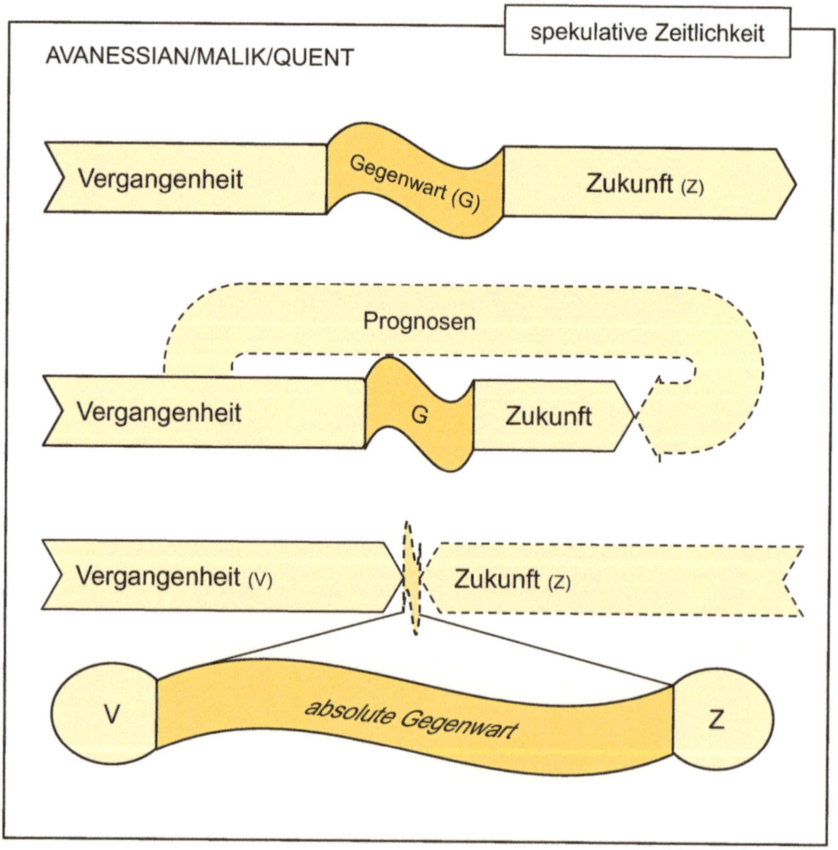
spekulative Zeitlichkeit
AVANESSIAN/MALIK/QUENT
Vergangenheit
Gegenwart (G)
Zukunft (Z)
Prognosen
Vergangenheit
G
Zukunft
Vergangenheit (V)
Zukunft (Z)
V
absolute Gegenwart
Z

Abb. 2.2

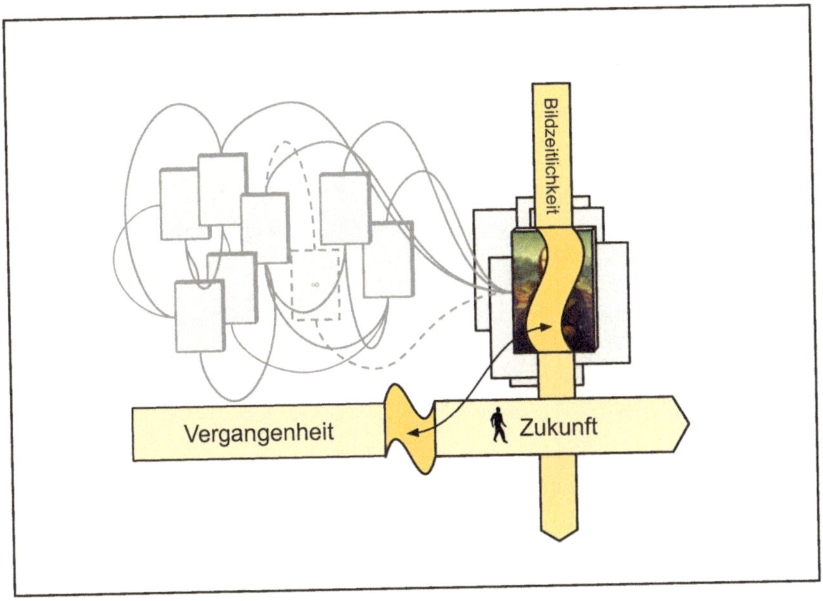
Bildzeitlichkeit
Vergangenheit
Zukunft

Abb. 2.3

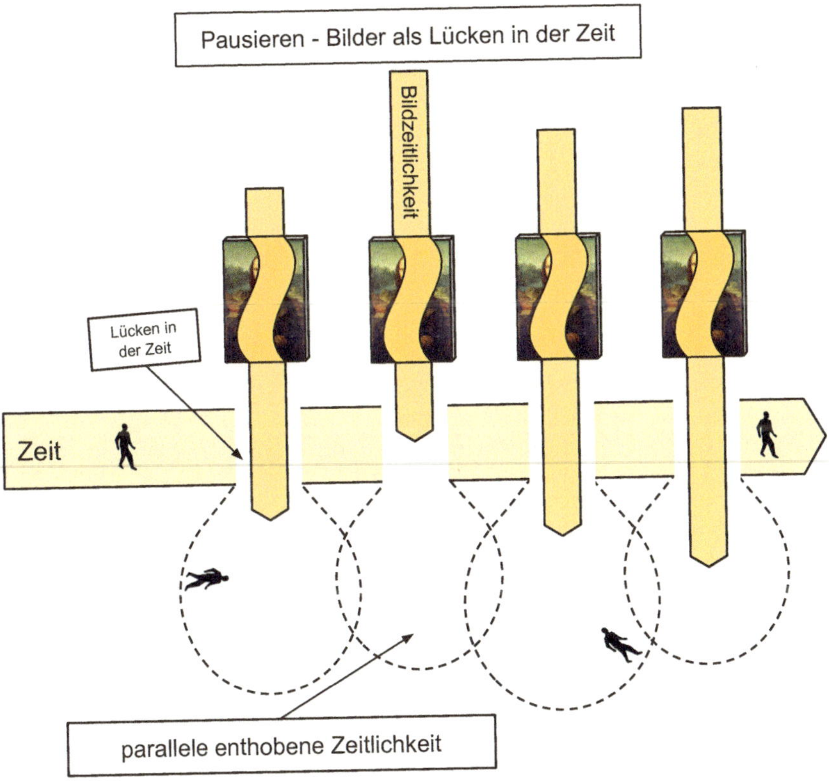
Pausieren - Bilder als Lücken in der Zeit
Bildzeitlichkeit
Lücken in der Zeit
Zeit
parallele enthobene Zeitlichkeit

Abb. 2.4

3 Methodische Überlegungen

3.1 Einleitung zu den Überlegungen

Um eine Überlegung verständlich zu machen, bedarf es einer anschaulichen Darstellung oder einer überzeugenden Figur. Folglich ergibt sich für die Komplexität des hier Verhandelten die Notwendigkeit, eine solche überzeugende und anschauliche Figur zu imaginieren und in kohärenten sprachlichen Ausführungen darzulegen. Es bedarf also zuallererst einmal einer vereinfachten Darstellung durch ein Bild, um die komplexen Zusammenhänge der Gegenwart am Bild verstehen und fassen zu können. Es geht darum, über eine Verbildlichung ein Explizieren der Verhältnisse der Gegenwart voranzubringen, und gleichsam über das Explizieren der Verhältnisse ein Bild von dem zu konturieren, was uns als Gegenwart umgibt. Die folgenden Ausführungen bewegen sich also in einer ausufernden mäandernden Bewegung zwischen Matroschkapuppe und Januskopf – mehrdeutig und in vielen Ebenen der Betrachtung verstrickt.

Bruno Latour untermauerte in seinem Vortrag »Climate Change: How to Make the Paris Climate Conference Work«[1] (2016) die These der Notwendigkeit einer Verbildlichung unvorstellbarer Ideen, indem er das Titelblatt der staatstheoretischen Schrift »Leviathan« (1651) von Thomas Hobbes als Beispiel heranzog.

> *»Zu sehen ist der Souverän, der über Land, Städte und deren Bewohner herrscht. Sein Körper besteht aus den Menschen, die in den Gesellschaftsvertrag eingewilligt haben. In seinen Händen hält er Schwert und Krummstab, die Zeichen für weltliche und geistliche Macht. Überschrieben ist die Abbildung durch ein Zitat aus dem Buch Hiob: ›Keine Macht auf Erden ist mit der seinen vergleichbar.‹«*[2]

1 Latour, Bruno. »Climate Change: How to Make the Paris Climate Conference Work. An Alternative Procedure«. Vortrag am 15.06.2015 in der Reihe: Albertus-Magnus-Professur. Köln, 2015. Online: http://www.bruno-latour.fr/node/640 [24.03.2018].

2 Vgl. u. a. »Leviathan (Thomas Hobbes)«, *Wikipedia, Die freie Enzyklopädie.* Bearbeitungsstand: 5. September 2020. Online: https://de.wikipedia.org/wiki/Leviathan_(Thomas_Hobbes) [03.10.2020] und »Ijobs Rechtschaffenheit«, *Katholische Bibelanstalt,* Stuttgart, 2016. Online: https://www.bibleserver.com/EU/Hiob1 [11.02.2018].

Latours Argument konstruiert sich dabei wie folgt: Das zum Zeitpunkt unfassbare Konzept eines geteilten, also gemeinschaftlichen, Gemeinwesens konnte metaphorisch in der Figur des Leviathans vermittelt werden. Dieser ergab sich aus einzelnen Menschen zu einem herrschenden Verantwortungsträger. Das Bild des zusammengesetzten Herrschers diente Hobbes' erklärtem Ziel, der Politik eine Basis zu geben, die auf rationaler Einsicht und wissenschaftlichen Prinzipien beruht. Bis heute ist diese Grafik, als *die* visuelle Beschreibung dieser bis dato neuartigen, politischen Idee eines Gemeinwesens, erhalten geblieben. Latour setzt diese Darstellung des Staates nun als Dokument und Beispiel eines geschichtsträchtigen Moments ein, in dem die Veranschaulichung einer Idee eine wegweisende und nachhaltige Rolle spielt. Eine Qualität, die, wie Latour beklagt, bisher vergebens im Zusammenhang der »aufgeklärten Weltgesellschaft« (bei ihm mit mahnendem Verweis auch an die Europäische Union) gesucht wird. Es fehle an Vorstellbarkeit und an einem griffigen Bild (nebst Abbildung), um die ganze Komplexität der Unternehmung Europäische Union zu fassen zu bekommen und dadurch die notwendige Überzeugungskraft der Idee tragfähig zu entwickeln.[3] Mit der Vergegenwärtigung dieser Abbildung und dem Verweis auf die Herausforderungen der Verbildlichung einer so bahnbrechenden Idee gelang es Latour (ganz ohne weitere Ausführungen) seine These anschaulich zu fundieren und in eine überzeugende Abbildung zu übersetzen. Sein Plädoyer dabei: Die Vorstellbarkeit eines unbegreiflichen Zusammenhangs geht mit seiner Verbildlichung einher und kann nicht getrennt von ihr betrachtet werden. Unter heutigen Bedingungen, und für den hier zu untersuchenden Zusammenhang, ließe sich festhalten: Eine Idee muss anschaulich simuliert werden, um zu überzeugen. Diese These nun konsequent verfolgt, würde auch die Gegenwart nach einer ebenso überzeugenden Darstellung ihrer disparaten Entitäten und Dynamiken verlangen. Ganz so wie damals die undenkbare Idee des Staates, müsste ein griffiges Bild (nebst Abbildung) für das komplexe Bedingungsgefüge Gegenwart er-/gefunden werden. Wie damals die Idee des Staates müsste die Komplexität der Anforderungen auch heute in eine konturierende Form übersetzt werden. Dieser Herausforderung sollte transdisziplinär begegnet werden. Für die Kunstpädagogik bedeutet das, das Bild als Instanz ernst zu nehmen, die einen Beitrag zur Erschließung der wesentlichen Strukturen der Gegenwartslogik liefern kann. Dies ist zumindest die Annahme, die im ersten Schritt zu dieser Arbeit geführt hat, und die anstehenden Überlegungen begleiten wird. Im Folgenden soll nun vorbereitend dargelegt werden, über welche methodischen Überlegungen ich mich der Entität Bild als Taktgeber*in solchen annähern möchte.

3 Vgl. Latour 2015.

3.2 Überlegungen zum Vorgehen und Material

Eine Untersuchung an einer kulturell so agilen wie bedeutsamen Entität wie dem Bild im Kontext aktueller Verschiebungen anzustreben, ist in vielerlei Hinsicht mit Schwierigkeiten verbunden. Die Zugänglichkeit des Materials, die Überprüfbarkeit der Thesen, aber auch die Unübersichtlichkeit des Feldes sind sicher nur einige Markierungen. Eine solche Studie aus der Nische der Kunstpädagogik anzustreben, potenziert die Herausforderung. Zum einen ist die Disziplin selbst weder Fisch noch Fleisch und muss nicht selten gleichzeitig mit aufwendigen Manövern[4] innerhalb der fachlichen Diskurse der Kunstpraxis, -wissenschaft oder -theorie navigieren. Zum anderen hat die Kunstpädagogik sich in den diversen Anwendungsfällen zwischen einer schulischen Didaktik und einer außerschulischen Vermittlung an ihrer Notwendigkeit zu positionieren. Kurz gesagt, es gibt sie nicht, *die* kunstpädagogische Forschung. Allerdings gibt es sehr wohl Forschung in der Kunstpädagogik, nur ereignet sich diese auf ganz verschiedene Weisen und mitunter anschließend an sehr unterschiedliche Traditionen.[5] Selten gleichen sich die Ansätze methodisch genug, um auf eine spezifisch kunstpädagogische Methode oder Forschung aufbauen zu können. Eine kunstpädagogische Standardmethode gibt es (noch) nicht. Dennoch gibt es einige Spielarten der Forschung, die sich jeweils an dem methodischen Repertoire einiger Bezugswissenschaften orientieren. Auf einige methodische Linien möchte ich hier kurz eingehen, um meine Untersuchungen zu situieren. Georg Peez[6] und Maria Peters[7], zwei Vertreter*innen des kunstpädagogischen Forschens, unternehmen qualitativ angelegte empirische Praxisforschungen an kunstpädagogischen Prozessen, die sich an einer allgemeineren erziehungswissenschaftlichen empirischen Forschung orientieren.[8] An kontrollierten Forschungssettings werden Fragestellungen zum größten Teil mittels gezielter Entlehnungen einzelner Beschreibungsmethoden aus der ethnografischen Forschung beantwortet. Für den hier verhandelten Zusammenhang ist dabei besonders interessant, dass die Erforschung dokumentarischen Materials (u. a Abbildungen) aus einer am Bild weniger erfahrenen Disziplin angereicht wird. Aber das ist

4 U. a. auch hier argumentiert von Peez, Georg. »Kunstpädagogik«. In: Bockhorst, H.; Reinwand, I.-V.; Zacharias, W. (Hg.). *Handbuch Kulturelle Bildung*. München, 2002. Online: www.kubi-online.de/artikel/kunstpaedagogik [09.02.2018].

5 Ein Aufriss zur kunstpädagogischen Forschung findet sich bei Wolfgang Legler, u. a. in: Legler, Wolfgang. »Rahmenbedingungen und Perspektiven kunstpädagogischer Forschung«. In: Meyer, T.; Sabisch, A. (Hg.). *Kunst Pädagogik Forschung. Aktuelle Zugänge und Perspektiven*. Bielefeld, 2009, S. 51–62.

6 U. a. auch in Form von Bestandsaufnahmen des fachlichen Diskurses um Kunst und Bild wie in Peez 2005.

7 Peters sieht sich in der Tradition empirischer Bildungsforschung und wendet diese auf Konzepte der Ästhetischen Forschung nach Helga Kämpf-Jansen an. Unter anderem in: Peters, Maria. *Blick. Wort. Berührung. Differenzen als ästhetisches Potential in der Rezeption plastischer Werke von Arp, Maillol und Walther.* München, 1996.

8 Georg Peez führt dazu aus in: Peez, Georg. »Praxisforschung in der Kunstpädagogik«. In: Busse, K.-P. (Hg.). *Kunstdidaktisches Handeln. Theorie und Handlungshilfen in der Unterrichtsvorbereitung, ästhetischen Praxis und Werkanalyse.* Dortmund, 2002.

wiederum ein ganz anderer Punkt für eine Untersuchung des Selbstverständnisses im Fach Kunstpädagogik. Karl-Josef Pazzini, Torsten Meyer und Manuel Zahn verfolgen eine bildungstheoretisch geprägte Forschung. Unter ihrer Anleitung liegt der Kunstpädagogik ein wesentlich weiter gefasster Empirie-begriff zugrunde, der jede Form theoretischer Reflexion als Material in die Untersuchungen integriert sieht. Ein Impuls, den ich auch in meiner Untersuchung anwendenwerde. Darüber hinaus folgen besonders Zahn und Meyer einer poststrukturalistischen Theorietradition, die wichtige Vorarbeit für meine Exploration u. a. in Bezug auf den Perspektivwechsel vom *sich bildenden* autonomen Subjekt zu *bildenden* Objekten der Vermittlung geliefert hat.[9] Diesem Zugang folgend, geht es weniger um die Untersuchung einzelner Anwendungsbeispiele als um eine theoriegeleitete Untersuchung unübersichtlicher Materialverhältnisse mit fachlich informierter Unterstützung. Unter diesem Zugang ist das, was als Material verstanden wird, mitunter sehr vielfältig. Wissenschaftlicher Text ist ebenso eingeschlossen wie künstlerische Arbeiten und die dahinterliegenden professionellen Praxen und deren diskursive Beschreibungen. Zwischen diesen beiden skizzierten fachlichen Perspektiven spannt sich ein sehr weites methodisches Spektrum auf, dem sich jede Forschung eigenständig einordnen muss.

Gerade diese Unsicherheit der fachlichen Methodologie bietet nun aber auch eine Bandbreite vielfältiger Möglichkeiten der Annäherungen. Ich möchte diesen Sachverhalt nun als Argumentationshilfe für einen eigenwilligen Experimentalaufbau nutzen und so auch zur fachwissenschaftlichen Auseinandersetzung sowie zur Methodenvielfalt beitragen. Im Folgenden stelle ich ein Forschungsdesign vor, das sich mittels ausgiebiger *Explorationen* in die Breite des Feldes begibt und zwischen Theorie und Praxis der Bezugswissenschaften *flaniert*. Zugleich Experiment an der Forschung in der Kunstpädagogik bedient sich diese Untersuchung eines Samplings verschiedener Methoden aus Kunst- und Kulturwissenschaften sowie kuratorischer Forschung und Designtheorie und situiert sich probeweise in deren Überlagerungen.[10] Gegründet ist das Vorgehen in einer langjährigen unsystematischen Beobachtung während der kuratorischen Begleitung einzelner junger Künstler*innen (u. a. New Scenario, Stephanie Comilang, DIS, Jon Rafman, Christopher Kulendran Thomas) und der reflektierend teilnehmenden Beobachtung während der Formulierung des Diskurses um »Post-Internet Art« (u. a. über Ausstellungen wie »DISown – Not For Everyone« (2014), »Surround Audience« (2015), Berlin Biennale 9 »Present in Drag« (2016)).

9 Zahn, Manuel. *Ästhetische Film-Bildung. Studien zur Materialität und Medialität filmischer Bildungsprozesse.* Bielefeld, 2012.

10 Manuel Zahn nannte ein ähnliches Vorgehen unter differenztheoretischem Ansatz »Spurensuche« und hat diese auf die Untersuchung des bildenden Potenzials von Kinofilmen angewendet. Zahn 2012, S. 12.

3.3 Anlage/Struktur

Grundsätzlich folgt die vorliegende Arbeit, wie oben benannt, einem sehr weit gefassten Verständnis von Empirie[11] und operiert im Versuch, situativ angemessen mit dem vorliegenden heterogenen und unübersichtlichen Material umzugehen. Im ersten Schritt wird, durch zwei ausgewiesene Tiefenbohrungen mit eingehender (teilweise dichter[12]) Beschreibung, das gegenwärtige Bedingungsgefüge für Bildende Kunst und Kunstpädagogik aus der Metatheorie (Kulturwissenschaft und Kunsttheorie) geliefert und am Phänomen der Bildlichkeit in der Kunst aufgespannt. Über einen bildtheoretischen Teil, der sich explizit *synchron* und *diachron* mit den philosophischen Untersuchungen zum Bild und zu Bildlichkeit beschäftigt, können erste Denkfiguren und Modelle zum Bild in der Gegenwart expliziert werden, um auf eine Thesenbildung vorzubereiten. Über die vier Außenanker (Kunstwissenschaft, Kulturwissenschaft, philosophische Durchdringung sowie künstlerische Praxen) aktiviere ich am Beispiel des Bildes eine Matrix, die die Phänomene der Gegenwart und ihre Anforderungen beschreibbarer werden lässt.[13] Der zentrale Explorationsteil zur Praxis widmet sich ausgewählten künstlerischen Arbeiten und Dokumenten entlang dieser Explikationen. In einem letzten Teil, »Bildung im Plural«, wird ein Vorschlag formuliert, auf welcher Grundlage eine kunstpädagogische Annäherung an die Phänomene zeitgenössischer Kunst zu begehen ist, der an dieser Stelle nicht ausführlich bewiesen, aber hinreichend plausibel gemacht werden soll. Alle Schritte werden in einer Art parallelem Strang von Beispielen aus der aktuellen Kunst begleitet und fundiert.

3.4 Eine Grounded Theory

Die Überlagerung von Theoriezusammenhängen und Perspektiven wissenschaftlicher Praxen um das Phänomen Bild erschwert die systematische Suche und lässt es zudem unmöglich erscheinen, einer bereits vorgelegten Methode zu folgen, um die skizzierten Phänomene am Bild angemessen sichtbar zu machen. Die in der qualitativen Sozial-

11 Es würde sich hier vertiefend anbieten, den Vorschlag zu einer »zarten Empirie«, wie ihn Manuel Zahn in seiner Dissertationsschrift angeboten hat, auch auf die Frage der Bildkomplexe hin zu untersuchen. Zahn 2012, S. 12.

12 Nach Clifford Geertz entsteht eine »dichte Beschreibung« durch das Zusammenspiel der Ebenen »Beschreiben« und »Verstehen«. Vgl. Geertz, Clifford. *Dichte Beschreibung. Beiträge zum Verstehen kultureller Systeme.* Frankfurt/Main, 2003.

13 Geertz formuliert einen Anspruch für die Ethnologie, den ich hier für die Beschreibungsversuche der Verschiebungen der Gegenwart am Beispiel des Bildes mitdenken möchte: »Die eigentliche Aufgabe der deutenden Ethnologie ist es nicht, unsere tiefsten Fragen zu beantworten, sondern uns mit anderen Antworten vertraut zu machen, die andere Menschen [...] gefunden haben, und diese Antworten in das jedermann zugängliche Archiv menschlicher Äußerungen aufzunehmen.« Geertz 2003, S. 43.

forschung gebräuchliche *Grounded Theory*[14], die eine Ansammlung von Verfahren und grundsätzlich eine auf empirischen Daten basierende Theoriebildung ist, bietet allerdings als methodischer Ausgangspunkt erste Anhaltspunkte für die notwendige Flexibilität im forschenden Vorgehen an der *agilen Entität* Bild.

Je nach Interaktionsfeld, in dem dieser Ansatz der Forschung angesiedelt ist, sind sowohl Forschungsgegenstand als auch Forschungsprozess sehr unterschiedlich strukturiert. Für eine theoriegeleitete Erarbeitung tragfähiger Thesen und deren Überprüfung auf der Grundlage wiederholter Datenerhebung (z. B. in Form von Beobachtungen) erweist es sich als sinnvoll, einem methodischen Vorgehen zeitweise zu folgen, dieses aber mit den fachspezifischen Eigenheiten abzugleichen und gegenzulesen. In dieser Arbeit wird ein Zugang vorgelegt, der sich dem Interaktionsfeld systematisch-experimentell nähert und sich damit an eine Grounded Theory anlehnt. Dabei verfolge ich mit wissenschaftstheoretischer Orientierung einen verstehenden (nicht interpretierenden) Ansatz unter klarem Empiriebezug. Dabei ist besonders hervorzuheben, dass der von Glaser und Strauss[15] artikulierte Anspruch an Forschung und analytische Durchdringung gleichzeitig sowohl empirisches als auch theoretisches Vorgehen spiegeln sollte. Aufbauend auf der Annahme, dass die hier verfolgten Phänomene am Bild der Gegenwart komplexen Interaktionen zwischen untersuchtem Gegenstand und Bedingungsgefüge unterliegen, muss zum Einstieg in das hier untersuchte Feld – analog zu den bekannten Verfahren der Grounded Theory – die Datenerhebung in zeitlicher Parallelität zur Analyse und Theoriebildung angelegt sein. Um der vermuteten Komplexität des untersuchten Phänomens auch in der Anlage des Forschungsprozesses Rechnung zu tragen und die Vorstellbarkeit der erarbeiteten Zusammenhänge auch visuell-bildlich nachvollziehbar zu machen (angepasst an die Spezifika des Faches und des Gegenstandes), wähle ich ein aufbauendes grafisch notierendes Verfahren zur Darstellung der Beobachtungen. Beobachterin und Beobachtungsgegenstand ergänzen sich in vielfältigen Wechselbeziehungen – Ein Effekt, der durch den teilnehmenden Charakter der Untersuchung noch verstärkt wird. Daraus ergibt sich eine Notwendigkeit zur Ordnung, die allerdings nicht zur Verdeckung anderer Zugänge führen darf. Forschungspraktisch ergeben sich in der Folge dieser konsequent auf den Gegenstand und die These hin reflektierten Beobachtung theoretische Stichproben. Auf deren Basis können erste Zusammenhänge formuliert werden. Aus der Reflexion der einzelnen Schritte und einer theoretischen Verdichtung der aufgeworfenen Thesen ergibt sich wiederum eine Auswahl verschiedener im Verlauf

14 Strauss, Anselm; Corbin, Juliet. »Grounded Theory Methodology«. In: Denzin, N. K.; Lincoln, Y. S. (Hg.). *Handbook of Qualitative Research*. Thousand Oaks, 1994, S. 273–285.

15 Vgl. Glaser, Barney; Strauss, Anselm L. *The Discovery of Grounded Theory*. 2012 (1967).

anzulegender Erhebungen, um an weiteren Beispielen zur Verifizierung und Falsifizierung der Thesen am Bild zu führen.

3.5 Teilnehmende Beobachtung und Abduktion

Meine Beobachtungen folgen einem phänomenologischen Ansatz und gehen abduktiv vor. Unter Abduktion verstehe ich in diesem Zusammenhang, mit Jo Reichertz, einen »Sprung ins Dunkle«[16] und eine Suche nach Regeln für die beobachteten Phänomene.[17] Laut Reichertz ist »die Abduktion gefordert, wenn man mit dem Wissen, das man hat, nicht weiterkommt«[18]. Dabei geht es darum, »das Unverständliche verständlich«[19] zu machen. Abduktives Denken sei dabei allerdings vor allem eine Haltung, nicht eine bestimmte Form der Gedankenverknüpfung.[20] Ausgehend von Überlegungen zu einem auditiven Bild oder einer auditiven Bildlichkeit, die im Rahmen meiner vorangegangenen Staatsexamensarbeit[21] eine zentrale Rolle spielten, ging der hier vorliegenden Arbeit eine Explorationsphase unsystematischer Untersuchungen zeitgenössischer Kunst voraus. Die Exploration der sichtbaren und unsichtbaren Anteile der Phänomene aktueller Kunst (über verschiedene Formate, u. a. Großausstellungen, Galerie-Ausstellungen etc.) bildete die Voraussetzung für die Formulierung der Thesen zum Bild und bereitete eine Übersicht über die Akteur*innen und Aktionsfelder, aus denen sich die ausgewählten Beispiele speisen, vor. Darüber hinaus war es auch die enge und langjährige Zusammenarbeit mit Künstler*innen im Rahmen meiner kuratorischen Tätigkeit, die mich veranlasste, Haltungen und Argumentationsmuster zu untersuchen. Den Übergang von einer unsystematischen Exploration des Phänomens zu einer systematisch verfolgten Untersuchung der Thesen bildeten die Vorträge der und Gespräche mit den Praktiker*innen aus dem Feld und das Mitschreiben verschiedener praxeologischer Ansätze zur Erklärung der Phänomene. In den Ausführungen aus dem Kreis der Anwender*innen konnten Anhaltspunkte für eine Exploration identifiziert werden, die zielführende Schlagworte, Konzepte und Akteur*innen offenlegten und wiederum Stichwortgeber für die Theorie waren.[22]

16 Reichertz, Jo. *Die Abduktion in der qualitativen Sozialforschung. Über die Entdeckung des Neuen*. Wiesbaden, 2013, S. 22.

17 Reichertz benutzt die Terminologie nach Charles S. Peirce und spricht von Regeln (*types*) und Fällen (*token*), vgl. Reichertz 2013, S. 18.

18 Ebd.

19 Ebd.

20 Vgl. ebd.

21 Vgl. Schütze, Konstanze. »Audiobilder. Phänomene der Bildlichkeit im auditiven Feld«. Staatsexamensarbeit, TU Dresden, 2010 (unveröffentlicht).

22 Angemerkt sei hier, dass die Aufzeichnungen über die thematische Annährung keinen systematischen Niederschlag zur Folge hatten und dieser Arbeit nicht anhängen.

3.6 Abweichungen

Das Bild der Gegenwart deutet auf ein kommendes Phänomen (*ascending phenomenon*) hin, dessen Logik man sich am sichersten über eine Beschreibung aus einiger Entfernung und in Überlagerung mit anderen Beschreibungen annähern kann. Methodisch[23] scheinen zu diesem Zeitpunkt Beschreibungen aus sehr verschiedenen Perspektiven naheliegend. Um die Untersuchung an diesem sensiblen und noch wenig im Diskurs verankerten Material nicht vorzeitig zu verengen, werde ich die damit verbundenen Herausforderungen im Forschungsdesign versuchen anzunehmen. Ich ziele also auf eine dichte Beschreibung[24], die den Blick zugleich von innen wie von außen einrichtet, aus der Mitte der Phänomene operiert und auch das scheinbar Nebensächliche notiert.[25] Diese Beschreibungen sind auf Beobachtungen und entsprechende Werkzeuge angewiesen. Der Bearbeitung einer »Beobachterperspektive«[26] folgend, wie sie der Soziologe und Philosoph Niklas Luhmann beschrieben hat, wird die Position mit konkreten Eigenschaften versehen. Um in diesem speziellen Fall der Untersuchung einer *kulturellen Entität*[27], wie sie mit dem Bild vorliegt, ein Netz von Quellen für die Beschreibungen zu bilden, eignen sich u. a. Soziolog*innen, Linguist*innen, Kunstkritiker*innen, Künstler*innen als Beobachter*innen. Mit jeweils eigenen Schnitten durch das vorliegende Material setzen diese Beobachter*innen an und tragen über ihre je spezifischen Perspektiven zur *Verdichtung* der Beschreibung bei.

Auch hier gibt es eine Verbindung zum abduktiven Denken. Jo Reichertz versteht gerade das Visuelle als Ausgangs- und Referenzsystem für das erkennende Denken.[28] Diagramme (bei Charles Sanders Peirce, orig. »visual diagrams«)[29], aber auch das sich daraus ergebende diagrammatische Denken, seien, überspitzt formuliert, methodisch beinahe unumgänglich für abduktives Denken und dessen Gelingen – jedenfalls solange der »Strich noch vor dem Gedanken kommt«[30]. Für diese Arbeit ist diese Überlegung

23 Gemeint ist hier die im Moment des Verfassens dieses Textes aktive Gegenwart, die sich ja bekanntlich immer wieder neu zu Gegenwarten formt.

24 Geertz 2003.

25 Veränderungen (sprunghaft oder stetig) ebenso wie Zusammenhänge zeigen sich über die Beschreibung der Phänomene und aus deren Auftreten per Deduktion oder Abduktion. Allgemeingültigere Aussagen zu treffen, ist das Ziel gründlicher Analysen und Erhebungen. Man könnte vielleicht auch umgekehrt formulieren, dass die Phänomene sich vor allem über ihre Veränderungen zeigen.

26 Luhmann, Niklas. *Die Kunst der Gesellschaft*. Frankfurt/Main, 1997.

27 Den Begriff »kuturelle Einheit« entlehne ich von Dawkins, der ihn zur Definition eines Mems eingeführt hat. Siehe Kapitel 6.2.

28 Reichertz 2013, S. 25ff.

29 Die Ausführungen zum Potenzial der Diagramme muss in folgenden Arbeiten vertieft untersucht werden. Gerade bei den Überlegungen zu den Modellen bieten sich vielversprechende Anschlussmöglichkeiten. Reichertz fasst zusammen: »Diagramme können die herkömmliche (sprachliche) Ordnung der Dinge zerstören und den Dingen eine neue Ordnung unterlegen«. Vgl. Reichertz 2013, S. 27.

30 Ebd.

zum Visuellem in doppelter Hinsicht von Bedeutung, zum einen für die Darstellbarkeit der Überlegungen, zum anderen aber auch für die Erarbeitung und Durchdringung der Verhältnisse anhand der beobachteten Phänomene. Der Typograph Till Gathmann verweist in seinem Vortrag mit dem Titel »Layout als Form der Reflexion«[31] darauf, dass mitunter erst der Layoutprozess, also das visuelle Arrangieren oder Organisieren der Elemente, zur Klärung und Systematisierung oder gar zum Explizieren der Inhalte führt. Demnach könnte man den Layoutprozess als Modellbildung oder auch als Niederschlag diagrammatischen Denkens verstehen, der in Abgrenzung zur Theoriebildung einen offenen, weiterführenden Charakter aufweist und eine geeignete Synthese zwischen Beobachtung, Analyse und Theoriebildung hervorbringt.[32] Daraus ergibt sich eine Art von theoriebasierter Praxisreflexion, die sich u. a. auch in der Portfolioarbeit und den Notationssystemen der Grounded Theory wiederfindet, und ebenso selbstverständlich wie zentral für Design- und Gestaltungsprozesse (u. a. in der Architektur) zur gängigen Praxis gehört. Konkret lautet mein Vorschlag nun also hier, in vorerst vier grundlegenden Schritten die Recherche und Beobachtung zu explizieren und ein Modell zu entwicklen, welches in mehrstufigen Testläufen zu Prototypen führen kann. Diese wiederum gilt es begleitend zu überprüfen und einzupassen. Für die hier vorliegende Arbeit könnte entsprechend nachträglich – retrospektiv – die folgende an der Grounded Theory orientierte Anlage der Untersuchung identifiziert werden: (1) Beobachten und Dokumentieren, (2) Analysieren und Kommentieren, (3) Kommunizieren und Modellieren, (4) Bewerten und Verifizieren, (5) Entwerfen und Modellbildung, (6) Formulieren und Theoriebildung. Wobei die Theoriereflexion und -bildung nicht unbedingt zeitlich nach der Erarbeitung der Modelle liegt, oder gelegen hat, sondern nach einem parallel verlaufenden Prozess als (7) nochmalige Konkretisierung stattfindet.[33]

3.7 Material

In dieser Arbeit führt die theoriegeleitete Anlage des Versuchsaufbaus dazu, dass der Datenkorpus sich beständig im Abgleich mit der Analyse des Materials verändert und sich dabei fortwährend neu bildet. Über Ergänzungen und Veränderungen werden der Modell- und Theoriebildung je nach Relevanz weitere Beispiele zum Phänomen Bild hinzugestellt

31 Gathmann, Till. »Layout als Form der Reflexion«. Gastvortrag, 21.04.2017. HKB Bern, Guest Lecture Festival MA Communication Design (unveröffentlicht).

32 U. a. mit Bezug auf den Psychoanalytiker Wilfred Rupprecht Bion. Vgl. Bion, Wilfred Ruprecht. *Lernen durch Erfahrung.* Frankfurt/Main, 1992, S. 128.

33 Reichertz 2013, S. 25ff.

oder wieder abgezogen.[34] Darauf aufbauend ergab sich für die in dieser Arbeit untersuchten Fragen des Materials im ersten Schritt eine erhebliche Einschränkung des Feldes. Dieses Feld wurde zuerst als unsystematisches *semantisches Feld* gebildet und auf die sogenannte Post-Internet Art und die mit dieser Kunst verbundenen theoretischen und praktischen Überlegungen eingeschränkt. Zum einen werden hier nun entsprechend der praxistheoretischen Anlage der Arbeit künstlerische Arbeiten, Interviews, Gespräche und Vorträge als Niederschlag des Diskurses im Feld der Kunst herangezogen und in den Kapiteln als Beispiele angeführt, sowie zum anderen in Teil III der Exploration ausführlicher dargestellt. Die Auswahl der Werke und Akteur*innen wurde auf Basis der vorab angelegten Beobachtungen (Anzahl der Teilnahmen und Auftritte in Ausstellungen und Veranstaltungen unter den gleichen Schlagworten) und der daraus resultierenden Vermutungen der Diskursnähe getroffen.[35] Darüber hinaus wurden über den Verlauf der Erhebungen und Analyse jene Arbeiten gewählt, die sich als besonders dicht und zielführend für die Fragestellung erwiesen. Gesprächsformate, Akteur*innen und Werke stehen in einem engen Wechselverhältnis und unterhalten vielfältige Relationen, die mehrheitlich eine Durchdringung der medienkulturell geprägten Gegenwart anstreben.[36]

3.8 Zusammenfassung

Eine genauere Beschreibung bedürfe nun eines erneuten Zurücktretens hinter die Kategorien und Begriffe im Material, schreibt Helmut Draxler in *Jenseits des Augenblicks* und führt weiter aus: »Um die Unklarheiten besser zu verstehen und bewerten zu können, müssten wir die Begriffe Kunst, Geschichte, Kritik neu sortieren und in ihrer jeweils eigenen Geschichtlichkeit rekonstruieren.«[37] Das ist natürlich nicht in erster Linie die Aufgabe der Kunstpädagogik oder Kunstvermittlung, sondern überschreitet die Fachgrenzen um ein Vielfaches. Allerdings könnte es als die forschende Aufgabe einer Kunstpädagogik verstanden werden, aus den fachspezifischen Fragen und Praxen heraus Beiträge für eine

34 Keller, Reiner. *Diskursforschung. Eine Einführung für SozialwissenschaftlerInnen.* Wiesbaden, 2011, S. 109.

35 Die Aufzeichnungen hierzu sind über einen längeren Zeitraum des interessengeleiteten Forschens leider etwas unsystematisch und hängen der Arbeit daher nicht an.

36 Die Fragen, die sich grundsätzlich für eine Arbeit wie diese stellen, betreffen die Angemessenheit der Methode und die Brauchbarkeit des Materials. In der Kunstpädagogik sind dies keine einfachen Fragen, die ich mehr oder minder legitimiert umgangen bin, in dem ich mich einerseits aus den Methodenkästen der angrenzenden Fächer bediente und andererseits aus der Mitte heraus begonnen habe, die unsystematischen Beobachtungen zu durchdringen. Der der aus der Sozialwissenschaft stammende Ansatz einer Grounded Theory hat mir dabei viele wichtige Anhaltspunkte und Hilfestellungen geboten. Die Wahl des Materials, des Feldes und der Art der Erhebung stellen ebenso schwierige Entscheidungen dar, und auch in diesem Fall finden sich nur wenige reflektierte fachspezifische Beispiele und Lösungen in der Forschung des Fachs.

37 Draxler, Helmut. »Jenseits des Augenblicks. Geschichte, Kritik, und Kunst der Gegenwart«. In: Kernbauer, E. (Hg.). *Kunstgeschichtlichkeit. Historizität und Anachronie in der Gegenwartskunst.* Paderborn, 2015, S. 129–143, hier: S. 135.

solche Überarbeitung zu liefern. Nicolas Bourriaud strebt eine *vitale* Verbindung zwischen Kritiker*innen und Werken an und spricht von einem Rhythmus, einer Idee, einem Bild, das er zum Ausdruck bringen wollte. Den Rhythmus der Gegenwart nachklingen zu lassen, wäre nun wohl ein zu abenteuerliches Ziel. Jedoch tragen die Durchdringungsversuche der Gegenwart, die ja Material dieser Arbeit sind, sicherlich zur Umschreibung bei. Noch grundlegender für den vorgelegten Zusammenhang ist jedoch: Bourriaud bezeichnet seine Beschreibungsversuche, mit Verweis auf Walter Benjamin und Georges Bataille, als »sprunghafte Darstellung eines Themas, eine fragmentarische und vagabundierende Schreibweise«[38], die es nach Bourriaud bisweilen sogar anschaulicher vermag den betrachteten Gegenstand zu konturieren als eine rein faktische Beschreibung. Bourriaud kombiniert die theoretische Reflexion mit ästhetischen Untersuchungen an aktueller Kunst und sucht Anwendungen in der Gegenwart. Ein Vorgehen, das ich nun auch methodisch als Versicherung meines Vorhabens verstehen möchte und woran ich mir im Beginn der Unternehmung einer Diskussion am »Bild der Gegenwart« ein Beispiel genommen habe.

38 Bourriaud, Nicolas. *Radikant.* Berlin, 2009, S. 203.

Teil I
Exploration Bezugswissenschaften

4 Untersuchung des Bedingungsgefüges Gegenwart

Abb. 4.1: schwarze Fläche.

Als Zeichen höchster Dichte und geringster Reflexion steht die Farbe Schwarz für die maximal vorstellbare Abwesenheit einer optischen Information. Die Schwarzblende (Fade-out)[1] am Ende eines Filmes ist eine sympathische Illustration dieser Abwesenheit und dient zugleich als Zeichen der Auf- und Abkündigung. Mit der massenhaften Verfügbarkeit des filmischen Bildes, spätestens aber mit dem Fernsehen, ist die Blende Teil der kulturellen Sehgewohnheiten. Das Schwarz oder gelegentlich auch das überblendende Weiß sind routinierte Boten des Übergangs. Das verspiegelte Schwarz der Smartphone- und LCD-Bildschirme beginnt zu einer ähnlich gewohnten visuellen Gegenwart zu werden und begleitet alltäglich Erfahrungen des technischen Übergangs. Hinter der zumeist inaktiven glatten Oberfläche der schwarzen Bildschirme verbirgt sich der Stand-by-Zustand des Gerätes, der erst nach Abfrage, per Signal oder Zugriff, zu einer erfahrbaren Oberfläche wird.

In vielerlei Hinsicht ist der Prozess einer Forschungsarbeit an dem extrem verdichteten Material der Gegenwart mit solch einem zarten und momenthaften Aktivieren inaktiver Oberflächen zu vergleichen. Der *black mirror* des Smartphones, den es per Zugriff erst zu aktivieren gilt, scheint dafür eine zutiefst passende Metapher. Diese zu aktivierenden technischen Oberflächen sind auch Ausgangspunkt der britischen Serie »Black Mirror« (2011–2019). In der Serie, die aus unabhängigen und thematisch mäandernden Folgen aufgebaut ist, wird das zunehmend komplizierte Verhältnis zwischen Daten, Technologien und einer *human condition*[2] förmlich aus den Fiktionen einer zukünftigen Gegenwart geschält und dabei mögliche Zukünfte untersucht. Der Zugriff, den die

1 Ein Fade-out meint eine allmähliche Verringerung der Blendenöffnung bis das Bild schwarz wird und wird seit etwa 1920 routiniert eingesetzt. Vgl. auch den Eintrag »Abblende« im Lexikon der Filmbegriffe. Online: http://filmlexikon.uni-kiel.de/index.php?action=lexikon&tag=det&id=60 [11.02.2018].

2 Hier wird *human condition* im Sinne einer Ansammlung von Rahmenbedingungen für das Menschsein verwendet. Das ist nicht direkt als Verweis auf die Ausführungen Hannah Arendts zu verstehen, die darunter das Leben, die Erde, eine Natalität und eine Mortalität, Weltlichkeit und Pluralität versteht. Vgl. Arendt, Hannah. *The Human Condition.* Chicago/London, 1958, S. 11.

Serie wählt, übersetzt das zumeist schlicht Unbegreifliche in detaillierte Simulationen zukünftiger Szenarien und findet eindrückliche audiovisuelle Repräsentationen, oder überzeugende Bilder, für mögliche zukünftige Gegenwarten[3]. Dieser *black mirror*, Namensgeber*in der Serie, bebildert Thema für Thema, Zugriff für Zugriff, ausufernde Spekulationen an zukünftigen Gegenwarten. Im Verständnis einer solchen Schritt-für-Schritt-Aktivierung gebe ich im vorliegenden Kapitel zuerst einen Überblick über zentrale Aspekte gegenwärtig aufkeimender Fragen zu den zukünftigen Gegenwarten und leite dann zu deren Simulationen in der Gegenwart über, die ich am Beispiel des Bildes untersuchen werde.

4.1 Vorbereiten des Feldes

Die Kunstwissenschaften verfügen über eine Vielzahl von Werkzeugen und über ein differenziertes Vokabular für die Analyse kunstwissenschaftlich relevanten Materials. Obwohl die Expertise vor allem auf den Spezialfall des Tafelbildes ausgerichtet ist, wurde das Analyse- und Beschreibungsrepertoire auch abseits des Tafelbildes an seine Anwendungen (u. a. Videobild und *Social Practice*) angepasst. Besonders im Genre des Bewegtbildes barg dies einige Herausforderungen seit Anfang der Videotechnik und Digitalisierung. Im Rahmen der Bild- und Technikgeschichte sowie Kulturwissenschaften galt es zwischen Bildobjekten und Bildträgern zu vermitteln und die Überlagerungen von Materiallogik und Medium mit jeder Technikaktualisierung immer wieder erneut zu kalibrieren und thematisieren. Eine Systematik, die bei so rasant wechselnden Dateien, Formaten und Speichermedien ebenso wenig machbar wie sinnvoll war/ist. Während der kontinuierlichen Anpassungen der kunstwissenschaftlichen Routinen an die Fluidität des Materials schien der Bildträger (und dessen Logik) häufig unverhältnismäßig in den Vordergrund zu rücken. Dabei bestand, und besteht noch, die Gefahr, dass das Offensichtliche über die Beschreibungen so vordergründig wird, dass das Bildobjekt (auch als Inhalt verstanden) so zweifelsfrei erkannt werden kann, dass es kaum noch in seinen Materialeigenschaften sichtbar werden kann.

Die in dieser Arbeit, und besonders in diesem Kapitel, angelegte Untersuchung geht an vielen Stellen bewusst einen Schritt *hinter* die Selbstverständlichkeiten am künstlerischen Material und dessen Logik zurück. Dies ist notwendig, weil der Verdacht besteht, dass gerade in der Wendung zum Digitalen (u. a. bezogen auf die Phänomene der Post-Internet Art) etwas übersehen wurde, was für den Umgang mit der Gegenwart von zentraler Be-

3 Esposito 2007.

deutung sein könnte. Durch disziplinäre Diversität versuche ich im Folgenden eine Diskussion am Phänomen Bild zu führen, die konsequent aus der Mitte der Gegenwart beschreibt, aber auch abseits der etablierten kunstwissenschaftlichen Wege einen zerstreuenden Werkumgang sucht, und sich auf den Umgang mit dem Bild als einem Artefakt seiner Zeit fokussiert. Die These, die hier verfolgt wird, lässt sich entsprechend wie folgt skizzieren: Die Phänomene der Bildlichkeit haben die Routinen der Visualität verlassen und neue Organisationsweisen sowie Vergegenwärtigungsstrategien erfunden, die den Anforderungen der Gegenwart besser entsprechen. Die Auftretensmodi sind visuell wie *nicht-visuell* angelegt, jedoch strukturell bedingt. Um diesen Veränderungen nun kunstwissenschaftlich und kunstpädagogisch zu begegnen, bedarf es eines anderen Umgangs mit dem Bild. Ein Umgang, der den Bildern im Plural (aber auch im Singular sowie ihren Verbünden und deren Überlagerungen) gerecht wird und dabei die visuellen Oberflächenphänomene[4] vor dem Hintergrund weitreichender struktureller Veränderungen an den Darstellungsmöglichkeiten bedenkt.

In den Präliminarien beschreibe ich einige grundlegende Beobachtungen, die den Ausgangspunkt dieser Untersuchung stellen: Die aktuelle Kunst[5] hat sich in der Mitte des Bedingungsgefüges der technologischen, medialen und politischen Gegenwart eingerichtet und aus dieser heraus agiert sie mit mehr oder weniger angepassten und effizienten Strategien. Die Handlungs- und Analyselogik dieser Strategien zu beschreiben und durch fundierte Zusammenfassungen der vorgängigen Theorien zu konkretisieren, steht im Zentrum der hier angestrebten Ausführungen und liefert die Grundlage für alle weiteren Betrachtungen am Bild. In Kapitel 8 werden die hier gesammelten theoretischen Bezüge den ausführlichen Beschreibungen der künstlerischen Arbeiten Nachweise liefern. Die in Kapitel 5–7 erarbeiteten Diskussionslinien werden der Exploration im vorletzten Kapitel 8 dann als Gerüst dienen.

Feedbackschleifen und Seismografen

Aus der Perspektive der Kunstpädagogik, von der aus ich meine Untersuchungen vornehme, geht es in der Sache nicht darum, der Kunstgeschichte oder Kunstwissenschaft eine handwerkliche oder inhaltliche Innovation vorzustellen. Es geht vielmehr um die Untersuchung eines pragmatischen Vorgehens, das es der Kunstpädagogik und Kunstvermittlung ermöglichen kann, mit den rasanten technologischen und sozialen Veränderungen

4 Vgl. Hinterwaldner, Inge. »Prolog. Modellhaftigkeit und Bildlichkeit in Entwurfsartefakten«. In: Ammon, S.; Hinterwaldner, I. (Hg.). *Bildlichkeit im Zeitalter der Modellierung. Operative Artefakte in Entwurfsprozessen der Architektur und des Ingenieurwesens.* Paderborn, 2017, S. 13–30. U. a. genauer beschrieben in Kapitel 4.3.1 (b) und Kapitel 5.7.

5 Der Begriff »aktuelle Kunst« meint Gegenwartskunst, die sich im aktuellen professionellen Diskurs befindet.

– sozusagen in Echtzeit – einen durch andere Disziplinen informierten, aber eigenen fachlichen Umgang (mit der jeweiligen Kunst der Zeit und ihrer Logik) zu finden. Erkennt man jedoch an, dass die Kunst seismografischen Charakter für die sich ankündigenden gesellschaftlichen Bedingungen haben kann,[6] dann ist dieses Verhältnis der Kunst zur jeweils erlebten Realität für die Kunstpädagogik doppelt schwierig Anders als für Kunstwissenschaft und Kunstgeschichte, die vorwiegend in der Sicherheit des kuratorisch vorsortierten Segments der Kunstproduktion operieren, scheint gerade die Kunstvermittlung am wissenschaftlich noch unbewiesenen Material in weitestgehend unsortierten gesellschaftlichem Gefüge[7] mit ganz eigenen Anforderungen ein zusätzliches Problem zu konfrontieren: Die mehrfache Unübersichtlichkeit der Bezüge und Belege verstellt den Blick auf das Wesentliche der Zeit. Über ein Zusammenwirken des vorliegenden Materials und seiner jeweiligen Bezugssysteme ergibt sich eine Doublebind-Situation, die zudem mit einem nicht unerheblichen Feedback-Effekt[8] verbunden ist. Das Ergebnis ist ein unangenehmes Gefühl der Überforderung und ein Wunsch nach Abstand. Angesichts dieser Problematik ist eine abwartende Haltung oder Abkehr ein sehr verständlicher Umgang. Jedoch, eine künstlerische Arbeit ist nur so gut verständlich, wie ihr Entstehungskontext und Rezeptionskontext erschlossen werden kann. Genau das aber ist bei voranschreitender Segmentierung der Diskurse in globale Verflechtungen eine zunehmend schwierige Aufgabe. Das Wirken der Kunstpädagogik ist darauf ausgerichtet, mit den

6 Unter seismografischem Charakter verstehe ich hier eine in der Kunst und bei Künstler*innen praktizierte tiefgründige Auseinandersetzung mit den Verschiebungen der jeweiligen Gegenwart, u. a. bei Uwe Fleckner als »technisch-metaphorisch« festgehalten und als ein Begriff beschrieben, »der auf die Fähigkeit eines Künstlers hinweist, die mnemischen Wellen gegenwärtiger wie historischer Erschütterungen aufzuspüren und im Kunstwerk visuell sichtbar zu machen«. Vgl. Fleckner, Uwe. *Der Künstler als Seismograph. Zur Gegenwart der Kunst und zur Kunst der Gegenwart.* Hamburg, 2012, S. 11.

7 Hier denke ich vor allem an Fragen der Digitalisierung und ihre Auswirkungen auf Migrationsgesellschaft oder Post-Migrationsgesellschaft. Gerade im Zuge der stärkeren medialen und gesellschaftlichen Wahrnehmung neurechter Phänomene wird deutlicher, dass die Ausrufungen der Postmoderne zum »Ende der großen Erzählungen« nach Lyotard in komplexe, nicht unbedingt herrschaftskritische, Neuordungsprozesse münden. Vgl. Lyotard 1984.

8 Verstanden als komplexe interdependente Wechselwirkungen zwischen allen Entitäten, die zum Gelingen von Gesellschaft beitragen. Gerade die gesellschaftlichen, ökonomischen und ökologischen Umordnungsprozesse der Gegenwart rufen Reaktionen hervor, die wiederum zu weiteren Reaktionen-Reaktionen führen, deren Auswirkungen nicht als linear verstanden werden können. Ich beziehe mich hier nicht direkt auf das Konzept der »autopoietischen Feedbackschleife« nach Erika Fischer-Lichte, bringe mein Verständnis aber durchaus mit dem von ihr beschriebenen Konzept zusammen. Fischer-Lichte spricht in Bezug auf Theaterproduktionen von einer »nonlinearen Netzwerkstruktur« der Wechselbeziehungen zwischen allen am Gesamtprozess beteiligten Faktoren und bezieht sich mit dem Begriff »soziale Konnektivität« auf Thorsten Quandt. Vgl. Fischer-Lichte, Erika. *Ästhetik des Performativen.* Frankfurt/Main, 2004; Quandt, Thorsten. »Netzwerke und menschliches Handeln: Theoretische Konzepte und empirische Anwendungsfelder«. In: Hepp, Andreas; Krotz, F.; Moores, S.; Winter, C. (Hg.). *Konnektivität, Netzwerk und Fluss. Konzepte gegenwärtiger Medien-, Kommunikations- und Kulturtheorie.* Wiesbaden, 2006, S. 119–140.

künstlerischen Arbeiten sinnvolle Zugänge zum Jetzt[9] und zur Zukunft zu finden und sie im Wechselspiel mit Gesellschaft und Welt[10] im Sinne eines *produktiven Bildungsmoments* zu erschließen. Um dieser großen Aufgabe irgendwie gerecht werden zu können, ist gerade die Kunstpädagogik darauf angewiesen, auf vorliegende kunstwissenschaftliche Analysen und Einordnungen zu vertrauen. Unter den gegebenen gegenwärtigen Produktionsbedingungen von Kunst und Kultur kann diesem Anspruch auf Absicherung des Diskurses allerdings immer weniger entsprochen werden. Während sich die künstlerischen Arbeiten direkt (sowie indirekt) auf die Bedingungen ihrer Gegenwart beziehen, wird die Kunstpädagogik selbst zu einer bildungswirksamen, kritischen und gesellschaftlich wirksamen Arbeit *mit, an,* und *über* Kunst im Sinne eines transformativen Ansatzes in der Kunstvermittlung.[11]

Kontextualisierung und Bezugssysteme

Ob eine aktuelle künstlerische Arbeit dauerhaft im kunsthistorischen Kanon verankert werden kann, ist im Moment der kuratorischen Beschäftigung meist noch nicht absehbar. Die daraus resultierende Unsicherheit fordert transdisziplinäre und agile Konzepte, die sich auch für die kunstpädagogische Annäherung eignen. Gerade die Gleichzeitigkeit der künstlerischen Produktion und der Beschäftigung damit unter Bezugnahme auf Gesellschaftstheorien ermöglichen die Realisierung des *transformatorischen* Potenzials in der Begegnung mit der Kunst, den Künsten und ihren Institutionen.[12] Einen Behelf stellen dabei die Bildphänomene des Alltags (in Performanz und Potenz) dar. Im Sinne einer Bildkompetenz[13] erschlossen, kann die Frage nach der Kunsthaftigkeit (Kanon oder nicht)

9 Mit dem *Jetzt* ist ein Moment in der Gegenwart gemeint, der ein hohes Aktivitätspotenzial aufweist. Ich beziehe mich hier nicht direkt auf Walter Benjamins Konzept der Jetztzeit, die in einem politischen Sinne auch über revolutionäres Potenzial bestimmter Momente im Lauf der Geschichte spricht, aber ich halte seine Ausführungen dazu auch in diesem Zusammenhang für nennenswert: »Time that has been detached from the continuum of history. It is time at a standstill, poised, filled with energy, and ready to take what Benjamin called the ›tiger's leap‹ into the future. It isn't naturally occurring, however, and takes the intervention of the artist or revolutionary to produce it by ›blasting‹ it free from the ceaseless flow in which it would otherwise be trapped«. Vgl. »jetztzeit (now-time)«, Oxford Reference, 2020. Online: https://www.oxfordreference.com/view/10.1093/acref/9780199532919.001.0001/acref-9780199532919-e-376?rskey=i-ULUpj&result=376 [03.10.2020].

10 In einem produktiven Missverständnis von Hans-Christoph Koller entwickelt: »[Das] Verhältnis von Selbst zu Welt« gewendet zu einer Sekundärerfahrung am Kunstwerk für das Selbst, in dem es sich probeweise in dem ausgelegten Beziehungsgefüge als Stellvertreterin eingebettet sieht. Vgl. Koller, Hans-Christoph. *Bildung anders denken. Einführung in die Theorie transformatorischer Bildungsprozesse.* Stuttgart, 2012, S. 16.

11 Moersch, Carmen. »Am Kreuzungspunkt von vier Diskursen. Die Documenta 12 Vermittlung zwischen Affirmation, Reproduktion, Dekonstruktion und Transformation«. In: Meyer, T.; Kolb, G. (Hg.). *What's next? Art Education.* München, 2015, S. 231–232.

12 Ebd.

13 Florian Schaper formuliert mit Verweis auf Meyer (2003) einen Bildkompetenzbegriff, der rezeptive wie produktive Bildstrategien einbezieht und »Subjektbildung« und »Anforderungen der Gesellschaft entspricht«. In: Schaper, Florian. *Bildkompetenz. Kunstvermittlung im Spannungsfeld analoger und digitaler Bilder.* Bielefeld, 2012, S. 15.

gänzlich aus der Rechnung herausgelassen werden. Diejenige Kunst allerdings, die gerade unter den Bedingungen des Jetzt (und unter der Leichtigkeit einer vielfältigen *Postdigital Condition*[14]) entsteht, bietet sehr direkte Anknüpfungspunkte für eine kritische Kunstpädagogik, die sich nicht hinter dem bürgerlichen Bildergenuss[15] verstecken mag, aber auch nicht durch die Flucht ins Kunstferne des ausschließlich Alltagsweltlichen in Versuchung gerät. Selbst wenn es vielversprechend scheint, die Beschäftigung mit aktueller Kunst zugunsten einer Beschäftigung mit den *visuellen Phänomenen der Gegenwart* aufzugeben (u.a. im Anschluss an die Thesen des Kunstpädagogen Franz Billmayer,[16] sich im Auftrag der Kunstpädagogik eher dem Bild zu widmen als der Kunst und sich nicht zuletzt in der Tradition der *visuellen Kommunikation*[17] zu verorten), liefert z.B. gerade der Zugang über die starken Referenzen und der lebensweltliche Anschluss der Post-Internet Art dienliche Potenziale für Bildung. Betrachtet man also die aktuelle Kunst, wie sie in den gegenwärtig stattfindenden Ausstellungen des Kunstbetriebs gezeigt wird, und ihre Produzent*innen, so sind kuratorische Konzepte, Kunstjournalismus, sowie Interviews mit den Akteur*innen, die besten Niederschläge der aktuellen Beschäftigungen, die Einblicke in die relevanten Referenzsysteme der Gegenwart bieten können. Nur über diese Kontextualisierung[18] der Arbeit in ihren semantischen und materiellen Bezugssystemen[19] lassen sie sich erschließen und auch inhaltlich, im Sinne einer kritischen Kunstpädagogik, für Durchdringungsprozesse an der Gegenwart verstehen und nutzen.

14 Hierzu in Kapitel 2: Präliminarien. Eine Bedingungsstruktur, in der die Akteur*innen auf der Basis bestehenden Wissens, überlieferter Traditionen und auch vorangegangener Brüche, in einer Normalität der Kopie/Retrospektive/Revival/Überholung agieren. Vgl. »post-everything« oder »post-irgendwas« u. a. bei Avanessian, Armen; Malik, Suhail. »Der Zeitkomplex«. In: Avanessian und Malik 2016, S. 7–36, hier: S. 11.

15 Eine etwas flapsige Formulierung, die ich aber recht treffend finde. Billmayer verstehe ich mit seinem Vorstoß vor allem gegen eine Selbstverständlichkeit der Kunstbetrachtung, wenn die Bilderfahrung Einzelner schon allein aufgrund starker Privilegien-Unterschiede beschränkt ist.

16 Franz Billmayer argumentiert hier für eine Bildorientierung anstelle einer Kunstorientierung: »Mich interessiert, wie wir Kinder und Jugendliche auf die Welt der Bilder vorbereiten. Als ›Kunst‹lehrer interessiert mich, wie die ›Kunst‹pädagogik das macht, machen sollte und machen könnte. ›Kunst‹ in Anführungszeichen: Denn die Orientierung an der Kunst behindert dieses Unternehmen eher«. Vgl. Billmayer, Franz. »Paradigmenwechsel übersehen. Eine Polemik gegen die Kunstorientierung der Kunstpädagogik«. Hamburg, 2008. Online: http://hup.sub.uni-hamburg.de/volltexte/2008/44/pdf/HamburgUP_KPP19_Billmayer.pdf [03.01.2018].

17 Hier sei auf die sehr spezialisierten Debatten der »visuellen Kommunikation« in Bezug auf eine Neuausrichtung der Kunstpädagogik hin zu den Alltagsphänomenen im Bild verwiesen, die u. a. auf Gunter Otto zurückgehen, der »massenmediale« sowie »künstlerische« Bilder in den Korpus der Kunstpädagogik inkludiert sah. Vgl. Otto, Gunter. *Didaktik der Ästhetischen Erziehung*. Braunschweig, 1974.

18 Die Kontextualisierung könnte auch hier als Display von Durchdringungsprozessen verhandelt werden.

19 Ihren Bezugssystemen und derjenigen theoretischen oder kulturellen Verweise, worauf sie sich demnach auch diskursbildend bezieht.

4.2 Allianzen in der Gegenwart: Eine Werkannäherung

Zur Legitimation des Vorgehens innerhalb dieser Untersuchungen möchte ich nun eine *Allianz* mit einer künstlerischen Arbeit vorschlagen und diese in ihrem Gegenwartsgefüge ausleuchten. Die Arbeit, die ich aufgrund ihrer Beschäftigung mit Phänomenen der Sichtbarkeit ausgewählt habe, ist Hito Steyerls »How Not to Be Seen: A Fucking Didactic Educational .MOV File« (2013). Eine Allianz mit diesem künstlerischen *Durchdringungsversuch an der Gegenwart* halte ich für notwendig, weil gerade die künstlerische Praxis von Hito Steyerl vielfältige formale und inhaltliche Anschlüsse an meine theoretischen wie kulturellen Beobachtungen bietet und diese auf explizit künstlerische Weise adressiert und visualisiert. Besonders einträglich dabei: die Arbeiten von Hito Steyerl basieren auf der Grundannahme eines veränderten Verhältnisses zum Sichtbaren und einer sich daraus ergebenden Wahrnehmungsverschiebung. In der Logik ihres Werks taucht sie mit ihren Untersuchungen nahezu widerstandslos, geradezu immersiv, in die Bedingungen der Gegenwart ein und *pausiert*[20] in fein kuratierten Verdichtungen, um die dahinterliegenden Techniken und Strategien zu explizieren. Vermutlich ist es bereits dieses aufbauende und anschauliche Vorgehen, was sie mit »Fucking Didactic« bezeichnet, und was Kunstpädagog*innen aufhorchen lassen sollte.

Im Spiel mit der *Doppeldeutigkeit*[21] vermittelt Steyerl an der Gegenwart und nutzt Strategien zwischen etablierten und unsicheren sprachlichen Formen und ästhetischen Lösungen aktueller Praxis. Der Film, oder vielmehr die Videoinstallation »Fucking Didactic …« wurde vielfach ausgestellt (MoMA, New York, 2014; Tate Modern, London, 2016; Biennale von Venedig, 2013, u. a. m.) und scheint auf besondere Weise den Themen der Gegenwart (Überwachung, visuelle Verschmutzung, Digitalität und aktuelle Medienkultur etc.) vermittelnd zu begegnen und diese auch im kunstwissenschaftlichen Diskurs zu installieren. Sie reflektiert die Potenziale der technischen Möglichkeiten und richtet sich außerordentlich genüsslich in den bildnerischen Dimensionen ihrer Versuchsanordnung ein. Dabei liefert sie eine Art der *dichten* Beschreibung[22] für die Bedingungen der techno-

20 Siehe Ausführungen zu Hannah Arendts »Lücke«, u. a. in Kapitel 9 und den Ausführungen in den Präliminarien.

21 Hier bietet sich ein Verweis auf den in der Kunst sehr oft auftauchenden Januskopf an. Janus ist der römische Gott des Übergangs. Wikipedia führt aus: »Janus symbolisiert die Dualität in den ewigen Gesetzen, wie etwa Schöpfung/Zerstörung, Leben/Tod, Licht/Dunkelheit, Anfang/Ende, Zukunft/Vergangenheit, Links/Rechts usw. Er ist die Erkenntnis, dass alles Göttliche immer einen Gegenspieler in sich birgt. Beide Seiten der Dualität entziehen sich dabei immer einer objektiven Wertung und sind damit weder gut noch schlecht«. Vgl. »Janus (Mythologie)«, Wikipedia, *Die freie Enzyklopädie*. Bearbeitungsstand: 20. Dezember 2019. Online: https://de.wikipedia.org/wiki/Janus_(Mythologie) [03.10.2020].

22 Diese Formulierung geht auf das theoretische Konzept »dichte Beschreibung« (*thick description*) von Clifford Geertz zurück. Demnach gibt es keine reinen Daten oder kein reines Wissen und daher muss eine ergiebige Beschreibung der Erwartungen, Hintergründe und Herangehensweisen der Wissenschaftler*innen erfolgen. Er formuliert: »Das Deuten besteht darin, das ›Gesagte‹ […] dem vergänglichen Augenblick zu entreißen«. Vgl. Geertz 2003, S. 30.

logischen Gegenwart in sehr spekulativem Terrain. Hito Steyerl konstruiert anschauliche Bilder für Zusammenhänge, deren Beschreibungen rein sprachliche Mittel bis dahin noch nicht habhaft geworden waren. Sie finden jenen Rhythmus der Gegenwart und übersetzt ihn in Bilder.

Abb. 4.2.1–4.2.3: Hito Steyerl, »How Not to Be Seen: A Fucking Didactic Educational .MOV File«, 2013. HD video projection (color, sound, 14 minutes), architectural environment, dimensions variable.

4.2.1 Immersion: »How Not to Be Seen« (Hito Steyerl)

Im Folgenden werde ich die Videoarbeit in notwendiger Kürze beschreiben und ihren diskurspflegenden Charakter hervorheben. Die Arbeit »How Not to Be Seen: A Fucking Educational .MOV File« (2013) von Hito Steyerl dient den hier verhandelten Fragen zu den Bildphänomenen der Gegenwart als erste Folie für die Erarbeitung angemessener Methoden zur Bilddiskussion, die in Kapitel 7 und 8 an weiteren Beispielen vertieft werden. Während die Anschaulichkeit der Phänomene am Bild im Fokus dieser Arbeit stehen, sollen die folgenden Beschreibungsversuche vorerst nur grundsätzlich Aufschluss über das Verweissystem und die Anlage der unternommenen Untersuchung liefern. Die Beschreibung dient dem inhaltlichen Einstieg in die komplexen Fragen der Werkproduktion in der Gegenwart und zielt dabei weniger auf eine einwandfreie technische Analyse oder eine weitreichende inhaltliche Interpretation ab. Die Untersuchung soll wesentliche Aspekte für die Diskursanbindung und -konstruktion identifizieren, welche dann im Folgenden theoretisch weitere Bearbeitung finden werden. Besondere Aufmerksamkeit liegt auf dem Vorgehen innerhalb der Narration und den *Modi des Zeigens*.
Die Arbeit »How Not to Be Seen: A Fucking Educational .MOV File« ist Teil einer Reihe von Videoarbeiten der Künstlerin Hito Steyerl, in der sie sich den Implikationen und komplexen Überlagerungen einer techno-sozial verwobenen Gegenwart widmet. In fünf Kapiteln untersucht Steyerl Praxen der Sichtbarkeit (von wem wird was/wer unter welchen Bedingungen sichtbar?) über eine performativ-rezeptive Annäherung. Die leitende Frage der audiovisuellen Versuchsanordnung scheint dabei zu sein: Was bedeutet es unsichtbar zu sein, nicht sichtbar sein zu müssen oder gar unsichtbar sein zu wollen? In Zeiten digitaler Kameratechnik und durchgreifender Datafizierung kein einfacher Anspruch – der auch die dunklen Seiten des Fortschritts auf ganz unterschiedlichen Ebenen der Präsenz zu beleuchten vermag.

Im vorliegenden Standbild (Abb. 4.2.2) lässt Steyerl – selbst Protagonistin des Videos – per Concealer (Make-up zur Abdeckung) größere Flächen ihres Gesichtes vor dem Hintergrund eines Greenscreens kameralogisch unsichtbar werden. Ein Trick, ohne den kaum ein Kinofilm heute noch denkbar wäre. Im Rahmen dieser Ausführungen dient dieses Bild nun aber vor allem dazu, die Grundannahme dieses Textes beispielhaft zu unterlegen: Die digitalen Infrastrukturen und deren strukturelle Auswirkungen bleiben für den Menschen zunehmend unsichtbar oder unbegreiflich. Die Technik wird zum Hintergrund und wir werden, in diesem Fall gemeinsam mit Steyerl, per *Concealer* zu einem Teil von ihr (d.h. sie verschwindet vor dem Hintergrund, oder verschmilzt kameralogisch mit ihm). Direkt übersetzt, wirft die Metapher viele der großen Fragen der Gegenwart auf: Wie lässt sich damit umgehen? Wie können die Infrastrukturen, die trotz Wirksamkeit unter der Wahrnehmungsgrenze liegen, wieder sichtbarer, vorstellbarer und damit auch adressierbarer werden? Welche Werkzeuge und Methoden sind dienlich dabei? Was behindert uns im aktiven Umgang damit? Und noch wichtiger für die Kunstpädagogik: Wie kann die Auseinandersetzung mit dem Bild – so fachspezifisch sie ist – dazu beitragen, in der Gegenwart dieser Veränderungen weiterhin handlungsfähig zu bleiben, oder es wieder zu werden? Steyerls Videoarbeit ist für die Beantwortung vieler dieser Fragen eine ausgesprochen nützliche Allianz, die ich noch ein wenig weiter ausführen möchte.

In der ersten Einstellung liegt der Fokus auf einer Testplatte für optische Geräte (*resolution target*), die sich vor grünem Hintergrund befindet. Die nächste Einstellung zeigt eine verschwommene Hand, eine Hand die *out of focus* geraten ist. Der vorläufige Höhepunkt der ersten Lektion dieser Videoarbeit ist die formale Vorstellung eines *resolution targets*. Die Offstimme klärt darüber auf, dass dieses *target* die Sichtbarkeit eines Bildes misst, messen kann. In einer Splitscreen-Anlage des Bildausschnitts wird das *resolution target* im Studio mit einem ähnlichen *resolution target* in der Wüste überblendet und langsam, per *zoom out*, von der Satellitenkamera zurückgelassen. Das *target* wird immer kleiner, bis die Erde als jener blaue Ball erscheint, der auch den Umschlag des »Whole Earth Catalogue« (1968) illustrierte.[23] Die »Auflösung bestimmt die Sichtbarkeit« gibt die Stimme aus dem Off dabei zu verstehen. Alles, was nicht durch die Auflösung gebannt werden kann – also wer oder was z.B. kleiner ist –, bleibt unsichtbar. Steyerl macht die Betrachter*innen mit vier Möglichkeiten des kameralogischen Unsichtbarwerdens (*for a camera)* vertraut: (1) *to hide* (eine Hand blockiert die Sicht), (2) *to remove*, (3) *to go off-screen*, (4) *to disappear*. Darüber hinaus führt sie die *resolution* (dt.: Auflösung) als Indikator für Sichtbarkeit ein. Nur etwas, das von der *resolution* erfasst werden kann, ist folgerichtig kameratechnisch sichtbar.

23 Brand, Stewart. »Whole Earth Catalogue«. 1968. Online: https://monoskop.org/images/0/09/Brand_Stewart_Whole_Earth_Catalog_Fall_1968.pdf [23.03.2020].

In der zweiten Lektion tritt Hito Steyerl als Protagonistin und illustrierende Figur erneut zwischen die visuellen Ebenen und platziert sich im Fokus der Kamera. Die Testplatte nimmt jetzt den gesamten Hintergrund ein. Über verschiedene optische Techniken des Filmtricks illustriert Steyerl sieben Arten eines offensichtlichen Unsichtbarwerdens (*in plain sight*): (1) *pretend you are not there*, (2) *to hide*, (3) *to scroll*, (4) *to swipe*, (5) *to erase*, (6) *to shrink*, (7) *to take a picture*. Im Film führt sie diese Möglichkeiten an sogenannten *resolution targets*[24] praktisch aus. Meist nutzt Steyerl ihre Hände zur Illustration und hält sich an die Gesten einer Flugbegleiterin. Auch die für die Gegenwart typischen Gesten der Touchscreen- und der Smartphone-Nutzung (u. a *swipe, type, scroll*) spielen eine zentrale Rolle für die performative Visualisierung. Die Offstimme erklärt dabei, dass die genannten *resolutions targets* in den 1960er-Jahren für die Kalibrierung von Kameras für Luftaufnahmen verwendet wurden und auf einer Graustufenskala basieren. Von der Offstimme erfahren wir auch, dass die »wichtigsten Dinge der Gegenwart« (*most important things today*) es vorziehen, unsichtbar zu bleiben: u. a. die Liebe und der Krieg. Das ist eine folgenreiche inhaltliche Setzung. Nach einem weiteren Schnitt erhalten wir als Betrachter*innen die Information, dass sich in der kalifornischen Wüste großformatige Flächen für das Kalibrieren von Satellitenkameras befinden. Die Resolution bestimmt dabei die Sichtbarkeit, betont die Offstimme und versichert, dass die *resolution* die Welt *auf* Bilder und Quadrate reduziert. Eine Formulierung, die für die Untersuchung der agentiellen Aspekte des Visuellen nicht unerheblich ist.

> *»To become invisible, one has to become smaller or equal to one pixel.«*[25]

In Lektion 3 lernen wir, wie es über sieben Wege gelingen kann, selbst zu einem Bild zu werden. Die Erzählerstimme erklärt: »There are 7 ways of becoming a picture«, und führt dieses Unsichtbarwerden durch Bildwerdung (*becoming a picture*) anhand einer vereinfachender These aus: Unsichtbar zu sein bedeutet, kleiner als ein Pixel zu sein. Mit neuer Technik hat sich seit dem Jahr 2000 die Größe eines Pixels von 12 qm auf 1 qm verringert. Es ist damit entsprechend schwieriger geworden, für eine Kamera unsichtbar zu werden. Die Möglichkeiten, die dennoch bleiben, sind: (1) *to camouflage*, (2) *to conceal*, (3) *to cloak*, (4) *to mask*, (5) *to be painted*, (6) *to disguise*, (7) *to mimic*, (8) *to key*[26].

24 Hier: Markierungen zur Kalibrierung von Satellitenkameras.

25 Vgl. Steyerl, Hito. »How Not to Be Seen: A Fucking Didactic Educational .MOV File«. *MoMA Learning*, 2013. Online: https://www.moma.org/learn/moma_learning/hito-steyerl-how-not-to-be-seen-a-fucking-didactic-educational-mov-file-2013/ [11.02.2018].

26 Gemeint is ein Überschreiben visueller Informationen mit Chromakey-Technik, also eine Tricktechnik im Film, bei der eine spezifische Hintergrundfarbe (meist blau) in der Postproduktion mit Filmbild ersetzt werden.

In den darauffolgenden zwei Lektionen, deren Illustration sich über reichliche zehn Minuten erstrecken, spannt sich die Frage der optischen Kalibrierung von Technologie weiter auf. Mit den ausführlichen Erklärungen, die zwischen sozialer, politischer, optischer, kultureller und technischer Unsichtbarkeit hin- und herspringen, ergibt sich eine indirekte Forderung nach einer Re-Kalibrierung sozialer und technologischer sowie politischer Wahrnehmung. In Kapitel 4 der Videoarbeit werden z.B. 13 Arten des Unsichtbarwerdens in der Gegenwart ausgereifter Kameratechnik vorgestellt. Die Varianten, die Steyerl über die Offstimme in Kombination mit den visuellen Illustrationen skizziert, lassen viel Raum zur Interpretation und sind äußerst dicht kulturell und technisch codiert: (1) *living in a gated community*, (2) *living in a military zone*, (3) *being in an airport, factory or museum*, (4) *owning an anti-paparazzo handbag*, (5) *being fitted with an invisibility cloak*, (6) *being a super hero*, (7) *being female and over 50*, (8) *surfing the dark web*, (9) *being a dead pixel*, (10) *being a Wi-Fi signal moving through human bodies*, (11) *undocumented or poor*, (12) *being spam caught by a filter*, (13) *being a disappeared person as an enemy of the state*. Sie kontrastiert diese scharfen Beobachtungen ganz alltäglicher Phänomene, teils mit einem Augenzwinkern in der Formulierung, teils mit einer statistischen Analyse: »In the decade of the digital revolution 170,000 people disappeared«. Damit bekommt das Unsichtbarwerden eine politische Dimension, die auch in anderen Beispielen bereits angelegt ist, aber erst durch diese Fokussierung auf ein Verschwinden wirklich erfahrbar wird. Die Erzählerstimme führt weiter aus: »Disappeared people are annihilated, eliminated, eradicated, deleted, dispensed with, filtered, processed, selected, separated, wiped out«. Damit wagt sie eine, unter den Bedingungen der Gegenwart nicht vollständig abwegige, Überkreuzung physischer Abwesenheit mit digital oder virtuell induzierten Formen der Abwesenheit oder Unsichtbarkeit. Gerade in Kapitel 4 findet Steyerl auf besondere Weise zur Konturierung der Anforderungen, die das Bedingungsgefüge Gegenwart, schon allein aus technisch-optischer und datenlogischer Perspektive an uns stellt. Steyerl zeigt die Dimensionen dieses Bedingungsgefüges in sehr konzentrierter Form anhand der Konflikte medienkultureller Veränderungen auf und übersetzt diese dann in anschauliche Bilder. Unter den Beispielen finden sich aber auch Momente solcher Unsichtbarkeit, die nicht rein technisch hervorgerufen sind, sondern eher durch technische Lösungen gesellschaftlich katalysiert werden. Unter anderem widmet sich Steyerl dabei Fragen der visuellen Repräsentation, struktureller Diskriminierung, sowie der kulturellen spätkapitalistischen Abschottung und Entfremdung. Dies sind zweifelsohne wichtige Markierungen für eine Beschreibung der Gegenwart in ihren sozialen wie politischen Dimensionen, denen sie mit ihrer Verdichtung behutsam Rechnung trägt. In Lektion 5 geht es schließlich darum, nicht gesehen zu werden (also unsichtbar zu bleiben), indem man mit der Welt der Bilder verschmilzt. Die Fotografie als Technologie sei obsolet geworden. Man solle den Umhang der Repräsentation wählen und sich in den Rissen und Versatzstücken verstecken, oder in alten Formaten und Standards verhüllen, führt die Offstimme aus. Die Möglichkeiten dafür im Einzelnen werden wie folgt benannt: (1) *to hide*, (2) *to remove*, (3) *to go off-screen*, (4) *to disappear*.

Im letzten Kapitel kehrt sich das Verhältnis der Betrachtung um. Plötzlich schauen die Chromakey-Personen (sie tragen Overalls in Greenscreen-Farbe) sich die Desktop-Performance an und die Kameras werden selbst Akteur*innen der Szene. Während sich die Protagonist*innen mit den einfachen Verhüllungstricks durch Überblendungen unsichtbar *gerendert* haben, macht der Film nun über Versprünge im Bild auf verschiedene optische Ungereimtheiten aufmerksam. Unsichtbarkeit, Chromakey und optische sowie technische Verhüllungstechniken scheinen als eine Art Revanche der unsichtbaren, unbeachteten und nicht-repräsentierten Anteile der Realität untersucht zu werden. Unter dem Gesang der Gruppe »The Three Degrees« und einem auditiv einhüllenden »When Will I See You Again« schließt Lektion 5 mit den visuellen Eindrücken einer etwas holprigen Immersion zwischen optischen und digitalen Trickeffekten, Bildobjekten und untertauchenden Subjekten. Das »Not-to-Be-Seen« ist ein brüchiges, poetisches Moment und ein Pausieren, mit vielseitigen Zugängen zu äußerst relevanten und gegenwärtigen Themen.

4.2.2 Ausgangspunkte und Überlegungen: Making Sense

Auch wenn eine verallgemeinernde Aussage hier – angesichts der Komplexität der Fragestellungen am technischen Visuellen in der Gegenwart – nur groben Verkürzungen unterworfen sein kann: Ganz grundsätzlich lesen sich die fünf Lektionen wie ein Konzentrat meiner Arbeit. Dieses Konzentrat gilt es nun in weiteren Tiefenbohrungen und systematischem Mitschreiben, sowie eingehender Analyse weiter zu untersuchen. Angewendet auf die techno-sozialen Bedingungen der Gegenwart ergeben sich weiterführende Fragen an den Oberflächen des Sehens, die im Folgenden verhandelt werden sollen: Wer sieht was aus welcher Position? Inwiefern hat sich jenes Verhältnis von dem, was gesehen wird und gesehen werden kann, verändert? Und was wird wodurch verdeckt? Tragen technische und soziotechnische Effekte im Visuellen zu bewussten und unbewussten Interferenzen im Bereich des Sichtbaren bei? Welche Realitäten schaffen Deepfakes, Filterblasen und Social-Media-Hypes? Als Übertrag formuliert, ergibt sich: Welches Abstandes oder welcher Nähe zum Material bedarf es, um über brauchbare Analysen an den Bildangeboten der Gegenwart immer noch Bildungsmomente verfolgen zu können?

Eine differenzierende Diskussion am Bild müsste nun wesentliche Netzwerkeffekte ebenso wie strukturelle Aspekte technischer und sozialer Infrastrukturen mit großer Selbstverständlichkeit einbeziehen. Dies erzwingt sich schlicht, vor allem, um überhaupt etwas innerhalb der visuellen Fülle an Angeboten erkennen zu können und nicht kontextlos unter Reinraumbedingungen an isoliertem Material zu arbeiten. Eine diskursive Bildbetrachtung mit Verständnis für die Prozesse der Gegenwart geht jedoch sehr wesentlich über diese inhaltliche Einstimmung hinaus. Steyerls Beitrag landet mitten in den Relationen am Bild der Gegenwart und führt mich dazu, in den anschließenden Abschnitten vorbereitend einige zugrundeliegende Konzepte einer Beschreibung des Gegenwartsgefüges zu erläutern und als Ankerpunkte für die Untersuchung auszulegen. Im Rahmen der Vorbereitung der Untersuchung werden die Bezüge als Koordinaten eines komplexeren Bezugsgefüges exemplarisch aufgeführt und in ihrer Bedeutung skizziert. Für eine eingehende und tiefgründige Bearbeitung der jeweiligen Konzepte kann in dieser Arbeit allerdings nicht ausführlich Sorge getragen werden, da der Fokus unter Wahrung der Übersichtlichkeit und Machbarkeit auf der generellen Erschließung des Bedingungsgefüges für aktuelle Kunst und Kunstvermittlung liegen wird.[27]

Abb. 4.2.4–4.2.9: Hito Steyerl, »How Not to Be Seen: A Fucking Didactic Educational .MOV File«, 2013. HD video projection (color, sound, 14 minutes), architectural environment, dimensions variable.

4.3 Anschlüsse: Unter den Bedingungen der Gegenwart

Einige Angebote zur Durchdringung der Gegenwart, die in Steyerls Arbeit angelegt sind, finden sich auch in den folgenden Abschnitten meiner Vorbereitungen wieder. Gerade die Videoarbeit »How Not to Be Seen: A Fucking Didactic Educational .MOV File«, aber auch Steyerls Interviews und Vorträge zeigen jene dichte Verflechtung mit den Themen der Gegenwart, die das Bedingungsgefüge Gegenwart bestimmen. Während eine ausführliche Schlagwort- und Netzwerkanalyse gerade für die Durchdringung Steyerls Praxis notwendig wäre, kann hier vorerst nur ein argumentativer Rahmen geboten werden.[28] Die Auswahl der behandelten Themen geht allerdings nicht nur auf Steyerls Videoarbeit zurück, sondern schält sich Schicht für Schicht aus dem semantischen Netz der zeitgenössischen künstlerischen Arbeiten. Im folgenden Kapitel werden mögliche Anschlüsse für die Kunstpädagogik und ihre vielfältigen Verzweigungen in die Bezugswissenschaften nachverfolgt. Dabei liegt der Fokus im Besonderen auf den Beschreibungen aktueller medienkultureller

27 Siehe hierzu: Steyerl 2013.

28 Die Videoarbeit ist 2013 entstanden und ich habe sie erst 2014/2015 in Ausschnitten gesehen. Erst durch die Interviews und Veröffentlichungen wurde ich 2016 erneut auf die Arbeit aufmerksam. Interessanterweise fasst sie an einer sehr produktiven Stelle die ersten Thesen meiner Arbeit zusammen.

Praxen. Die folgenden Beschreibungsversuche verfolgen Stichworte im künstlerischen Feld und fassen Diskurse überblicksartig zusammen. Die Thesen werden als Ankerpunkte für noch ausstehende, eingehendere Untersuchungen vorgestellt.

4.3.1 Stand der Forschung und State-of-Mind

> *»We no longer merely look at images. We now pinch, drag, scroll, swipe, and flick them, gestures that have been patented by corporations for almost two decades. The somatic codification of labor at the very level of a gesture inscribes an order of relation of us to what we produce. As such, what might be the Chaplinesque equivalent of these gestures? The movements that easily, or not so easily, escape or disrupt the model of production they imply. What does it mean to touch an image, rather than to merely look at it, and what might we call the haptic equivalent of looking away?«*[29]

Was bedeutet es, Bilder im Umgang fortwährend zu berühren und nicht mehr nur zu betrachten? Der Kurator João Ribas beschreibt seinen Eindruck vom Umgang mit den Bildern der Gegenwart passenderweise wie folgt: »Wir schauen Bilder nicht länger einfach nur an. Wir drücken, ziehen, rollen, wischen und blättern in Gesten über sie hinweg, und deren Patente liegen seit beinahe zwei Jahrzehnten bei Großkonzernen«.[30] Wenn diese Gesten also Teil der täglichen Produktion[31] werden, und Nutzer*innen durch »swipe and scroll«[32] beständig haptisch mit den Bildern verbunden sind, dann ersetzt die Berührung des Screens als Verlängerung des Sehens das Schauen der Bilder. Sehen und Agieren mit dem Bild rückt zeitlich zu ein und demselben Vorgang zusammen. Die Geräte scheinen uns auf die haptischen Prozesse des Schauens mit steigenden Geschwindigkeiten,

29 Podiumsdiskussion Vera List Center, 2013, Kurator João Ribas; zitiert nach: Sparks, Keagan. »To Cut and Swipe. Understanding Hito Steyerl Through How not to be Seen«. *Momus*, 12.05.2015. Online: momus.ca/to-cut-and-to-swipe-understanding-hito-steyerl-through-how-not-to-be-seen [08.10.2017].

30 Übersetzung durch Autorin nach João Ribas, Vera List Center, 2013.

31 Sie sind zudem auch Teil der Produktivkraft. Im Artikel »Soll Facebook uns ein Grundeinkommen zahlen?« wird die Forderung des NYT-Journalisten, John Thornhill, verhandelt, der ein Grundeinkommen als Entschädigung für die Click-Arbeit der Facebook-User forderte, die das Unternehmen zahlen soll. Demnach trägt die »Statusarbeit« zu so gigantischem Marktwerterhöhungen des Börsenunternehmens bei, dass eine Bezahlung für diese Arbeit und Wertgenerierung notwendig sei. Vgl. Lobe, Adrian. »Soll Facebook uns ein Grundeinkommen zahlen?« *Spektrum*, 03.10.2017. Online: http://www.spektrum.de/kolumne/soll-facebook-uns-ein-grundeinkommen-bezahlen/1507893 [03.01.2018].

32 »Swipe and scroll« benennt die beiden häufigsten Gesten, auf denen die Navigation via Touchpad- und Smartphone-Bildschirmen organisiert und konzipiert wird. Vgl. die Ausführungen zu Ergonomie und Effekt, »Mobile App Design: Horizontal Swipe vs Vertical Scroll to Browse a Social Feed«. *Stack Exchange. User Experience*, 2015. Online: https://ux.stackexchange.com/questions/72594/mobile-app-design-horizontal-swipe-vs-vertical-scroll-to-browse-a-social-feed [15.09.2020].

Bandbreiten und Rechenleistungen einzuschwören.[33] Per »swipe and scroll« verändern die Gesten des Sehens die Praxen der Annäherung fundamental.
Mit dieser Denkfigur im Hinterkopf möchte ich im Folgenden noch einmal einen anderen Zoomfaktor anlegen und den größeren Zusammenhang dieser Verwobenheit zwischen Gesten und Bildern stärker in den Blick nehmen. Das Internet hat sich vom Bildschirm befreit. Man trägt es in der Hosentasche,[34] es verwaltet ganze Bibliotheken und schreibt täglich Millionen von Autobiografien in den sogenannten Timelines der sozialen Netzwerke. Mit der steigenden Verfügbarkeit mobiler internetfähiger Geräte und Anwendungen verschieben sich Beziehungen zwischen on- und offline, öffentlichem und privatem Raum. Ehemals klare Orientierungspunkte verlieren ihre Umrisse und gehen auf abschüssigem[35] Gelände unscharf ineinander über. Wir haben es mit allgegenwärtigen Hybriden zu tun, in denen Virtuelles und Reales, Kunst und Kommerz, Arbeit und Freizeit, Wellness und Politik, Kritik und Affirmation zunehmend ununterscheidbar werden.[36] Spätestens für die Generation, die in dieser Gegenwart aufgewachsen ist, ergeben die überlieferten Gesetzmäßigkeiten keinen weitreichenden Sinn mehr. Mit großer Selbstverständlichkeit sind die humanen und nicht-humanen Akteur*innen Teil einer durch digitale Medien induzierten, sozialen, politischen, technologischen und wirtschaftlichen Normalität geworden. Alle Aktivität ist, durch alltägliche Handlungen eingebettet, über das Besondere des Digitalen weit hinaus.

> *»Wir leben in einer hyperkomplexen Welt, Tendenz steigend. Das Hyperkomplexe entzieht sich einer einfachen Erklärung. Es ist menschengemacht und somit ein Indiz für das Anthropozän.«*[37]

Wenn Konzerne die Gestaltungshoheit übernehmen, Diskurse sich zu Echokammern abschotten und der/die Einzelne sich als einsam unter Millionen erlebt, dann verblassen

33 Diese Umkehrungsthese der Mensch-Maschinen-Relation soll helfen, die Auswirkungen in ihrer Tragweite anschaulicher zu machen und dem durchgreifenden Effekt der Digitalisierung zu begegnen. Die Überlegungen zu »Next Nature« bei Koert van Mensvoort sind an dieses Gedankenexperiment anschlussfähig. Vgl. Kapitel 4.3.1 (f).

34 Diese Formulierung stammt von Torsten Meyer. Danke für dieses schöne Bild, mit dem sich ein State-of-Mind gut fassen lässt.

35 Abschüssig wird hier verwendet, um die Anschaulichkeit der Bedingungen zu erhöhen. Gemeint ist hier das Gedankenexperiment der »schiefen Ebene« in der Physik. Die Geschwindigkeit der Kugel nimmt stetig zu. Wird der Reibungsverlust und die Rotation vernachlässigt, entsteht je nach Neigung der Ebene ein Gefühl des Außer-Kontrolle-Geratens.

36 Formulierungen angelehnt an den zusammen mit Kristin Klein formulierten Projektantrag zu »Post Internet Art(s) Education«.

37 Kruse, Rüdiger. »Was ist politisch an der Frage, ob es das Anthropozän gibt?« In: Scherer, B.; Renn, J. (Hg.). *Das Anthropozän. Zum Stand der Dinge.* Berlin, 2015, S. 256–260, hier: S. 257.

politische Potenziale, verhallen virtuelle Utopien und werden Heilsversprechen zum austauschbaren Fotohintergrund. Angesichts der fortlaufenden Überschreibungsprozesse und einer in die Gegenwart gestülpten Zukunft, scheinen Thesen zur Ent- und Beschleunigung naheliegend, um die *Conditio Humana* auch noch über die kommenden technologischen, ökonomischen und gesellschaftlichen Veränderungen hinwegzuretten. Die *Postdigital Condition* ist allgegenwärtig und ihre Auswirkungen für jede*n spürbar, aber immer unbeherrschbarer in ihren Auswirkungen. Einige Aspekte dieses Bedingungsgefüges werden im Folgenden ausgeführt und vereinzelt präsentiert, obwohl sie – wie es die Verflechtungen der Bedingungen nahelegen – nicht isoliert wirken, sondern im Sinne agiler Komplexe in komplizierten Wechselbeziehungen wirksam sind.

(a) Verbreitung und Going Viral

Die Kommunikationswissenschaftlerin Limor Shifman ordnet Viralität (oder virale Verbreitung) als »Diffusionsprozess« mit hohen Geschwindigkeiten und großen Reichweiten ein, bei dem Botschaften, Schlagworte, Videos und Bilder über digitale und soziale Medienplattformen von Person zu Person weitergegeben werden.[38] Den verbreiteten Inhalt bezeichnet Shifman als »viralen Inhalt«.[39]

Abb. 4.3: Übersicht zur »virality« bei Nahon, Karine; Hemsley, Jeff. *Going Viral.* Cambridge, 2013, S. 139, Figure 7.2: Virality. A theoretical framework.

Die Medienwissenschaftler*innen Karine Nahon und Jeff Hemsley geben in ihrem Band »Going Viral«[40] eine Übersicht über die Hauptelemente viraler Phänomene. Den beiden Autor*innen zufolge sind sogenannte *gatekeeper*[41] für die Verbreitung und Diffusion zwischen den Netzwerken notwendig; ohne diese würde keine Auswahl und kein Support und damit auch kein viraler Prozess in Gang gesetzt. Sobald der Prozess aber erfolgreich angestoßen ist, sind virale Inhalte dann auch gegenüber der Kontrolle der *gatekeeper* resistent. Die Voraussetzung für eine virale Verbreitung ist ein Verteilungsprozess, der von

38 »More than any previous medium, the Internet has the technical capabilities for global meme diffusion«. Thelwall, Mike; Shifman, Limor. »Assessing Global Diffusion With Web Memetics: The Spread and Evolution of a Popular Joke«. *Journal of the American Society for Information Science and Technology,* 60 (12), 2009, S. 2567–2576, hier: S. 2567. Ausführlicher zu Memtheorie in Kapitel 6.

39 Ebd.

40 Nahon, Karine; Hemsley, Jeff. *Going Viral.* Cambridge, 2013.

41 Ebd., S. 6.

Teilnehmer*in zu Teilnehmer*in in den Netzwerken läuft und auch als *social sharing*[42] bezeichnet werden kann. Der Inhalt wird über diesen Prozess also *bottom-up* legitimiert und verbreitet. Jedes virale Ereignis zählt sowohl den Einsatz der *gatekeeper* als auch den Einsatz größerer Interessengruppen.[43]

Virale Inhalte sind allerdings nicht nur ein Grund zur Freude, sondern haben mitunter auch gravierende negative Auswirkungen auf das persönliche und soziale Leben. Unter anderem in der Kombination mit einem anderen Phänomen, das wohl eher als eine Taktik oder Strategie zu bezeichnen ist: dem *social engineering.*[44] Durch eine ausgeklügelte und schrittweise angelegte Hinführung zu einer gewünschten Handlung bestimmter Akteur*innen, können virale Inhalte mitunter sehr besorgniserregende Ausmaße und Effekte erzielen. Grundsätzlich sind Inhalte in ihrer Verbreitung auf die Beteiligung Vieler angewiesen und ihre Reproduktion basiert somit per se auf Mehrheitsfähigkeit oder zumindest breiter Aufmerksamkeit. Michael Seemann, Kulturwissenschaftler und Blogger, widmet sich in seinen Beobachtungen dem »CTRL-Verlust«[45] und dem »Streisand-Effekt«[46], den er u. a. auch anhand von Wikileaks-Enthüllungen und deren Verbreitung in rasender Geschwindigkeit skizziert. Er führt aus: »Innerhalb von 2 Tagen sprossen 750 Mirrors, komplette Kopien aller Daten des Wikileaks-Server, auf anderen ans Netz angebundenen Rechnern. Wenige Wochen später waren es bereits 1.426.«[47] Erstaunliche Zahlen, die sich aus einem geteilten Paket ergeben. Auf verallgemeinerter Ebene leitet Seemann daraus ab, dass sich – unterstützt durch die exponentiell zunehmende Anzahl von Daten, die verfügbaren Speicherleistungen und höheren Kopierfrequenzen – Informationen in kürzester Zeit außerhalb jeder äußeren Kontrolle bewegen. Nur die »intelligente Verknüpfung«[48] dieser Daten macht noch Wissen daraus. Dabei ist das Aussagepotenzial der Daten in diesem »neuen Spiel«[49]

42 »Social sharing« kann als »soziales Teilverhalten« übersetzt werden. Nahon und Hemsley bezeichnen damit ein Reaktionsmuster in den sozialen Netzwerken, das die Nutzer*innen innerhalb der dynamischen sozialen Infrastrukturen Dinge teilen oder meiden lässt. Vgl. ebd., S. 3.

43 Ebd.

44 Ein Terminus des Hackings, der alle Formen und Aktionen (auch kreativ) der Erschleichung von Informationen oder Hinführung zu Handlungen, die solche freigeben, bezeichnet. Häufig ist die psychologische Manipulation gemeint, aber auch kreative Sozialforschungsmethoden sind Teil der Praxis.

45 Seemann, Michael. *Das neue Spiel. Strategien für die Welt nach dem digitalen Kontrollverlust.* Freiburg, 2014.

46 Der Streisand-Effekt wurde nach der Schauspielerin Barbra Streisand benannt, weil diese beim Versuch, 2003 den Fotografen Kenneth Adelman und die Website Pictopia.com aufgrund unautorisierter Luftaufnahmen ihres Hauses auf 50 Millionen US-Dollar zu verklagen, nicht nur juristisch scheiterte, sondern es das besagte Foto erst dadurch zu millionenfacher Bekanntheit brachte. Die Abbildung stand vor der Klage unkontextualisiert neben 12.000 anderen Fotos, womit es relativ schnell untergegangen wäre. Allgemeiner formuliert steht der Streisand-Effekt nun für den Versuch, eine unliebsame Information zu unterdrücken oder entfernen zu lassen und dabei öffentliche Aufmerksamkeit zu erregen, die das Gegenteil erreicht. Vgl. ebd., S. 28, auch bei Wikipedia nachzulesen, »Streisand-Effekt«, *Wikipedia, Die freie Enzyklopädie.* Bearbeitungsstand: 16. September 2020. Online: https://de.wikipedia.org/wiki/Streisand-Effekt [03.10.2020].

47 Seemann 2014, S. 28.

48 Ebd.

49 Ebd.

(gleichzeitig Titel des Buches von Seemann) allerdings bei weitem unkontrollierbarer, denn die Kombination großer Datenmengen und intelligenter Analysewerkzeuge ergeben wiederum weitere unerwartete Korrelationen.[50] Während die Datenansammlungen und das Zirkulationsverhalten bisher nur nachvollzogen und im Effekt imitiert werden können (jedoch nicht vorhergesagt), sind es auch jene Kopie vorgänge und deren jeweils spezifische Logik (in Quantität und Qualität), die für die jeweiligen Ansammlungen verantwortlich sind, die es im Folgenden aus anderer kulturwissenschaftlicher Perspektive genauer zu beleuchten gilt.

Abb. 4.4: Streisand-Effekt: Aufnahme des Anwesens von Barbra Streisand für das California Coastal Records Project. Bildrechte: Kenneth & Gabrielle Adelman, California Coastal Records Project. Online unter: www.californiacoastline.org [05.01.2018].

(b) Mimikry und Cargo Cult

Der Ausdruck *cargo cult* wird im englischen Sprachgebrauch für eine symbolische Nachahmung äußerlicher Handlungsweisen und Merkmale gebraucht. Der Atomphysiker Richard Feynman hatte den Begriff 1974 in einer Rede am »California Institute of Technology« (Caltech) aus der Ethnologie entlehnt und für die Beschreibung einer Verschiebung (bis hin zur Überbeanspruchung) der symbolischen Formen verwendet. Richard Feynman formuliert am Beispiel des sogenannten *cargo cult* eine Kritik an einer Forschung, die aus seiner Sicht oberflächlicher geworden ist und sich nicht mit den tatsächlichen Gegebenheiten und Anforderungen auseinandersetzt. Gemeint ist eine Art Quasi-Forschung. Wolf Lotter bezieht sich 2011 in seinem Artikel für das Wirtschaftsmagazin »brandeins« auf die Illustrationen Feynmans. Er argumentiert, dass weite Teile des Alltags auf diese Weise zu Als-ob-Handlungen geworden sind oder kultischen Erfüllungspraxen ähneln.[51] Kein allzu abwegiger Gedanke und eine durchaus spannende Beobachtung für die Entwicklungen in den performativen künstlerischen Praxen der letzten 10 Jahre. Lotter versteht unter *cargo cult*, in Anlehnung an ein in der Ethnologie beschriebenes Phänomen, eine oberflächliche, eher auf die symbolische Form bedachte Kopie komplexerer Zusammenhänge, die dem Original weder strukturell noch funktional entspricht. Die Kopie basiert auf einer oberflächlichen oder missverstandenen einfachen

50 Seemann 2014, S. 30.

51 Vgl. Lotter, Wolf. »Der Stand der Dinge«. *brandeins Magazin*, 11, 2011. Online: www.brandeins.de/magazine/brand-eins-wirtschaftsmagazin/2011/warenwelt/der-stand-der-dinge [12.02.2018]; Feynman, Richard. »Cargo Cult Science«. *Engineering and Science*, 37 (7), 1974, S. 10–13. Online: calteches.library.caltech.edu/51/2/CargoCult.htm [12.02.2018].

Analyse der Strukturen und führt zu einer dysfunktionalen oder semi-funktionalen Kopie, die jedoch symbolisch genügend Merkmale teilt, um unter bestimmten relevanten Gesichtspunkten als Kopie des Originals gelten zu können.[52]

Feynman bezog sich in seinen Ausführungen auf ein Beispiel von den Samoa-Inseln. Nachdem die Alliierten nach dem Ende der Besatzung abgerückt waren und die sonst täglich eintreffenden Flugzeuge mit ihrer Fracht (*cargo*)[53] ausblieben, konnte nach Berichten beobachtet[54] werden, dass die Einwohner*innen begannen, die Funktionsweisen, Handlungen und visuellen Merkmale des Flughafenbetriebs so gut wie möglich mit verfügbaren Mitteln (wie Landebahnen, Signallichter aus Feuer, Kopfhörer aus Holz mit Antennen aus Bambusstäben u. a.) zu kopieren und aufzuführen. Dies taten sie, so wurde vermutet, um die Flugzeuge mit der wichtigen Fracht wieder (also wie bis zum Abzug der Truppen) anzuziehen. Was oberflächlich betrachtet als verkürzte und übermäßig vereinfachte Kopie zu identifizieren ist, lässt jedoch den Schluss zu, dass Handlungen und Objekte auf der Grundlage ihres eigenen Verständnisses (und Kenntnis oder Aufmerksamkeit über die dahinterliegenden Prozesse) hergestellt wurden.[55] Die Hintergründe der Militärbasis und die tatsächlichen Funktionsweisen des Flugsystems spielten dafür keine Rolle, und so sollte dieselbe Wirkung (aka Flugzeug mit Fracht landet) mit einer Als-ob-Lösung[56] erreicht werden. Sieht man sich die visuellen Oberflächenphänomene[57] der Kopien, die Landebahnen, Signallichter usw. genauer an, stellen diese zwar einen optisch

52 Hier sei noch einmal auf die Verwendung des Minimal-Aufwands verwiesen. Kopien sind meist keine detailgetreuen vollständigen Kopien, sondern hinreichende Kopien in Bezug auf eine bestimmte Funktion. In vielen Fällen des Kopierens ist eine Tendenz zur »Minimal Copy« also zu der Kopie mit gerade hinreichenden Merkmalen auszumachen. Das beschriebene Phänomen des »Cargo Cult« und der Minimal-Aufwand bzw. auch die materielle Ausgangslage für eine Kopie stehen in einem komplizierten Verhältnis zueinander. Bei Joshua E. Bell im nächsten Abschnitt dazu ausführlicher mit anderer Ausgangsthese.

53 U. a. Gegenstände des täglichen Gebrauchs in der westlichen Welt und Luxusgüter, die auf Militärstationen abseits der Heimat hoch im Kurs stehen und die über den Gebrauchswert hinausgehende Anziehungskraft haben.

54 Die Beobachtung oder das Betrachten eines Objekts (oder eines Anderen) ist stets eine machtvolle Distanzierung. Nora Sternfeld formuliert hierzu unter Bezug auf den Forschungsansatz des »Middling« einen Vorschlag zu einer institutionellen Position mit kritisch involviertem Interesse an den Verhältnissen: das »para-museum«. Vgl. Sternfeld, Nora. »Para-Museum of 100 Days: documenta between Event and Institution«. *ONCURATING*, 33, 2017. Online: www.on-curating.org/files/oc/dateiverwaltung/issue-33/pdf/Oncurating_Issue33.pdf [12.02.2018].

55 Vgl. Lotter 2011, S. 1.

56 Bei der Als-ob-Lösung handelt es sich um eine symbolische Erfüllung einer Funktion. In diesem Fall geht es um die hinreichende und symbolisch aktivierende Kopie verschiedener funktionaler Objekte und der damit verbundenen Praxen der Aktivierung. z. B. ist ein Signalfeuer vor allem hell und von Weitem zu sehen. In der Gegenwart wird eine sogenannte »As-if-Personality« auch als TV-Persönlichkeit wahrgenommen. Das soziale Lernen (auch »Mimikry«/Nachahmung) über Beobachtung findet bereits im frühen Alter nicht mehr nur über die Eltern und Bezugspersonen statt, sondern schließt auch soziale Beziehungen aus TV-Shows und Kamerapräsenzen ein. Ryan Trecartin verwendet die Figur eines Babies mit dem Namen »As-if«, welches selbst wie ein Symbol dieser Entwicklung der Gegenwart bereits in die hyperreale Präsenz einer Screen-Persona übergegangen ist.

57 Vgl. Hinterwaldner, Inge. »Deep Layers of Design«. *Texte zur Kunst*, 95, 2014, S. 156–168.

funktionstüchtigen Flughafen dar, aber die Flugzeuge blieben faktisch dennoch aus.[58] Im Jahr 2011 schreibt Wolf Lotter mit dem Bezug auf einen »Cargo-Kult« über eine oberflächliche Wissenschaft und Wirtschaft und plädiert mit Dirk Baecker für eine »Wissensgesellschaft, die etwas von den Dingen versteht, und eine Wirtschaft, die nicht nur kultische Handlungen vollzieht, sondern etwas von der Komplexität der Dinge versteht.«[59] Obwohl die Forderung und auch das Argument gerade vor dem Hintergrund der hier verhandelten *Postdigital Condition* spannend ist, irritiert der Bezug auf den *cargo cult* nach Feynman. Denn, die Interpretation der in Ozeanien nach dem Zweiten Weltkrieg vermehrt zu beobachtenden kultischen Handlungen wurde inzwischen weitestgehend revidiert. Die obige Beschreibung und Interpretation der aktuellen Phänomene durch Feynman konnte durch bessere Kenntnis der Logik und Philosophie hinter den Handlungen erneut und genauer von der Ethnologie beschrieben werden. Bevor auf Basis dieser Revision mit der kultischen Umkehrung auch ein weiterer wichtiger Aspekt für das Verständnis der gegenwärtigen Bedingungen in den Vordergrund treten kann, möchte ich an dieser Stelle nochmals resümieren. Entgegen dem Vertrauen, das wir alltäglich in Kopien stecken, sind Kopien niemals allumfassend identisch mit den Originalen. Per Auftrag stimmen Kopien und Original immer nur bezogen auf bestimmte Funktionen überein. Mit anderen Worten: Sie enthalten die notwendige Anzahl von übereinstimmenden Merkmalen, um als Kopie zu gelten. Ohne einen allumfassenden memetischen Anspruch realisiert die Kopie also ihre memetische Wirksamkeit in Bezug auf eine bestimmte Anforderungslage.

Abb. 4.5: Flugzeugnachbauten im Sinne eines Kago/Cargo auf der Insel Samoa. Online unter: https://sciencebasedmedicine.org/cargo-cult-psychology/ [05.01.2018].

Die Aktualisierung der Interpretation jener Beobachtungen in Samoa, zuvor als kultische Praxen des *cargo cult* missverstanden, ging mit dem Begriff »kago«[60] einher, der unserem Begriff der Kultur nicht unähnlich ist. In einem Text zu den Arbeiten der Künstlerin Camille Henrot[61] relativiert der Kulturanthropologe Joshua A. Bell die klassische Interpretation der Beobachtungen des *cargo cults* mit jüngeren anthropologischen Auswertungen[62]

58 Vgl. Feynman 1974: »So I call these things Cargo Cult Science, because they follow all the apparent precepts and forms of scientific investigation, but they're missing something essential, because the planes don't land.«

59 Vgl. Lotter 2011.

60 Bell verweist in diesem Zusammenhang auf die Veröffentlichung: Lindstrom, Lamont. *Cargo Cult. Strange Stories of Desire from Melanesia and Beyond.* Honolulu, 1993. Vgl. Bell, Joshua A.; Henrot, Camille. »Cargo, Kago and Culture«. *Parkett*, 97. Zürich, 2015, S. 104–117. hier: S. 107.

61 Ebd.

62 Vgl. Lindstrom 1993; Wagner, Roy. *The Invention of Culture.* Chicago, 1981, S. 30–32; Bell, Joshua A.; Geismar, Haidy. »Materialising Oceania. New Ethnographies of Things in Melanesia and Polynesia«. *Australian Journal of Anthropology*, 1, 2009, S. 3–27.

dieses alten Materials. Anders als vermutet, beziehen sich die kultischen Handlungen also nicht auf die Hoffnung erneuter Flugzeuglandungen, sondern auf die Rückkehr der Ahnen mit großen Reichtümern, die die westlichen Besatzer und die Flugzeuge geschickt hatten. Ausgeführt wird ein kultisches Skript, das nicht zuletzt vermutlich auch die »brutal inequalities of colonialism«[63] adressierte. »Kago« beschreibt demnach eine umgekehrte Beobachtungssituation: Die westlichen Eroberer und Einwanderer werden in ihren kultischen Praxen aus der Perspektive der Kolonialisierten gesehen. Bell führt aus:

> *»Im Gegensatz zu cargo schließt kago das Wissen ein, dass materielle Dinge innerhalb eines wechselseitig determinierten Felds untrennbar mit dem Dasein ihrer Hersteller und Benutzer verwoben sind. Kago bildet somit eine Antithese zur Entfremdung des Menschen von der Produktion, die der Kapitalismus bedingt.«*[64]

Für die in dieser Arbeit verhandelten Bildphänomene der Gegenwart und die Vorbereitungen für den Explorationsteil, der sich in Kapitel 8 mit einer Auswahl künstlerischer Arbeiten beschäftigt, ist diese *kultische Umkehrung* der Beobachtungssituation[65] und der jeweiligen Verzerrungen der Interpretation von zentraler Bedeutung. Die kultische Umkehrung wirft Fragen auf, die auch für die Kunstpädagogik und die Verhandlungen überarbeiteter Methoden am Bild zentral sind: Wie zeigt sich welche Information, und welche Relationen sind visuell oder performativ tatsächlich *abbildbar*? Und wie lässt sich die Logik dieser Operationen, der Kopier- bzw. Nachahmungsprozesse, tatsächlich hinreichend erschließen? Wie viel Wissen und Strategiekenntnis der Gegenwart sind für eine Durchdringung der künstlerischen Arbeit erforderlich, um das kunstpädagogische Potenzial und somit auch die didaktische Rahmung im Umgang mit den Bildern der Gegenwartskunst zu erarbeiten? Diese Fragen gilt es, in Kapitel 7 (Umgang mit Bild), aber auch Kapitel 9 (Bildung im Plural), erneut aufzugreifen und mit den erarbeiteten Ankerpunkten der Explorationen in Kapitel 8 zu verknüpfen. Ein weiterer relevanter Punkt für einen solchen Ankerpunkt, die Objektbeziehungen, ist der Umgang mit dem Objekt (der Kopie, also dem Ergebnis des Kopiervorgangs), den auch Bell hier hervorhebt.

63 Bell 2015, S. 107.

64 Ebd., S. 114.

65 Mit Umkehrung der Betrachtungssituation möchte ich den Perspektivwechsel bezeichnen, der als Voraussetzung zum Verständnis der vorliegenden kultischen Situation notwendig ist. Aus westlicher Perspektive wird etwas in unzureichendem Maße kopiert, das bar seiner Unzulänglichkeit und aufgrund der Unkenntnis der eigentlichen Prozesse nicht zum gewünschten Effekt führen kann.

> *»Das Objekt präsentiert sich demnach nicht als Wirtschaftsgut, in dem menschliche Beziehungen reifiziert sind, sondern als Ding, das soziale und moralische Beziehungen transportiert, die darauf warten, aktiviert zu werden.«*[66]

Die genannten Objekte sind entsprechend als Dinge zu verstehen, die als Speicher von Relationen eine zentrale Rolle spielen und in einer Spielart des Re-Enactments in ihren Bedingungsgefügen aufgeführt oder auch mit einem pragmatischen (performativ zu verstehendend Ansatz) analysiert werden.[67] Beide Überlegungen tauchen an anderen Stellen dieser Untersuchung wieder auf: Unter dem Stichwort »Objektorientierte Ontologie« werden mit Graham Harman und Levi R. Bryant einige weitere auch auf dieses Beispiel hin einleuchtende Ausführungen zu komplexen Objekten (*compound objects*) und ihrem Dasein sowie zu den in sie eingeschriebenen Aspekten *potentiality* und *reality* untersucht. Bell nennt es in der Beschreibung der Arbeit »Grosse Fatigue« von Camille Henrot »Einblicke in die von den Dingen beherbergten Welten«.[68] In dieser Konsequenz stellen sich gerade die Dinge und Artefakte als Speicher einer Geschichte vor, die anders kaum zu erhalten ist. In einem Ding würde sich somit auch ein Trauma wiederaufführen und könnte nicht mit abständiger Betrachtung, sondern nur in Form einer Analyse des Bedingungsgefüges aus der Mitte heraus geschehen. Hier sind nun mindestens zwei für den hier verhandelten Zusammenhang interessante Punkte angeführt.[69] Zentral ist dabei, wie auch im beschriebenen Missverständnisfall des *Kago/Cargo* aufgegriffen, die Aktivierung relationalen Potenzials, das in Objekten gespeichert ist und sich eben auch, wie von Feynman geschildert, in kultischen Aufführungen (und allen damit für uns verbundenen kulturellen Missverständnissen) äußert. An dieser Stelle können die notwendigen Ausführungen für eine Bearbeitung dieser Missverständnisse an den Oberflächen nicht umgehend geliefert werden, aber im Sinne der anschließenden Untersuchungen und um die Frage der Bildphänomene konzentriert im Blick zu behalten, sind die Ausführungen am Beispiel des *Kago*-Missverständnisses eine besondere Notiz und einen Verweis wert.
Ich möchte nun die Aufmnerksamkeit auf ein Beispiel für die »in den Dingen beherbergten Welten« lenken. Joshua A. Bell folgend kommt es in der Arbeit »Grosse Fatigue« von Camille Henrot zu einer besonderen Weise des Betrachtens und Verstehens dessen, was

66 Bell 2015, S. 114.

67 Vgl. hierzu auch bei Sternfeld, Nora. »The Object-Effect. What is the Thing About Materials in Exhibitions«. *Cumma Papers*, 19, 2016, S. 1–9. Online: cummastudies.files.wordpress.com/2016/04/cumma-papers-19.pdf [11.02.2018], S. 9.

68 Bell 2015, S. 117.

69 Im Abschnitt zum »Middling« wird diese Strategie des Mittendrin auch wissenschaftlich von Nora Sternfeld aufgegriffen. Für die hier an eine kritische Kunstpädagogik gerichtete Forderung mündet das Vorgehen in die Überlegungen zur Notwendigkeit von tragfähigen Gegenspekulationen, die aus dem Abschnitt zur Spekulation entwickelt werden kann. Vgl. u. a. Sternfeld 2016.

kulturanthropologische Forschung an den Praxen und Objekten auszeichnet (und auszeichnen sollte). Bell spricht von einem »überbordende[n] Wort- und Bildfluss« und »hypnotisierende[n] Panorama« und einem menschlichen Wunsch, der danach strebt, Universen durch Sprache, Kunst und Wissenschaft zu konturieren.[70] Das möchte ich als Anspruch der Kunst für die folgenden Kapitel notieren und vorerst unhinterfragt für die weiteren Explorationen mitnehmen.

Abb. 4.6: Camille Henrot. Grosse Fatigue, 2013. Video projection (color, and sound); Collection Museum of Contemporary Art Chicago, The Los Angeles County Museum of Art and Museum of Contemporary Art Chicago.

In der Videoarbeit und Installation »Grosse Fatigue« trägt der unterlegte Beat sowie die Konfrontation mit jeder Menge dichten Materials dazu bei, dass ein Erschließen signifikanter Einzelheiten und Details nahezu unmöglich wird. Die dem Rhythmus folgenden und sich überlagernden visuellen Angebote tummeln sich auf wechselnden Ebenen (zwischen Desktop und zweiter oder dritter Ebene eines Films im Film) und ergeben ein dichtes, unübersichtliches Muster von Informationen, die durch den Sprecher – per eindringlichem *spoken word* aus dem Off – als Narration zur Bilderfolge geliefert werden. Und ebenda wird auch das Potenzial einer solchen immersiven Videoarbeit in der Gegenwart offenbar. Es wird eine bzw. werden mehrere Perspektiven geöffnet, die anders nicht eingenommen werden könnten. Henrot »gewährt uns Einblicke in die von den Dingen beherbergten Welten«[71], die auf andere Weise nicht, oder kaum, zu erringen wären. Und das Effektive daran ist sicherlich nicht nur die Imitation der aktuellen Geschwindigkeit hinter der Bildüberlagerung und -abfolge. Die audiovisuelle Aufbereitung des Films webt die Betrachter*innen in die Verstrickungen anthropologischer Sammlungen ein und erzeugt gleichzeitig eine Art Angebot zur Güte, das die Verhältnisse auf neuem Grund – geradezu hypnotisierend – offenbart und wieder zugänglich macht.

»Durch die materiellen und visuellen Verbindungen, die sie mit dem alten Ägypten, mit der ereignisreichen Geschichte Ozeaniens und den gegenwärtigen Bedingungen knüpfen, eröffnen Henrots Bildcollagen weitreichende und befreiende Perspektiven, die überkommene Konventionen aushebeln. Dieser Aspekt ihrer Arbeit, der dem

70 Bell 2009, S. 117.
71 Ebd.

Versprechen von kago verpflichtet ist, nutzt das schöpferische Potenzial des Jetzt und schafft Raum für neue Sichtweisen und Dialoge.«[72]

Interessant ist nun die Rückbindung des hier Ausgeführten – in einer Art materieller Konkretisierung – an die Grundannahmen der objektorientierten Ontologie.[73] Der Philosoph Graham Harman beginnt seine Untersuchungen zum »Vierfachen Objekt«[74] mit der Feststellung, dass jedes Objekt verschiedene Qualitäten habe, die jeweils verschiedene Oberflächen und Anwendungen hervorbringen können. Das wirft ein gänzliches neues Licht auf die Objekte selbst, aber auch auf alle darstellenden Objekte, die wir gewohnt sind als *Bilder* zu bezeichnen. Wie könnte man die vier Objekte im Bild verstehen und identifizieren? Trotz der Vielzahl an Merkmalen, die sie haben können, sind Objekte geschlossene Dinge. Gerade diese, zum einen unsichtbaren und zum anderen sichtbaren, Qualitäten der Objekte bestimmen die Beziehungen der Objekte untereinander, die sich der Beobachtung mehr oder weniger preisgeben. Die Möglichkeiten, Entitäten zu beobachten und zu beschreiben, hängen also davon ab, welche Kombinationen oder Arrangements[75] an Qualitäten wir beobachten können. Dies wiederum hängt von der Position, Seherfahrung und den individuellen Möglichkeiten ab, wirksame Anschlüsse und Verweise, aber auch technische Besonderheiten zu entziffern.[76] Ein anschauliches Beispiel ist in diesem Zusammenhang die unerhört flach erscheinende Docking-Station des Kollektivs ÅYR,[77] die im Rahmen der »Berlin Biennale 9: Present in Drag« als Teil der von dem Kollektiv DIS kuratierten Hauptausstellung in den Kunstwerken Berlin, installiert wurde. Billiges Pressholz wurde mit vollflächigen Hintergrundtapeten der schönsten Wohnungsfotos der Plattform Airbnb tapeziert und mit Kissen und Steckdosen zur allgemeinen Entspannung und zum Wohlfühlen dekoriert. In dieser Installation gab es neben sehr viel *feeling* für die Bedürfnisse der Gegenwart und Steckdosen eine bedrückende

72 Bell 2009, S. 117.

73 Objektorientierte Ontologie (OOO) ist ein Begriff, der auf Graham Harman zurückgeht und im Wesentlichen die Dinge von der Herrschaft der Menschheit befreit. Dinge ergeben sich demnach aus Handlungseinheiten, die selbst in einem inaktiven Zustand als Akteur*innen in Bedingungsgefügen verstanden werden sollten.

74 Harman, Graham. *Vierfaches Objekt*. Berlin, 2015.

75 Im Sinne einer Kombination verstanden.

76 Hinterwaldner spricht mit Verweis auf Lev Manovich über »deep layers of design« (dt.: Tiefenschichtung der Gestaltung) und verwendet sie gar für eine »Tiefenanalyse«, die an das von Manovich vorgeschlagene »Multi-scale-Reading« anknüpft. »Zum herkömmlichen Close Reading der computerbasierten Bildwerke gesellt sich dann ein Close Reading der Visualisierung ihrer weiteren Gestaltungsebenen, die nur mittelbar ins Visuelle bzw. Akustische übergreifen. Die Simultaneität von strukturellen Kompositionselementen und die Sukzession der involvierten Rezeption aufeinander zu beziehen, wird noch länger eine Herausforderung bleiben«. Vgl. Hinterwaldner 2014, S. 160; Manovich, Lev. *The Language of New Media*. London, 2001, S. 289.

77 Das Kollektiv ist aus dem Projekt »AIRBNB Pavilion« während der Architekturbiennale in Venedig 2015 hervorgegangen. Da Airbnb die Gruppe unter Rechtsbehelf darauf aufmerksam machte, den Namen abzulegen, ergab sich der heutige Titel.

Atmosphäre, wie sie in den Heimwerkerinstallationen in Baumärkten vorherrschen. Was würden diese Objekte nun den Unkundigen über die Kultur der Gegenwart erzählen? Würden sie von unproduktiven Anbetungen spätkapitalistischer Marktmechanismen sprechen, oder die Kopie in ihrer kulturellen Funktion als heilendes Objekt einer überfordernden Gegenwart beschreiben?

Abb. 4.7: ÅYR Airbnb bei Berlin Biennale B9 (2016). Online unter: http://bb9.berlinbiennale.de/de/participants/ayr/ [05.01.2018].

(c) Event und Ereignis: Gleichzeitigkeit

Das bringt mich nun zu einem weiteren Knotenpunkt in der Untersuchung der wirksamen Prinzipien der Gegenwart. In der Informatik existiert ein Prinzip – das »Interrupt«[78], welches die laufenden Prozesse momenthaft unterbricht. Es wird eingesetzt, um die im Hintergrund ablaufenden Prozesse kurzzeitig durch Einzelereignisse (z. B. durch den Anschlag der Tastatur ausgelöst) zu unterbrechen. Dies scheint eine relevante Grundfunktion digitaler und rechnerbasierter Prozesse zu sein und erhält damit, nicht nur metaphorisch, eine gewisse Relevanz für die hier verfolgten Auseinandersetzungen am Bedingungsgefüge der Gegenwart. Um den hier nur verkürzt nachskizzierten Ausführungen zur Figur des Ereignisses eine Rahmung zu geben, wähle ich den Umweg über eine weitere Figur, den Kairos. Der Kairos darf als Punkt gedacht werden und steht in einer spezifischen Beziehung zum Verlauf der vergehenden Zeit. Im Wörterbuch der Philosophie findet sich folgende pointierte Darstellung dieses Zusammenhangs: »Im Gegensatz zur kontinuierlich dahinfließenden Zeit (griech.: *chronos*) stellt der Kairos einen herausgehobenen Zeitpunkt dar, an dem es sich entscheidet, ob sich eine Sache zum Guten oder zum Schlechten wendet.«[79] Gemeint ist der sogenannte Wendepunkt, der die Möglichkeit zur Veränderung in alle Richtungen bietet. Neue Technologien, ein Gesetz, ein Erlass oder andere, an einem bestimmten Punkt in der Zeit eingeführte Veränderungen mit großen Auswirkungen können einen solchen Kairos für Abläufe der jeweiligen Gegenwart darstellen und vermögen es,

78 Auch eine Unterbrechungsanforderung (*interrupt request*, IRQ), die eine vorübergehende Unterbrechung eines laufenden Programms zur Folge hat, um einen anderen, in der Regel kurzen, aber zeitkritischen, Vorgang abzuarbeiten. Siehe auch Wikipedia-Eintrag »Interrupt«, *Wikipedia, Die freie Enzyklopädie*. Bearbeitungsstand: 1. Juli 2020. Online: https://de.wikipedia.org/wiki/Interrupt [03.10.2020].

79 Stichwort »Kairos« im Online-Wörterbuch Philosophie UTB, online unter: www.philosophie-woerterbuch.de/online-woerterbuch/?tx_gbwbphilosophie_main%5Bentry%5D=465&tx_gbwbphilosophie_main%5Baction%5D=show&tx_gbwbphilosophie_main%5Bcontroller%5D=Lexicon&cHash=26c3d542a340ea3e13ab314f892d44be [12.02.2018]. U. a. a. bei Esposito, Elena. *Soziales Vergessen*. Frankfurt/Main, 2002, S. 174 und S. 279f.

die Aufmerksamkeit für einen Moment zu verschieben. Da der Kairos einen Moment herausgreift, der sich erst als besonders zeigt, nachdem der Moment bereits vergangen ist, kann potenziell jede Markierung in der Zeit das Potenzial zum Kairos haben. Ein Kairos ist abhängig von seiner Realisierung und entsprechend ausschließlich retrospektiv und in Bezug auf den Kontext seines Auftretens bestimmbar. Erst wenn er benannt ist, wird er zur Visualisierung eines punkthaften Ereignisses in der Zeit das bereits vergangen ist.
Im Zusammenhang mit den Untersuchungen am Bild der Gegenwart ist dies nun deshalb vonBelang, weil es den Fokus auf jeden beliebigen Moment verschiebt und eine Sensibilität für den einen – ephemeren Augenblick – installiert. Die Annahme eines unterbrechenden Moments ist in der Philosophie, u. a. unter dem oben aufgeführten Begriff des Kairos, zu finden.[80] In diesem Absatz gehe ich nun nochmals auf die Ausgangsüberlegung zum eher technischen Konzept des »Interrupt« ein und lenke auf das verwandte Konzept des Ereignisses (*event*), was in der hier maßgeblichen Definition nach Badiou als eine Störung der Ordnung der Einheit zu verstehen ist.[81] Obwohl Badiou das Ereignis in seiner Explikation[82], und vor allem in der spezifischen Verwendung in seiner politischen Dimension[83], eher einer Agitation gleichsetzt und der Bezug auf ihn an dieser Stelle wohl ähnliches vermuten lässt, soll es in diesem Zusammenhang allerdings nicht um die Unterbrechung der Ordnung gehen. Vielmehr wird der Versuch unternommen, die konzentrierte Theorie zu einem permanenten Aufstand gegen den Alltag und gegen die bestehenden politischen Verhältnisse auf ihre Abstraktion zurückzuführen und als reine Denkfigur zu produktivieren.[84] Dies erscheint notwendig, um einen weiteren Aspekt des gegenwärtigen Bedingungsgefüges zu durchdenken: das Verhältnis zum Verlauf der Zeit. Um das Verhältnis in der Zeit für die Frage der Bildlichkeit anzusteuern, ist also ein Umweg notwendig.

80 Karl-Heinz Bohrer hat auf die Bedeutung des nicht-einholbaren Augenblicks, des Präsens, als ästhetische Kategorie hingewiesen. Vgl. beispielsweise Bohrer, Karl-Heinz. *Plötzlichkeit. Zum Augenblick des ästhetischen Scheins.* Frankfurt/Main, 1981.

81 Badious Überlegungen werden hier nur soweit skizziert und erschlossen, wie es für diesen Zusammenhang und die weiteren Untersuchungen relevant ist; u. a. wird zwischen konkreten (wahrnehmbar in Raum und Zeit) und abstrakten Entitäten (z. B. Zahlen, nicht in Raum und Zeit zu verorten) unterschieden.

82 Mit seinen Überlegungen zum »Ereignis« bezieht sich Badiou u. a. auf Martin Heidegger (Erst das Ereignis ermöglicht Sein und Zeit, wobei die Zeit den Horizont des Seins bildet.) und auf Gilles Deleuze (Unterscheidung zwischen strukturellem und singulärem Moment vor einem gemeinsamen Symbolsystem). Vgl. Deleuze, Gilles. *Differenz und Wiederholung.* München, 2007 (1968) und Heidegger, Martin. *Zur Sache des Denkens.* Tübingen, 2000 (1969), S. 5.

83 Als Beispiele für eine solche »Störung der Ordnung der Welt« können der Brexit (2016) sowie der US-Wahlkampf (2016) bzw. dessen Ausgang gelten: »Ein Ereignis ist aber eine Störung der Ordnung der Welt [...]«. Vgl. Badiou, Alain. *Zweites Manifest für die Philosophie.* Wien, 2010 (2009). S. 85.

84 Daraus ergeben sich möglicherweise leichte Verzerrungen.

Das Ereignis (*event*)[85] unterbricht die Unendlichkeit der Gegenwart[86] und sorgt – so die hier platzierte These – für eine Unterbrechung derselben. Ein Moment in der Zeit, in dem etwas Neues – eine Wendung z. B. – überhaupt wieder möglich wird.[87] Badiou verbindet den Begriff des *Ereignisses*[88] und dessen Auftreten mit dem Begriff der Wahrheit[89] und sieht in diesem einzigartigen Moment der Wendung eine andere Qualität und formuliert: »Im Grunde ist eine Wahrheit die materielle Spur des ereignishaften Zusatzes in der Situation. Sie ist also ein immanenter Bruch.«[90] Den Bruch notieren wir für die weiteren Ausführungen zu den Verhältnissen der Zeit im Bild. Um den Fokus der Auseinandersetzungen nun nicht unproduktiv zu verlagern, soll das Konzept der Wahrheit hier aber vorerst pragmatisch zurückgelassen werden und nur als »Moment der Vergegenwärtigung« markiert werden. Analog zum Konzept des Ereignisses, wie Badiou es fasst, muss die Wahrheit im »futur antérieur« gedacht werden. Als Moment, der danach fragt, was gewesen sein wird.[91] Das Ereignis hinterlässt dabei keine dauerhafte oder objektive Spur und ist an eine Zeugenschaft gebunden, um nicht in der Überlieferung – und dem Fluss der Zeit – verloren zu gehen. Wie der vorab genannte Kairos wird das Ereignis erst nachträglich »gegenwärtig« und kann im Moment des Sich-Ereignens nicht eineindeutig als solches bestimmt werden. Für meine Verhandlungen knüpft dies auf sehr produktive Weise an die Ausführungen zur absoluten Gegenwart bei Marcus Quent an. Quent spricht von einer Definitionsmacht der Gegenwart aus der Zukunft und beschreibt die Gegenwart vor diesem Hintergrund als unendlich lang. Vor dem Hintergrund der Frage nach angemessenen Beschreibungsmöglichkeiten der Kunst unter den Bedingungen der Gegenwart sind die hier angeführten Überlegungen und Beschreibungsversuche zum Ereignis und dessen Verhältnis zur Zeit also zentral für die Fragen am agilen Bild. In meinem Anpassungsversuch der Methoden hin zu einer Bilddiskussion wird den Ver-

85 Damit scheint ein Ereignis gemeint zu sein, das als singuläres Moment auf den Verlauf struktureller Zeitlichkeit trifft und eher aus einem anderen Symbolsystem in ein neues fällt und da für eine »Störung der Ordnung« sorgt.

86 Eine Formulierung, die Marcus Quent et. al. im Band absolute Gegenwart verwendet und einführt. Quent, Marcus (Hg.). *Absolute Gegenwart*. Berlin, 2016. Ausführlicher dazu in Kapitel 4.3.1 zu »Gleichzeitigkeit«.

87 Vgl. Badiou 2010 (2009), S. 85.

88 Badiou, Alain. *Gott ist tot. Kurze Abhandlung über eine Ontologie des Übergangs*. Wien, 2002 (1998).

89 Vgl. Badiou, Alain. *Paulus. Die Begründung des Universalismus*. München, 2002 (1997), sowie Badiou, *Gott ist tot*, 2002.

90 Badiou, Alain. *Ethik. Versuch über das Bewusstsein des Bösen*. Wien, 2003 (1993).

91 Peter Zeillinger bearbeitet die verschiedenen philosophischen Verwendungen des Ereignisses ausführlich in: Zeillinger, Peter. »Badiou und Paulus. Das Ereignis als Norm?« *IWK-Mitteilungen*, 61 (3–4), 2006, S. 6–12. Online: www.peter-zeillinger.at/download/05_Zeillinger_Badiou+Paulus_Ereignis_als_Norm.pdf [12.02.2018]. Außerdem gibt er der Frage der Zeitlichkeit des »Ereignisses« Kontur: »[W]eil das Ereignis keine dauerhafte, wahrnehmbare und objektive Spur hinterlässt, also nicht im herkömmlichen Sinn als Vergangenheit erinnert werden kann, ist die spezifische Zeitlichkeit des Ereignisses notwendigerweise an die Zeitform des futur anterieur, der Vorzukunft, gebunden, die in der Treue des Ereigniszeugen ihren Niederschlag findet. [...] Das Ereignis ist niemals unmittelbar präsent, sondern wird stets aus einer gewissen Nachträglichkeit heraus als ein solches bezeugt«. Vgl. Zeillinger 2006, S. 8.

wicklungen der Zeitlichkeit als Faktoren der Bildorganisation u. a. in Kapitel 5 Rechnung getragen.

Dem Ereignis ist aber noch ein anderer Aspekt eingeschrieben, der vor den hier verhandelten Explorationen von Belang ist: die Besonderheit seiner einmaligen Verwirklichung. Denn das, was durch das Ereignis möglich wird, kann anderweitig und andernorts nicht möglich werden; es hätte sich nicht aus einer anderen Situation heraus realisieren können.[92] Kurz gesagt: Ein Ereignis ist undenkbar, bis es eintritt. Falls es eintritt, kommt darin etwas zum Vorschein, was anders nicht materialisiert worden wäre. Ein Ereignis substituiert[93] die bestehende Situation und stellt dabei ein überzähliges Signifikat dar.[94] Dabei ist es folgenreich, aber im Grunde nicht als solches planbar und folgt in seiner Unberechenbarkeit und Unerklärlichkeit nun eher der Logik eines *Naturereignisses*, das die bestehende Ordnung kreuzt. Mit Blick auf die viralen Effekte in der Verbreitung spezifischer viraler Inhalte im Internet, scheint dieser Exkurs zum Ereignis gerade an dieser Stelle der Ausführungen nach Badiou wichtig und für die weitere Untersuchung festzuhalten. Den überleitenden Anschluss bieten Verhandlungen Badious innerhalb der Politikwissenschaft. Niklaas Machunsky, Philosoph und Politikwissenschaftler, der sich mit Badious Gedanken zum Ausnahmezustand beschäftigte, leitet über Carl Schmitt[95] und Wolfgang Pohrt[96] in die für diesen Kontext relevante soziale und folgenreiche politische Dimension der Figur des *Ereignisses* über.[97] Denn das *Ereignis* fällt nicht nur in die Zeit, es fällt gleichzeitig auch *außerhalb der Zeit*[98] und damit außerhalb des Flusses der Geschichte in eine geteilte Zeit[99]. Dabei verändert es die Situation. Oder wie Carl Schmitt es formulierte: »In der Ausnahme durchbricht die Kraft des wirklichen Lebens die Kruste einer in Wiederholung erstarrten Mechanik«.[100] Machunsky führt weiter aus, dass dieser Moment des Ereignisses, also des *Einfalls*,[101] jedoch auch in der *Simulation* des Aus-

92 Zeillinger, Peter. »Badiou und Paulus. Das Ereignis als Norm?« *IWK-Mitteilungen*, 61 (3–4), 2006, S. 6–12.

93 Überaus passend finde ich hier, dass das Substituieren das Ergänzen mit dem Ersetzen verbindet.

94 Als überzähliges Signifikat wird das beschrieben, was nicht in das bestehende Zeichen- und Symbolsystem eingepasst werden kann. Ein Naturereignis zeichnet sich durch seine Unkontrollierbarkeit aus. Ich denke hier auch an Phänomene einer sogenannten »nächsten Natur«, wie sie Koert van Mensvoort für den Forschungsschwerpunkt »Next Nature« im Sinne einer zweiten Natur verhandelt. Mehr dazu in Kapitel 4.3 zu »Next Nature«.

95 Vgl. Schmitt, Carl. *Der Begriff des Politischen.* Berlin, 2002 (1932) sowie Schmitt, Carl. *Politische Theologie.* Berlin, 2004 (1922).

96 Vgl. Pohrt, Wolfgang. *Theorie des Gebrauchswerts.* Berlin, 1995, S. 95.

97 Machunsky, Niklaas. »Alain Badiou. Meisterdenker des Ausnahmezustandes Krisenbewältigung als Lebensgefühl«. *Prodomo*, 7, 2007, S. 36–46. Online: www.prodomo-online.org/fileadmin/7/prodomo7.pdf [22.02.2018].

98 Unter Aorist wird eine ikonischen Temporalität gefasst, vgl. Alloa, Emmanuel (Hg.). *Bildtheorien aus Frankreich. Eine Anthologie.* München, 2010, S. 27.

99 Siehe auch Ausführungen in Kapitel 4.3 und in Kapitel 2 (Präliminarien).

100 Schmitt 2002, S. 21.

101 Vgl. auch Pazzini, Karl-Josef. »Einfallende Bilder«. In: Hedinger, J. M.; Gossolt, M.; Centre PasquArt Biel/Bienne (Hg.). *La Realité Dépasse la Fiction. Das Lexikon zur zeitgenössischen Kunst von Com&Com.* Salenstein, 2010, S. 492–500.

nahmezustands (u. a. im Kino) bereits zu Zufriedenheit führt. Gerade vor den gegenwärtigen politischen Ereignissen und symbolischen Neuordnungen scheint Machunskys Beschreibung zunehmend an Relevanz für die Pädagogik und für die Kunstpädagogik zu gewinnen. Im Verweis auf Wolfgang Pohrt formuliert er treffend: »Im Ausnahmezustand erhoffe der Bürger seine trostlose und gleichförmige Existenz zu durchbrechen, um endlich mal wieder was zu erzählen zu haben.«[102] Es gibt zwei Stellen, die hier für die Fragen am Bild nun besonders hervortreten. Zum einen das auslösende Moment[103] dieser Ereignisse, die wie Naturgewalten auftreten, und zum anderen die Simulation von Unterbrechungen[104] in medialen Ereignissen. In Teilen finden sich diese Überlegungen auch bei dem Kunstpädagogen und Psychoanalytiker Karl-Josef Pazzini. Er spricht von »einfallenden Bildern«[105], wenn er Medienereignisse etc. in ihrem Effekt beschreibt.[106] Diesen Überlegungen folgend, könnte man Bilder, die in Form medialer Angebote auftreten, als Ansammlungen von Ereignissen im Sinne Badious verstehen und sie als Unterbrechungen auf ihr Potenzial zur Veränderung hin untersuchen. Obgleich diese Bilder, oder vielleicht auch medialen Mikroereignisse, in ihrer Tragweite sicher eingeschränkt sind, treten sie haufenweise auf und erlangen in ihren Akkumulationen Relevanz. Genauer gesagt: Aufgrund der Frequenz des Auftretens von digitalen Bildern und ihren ultrakurzen Lebenszeiten, könnten sie als Ansammlungen von Mikroereignissen markieren und beschrieben werden, die es eingehender zu untersuchen gilt.

Diese Überlegungen möchte ich nun in einem weiteren Vorschlag an den Überspitzungen der Gegenwart engführen. Nimmt man die *relative Gleichzeitigkeit* der verschiedenen geografischen Gegenwarten ernst, lässt sich von einer unendlichen Anzahl von Ereignissen ausgehen, die an einem virtuellen Ort[107] aufeinandertreffen und dort nahezu *gleichzeitig*

102 Ebd. Vgl. u. a. a. Pohrt 1995, S. 49f.

103 Der Einfall sozusagen.

104 Simulation von Unterbrechungen meint hier die mediale oder politische Inzenierung von auslösenden Momenten. Vgl. frühe Überlegungen dazu von Guy Debord in Debord, Guy. *The Society of the Spectacle.* Paris, 1967. Online: https://monoskop.org/images/e/e4/Debord_Guy_Society_of_the_Spectacle_1970.pdf [22.02.2018].

105 Pazzini 2010, S. 493.

106 Pazzini, Karl-Josef. *Bildung vor Bildern. Kunst Pädagogik Psychoanalyse.* Bielefeld, 2015, S. 225 und S. 237.

107 Das Wort »Ort« hat mit der voranschreitenden Globalisierung und Vernetzung einen neuen Gebrauch erhalten. In der hypervernetzten Weltgesellschaft ist der Ort ein virtueller geteilter Ort mit mehreren geografischen Koordinaten. Man unterscheidete zwischen physischen Orten und nicht-physischen Orten, wobei aufgrund der zunehmenden Durchdringung des Physischen durch das technisch-virtuelle beide Aspekte voneinander aufweisen und nicht mehr getrennt voneinander betrachtet werden können. Weiterdenken sollte man diese Vorstellung von inklusiver Vernetzung mit dem Begriff der Exklusion, wie es Lars Eckstein und Christoph Reinfandt in kritischer Betrachtung der Thesen Luhmanns aus postkolonialer Perspektive für die Frage der exkludierenden Weltgesellschaft getan haben: Eckstein, Lars; Reinfandt, Christoph. *Luhmann in the Contact Zone. Zur Theorie einer transkulturellen Moderne.* Potsdam, 2016, S. 111.

stattfinden. Daraus ergäbe sich eine Art Hyper-Aktivierungsmoment[108]. Dieses Hyperevent lässt die Erfahrung der Zeit dann in einer Art *Overkill* pausieren.[109] Das kann positiven oder negativen Effekt haben, wie wir auch an dem beschriebenen Streisand-Effekt sehen können. Arbeiten wie die von Ryan Trecartin scheinen ebensolche *Vergegenwärtigungsmomente* zwischen Vergangenheit und Gegenwart zu zelebrieren und anzubieten. Unter dem Fokus angemessener Beschreibungsmethoden stellt sich die Frage, ob unter technischen wie sozialen Möglichkeiten der Simulation ein Ereignis in Form eines ununterscheidbaren Als-ob-Ereignisses simuliert werden kann? Welche minimale Ansammlung von Merkmalen eines Ereignisses sind für eine überzeugende Realisierung nötig? Wie lässt sich ein Hyperaktivierungsmoment simulieren, und muss es eine physische Repräsentanz haben?

In den nächsten beiden Absätzen werden zur Durchdringung der Komplexität der Gegenwart und dem Gefüge, das ich hier weiter *Postdigital Condition* nenne, aus der Perspektive der Relationen, also den Beziehungen untereinander, die Praxen und Akteur*innen sowie deren Qualitäten eingehend untersucht.

(d) Technische Reproduzierbarkeit

Ausgehend von der These, dass die zunehmenden Möglichkeiten zur technischen Reproduktion durch die Entwicklung der Fotografie und infolge auch der Filmtechnik die gesamte Technik der Künste verändert und auch den Begriff der Kunst per se infrage zu stellen vermochte, reflektiert Walter Benjamin 1936 die Bedingungen der Bildenden Kunst in der damaligen Gegenwart. Zu Beginn seines Essays »Das Kunstwerk im Zeitalter seiner technischen Reproduzierbarkeit« zitiert er Paul Valéry aus »Pièces sur l'art« mit einigen Bemerkungen zur Materialität der Kunst, die für die vorliegende Arbeit wesentlich sind:

> *»In allen Künsten gibt es einen physischen Teil, der nicht länger so betrachtet und so behandelt werden kann wie vordem [vor der Erfindung der Fotografie; Anm. KS]; er kann sich nicht länger den Einwirkungen der modernen Wissenschaft und der modernen Praxis entziehen. Weder die Materie, noch der Raum, noch die Zeit sind seit zwanzig*

108 Ein Hyper-Aktivierungsmoment muss nicht als solches ein Ereignis sein, sondern kann unter den jeweiligen Umständen nur als Ereignis wirken oder als ein Re-Enactment eines Ereignisses in Umlauf gebracht werden. Ich verschränke hier mein Verständnis des Ereignisses von Badiou als Aktivierungsmoment (Kapitel 4.3 zu Badiou) mit der These zum Hyperreal von Jean Baudrillard. Vgl. Baudrillard, Jean. *Selected Writing*. New York, 1998, S. 145.

109 Hier bietet es sich an, weitere Überlegungen zu Ermüdungserscheinungen und Überstimulation anzuschließen und den Begriff der »Lücke« bei Hannah Arendt ebenso nochmals in Beziehung zur Wahrheit bei Badiou im Sinne eines Moments der Vergegenwärtigung mit dem Potenzial für Bildung zu diskutieren.

Jahren, was sie seit jeher gewesen sind. Man muß sich darauf gefaßt machen, daß so große Neuerungen die gesamte Technik der Künste verändern, dadurch die Invention selbst beeinflussen und schließlich vielleicht dazu gelangen werden, den Begriff der Kunst selbst auf die zauberhafteste Art zu verändern.« [110]

Benjamin ordnet das Novum (der technischen Reproduzierbarkeit) mit seinen weitreichenden Implikationen in den historischen Kontext der verschiedenen Reproduktionstechniken ein und hält fest, dass das Kunstwerk »immer reproduzierbar gewesen« sei: »Was Menschen gemacht hatten, das konnte immer von Menschen nachgemacht werden«.[111] Die der Reproduktion zugrundeliegende Nachahmung sieht er als eine wesentliche anthropologische Konstante. Dabei führt Benjamin die Nachahmung des Meisters durch den Schüler nur als einen Umstand von vielen an, der aber speziell die Notwendigkeit der Kunst und die Lust an der Kopie betrifft.[112] Das sind vor dem Hintergrund der techno-sozialen Veränderungen der Gegenwart nicht oft genug betonte Überlegungen. Während der künstlerische Gegenstand als Original einer gewissen Einmaligkeit verpflichtet und im Hier und Jetzt gebunden ist – sowie eine Geschichte und ein kulturelles Erbe in sich trägt – trifft dies alles auf die reguläre Kopie nicht zu.[113] Die Kopie folgt dieser Möglichkeit der Verpflichtung pragmatisch mit Blick auf die bezweckte Wirkung. Benjamin liefert wesentliche Überlegungen zu der noch zu formulierenden These zur Selbstständigkeit der Bilder (in Kapitel 5.4), die ich mit dieser Arbeit anstrebe.[114]

»Erstens erweist sich die technische Reproduktion dem Original gegenüber selbständiger als die manuelle. Sie kann beispielsweise in der Photographie Ansichten des Originals hervorheben, die nur der verstellbaren und ihren Blickpunkt willkürlich wählenden Linse, nicht aber dem menschlichen Auge zugänglich sind, oder mit Hilfe gewisser Verfahren wie der Vergrößerung oder der Zeitlupe Bilder festhalten, die sich der natürlichen Optik schlechtweg entziehen.« [115]

110 Benjamin, Walter. *Das Kunstwerk im Zeitalter seiner technischen Reproduzierbarkeit.* Frankfurt/Main, 1980. Digitale Volltext-Ausgabe bei Wikisource, online: https://de.wikisource.org/w/index.php?title=Seite:Das_Kunstwerk_im_Zeitalter_seiner_technischen_Reproduzierbarkeit_(Dritte_Fassung).pdf/2&oldid=2819464 [27.03.2018], S. 472; zitiert nach Valéry, Paul. *Über Kunst. Essays.* Frankfurt/Main, 1962 (1934). Frz. Ausgabe: *Pièces sur l'art.* Paris, 1934, S. 103f.

111 Benjamin 1980, S. 474.

112 Ebd.

113 »Hier und Jetzt des Kunstwerks – sein einmaliges Dasein an dem Orte, an dem es sich befinde«. Vgl. ebd.

114 Die aktive Formulierung geht auf ein konsequentes Denken der Objektorientierten Ontologie zurück und nutzt diese aktiv, um über die Dinge und Objekte anders nachzudenken. Mehr zu OOO in Kapitel 5.4 und Kapitel 4.3.

115 Vgl. Benjamin 1980, S. 477.

Darüber hinaus sieht Benjamin die Verortung des Echten in der Geschichte als »Zeugenschaft« und sieht ebendiese »Zeugenschaft« durch die rein technische Reproduktion nicht konservierbar, denn die beiden neuen Momente der Reproduktion – die Massenhaftigkeit und Beweglichkeit des Werks – verhindern diese Verortung im Hier und Jetzt. Dieses Lösen der Zeugenschaft[116] führt zum Verlust der Aura, wie er formuliert.[117] Benjamins Verständnis von einer Aura des Kunstwerkes spielen für die hier angestrengte Untersuchung an den Fragen der Bildlichkeit keine vordergründige Rolle. Von viel entscheidenderem Interesse an den Ausführungen ist die Gleichzeitigkeit und damit der Fakt, dass durch die massenhafte Reproduktion sogenannter Originale eine ganz neue Art der Bildrezeption entsteht, die eine viel größere Anzahl von Rezipient*innen[118] gleichzeitig praktizieren. Benjamin führt am Vergleich von Malerei (Picasso) und Film (Charlie Chaplin) an, dass die Modi der Perzeption fundamental unterschiedlich geworden sind und eine jeweils eigene, *historisch gebundene und technisch bedingte Logik*[119] verfolgt würde.[120] Benjamin verweist indiesem Zusammenhang darauf, dass es eine Kollektivrezeption von Bildern vor den technischen Reproduktionsmöglichkeiten nicht gegeben hat. Anders im Kino, in dem die Wahrnehmung von Bildern – und ich füge hinzu: dass diese sich heute im Internet per genannter *Gleichzeitigkeit* noch weiter potenziert – nicht mehr zeitversetzt, fragmentarisch und hierarchisch, sondern gleichzeitig und gemeinsam organisiert wurde.[121]

> *»In den Kirchen und Klöstern des Mittelalters und an den Fürstenhöfen bis gegen Ende des achtzehnten Jahrhunderts fand die Kollektivrezeption von Gemälden nicht simultan, sondern vielfach gestuft und hierarchisch vermittelt statt.«*[122]

116 »Die Reproduktionstechnik, so ließe sich allgemein formulieren, löst das Reproduzierte aus dem Bereich der Tradition ab. Indem sie die Reproduktion vervielfältigt, setzt sie an die Stelle seines einmaligen Vorkommens sein massenweises. Und indem sie der Reproduktion erlaubt, dem Aufnehmenden in seiner jeweiligen Situation entgegenzukommen, aktualisiert sie das Reproduzierte«. Vgl. ebd., S. 478.

117 »Was im Zeitalter der technischen Reproduzierbarkeit des Kunstwerks verkümmert, das ist seine Aura«. Vgl. ebd., S. 477.

118 Hier entsteht eine interessante Dopplung: Gleichzeitig fotografieren viel mehr Leute, und das Fotografierte kann von viel mehr Leuten gesehen werden.

119 »Innerhalb großer geschichtlicher Zeiträume verändert sich mit der gesamten Daseinsweise der menschlichen Kollektiva auch die Art und Weise ihrer Sinneswahrnehmung.« Benjamin 1980, S. 479.

120 Ebd., S. 497ff.

121 Vgl. ebd., S. 497.

122 Ebd., S. 498.

Unweigerlich ergibt sich daraus also ein Wandel der Bildrezeption,[123] aber wie kann dieser beschrieben werden? Der Wandel selbst kann an dieser Stelle noch nicht hinreichend sinnvoll konturiert werden, aber die weiteren Untersuchungen an der *Postdigital Condition* sollen dabei helfen, eine Kontur zu erschließen. Für die hier verhandelte Frage und die in Kapitel 8 untersuchten Beispiele ist also noch ein weiterer Punkt hervorzuheben: die Lust am Schauen, von der Benjamin für die Zeit der Neuerung der Kameratechnik spricht. Benjamin sieht die Einheit des Beurteilens und des Erlebens zwischen Kunst und konventioneller Unterhaltung grundsätzlich unterbrochen, versteht aber gerade den Film, also das Kino, als einen »Moment der Vereinigung«.[124]

> *»Dabei ist das fortschrittliche Verhalten dadurch gekennzeichnet, daß die Lust am Schauen und am Erleben in ihm eine unmittelbare und innige Verbindung mit der Haltung des fachmännischen Beurteilers eingeht. Solche Verbindung ist ein wichtiges gesellschaftliches Indizium. Je mehr nämlich die gesellschaftliche Bedeutung einer Kunst sich vermindert, desto mehr fallen – wie das deutlich angesichts der Malerei sich erweist – die kritische und die genießende Haltung im Publikum auseinander. Das Konventionelle wird kritiklos genossen, das wirklich Neue kritisiert man mit Widerwillen. Im Kino fallen kritische und genießende Haltung des Publikums zusammen.«*[125]

Während das Einzelbild, wie es in den Galerien und Salons, Kirchen und Ahnengalerien präsentiert wurde, einer bestimmten Geschichte, Zeit und Betrachtungsweise verschrieben war, blieb es als kollektives Moment der Lust am Schauen und Beurteilen für die Massen unzugänglich. Durch die technische Reproduktion, Allgegenwart und Verfügbarkeit, so Benjamin, ging die »einmalige Erscheinung einer Ferne, so nah sie sein mag« im Einzelbild verloren.[126] Interessant ist eine weitere Bemerkung im Zusammenhang mit der hier verfolgten Untersuchung: »Der Dadaismus versuchte, die Effekte, die das Publikum heute

123 Der Wandel der Wahrnehmungsweisen, wie sie die Reproduktionstechniken auslösen, lässt sich mit Benjamin vor diesem Hintergrund als einer beschreiben, der von einer affirmativen, sich in das Werk versenkenden, kontemplativen Wahrnehmungshaltung ausgeht, in der der Betrachter sich sammelt und in dessen Rahmen er eine Stellungnahme abgibt (Benjamin, 1980, S. 21 und S. 38), hin zu einer zerstreuten, auf Gewohnheit beruhenden und dennoch kritisch wirksamen Rezeptionshaltung (Ebd., S. 41). Wesentlich wird bei dieser Unterscheidung, dass durch die Zerstreuung und das zugleich Kontrollierende der Fokus auf das Einmalige und Tradierte, die Aura verloren gehe, sodass sich der Einzelne von deren Vorgaben befreien könne. Vgl. hierzu auch Sauer, Martina. »Benjamin revisited. Das Kunstwerk im Zeitalter der digitalen Medien«. *Kunstgeschichte. Texte zur Diskussion,* Juli 2011. Online: www.kunstgeschichte-ejournal.net/discussion/2011/sauer/ [24.02.2018].

124 Benjamin 1980, S. 498.

125 Ebd., S. 497.

126 Ebd., S. 479.

im Film sucht, mit den Mitteln der Malerei (bzw. der Literatur) zu erzeugen.«[127] Diese Zuschreibung »technologiegestützter fundamentaler kultureller und ästhetischer Veränderungen« erinnert zum einen an Dirk Baecker und seine Studien zur nächsten Gesellschaft[128] und zum anderen an Nicolas Bourriauds Reflexionen zum radikanten Denken.[129] Für die *Postdigital Condition*[130] und ihre technischen wie kulturellen Bedingtheiten stellen sich nun eine Reihe von Fragen: Welcher Effekt wird mit welchen Mitteln der jeweiligen Zeit erreicht? Wo bestehen oder entstehen die Widerstände in der sinnlichen Wahrnehmung? Welche Folgen haben diese Veränderungen für die Logik und Dynamiken der Betrachtung? Fragen, die an dieser Stelle zugunsten der Beschreibung noch unbeantwortet bleiben müssen, aber in Kapitel 9 zur Bildung im Plural eine Rolle spielen werden.

Im Zusammenhang mit den eher sequentiellen ästhetischen Erfahrungen[131], die das Internet mit seiner Logik heute bietet, scheint es aber auch sinnvoll, den Begriff *Chock*[132] bei Benjamnin weiterzuverfolgen. Ein bestimmter Schnitt filmischer Bilder oder der lautpoetische Umgang mit den Phänomenen des ungewohnten technologisch geprägten

127 Benjamin 1980, S. 501.

128 Baecker, Dirk. *Studien zur nächsten Gesellschaft.* Frankfurt/Main, 2007.

129 Hierzu mehr in Kapitel 4.3 zu Radikant; sowie: Bourriaud 2009.

130 Hierzu mehr in Kapitel 2 (Präliminarien) sowie jüngst zusammenfassend behandelt in: Rasch, Miriam. »The Post-Digital Condition«. *Institute of Network Cultures,* 18.05.2017. Online: networkcultures.org/longform/2017/05/18/the-post-digital-condition/ [24.02.2018] mit Verweis auf Florian Cramer: »the term ›post-digital‹ in its simplest sense describes the messy state of media, arts and design after their digitisation«. Vgl. Cramer, Florian. »What is Post-digital?« *APRJA,* 3 (1), 2014, S. 11–24. Online: https://aprja.net/article/view/116068 [24.02.2018]; und verschiedene andere Autoren zu postdigital u. a. Berry, David; Dieter, Michael. *Postdigital Aesthetics: Art. Computation and Design.* Amsterdam, 2015 sowie direct zu Postdigital Condition bei: Contreras-Koterbay, Scott; Mirocha, Łukasz. *The New Aesthetic and Art. Constellations of the Postdigital.* Amsterdam, 2016, S. 39ff.

131 Ich schlage den Umgang ausgehend vom Begriff der Ästhetischen Erfahrung (unter anderem vor dem Hintergrund der veränderten Wahrnehmungsweisen) als sequenziell vor. Das, was bisher unter Ästhetische Erfahrung verstanden wurde, dehnt sich unter den Bedingungen der ständigen Verfügbarkeit und technischen Gleichzeitigkeit über weite Zeiträume und mehrere Teilerfahrungen aus. Während das wirklich in der Anwendung bei Instagram bereits hervorragend nachvollziehbar ist, war der Blog »The Jogging« (seit 2014 inaktiv) ein frühes Beispiel, weil er mit seinen Beiträgen weitreichende vernetzte ästhetische Zugänge schaffte und eine hohe Referenzdichte aufwies. Vgl. Vierkant, Artie et al. »The Jogging«, *Tumblr Blog,* o. J. Online: http://thejogging.tumblr.com [15.09.2020]. Zum Begriff der Ästhetischen Erfahrung siehe: Brandstätter, Ursula. »Ästhetische Erfahrung«. Online: https://www.kubi-online.de/artikel/aesthetische-erfahrung [24.02.2018]; sowie Wolfgang Welsch: »Meine These lautet, daß ästhetisches Denken gegenwärtig das eigentlich realistische ist«. In: Welsch, Wolfgang. *Ästhetisches Denken.* Stuttgart, 1996, S. 142.

132 Chockhaftigkeit bei Benjamin verweist auf den Film als ein über den stetigen Wechsel von Einzelbildern entstehenden Zustand des permanenten mitreisenden Wechsels. Benjamin entwickelt den Begriff in Analogie zu den Erfahrungen von Geschwindigkeit, Wahrnehmung und Lebensrhythmus der Großstadt, die ob der permanenten Veränderungen beständigen »Chockerlebnissen« gleichkommen. Benjamin, Walter. »Über einige Motive bei Baudelaire«. *Schriften. I,2.* Frankfurt/Main, 1991, S. 605–654. sowie: »Die Rezeption in der Zerstreuung, die sich mit wachsendem Nachdruck auf allen Gebieten der Kunst bemerkbar macht und das Symptom von tiefgreifenden Veränderungen der Apperzeption ist, hat am Film ihr eigentliches Übungsinstrument. In seiner Chockwirkung kommt der Film dieser Rezeptionsform entgegen. Der Film drängt den Kultwert nicht nur dadurch zurück, daß er das Publikum in eine begutachtende Haltung bringt, sondern auch dadurch, daß die begutachtende Haltung im Kino Aufmerksamkeit nicht einschließt. Das Publikum ist ein Examinator, doch ein zerstreuter«. Benjamin 1980, S. 506.

Alltags reagieren scheinbar ganz und gar auf die beschleunigten Handlungs- und Wahrnehmungsformen in der Moderne (zum Beispiel in Technik, Verkehr oder Fließbandarbeit). Dabei werden die tradierten Wahrnehmungsmuster und Assoziationsmechanismen außer Kraft gesetzt – sie springen momenthaft über, oder sie pausieren, so Benjamins Beschreibungen zum »*Optisch-Unbewussten*«[133], angesichts der Veränderungen. Laut Benjamin bringen die neuen technischen Möglichkeiten der Kamera (Großaufnahme, Zeitlupe, Tricktechnik etc.) veränderte Formen der Wahrnehmung und Erfahrungen hervor, die er wie folgt beschreibt:

> »*Unsere Kneipen und Großstadtstraßen, unsere Büros und möblierten Zimmer, unsere Bahnhöfe und Fabriken schienen uns hoffnungslos einzuschließen. Da kam der Film und hat diese Kerkerwelt mit dem Dynamit der Zehntelsekunden gesprengt, so daß wir nun zwischen ihren weitverstreuten Trümmern gelassen abenteuerliche Reisen unternehmen. Unter der Großaufnahme dehnt sich der Raum, unter der Zeitlupe die Bewegung.*«[134]

Der beschriebene Zusammenhang zwischen technischer Lösung (z.B. Großaufnahme) und Effekt auf die Wahrnehmung (Raumdehnung) und dem soziale Gefüge (abenteuerliche Reisen in den Trümmern) ist für die hier verhandelten Fragen relevant, weil es um Erfahrungen an den Verhältnissen geht, um die es auch in der Gegenwart zunehmend und nochmals intensiviert geht und gehen wird. Durch die Möglichkeiten der Darstellung der Gegenwart (Simulation, Manipulation, 3D-Renderings, geografische Gleichzeitigkeit etc.) entstehen einerseits Effekte der Beschleunigung, Übersättigung und Überzeichnungen, andererseits aber auch Reaktionen, die diesen Effekten entgegenwirken. Die Möglichkeiten der Darstellung, ihre Effekte und deren Wirkungen auseinanderzuhalten und zu ihren Ursache-Wirkungs-Verhältnissen durchzudringen, scheint die Hauptaufgabe einer Annäherung an das Bild in der Gegenwart. In Kapitel 8 (aufbauend auf Kapitel 7) wird ein Angebot in dieser Hinsicht aus der Kunstpädagogik – also dem Umgang mit Bild – heraus formuliert.

133 »Hier greift die Kamera mit ihren Hilfsmitteln, ihrem Stürzen und Steigen, ihrem Unterbrechen und Isolieren, ihrem Dehnen und Raffen des Ablaufs, ihrem Vergrößern und ihrem Verkleinern ein. Vom Optisch-Unbewußten erfahren wir erst durch sie, wie von dem Triebhaft-Unbewußten durch die Psychoanalyse«. Benjamin 1980, S. 500.

134 Ebd.

(e) Akteur-Netzwerk Theorie

> *»Ein Bild ist etwas, das Aufmerksamkeit einfängt und kein Lebewesen ist. Bilder fangen oft in einer Weise Aufmerksamkeit ein, wie es sonst nur Lebewesen tun. Man kann ihnen sogar zusprechen, dass sie wirken, sogar aktiv sind.«* [135]

Das obenstehende Zitat stammt von dem Psychoanalytiker und Kunstpädagogen Karl-Josef Pazzini. Die an dem Bild vorgenommene Zuschreibung einer Form von *Aktivität* und *Handlungsfähigkeit*[136] ist nach den Ausführungen zum Kago/Cargo nicht ganz überraschend, aber für die von mir verhandelte Frage nach einem gegenwärtigen Umgang mit den Bildern ein besonders guter *Ankerpunkt*[137] für die Ausrichtung einer Diskussion am Bild. Es gilt nun diese besondere Weise, mit der die Bilder die Aufmerksamkeit einfangen, in den vielfältigen Erscheinungen zu verfolgen, um die Grundlage für eine Beschäftigung mit dem Ansatz der *objektorientierten Ontologie*[138] nach Graham Harman und Levi R. Bryant zu bereiten.

Bevor hier sehr spezifische Leserichtungen einer Objektorientierung eine Rolle für die Studie am Bild spielen, verfolge ich eine Art Nährboden oder Zeitgeist der Überlegungen zum Bildhandeln. Horst Bredekamp spricht von Blicken, die von den Bildern ausgehen und einen Effekt ergeben. Er nennt diesen Effekt den »Mythos der Medusa«. Damit beschreibt Bredekamp, wie sich die Betrachter*innen immer wieder neu angeblickt fühlen.[139] Ein Vorgang, den er Bildakt nennt und bei dem er das Bild als *Akteur*in*[140] sieht, die etwas

135 Vgl. das Potenzial der Bilder, Energie zu speichern, bei Pazzini 2015, S. 27f.

136 Vgl. Hoskins, Janet. »Agency, Biography and Objects«. In: Tilley, C.; Keane, W.; Küchler, S.; Rowlands, M.; Spyer, P. (Hg.). *Handbook of Material Culture*. London, 2006, S. 74–84, hier: S. 74f. Mit Verweis auf Laura Ahern: »[Agency] is ›the socio-culturally mediated capacity to act‹ and is deliberately not restricted to persons, and may include spirits, machines, signs, and collective entities«. Ahern, Laura. »Language and Agency«. *Annual Review of Anthropology*, 30, 2001, S. 109–137, hier: S. 110.

137 Ein Ankerpunkt ist ein Datenpunkt, der als eine Art virtueller Punkt eine direkte Beziehung zum betrachteten Objekt unterhält. Über den Ankerpunkt kann ein Objekt indirekt manipuliert oder positioniert werden. Ich verwende den Begriff Ankerpunkt für die jeweiligen theoretischen Tiefenbohrungen, über die ich die *Postdigital Condition* argumentiere. Überlegung im Hintergrund: Eine Anzahl von verschiedenen Ankerpunkten ergibt ein unsichtbares Netz, ein Gefüge, das sich als Condition über diese Ankerpunkte beschreiben lässt und als Rahmenbedingungen der Gegenwart wahrnehmbar wird. Vgl. zur »Abbildung« von Trends und Technologiekonvergenz: Passing, Frank. *Technologiekonvergenz im Kontext von Strategic Foresight: Frühaufklärung mittels semantischer Patentanalyse*. Wiesbaden, 2017, S. 70.

138 Hierzu an verschiedenen Stellen dieser Arbeit, u. a. in Kapitel 5.4 und Kapitel 6.7.

139 Bredekamp, Horst. *Theorie des Bildakts. Über das Lebensrecht des Bildes*. Berlin, 2010, S. 173. Vgl. auch Didi-Huberman, Georges. *Was wir sehen blickt uns an. Zur Metapsychologie des Bildes*. München, 1999; sowie Fehrenbach, Frank. »Kohäsion und Transgression. Zur Dialektik lebendiger Bilder«. In: Pfisterer, U.; Zimmermann, A. (Hg.). *Animationen/Transgressionen. Das Kunstwerk als Lebewesen*. Berlin, 2005, S. 1–40.

140 Gemeint ist hier ein aktivierendes Moment und daher eine handelnde Einheit, die ein anderes aktiviert. Dies ist ein anderes Verständnis von Akteur*innen als bei Latour, der den Dingen keine direktere Handlungsfähigkeit und *agency* zuschreibt, mit der sie wirken.

bei den Betrachter*innen auslöst. Während Bredekamp die *Funktion*[141] des Bildes hervorhebt, konzentriert sich Pazzini (allerdings ebenso mit Bezug auf Bredekamp) auf den *Akt der Aufmerksamkeitsgenerierung* im psychoanalytischen Sinne, den das Bild auslöst und bei dem der »bisherige Zusammenhang von Signifikanten, der Zusammenhang von Imaginären und Symbolischen, und damit die Abdeckung löst, und neue Verknüpfungen möglich macht«[142]. Bilder sind *Akteur*innen*, weil dieser Akt von ihnen ausgeht. Das ist erwähnenswert, weil sich dies zwar nicht ganz mit dem Verständnis von *Akteur*innen* deckt, wie er in dieser Arbeit untersucht wird, aber der Umgang mit dem Bild als einem Aktiven bindet immerhin eine Aktivität im Bild. Dem Bildobjekt wird ein aktives Potenzial zugeschrieben, das für die Betrachter*in Wirkung entfaltet. Dieses Potenzial für Aktivität findet sich in etwas anderer Logik auch bei den Philosophen Levi R. Bryant und Graham Harman. Im Kapitel 5.4 werden diese Zusammenhänge in einem Nachvollzug der Überlegungen zur *objektorientierten Ontologie* näher erläutert.

Philip Ursprung, Kunst- und Architekturhistoriker, nähert sich im Zusammenhang seiner Diskussion am *Wert der Oberfläche*[143] über die Architektur und Kunstgeschichte aus nochmals anderer Perspektive. Dabei schlägt er vor, das Bild als Akteur*in und als eine Art dynamisch handelnde Entität[144] zu verstehen, die außerhalb bloßer Reproduktion zwischen den verschiedenen Arten von Ikonizität und Funktionsweisen der Architektur agiert.[145] Über die Bestätigung des Akteur*innenstatus hinaus, liefern Ursprungs Anmerkungen zu Ikonizität einen Anschluss an Limor Shifmans Überarbeitung der frühen Thesen zu Memtheorie und Memplexen (Kapitel 6.1/6.6) medienkultureller Prägung, nach der Bilder ein eingeschriebenes Potenzial zur Verbreitung besitzen.

Es ist nun naheliegend, dass auch meine Überlegungen zum Bild auf den gesellschaftstheoretischen Vorschlag von Bruno Latour und Michel Callon zurückgehen und mindestens die, in den 1980er-Jahren im Rahmen interdisziplinärer Wissenschaftsstudien aufgeworfene, *Actor-Network Theory* (ANT)[146] in das nun folgende einbezogen werden muss. Nach dem mit der ANT vorgelegten Denkmodell wäre die Ontologie der Welt flach. Menschlichen wie technischen Akteur*innen und Naturphänomenen wäre der gleiche Rang in der Partizipation im sozialen Gefüge (auch Netzwerk) zugesprochen.[147] Traditionelle Dichotomien wie Objekt–Subjekt, Natur–Gesellschaft, Innen–Außen oder

141 Vgl. Bredekamp 2010, S. 237.
142 Pazzini 2015, S. 28.
143 Ursprung, Philipp. *Der Wert der Oberfläche.* Zürich, 2017, S. 152f. Hierzu auch: Pazzini 2015, S. 237.
144 Vgl. ebd.
145 Ursprung 2017, S. 152.
146 Akteur-Netzwerk-Theorie, abgekürzt als ANT.
147 Besonders in der Humangeografie hat die ANT Fuß gefasst, u. a. bei: Murdoch, Jonathan. »Towards a Geography of Heterogenous Associations«. *Progress in Human Geography*, 21 (3), 1997, S. 321–337, hier: S. 325.

Mikroebene–Makroebene werden zugunsten eines dynamischen Beziehungsgeflechts heterogener Entitäten vernachlässigt.[148] Dem Bild, ebenso wenig wie der Kunst, ist nun nicht mehr ohne dieses veränderte Verständnis zu begegnen. Die Frage nach der Beschaffenheit und Beschreibbarkeit der Bilder lässt sich, wie Pazzini, Ursprung und Bredekamp andeuten, nicht mehr ohne den Bezug zu den Netzwerken stellen, in denen diese *Entitäten*[149] unweigerlich agieren. Künstlerische Arbeiten lassen sich aber auch, so die These dieser Untersuchung, nicht mehr ohne ein verändertes Verhältnis zum Ding und zu dessen Beziehungsgefüge verhandeln. Einige Aspekte sollen deshalb hier nun hervorgehoben und für die anschließende Untersuchung in Kapitel 5 gedanklich festgehalten werden. Verfolgt man noch einmal die Grundgedanken der ANT, lassen sich vier Punkte explizieren, die für die hier verfolgte Diskussion zu den Bildphänomenen der Gegenwart grundlegend sind: (a) In sogenannten Aktanten handeln menschliche Akteur*innen mit anderen nicht-menschlichen Entitäten u. a. in Gemeinschaft. (b) Diese Akteur-Netzwerke basieren auf der gemeinsamen Aktivität der Entitäten (oder dem Potenzial zur Aktivität) und sind wegen ihres Fokus' auf einen bestimmten Zweck relativ kurzlebig und ständig im Wandel.[150] (c) Aufgrund der beständigen Veränderungen und der fehlenden festen Konturen der Akteur-Netzwerk-Konstellationen, lassen sich Akteur*innen nur als Momentaufnahme beschreiben. (d) Sogenannte Quasi-Objekte[151] sind Entitäten, die Beziehungen aktivieren oder gar erzeugen und nicht selbst aktiv werden.[152] Am Beispiel eines Balls wird dies besonders anschaulich; er ist kein Mitspieler, aber da ihm die Mannschaften nachjagen, verbindet er sie untereinander. Sie werden zu Spieler*in und Gegner*in.[153]

Das Beispiel mit dem Ball lehrt mich in Bezug auf das Bild: Obwohl das Ding also nicht selbst handelt, hat es doch in seinen Beziehungen zu anderen Akteur*innen und Infrastrukturen, weitreichenden Anteil am Geschehen. Einleitend habe ich ausgeführt, dass Bildern aus verschiedenen theoretischen Perspektiven ein gewisser Akteur*innenstatus zugestanden wird und dies bei Weitem nicht nur von der ANT behauptet wird. Alltagssprachlich wird nicht selten auf eine Beseeltheit der Bilder Bezug genommen; dann blicken Bilder an, wirken, und bieten Zugänge, oder stellen etwas dar etc. Kurzum, sie treten

148 Vgl. Murdoch, Jonathan. »Towards a Geography of Heterogenous Associations«. *Progress in Human Geography*, 21 (3), 1997, S. 321–337, hier: S. 325.

149 Unter Entität (*entity*) soll hier analog zur Definition in der Informatik jedes eindeutig zu bestimmende Objekt und jede Einheit verstanden werden, die eindeutig konturierbar ist. Dabei kann diese Einheit materiell oder immateriell, konkret oder abstrakt sein.

150 Latour, Bruno. *Eine neue Soziologie für eine neue Gesellschaft*. Frankfurt/Main, 2007, S. 229f.

151 Vgl. zur Theorie des Quasi-Objekts verstanden als »hybride Praktiken, Relationen und Formen des Austauschs« u. a. nach Michel Serres bei: Gießmann, Sebastian. *Die Verbundenheit der Dinge. Eine Kulturgeschichte der Netze und Netzwerke*. Berlin, 2014, S. 119f. Hierzu auch: Serres, Michel. *Der Parasit*. Frankfurt/Main, 1987, S. 344f.

152 Vgl. Latour, Bruno. »On Actor-Network-Theory«. *Soziale Welt*, 47, 1996, S. 369–381, hier: S. 379.

153 Ebd.

in Beziehung zu ihren Urheber*innen, ihren Betrachter*innen und ihren Enstehungsbedingungen; sie werden über ihre Relationen aktiv. Die ANT bietet nicht zuletzt ein auch wissenschaftslogisches fundiertes Beschreibungsraster für die Untersuchung dieser Relationen und den daraus resultierenden Aktivitätszuschreibungen. An diese Ausführungen anschließend möchte ich nun zu drei Erklärungsmodellen kommen, die sich eher strukturell verstehen und auf die Gesamtheit aller Veränderungen beziehen. Zum einen wird das Konzept einer *next nature* oder *second nature*, in Abgrenzung zu einem überformten Kulturbegriff, Koert van Mensvoort folgend vorgestellt. Der zweite Ansatz widmet sich in Konsequenz, basierend auf einer interdisziplinären Annäherung aus Akteur*innenperspektive, den durch die Menschheit ausgelösten schwerwiegenden Veränderungen am Gleichgewicht der biologischen und geologischen Erneuerungsprozesse der Erde, dem Anthropozän. Darauffolgend wird die Figur eines *radikanten* Denkens als biologische Metapher nach Nicolas Bourriaud vorgestellt und Möglichkeiten für eine Durchdringung der Komplexität weitverzweigter Wechselwirkungen angedeutet. Dies lässt zumindest der theoretische Vorschlag vermuten.

(f) Next Nature

»Natur kann ›kultiviert‹ werden, indem sie unter Kontrolle des Menschen gebracht wird. Das betreiben wir seit mehreren zehntausend Jahren. Und seit vergleichsweise kurzer Zeit gilt auch umgekehrt: Kultur kann, wenn sie zu komplex wird, ›naturieren‹ (außer Kontrolle geraten). Die Produkte der Kultur, üblicherweise unter Kontrolle des Menschen gedacht, werden autonom und unbeherrschbar. Next Nature bezeichnet das, was sich der Kontrolle entzieht.« [154]

Unter dem Begriff der *next nature* lassen sich verschiedene Dinge diskutieren und in die Beschreibung einer *Postdigital Condition* einarbeiten. Vor allem aufgrund der Entlehnung der Überschrift, aber auch aufgrund der Anschaulichkeit, wird es im Folgenden zunächst um die Thesen zur *next nature* von Koert van Mensvoort[155] gehen. Als Gründer des »Next-Nature-Networks«[156] hatte er jüngst (zum »International Earth Day« am 24. April 2017) einen Aufruf unter der Überschrift »Letter to Humanity« verfasst, in dem er an die

154 Meyer, Torsten. »What's Next, Arts Education? Fünf Thesen zur nächsten Kulturellen Bildung«. *Kulturelle Bildung Online*, 2015. Online: www.kubi-online.de/artikel/whats-next-arts-education-fuenf-thesen-zur-naechsten-kulturellen-bildung [13.02.2018].

155 Koert van Mensvoort ist Technikphilosoph und Ingenieur an der TU Eindhoven (NL). Texte und Vorträge online unter: www.mensvoort.com/home/design-fiction [24.02.2018].

156 Online unter: www.nextnature.net [24.02.2018].

Menschheit appelliert, sich nicht als Opfer oder Sklaven von Technologie zu verstehen, sondern diese zum Vorteil der Menschheit einzusetzen.[157] Van Mensvoort sieht die technologische Entwicklung als Phase der Evolution und als »Technosphäre«[158], die sich in Folge der weiteren Entwicklung des Menschen aus der Natur heraus entwickeln konnte. Er formuliert pointiert: »Ihre Präsenz [die der Technosphäre] transformiert die Erde so tiefgreifend, dass dies auch noch in Millionen von Jahren ersichtlich sein wird.«[159] Unter anderem verweist er auf die bloße Masse der technologischen Oberfläche[160] der Erde. Das Material ergibt sich aus der Gesamtheit des Materials, das Menschen auf vielfältigste Weise produzieren: Häuser, Fabriken, landwirtschaftliche Infrastruktur, Autos, Computer, Telefone, Stifte, Müllhalden, Weltallmüll und das Kohlendioxid in der Atmosphäre.[161] Eine *next nature*, wie sie der theoretische Vorschlag nennt, ergibt sich aus den Dingen, Erfindungen und Errungenschaften, die sich mit voranschreitender Existenz nahezu unmerklich in die Oberfläche der Erde einschreiben und u. a. die *infrastructures of production*[162] stellen. Autobahnnetze, weltweiter Gütertransport, Schiffsrouten und ähnliches mehr sind nur einige Beispiele für die häufiger so benannte *zweite Natur*[163] oder Technosphäre (*technological infrastructures*), die sich über die ephemeren Anteile des Internets und andere Informationsströme in einer weiteren Sphäre fassen lassen: die sogenannte Infosphäre, die eher einer dritten Natur (*third nature*)[164] gleicht, die eine Infrastruktur (*information infrastructure*) stellt und sich ebenso global wie unkontrolliert, aber vom Menschen geschaffen, ausbreitet. Bevor die Brücke für die hier unternommene Exploration am Bild noch weiter ausgeführt werden muss, soll hier noch ein weiterer Gedankengang van Mensvoorts die folgende Auseinandersetzung markieren. Van Mensvoort nimmt eine umfassende Unterscheidung dessen vor, was er unter Natur und Kultur verstehen will.[165] Zum einen geht es ihm um die Unterscheidung der menschlichen Erfahrung als durch den Menschen kontrollierbar (*controllable*) und vom Menschen autonom (*autonomous*). Zum

157 Online unter: Next Nature Network. »Letter to Humanity«. *Offizielle Webseite,* o.J. Online: http://lettertohumanity.org/deutsch/ [15.09.2020].

158 Ebd. Neben den bekannten Sphärenbeschreibungen aus den Naturwissenschaften, die die irdische Umwelt für den Menschen bilden – Geosphäre, Stratosphäre und Biosphäre –, bildet die Technosphäre die technische Umgebung und umfasst alles Menschengemachte.

159 Next Nature Network, lettertohumanity.org/deutsch.

160 Das Original: »Geologists made a rough estimate of the size of the physical structure of Earth's physical structure of Earth's technosphere – finding that its mass approximates to 30 trillion tons.« Ebd.

161 Die Auswahl der Beispiele im Rahmen der Übersetzung. Vgl. ebd.

162 Next Nature Network, lettertohumanity.org/deutsch.

163 Vgl. Bunz, Mercedes. *Die Stille Revolution.* Berlin, 2012, S. 63ff.

164 Vgl. Next Nature Network, lettertohumanity.org.

165 Mensvoort, van Koert. »Real Nature is not Green«. In: Vermeulen, A. (Hg.). *Sun Enlightment, States of Nature.* Amsterdam, 2006. Den Hinweis auf den Arbeitszusammenhang sowie die Unterscheidung Next Nature verdanke ich Torsten Meyer.

anderen betrifft dies die Kategorie des In-die-Welt-Kommens im Sinne von geboren (*born*) und gemacht *(made)* sein. Nimmt man die gegenwärtigen Erfahrungshorizonte ernst und beobachtet die Effekte und Auswirkungen eingehend, so die These van Mensvoorts, komme man zu einem überarbeiteten Naturverständnis, das sich in kontrollierbar und unkontrollierbar strukturiert und die Vorstellungen von Natur an unkontrollierbare Zusammenhänge heftet. Kultur ist dann etwas, das im Gegensatz dazu unter menschlicher Kontrolle ist. Damit wären auch diejenigen Dinge, die durch den Menschen gemacht oder verantwortet wurden, Teil der Natur, die wie Computerviren und *stock market dynamics*[166] nicht mehr kontrollierbar und nur noch in eingeschränktem Maß beeinflussbar sind. Zur sogenannten nächsten Natur (*next nature*) gehören dann aber auch Phänomene wie Staus, Computerviren, Systemcrashs, Börsenkurse und ähnliches mehr. Die Frage der nächsten Natur ist aber auch eine Frage der Organisation und Reorganisation sowie der Möglichkeiten der Einflussnahme auf diese Prozesse.[167]

Abb. 4.8: Übersicht über den prinzipiellen Zusammenhang von *nature* und *next nature*. Screenshot von einer PP-Folie im Vortrag von Koert van Mensvoort. Online unter: https://www.deverlichtingadvies.nl/img/LqdC/740x558x0/next-nature.png [05.01.2018].

Torsten Meyer, Kunstpädagoge mit dem Schwerpunkt aktuelle Medienkultur formuliert in der achten seiner neun Thesen zur »Next Art Education«, mit Bezug auf van Mensvoort wie folgt: »Die Eingeborenen der nächsten Gesellschaft sind damit konfrontiert, dass sich der größere Teil ihrer Lebenswirklichkeit der Kontrolle[168] entzieht«.[169] Meyer platziert seine Überlegungen im Kontext einer *next nature* von van Mensvoort, der die Unterscheidung zwischen Natur und Kultur maßgeblich zwischen Kontrolle und Kontrollverlust verortet, und führt mit Dirk Baecker[170] weiter aus. Im Zentrum steht die mehr als nachvollziehbare Annahme einer neuen gesellschaftsbildenden Logik, die Meyer zudem angelehnt an die Metapher der *digital natives* nach Marc Prenskys[171] auch auf die Erfahrungen im

166 Englisch für Dynamik am Aktienmarkt. Marktdynamik im Allgemeinen ist ein wirtschaftswissenschaftlicher Begriff für die Veränderungen am Markt. Marktein- und austritte sowie die Reaktion der Wirtschaftssubjekte bestimmen die Dynamik. Vgl. auch Fritsch, Michael. *Entrepreneurship. Theorie, Empirie, Politik.* Heidelberg, 2015, S. 30–32.

167 Vgl. auch zum Kontrollverlust: Seemann 2014.

168 Michael Seemann nennt das treffend CTRL-Verlust. Dieser CTRL-Verlust ist das Düngemittel der nächsten Natur. Ebd.

169 Meyer, Torsten. »Next Art Education. Erste Befunde«. In: Meyer, T.; Hedinger, J. M. (Hg.). *What's next? Kunst nach der Krise.* Berlin, 2013, S. 377–384.

170 U. a. hier angeführt wegen seinen Ausführungen zum technischen Impuls für die kulturelle Logik der Gegenwart: Baecker 2007.

171 Prensky, Marc. »Digital Natives, Digital Immigrants Part 1«. *On the Horizon,* 9 (5), 2001, S. 1–6. Online: https://doi.org/10.1108/10748120110424816 [24.02.2018].

Bedingungsgefüges der Gegenwart[172] anwendet. Im Folgenden gilt es, dieses Naturierungspotenzial der kulturellen Äußerungen, zu denen ja das Bild ebenso wie das Kunstwerk zählt, grundständig mitzudenken. Dafür sind drei wichtige Ankerpunkte aus Meyers Ausführungen zielführend für die Ausrichtung der folgenden Kapitel zu bestimmen: (a) Natur kann kultiviert werden. Es ergibt sich Kultur; (b) durch den Komplexitätsüberhang der Gegenwart kann Kultur auch naturieren; (c) werden ihre Produkte autonom und damit unbeherrschbar für den Menschen.

(g) Anthropozän

> *»Im Anthropozän verweben sich natürliche und kulturelle Prozesse, intentionales Handeln und natürliche Kausalketten ineinander.«* [173]

In der Publikation *Das Anthropozän. Zum Stand der Dinge* zur gleichnamigen Ausstellungs- und Tagungsreihe im Haus der Kulturen der Welt in Berlin beginnen die Herausgeber*innen Jürgen Renn und Bernd Scherer ihre Einleitung mit einem Verweis auf die Erdsystemwissenschaftler Paul Crutzen und Eugene Stoermer. Über verschiedene Diagramme[174] zur Entwicklung des Systems Erde mit jeweils sehr dramatischen Entwicklungen (Telekommunikation, Tourismus, Fischfang, stratosphärisches Ozon, Kohlendioxid etc.) setzen sie verschiedene Teilsysteme menschlichen Handelns nun so zueinander in Beziehung, dass sie zu der Notwendigkeit eines neuen Terminus zur Bezeichnung dieses Erdzeitalters kommen. All diese Erscheinungen und Veränderungen gingen auf den Menschen und sein Wirken zurück bzw. wurden von den Menschen induziert. Sie schlagen vor, dieses »Erdzeitalter« mit dem Begriff »Anthropozän« zu konturieren. Datiert wird der Beginn dieser *eskalierenden Veränderung*[175] auf 1945, denn zu diesem Zeitpunkt steigen die Graphen bzw. Linien in den Diagrammen unwiderruflich an.[176] Im Zuge dieser Beobachtung und daraus folgenden Überlegungen taucht noch ein weiterer Begriff auf, der in Abwandlung auch in Kapitel 8 der vorliegenden Arbeit einen *Ankerpunkt* für das gegen-

172 Die Formulierung Bedingungsgefüge der Gegenwart verwende ich um die Verwobenheit der vielfältigen Anforderungen in der Zeit deutlich zu machen. Die Menschen sehen sich vielfältigen, und mehrfach überlagernden Anforderungen gegenüber.

173 Scherer, B.; Renn, J. (Hg.). *Das Anthropozän. Zum Stand der Dinge.* Berlin, 2015, S. 13.

174 Siehe Abbildung in: Scherer und Renn 2015, S. 13; sowie ebd. Verweis auf Jan Zalasiewicz, Paul Crutzen und Eugene Stoermer.

175 Vgl. Meyer, Torsten. »Next Nature Mimesis«. In: Schuhmacher-Chilla, D.; Ismail, N.; Kania, E. (Hg.). *Image und Imagination.* Oberhausen, 2010, S. 211–227.

176 Scherer und Renn 2015, S. 13.

wärtige Bedingungsgefüge darstellt. Es geht um das Modell der »Big Acceleration«[177], dem Zeitpunkt, an dem der Einfluss des Menschen »nicht für Generationen, sondern für hunderttausende von Jahren«[178] die Erde sichtbar verändert und »Menschheitsgeschichte zur Erdgeschichte«[179] wird.

Abb. 4.9: Zwei Übersichten zu (1) Entwicklung des Erdsystems und (2) sozioökonomische Entwicklungen. Scherer, Bernd; Renn, Jürgen. »Einführung«. In: dies. (Hg.). Das Anthropozän. Zum Stand der Dinge. Berlin, 2015, S. 7–24, hier: S. 10–11.

Nach Renn und Scherer ist der Mensch bereits als »wesentlicher Faktor planetarer Gleichgewichte und Ungleichgewichte« zu verstehen.[180] Für die hier vorliegende Arbeit zur Bildlichkeit stellen die Überlegungen zum Anthropozän sowie Überlegungen zu einer *zweiten und dritten Natur* notwendige Erklärungsmodelle dar, um die Bildlichkeit als Akteur*in des per se Menschlichen (wie es der anthropologische Ansatz der Bildtheorie nahelegt) ernsthaft zu durchdenken und in ihrer Struktur als Einflussgröße in aller Konsequenz in die Untersuchungen an der Gegenwart einzubeziehen.

(h) Radikant

Aus den Stichworten Multikulturalismus, Postmoderne und kulturelle Globalisierung legt der Kurator und Philosoph Nicolas Bourriaud seine Reflexionen über die zeitgenössische Kunst unter den Bedingungen der globalisierten Gegenwart an und skizziert eine »Kunstkritik der Welt«. Die für meine Verhandlungen am Bild grundlegende Frage findet sich mit Bourriaud: Wann beginnen wir die Veränderungen der Gegenwart aus ästhetischer Perspektive zu reflektieren? Er formuliert:

> *»Warum hat man die Globalisierung so viel unter soziologischen, politischen oder wirtschaftlichen Gesichtspunkten kommentiert und praktisch nie aus einer ästhetischen Perspektive? Wie wirkt dieses Phänomen sich auf das Leben der Formen aus?«*[181]

177 Zur »Big Acceleration« nach Zalasiewicz, Jan. »Die Einstiegsfrage: Wann hat das Anthropozän begonnen?« In: Scherer, B.; Renn, J. (Hg.). *Das Anthropozän. Zum Stand der Dinge*. Berlin, 2015, S. 160–180.

178 Scherer und Renn 2015, S. 9.

179 Ebd., S. 12.

180 Ebd., S. 13; zudem: »Der Mensch ist dabei Täter und Opfer zugleich«, ebd.

181 Bourriaud, 2009.

Bourriaud bedient sich in seinen Ausführungen zu dieser impliziten Aufforderung einer Begrifflichkeit aus der Biologie, des *Radikanten*[182], der die besondere Verwurzelung u. a. des Efeus unter, in und über der Erde benennt, und die er anschaulich bildlich zwischen ästhetischer Reflexion, Kulturproduktion und Konsum erläutert. Dabei macht er eine weltweitwerdende Kulturlandschaft[183] aus, die durch den »Druck der Überproduktion von Objekten und Informationen« und die »galoppierende Uniformierung der Kulturen und Sprachen« gestaltet ist.[184] Dabei wird alles Authentische und Originäre in Warenform verwandelt und alle Unterschiede werden freiwillig eingeebnet. Migrationsgesellschaft, Warenzirkulation und Nomadentum, transnationale politische Entitäten und weltweite Bildwelten legen die Notwendigkeit für neue Begriffe und Bilder nahe.[185] Bourriaud schreibt: »Radikant sein: seine Wurzel in heterogenen Kontexten und Formaten in Szene setzen, ihren Ursprung zugunsten einer Vielzahl simultaner oder sukzessiver Verwurzelungen auszulöschen?« Die Ära nennt er »prekär«[186], die Figuren »Umherschweifende«[187] und die Subjekte Verhandlungsgegenstände[188]. Er verbindet dabei die Radikalität (und Verwurzelung) der Moderne mit der Rhizomazität (und Entwurzelung) der Postmoderne in einem kohärenten Denkmodell.[189]

Für den in dieser Arbeit verhandelten Zusammenhang sind mehrere Aspekte seiner Reflexion eine Untersuchung wert. Zum einen ist die Figur des Radikanten als dezentrales, spontan wurzelndes Gebilde eine Verbildlichung einer Haltung[190], und zum anderen bietet gerade die Vorstellung einer solchen radikanten Struktur ein geeignetes Bild für die Bedingungen der Gegenwart. Während Bourriaud sehr ausführlich auf einzelne Aspekte eingeht (Postcolonial Studies, postmoderne Logik, Neoliberalismus und Kapital, Tendenzen, Simultaneität, Hybridisierung etc.) und die Bedingungen der Gegenwart beschreibbar macht, ist es vor allem sein methodisches Vorgehen und dessen Erklärung, was seine

182 Der deutsche Begriff »Radikant« ist in der Fachsprache der Biologie/Botanik nicht sehr verbreitet. Sein englisches Äquivalent ist fachsprachlich wesentlich verbreiteter.

183 Kulturlandschaft bezeichnet die durch die Menschen angelegte und bewirtschaftete Natur. Der Zusatz »weltweitwerdend« bezieht sich auf eine Angleichung der angelegten Landschaften mit Blick auf überformte Golfplatz-Natur, Flächenversiegelungen und monokulturelle Landwirtschaft. Zum Begriff der Kulturlandschaft vgl. Denecke, Dietrich. »Kulturlandschaft, Siedlungsgeographie, Kulturgeographie«. In: Fehn, K.; Simms, A. (Hg.). *Wege der historischen Geographie und Kulturlandschaftsforschung*. Stuttgart, 2005. Mit Verweis auf Lévi-Strauss bei Bourriaud 2009, S. 18.

184 Bourriaud 2009, S. 18.

185 Ebd.

186 Ebd. S. 82f.

187 Ebd. S. 51f.

188 Vgl. Ebd. S. 57.

189 Vgl. Ebd. S. 20f. und S. 24. Die Verweisstrukturen, Fragmentierung und die sich daraus ergebende Referenzialität der Bruchstücke einer ehemaligen Einheit lassen die einzelnen Elemente und Entitäten der Nachmoderne in vielfältigen Beziehungen stehend und rhizomatisch verknüpft erscheinen.

190 »Verbildlichung« bezeichnet die Möglichkeit zum Begreifen des bisher Unbegreiflichen im Sinne der Ausführungen von Latour zum »Leviathan« im Kölner Vortrag; siehe Kapitel 3.

Ausführungen nun so grundlegend für die hier unternommene Untersuchung sein lässt. Er strebt eine vitale Verbindung[191] zwischen Kritiker*innen und Werken an und spricht von einem Rhythmus, einer Idee, einem Bild, das er zum Ausdruck bringen wollte.[192] Und beinahe noch grundlegender ist die Strategie des radikanten Textes, die er mit Verweis auf Walter Benjamin[193] und Georges Bataille[194] als »sprunghafte Darstellung eines Themas, eine fragmentarische und vagabundierende Schreibweise« bezeichnet, die es manchmal besser vermag, den betrachteten Gegenstand zu umreißen als es eine faktische Darstellung vermögen würde.[195] Dies ernst genommen, müsste die These lauten: Gerade die künstlerischen Durchdringungsversuche liefern wichtige Darstellungen der Gegenwart, die es zu untersuchen gilt. Wie über fragmentarische Schreibweisen ein Thema dargestellt werden kann und was es letztlich bedeutet, einen Gegenstand »besser« zu umreißen, ist nicht zuletzt auch Untersuchungsgegenstand dieser Arbeit.

4.3.2 Überblick/Bericht: Postdigital Condition

Ich erinnere an dieser Stelle an die Einführung des Bandes zum Anthropozän von Jürgen Renn und Bernd Scherer, in der es heißt: »Im Anthropozän verweben sich natürliche und kulturelle Prozesse, intentionales Handeln und natürliche Kausalketten ineinander«.[196] Betont wird hier eine Verquickung von *actio* und *reactio* für die biologischen und geologischen Phänomene der Gegenwart unter dem Einfluss der Menschheit. Insbesondere Techno- oder Datasphäre, die trotz der vermeintlichen Immaterialität allerhand materielle Auswirkungen haben, zeigen sich zunehmend auch in Veränderungen an biologischem und/oder geologischem Material (siehe »seltene Erden«). Rüdiger Kruse pointiert in seinem Beitrag folgendes:

> *»Wir leben in einer hyperkomplexen Welt, Tendenz steigend. Das Hyperkomplexe entzieht sich einer einfachen Erklärung«.*[197]

191 Bourriaud 2009, S. 7.

192 Ebd. S. 7ff.

193 Bourriaud 2009, S. 8.

194 Ebd.

195 Ebd., S. 203.

196 Scherer, Bernd; Renn, Jürgen. »Einführung«. In: dies. (Hg.). *Das Anthropozän. Zum Stand der Dinge.* Berlin, 2015, S. 7–24, hier: S. 13.

197 Kruse, Rüdiger. »Was ist politisch an der Frage, ob es das Anthropozän gibt?« In: Scherer, B.; Renn, J. (Hg.). *Das Anthropozän. Zum Stand der Dinge.* Berlin, 2015, S. 256–260, hier: S. 257.

Dieser Satz bietet erheblichen Resonanzraum für die in dieser Untersuchung zu konturierenden Überlegungen. In den vorangegangenen Abschnitten habe ich einige Erklärungsversuche und Aspekte der Hyperkomplexion der Gegenwart herausgegriffen und in ihren wichtigsten Linien aufgezeigt. Einige Vertikale verschieben die Perspektive auf das gesamt-terrestrische Gefüge (*anthropocene* und *next nature*) äußerst fundamental, andere fokussieren die an diesen Verschiebungen beteiligten Relationen und Beziehungen und deren Qualitäten stärker (ANT und Radikant), oder thematisieren die Kulturtechniken und ihre Wirksamkeiten (*going viral* und *Mimikry*) oder konturieren technisch induzierte Zäsuren mit weitreichendem kulturellen Einfluss (Gleichzeitigkeit und Reproduzierbarkeit). Die gewählten Tiefenbohrungen sind beispielhaft; sie unterstützen ein besseres Verständnis des Bedingungsgefüge Gegenwart. Dabei gründet sich die Auswahl auf diejenigen Erklärungsansätze, die mir während der Untersuchung halfen, die Veränderungen an den Organisationsformen des Bildes oder der Bilder einordnen zu können. Die Verschränkungen des Digitalen und Analogen hin zu einem Bedingungsgefüge, einer *Postdigital Condition*, mit hyperrealen Formen der materialabhängigen Erscheinungen bilden dabei die Grundlage jedes potenziellen Verständnisses dessen, was uns als natürliche Umgebung in der Gegenwart, oft unhinterfragt, umgibt. Was die *Postdigital Condition* auszeichnet, ist die allumfassende Komplexität ihrer Auswirkungen.

Abb. 4.1

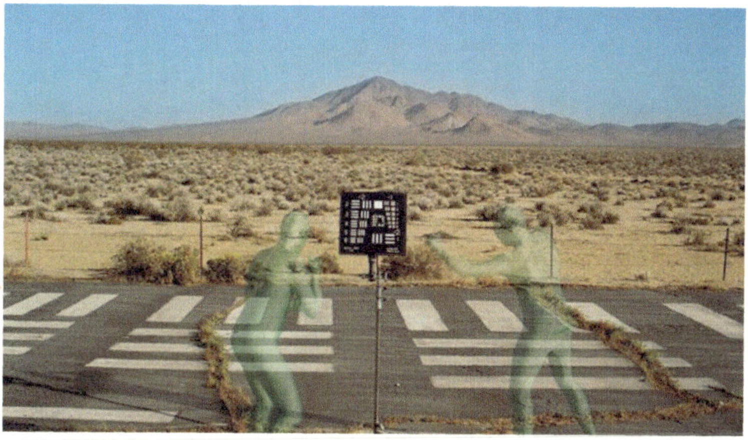

Abb. 4.2.1

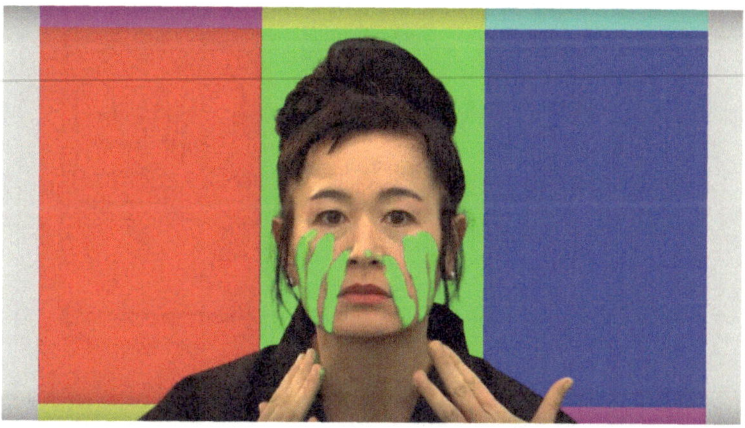

Abb. 4.2.2

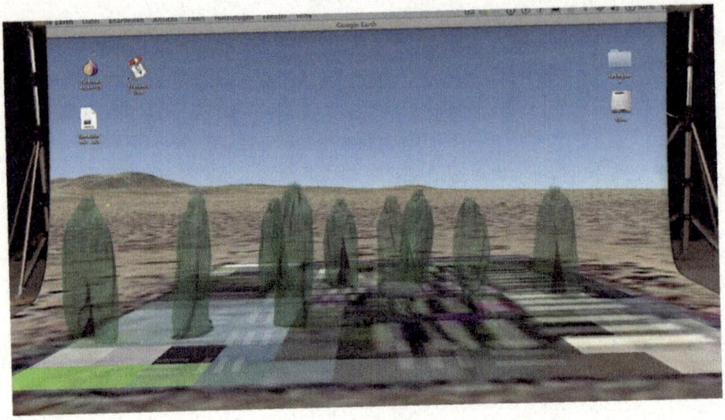

Abb. 4.2.3

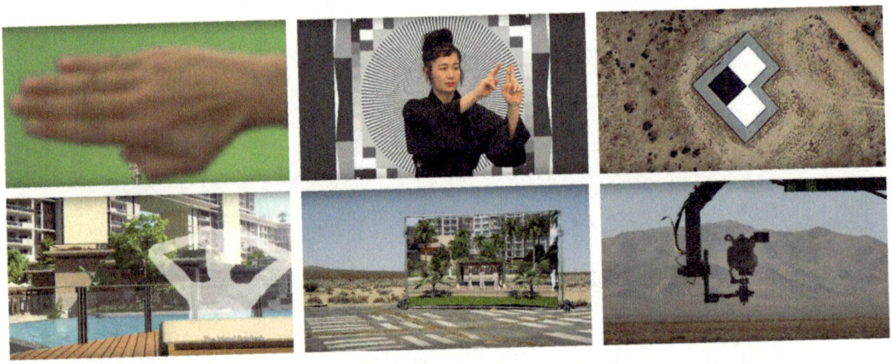

Abb. 4.2.4–4.2.9

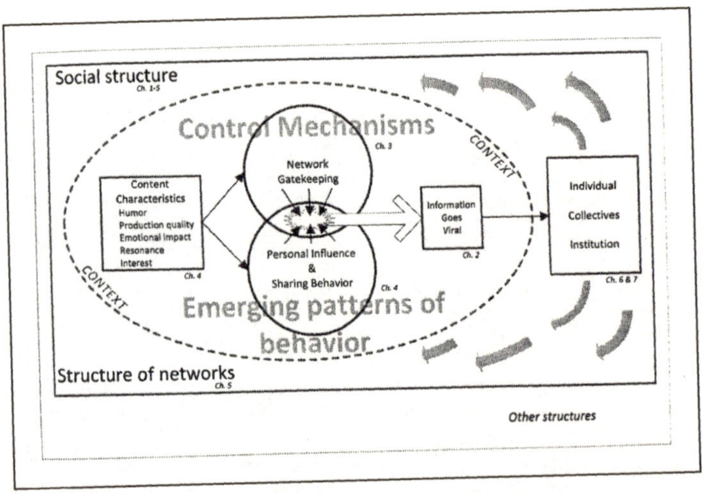

Abb. 4.3

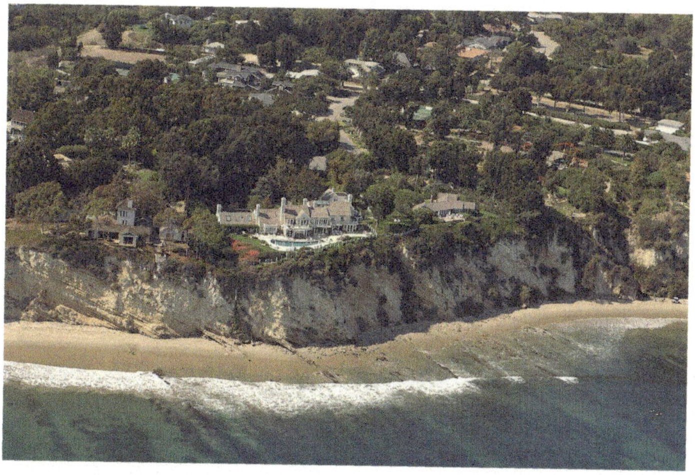

Abb. 4.4

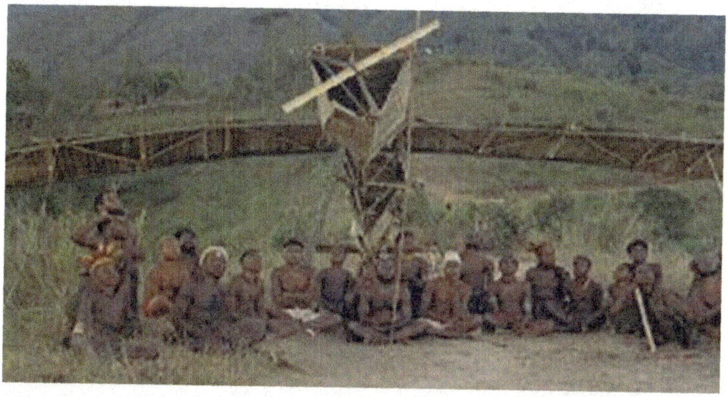

Abb. 4.5

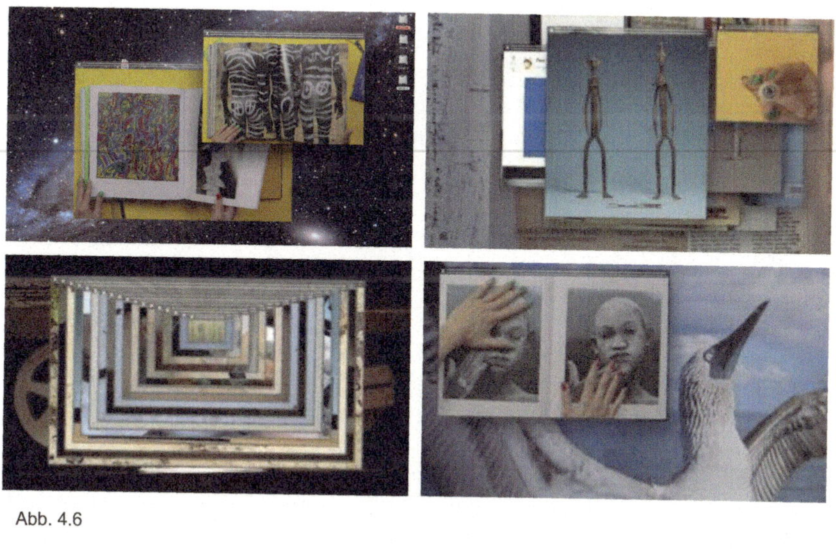

Abb. 4.6

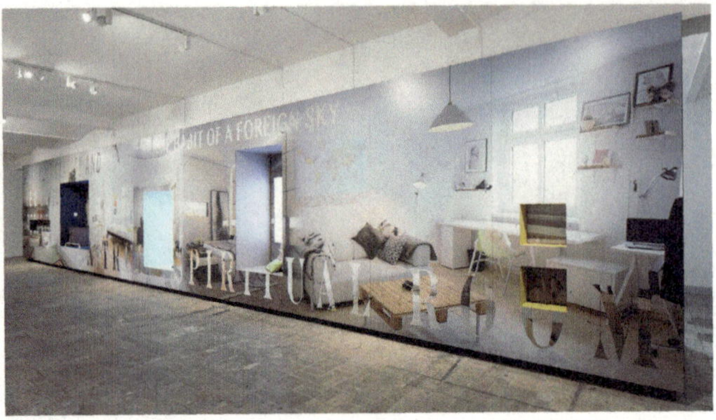

Abb. 4.7

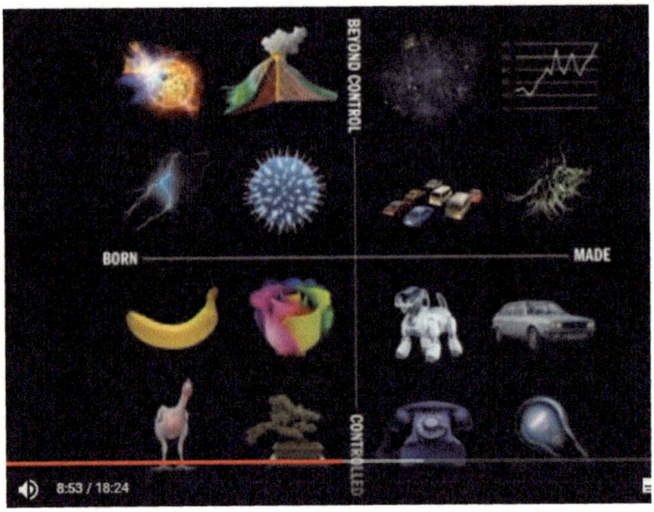

Abb. 4.8

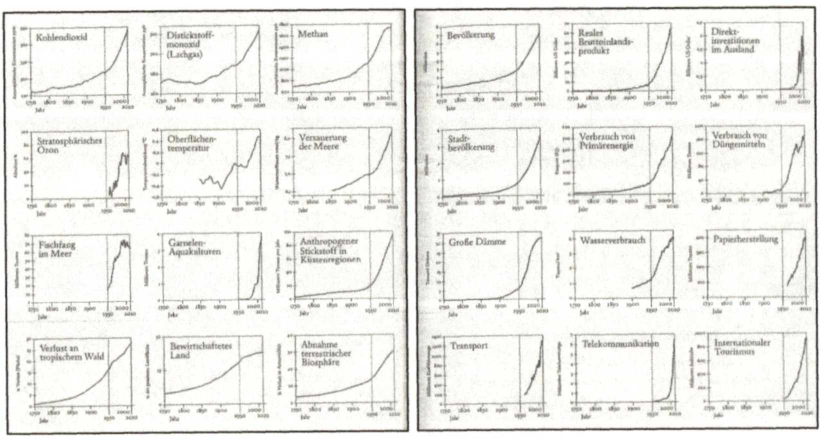

Abb. 4.9

Teil II
Exploration Bild und Bildwissenschaften

5 Überblick zum Bild

Im vorangegangenen Kapitel wurde ausgeführt, wie vielschichtig sich Bild und Bildlichkeit unter den Bedingungen der Gegenwart verändert haben und wie tiefgreifend sich infolgedessen auch ihre Analyse verändert hat. Dies erfolgte einerseits unter der Annahme, dass ein Verständnis der vielfältigen Wirkungs- und Funktionsweisen am Bild auch differenziertere Beschreibungen des Bedingungsgefüges der Gegenwart interpolieren ließe. Darüber hinaus ergibt sich nun andererseits die Frage, ob sich an den Strukturen und Wirkweisen der Bilder die Veränderungen der Gegenwart vielleicht sogar exemplarisch erörtern ließen. Die Bilder stehen folglich als kulturelle Entitäten im Fokus meiner Untersuchungen. In den kommenden Ausführungen werde ich darüber hinaus deutlich machen, dass die Bilder der Kunst eine besonders produktive Konzentration der untersuchten Gegenwartseffekte aufweisen und damit eine zentrale Engführung der Thesen am Bild erfahren sollten.

Im Kontext der deutschsprachigen Kunstpädagogik ist die Forschung am Bild nun bedauerlicherweise, vor allem im Zuge der Bildkompetenzdebatten[1], zu einer lähmenden Kraft geworden. Bisweilen vermochte sie es sogar, die fachliche Diskussion zwischen Kunstfokus und Bildfokus zu spalten. Bildkompetenz[2] zum einen, und bildnerische Fertigkeiten zum anderen, spannen ein unproduktives Feld der Verunsicherung auf, was eine tiefgründigere medientheoretische Annäherung an den Gegenstand Bild verhindert. Um den notwendigen Fragen zu den Bildern der Gegenwart wieder auf Augenhöhe begegnen zu können, gilt es daher diese binären Widersprüche nun erneut aufzulösen und dieses Minenfeld zu verlassen. In den folgenden Ausführungen vermeide ich nun also bewusst die Auseinandersetzung mit diesem Vorlauf und liefere keine erneute Verhandlung zu den fachlichen Positionen am Bild bis dato.[3] Stattdessen verschiebe ich den Fokus konsequent auf Beispiele aktueller Kunst und deren Theoriebildung. Bildnerische Gestaltung und bildende Durchdringung werden hier als selbstverständliche Aspekte der Kunstproduktion

1 Vgl. hierzu auch die Dissertation von Florian Schaper. Er skizziert die Grabenkämpfe und zeigt in seiner Untersuchung die Notwendigkeit einer eingehenden Untersuchung der Phänomene im Bild der Gegenwart auf. Schaper, Florian. *Bildkompetenz. Kunstvermittlung im Spannungsfeld analoger und digitaler Bilder.* Bielefeld, 2012, S. 21ff.

2 Schaper 2012.

3 Zu nennen sind hier u. a.: Franz Billmayer (Kunst ist der Sonderfall – Bildunterricht statt Kunstunterricht), Rolf Niehof und Kunibert Bering (Bildkompetenz – Eine kunstdidaktische Perspektive); nicht aus dem Fach, aber auch zur Bildkompetenz Klaus Sachs-Hombach (Was ist Bildkompetenz. Studien zur Bildwissenschaft).

und -vermittlung aufgefasst, jedoch nicht explizit untersucht. Meine Untersuchung am Bild der Gegenwart widmet sich nun der geschäftsführenden kulturellen Entität in Verbreitung, dem Bild, in struktureller Hinsicht und klammert Genre- und Statusfragen weitgehend aus. Trotz dessen, dass eine Übersicht über die kunstpädagogischen Positionen zum Bild zweifelsohne spannend wäre, wähle ich diese strukturelle Setzung der Auslassung, um einen Knoten, oder einen Neuanfang, an ganz anderer Stelle im fachlichen Umgang mit den Bildern zu wagen und in der Bild-gesättigten Gegenwart das Bildhandeln wieder produktiver werden zu lassen und zu reaktivieren.

Ich werde nun zentrale Ansätze der prädigitalen[4] philosophischen sowie kunstwissenschaftlichen Diskussionen um das Bild und die Rolle der Bilder in der Gegenwart so kurz wie nötig darzustellen. Im Anschluss werden die für diese Arbeit relevanten Teilaspekte weiterführend erläutert und mit Beispielen belegt. Die fortlaufend diskutierten künstlerischen Positionen dienen der Erarbeitung eines Vorschlages für einen gegenwärtigen Umgang mit den Phänomenen der Gegenwartskunst und lenken eine Überarbeitung des vorherrschenden Verständnisses auf eine Neukonzeption des Begriffs Bild. Vereinzelt werden sogar bewusst Aspekte der jeweiligen Traditionen, die unter Beobachtung der Gegenwart und dem Auftreten von Bild und Kunst für eine weitere Untersuchung infrage kommen, aufgegriffen und andere, weniger signifikante, stark vereinfachend ignoriert. Diese Verkürzungen sind notwendig, um schließlich eine produktive Inventur liefern zu können. Bevor über die folgenden Modelle der Versuch eines Mappings[5] am Bild vorgenommen werden kann und mithin auch das angrenzende Feld aufgenommen wird, muss der Kontext der Verhandlungen noch konkreter gefasst werden. Mit ein paar anschaulichen Schnitten durch das Begriffsgefüge möchte ich daher vorab für einige klare Linien sorgen. Die wichtigsten Unterscheidungen, die im Folgenden für die Diskussion am Bild aufgearbeitet werden sollen, strukturieren die Untersuchung von Bildern nach drei Ebenen: (1) Nach ihren physischen Eigenschaften, (2) nach dem Untersuchungsgegenstand und (3) nach der Annäherungsperspektive. Diese gilt es nun weiterführend in den einzelnen konstituierenden Aspekten auszuführen. Das vorliegende Kapitel dient damit nicht nur als Übersicht zur Forschungslage am Bild, sondern auch als Vorbereitung und Sammlung sowie Argumentationsgrundlage für eine gegenwärtige Begegnung mit dem Bild innerhalb der Bildenden Kunst und der Kunstpädagogik.

4 Mit dem Adjektiv prädigital soll verdeutlicht werden, dass ein Zustand gemeint ist, der vor den durchgreifenden Prozessen der Digitalisierung und Datafizierung bestand.

5 Vgl. hierzu auch: Heil, Christine. »Kunstunterricht kartieren. Handlungsräume im Unterricht herstellen und erforschen«. *Schroedel Kunstportal*, 2008. Online: https://www.kunstlinks.de/material/peez/2008-04-heil.pdf [01.01.2018].

»I would like to pose the following question: are we in fact referring to a simple, univocal reality? Does not the term ›image‹ contain several functions whose problematic alignment precisely constitutes the labour of art? On this basis it will perhaps be possible to reflect on what artistic images are, and contemporary changes in their status, more soundly.« [6]

5.1 Lambert Wiesing: Aspekte der Bilder

Die folgenden, teils eher technisch wirkenden Unterscheidungen basieren auf den Studien zur Philosophie des Bildes des Bildtheoretikers und Philosophen Lambert Wiesing in dem Band *Artifizielle Präsenz*. In diesem Zusammenhang dient die dargelegte Systematik am Bild der Darstellung mitunter komplexer struktureller Verhältnisse der Bilder untereinander, und ihrer Wechselwirkung mit den Betrachter*innen. Die klare Darstellung Wiesings basiert auf notwendigen Vereinfachungen, die zur Anschaulichkeit beitragen können und dadurch auch als Ankerpunkte für vertiefende Explorationen dienen werden.[7]

5.1.1 Unterscheidung nach den Eigenschaften

Die erste und offensichtlichste Unterscheidung ist die Unterscheidung nach den Eigenschaften. Sehr unterschiedliche Dinge werden als Bilder bezeichnet. Einmal ist der *Bildträger*, also das physische Ding im Sinne einer materiellen Entität, gemeint und ein andermal das, was von diesem Bildträger gezeigt wird, genauer gesagt, gezeigt werden soll. Mit Bezug auf Edmund Husserl schlägt Lambert Wiesing vor, diese sichtbar werdende Darstellung mit dem Terminus *Bildobjekt*[8] zu belegen. Dieses Bildobjekt hat keine eigene physische Anwesenheit, sondern lässt sich »intentional« im *Bildträger* nieder.[9] Gemeinsam ergeben beide Anteile eine Entität, das sogenannte *Bild*. Die physischen Eigenschaften des Bildträgers tragen dabei allerdings nicht unwesentlich zur Bedeutungsschicht der Bildobjektebene bei. Und obwohl die Materialität des Bildträgers nur eine Ermöglichungsoberfläche für die immateriellen Ebenen des Zeigens ist, stellen beide Ebenen zusammen eine weitestgehend ungebrochene Einheit dar.

6 Rancière, Jacques. »The Future of the Image«. In: *The Future of the Image*. London, 2009, S. 1–31, hier: S. 1.

7 Wiesing, Lambert. *Artifizielle Präsenz. Studien zur Philosophie des Bildes*. Frankfurt/Main, 2005.

8 Ebd., S. 45, mit Zitat nach Husserl: Das Bildobjekt bezeichnet »ein Erscheinendes, das nie existiert hat und nie existieren wird, das uns natürlich auch keinen Augenblick als Wirklichkeit gilt«. Vgl. Husserl, Edmund. »Phantasie und Bildbewusstsein«. In: Marbach, E. (Hg.). *Husserliana, Bd. XXIII: Phantasie, Bildbewusstsein, Erinnerung. Zur Phänomenologie der anschaulichen Vergegenwärtigungen. Texte aus dem Nachlaß (1898–1925)*. Den Haag, 1980, S. 1–108, hier: S. 81.

9 Wiesing 2005, S. 44f. nach Husserl 1980, S. 81. Anmerkung zu Wiesing: Zum Bildobjekt sollten hier m. E. auch (nicht) visuelle und (un)sichtbare Eigenschaften einbezogen werden.

Abb. 5.1: Skizzen zur Bildträger-Bildobjekt-Relation nach Wiesing (2005).

Aus dieser Differenzierung zwischen Bildträger und Bildobjekt ergibt sich nun ein weiteres Interesse für die angestrebte Untersuchung am Bild. Denn, ob und wie der optische und der verstehende Sehprozess voneinander separiert werden können, scheint in diesem Zusammenhang von zentraler Bedeutung. Welche Anteile des Bildes werden optisch (per Sehsinn) aufgenommen, und welche Anteile geben sich über das intentionale oder verstehende Sehen zu erkennen? Diese Unterscheidung und die entsprechenden Überlegungen wirken sich auf das Bildverständnis aus. Für die Diskussion am Bild im Gegenwartsgefüge fällt bereits auf dieser ersten Ebene der strukturellen Dechiffrierung am Bild das technische – oder auch maschinelle – Sehen als strukturell relevant auf.[10] Daraus ergeben sich u. a. folgende weiterführende Fragen: In welchen Aspekten unterscheidet sich maschinelles von menschlichem Sehen? Welche Anteile sind jeweils unsichtbar?

Abb. 5.2: Skizzen zur Unterscheidung der Sehprozesse nach Wiesing (2005).

5.1.2 Unterscheidung des Untersuchungsgegenstandes

Um festzulegen, was genau im Fokus der Untersuchung am Bild stehen soll, schlägt Lambert Wiesing eine Trennung nach Untersuchungsgegenständen vor, der ich hier folgen werde. Wiesing geht von drei grundsätzlichen Untersuchungsgegenständen aus: Die kleinste Betrachtungseinheit ist das »konkrete Bild« (1). Hier steht das einzelne Objekt (meistens im Sinne eines Meisterwerks) im Fokus und Ziel ist eine »dezidierte Werkuntersuchung« mit spezifisch wissenschaftlichen Methoden. Diese ausdauernde Behandlung wird allerdings nicht jedem Bild zuteil, sondern setzt für die Annäherung eine bestimmte »Bedeutungszuschreibung« voraus.[11] Die zweite Form der bildwissenschaftlichen Untersuchung beschäftigt sich mit bestimmten »Gruppen von Bildern« (2). Die Abgrenzung der Gruppen erfolgt demnach nach disziplinspezifischen Kriterien und vermag es, eine bestimmte Menge von Bildern für die Betrachtung festzulegen. Diese Kriterien (u. a. Herstellungstechnik, Herstellungsort, Funktion, Größe, Urheber*in, Sujet, Gegenstand

10 Dies gilt im Übrigen ebenso für auditive, akustische und olfaktorische Vorgänge. Das technische Sehen beruht auf Datenerhebungen, zu deren Auswertung in den verschiedenen Sinnesbereichen Erfahrungswerte korreliert und simuliert werden. Über diese können die erfassten Daten dann ähnlich für den Sehprozess dargestellt werden.

11 Wiesing 2005, S. 10ff.

oder zeitliche Einordnung) werden häufig in »kontingenten Kriterienkombinationen«[12] angelegt und verengen den Materialausschnitt produktiv. Auf Basis dieser Differenzierung entstehen *Gruppierungen* von Bildern, die einige bestimmte Bilder ein-, andere wiederum ausschließen, d. h. es findet eine Auswahl im Sinne der Untersuchung statt. Anders als bei der Untersuchung des konkreten Bildgegenstandes können selbst weniger bemerkenswerte Einzelobjekte Teil der Betrachtung werden, allein, weil sie die relevanten Merkmale in der nötigen Zahl oder Ausprägung aufweisen.

Die Gruppierung von Bildern stellt damit eine Abkehr vom Meisterwerk dar.[13] Dies ist eine Beobachtung, die für meine Untersuchung durchaus relevant ist. Das führt zur dritten Form des Untersuchungsgegenstandes: Die Betrachtung der »Gesamtheit aller Bilder« (3). Diese Gruppierung erfordert eine bildwissenschaftliche Diskussion, die sich auf eine Kategorie von Gegenständen bezieht. Um nun die Gesamtheit der Bilder tatsächlich zu untersuchen, stellt sich zuallererst das Problem der Abgrenzung und damit eine weitreichende begriffliche Herausforderung. Eine Herausforderung, die innerhalb der transdisziplinären Bildwissenschaft verfolgt wird. Unter anderem führen diese philosophischen Positionsfragen aber auch zu interessanten Problemhäufungen, z. B. wenn eine Abgrenzung von *Bild* und *Kunst* gefragt ist,[14] oder Erscheinungsformen[15] aus Darstellungsmotivation ausgeklammert werden müssen.[16] Für die Verortungen am Bild, wie sie hier unternommen werden, sind die Ein- und Abgrenzungen des Untersuchungsgegenstandes ein weiterer Anhaltspunkt, der über vorangegangene Differenzierungen nach physischen Merkmalen hinausweist, jedoch noch nicht hinreichend bei dem Vorhaben der Beschreibung des Bildes in der Gegenwart unterstützt.

Abb. 5.3.1: Skizzen zum Untersuchungsgegenstand nach Wiesing (2005), erweitert durch Schütze.

Abb. 5.3.2: Skizze zur Darstellung Bildgruppen nach Schütze.

12 Wiesing 2005, S. 12. Unter kontingenten Kriterienkombinationen verstehe ich im Anschluss an Wiesing eine Art zusammenhängende Erzählung durch eine Auswahl an Eigenschaften unter einem bestimmten Fokus, z. B. Frauendarstellungen in der niederländischen Genremalerei.

13 Ebd.

14 Auf die Abgrenzung von Bild und Kunst wird in Kapitel 5.6 näher eingegangen.

15 Erscheinungsformen meint die möglichen technischen Umsetzungen u. a. in der Malerei, Fotografie, Installation etc.

16 Wiesing 2005, S. 10.

5.1.3 Unterscheidung der Annäherungsperspektive

Bilder sind nicht einfach Bilder. Sie werden erst zum Gegenstand der Untersuchung, wenn sie ein Gegenüber finden, welches ihnen die notwendige Aufmerksamkeit zuteilwerden lässt. Die aufmerksame Zuwendung im Falle des Bildes ist eine ebenso bedingte wie choreografierte Annäherung an einen sehr spezifischen Gegenstand. Es geht um den Umgang mit den Bildern. Für diese Hinwendung zum Bild liefert Wiesing eine weitere Ebene der Unterscheidung: die Annäherungsperspektive. Zum einen nennt er den »anthropologischen Ansatz« (1), für den, zusammengefasst, Bilder vor allem Artefakte des Menschen sind, welche nur durch die komplexen Fähigkeiten des Menschen entstehen.[17] Zum anderen führt er den »semiotischen oder auch zeichentheoretischen Ansatz« (2) an, wonach Bilder ganz allgemein als Zeichen beschrieben werden, wenn auch als Zeichen mit Besonderheiten.[18] Der dritte, weitaus verbreitetste Ansatz zur Untersuchung der Bilder fasst die Mehrzahl der Zugänge als »wahrnehmungstheoretischen Ansatz« (3) zusammen. Nach diesem, so Wiesing, werden alle Bilder allgemein als *sichtbare Gegenstände* beschrieben; ein Fakt, der durch weitere hinreichend bildspezifische Merkmale ergänzt werden muss, um Bilder von anderen sichtbaren Dingen zu unterscheiden.[19] Diese drei sehr unterschiedlichen Annäherungen an das, was ein Bild ausmacht, sind situativ und operativ jeweils sinnvoll. Letztlich rufen alle drei Annäherungsweisen weitreichende Kategoriefragen auf und zeigen ebenso deutlich, an welchen Stellen die disparate Lage um die Definitionsfragen am Bild begründet sein könnte.

Abb. 5.4: Überblick zu den Annäherungsperspektiven nach Wiesing (2005).

Spätestens an dieser Stelle soll darauf hingewiesen werden, dass die vorgestellten Ebenen der Unterscheidung und Kategorisierung, bei allen Schwierigkeiten im Detail, innerhalb einer Untersuchung am Bild wohl tatsächlich Schritt für Schritt bedacht werden müssten. Es scheint geradezu essenziell für eine durchdringende Untersuchung und dient darüber hinaus einer Orientierung mit dem jeweils vorliegenden Gegenstand. Ein wesentlicher

17 Vgl. Wiesing 2005, S. 18ff. mit Bezug auf Jonas, Hans. »Die Freiheit des Bildes. Homo pictor und die differentia des Menschen«. In: *Zwischen Nichts und Ewigkeit. Zur Lehre vom Menschen.* Göttingen, 1987, S. 26–75, hier: S. 35ff.; Belting, Hans. *Bildanthropologie, Entwürfe für eine Bildwissenschaft.* München, 2001; Sartre, Jean-Paul. *Das Imaginäre. Phänomenologische Psychologie der Einbildungskraft.* Reinbek, 1980 (1940), S. 280ff.; Didi-Huberman, Georges. *Was wir sehen blickt uns an. Zur Metapsychologie des Bildes.* München, 1999, S. 17ff.

18 U. a. allgemeine Symboltheorie bei Goodman, Nelson. *Sprachen der Kunst. Entwurf einer Symboltheorie.* Frankfurt/Main, 1995, S. 9 und »Ein Gegenstand ist ein Zeichen schon dadurch, dass wir ihm einen Inhalt bzw. eine Bedeutung zuweisen«. Sachs-Hombach, Klaus. *Bildbegriff und Bildwissenschaft.* Saarbrücken, 2001, S. 18.

19 Wiesing 2005, S. 17–36. Florian Schaper widmet den bildwissenschaftlichen Ansätzen ein Kapitel seiner Dissertation. Vgl. Schaper 2012, S. 109ff.

weiterer Punkt und klärende Überlegung Wiesings ist eine Anmerkung zum zeichentheoretischen Ansatz. Ganz allgemein, so Wiesing, ließe sich festhalten: »Der Bildträger ist nicht der Zeichenträger, sondern er zeigt den Zeichenträger.«[20] Daraus leitet sich für die hier verfolgte Untersuchung am Bild eine wirklich zentrale These ab: Dem Zeichenprozess, der mehr einem *Erkennen* oder einem *In-Erscheinung-Treten* gleicht, geht zunächst ein rein optischer Sehprozess am Bildträger voraus; vor der Lesbarkeit kommt die Sichtbarkeit (oder ein Moment der Wahrnehmung, der die physische Beschaffenheit des Bildträgers fokussiert), erst darauf folgt das Lesen des Zeichenträgers und das Verstehen des Dargestellten oder Gezeigten. Die Beschaffenheit des Bildträgers wird in dieser Einschätzung zum essenziellen Teil des Zeichenprozesses und ein entsprechend verwobener Teil des Zeichenträgers.[21]

Dies allein ist bereits ein hinreichend kompliziertes Gefüge. Die Möglichkeiten der Wahrnehmung setzen nun wiederum eine komplexe Bedingungskette zwischen biologischen, optischen und physischen Bedingungen voraus.[22] Ich bezeichne dieses komplexe Bedingungsgefüge für das In-Erscheinung-Treten eines Bildobjektes, welches weit vor dem Erkennen und Verstehen der Bedeutung aktiv ist, als *Ermöglichungsoberfläche*. An dieser Oberfläche zeigt sich die Darstellung oder erhält zumindest Gelegenheit dafür. Hieran schließen auch die Überlegungen zum Display in Kapitel 5.6 an. Für die Untersuchung an Bildstrukturen und -komplexen unter den Bedingungen der Gegenwart ist, so wird folgend Kapitel für Kapitel herausgearbeitet, die Frage, wo, wie und wodurch eine Erfahrung der Bildlichkeit ermöglicht wird, zentral.

Abb. 5.5: Überblick zur Bedingungskette der Wahrnehmung am Bild nach Wiesing (2005).

Bevor die Frage nach der Bedeutung eines Bildes also überhaupt eine Rolle spielen kann, muss nun nach den Repräsentationsbeziehungen gefragt werden. Der Zusammenhang zwischen Zeichen und Gezeigtem des Bildes, auch *Zeichenhaftigkeit* genannt, muss also expliziert werden. Die Untersuchung der Repräsentationsbeziehung ist stark an die Unterscheidung der Funktionen von Bildern geknüpft und verhandelt u. a. bereits den Umgang mit Bildern über den eingeschriebenen Gebrauch. Lambert Wiesing hält mit Verweis auf Nelson Goodman fest, dass »Zeichen durch Verwendung entstehen und nicht durch Anschauung«[23]. Eine These, die im Verlauf der vorliegenden Untersuchung besonders in Kapitel 7 in Form eines *doing images* nach Regula Valérie Burri noch wesentlich zentraler

20 Wiesing 2005, S. 51.

21 Da liegt ein Gedanke an Marshall McLuhan nahe: »The medium is the message«.

22 Wiesing erklärt am Beispiel der Telefonleitung, dass sich Sprache im Medium entfalten kann. Wiesing 2005, S. 53ff.

23 Ebd., S. 36 sowie Goodman 1995.

für die Fragen am Bild werden wird. Hier möchte ich nun eine andere Abbiegung nehmen. Bisher konnte der Eindruck gewonnen werden, dass es bei einem Bild um eine Darstellung von etwas vorgängig oder dinglich Anderem gehen müsse. Ein »bildliches Zeigen«[24], so Wiesing, setzt allerdings nicht notwendigerweise auch eine Bezugnahme oder einen Verweis auf etwas Äußeres voraus. Gerade durch ein Bild wird etwas »artifiziell«[25] präsentiert, also auf einfache Weise sichtbar gemacht, dessen Funktion, Anwendung und Physik dennoch offenbleibt.[26]
Bezogen auf die in dieser Untersuchung fokussierten Bildeffekte, verstehe ich dies nun zum einen als Aufforderung, die Befragung der Bilder und ihrer Zeichenbeziehungen wesentlich kleinteiliger und intensiver zu betreiben, und zum anderen auch als Appell das Wie und Wann der Zeichenhaftigkeit von Bildern in die Kalkulation einzubeziehen. Auf der Ebene einer semiotischen Untersuchung kann entsprechend also weniger untersucht werden, *ob* Bilder Zeichen sind, sondern es läge wesentlich näher zu fragen, *wie* Bilder als Zeichen agieren,[27] und *welche* Bedeutungen Bilder unter welchen Umständen generieren können.[28] Das impliziert folglich indirekt die Untersuchung des Materials dahingehend, *welche* anderen Funktionen Bilder gleichzeitig begleiten können.[29] Dieses komplexe Set an Fragen am Bild könnte bereits Teil einer Befragung einer komplexen Bedingungskette sein. Vor dem Hintergrund der Bilder der Gegenwart und der unterstellten Notwendigkeit der Untersuchung der Relationen am Bild ist dies nun der erste weiterführende Ansatz: Mit der Untersuchung der Funktionen von Bildern rücken die Bilder und Bildkomplexe aus dem Feld der Gegenstände und beanspruchen ein Verständnis ihrer selbst als mitsteuernde Entitäten im *Bildwerdungsprozess*.[30] Ich halte fest: Die Frage nach den Funktionen der Bilder ist eine *agentielle*. Was darunter verstanden werden kann, wird in den nächsten Kapiteln Schnitt für Schnitt herausgearbeitet.

5.1.4 Bildgruppen und Bildstrukturen

Um Bilder allerdings als agierende Entitäten, im Sinne eines Agens oder einer unterstellten Handlungsmacht, untersuchen zu können, bedarf es zuerst einmal einer Verkehrung der Beschreibungsperspektive und einer Auflösung des trivialen Bild-Betrachter*innen-

24 Wiesing 2005, S. 36.
25 Ebd., S. 7.
26 Ebd., S. 48f.
27 Möglicherweise folge ich hier einer etwas unlauteren und zu einfachen Auslegung der Ausführungen der Akteur-Netzwerk-Theorie, indem ich von agierenden Bildern spreche. Dazu auch in Kapitel 5.4 sowie Kapitel 4.3.
28 Auch das setzt ein aktives Verständnis von Bildern voraus.
29 Wiesing 2005, S. 48f.
30 Mehr zum Bild als Akteur*innen im Sinne der Akteur-Netzwerk-Theorie in Kapitel 5.4.

Verhältnisses. Eine Vorbereitung dieses Gedankenexperiments bieten die kurzen Vorstellungen einschlägiger theoretischer Positionen, die ich in Kapitel 4.3 Abschnitt (e) zur Akteur-Netzwerk-Theorie (Bruno Latour) und zur objektorientierten Ontologie (Graham Harman) bereitgestellt habe. Demnach werden Bilder, wie auch andere materielle und immaterielle Entitäten, nicht als reine Passiva von außen deklariert, sondern als Akteur*innen (o. a. Aktanten oder Akteur*innengefüge) verstanden, die als Objekte in aktiven Relationen beschrieben werden können.

Ein Nachdenken über die Funktionen der Bilder, oder das Durchdenken der Bilder als Akteur*innen, ruft konsequenterweise aber auch Statusfragen am Bild auf. Unter anderem würde die Rolle der Betrachter*innen geprüft (vgl. anthropologischer Ansatz, Bilder = vom Menschen für den Menschen) und die Notwendigkeit der Untersuchungen tradierter Verhältnisse zwischen Betrachter*innen und Bild aufgeworfen. Gesteht man den Bildern, zumindest zeitweise, *Akteur*innenstatus* zu, lassen sich die Beziehungen zwischen *Bild* und *Bildern* nicht ausklammern und neben den Betrachter*innen werden auch die traditionellen Beziehungen von Subjekt und Objekt auf besondere Weise infrage gestellt. Obwohl dies ein Sachverhalt ist, der weder für die Kunsttheorie noch für die Kunstpädagogik folgenlos bleiben dürfte, scheint eine durchgreifende Behandlung in keiner der gegenwärtigen Auseinandersetzungen am Bild bisher mitgedacht. Welche Ebenen der Bilduntersuchung könnten nun eine Klärung dieser strukturellen Aspekte des Bildes herbeiführen, genauer gesagt, eine eingehende Untersuchung dieser bedingen?

Um dies weiterzuverfolgen, bietet sich eine weitere Abbiegung im Themenfeld an, die das Subjekt-Objekt-Verhältnis in einem Modell bedenkt. Florian Schaper hat sich in der Kunstpädagogik, unter Verweis auf Pierangelo Maset[31] und Gunter Otto[32], mit der Frage der Kompetenzen am Bild auseinandergesetzt. Dabei bezieht er jenes Subjekt-Objekt-Verhältnis[33] als Dimension der Bilderschließung in das von ihm erarbeitete Modell ein. Dabei sieht er jene Relationen auch als Grundlage für eine Unterscheidung der vielfältigen Betrachtungsmodi. In letzter Konsequenz gesteht Schaper den Bildern dann aber doch keine Handlungsmacht zu. Er unterscheidet anhand von Bildbeispielen zwischen »aktiver« und »passiver« Beteiligung der Betrachter*innen am Bildprozess und fasst den Moment der Bildwerdung als »bildpragmatische Dimension« in seinem Bild-Raum-Modell zusammen.[34] Während sich diese »bildpragmatische Dimension (z-Achse)« auf den Anteil des Subjekts an der

31 Ästhetische Operationen, bei Schaper 2012, S. 125.

32 Zur Methode des Auslegens, vgl. ebd., S. 119.

33 Recht traditionell den entsprechenden Subjekttheorien in der Pädagogik verschrieben. Es geht dabei immer um ein Subjekt und dessen Aktivierung am/durch ein Objekt oder eine Situation, in die das Objekt eingebettet ist. Die agentiellen Aspekte des Objekts und dessen Aktivität werden bei Schaper nicht behandelt. In Kapitel 5.4 bearbeite ich dies mit Verweis auf Graham Harman.

34 Vgl. auch Schaper 2012, S. 119.

Bilderschließung bezieht, gehen »Erscheinungsform (x-Achse)« und »Strategie (y-Achse)« auf bildimmanente Aspekte zwischen analog und digital ein.
In nummerierten Oktanten kann er über das Modell (auch praktisch) eine Verortung der Realisierungsformen der diskutierten Beispiele aus der Gegenwartskunst vornehmen. Dies scheint eine sehr handliche und übersichtliche Möglichkeit der Inventarisierung von Kunstwerken und verdient eine eingehende Auseinandersetzung, die leider an dieser Stelle nicht geleistet werden kann. Worum es hier aber nun gehen soll, ist der Beitrag zur Anschaulichkeit der Komplexität einer Auseinandersetzung mit dem Bild oder den Bildern, den Schaper in diesem Kontext in die Debatte einbringt. In diesem Vorschlag erfährt auch die Betrachter*innenrolle eine sinnvolle und reflektierte Überarbeitung in ihrem Verhältnis zum Betrachtungsgegenstand. Leider führen die binären – wenn auch als Spektrum gedachten – Entscheidungen, die in Quadranten verortet werden müssen, dann schließlich doch zu erheblichen *Darstellungsprojektionen* und Verzerrungen, die nicht zu einer Diskussion der *aktiven* und *inaktiven* Aspekte des Bildes beitragen, sondern die gerade dort, wo eine genauere Analyse anstünde, leider stark vereinfachen.

Abb. 5.6.1: Schaper, Florian (2012), Bild-Raum-Modell, S. 119.

Nicht zuletzt angeregt durch die Versuche in puncto Veranschaulichung von Florian Schaper, soll die vorliegende Arbeit, wo immer es möglich ist, einen Beitrag zur Überarbeitung der Untersuchung liefern und eine eingehende Untersuchung nachreichen. Im vorliegenden Kapitel wird daher der Vorschlag skizziert, die Diskussion der Bildlichkeit nun probeweise noch näher an die Phänomene der Gegenwart heran zu führen, um aus erster Hand auf der Höhe der Zeit Veränderungen einzubeziehen, die vorab noch nicht sichtbar werden konnten. Was bedeutet das genau? Während die zu Beginn der Ausführungen als *technisch* bezeichneten Teilaspekte der Bilddiskussion, nach Wiesing[35], hilfreich für die Annäherung an das künstlerische Bild im Allgemeinen waren, können diese aber nicht immer trennscharf für einzelne künstlerische Arbeiten eingesetzt werden und lassen Bildgruppen und Bildkomplexe zu stark unbedacht. Für die untersuchte Frage nach angemessen(er)en Beschreibungsmodi für die aktuelle Kunst ist es überdies nur bedingt sinnvoll, scharf trennend vorzugehen. Die Trennschärfe in den skizzierten Unterscheidungen dient von nun an als Navigationshilfe und analytische Grundlage für die im Folgenden vorgeschlagenen Denkmodelle am Bild. Diese – so die hier vertretene These – bieten dann mehr Aufschluss über die Phänomene im Bild der Gegenwart. Eine Variante ist, die

35 Wiesing 2005, S. 17–36.

Untersuchung der Bilder über externe und interne Vergleiche zu führen. Der Vorteil ist, nach Lambert Wiesing, dass diese Vergleiche jenseits der Frage nach dem Kunststatus erfolgen können. Bei einem internen Vergleich werden konkrete Bildtypen (Comics, Filme, Animationen etc.) untereinander verglichen, ein externer Vergleich setzt Bilder mit außerbildlichen Phänomenen (u. a. Sprache) in Beziehung.[36]
Für mein Vorhaben der Bildbeschreibung anhand von Phänomenen der Bildlichkeit in der Gegenwart bietet dies ein wichtiges Geländer: In der Untersuchung der Bilder muss ganz grundlegend stärker unterschieden werden, um welche Arten von Bildern es sich handelt und auf welche Weisen oder mit welchem Ziel untersucht werden soll. Zusammenfassend festgehalten: Bilder lassen sich über die ausgeführten Unterscheidungen hinaus nach Organisationsstruktur (1), Funktion (2), Aufbau (3) und Materialität (4) sowie Erscheinungsform[37](5) und ihrem Verhältnis zur Gesamtheit aller Bilder (6) unterscheiden; sie können physisch gebunden sein oder sich auch nur in Synapsenverbindungen realisieren. Die folgenden Ausführungen und Explorationen entlang von Beispielen künstlerisch praktischer Äußerungen sollen diese vielfältigen Struktureigenschaften eruieren und Stück für Stück zur Entwicklung eines gegenwärtig(er)en Bildverständnisses beitragen. Ausgehend von einer einfachen Übersicht, die das Bild in seinen Merkmalen zeigt, baut sich ein System von Schnitten und Verweisen um die angeführten Beispiele auf, die zur Übersicht im Anhang auch grafisch dargestellt werden.

Abb. 5.6.2: Überblick zur Untersuchung der Bilder nach Wiesing (2005).

5.2 Bildlichkeit und Begriffe von Bild

In den vorangegangenen Abschnitten wurde gezeigt, dass im Umgang mit dem Begriff *Bild* jeweils verschiedene Aspekte[38] des *Bildes* in den Fokus treten. Diese Untersuchung nimmt zum Ausgangspunkt, dass es materielle Bildträger gibt, auf denen sich ein sichtbares Bildobjekt zeigt. Vieles an der gegenwärtigen Bild- und Kunstproduktion spricht allerdings dafür, dass dies nicht länger als unabdingbare Voraussetzung anerkannt werden kann. In den nun folgenden Abschnitten soll also auch untersucht werden, warum dies die Grundannahme für einen Umgang mit Bildern sein muss und welche Alternativen sich

36 Wiesing 2005, S. 110.

37 Einschließlich der notwendigen Aktivierungsmomente für diese Formen der Erscheinung. Vgl. auch dazu Erscheinung des Bildträgers bei ebd., S. 110ff.

38 Unter den Aspekten des Bildes werden die verschiedenen Ebenen dessen gefasst, was materiell oder ideell unter Bild verstanden werden kann. Siehe dazu Wiesing in Kapitel 5.1.

ergeben können. Längst nicht alle Werke zeitgenössischer bildender Künstler*innen können im Fokus des Visuellen erschlossen werden.

Hanne Lippards Werk[39] ist ein aussagekräftiges Beispiel in dieser Hinsicht. Lippard verfolgt eine künstlerische Praxis, die auf den ersten Blick wenig mit einem Bild in visueller Hinsicht gemein hat und häufig wird ihr bildnerischen Schaffen als *performativ* und poetisch beschrieben, aber nicht als Bild besprochen. Sie liest Texte, die wie ausgelesene absonderliche Begriffswolken klingen, welche man von den Blogs und Timelines der Gegenwart kennt. Sie hantiert mit sprachlichen Bildern, die die Kategorien von Metaphern oder sprachlicher Verbildlichung ebenso überschreiten wie die Mittel der Lautmalerei. Teilweise zeigen die Begriffspaare und -ansammlungen eine geradezu beißende Gewöhnlichkeit auf und wirken so unheimlich wie Schlagwortlisten und Überwachungsprotokolle des Bundesnachrichtendienstes. In ihrer Arbeit »100 % Internet« verliest die Künstlerin Begriffe und Wortgruppen durch ein Mikrofon. Diese Liste wird mit nahezu gleichbleibender Betonung, kontinuierlichem Rhythmus und einer eher technischen als menschlichen Gleichmäßigkeit aufgeführt. Die Sprache, das Setting und der technische Aufbau sind dabei einfach und unverstellt: Ein Ensemble aus Mikrofon, Verstärker, Performerin und Skript wirkt skulptural, von sprachlicher Äußerung bis Mikrofonkabel. Visuell bleibt das Stück eher einfach, flach und kulissenhaft. Die Handlung ist reduziert, kommt ohne Aufregung aus. Alles zusammen wirkt geradezu eindimensional. Das Skript – aufgebaut wie eine Hashtagwolke – wird verlesen und akustisch verstärkt.

> *»The internet is 45 % instructions, 45 % distractions, 10 % cat videos*
> *The internet is 45 % destructions, 45 % erections, 10 % cat videos*
> *The internet is 45 % appropriation, 45 % repetition, 10 % cat videos*
> *The internet is 45 % PayPal, 45 % penpal, 10 % cat videos*
> *The internet is 45 % life, 45 % second life, 10 % cat videos*
> *The internet is 45 % male, 45 % mail, 10 % cat videos […]«*[40]

Auf den ersten Blick ließe sich argumentieren, dass hier vor allem Sprache und Handlungen das Material der künstlerischen Auseinandersetzung stellen und dass es sich eher um sprachliche Bilder als um Verbildlichungen handelt. Die Arbeiten lassen sich als *Performances* oder *Lecture Performances* beschreiben, womit eine klassische Bildbeschreibung als Methode – die sich ja bekanntlich auf Tafelbilder bezieht – nicht mehr dienlich scheint. Ohne gerichtetes Beobachtungsvorhaben, das sich direkt auf die Unter-

39 Lippard, Hanne. »100% Internet«. 2015. Online: https://vimeo.com/119480503 [05.04.2018].

40 Ebd.

suchung der Arbeit als Bild konzentriert, lässt sich die Bildlichkeit dieser – eher gemischten – Aufführung aufgrund der geringen visuellen Anteile der künstlerischen Äußerungen nur schwer erkennen. Und dennoch wird gerade diese Arbeit hier mit Bedacht als Beispiel für eine besondere Art *intentionaler Bildlichkeit* angeführt. Sie steht in einer wichtigen Tradition der bildenden Kunst, die sich über Sprache artikuliert und weist gerade darüber auf Veränderungen hin, die die Bildlichkeit am Rande des Visuellen in der Gegenwart aktuell erfährt.

5.2.1 Bildfokus versus Visuelles

Verschiebungen der Art, wie sie Hanne Lippard in ihren künstlerischen Arbeiten anbietet, ließen sich natürlich auch als Ausdruck eines »Turn« in der Kunst bewerten oder als Markierungen eines »Linguistic Turn«, »Auditive Turn« oder »Performative Turn« für die Kunstproduktion deklarieren. Mit dem Bildfokus im Blick steht allerdings eine andere Untersuchung an. Die bildnerischen Anteile der Arbeit wären nicht annähernd angemessen erfasst, indem auf die auditiven Qualitäten verwiesen würde. Die Frage nach der Bildlichkeit des Angebots wäre viel zu schnell abgetan. Ich nutze das Beispiel »100 % Internet«, um für das Folgende einen Vorschlag zu formulieren: Die Frage nach der Bildlichkeit sollte von der Frage nach ihren visuellen Anteilen abgelöst werden. Das heißt: Die visuellen Anteile können als Markierungen eines Kontinuums betrachtet werden und müssen folglich bei allen künstlerischen Arbeiten eingehend und getrennt von der Bildlichkeit untersucht werden. Die fehlenden – oder geringen – visuellen Anteile des Werkes bei Lippard wären auf dem Spektrum des Visuellen angesiedelt und könnten nur als gering oder sehr gering beschrieben werden. Die bildnerischen Qualitäten, z. B. in Bezug auf eine Durchdringung der Gegenwart, müssten gesondert einbezogen werden.[41] Eine probeweise Beschreibung dieser Arbeiten als bildnerische Werke mit visuellen Anteilen würde ein Ernstnehmen der Abwesenheit des Visuellen nach sich ziehen. Mit welchen Bildern und Wahrnehmungsmustern haben wir es also in der aktuellen Kunst zu tun? Was gibt sich uns wie als Bild zu verstehen? In welcher Beziehung steht das Bildliche dieser Kunst zum Visuellen?

Abb. 5.7: Skizze zur Bildlichkeit eines Kunstwerkes.

41 Folglich könnte die recht hohe Anzahl bildnerischer Arbeiten mit nicht-visuellen Strategien innerhalb der Gegenwartskunst in die Bilddiskussion eingehen. Unter anderem denke ich hier an eine Reihe von aktuellen Künstler*innen, deren bildnerisches Vorgehen sich nur bedingt visuell innerhalb der gewohnten Muster manifestiert. Hanne Lippard, ebenso wie Timur Si-Qin sind ebenso gute Beispiele wie Casey Jane Ellison. In Kapitel 7.1 folge ich Philipp Ekardt bei den Untersuchungen zu operativen Logiken im Bild, um diese minimal bildnerischen Momente im visuellen herauszuarbeiten und darüber hinaus die bildnerischen Qualitäten über die Relationen (außerhalb des Visuellen) argumentieren zu können. Hierzu mehr in Kapitel 7.1.

Kompliz*innen findet diese Sparsamkeit (signifikante unterrepräsentierte visuelle Reize) in der nüchternen und ebenso bewusst visuell zurückgenommenen »Conceptual Art« der 1960er/1970er-Jahre. In der Logik dieser früheren Ansätze einer Abkehr von den visuellen Oberflächen hin zu den Beziehungen zwischen den Objekten und Betrachter*innen, hatte sich die Trennung von Idee und Ausführung eines Kunstwerks unwiderruflich vollzogen. Durch eine Abwendung von der Darstellung (und damit auch vom Visuellen) hin zur beweisstückhaften Zeugenschaft eines Bildlichen und Darzustellenden (u. a. in Form von Dokumenten) wurde explizit der Abbildcharakter ebenso wie der Darstellungsmodus vermieden. Erst eine Kombination von Beschreibung und Titel der Arbeit – vergleichbar mit einem Index oder Glossar – führte zu den bedeutungstragenden Referenzen der visuell spärlich ausgestatteten Ausstellungsstücke. Am häufigsten jedoch verneinten die Belege und Beweise allerdings in schlichter Alltagsästhetik sogar jede gewohnte Bildlichkeit. Anschauliche Beispiele sind die Werke von Douglas Huebler oder Robert Barry, die hier nicht nochmals detailliert vorgestellt werden sollen, deren visuelle Erfahrbarkeit, wie bei einem Großteil der »Conceptual Art«, sich aber auf wenige Dokumente, Editionen und Zertifikate beschränkt bleibt. Eine Übersicht des weitläufigen (nicht)visuellen Bildkomplexes »Inert Gas Series« (1969) von Robert Barry ist zum Verständnis der Strukturfragen hier angehängt. Aus diesem Vorschlag zum Bildkomplex (am Beispiel eines Kunstwerks) ergibt sich nun ausgehend vom Einzelbild auch ein erster Schritt hin zu einer Darstellung der Verhältnisse für die bildende Kunst.

Abb. 5.8.1: Robert Barry. Inert Gas Helium Mojave Desert, 1969. Online unter artsy.com: https://d32dm0rphc51dk.cloudfront.net/Y4d5ZGhcfpRg68WcVqVPsg/larger.jpg. [05.01.2018].

Abb. 5.8.2: Übersicht zum Bildkomplex am Beispiel: Robert Barry. Inert Gas Series / Helium, Neon, Argon, Krypton, Xenon / From a Measured Volume to Indefinite Expansion, 1969.

5.2.2 Postkonzeptuelle Zugänge

Wie vorab skizziert, hat sich in der »Conceptual Art« die Idee von ihrer Realisierung getrennt. Dabei, so würde ich argumentieren, hat sich das Bild von seinem Material unabhängig gemacht. Das Visuelle wurde zur Oberfläche, zum Dokument und zum Beweis für ein abwesendes oder nicht-visuelles Bild. Im Moment der Ausstellung hatten sich Idee und Realisierung bereits ins Ephemere aufgelöst, oder gar durch chemische wie physische Verfallsprozesse in visuell nicht mehr fassbar Zustände übersetzt. Fünfzig Jahre später ist die Kunst von diesen Verschiebungen informiert und operiert zum größten Teil mit virtuoser Selbstverständlichkeit in der Logik des Beweisstücks. In großen Teilen ergibt sich einfach ein Fokus daraus, der die oben bereits angesprochenen Beziehungen am bildnerischen Werk selbstverständlich einbezieht. Dabei steht allerdings – anders als in der Kernzeit der »Conceptual Art« – nun die Belegbarkeit, und nicht die Möglichkeit der Relationen im Visuellen wie Materiellen, im Zentrum der Argumentation. Damit ist es in der Logik eines postkonzeptuellen Zugangs von formierender Bedeutung, woher ein bestimmtes Material und eine bestimmte Geste oder kontextuelle Aufladung im Detail stammt.

Pointiert gesagt, die Kunst der Gegenwart ist strukturell *post conceptual*[42] und das muss in die Frage nach der Bildbeschreibung einbezogen werden. Wie an der angeführten Arbeit von Hanne Lippard bereits nachvollzogen werden konnte, finden sich an den visuellen Oberflächen nur wenige *visuelle Markierungen* oder Bilder im herkömmlichen Sinn. Lippards Arbeit ist auch deshalb so ein gutes Beispiel, weil Sprache und Choreografie ein Referenzsystem preisgeben, für dessen Entschlüsselung es eines Glossars zur aktuellen Medienkultur bedarf. Die Kleinstäußerungen und deren ausgesprochen detailreiche Abweichungen vom Normalstandard (ich nenne sie *minimal variations*) sind leichter zu übersehen als zu bemerken. Ein gezielter Fokus auf eine Untersuchung der Bildlichkeit abseits des Visuellen könnte die Feinheiten der Bildlichkeit und der ihr zugrundeliegenden *operationellen Logik* jedoch genügend pointiert explizieren. Die Übersicht zur Bildlichkeit am Beispiel von Robert Barry dürfte dafür Motivation und Hinweisgeber sein.[43]

5.2.3 Postproduction als Modus Operandi

Weitere, beinahe selbstverständliche Anhaltspunkte für die veränderte Logik der Bildproduktion bietet der Philosoph Nicolas Bourriaud in seinem Essay »Postproduction«[44]. In diesem Text argumentiert er, dass die Strategien der Gegenwartskunst und deren Annäherungsweisen an Material und Beziehungen sich grundlegend verändert haben, und beschreibt dies detailliert entlang des für die Filmindustrie und Werbeproduktion üblichen *modus operandi* der Postproduktion, der auch den Titel des Textes stiftet. Da diese Überlegungen für die kuratorische wie künstlerische Praxis zentral sind und zunehmend selbstverständlich zu werden scheinen, möchte ich den Vorschlag ein wenig genauer für die hier verhandelte Frage der Bildlichkeit beleuchten.

42 Vgl. die detailierten Ausführungen von Peter Osborne im Vortrag »Contemporary Art is Post-conceptual Art«. XVI Advanced Course in Visual Arts. Villa Sucota, Como, 09.07.2010. Online: www.vimeo.com/21969793 [12.02.2018] und Osborne, Peter. *The Postconceptual Condition. Critical Essays.* London, 2017.

43 Verweisen möchte ich hier auf die Ausführungen in Kapitel 7.1, wo ich die kleinschrittige Methode, wie sie Philipp Ekardt für die Arbeiten des Kollektiv »Bernadette Corporation« verfolgt hat, vorstelle.

44 Bourriaud, Nicolas. *Postproduction. Culture as Screenplay. How Art Reprograms the World.* New York, 2002.

Um einen weiteren Ankerpunkt an der verfolgten Untersuchung der Bildlichkeit zu setzen, formuliere ich, auf den Ausführungen zu einer »relational aesthetic«[45] ebenfalls nach Nicolas Bourriaud gründend, eine weitere These zur Bildlichkeit in der Gegenwart: Das künstlerische Werk hat sich an die veränderten Produktionsbedingungen der Gegenwart angepasst und *agiert* relational.[46] Für meine Untersuchungen ist dies eine produktive Überlegung. Denke ich das weiter, bedeutet das, dass ein Kunstwerk nicht nur aus den Beziehungen seiner Einzelelemente besteht, sondern jene einzelnen Repräsentationen und Teilrepräsentationen sich so als Struktur organisieren, die dann überhaupt erst zur Erscheinung des Werkes führt. Über verschiedene Vorgänge und Displays tritt das Werk mit einem Außen in Beziehung und bildet eine *momenthafte Struktur*. Die Organisation dieser Relationen geschieht in unterschiedlichen Dimensionen und daher ist ihre Betrachtung und Beschreibung an gezielte Schnitte (idealerweise durch das gesamte Material) gebunden. Diese beschränken sich nicht auf bestimmte Wahrnehmungsweisen, sondern müssen sich beständig neu ausrichten. Für jedes einzelne Werk ergeben sich Zugänge zu weiteren Bildebenen und Oberflächen, für deren eingängigere Verhandlungen mehrere Perspektiven nacheinander eingenommen werden müssen. Diese Zugänge zur jeweiligen Arbeit können visuell wirksam sein, aber unter anderem auch nur auditiv oder olfaktorisch erfahrbar bleiben, ohne dass sie ihre Qualitäten als Bilder oder Bildkomplexe verlieren würden. Ein *relationales Agieren*, wie ich es hier platzieren möchte, beschreibt ein vernetztes Tätigsein einzelner Entitäten, bei dem ähnlich einem Spinnennetz Bewegungen an einer Stelle auch zu Bewegungen an anderen Stellen führen und das einzelne Kunstwerk aus *relational verwobenen Entitäten* besteht. Dies ernst genommen, könnte ein Werk wie »Inert Gas Series« von Robert Barry als *Ansammlung von Relationen* verstanden werden und in der Frage der Bildlichkeit wichtige Hinweise liefern.

Abb. 5.9.1: Übersicht zum *Relationalen Agieren* entwickelt nach Bourriaud (2002).

Abb. 5.9.2: Skizze Strukturlogik und Relationen.

Schrittweise und an Beispielen sollen nun weitere philosophische Überlegungen zum Bild untersucht werden. Dabei liegt ein Fokus auf solchen Theorien und Beschreibungen, die sich mit der speziellen Gruppe der Kunstwerke beschäftigen. Diese Setzung dient einer Klärung im Sinne der pragmatischen Identifikation von zielführenden Parametern für ein gegenwärtiges Verständnis von Bild und Bildlichkeit. Darüber hinaus bereiten die Unter-

45 Bourriaud, Nicolas. *Relational Aesthetics. Collection Documents sur l'art.* Dijon, 2002.

46 Die Formulierung geht auf ein aktives Zusammenlesen von Latour, Harman und Bourriaud zurück.

suchungen die Explorationen in Kapitel 8 und 9 vor und bieten mit theoretischen Skizzen eine Kontrastfolie zu den Untersuchungen am Material.

5.2.4 Bilder als kulturelle Entitäten

Obwohl zu Beginn der Ausführungen das Bild als *geschäftsführende Entität* der Gegenwart vorgestellt wurde, ging es bisher vermehrt um Bildstrukturen der bildenden Kunst. Trotz dieser Engführung auf eine sehr spezifische Gruppe von Bildern bleibt das Bild aber auch als trivialer Gegenstand interessant und wird als solches in einer zweiten Linie der Untersuchung konsequenter als eine *kulturelle Entität in Verbreitung* vorgestellt. Unabhängig von ihrer materiellen Anbindung, ihrem Aufbau und ihrer Funktion, können Bilder als Phänomene der Kultur verstanden und entsprechend kulturwissenschaftlich untersucht werden. Sie sind dabei in spezifische kulturelle Bezüge und Verweisstrukturen (semantische Felder und Netzwerke) eingebunden und treten als bedeutungstragende Entitäten (kulturelle Entitäten), in der Kultur alleinstehend, aber vor allem auch in Bildfolgen oder *Bildnetzwerken*[47] auf. Das Bild und die Bilder stehen in vielfältigen Beziehungen zueinander und ordnen sich als kulturelle Entitäten der zeitspezifischen Verbreitungslogik einer hypervernetzten postdigitalen Kultur unter. Mit oder ohne Autor*innenintention entfalten sie ihre Wirkung in diesen Ansammlungen und den spezifischen Verbreitungsmustern. Dem kommunikationswissenschaftlich und linguistisch informierten Ansatz der Kulturwissenschaftlerin Limor Shifman[48] zufolge zeigen und verbreiten sich Bilder zum einen über Funktions- oder Informationsträger *meme carrier* und als Information oder Funktion selbst (*meme content*). Diese Betrachtung legt es nahe, sich mit dem Bild auch als Träger einer Autor*innenintention auseinanderzusetzen. Bild oder Bildfolgen wären dann als *Displays* oder konkrete Visualisierungen einer Intention zu diskutieren. Beide Linien werden in den folgenden Ausführungen weiterverfolgt und theoretisch für die Untersuchung vorbereitet. Als Sonderform dieser Bilder stehen die Bilder der Kunst mit ihrer kunstgeschichtlichen und kunsttheoretischen Referenzialität in speziellen Verhältnissen zu anderen Bildern und sind Teil von kulturellen und transkulturellen Verweissystemen. Es wird deutlich, dass die Entität Bild in vielfältigen Relationen (*intra, inter, trans*) systematische und weitreichende Untersuchung erfahren sollte.

47 Diese Einschätzung beruht auf Beobachtungen der Verweisstrukturen, die sich in den sozialen Netzwerken per Hashtag zeigen. Mit Bildnetzwerken sind u. a. durch solche Hashtags, oder Schlagworte, semantisch verknüpfte Ansammlungen von Bildern gemeint.

48 Siehe auch Kapitel 6. Shifman legte eine Revision der von Dawkins (1969) veröffentlichten Memtheorie vor und versteht Meme als komplexe Strukturen. Vgl. Shifman, Limor. *Meme. Kunst, Kultur und Politik im digitalen Zeitalter.* Cambridge, 2014.

5.2.5 Bilder als Manifestationen der Differenz

Besonderes Augenmerk möchte ich nun nochmals auf Bilder und ihr Verhältnis von Bildträger zu Bildobjekt legen. Hieran lässt sich besonders gut die Frage der Materialität und Vielschichtigkeit der Bilder der Gegenwart thematisieren. In Anlehnung an Lambert Wiesings Ausführungen zu »Medien« in seinen Auseinandersetzungen zu einer *artifiziellen Präsenz*[49], definiere ich Bilder probeweise als Displays für etwas, das sich ohne Medium (Displays oder technischen Bildträger) gar nicht zeigen würde. Die Gleichzeitigkeit der Bildproduktion und Bildverbreitung trifft auf eine kulturelle Selbstverständlichkeit der digitalen Sphäre und legt es gleichsam nahe, Bilder sehr konsequent über ihr Eingebettet-Sein in die digitalen und analogen Produktionsstrategien zu diskutieren.[50] Um den Bedingungen gegenwärtiger kultureller Verbreitungsgeschwindigkeiten und dem Aspekt der *virtuellen Gleichzeitigkeit*[51] von Produktion und Verbreitung Rechnung zu tragen, werde ich das Bild also folgend auch im Sinne eines *provisorischen Vehikels*[52] und *momenthaften Interfaces* verstehen und diskutieren. Auf Grundlage dieser Überlegungen, und anschließend an Baudrillards Ausführungen zum Simulakrum[53] kurzgeschlossen, lassen sich Bilder nicht nur als momenthafte Displays verstehen, sondern müssen als momenthafte Manifestationen der Differenz zwischen Visuellem und Sichtbarem, genauer gesagt, Nicht-Visuellem/Nicht-Sichtbaren, begriffen werden. Bilder können damit als Entitäten verstanden werden, die der *Unendlichkeit* von Abbildern und Abgebildetem unterliegen und in einem produktiven Zwischenraum als momenthafte Displays oder Abbilder mit verlorenem Original[54] oszillieren, und entsprechend untersucht werden sollten.

49 Vgl. Wiesing 2005, S. 160.

50 Das sind zwei verschiedene Dinge, aber es ist wichtig, beides im Kopf zu behalten. Produktion/Verbreitung, digital/analog – beides ist von der Gleichzeitigkeit digitaler Verbreitungsprozesse betroffen.

51 Mit virtueller Gleichzeitigkeit ist eine technisch hergestellte Gleichzeitigkeit gemeint, die in Abhängigkeit vom Zugang oder der verfügbaren Geschwindigkeit jeweils etwas anderes bedeuten kann. Zum Beispiel würde ich zwei Fenster mit unterschiedlichen Bildern gleichzeitig auf meinem Desktop sehen, obwohl beide zu sehr unterschiedlichen Zeiten aufgenommen wurden. Ebenso gleichzeitig sieht man die Beiträge verschiedener Nutzer*innen in den sozialen Medien, obwohl sie nicht unbedingt gleichzeitig entstanden sind, aber möglicherweise gleichzeitig ausgestrahlt werden, und dies gar vor dem Hintergrund sehr verschiedener geografischer Positionen. Dabei ist die zeitliche Überlagerung von der Produktion eines Selfies zur Verbreitung desselben nicht mehr nachvollziehbar oder kontrollierbar.

52 Vgl. Shifman 2014, z. B. *meme carrier.*

53 Baudrillard, Jean. *Simulacra & Simulation.* Michigan, 2017 (1994), S. 1. Die Übersetzung beginnt folgendermaßen: »The simulacrum is never what hides the truth – it is truth that hides the fact that there is none. The simulacrum is true. – Ecclesiastes«.

54 Hierzu auch die Überlegungen von Sybille Krämer hilfreich, die über das Verhältnis von computersimuliertem Bild und Original oder Trugbild nachdenkt und dem Simulacrum (als Abbild ohne Original) eine faktische Präsenz zuschreibt: »Die Illusionstechnik der Simulation beruht also darauf, daß das, was gezeigt wird, ein Simulakrum als Faktum [präsentiert]«. Krämer, Sybille. »Vom Trugbild zum Topos. Über fiktive Realitäten«. In: Iglhaut, S.; Rötzer, F.; Schweeger, E. (Hg.). *Illusion und Simulation. Begegnung mit Realität.* Bonn, 1995. Vgl. Baudrillard, Jean. *Die Illusion und die Virtualität.* Bern, 1994, S. 41.

Die Ausschließlichkeit einer einzigen medialen Realisierung (in einem Original) ist aber nicht nur für die Bilder des Alltags passé, auch für die Bilder der Kunst haben die medialen Verschiebungen weitreichende Folgen. Bilder sind nie mehr nur digital *oder* analog, bildhauerisch *oder* fotografisch, sprachlich *oder* performativ, online *oder* offline. Das Bild wird (oder macht sich) unabhängig von seinen Realisierungsmöglichkeiten und ist zunehmend in der Abstraktion seiner Verbreitung[55] gefangen. Das Bild kann sich, unabhängig von Betrachter*in und Bildträger, zwischen seinen Versionen erhalten und sich nur hier und da visuell oder auch nicht-visuell zeigen.[56] Dies passiert aber nicht, wie die Formulierung im Singular suggerieren könnte, mit einem Einzelbild allein, sondern mit vielen Bildern gleichzeitig und in sehr hoher Frequenz.[57]
Aus diesen veränderten Bedingungen für Bildstrukturen lässt sich folgern, dass Bilder viel seltener als angenommen in einem Bildträger anzufinden sind, sondern sich nur als Potenzial zwischen vielen Bildträgern gleichzeitig in deren Interrelationen formen oder bilden. Noch ein wenig weiter als These zugespitzt: In Weiterführung der Unterscheidung von Idee und Idee-Realisation[58], wie sie die »Conceptual Art« kannte, wird der Bildträger zu einer abstrakten Trägerfolie[59], die zwischen Visuellem und Bildlichem vermittelt. Bilder müssen entsprechend als unabgeschlossene und sich fortwährend verändernde Netze *medialer Potenziale*[60] und vermittelter Bildlichkeit verstanden werden und in einem unüberschaubaren raumzeitlichen Bezugsfeld betrachtet werden. Einige Konzepte vom Bild/von Bildern werden hier exemplarisch erläutert, um einen ersten Vorschlag für einen gegenwärtigen Umgang mit Fragen der Bildlichkeit zu formulieren und ein Denkmodell für ein gegenwärtiges Verständnis vom Bild/von Bildern zu entwickeln.

Abb. 5.10: Übersicht zur Untersuchung des Bildes nach Schütze (2018).

55 Verstanden als bildnerische Idee, die nach Darstellung sucht oder ein Potenzial zur Darstellung bringt.

56 O. a.: zur Betrachtung hingeben.

57 Pro Sekunde treten so und so viele visuelle Phänomene auf den einzelnen Timelines der sozialen Netzwerke auf. Bilder und Nachbilder werden vom Gehirn zusammengesetzt und unter den Bedingungen der sofortigen Verfügbarkeit und totalen Gleichzeitigkeit kommen weitere Überlagerungseffekte hinzu. Ein Scroll (also ein Spaziergang online) lässt Werbe-Pop-ups, Musik und Kunst mit Politik in Überlagerung geraten und komplizierte Nachbildeffekte entstehen.

58 Wie für die Conceptual Art der 1960er u. a. ausgeführt von Honnef, Klaus. *Concept Art.* Köln, 1971.

59 U. a. könnte diese Trägerfolie aber auch als Display oder Interface bezeichnet werden.

60 Gemeint sind Möglichkeiten für Realisierungen in verschiedenen Medien und Materialien oder Formen.

5.2.6 Bilder als Vektoren anderer Bilder[61]

Für den französischen Philosophen Maldiney »stehen Bilder nicht im Präsens, sondern im Aorist, einer Zeit, die vor der Zeit des Sprechers liegt«, wie Emmanuel Alloa den bildaffinen Leser*innen auf den Weg gibt.[62] Mit dem Begriff Aorist markiert Maldiney dabei eine Zeit, die von der Zeiterfahrung der Sprecher*innen abweicht. Die Bilder sind vom kommenden (also zukünftigen) genauso wie vom bereits vergangenen Geschehen informiert und verorten sich außerhalb der physischen und chronologischen Realität der Sprecher- oder Betrachter*innen. Dabei ist die Annahme, das Bildgeschehen stünde außerhalb der Zeit und sei vom Zukünftigen informiert, welches seinerseits jedoch unter der äußeren Zeit bereits vergangen ist. Das Bild (gemeint ist hier das Einzelbild) ist demnach einer eigenen *enthobenen* Zeitlichkeit verpflichtet, die sowohl von der Zukunft als auch von der Vergangenheit weiß. Besonders augenfällig und überzeugend nachzuvollziehen wird die Annahme einer Enthobenheit der Zeit mit Blick auf das Medium der Fotografie. In der Fotografie, die ja wie nichts anderes die Bedingungen der Gegenwart eingeläutet hat,[63] tritt hervor, dass es sich um einen vergänglichen Moment handelt, der eine andauernde Abbildung oder einen Abdruck der jeweiligen Gegenwart findet.

Im fotografischen Bild kann ein Moment virtuell verlängert werden, der ohne die fotografische Technik verloren gewesen wäre. Die Zeit pausiert sozusagen in diesem Bild und bietet Zugänge zu den Potenzialen der Außerzeitlichkeit. Das schafft ein zeitliches Verhältnis, das außerhalb der Zeit der Betrachter*innen liegt. Das Bild im Aorist befindet sich allerdings nicht nur in Bezug auf die Handlung in einer *enthobenen Zeitlichkeit.* Dasselbe trifft auch auf die räumlichen Verhältnisse zu: Das Bild befindet sich mit seinen räumlichen Bedingungen außerhalb der physischen Realität der Betrachter*innen. Das heißt, in einem Bild kann sich zum einen etwas für eine beliebig lange Zeit ereignen (und sei es nur der eine Wimpernschlag, der sich in Unschärfe ausdrückt), das viel zu kurz für die Wahrnehmungsschwelle des Sehsinns gewesen wäre. Und zum anderen kann sich so selbst etwas ereignen, das unter den physisch-chemischen Bedingtheiten des Planeten Erde

61 »Das Bild der Kunst« ist nicht absolut deckungsgleich mit den Bildern im Allgemeinen. Siehe hierzu die Ausführungen in Kapitel 5.1. Zu den Aspekten der Bilder bei Wiesing sei allerdings angemerkt, dass die technischen Möglichkeiten der Reproduktion bereits so perfektioniert sind, dass beinahe jedes Bild in jeder Form (auch Ölgemälde mit speziellem Duktus) reproduziert werden kann. In der Folge ist bereits eine Tendenz zu beobachten, dass die Kunst ihre Aufmerksamkeit und bildnerische Praxis in den Mikrobereich des Bildes und in die Zwischentöne und Relationen verlegt, um andere – schwerer reproduzierbare – Nischen des Bildes bildnerisch auszuschöpfen. Interessant dazu die Ausführungen bei Ekardt, die sich prinzipiell als eine Form von minimaler Mimikry verstehen ließen (vgl. Kapitel 7.1).

62 Zur ikonischen Temporalität: »Bilder stehen für Maldiney nicht im Präsens, sondern im Aorist, eine von der Zeit des Sprechers (bzw. hier des Trägers) losgelöste Zeit des Sich-Ereignens oder auch [...] ein Geschehen, das sich in der Vergangenheit entwickelt als ein noch Kommendes«. Alloa 2010, S. 27.

63 Vgl. Barthes, Roland. *Die helle Kammer: Bemerkungen zur Photographie.* Frankfurt/Main, 1989.

unmöglich gewesen wäre. Der analoge Trickfilm und die ersten Kinofilme erzählen bänderweise von den optischen Illusionen und den Techniken des Verschwindens und Auftauchens im Bild. Simulationen und CGI-Renderings zwischen Hollywood und Onlinespielen bieten die Kontexte für eine Aktualisierung der Überlegungen zu einer *enthobenen Zeitlichkeit* nach Maldiney.[64]

Abb. 5.11: Skizze zur Darstellung der Zeitverhältnisse im Aorist.

Die Verhältnisse dieser *enthobenen Zeitlichkeit* sollen nun nochmals mittels eines Modells oder einer schematischen Darstellung vor Augen gehalten werden. Der Aorist des Bildes verläuft parallel (oder quer) zur Realität[65] und entwirft dadurch strukturell *alternative Gegenwarten.*[66] Das Bildgeschehen ist der Zeit der Betrachter*in entrückt und hat dabei ein eigenes Verhältnis zur Zeitlichkeit. In Konsequenz ergibt sich daraus ein Verhältnis zwischen Bild und Betrachter*in, das unter den Bedingungen technischer und kultureller Gleichzeitigkeit nochmals verstärkt und zudem vielfach überlagert wird. Die Überlegungen einer so organisierten enthobenen Zeitlichkeit im Bild führen zu folgender These: In der Gegenwart ist ein Effekt zu beobachten, der als permanente enthobene Zeitlichkeit beschrieben werden kann. Dieser Aorist-Effekt trägt mitunter also zur *Virtualisierung* der Gegenwart bei, indem er die Momente eigener Zeitlichkeit, wie sie in Bildern auftreten, zu einer flackernden und enthobenen parallelen Zeitlichkeit summieren. Bildmomente treten gegenwärtig in unmessbarer Anzahl und hoher Frequenz auf, sodass nur eine systematische Untersuchung (inkl. memetischer Überzeugungskraft) Erkenntnisse zu den entstehenden Bildeffekten liefern kann.

Ein weiterer relevanter Aspekt der *Zeitlichkeit*, wie sie in der Figur des Aorists gebannt ist, sind die Überlegungen zu komprimierten Zeitverhältnissen im Bild. Zusammengefasst formuliert: Im Bild nähern sich Vergangenheit und Zukunft, aber auch Fiktion und Realität so sehr an, dass sie – im permanenten Zerfall begriffen – dennoch als gleichzeitig zu betrachten sind und ggf. gar zu bloßen Vektoren der Gegenwart werden. Diesen Gedanken konsequent auf die Phänomene der Bildlichkeit anzuwenden und Bilder als Vehikel in den gegenwärtigen Verbreitungskulturen zu untersuchen, führt an dieser Stelle allerdings ein wenig zu weit. Teilweise ergibt sich das Einzelbild, angesichts seiner Kurzlebigkeit

64 Vgl. Henri Maldiney nach Alloa, Emmanuel. »Der Aufstand der Bilder«. In: ders. (Hg.). *Bildtheorien aus Frankreich. Eine Anthologie.* München, 2011, S. 9–41.

65 Elena Esposito hat dies unter dem Begriff der Fiktion – eher für die Literatur, aber mit brauchbaren Analogien für die Bildende Kunst – eingehend und anschaulich systemtheoretisch untersucht. Vgl. Esposito 2007.

66 Vgl. Alloa 2011.

(kaum bemerkt zwischen seinen Aktualisierungen), nur noch virtuell[67] aus den Andeutungen[68] der Gesamtheit der Bilder. Pointiert gesagt, in der raumzeitlichen Umgebung einer permanenten, flackernden, parallelen enthobenen Zeitlichkeit blitzt es nur noch unmerklich auf. Ein Einzelbild entspräche dann einem Vektor des jeweils nächsten, übernächsten und auch aller vorangegangener Bilder. Einzelbilder, aber auch Bildstrukturen, wären entsprechend als Vehikel für weitere Bilder zu denken. Diese Beziehungen zwischen gleichzeitig auftauchenden Bildern sind jeweils ineinander eingeschrieben und lassen sich mit der Figur des Aorists natürlich auch nur behelfsmäßig in ihren Qualitäten und Strukturen fassen. Eine Untersuchung des beschriebenen Aorist-Effekts an Datenkörpern der Gegenwart stünde noch aus und würde vermutlich bedeutungsgenerierende Einblicke liefern.

5.2.7 Visualität[69] und Sichtbarkeit

Georges Didi-Huberman fasst die Differenz von Visualität und Sichtbarkeit über die Unterscheidung *aktuell sichtbar* gegenüber *visuell erfahrbar*. Zweiteres versteht er im Sinne der Möglichkeit *gesehen zu werden.*[70] Etwas, das als visuell beschrieben werden kann, *lässt* sich sehen, wird aber nicht zwangsläufig auch im gleichen Maß gesehen. Dieser Twist ist aus der Perspektive des Objekts oder des Gegenstandes gedacht und in seinen Überlegungen von den jeweiligen Betrachter*innen unabhängig.[71] Etwas, das aufgrund seiner Reflexionseigenschaften sozusagen optisch gesehen werden kann und damit *visuell erfahrbar* ist, ist für seine Betrachter*innen nicht automatisch auch gleichermaßen *sichtbar.*[72] In diesem Zusammenhang verweist das Gesehene über sich selbst hinaus, auf das, *was sich zeigt*, aber nicht unmittelbar auch gesehen werden muss oder *optisch-visuell* erfahrbar ist. Meine Überlegungen zur *nicht-visuellen Bildlichkeit*, also einer Bildlichkeit, die ohne visuelle Markierungen auskommt, lassen sich sehr gut an diese Überlegungen

67 Zum Begriff der Virtualität in Kapitel 4.2; vgl. »virtuell« im Glossar der Gesellschaft interdiziplinärer Bildforschung, online unter: www.gib.uni-tuebingen.de/netzwerk/glossar/index.php?title=Virtualität [29.03.2018].

68 Mit Andeutungen sind inter-bildliche Referenzen gemeint. Die Informationen und Verweise, die einzelne Bilder über spezifische Merkmale und Kleinstmerkmale jeweils in Beziehung zu anderen Bildern setzen.

69 Vgl. zu »Nicht-Sichtbarkeit« bei Didi-Hubermann, Georges. »Von den Mächten der Figur. Exegese und Visualität in der christlichen Kunst (1990)«. In: Alloa, E. (Hg.). *Bildtheorien aus Frankreich. Eine Anthologie*. München, 2010, S. 273–301, hier: S. 274.

70 Vgl. zu »Form des Sichtbaren« (*picture*) und »Format des Sehens« (*image*): Faßler, Manfred. »Visualisierung epistemischer Objekte«. Vortrag im Rahmen der Tagung The Picture's Image. Karlsruhe, 07.–08.05.2005 (unveröffentlicht). Vgl. u. a. bei Meyer, Torsten. »Aktuelle Kunst, aktuelle Medien und die Schule. Zehn Thesen«. In: Siemens Arts Program (Hg.). *kiss – Kultur in Schule und Studium. Film, Video und Fotografie in der Schule. Fünf Unterrichtseinheiten zu den Künstlern Thomas Demand, Stan Douglas, Asta Gröting, Birgit Hein, Christian Jankowski*. München, 2006, S. 4–11.

71 Oder ein unabhängiger Vorgang, wenn man an ein Werden anstelle eines Seins anknüpfen will.

72 Vgl. Wiesing 2005, S. 31. Nebenbei: kognitive, also verstehende, Prozesse bleiben hier ohnehin außen vor.

anschließen. Das *Nicht-Visuelle* ist hiernach ein Punkt in der Zeit, ein Moment, an dem sich ein Ding oder Objekt etc. nicht sehen *lässt* oder sich visuell entzieht. Jedoch kann es gleichzeitig auf andere Weise, z.B. über seine Referenzsysteme und seine komplexen Strukturen, indirekt erfahrbar und auch *nicht-visuell* bildlich wirksam ist. Die aktivische Formulierung mit passivischer Beschreibung dieses Zustandes ist hier zentral, denn nur die konsequente Umkehrung des Wahrnehmungsprozesses aus der Perspektive des Dings trägt der Unabhängigkeit des Bildes angemessen Rechnung. Das Bild, visuell oder sichtbar, ganz Akteur*in, gibt sich also visuell zu erfahren, kann sich aber auch entziehen und über andere Sinne bildlich wirken und gesehen werden. Maschinelle optische Verfahren merke ich hier nur an und verweise auf folgende Untersuchungen, die explizit dazu angeschlossen werden sollten.

5.2.8 Die Unendlichkeit der Bilder

Unter den Bedingungen der Gegenwart verhält sich ein *Einzelbild* zu allen Bildern wie ein Wassertropfen zum Ozean.[73] Durch die Gleichzeitigkeit des Auftretens in den Netzwerken (und auch durch die Aktivität der Netzwerke selbst) wird das Einzelbild als *eine* Version von vielen zur Rarität unter einer Masse von ähnlichen Bildern und Bildergruppen. Derartige unübersichtliche Vernetzungen und Überlagerungen sind für die menschliche Wahrnehmung nur bedingt zu erfassen und bleiben häufig unsichtbar. So richtig greifbar werden sie meist erst per Google-Suchanfrage, z.B. mit dem Schlagwort »Mona Lisa«. Als Anzahl der Einträge in Google erhalte ich 25.800.000 Resultate[74] in 0,54 Sekunden. Doch noch eindrücklicher als die Anzahl der Treffer ist der Variantenreichtum der Aneignungen und Versionen, die sich in den Ergebnissen der Bildersuche zeigen. Dann zeigt sich, dass die »Mona Lisa«, wie sie als Original im Louvre hängt, angesichts der Masse ihrer online zirkulierenden digitalen Avatare (Kopien und Versionen) nur noch als Beweisstück und physischer Provenienznachweis dient. Die Medienwissenschaftler*in McKenzie Wark spricht mit Bezug auf Finanzmarktlogiken und Wertpapierzirkulationen von Derivaten, denen per Original eine Versicherung oder ein Wert

73 Ich greife auf eine Verständnisbrücke der Künstlerin Hito Steyerl zurück. Analog zu dem von ihr genutzten Bild einer »sea of data«, mit dem sie die schiere Unendlichkeit erhobener Daten fasst, möchte ich Einzelbilder im Verhältnis zu allen anderen Bildern als ›Wassertropfen im Ozean‹ verstehen. Vgl. Steyerl, Hito. »A Sea of Data. Apophenia and Pattern (Mis)Recognition«. *e-flux journal*, 72, 2016. Online: https://www.e-flux.com/journal/72/60480/a-sea-of-data-apophenia-and-pattern-mis-recognition/ [05.04.2018].

74 Das Schlagwort »Mona Lisa« in der Google-Suche lieferte am 04.01.2018 unter den Standardeinstellungen am Standort Berlin (CET) 25.800.000 Resultate.

hinterlegt wird.[75] Der Variantenreichtum ist schlicht unvorstellbar und kann kaum mehr in Gänze erfasst werden. Die Gesamtheit aller verfügbaren und stetig hinzukommenden Bilder könnte wohl als unendlich beschrieben werden. In dieser gegenwärtigen Flüchtigkeit, Verbreitung und Bindungsfreudigkeit wird das Einzelbild nun zum Ausnahmefall seiner zirkulierenden Versionen. Bilder sind kaum noch isolierbar, unter den Bedingungen allzeit verfügbarer Kameras treten sie immer im Plural auf.[76] Darüber hinaus ist jedes Einzelbild zu jedem Zeitpunkt auch in vielfältige Beziehungen zu anderen Bildern eingebettet und taucht in unmittelbarem Kontext zeitlich und räumlich an diese gebunden auf. Davon zeugen nicht zuletzt die Überlegungen zum Aorist-Effekt, die ich in Kapitel 5.2.6 an Maldiney angeschlossen habe.

Jedoch, es handelt sich bei jeder Verbreitungsgeschichte um individuelle und komplexe Strukturen der Ermöglichung. Das Original der »Mona Lisa« ist z. B. wahrscheinlich nur zu dieser beachtlichen Bekanntheit gelangt, weil nach ihrem Diebstahl eine fotografische Abbildung (damals noch in schwarz-weiß) alle Titelseiten der Tageszeitungen schmückte und sie schon vor dem Internet eine der verbreitetsten Abbildungen weltweit war. Doch heute profitiert das Original als Kunstwerk auch erheblich von der Aufladung durch den Variantenreichtum online. Und dabei sind weder die Produktion noch die Rezeption, deren Verbreitung oder Kombinationsmöglichkeiten bis ins Einzelne vorstellbar, geschweige denn für das Original in irgendeiner Weise kontrollierbar.

5.2.9 Das ewig wiederkehrende Abbild

Unter den Bedingungen der Gegenwart haben Einzelbilder online nur kurze Aufmerksamkeitszeiträume. Im Jahr 2013 wurden allein bei Instagram pro Sekunde 58 Fotos hochgeladen.[77] Eine Zahl, die 2017/2018 mindestens viermal so hoch war.[78] Das Bild der Kunst (ein innerhalb der Kunstinstitution ausgestelltes und produziertes Bild) kann hier mengenmäßig

75 McKenzie Wark schlägt vor, Kunst als Derivate zu verstehen. Vgl. Wark, McKenzie. »Digital Provenance and the Artwork as Derivative«. *e-flux journal*, 77, 2016. Online: http://worker01.e-flux.com/pdf/article_77374.pdf [5.04.2018].

76 Pazzini, Karl-Josef 2015, S. 39 sowie Meyer, Torsten. »Aktuelle Medienkultur: Das Bild im Plural«. Vortrag am 24.10.2009, Sektion 2, Bundeskongress Kunstpädagogik Düsseldorf. Als Transkript online: http://www.medialogy.de/wp-content/uploads/2009/10/BildimPlural_kurz.pdf [13.02.2018]. Ullrich, Wolfgang. »Ohne Folgen? Bilder im Plural«. In: *Tiefer hängen. Über den Umgang mit der Kunst*. Berlin, 2003, S. 66–93. Ullrich spricht von einer Inflation der Bilder seit dem 19. Jahrhundert.

77 Hemken, Heiner. »Das Internet in Zahlen«. *SEO United*, 18.01.2013. Online: https://www.seo-united.de/blog/internet/das-internet-in-zahlen-2.htm [13.02.2018]. Zum Vergleich die Zahlen von 2017, vgl. »Digital in 2017 Global Overview«. *Slideshare.net*, 24.01.2017. Online: https://www.slideshare.net/wearesocialsg/digital-in-2017-global-overview [15.09.2020].

78 Detaillierte Zahlen bei Kroll, Sonja. »Meilenstein für Instagram: 9 Millionen Mitglieder«. *Internet World Business*, 19.01.2016. Online: https://www.internetworld.de/social-media/instagram/meilenstein-instagram-9-millionen-mitglieder-1072317.html [13.02.2018].

nur in der Minderzahl sein. Allein, weil die Bilder der Kunst von vergleichsweise wenigen Menschen gesehen werden, müssen die *Bilder der Kunst* als eine vernachlässigbare Größe unter den visuellen Phänomenen angesehen werden. Die Hoheit über die Bildproduktion, wie sie noch vor der Fotografie und dem Internet herrschte, ist der Kunst abhandengekommen. Das Einzelbild ist als temporäre Erscheinung den Aufmerksamkeitsregimen der Timelines und Feeds unterworfen, in denen es sich nur mehr für kurze Momente behaupten kann. Die Lage ist unübersichtlich und virulent, Beschreibungen scheinen unmöglich abbildbar und Kategorien unproduktiv bis unbrauchbar. Wie lässt sich dennoch ein wenig Ordnung in die Vielzahl der Erscheinungen und Effekte am Bild in Zirkulation bringen?

Emmanuel Alloa, Kulturtheoretiker und Philosoph, versucht den Wert des Originals oder Ursprungs zugunsten einer Beschreibbarkeit der Effekte auszuklammern und beruft sich auf Maurice Blanchot in *Das Gelächter der Götter*: Ein Bilduniversum sei ein Universum, »in dem das Bild nicht mehr zweitrangig gegenüber dem Modell ist, in dem der Trug Wahrheit für sich beansprucht, in dem es schließlich kein Original mehr gibt, sondern nur noch ein ewiges Glitzern, wo im Aufblitzen von Spiegelung und Widerspiegelung das Fehlen eines Ursprungs belanglos wird.«[79] Das »ewige Glitzern« von Spiegelung zu Widerspiegelung bei Blanchot ist äußerst kompatibel mit den Überlegungen der permanent enthobenen Zeitlichkeit, wie ich es in Kapitel 5.2.6 für die Bilder und ihr Angebot an die Betrachter*innen ausgeführt habe. Der Gedanke eines Bilduniversums, in dem Original und Kopie gleichrangig existieren, findet sich auch bei Gilles Deleuze: » […], dass jedes Ding nur als wiederkehrendes existiert, Abbild einer Unendlichkeit von Abbildern, die kein Original und sogar keinen Ursprung fortbestehen lassen. […] Was ist oder wiederkehrt, besitzt keine vorgängige oder konstituierte Identität: Das Ding ist zur Differenz verdammt.«[80] Jedes Ding manifestiere sich in der Differenz von Ding und Unendlichkeit der Abbilder.[81] Ohne Frage eine Linie, die es anhand von Bild-Zirkulationseffekten nochmals für die Bilder der Gegenwart zu untersuchen gelten würde. Auch Jean Baudrillard umreißt das Bild mit »no relation to any reality whatsoever«[82] als »Simulacrum«[83] und schreibt den

79 Blanchot, Maurice. *Das Gelächter der Götter. Marginalien zu Klossowski.* Berlin, 1979 (1965).

80 Deleuze, Gilles. *Differenz und Wiederholung.* München, 2007 (1968), S. 95.

81 Ebd.

82 Baudrillard 2017 (1994), S. 7.

83 Ebd. sowie »Baudrillard« nach Wikipedia: »Baudrillard unterscheidet verschiedene historische Formen von Simulacren (Imitation, Produktion, Simulation) und beschäftigt sich besonders mit dem Simulacrum der Simulation als dem dominanten Simulacrum der durch Massenmedien bestimmten Gegenwartsgesellschaft. Das Kennzeichen dieses modernen Simulacrums besteht nach Baudrillard darin, dass die Unterscheidung zwischen Original und Kopie, Vorbild und Abbild, Realität und Imagination unmöglich geworden und einer all-gemeinen ›Referenzlosigkeit‹ der Zeichen und Bilder gewichen sei.«. Vgl. »Jean Baudrillard«, *Wikipedia, Die freie Enzyklopädie.* Bearbeitungsstand: 18. August 2020. Online: https://de.wikipedia.org/wiki/Jean_Baudrillard [03.10.2020].

Bildern Referenzlosigkeit zu. Dieses Nebeneinander der Bilder scheint zwar in gewisser Hinsicht auch ein Widerspruch gegenüber der Relationalitäts-These aus Kapitel 5.2.3, aber vorerst verstehe ich die Ausführungen zwischen Deleuze und Blanchot hauptsächlich als Markierungen einer Gleichrangigkeit der Bilder und Auflösung der Hierarchie zwischen Original und Kopie. Ein Effekt, der durch die gegenwärtige Verbreitungslogik und das visuelle Aufmerksamkeitsregime nur verstärkt wird und das Primat des Originals (vgl. Platon: Die Vorstellung von einem Urbild als Ursprung und Wahrheit hinter der Projektion[84]) endgültig infrage stellt.

5.2.10 Natura pictrix und Bilderflut als nächste Natur

Versionen von Bildern, die sich weitestgehend unabhängig von ihrem Original und ohne Erinnerung daran vervielfältigen und verbreiten, befinden sich im selben Maße außerhalb der Gestaltungshoheit des Menschen wie Naturereignisse. Die zirkulierenden Bilder ergeben zumindest eine eigenwillige Masse, die Akkumulationen von Bildern mit eigenen Gesetzmäßigkeiten hervorbringt. Vorstellbar wird es, wenn wir den Fokus auf ein Original wie die »Mona Lisa« legen und sie zusammen mit ihren Versionen als Entität mit geteilten Eigenschaften (und geteilter Gegenwart) beschreiben. Metaphorisch gesprochen gäbe es dann einen Bildkörper der »Mona Lisa«, in dem alle Versionen vereint sind und der etwas poetischer als *body of image* verstanden werden kann.[85] Diese *bodies* (»Mona Lisa« o. ä.) folgen eigenen Gesetzen und Dynamiken und sind spontanen Ansammlungen verdampfender Wassertropfen ähnlich. Sie sind u. a. als hoch aufsteigende und energiegeladene Cumulonimbuswolken vorstellbar, die sich – ganz Naturereignis[86] – auch mal unkontrolliert in einem Gewitter (oder auch Shitstorm) entladen können. Auch hier stehen quantitative und netzwerktheoretische Untersuchungen an, um dieses Bild mit Zahlen und Daten zu untermauern.

Koert van Mensvoort bezieht sich in seinen Überlegungen zur Kultur, verstanden als eine zweite Natur (*next nature*)[87] nicht direkt auf Bilder oder Meme, die sich in Verbreitung befinden. Sein Ansatz, die Kultur als jeweils nächste Natur zu lesen und weiterführend Technologie als kulturellen Gewöhnungsprozess zu verstehen, ist an dieser Stelle dennoch hilfreich für die Beschreibungsversuche am Bild in der Gegenwart. Van Mensvoort unter-

84 Vgl. u. a. zu »Höhlengleichnis« bei Meyer, Torsten. *Interfaces, Medien, Bildung. Paradigmen einer pädagogischen Medientheorie.* Bielefeld, 2002, S. 104ff.

85 Analog zu *body of water* (dt.: Wasserkörper, Gewässer), dem die Idee zugrunde zu liegen scheint, dass sich Wasser aus einem geteilten Körper ergibt, der das Ganze darstellt, ohne das Einzelne (die Tropfen, Liter und Milliliter) aufzugeben.

86 Vgl. van Mensvoort 2013, S. 368.

87 Ebd. sowie in Kapitel 4.3.

scheidet zwischen kontrollierbaren und unkontrollierbaren Phänomenen sowie menschengemachten und geborenen Elementen der Kultur. Für das Bild und seine Spielarten als *kulturelle Entität in Verbreitung* ergibt sich unter den Bedingungen der Gegenwart nun unweigerlich der Status einer Entität einer nächsten Natur, die von Menschen gemacht, aber ein wenig außer Kontrolle geraten ist. Besonders spannend wird diese Kategorisierung in Bezug auf das Bild in seinen komplexen Strukturen mit Blick auf ein weites Verständnis von Natur, was van Mensvoort im Konzept einer *next nature* indirekt vorschlägt.

Kommen wir zu überraschenderen Anschlüssen dieser Metaphorik an die Kunst der Gegenwart. Im Anschluss an die Überlegung zu Mimesis und Naturnachahmungen bei Platon, schlug der Soziologe und Philosoph Roger Caillois vor, auch Marcel Duchamp als einen Künstler zu verstehen, der an dem *Bild der Natur*[88] interessiert war. Denkt man das konsequent mit Koert van Mensvoort weiter, sind z.B. Duchamps Readymades u.a. »Flaschentrockner« (1914) als Einheit/Entität der zweiten Natur zu verstehen, die durch sich selbst abgebildet wird. Mit Roger Caillois verfolgt Emmanuel Alloa jedoch noch eine weitere für diesen Kontext interessante These, indem er die Bilder weniger als vom Menschen hergestellt versteht, denn »als bereits Bestehende«, die es zu entdecken gilt.[89] Caillois führt den chinesischen Maler Mi Fu (Song-Dynastie, 12. Jh.) an. Dieser stellte »anstelle seiner eigenen Werke nur noch Natursteine mit kuriosen Oberflächenmustern« aus.[90] Ein fantastisches Beispiel für den Kurzschluss, den ein Werk wie das von Marcel Duchamp für die Frage der *Abbildbarkeit der Natur* mit sich bringen kann.

5.2.11 Bilder als Zeichen

Wenn man das Phänomen Bild unter den Bedingungen der Gegenwart *diskutieren*[91] will, ergibt sich eine zentrale Überschneidung zwischen visuellen und nicht-visuellen Aspekten, die sich unter anderem auch in der Frage nach der Zeichenhaftigkeit von Bildern kristallisiert. Für die Verbreitungszusammenhänge der Bilder (wie sie als *Meme* auch in Kapitel 6.4 eingehender besprochen werden) ist unter bestimmten viralen Effekten und ent-

88 Mit »Natur« ist hier allerdings eher die Natur als Habitat und Umgebung der Menschen gemeint.

89 Vgl. Caillois, Roger. »Natura pictrix. Anmerkungen zur figurativen und nicht figurativen ›Malerei‹ in Natur und Kunst«. In: Alloa, E. (Hg.). *Bildtheorien aus Frankreich. Eine Anthologie*. München, 2011, S. 102–115, hier: S. 110.

90 Vgl. Zu Caillos bei Alloa 2011, S. 18.

91 Ich möchte hier den Begriff der »Bilddiskussion« einführen. In der Mathematik wird die Untersuchung des Graphen einer Funktion auf dessen geometrische Eigenschaften als Kurvendiskussion bezeichnet. Im Rahmen dieser Untersuchung werden u.a. Schnittpunkte mit Koordinatenachsen, Hoch- und Tiefpunkten, Wendepunkten, gegebenenfalls Sattel- und Flachpunkten, Asymptoten oder das Verhalten im Unendlichen ermittelt und diskutiert. Diese Informationen erlauben es, eine Skizze des Graphen anzufertigen, aus der all diese für die Funktion charakteristischen Eigenschaften unmittelbar ablesbar sind. Vgl. »Kurvendiskussion«, *Wikipedia, Die freie Enzyklopädie*. Bearbeitungsstand: 30. September 2020. Online: https://de.wikipedia.org/wiki/Kurvendiskussion [03.10.2020].

sprechender Bildrezeptionslogik der zeichentheoretische Ansatz von zentraler Bedeutung.[92] Vor allem, weil das Übertragungspotenzial (*meme potential*) besonders in der blitzschnellen umfassenden Lesbarkeit der Bilder liegt, sind es doch gerade die nicht-lesbaren Anteile, die Bilder als Bilder abseits ihrer Zeichenhaftigkeit wirken lassen. Eine komplizierte Verknotung, die das Bild erneut im Schnittfeld von Kunsttheorie und Kulturwissenschaft platziert. Gerhard Schweppenhäuser argumentiert: »Mit der Semiotik kann man zwar eine Menge primärer und sekundärer Bildbedeutungen entziffern, doch kein Bild ganz aufschließen. Wenn man die Auffassung vertritt, dass Bilder immer Zeichen sind (und nichts anderes), interessiert man sich eigentlich auch gar nicht dafür, was Bilder sind.«[93]

Die Künstlerin Hito Steyerl fand den Begriff der »Poor Images«[94], der die unendlichen niedrig auflösenden Kopien und Teilkopien von Bildern fasst. Einerseits haben diese Entitäten besonders hohe unlesbare Reste abseits ihres Informationsgehalts (und damit auch etwas Unergründliches oder Zauberhaftes), andererseits scheinen sie so fokussiert nur noch aus den lesbaren Anteilen der Informationen selbst zu bestehen, sodass sie sich auf dieser Basis in unzählige Kopien verflüchtigen und verselbstständigen. Teilweise sind diese virulenten Bilder bis zur visuellen Unkenntlichkeit zum bloßen Zeichen entstellt und haben dennoch signifikante Reste, die sie im Sinne der Bildlichkeit abseits der Information erfahrbar werden lassen. Das strapaziert die Sicherheiten in den Untersuchungen am Bild der Gegenwart nun erheblich und sollte tiefgreifende Untersuchung erfahren.

Meine Untersuchungen grenzen damit nun erneut ausdrücklich an die Hinwendung zum Bild als kulturellem Artefakt aus kulturwissenschaftlicher Perspektive. Der Ansatz, wie ihn u. a. W. J. T. Mitchell[95] vertritt, fokussiert seine Untersuchungen auf Äußerungen visueller Kultur und versteht Bilder – abseits einer Intentionalität der Autor*innen – als Entitäten, die kulturelle Sinnzusammenhänge verschiedenartig zeigen oder artikulieren. In dieser Logik gelten Bilder als Zeichen, oder Zeigendes, und weisen über ihre Funktion hinaus. In ihnen oder über sie werden Zusammenhänge sichtbar gemacht, die nicht intentional angelegt wurden, aber aus dem Referenzgefüge des Bildes hervorgehen. Die Zeichenhaftigkeit der Entitäten geht entsprechend weit über das Gezeigte hinaus und zeigt über sekundäre

92 Vgl. Wiesing 2005, detailierter in Kapitel 5.1.3.

93 Schweppenhäuser, Gerhard. »Die Geburt der Bilder aus dem Geist des Erschreckens«. In: Kauppert, M.; Leser, I. (Hg.). *Hillarys Hand: Zur politischen Ikonographie der Gegenwart.* Bielefeld, 2014, S. 221–246, hier: S. 228.

94 Vgl. Steyerl, Hito. »In Defense of the Poor Image«. *e-flux journal,* 10, 2009. Online: http://worker01.e-flux.com/pdf/article_94.pdf [05.04.2018].

95 Mitchell, W. J. T. »Was ist ein Bild?« In: Bohn, V. (Hg.). *Bildlichkeit. Internationale Beiträge zur Poetik.* Frankfurt/Main, 1990, S. 15–32.

Informationen weitere Referenzsysteme der untersuchten Bilder. In diesen flüchtigen Bildern sind es insbesondere auch die referenzlosen Anteile, also die »Reste der Repräsentation«[96], die für die bildende Kunst besonders interessant zu sein scheint, aber noch nicht ausgereizt ist.

Abb. 5.12: Hito Steyerl. Abbildungen aus den *Snowden Files*: »A single frame of scrambled video imagery«. Steyerl, Hito. »A Sea of Data. Apophenia and Pattern (Mis)Recognition«. e-flux journal, 72, 2016. Online: https://www.e-flux.com/journal/72/60480/a-sea-of-data-apophenia-and-pattern-mis-recognition/ [05.04.2018].

5.3 Anwendungen: Bilder und Bildlichkeit

Im Folgenden werden nun zwei Aspekte für eine mögliche Bilddiskussion geprüft und genauer untersucht. Der erste Aspekt widmet sich dem Versuch, die Kunstwerke und damit verbunden auch die Bilder der Kunst als Modelle zu verstehen. Dieser Versuch wird an drei grundlegenden Überlegungen zur Logik von Modellen in der Gegenwart skizziert. Im zweiten Teil wird der Aspekt der Objekthaftigkeit der Bilder und Kunstwerke anhand ihrer Strukturen untersucht. Ausgehend von den Überlegungen zu einem aktiven Objektverständnis in der objektorientierten Ontologie (nach Graham Harman)[97] soll der Frage nachgegangen werden, inwieweit Bilder (aber auch Kunstwerke) als Objekte in vielfältigen Beziehungen verstanden werden können, selbst dann, wenn sie keine physischen Objekte oder nicht im klassischen Sinne visuell erfahrbar sind. Im letzten Teil des Kapitels führt eine Zusammenfassung der Überlegungen zu der Forderung nach einer Praxis multiperspektivischer Untersuchungen an den Bildern der Kunst in ihren Strukturen (Bildobjekten). Dabei liegt ein besonderes Augenmerk auf jüngeren Untersuchungen aus der Kunstpädagogik. Denn als Expertin für Relationen könnte gerade die Kunstpädagogik prädestiniert für eine aktive und gestaltende Rolle in der Differenzierung der hier vorgeschlagenen Methode zur Bilddiskussion sein.

96 »Kein Zeichen daher, das ohne Rest aufgeht, das nicht in sich eine Kluft aus Sinn und Materialität trägt«. Zitiert nach Mersch, Dieter. *Was sich zeigt. Material, Präsenz, Ereignis*. München, 2002, S. 35ff.

97 Harman, Graham. *Immaterialism. Objects and Social Theory*. Cambridge, 2016.

5.3.1 Bilder als Denkmodelle

> *»Sowohl Bilder als auch Modelle werden auf ihren Repräsentationscharakter, ihre Überzeugungskraft wie auch ihre epistemische Relevanz hin geprüft. Beide stehen hinsichtlich ihrer konkreten Bedeutungen und Funktionen im Spannungsfeld zwischen Repräsentativität (etwas abbildend) und Produktivität (etwas ermöglichend).«*[98]

Zwischen den wissenschaftstheoretischen Auseinandersetzungen und Fragen der Technikphilosophie werden bisher nur vereinzelt bildkritische oder bildnerische Fragen zum Begriff des *Modells* und der *Modellhaftigkeit* gestellt.[99] Bilder und Modelle haben aber vermutlich weitaus größere Ähnlichkeiten und vielfältigere Überschneidungsflächen (u. a. in ihrer Funktion), als innerhalb fachlicher Diskurse diskutiert werden. Während Bilder zweidimensional sind, wird Modellen (jedenfalls in der Architektur) z. B. zugeschrieben, dreidimensional zu wirken. Die zugrundeliegende Unterscheidung nach Dimensionen ist allerdings nur unter einer sehr bestimmten Perspektive sinnvoll. Würde man Bilder auch als Modelle verstehen wollen, bezöge sich dies ungeachtet ihrer physischen Eigenschaften auf ihre Verweisfähigkeit und die damit verbundenen Eigenschaften.
Aber auch im klassischen Sinne bringt mich der Fokus auf die produktiven Überschneidungen zwischen Bildern und Modellen zu der Problematik der Perspektive und Darstellungsfunktion. Bilder – z. B. in Form eines Ölgemäldes, einer Fotografie oder einer Druckgrafik – haben eine zweidimensionale Oberfläche. Dennoch kann ein Bild perspektivisch so angelegt sein, dass es räumlich wirkt und entsprechend Räumliches zeigt. Eine Skulptur andererseits hat drei Dimensionen und würde als räumlich beschrieben. Da sie jedoch meist nur von einer Seite betrachtet wird und nie von allen Ansichten gleichzeitig gesehen werden kann, gibt es zumindest mit der menschlichen Anatomie kein allansichtiges räumliches Bild. Nun könnte man räumliche Darstellungen auch sequenziell verstehen, dann würden verschiedene zeitlich aufeinanderfolgende Ansichten gemeinsam als Darstellung verstanden werden. Auch Filmbilder sind sequenzielle Darstellungen. Wie Fotografien sind sie zweidimensional, können aber in schneller Abfolge räumliche Tiefe evozieren. So erscheinen sie alles andere als rein zweidimensional. In der *Performance Art* wird ebenso von Bildern gesprochen und gemeint sind agierte *Bilder*, ephemere, oder sequenzielle Bilder, die sich den dreidimensionalen Raum erschließen und über Standbilder einzelne

98 Hinterwaldner, Inge; Ammon, Simone. »Vorwort«. In: dies. (Hg.). *Bildlichkeit im Zeitalter der Modellierung. Operative Artefakte in Entwurfsprozessen der Architektur und des Ingenieurwesens.* Paderborn, 2017, S. 9–12, hier: S. 12. Vgl. außerdem Merz, Martina; Hinterwaldner, Inge. *Bild Modell, Aller-Retour.* Basel, 2011, S. 3.

99 Zu »Blinder Fleck der Wissenschaftsforschung« vgl. ebd.

Momente (oder auch Reihungen von Momenten) gestalten. Allerdings, hier wie dort, ist die Annäherung an das Bild ausschnitthaft und an die Möglichkeiten der Wahrnehmung und Kognition gebunden. Das jeweils Ganze zu erfassen ist unmöglich und kann nur sequenziell gedacht werden. Ein Fakt, der besonders in Bezug auf die Vielzahl der visuellen Äußerungen und die Komplexität der Bildakkumulationen von großer Bedeutung ist.

Modelle, in Abgrenzung zu Bildern, sind nun eindeutiger für eine bestimmte Annäherung geeignet. Sie sind definitionsgemäß maßstabsgetreue und handliche Versionen eines komplexeren Zusammenhanges (Bauaufgaben, Wirtschaftsmodelle, Produktdesign etc.), die sich auf eine bestimmte Funktion beschränken. Während Architekturmodelle traditionell je nach Darstellungs- und Verhandlungsaufgabe auf verschiedenes Material (Holz, Styropor, Keramik, Ton etc.) zurückgreifen, können computerbasierte Modelle[100] auch ad hoc in ihren Darstellungs-, Bearbeitungs- und Ausgabemodi verändert und angepasst werden. Allerdings ist selbst hier die Frage nach der Dimensionalität der Darstellung nicht ohne Weiteres zu beantworten. Computermodelle sind dreidimensional, aber als solche nicht physisch erfahrbar, sondern werden über einen Monitor betrachtet und vermittelt. Finanzmarktmodelle hingegen sind weder virtuell noch physisch in drei Dimensionen erfahrbar; sie werden meistens zweidimensional in Grafiken oder Tabellen dargestellt. Sie bilden dennoch ganz spezifische Zusammenhänge ab und vermögen es, räumliche, aber auch zeitliche Verhältnisse vorstellbar zu machen.

An der Architektur lassen sich nun zwei grundsätzlich verschiedene Aufgaben der Modellierung (und Modellbildung) ausmachen. Einerseits werden Modelle genutzt, um komplexe Sachverhalte vorstellbar zu machen. Dabei ist eine Reduktion auf für die Fragestellung wesentliche Eigenschaften notwendig. Das Bild dient dann der momenthaften Konkretisierung im Sinne einer bestimmten Fragestellung. Andererseits sind Bilder (als zweidimensionale Abbildungen) in der Funktion der Repräsentation (etwas abbildend) unter den gegebenen technischen Möglichkeiten »nichts anderes als ausgewählte Zwischenergebnisse errechneter Darstellungen« und werden als bloße »Momentaufnahmen des gerechneten Modells« verstanden.[101] Inge Hinterwaldner fasst es mit Verweis auf die Architektin und Simulationsexpertin Ingeborg Rocker wie folgt zusammen: »The digital image of a design is now seen as only one of infinitely many possible versions

100 Engl.: *Computer-Aided Design* (CAD) steht für rechnergestütztes Konstruieren von konstruktiven Aufgaben zur Herstellung von komplexen Produkten und zur Lösung von Ingenieuraufgaben.

101 »Bilder sind Momentaufnahmen des gerechneten Modells«. Vgl. Hinterwaldner 2017, S. 14.

of entry points to a multidimensional architecture dataset.«[102] Und an dieser Stelle wird es nun, nach einem eher allgemeinen Exkurs zu Perspektivfragen und Fragen der Räumlichkeit, auch an der verhandelten Frage des Bildes in der Kunst relevant.

In einer Disziplin, in der traditionell über Darstellungstechniken und Repräsentationsfragen nachgedacht wird[103] und aus rein ökonomischer Notwendigkeit auf der Höhe der Innovation und den verfügbaren technischen Realisierbarkeiten operiert werden muss, rückt die Frage der Darstellbarkeit anlässlich der aktuellen Veränderungen in den Fokus. Aus dieser Notwendigkeit ergeben sich nun offensichtlich Debatten und Diskussionen, die sich für eingehende Untersuchungen aus der Kunst anbieten könnten. In der Architektur lautet die Argumentation: Weil man nicht mehr auf das *rein Bildliche* angewiesen ist, um verlässliche Aussagen über komplexe Zusammenhänge zu liefern, muss man darüber nachdenken, in welchem Bezug das *Bild*, die *Visualisierung* und eine *gestalterische Idee* zueinanderstehen, also was wie gezeigt wird. Diese Relationen aufzuarbeiten, kann an dieser Stelle nicht erschöpfend geleistet werden, aber im Sinne der folgenden Diskussion bleibt festzuhalten: »Während rechnergestützte Modelle neue Wege in der Modellbildung eröffnen, seien bildliche Darstellungen nichts anderes als Derivate von ausgewählten Zwischenergebnissen errechneter Darstellungen.«[104] Eine bildliche Darstellung ist also auch hier nur eine von vielen, die unter Umständen nur als Potenzial besteht und nie zur Realisierung kommt.

> *»The digital image of a design is now seen as only one of infinitely many possible versions of entry points to a multidimensional architecture dataset.«*[105]

Hier fällt ein weiterer Zusammenhang auf: Auch jenseits des Visuellen können *performative Effekte* des Systems (die Simulation von Thermodynamik, Akustik, Belichtung, Kraftfluss u.a. betreffend) zum Entwurfsgegenstand gemacht werden, die es möglichst realistisch und dennoch in überschaubarem Maß zu testen gilt. Ein Beispiel hierfür ist etwa die Simultanhalle in Köln, ein Testbau für das Museum Ludwig in Köln, der 1979 als 1:1-Modell auf die relevanten Teile reduziert zur Simulation bestimmter klimatischer

102 Vgl. Hinterwaldner 2017, S. 15 mit Verweis auf: Rocker, Ingeborg. »Architectures of the Digital Realm. Experimentations by Peter Eisenman, Frank O. Gehry«. In: Gleiter, J. H.; Korrek, N.; Zimmermann, G. (Hg.). *Die Realität des Imaginären.* Weimar, 2008, S. 249–262, hier: S. 259f.

103 Allein aufgrund der Produktivität.

104 Hinterwaldner 2017, S. 14.

105 Nach Rocker bei Hinterwaldner 2017, S. 15.

und optischer Effekte angelegt und realisiert worden war.[106] Bevor es die computergestützte Praxis gab, fand die Modellierung dieser Zusammenhänge in einem Probe- oder Testbau statt. Ein solches Vorgehen ermöglicht es, verschiedene Anforderungen unter nahezu Realbedingungen zu testen und die Ergebnisse in die Detaillösungen der Bauaufgabe einzubeziehen. Der Testbau ist dann kein Abbild des geplanten Gebäudes, sondern ein Prototyp, mit allen für die Fragestellung relevanten Eigenschaften und Ausschnitten. Trotz seiner Unfähigkeit, die zukünftige Realität und die komplexe Planung in Gänze abzubilden, kann der Testbau die zukünftige Architektur in den fokussierten Fragestellungen hinreichend vertreten. Für ebendiese Funktion ist er angelegt, legitimiert, anforderungskonform und erfolgreich. Ich führe diesen Punkt der Modellierung hier an, weil ich vermute, dass ebenjene Ausschnitthaftigkeit und gelenkte Simulation, wie sie bei Modellen zu beobachten ist, für die Beschreibung und Einordnung künstlerischer Durchdringungsprozesse hilfreich sein kann.

Ein Anhaltspunkt ist das geteilte Bedingungsgefüge der Gegenwart. Die erhöhten Rechenleistungen und Darstellungsmöglichkeiten haben in den vergangenen Jahren dafür gesorgt, dass Testbauten wie die Simultanhalle kaum noch notwendig sind. Aktuell können wesentlich komplexere Vorgänge als die des Lichteinfalls in einer rein virtuellen Simulation getestet und auf einem Monitor sichtbar gemacht werden. Per *Click & Apply*[107] können Parameter beliebig verändert und angepasst werden. So können selbst Kombinationen aus verschiedenen Einflussparametern geprüft und entsprechende Anpassungen vorgenommen werden. Interessant für den in der vorliegenden Arbeit aus der Perspektive der Kunstpädagogik verhandelten Zusammenhang ist nun, dass die Darstellung der Datensätze und Materialperformanzen dann als Bilder in Graphen, Renderings oder Filmclips visuell auf zweidimensionalen Trägern stattfindet und nicht mehr (trotz räumlichen Eindrucks und wesentlich erhöhter räumlicher Eigenschaften) wie in der physischen 1:1-Simulation des Testbaus oder Modellbauten eingeschränkte, aber physisch dreidimensionale Eindrücke bietet. Wie ließe sich diese Beobachtung für den Umgang mit den Bildern der Gegenwart nutzen und welche anderen Annäherungsmöglichkeiten ergeben sich aus dem Verständnis dieser Verschiebung in der Modellierung?

106 Vgl. »Simultanhalle«, *Wikipedia, Die freie Enzyklopädie.* Bearbeitungsstand: 16. Februar 2020. Online: https://de.wikipedia.org/wiki/Simultanhalle [03.10.2020].U.a. auch in diesem Zusammenhang interessant: »Den Kunstgängern ist die Architekturprobe seit 1986 als ›Simultanhalle‹ bekannt – eine Namensgebung, die zurückgeht auf die fiktive Eröffnung des ›Klaus Peter Schnüttger-Webs Museum‹, die dort zeitgleich zur offiziellen Einweihung des Museumskomplexes am Dom inszeniert wurde. Diese Kunstaktion von Bettina Gruber, Ulrich Tillmann und Maria Vedder verknüpfte per Konferenzschaltung Echtes und Simuliertes, Vorbild, Abbild und Nachbild«. Stadt Köln. »Raum für junge Kunst: Simultanhalle«, *Offizielle Webseite,* o.J. Online: https://www.koeln.de/tourismus/museen/simultanhalle_17306.html [13.02.2018].

107 Mit *Click & Apply* ist eine ganz einfache Anwendung gemeint, die mit einem Klick großen Effekt hat, z.B. wenn man mit Photoshop eine beliebige einfarbige Fläche mit dem Werkzeug »Ausfüllen« für Ziegelstein-Optik ausfüllt.

5.3.2 Operative Artefakte

Hinterwaldner spricht von »operativen Artefakten«[108], die je nach Anwendungsnotwendigkeit und Fragestellung bestimmte Eigenschaften und Funktionen der Darstellung hervorkehren. Bilder oder »bildliche Artefakte«[109], wie Hinterwaldner sie nennt, werden als besonders effektive Mittel (bspw. Zeichnung, Pläne, Collagen, Diagramme, Modelle, Renderings, Animationen, visualisierte Prozesse etc.) zwischen dem Technisch-Konstruktiven und Bildhaft-Memetischen genutzt und u. a. nach ikonischen Gesichtspunkten entwickelt. Die Überlegungen zu »operativen Artefakten« lassen sich für die in dieser Arbeit verhandelten Fragen zum Bild in der Gegenwart nutzen. Zwischen Architektur und Kunst lässt sich die Diskussion an dieser Überlagerung von *Technisch-Konstruktivem* und *Bildhaft-Memetischem* produktiv im Bild der aktuellen Kunst zusammenführen. Gottfried Boehm nennt dieses Spannungsfeld die »ikonische Differenz«[110], nicht genau jenes, was gezeigt werden soll, zu sein, sondern etwas Darüberhinausgehendes zu zeigen, etwas, das Aussagen treffen kann und ein *eigenes Zeigen* dabei verfolgt. Hinterwaldner expliziert acht Prinzipien und bildliche Kategorien für operative Artefakte: Reduktion (1), Vereinfachung (2) und Grad der Detaillierung (3) sowie Übersichtlichkeit (4), Serialität (5), Variation (6) und Wiederholung (7).[111] Über diese Dimensionen formen sich Abbildungen zu Kommunikationsanlässen. Unter welchen Bedingungen bzw. mit welcher Begründung könnten Werke der bildenden Kunst entlang dieser bildgebenden Kategorien untersucht werden?

Ein Gedanke, der bereits für die kommenden Untersuchungen im Hinterkopf behalten werden sollte, folgt Hinterwaldner in einem weiteren Aspekt: Zwischen Abstraktion, Mehrdeutigkeit und Ungenauigkeit ist es gerade eine »Flatness«[112] der Darstellung (und

108 Hinterwaldner 2017, S. 16.

109 Ebd.

110 Ebd. mit Bezug auf die Ausführungen von G. Boehm: »Jedes ikonische Artefakt organisiert sich in der Form einer visuellen, intelligenten sowie deiktischen, und das heisst nicht-sprachlichen, Differenz«, Vgl. Boehm, Gottfried. »Ikonische Differenz«. *Rheinsprung,* 2011. Online: rheinsprung11.unibas.ch/fileadmin/documents/Edition_PDF/Ausgabe1/glossar-boehm.pdf [13.02.2018]; Boehm, Gottfried. *Wie Bilder Sinn erzeugen.* Berlin, 2015, S. 210f.; Boehm, Gottfried. »Zu einer Hermeneutik des Bildes«. In: Gadamer, H.-G.; Boehm, G. (Hg.). *Die Hermeneutik und die Wissenschaften.* Frankfurt/Main, 1978, S. 444–471; Boehm, Gottfried. »Bildsinn und Sinnesorgane«. *Neue Hefte für Philosophie* 18/19, Bad Feilnbach, 1980, S. 118–132.

111 Hinterwaldner 2017, S. 16.

112 Die *Flatness* eines Modells schließt nur bedingt an die durch Clement Greenberg angestoßenen Debatten um die befreiende Flächigkeit der Malerei der Moderne an. Der Verweis auf die Ausführungen Michael Lüthys lohnt in diesem Zusammenhang allerdings dennoch: »Für Greenberg bedeutet dies nun aber keineswegs das Ende des Illusionismus in der Malerei, sondern lediglich das Ende des klassischen, von haptischen Assoziationen überlagerten Illusionismus, wie ihn als äußerster Fall das Trompe-l'œil zu erzielen versuche«. Lüthy, Michael. »Vom Raum in der Fläche des Modernismus«. In: Henning, A.; Obermayr, B.; Witte, G. (Hg.). *Fraktur. Gestörte ästhetische Präsenz in Avantgarde und Spätavantgarde.* Wiener Slawistischer Almanach, Sonderband Nr. 63. Wien/München, 2006, S. 149–178.

des Trägers), die für den systematischen Austausch »zwischen konzeptuellen und figuralen Argumenten förderlich« sein kann.[113] Konsequent verfolgt, würden sich aus dem Übertrag auf den Kontext der Bilder und ihre Strukturen vielfältige Fragen ergeben. Inwieweit wäre eine solche Taxonomie für die Beschreibung der Bilder der Kunst in ihren komplexen Strukturen hilfreich?

Die Arbeit »Mint« (2016) von Débora Delmar, die sie zur »Berlin Biennale 9« (2016) realisierte, soll ob ihrer *Flatness* für den Einstieg dienen. Die Abbildung ist wenig aussagekräftig und wird als Markierung platziert, die eine noch anstehende Auseinandersetzung zur Modellhaftigkeit künstlerischer Arbeiten anstößt und die Notwendigkeit benennt, eine Sprache für die Komplexität hinter den visuellen Oberflächen zu finden.

Abb. 5.13: Installationsansicht von »MINT«, 2016. Courtesy Debora Delmar Corp. Foto: Timo Ohler. Online unter: http://bb9.berlinbiennale.de/wp-content/uploads/2016/05/BB9_Debora_Delmar_02.jpg [05.01.2018].

5.3.3 Darstellungsprojektionen

Zur weiteren Eingrenzung der Diskussion am Beispiel der Architekturmodelle und ihren Potenzialen für die Fragen der Bildlichkeit nach dem Internet möchte ich Hinterwaldner in einem weiteren Punkt folgen. Es geht um den Aspekt der Darstellungsprojektion, den ich für die Diskussion am Bild für zentral halte. Bei Modellen im architektonischen Prozess geht es um Perspektivierung, Auswahl und Detaillierung (also Fokussierung), aber auch um Zugangsbedingungen und Vermittlung.[114] Während einige Modelle, wie beschrieben, auf visuelle Repräsentation ausgelegt sind, sind andere auf Inspektion aus und verfolgen eher eine bestimmte Frage an ein Problem, das ohne Modell nicht darstellbar wäre. Die technischen Zugänge zu diesen Funktionen variieren und sind mehr oder weniger vermittelt oder thematisiert.

Abb. 5.14–5.16: Peter Eisenman, »House X«. New York, 1981, S. 159, Abb. 209; S. 163, Abb. 211; S. 164, Abb. 213. Ammon, S.; Hinterwaldner, I. (Hg.). Bildlichkeit im Zeitalter der Modellierung. Operative Artefakte in Entwurfsprozessen der Architektur und des Ingenieurwesens. Paderborn, 2017, S. 18–21.

113 Hinterwaldner 2017, S. 16f.

114 Vgl. Hinterwaldner 2017, S. 21.

In einem Modell, wie dem abgebildeten von Peter Eisenmann mit dem Titel »House X« (New York, 1981), wird also nicht das Bauvolumen selbst gezeigt, sondern das Modell und eine ganz spezifische *Spezialisierung*. Modelle richten sich in der Handhabbarkeit auf eine bestimmte Fragestellung aus, und durch diese Ausrichtung ergibt sich ein Verzerrungseffekt. Die Präzision in der Ausrichtung auf eine sehr spezifische Fragestellung ergibt eine unverhältnismäßige Verzerrung in Bezug auf das Allgemeine und jede andere Fragestellung. Man nennt diesen Effekt nach Robin Evans »Darstellungsprojektion«[115]. Hinterwaldner unterscheidet dabei zwischen »bildhafter Projektion« (auf Repräsentation und Darstellung ausgerichtet) und »handlungsbezogener Projektion« (auf Operativität ausgerichtet). Zweite verkörpert eine »eingebaute Sichtweise«, »Handlungstiefe und -qualität«.[116] Je nach Darstellungsausschnitt und Zoomfaktor bieten sich Eingriffsmöglichkeiten, während andere in den Hintergrund treten. Gerade rechnerbasierte Möglichkeiten lassen die Detaillierungen der einzelnen Detailebenen (*levels of detail*) zu graduellen Übergängen der einzelnen Ebenen der Darstellung werden. Diese Ausführungen werfen nun die Frage auf, ob die Bilder der Kunst, die durch dieselben Anforderungen und Möglichkeiten der Gegenwart geprägt sind wie die Aufgaben der Architektur, als Modelle und »handlungsbezogene Projektionen«[117] verstanden werden können.

Um dieser Frage weiter zu folgen, müssen eingehende Untersuchungen an künstlerischen Arbeiten folgen. Dabei wäre zu ergründen, welche Potenziale diese These für das Verständnis und die Beschreibung der Phänomene der Gegenwartskunst bieten könnte. Und eine Frage, die dabei für den hier skizzierten Zusammenhang zentral wäre, würde lauten: Welchen Beitrag kann die Kunstvermittlung dazu leisten? In der Architekturmodellierung ist es nun üblich, die Rechenleistungen und Rendering-Potenziale anderer Disziplinen zu nutzen, um Simulationen und Modelle glaubwürdig zu implementieren. Hinterwaldner zitiert die beiden Architekt*innen M. Saleh Uddin und So-Yeon: »We appreciate the 3D-game engines as valuable rapid prototyping tools for fast exploration of design ideas.«[118] Ein Ansatz, der sich auch in der bildenden Kunst wiederfindet, wenn Techniken der Werbeindustrie und Hollywood-Effekte als Hintergrundfolien genutzt werden. Ein Entleihen der spezialisierten Werkzeuge aus anderen Disziplinen ist an der Tagesordnung für die Kunstpraxis und ebenso notwendig wie glaub-

115 Hinterwaldner 2017, S. 18, nach Evans, Robin. *The Projective Cast: Architecture and its Three Geometries*. London, 1995.

116 Hinterwaldner 2017, S. 21.

117 Ebd.

118 Ebd., S. 22, nach Uddin, M. Saleh; Yoon, So-Yeon. »Peter Eisenman's House X, Scheme G. 3D Game Engine for Portable Virtual Representation of Architecture«. *Connecting the Real and the Virtual – design e-ducation*, 20th eCAADe Conference Proceedings. Warschau, 2002, S. 526–531, hier: S. 531.

würdige Simulationen für die Untersuchung bauklimatischer Bedingungen. Bei einer erfolgreichen Simulation ist eine Sache wichtig: Es geht um eine überzeugende Simulation eines wesentlichen Aspekts, aber nicht um eine 1:1-Kopie in allen Merkmalen. Mit Simulationen wird, entlang einer spezifischen Fragestellung über notwendige Eigenschaften, etwas untersucht, das anders nicht (oder nur aufwendig) zu beobachten ist. Um auch diese Überlegungen in die bildende Kunst zu übertragen und auf diesem Terrain an einer aktuellen Arbeit zu überprüfen, wäre die Kampagne des Künstlers Babak Radboy für die 9. Berlin Biennale (2016) in dieser Hinsicht zu durchdenken. Diese Arbeit und die zugrundeliegenden Strategien weisen große Ähnlichkeiten mit denen des Kollektivs Bernadette Corporation auf, die ich in Kapitel 7.2 an den Darstellungen Philipp Ekardts genauer untersuche.

An dieser Stelle schließt sich dann der Kreis, denn die Logik der Modellierung verändert sich in all ihren Aspekten durch die Möglichkeiten des computergestützten Designs ebenso wie sich die Bildpraktiken der Kunst verändern, weil die Simulationen des computergestützten Designs prinzipiell alles simulieren können. Die Simulation der Zukunft und der zukünftigen Lösungen ist aber nur ein Aspekt der produktiven Überlagerungen. Hinzu kommt die zunehmende Ununterscheidbarkeit von simulierten, gerenderten Oberflächen sowie Kulissen gegenüber den Erfahrungen der physischen Welt. Mit der Logik der Simulation und Modellierung an Kunst- und Bildfragen heranzugehen, ergibt schon deshalb ausgesprochen großen Sinn, weil die Frage der Bildlichkeit in beiden Fällen an die Frage der Vorstellbarkeit grenzt und diese denselben strukturellen Veränderungen – durch die technischen Möglichkeiten angestoßen – unterworfen sind.

> *»The computer medium itself acts to change perception, enabling experimentation with formal and spatial alternatives that would be too difficult or time consuming to represent through conventional techniques. The ability to design in perspective and to sign simultaneously in two and three dimensions in a continuous process, transforms the process itself.«* [119]

Die Zusammenführung der Debatten um die Bildhaftigkeit der Modelle (oder auch deren bildliches Potenzial) in der Architektur mit den Fragen, die sich zur Untersuchung der Bilder unter den Bedingungen einer *Postdigital Condition* stellen, kann hier sicher nur probeweise vollzogen werden. Im Zusammenhang der Erarbeitung einer Methode zur angemessenen Beschreibung der gegenwärtigen Phänomene im Bild ist diese Über-

119 Hinterwaldner 2017, S. 25, nach Cigolle, Mark; Coleman, Kim. »Computer Design Studio. Work in Progress«. *Journal of Architectural Education*, 43 (3), 1990, S. 26–33, hier: S. 28.

lagerung der Diskurse als Kontrastmittel vor dem Bedingungsgefüge der Gegenwart sehr produktiv. Dabei scheint es naheliegend, oder zumindest mehr als vertretbar, die Bilder der Kunst als Denkmodelle für eine tiefgründige künstlerische Durchdringung der Verhältnisse im Sinne eines Displays zu verstehen. Ein temporäres Display, das aufgrund von *Darstellungsprojektionen* Verzerrungen an einigen Fragestellungen hervorruft (z.B. bei der wissenschaftlichen Genauigkeit oder bei der visuellen Durchformulierung), um anderen Fragestellungen im nötigen Detail gerecht zu werden. In der Konsequenz dieser Ausführungen läge es nun nahe, Bilder aufgrund ihrer Funktionen und Herstellungsmodi als »operative Artefakte« zu untersuchen: z.B. als Gegenstände oder Objekte, die aktiv auf Situationen und Zusammenhänge einwirken und die Verhältnisse bedingen können. Um dieser letzten Aussage auch weiter mit angemessener Vertiefung nachzugehen, wird im nun anschließenden Teil die *Objekthaftigkeit* der Bilder als Aspekt von Bildkomplexen vor dem Hintergrund der Aktivitätsunterstellung eingehender untersucht.

5.4 Bilder als Objekte in Beziehung

Im folgenden Abschnitt steht die Frage im Vordergrund, unter welchen Bedingungen *Bilder* als agierende Entitäten gedacht werden können. Dieser Abschnitt ist ein produktiver Vorgriff auf die in Kapitel 6 ausgeführte These im Zusammenhang mit der Memtheorie nach Shifman, Blackmore und Dawkins und den Beobachtungen an den Effekten einer digitalen Verselbstständigung der Bilder in ihren vielfältigen Strukturen.
Nach Bruno Latours Ausführungen im Rahmen der Akteur-Netzwerk-Theorie kann die Wirkung der Bilder auf ihre Beziehungen mit anderen Entitäten nicht vernachlässigt werden, sondern Bilder müssen als agierende Entitäten und damit als Akteur*in ihrer Bedingungsgefüge gedacht werden.[120] In Abgrenzung dazu, versteht Levi R. Bryant Objekte nicht direkt als Akteur*innen, sondern denkt verschiedene Anteile von Dingen als mehr oder weniger mit aktiven Aspekten und Eigenschaften ausgestattet. Das Objekt als Ganzes ergibt sich demnach aus mindestens zwei Aktivitätszuständen: (1) *actuality (realized)* und (2) *virtuality (potential)*.[121] Unterschieden wird nach dem aktuell realisierten Aktionspotenzial (1) und dem prinzipiell möglichen (2). Graham Harman versteht Objekte als Entitäten, die verschiedene Elemente in Beziehung zueinander vereinen und deren gemeinsamer Wirkungsgrad über den der einzelnen Objekte hinausgeht.[122]

120 Vgl. Latour, Bruno. »On Actor-Network-Theory«. *Soziale Welt*, 47, 1996, S. 369–381, auf die ich in Kapitel 5.4 ausführlicher eingehe.

121 Bryant, Levi R. *Democracy of Objects*. Michigan, 2011.

122 Vgl. Harman, Graham. *Immaterialism. Objects and Social Theory*. Cambridge, 2016.

Man könnte es als produktive Allianz, oder Symbiose, verstehen und folglich beginnen, diese Akteur*innengemeinschaften (von Relationen und Objekten) auch für die Bilder in Bildkomplexen zu untersuchen. Im Folgenden möchte ich Ansätze für eine solche Behandlung liefern und die genannten Überlegungen mit Blick auf eine zu erarbeitende Methode zur Bilddiskussion der Bilder in der Gegenwart untersuchen.

Schließt man an diese Ausführungen zur objektorientierten Ontologie[123] an, liegen zwei Dinge für die Diskussion eines gegenwärtigen Verständnisses des Bildes nahe, die es besonders vor dem Hintergrund einer *Postdigital Condition* zu betrachten gilt: (1) Wenn Dinge aufgrund ihrer Aktivität als Akteur*innen (Latour) verstanden werden, dann lassen sie sich auch über ihre realisierten »Eigenschaften« (*reality*) und »Potenziale« (*potentiality*) beschreiben.[124] Graham Harmans Studie wäre dann in Verlängerung dessen als eine Untersuchung zu verstehen, die sich gerade mit jenen Verhältnissen eingehend beschäftigt, die sich produktiv zwischen humanen wie nicht-humanen Entitäten ergeben. Dabei stellen sich zwei grundsätzliche Fragen: (1) Zu welchen Aktionseinheiten kommen Bilder zusammen? (2) Wie können sich aus einzelnen Akteur*innen Objekte im Sinne der Objektkonstellationen nach Harman ergeben? Ein möglicher Ansatz ist es, das Zusammenwirken der Dinge (in diesem Fall der Bilder) mit ihren Handlungspotenzialen, Beziehungen und deren Bedingungsgefügen zu untersuchen. Dafür ist es zunächst aber notwendig, alle Ebenen der Betrachtung, auf denen sich Bilder *realisieren* können, zu benennen.

Die konventionellste Art, zu einem Bild zu kommen, ist es, mit traditionellen Materialien ein Bild zu malen oder zu zeichnen. Die einfachste Art, zu einem Bild zu kommen, ist die Bedienung eines Smartphones in der Foto-Applikation. In beiden Fällen hat das Bild einen Bildträger, jedoch haben diese dennoch sehr unterschiedliche Materialeigenschaften. Das Bildobjekt, das mehr oder weniger sichtbar sein kann und mehr oder weniger auf etwas Anderes verweisen muss oder über sich hinausgeht, zeigt sich über diesen Materialträger. Bei einer Installation und einem dreidimensionalen Bild stellt sich die Frage etwas anders: Gefragt wird dort danach, ob die einzelnen Objekte der Installation ein Bild ergeben. Hinführend auf die Untersuchung der Bildobjekte scheint diese Unterscheidung nebensächlich. Für die folgenden Ausführungen ist es jedoch von zentraler Bedeutung, wie sich ein Bild ergibt und wie es in einer Allianz aus einzelnen Entitäten mit hohem Wirkungsgrad mit diesen gemeinsam agiert. Aber wie ließe sich das in einem Beispiel konturieren? Was wäre in der skizzierten Logik ein Bildobjekt? Um eine Kontrastfolie zu erarbeiten, stelle

123 Die OOO gründet in der Akteur-Netzwerk-Theorie nach Michel Callon und Bruno Latour und untersucht die Beziehungen zwischen menschlichen und nichtmenschlichen Akteur*innen im Zusammenwirken.

124 Bryant 2011.

ich ein Gedankenexperiment an. Nehmen wir drei Murmeln, die in einem White Cube mit blauem Zettel an der Wand auf dem Boden liegen.

Aus der Perspektive der Kunstbetrachtung scheint es unstrittig, dass das künstlerische Bildobjekt in diesem Fall nicht nur die drei Murmeln und der Zettel sein können, sondern dass auch der Umgebungsraum – der ja *site specific* bespielt wurde und Wand wie Scheuerleiste einschließt – und der Kontext der Ankündigung Teil des Werkes sind. Die Installation ist sparsam an Referenzen und visuellen Reizen, sie verweist nicht übermäßig auf Zusammenhänge außerhalb dieser Situation, und gezeigt wird auch kein abwesendes anderes Objekt. Zwischen den Objekten, Körpern und Flächen ergibt sich dennoch ein Bild, ein Bild aus abstrahierten Beziehungen und imaginierten Perspektiven, vorgegriffenen Dokumentationsfotos und Zirkulationsmustern zwischen Verweisen und einer diffusen Stimmung vor Ort. Das Bildobjekt ergäbe sich ebenso aus dieser Installation wie es sich aus den Einzelbeziehungen der Objekte im Raum und ihren kulturellen Bedeutungszuschreibungen als Struktur ergeben kann. Die Relationen am Bild ließen sich auf ähnliche Weise festhalten, wie ich es im Rahmen der Untersuchung für Robert Barry (Kapitel 5.2.1) getan habe.

Eine andere Überlegung folgt dem Künstler Artie Vierkant, der den Begriff »image object« geprägt hat, und diesen in Bezug auf Abbildung und Ausstellungslogiken in der *Postdigital Condition* auf seine künstlerischen Arbeiten anwendet. In seinen *image objects* schafft er bewusste mediale Übergänge zwischen digitalen Objekten, die zu physischen Objekten werden und deren kalkuliertes *digital afterlife* danach dennoch in Form von Dokumentationen nochmals räumlich präsentiert wird. Diese sogenannten *image objects* sind informiert von den verschiedenen Aggregatzuständen ihres Auftretens. Was beide Verständnisse gemeinsam haben, ist ein starkes Bewusstsein für Aggregatzustände und Ebenen der Repräsentation. Darüber hinaus ist die eigentliche Installation nur noch Authentizitätsbeweis für die digital zirkulierende Version und ihre komplexen Relationen und Strukturen.[125] Keiner der beiden Vorschläge führt zu einem trennscharfen Vorschlag am Bild der Gegenwart. Dennoch ergibt sich zwischen beiden Überlegungen ein Spektrum dessen, was als Bildobjekt untersucht werden kann.

125 Der Begriff *image objects* geht auf Artie Vierkants Ausführungen zur Serie »Image Objects« (2011 bis heute) zurück. Er hatte aus fotographischen Arbeiten entwickelte physische Skulpturen in der Postproduktion der Dokumentation nochmals weiter ergänzt und überarbeitet. Die entstandenen Objekte sind weder rein physisch noch digital. Sie existieren in Form der Dokumentation und spielen mit der *Flatness* des digitalen Bildes und dem physischen Raum. *Image Objects* schien aber ganz generell weitreichende Erscheinungen zwischen physischer und digitaler Präsenz in der Gegenwart zusammenzufassen und steht daher für eine Objekthaftigkeit, die erst in der Postproduktion und – wenn man so will – virtuell entsteht. Vierkant, Artie. »Image Objects«. *Jstchillin.org*, 2011. Online: jstchillin.org/artie/pdf/The_Image_Object_Post-Internet_us.pdf [08.03.2018].

Abb. 5.17: Artie Vierkant, »Image Objects«, 2011. Prints on aluminum composite panel, altered documentation images. Online unter: http://artievierkant.com/images/shows/2015_imageobjects_mf/vierkant_14375.jpg [05.01.2018].

Mit einem abstrahierten Verständnis von Objekten sind nach Graham Harman nun vor allem *Objektkonstellationen* zu verstehen, die als Akteur*innen handeln. Auf dieser Basis lässt sich im Zusammenhang mit dem Bild aber nun etwas konkreter über die Thesen einer objektorientierten Ontologie (OOO) nachdenken.[126] Wenn Akteur*innen – in spezifischen Relationen zu anderen Akteur*innen – als Einheit zu *Aktanten* werden und in ihren Handlungen gemeinsam wirksam werden, dann manifestieren sie sich erst über das gemeinsame Handeln selbst. Hand und Feuerzeug ergeben zum Beispiel eine solche Einheit. Ohne die Möglichkeiten der Hand führt das Feuerzeug nicht zu einer Flamme, sondern trägt nur das Potenzial der Flamme in seinen Materialeigenschaften und der artikulierten Funktion. Graham Harman lässt mit seinem Konzept der »dormant objects«[127] aber auch inaktive Akteur*innen und Aktanten als *selbstaktive Objekte* gelten, die wie Pistole und Hand (ein Klassiker aus der ANT-Beschreibung) selbst im Moment des Nichthandelns mit der *potentiality* (also der Möglichkeit) der gemeinsamen Handlung ausgestattet sind. An dieser Stelle liegt die Frage nahe, ob »dormant objects« als aktiv, aber verlangsamt (oder null-aktiv) verstanden werden könnten – ähnlich wie es in der Sprachwissenschaft, z.B. mit dem Begriff Nullmorphem[128] getan wird? Nehmen wir also an, Pferd und Reiter sind nicht in Bewegung und würden aus irgendeinem Grund zusammenkommen; die Einheit, das Objekt, der Aktant »Pferd-und-Reiter« wäre dann ein Null-Aktant und ein nicht bewegliches Objekt, das dennoch aus zwei Akteur*innen besteht, die sich zu einer Aktionseinheit ergeben könnten. Die Aktionseinheit bestünde dann nur aus der Möglichkeit (*potentiality*) der gemeinsamen Handlung, die im betrachteten Moment allerdings nicht aktiv ist.

Abb. 5.18.1–5.18.3: Skizze Akteur*innen- und Objektkonstellationen am Bild.

126 Die Objekte, die Graham Harman in seinen Ausführungen zur OOO umreißt, folgen allerdings einem etwas anderen Verständnis. Als Objekte ergeben sich Dinge sowie menschliche und nicht-menschliche Akteur*innen zu Handlungseinheiten und wirken über katalysierende (symbiotische) Verbindungen und Relationen, auch über räumliche und zeitliche Distanzen, im Zusammenhang. Danach würde ein über Einzelstücke und langfristig angelegtes Werk wie das von Alicja Kwade – unzählige Untertheorien und deren Wirkung auf den Kunstmarkt und der Vorarbeit anderer Künstler*innen – eine solche objekthafte Handlungseinheit ergeben. Vgl. zu *dormant objects* Harman 2016, S. 39.

127 Ebd. zu *dormant objects* (dt.: ruhende, schlafende, inaktive Objekte); vgl. außerdem Harman, Graham. *Towards Speculative Realism. Essays and Lectures.* Winchester, 2010, S. 207.

128 Das sind Veränderungen am Lemma, die nicht markiert sind oder sich nicht zeigen.

Für Untersuchungen zum Bild in der Gegenwart zahlt es sich aus, einen Moment lang zu verfolgen, was sich in der Logik der Objektorientierung zu einem Bild ergeben beziehungsweise, wie sich ein Bildobjekt ergeben könnte. Am besten erschließt sich das an einem Beispiel und deshalb soll hier die Arbeit »Hyperlinks or It Didn't Happen«[129] von Cécile B. Evans in den für die Darstellung wesentlichen Aspekten vorgestellt werden.

Abb. 5.19: Cécile B. Evans, Installationsansicht von »Hyperlinks or It Didn't Happen«, 2014. Online unter: https://images.curiator.com/images/t_x/art/jecuwo7wdshqi7kqs1pt/cecile-b-evans-hyperlinks-or-it-didnt-happen.jpg [05.01.2018].

Möchte man nun die Thesen einer Objektorientierung auf eine solche Installation anwenden, würde man zunächst die Anteile der Arbeit bedenken, die im physischen Raum installiert wurden. Einbezogen würden im nächsten Schritt vermutlich die Fotografie dieser Arbeit und die Abbildungs- und Verbreitungsmodi des gesamten Ensembles, d. h. seine Relation zu den Rezipient*innen. Ebenso wie bei der »Mona Lisa« mit ihren vielen online kursierenden Versionen[130] könnte sich das Bildobjekt aber auch aus der Einheit eines Films von Cécile B. Evans und einer Installation, die kaum jemand gesehen hat, und all seinen Repräsentationen online ergeben. Wendet man sich einem anderen Beispiel zu, würde sich ein noch etwas anderes Bild zeigen. Zwischen Marguerite Humeaus Skizzen und Mindmaps (mit all der Offenheit), z.B. im Zusammenspiel mit den überformt hyper-industriell-gefertigten posthuman wirkenden Skulpturen und den undefinierbaren Geräuschen, ergeben sich Relationen und Aktivitätsmuster, die über den Wirkungsgrad der Einzelteile hinausgehen. Folglich könnte man auch bei diesem Ensemble von einem Bildobjekt sprechen. Ein Bildobjekt in diesem Sinne ist allerdings nicht mit dem Bildobjekt aus Kapitel 5.1 zu verwechseln, das zur Unterscheidung der Bildebenen (Bildobjekt, Bildträger etc.) diente.

Ich möchte den Überlegungen von Graham Harman zur »VOC«[131] folgen und diese für die Frage an der Bildlichkeit durchdenken. Harman versteht Kapitän, Flotte, Handelsmonopol und Produktnachfrage als *Handlungseinheit* mit erhöhtem Wirkungsgrad und strukturell als über das klassische Subjekt (Kapitän) hinausgehend. Damit ordnet er die Entitäten einer Struktur zu, die weiterhin einzeln agieren, gemeinsame Wirksamkeit entfalten und

129 Online verfügbar unter: Film London, »Cécile B. Evans, Hyperlinks or It Didn't Happen, 2014, trailer«, Vimeo, 2016. Online: https://vimeo.com/167875367 [06.04.2018].

130 Dazu mehr in Kapitel 6.2.

131 »VOC« steht für Vereenigde Oostindische Compagnie (United East India Company), von 1602 bis 1795 die erste Aktiengesellschaft, die mit eigener Flotte unter Finanzierung verschiedener Investoren, aber unter eigener Entscheidungsgewalt marktführend im Gewürzhandel war. Die VOC verfolgte ihre Ziele an vielen Stellen u. a. kriegerisch und gewaltvoll durch Sklaverei und durch erhebliche Vergehen an Menschen und Natur; vgl. Harman 2016, S. 36–37.

daher als Objekt im Sinne einer Handlungseinheit verstanden werden müssen. Mit diesem Verständnis können *multinationale Corporations*[132] als Akteur*innen verstanden werden und in ihrer Struktur und Komplexität auf ihre Wirkungsweise hin untersucht werden.

Ich versuche an dieser Stelle eine Zusammenfassung der verdichteten Ausführungen nach Harman für meine Untersuchung am Bild zu liefern. Wenn also eine Ansammlung von Versionen oder Varianten eines Bildes (siehe »Mona Lisa«) einen höheren Wirkungsgrad aufweist, als es die beteiligten Entitäten vermögen, würde man folglich im Sinne einer Objektorientierung, nach Harmans Beispiel VOC, von einer geteilten Handlungseinheit sprechen. Diese Handlungseinheit ergibt sich dann aus den Potenzialen und Realisierungen aller beteiligten Entitäten und Bedingungen und ließe sich folglich als *Objekt in Beziehungen* konturieren. Die Ansammlung wäre auch dann noch als *agierendes Objekt*[133] zu verstehen, wenn die Handlungseinheit im Moment der Beschreibung *inaktiv*[134] bliebe oder seine Wirkung sich in den nicht-visuellen Anteilen der Aktivität realisierte und somit nicht sichtbar oder erkennbar würde.[135] Die künstlerische Arbeit, die aus vielen Einzelteilen besteht, aber sich zu einer Handlungseinheit vereint und wirksam wird, wäre in diesem Sinne dann auch als *agierendes Objekt* zu verstehen und zu beschreiben. Auch wenn sie noch nicht die Frage der Bildlichkeit dieser Akkumulationen anspricht oder beantwortet, ist dies eine sehr hilfreiche Engführung für die unternommene Untersuchung. Die Objektorientierung im Sinne wirksamer Handlungseinheiten bereitet das Feld für die Untersuchung der Bildlichkeit im Anschluss an ihren Wirkungsgrad und ihre Struktur aus. Mein Vorschlag ist daher, in Vorbereitung einer Methode für eine angemessene Bilddiskussion, künstlerische Arbeiten und Bildakkumulationen auf ihre Wirksamkeitsprinzipien und Aktivitätsanteile hin zu untersuchen. Diese Diskussion müsste durch eine Untersuchung der *Potenziale und Realisierungen* im Visuellen und Bildlichen ergänzt werden.

Die vorläufige Arbeitsthese dazu würde entsprechend lauten: Bilder organisieren sich in vielfältigen Akkumulationen auf Basis ihrer Relationen untereinander, wodurch sich ihre Wirksamkeit erhöht. Dabei weisen sie mehr oder weniger hohe visuelle Anteile auf und ihre Wirkung ergibt sich aus den Relationen und Potenzialen aller beteiligten Entitäten.

132 *Multinational Corporations:* internationale Unternehmen mit einer oder mehreren Tochtergesellschaften im Ausland.

133 Im Sinne der Thesen der OOO. Im Wesentlichen zusammengefasst: Die Lehre vom Wesen und Dasein der Dinge. Nach Graham Harman sind Objekte/Dinge: »unified realities – physical or otherwise – that cannot be reduced either downwards to their pieces or upwards to their effects«. Vgl. Harman, Graham. »Art Without Relations«. *Art Review,* 04.11.2014. Online: https://artreview.com/features/september_2014_graham_harman_relations/ [14.02.2018].

134 U. U. ohne Aktion oder Aussicht auf Aktion; siehe *dormant objects*. Harman 2016, S. 39. »Are entities that are real despite entering into no outer relations [...] To sleep is to withdraw to some extent from all outward associations«. Harman, Graham. *Prince of Networks*. Melbourne, 2009, S. 214.

135 Die Aktivität sowie Inaktivität ist nicht beschränkt auf die tatsächlich wahrnehmbaren Anteile der Realität. Das heißt, dass zum einen Entitäten und Relation inaktiv sein oder eben auch einfach nur für den Sehsinn nicht erkennbar sein können.

Die Gesamtheit dieses Wirkens könnte in der Logik der Objektorientierung als *agierendes Objekt* beschrieben werden. Mit Blick auf die Untersuchung der Bildlichkeit ließe sich nun danach fragen, ob die Gesamtheit, die Aktionseinheit, das ergibt, was wir in der Kunst als Bild bezeichnen wollen.

5.5 Ansätze zum Bild der Kunst in der Gegenwart

In den vorausgehenden Kapiteln wurde ein Überblick zu einigen historischen und aktuellen Ansätzen für ein Verständnis von Bildern in ihren Relationen gegeben. Im Folgenden soll nun noch einmal zusammengefasst werden, wie Bilder in der Gegenwart trotz ihres zunehmend unabhängigen Auftretens für die kunstwissenschaftliche Beschreibung wieder greifbarer werden können. Vor allem mit Blick auf die kunstpädagogischen Herausforderungen soll thematisiert werden, wie der Logik der Gegenwart auch im Umgang mit den Bildern entsprochen werden kann. Es geht darum, dem Auftreten der Bilder auch in der Kunst unter den Anforderungen, die sie an die Betrachter*innen stellen, angemessen zu begegnen. Aber was kann in diesem Zusammenhang unter Angemessenheit verstanden werden?

Im vorangegangenen Abschnitt zeige ich, wie Überlegungen aus anderen theoretischen Hintergründen Erklärungsmodelle liefern, derer man sich bedienen kann, um die Bilder in der Kunst auch außerhalb der Ästhetik der Oberfläche oder in der Symbolik des Bildobjektes strukturell in ihren Relationen zu erschließen. Mein Vorschlag ist schließlich, Bilder in der Kunst als Akteur*innen zu verstehen, die sich in verschiedenen Formen zeigen und organisieren. Bilder agieren dabei nicht vereinzelt, sondern in vielfältigen Funktionen und Akkumulationen, die man als Aktionseinheiten verstehen muss. Bei der Untersuchung künstlerischer Arbeiten ist es notwendig, zumindest einige dieser Objekte als Oberflächen (*surfaces*), als Zugänge (*interfaces*), Displays, in Relationen und als Vehikel für andere Bilder zu begreifen, um den Wirkungsstrukturen auf den Grund zu gehen. Bilder in der Kunst sind Entitäten, die in Komplexen mit anderen Bildern agieren und dabei zunehmende partielle Unabhängigkeit gewinnen.[136] Bilder agieren aber auch im Sinne von Ereignissen und sorgen je für Unterbrechungen[137] und für kurzfristige Intensivierungen[138] und damit

136 U. a. dazu in Kapitel 6: Bilder als Komplexe.

137 U. a. in Kapitel 4.3 zu Alain Badiou; Event als Unterbrechungen der Ordnung. Ereignisse finden sich aber auch mit Blick auf die Anlage pädagogischer Rahmung bei Pazzini 2015, S. 16.

138 Intensivierung bezieht sich hier auf eine Energie und damit einem ordnunggebenden Impuls oder einer Relation. Vgl. den Begriff der Intensität bei Deleuze 2007, S. 155. Bilder, aber auch Bildkomplexe (dazu bei Shifman in Kapitel 6.7) vermögen es, wenn sie wie Ereignisse momenthaft auftreten, die bestehende Ordnung zu durchkreuzen und damit zu hinterfragen. Das Auftauchen eines Bildes kann über die Beziehungen, die es zu anderen Bildern aufweist, vorherrschende Zusammenhänge intensivieren.

auch – im Sinne der »Lücke« bei Hannah Arendt[139] – für einen Moment der Vergegenwärtigung. Werden die Überlegungen zur Objektorientierung ernst genommen, sind Bilder (als Objekte verstanden) ebenso wenig wie andere Entitäten ausschließlich in Aktion begriffen. Gerade als »dormant objects« vermögen sie es (sozusagen als Speicher), Kultur und Gesellschaft (z. B. in Form von Altarbildern und Sammlungen im Museum) zu stabilisieren.[140] Aber auch, ohne dass ein Bild als physisches Objekt vorhanden ist, können sich Bildobjekte aus Relationen und Potenzialen zwischen humanen und nicht-humanen Entitäten bilden. Die Verhältnisse zwischen diesen oder deren Potenzial zur Aktivierung bestimmter Verhältnisse kann als immaterielles oder nicht-visuelles Bild wirken. Für dieses Zeigen allerdings kann auch eine visuelle Oberfläche oder ein Display genutzt werden.

Diese Ausführungen könnten nun leicht so verstanden werden, dass im Prinzip alles mit hinreichender Begründung als Bild bezeichnet werden könnte. Für die Frage nach dem Umgang mit und den Beschreibungsmöglichkeiten zeitgenössischer Kunst geht es aber viel weniger darum, ob etwas ein Bild ist, als darum, Werkzeuge und Überlegungen für eine Erschließung der Phänomene im Bild zu erarbeiten, mit denen zeitgenössischer Kunst auf Höhe der Theorie und der kulturellen Praxis begegnet werden kann. Die Auswahl der theoretischen Anknüpfungspunkte in den vorangegangenen Kapiteln dient nun aber nicht in erster Linie dazu, kunstwissenschaftliche Versäumnisse aufzuarbeiten, sondern dazu, einen kunstpädagogischen Zugang zu den Wirkungsweisen der Bilder in der Gegenwart zu finden. Dafür ist es notwendig, ein tiefgründiges Verständnis dafür zu entwickeln, was Kunst und künstlerische Arbeiten leisten und auf welche Weise sie in der Gegenwart ihre Wirkung entfalten können. Gerade am Beispiel der *geschäftsführenden Entität* der Gegenwart, dem Bild, soll gezeigt werden, dass die Gegenwart erheblich von Geschwindigkeiten, ausgeprägten spekulativen Praxen und hohem Versionenreichtum geprägt ist. Mit den Beschreibungsmöglichkeiten der Vergangenheit, die gänzlich auf Bedingungen und Wirkungsweisen spezialisiert sind, können diese Phänomene nur noch bedingt aufgefangen werden. Vor der Gewissheit des »Internets der Dinge« und einer ausgearbeiteten Theorie zur technischen Singularität, die sich in unzähligen künstlerischen Auseinandersetzungen wie popkulturellen Referenzen wiederfinden, müssen strukturelle Veränderungen auch für das Bild oder die Bilder (als Entitäten und Akkumulationen) in Betracht gezogen werden.

Die vorliegende Arbeit schlägt vor, innerhalb der Kunstpädagogik entlang der hier probeweise ausgelegten Linien ausgeprägte multiperspektivische Untersuchungen an den

139 Die Lücke in der Zeit bei Hannah Arendt, siehe Kapitel 2.2 (Präliminarien) und Kapitel 4. Vgl. Tervo 2017, nach Arendt, Hannah. *Zwischen Vergangenheit und Zukunft.* New York, 2013 (1968), S. 16.

140 Vgl. Harman 2016, S. 40f. und »sleep preserves the creature perfectly in tact – but free for now of relation, ready for another day [...] [it frees] us from the various trivial encrustations of relation in which we become enmeshed. It restores us for a time to the inner sanctum of our essence, subtracting all surface ornament«. Harman 2009, S. 214.

Bildobjekten der Gegenwart zu verfolgen und angepasste Methoden zu etablieren. Die zugrundeliegende Behauptung lässt sich wie folgt zusammenfassen: Die Kunstpädagogik, so möchte ich argumentieren, beobachtet wie keine andere Profession künstlerische Praxen und reflektiert diese auch in ihrem praktischen Handeln. Gerade die Kunstpädagogik beschäftigt sich mit dem Verhältnis zwischen Objekten und Betrachter*innen. Die Relationen zwischen den verschiedenen wirksamen Entitäten sind das per se richtige Untersuchungsfeld für eine gegenwärtige Kunstvermittlung – oder eine Kunstpädagogik in der Gegenwart. Dafür braucht es allerdings die richtigen Werkzeuge und theoretischen Grundlagen. Um dies hier aber vorerst abzuschließen, schlage ich vor, Kunstwerke als *Akkumulationen von Bildern und Relationen* zu verstehen, die in Aktionseinheiten organisiert sind und als temporäre Denkmodelle für künstlerische Durchdringungsprozesse der Gegenwart erschlossen werden müssen. Sie bieten über ihre visuellen sowie nicht-visuellen Anteile Zugänge zu den anstehenden Auseinandersetzungen der Gegenwart. Einzelne Entitäten dieser Akkumulationen sind mit Displays zu vergleichen, die für die komplexeren Wirkungsgrade der größeren Aktionseinheiten Interfaces bieten und sich dabei gut über das Sofa oder an die Timeline hängen lassen. Dabei ist allerdings zu beachten, dass die visuellen Oberflächen nicht zwangsläufig für Bilder gehalten werden sollten. Nicht-visuelle Konstellationen sollten hingegen auf die Möglichkeiten geprüft werden, ob sie in Symbiose mit anderen Entitäten *Bildobjekte,* und damit komplexere Aktionseinheiten, formen könnten.

Für die Kunstpädagogik ist das von Belang, weil Kunstwerke wie Bilder so transformatorische Wirkung entfalten. Bilder sind weder bloße Akteur*innen, die Betrachter*innen adressieren, noch sind sie rein visuell als Passiva und Gegenstände einzusetzen. Sie haben allerdings die Eigenschaft, sich zu verbergen und sich nur temporär in produktiven Gruppierungen, Aktionseinheiten, zu zeigen. Dabei ergeben sich unter den gegenwärtigen Bedingungen aufgrund der Geschwindigkeiten und der Anzahl der kursierenden Entitäten Wirkungsgrade, die weit außerhalb der künstlerisch-bildnerischen Kontrolle liegen. Angesichts dieser Strukturen kann von einer gewissen *operativen Unabhängigkeit* der Bilder gesprochen werden, die nur im Einzelfall visuell wahrnehmbar ist und sich damit für die Betrachter*innen zeigt.[141]

141 Phänomene wie *Meme Magic/Magik/Magick*, und die Strategien von Firmen wie »Cambridge Analytica« sowie sogenannte »Smokescreens« aus unspaltbaren Datenpaketen sind bereits Vorboten der Möglichkeiten eines *meme engineering* von dem #KEK und #pizzagate im amerikanischen Wahlkampf 2016 nur der Vorgeschmack waren. Diese müssen nun vor allem aus der Perspektive der Bildung durchdacht werden.

5.6 Ausgangspunkte zur Unsichtbarkeit: Visualität und Bildlichkeit in der Gegenwart

> *»In its current sense, the virtual stands opposed to the real, but its sudden emergence, through the new technologies, gives us the sense that it now marks the vanishing or end of the real. [...] Virtual reality, the reality that might be said to be perfectly homogenised, digitised and ›operationalised‹, substitutes for the other because it is perfect, verifiable and non-contradictory. So, because it is more ›complete‹, it is more real than what we have established as simulacrum.«* [142]

Nachdem in Kapitel 5 (5.1–5.4) die Untersuchung der verschiedenen Zugänge zum Bild im Vordergrund standen und in Kapitel 4 die Bedingungen einer *Postdigital Condition* anhand zentraler theoretischer Anschlüsse aufgegriffen wurden, um das Feld für die Untersuchungen abzustecken, gilt es nun, eine vertiefende Betrachtung dessen zu unternehmen, was sich zwischen den Dimensionen *Bild*, *Bildlichkeit*, *Visualität* und *Sichtbarkeit* in der Kunst seit der »Conceptual Art« [143] verändert hat. In zwei separaten Unterkapiteln werden nun weitere Schnitte an dem zu betrachtendem Material angesetzt, um eine bessere Übersicht über die Selbstverständlichkeiten zu erhalten, in deren Umgebung die aktuellen Produktionen am Bild beruhen. Ziel ist es, die Logik der Bildproduktion der Gegenwart Schnitt für Schnitt weiter zu erschließen. Es geht nun vorerst um ein paar Gedanken zwischen Visualität und Bildlichkeit. Über das Konzept der *Unsichtbarkeit* ist in verschiedenen Disziplinen recht umfänglich und aus unterschiedlichen Perspektiven geschrieben worden. Die politische Theorie sowie die Soziologie verhandeln unter den Begriffen *Visibility Studies* und *Repräsentation* so wichtige wie überfällige Fragen der Teilhabe und Möglichkeiten der Angleichung in Bezug auf marginalisierte und nicht gesetzlich oder gesellschaftlich verkörperte Teile der Gesellschaft.[144] In den Cultural

142 Baudrillard, Jean. *Passwords.* London, 2003, S. 39.

143 Gemeint ist hier die Bewegung »Conceptual Art«, die ab etwa 1961 als Begriff gebräuchlich ist, u. a. durch den Essay »Concept Art« von Henry Flint. Vgl. Honnef 1971.

144 U. a. Vázquez, Rolando. »Modernity Coloniality and Visibility: The Politics of Time«. *Sociological Research Online,* 14 (4), 2009. Online: http://www.socresonline.org.uk/14/4/7.html [14.02.2018]; Brighenti, Andrea. »Visibility. A Category for the Social Sciences«. *Current Sociology*, 55 (3), 2007, S. 323–342. Online: https://doi.org/10.1177/0011392107076079 [27.03.2018]. Baudrillard, Jean. *In the Shadow of the Silent Majorities.* Los Angeles, 1983 (1978); Smith, Warren; Higgins, Matthew; Kokkinidis, George; Parker, Martin. »Becoming Invisible: The Ethics and Politics of Imperceptibility«. *Culture and Organization*, 24, (1), 2018, S. 54–73.

Studies[145] – und dabei besonders in den Visual Studies, z.B. nach W. J. T. Mitchell[146] – wurde das Repräsentationsvermögen visueller Phänomene stark infrage gestellt und untersucht. Aber auch in der Kunst geht es seit ein paar Jahren zunehmend um die strukturell unsichtbaren Anteile der Weltbevölkerung. Damit verbunden stehen auch politische wie soziale Realitäten und deren Bedingungsgefüge im Fokus.[147] Doch trennt man die sozialen und politischen Implikationen des *Unsichtbaren* – bei dem es u.a. um ein Fehlen der Möglichkeiten zur Repräsentation geht – nochmals und legt den Fokus auf das, wodurch sich diese repräsentierten und unterrepräsentierten Realitäten[148] zeigen können und auf welche Weise sie dies tun können, bedarf es zuerst einer genaueren Untersuchung des *Sichtbaren*[149] in einer sehr viel allgemeineren Analyse der Prozesse des *Sichtbarwerdens*[150]. Es geht also vorerst um die verfügbaren Darstellungsweisen, Abbildungsmöglichkeiten einer Bildlichkeit in der Gegenwart, die die Grundlage für Zugangs- und Repräsentationsfragen darstellen. Und in einer weiteren, hoffentlich produktiven, Verengung tritt die kunstpädagogische Beschäftigung – als Expert*in für die Relationen am Bild – erneut ins Blickfeld.

> *»Der Mensch steht der Welt nicht gegenüber, sondern ist Teil des Lebens, in dem die Strukturen, der Sinn, das Sichtbarwerden aller Dinge gründen.«*[151]

5.6.1 Kunstpädagogik und unsichtbare Kunst

Die folgenden Ausführungen zielen auf eine Konzentration der Perspektivierung. Zentrum ist die Auseinandersetzung der Kunstpädagogik (genauer der Didaktik) mit dem Thema der Unsichtbarkeit/Sichtbarkeit in einem bildnerischen Sinn. Eine Diskussion, die an-

145 Cultural Studies oder Kulturwissenschaften reichen in die 1920er zurück und bauen auf die Kulturphilosophie (Georg Simmel, Ernst Cassirer), Kulturgeschichte, historische und philosophische Anthropologie, Soziologie (Max Weber) und Kunstgeschichte nach Aby Warburg auf. Der Begriff Cultural Studies geht auf das von Dennis Dworkin 1964 in Birmingham (UK) gegründete Centre for Contemporary Cultural Studies zurück und umfasst u.a. die akademischen Felder der Anthropology, Media and Communication Studies, Literary Studies, Education, Geography, Philosophy, Sociology, Politics. Formal gibt es keinen Unterschied zwischen beiden, jedoch gründen sie in je verschiedenen Traditionen.

146 Vgl. u.a. Mitchell, W. J. T. »Was ist ein Bild?« In: Bohn, V. (Hg.). *Bildlichkeit. Internationale Beiträge zur Poetik.* Frankfurt/Main, 1990, S. 15–32; Mitchell, W. J. T. *Bildtheorie.* Frankfurt/Main, 2008.

147 Vgl. documenta14 (2017) mit 12 Kurator*innen und aktuell auch die Berlin Biennale 10 (2018) mit Gabi Ngcobo und dem vielstimmigen kuratorischen Team bestehend aus Serubiri Moses, Nomaduma Rosa Masilela, Thiago de Paula Souza und Yvette Mutumba.

148 Gemeint sind die repräsentierten ebenso wie die unterrepräsentierten Realitäten.

149 Das schließt ein Fragen nach dem Unsichtbaren ein und untersucht auch das, was gesehen wird.

150 Hier ist das Sichtbarmachen eingeschlossen.

151 Merleau-Ponty, Maurice. *Das Sichtbare und das Unsichtbare.* München, 2004.

schließend auf die Kunstwissenschaft und Kunsttheorie ausgeweitet wird. Über die Ausführungen des Kunstpädagogen Stefan Mayer zur Aktualität kunstpädagogischer Praxis am Beispiel der »Conceptual Art« gelange ich zu aktuellen Fragestellungen in Bezug auf die Sichtbarkeit in der bildenden Kunst und deren theoretischer Beschreibung in der Kunstwissenschaft. Daraus entwickele ich eine Argumentation und damit das Skelett für eine Revision des Aktualitätsanspruchs der Kunstpädagogik in Kontrast zur Logik des Faches. Stefan Mayer gibt in seiner Dissertation *Unsichtbare Kunst und ihre didaktische Perspektive*[152] (2012) einen Aufriss zur »objektlosen Kunst«[153] der 1960er-Jahre und ihrer bis in die heutige Konzeptkunst hineinreichenden Tradition.[154] Seiner Argumentation folgend, eigne sich die sogenannte »unsichtbare Kunst«[155] im besonderen Maße für eine zeitgemäße Auseinandersetzung mit Kunst. Daher führt er sie im Sinne des seit Gunter Otto[156] verbreiteten Ansatzes, Kunstpädagogik als gesellschaftsrelevante Praxis (durch Interpretation, Betrachtung und auch Produktion) zeitgenössischer Kunst zu verstehen, überaus nachvollziehbar an dem Beispiel der Unsichtbarkeit ins Feld. An »unsichtbarer Kunst« ließen sich, so Mayer, ein »differenziertes Wahrnehmungsverhalten und Kritikfähigkeit im sozialen und politischen Kontext«[157] besonders vor dem Horizont heterogener Gegenwartserfahrungen erarbeiten. Mayer argumentiert dabei besonders für jene Kunst, die nicht den Sehsinn anspricht – also sich nicht über das *Visuelle*[158] mitteilt – und führt vor allem die formal sowie visuell reduzierte (und vor allem Objekt-arme und Malerei-ferne) »Conceptual Art« an.

152 Mayer, Stefan. *Unsichtbare Kunst und ihre didaktischen Perspektiven*. München, 2012.

153 Übersicht zu »unsichtbarer Kunst« in ebd., S. 41–84.

154 Die Dissertation von Stefan Mayer ist für die Zusammenhänge der vorliegenden Arbeit insofern relevant, als er einige Aspekte der Conceptual Art klärt, auf die ich im Folgenden aufbauen werde. Dies betrifft folgende Aspekte: Dematerialisierung der Kunst; Immaterialität des Konzeptes in Abgrenzung zur Ausführung und im Speziellen auch auf den Aspekt der Unsichtbarkeit bezogen; die Entleerung der Bildflächen und Räume von visuellen Markierungen; Absenz. Vgl. ebd.

155 Womit er diejenige Kunst meint, die einen hohen konzeptuellen Anteil hat und weniger über den Sehsinn erfahrbar ist. Eine konkrete Begriffklärung legt er nicht vor, aber über seine Ausführungen zu den gewählten Beispielen lässt es sich ableiten.

156 Besonders einleuchtend ist hier der Bezug auf Gunter Otto und Kunibert Bering sowie den Begriff des Perzepts: »Das Perzept ist ein Produkt aus dem Bild einerseits und der Vorstellung des Betrachters.« Otto, Gunter; Otto, Maria. Auslegen. Ästhetische Erziehung als Praxis des Auslegens in Bildern und des Auslegens von Bildern. Seelze, 1987. S. 51 sowie Bering, Kunibert. *Visuelle Kompetenz. Kunst und die Orientierung in kulturellen Kontexten.* München, 2006, S. 233f.

157 Mayer 2012, S. 11ff.

158 Der Begriff des Visuellen scheint mir angebrachter in dieser Formulierung. Ich verwende ihn hier aus Gründen der Darstellbarkeit innerhalb dieser Arbeit, obwohl Mayer den Begriff der Unsichtbarkeit weiterführt.

»Wahrnehmungslücken und Leerstellen führen uns immer wieder die starke Begrenztheit des für die menschliche Sensorik erfassbaren Wirklichkeitsausschnitts und die Relevanz des außerhalb ihr Liegenden vor.« [159]

Gerade die Äußerungen der »Conceptual Art«, so bilderlos sie sich auch zeigt, böten einen Zugang zu einem außerhalb »des erfassbaren Wirklichkeitsausschnittes Liegenden«, so Mayer. Ohne dass an dieser Stelle genau geklärt werden könnte, was Mayer unter »Wahrnehmungslücken« und »Wirklichkeitsausschnitten« im Einzelnen versteht, so scheinen gerade solche »Wahrnehmungslücken« – die ich als spontane unwillkürliche Unterbrechungen verstehen möchte – unter den massiven Gleichzeitigkeiten und hohen Frequenzen visueller Stimulation unvermeidbarer Teil unserer Alltagserfahrung geworden zu sein, der nicht unwesentlich auf die Gegenwart einwirkt. Die »Lücke«[160] ist ein solch selbstverständlicher Teil der Erfahrungen geworden, dass bereits ein Begriff, nebst Abkürzung, für ihre alltagsweltliche Beschreibung gefunden wurde: *FOMO*, *Fear of Missing Out* (dt.: die Angst, etwas zu verpassen)[161]. Das Bewusstsein für die Unmöglichkeit allumfassender Wahrnehmung und lückenloser Aufnahmefähigkeit ist ständige Begleiterin des Alltags. Mit den Bedingungen der Gegenwart konfrontiert, ist das bewusste Erfahren derartiger *Wahrnehmungslücken* zwischen *Gleichzeitigkeit* und *Geschwindigkeit* wohl ein ebenso eindrückliches wie permanentes Symptom der Zeit, das von Mayer im Zusammenhang mit der »Conceptual Art« als Begrenztheit der menschlichen Sensorien identifiziert wurde.[162]

In Kapitel 2 (Präliminarien) sowie ausführlicher in Kapitel 4 werden die Bedingungen der Gegenwart am Beispiel des Bildes im Sinne einer Vorbetrachtung des Feldes meiner Untersuchungen beschrieben. Daraus ergibt sich eine Reihe von Grundannahmen, mit denen sich die visuelle Verfasstheit der Gegenwart zielführender erschließen lässt. Anhand der dort bereitgehaltenen Beschreibungen wird deutlich, dass der Großteil der Strukturen und Prozesse, auf die wir im Alltag angewiesen sind (siehe z. B. *iCloud*, Algorithmen und

159 Vgl. Mayer 2013, S. 13. Mayer verzichtet hier auf eine Referenz, aber ich empfehle den Artikel von Dorothee Kimmich für eine Übersicht aus filmtheorethsicher Perspektive: Kimmich, Dorothee. »Die Bildlichkeit der Leerstelle. Bemerkungen zur Leerstellenkonzeption in der frühen Filmtheorie«. In: Adam, W.; Dainat, H.; Schandera, G. (Hg.). *Systemveränderung. Rezeptionsforschung in Ost und West – eine konvergente Entwicklung?* Heidelberg, 2003, S. 319–339. sowie Dablé, Nadine. *Leerstellen transmedial: Auslassungsphänomene als narrative Strategie in Film und Fernsehen.* Bielefeld, 2014.

160 Zur »Lücke« führe ich in Kapitel 4 Hannah Arendt und Juuso Tervo an. Vgl. Arendt 2013 (1968), S. 17 und Tervo 2017.

161 Vgl. »Fear of Missing Out«, *Wikipedia, Die freie Enzyklopädie*. Bearbeitungsstand: 21. Juli 2020. Online: https://de.wikipedia.org/wiki/Fear_of_missing_out [03.10.2020].

162 »Wahrnehmungslücken und Leerstellen führen uns immer wieder die starke Begrenztheit des für die menschliche Sensorik erfassbaren Wirklichkeitsausschnitts und die Relevanz des außerhalb ihr Liegenden vor«. Mayer 2012, S. 13. Gerade diese Begrenztheit ist es ja, die es ermöglicht, überhaupt eine Konzentration aufrecht zu erhalten und Wichtiges von Unwichtigem zu trennen.

Rechenprozesse), für das relativ träge menschliche Auge zu großen Teilen nicht wahrnehmbar ist oder durch visuelle Oberflächen (z. B. Interfaces und Repräsentationen) verdeckt wird. Wir sind von unsichtbaren und nicht sichtbaren Strukturen umgeben und auf eine Auseinandersetzung mit den Beziehungen zwischen den Tiefenstrukturen und Oberflächenphänomenen der Gegenwart angewiesen. Alles gute Gründe, sich mit den Fragen des Sichtbarwerdens und den Dynamiken der Unsichtbarkeit zu beschäftigen.

Kunstpädagogik und Aktualität

Mit gänzlich anderen Grundannahmen über die Notwendigkeit der Auseinandersetzung mit dem Unsichtbaren, genauer gesagt Nicht-Visuellen, als sie meiner Untersuchung zugrunde liegen, argumentiert Stefan Mayer für eine Beschäftigung mit, wie er sie nennt, »unsichtbarer Kunst«[163]. Besonders relevant für die Platzierung der Frage nach Bildern in Strukturen ist Mayers ausführliche Analyse des Fachkontextes. Mayer setzt sich in der Hinführung zu seinen Auseinandersetzungen kritisch damit auseinander, warum der »unsichtbaren Kunst«[164] in der kunstpädagogischen Forschung bis dato kaum Aufmerksamkeit gewidmet wurde.[165] Er stellt fest, dass gerade in der Kunstpädagogik »Seherfahrungen [...] den Dreh- und Angelpunkt von Bildrezeption und bildnerischer Praxis«[166] bilden und dennoch gerade der Aspekt des *Unsichtbaren* im Anwendungsfall der »Conceptual Art« keine Beachtung erfährt. Zusammengefasst folgere ich: Kunstpädagogik ist in hohem Maße abhängig von visuell-optischen Wahrnehmungsfertigkeiten und -fähigkeiten. Diese stehen auch aktuell, innerhalb der Kompetenzdebatte,[167] im Zentrum des kunstdidaktischen Diskurses.

Ausgehend von der Frage nach dem Umgang mit dem *Unsichtbaren* in der Kunstpädagogik untersucht Mayer dann die einschlägigen kunstpädagogischen Zeitschriften der Zeit[168] unter drei Gesichtspunkten: a) allgemeine Informationen; b) theoretische Diskussion über die Vermittelbarkeit und c) mögliche Bedeutung von unsichtbarer Kunst für die Unterrichtsgestaltung.[169] Anhand einiger Beispiele zeigt er auf, dass die Kunstpädagogik, trotz proklamiertem Aktualitätsanspruch, jenen gerade nicht erreicht und vor allem keine kunstpädagogischen Konzepte, theoretischen Betrachtungen oder Hand-

163 Mayer 2012, S. 13.

164 Ebd.

165 Ebd.

166 Ebd., S. 14. Vgl. außerdem nach Mayer 2012: Bering 2006, S. 228ff.

167 U. a. verfolgt von Wagner, Ernst; Schönau, Diederik, Pataky; Gabriella, Karpati; Andrea, Haanstra Folkert; Billmayer, Franz; Herth, Christine. *European Network for Visual Literacy.* Offizielle Webseite. Online: envil.eu [17.02.2018].

168 Gemeint ist 1960/70, die Zeit der aufkommenden Conceptual Art. Vgl. Honnef 1971.

169 Mayer 2012, S. 24.

reichungen zu diesen neuen Formen der Kunst liefert. Was sie liefert, sei darauf beschränkt, die Großausstellungen der Zeit (»documenta 4–6«, Kassel; »Konzeption – Conception 1969«, Leverkusen; »When Attitude Becomes Form«, Bern; »Op Losse Schroeven«, Amsterdam; »Prospect 69«, New York City u.a.) zu kommentieren und zu besprechen.[170] Nirgends aber, so Mayer, sei ein Verweis auf eine Unterrichtspraxis oder auch nur eine ernstzunehmende Diskussion zu den aktuellen Strategien dieser sogenannten »unsichtbaren Kunst« zu finden. Mayer kommt nach eingehender Analyse des vorliegenden Materials zu dem Schluss, dass damals zeitgenössische Kunst zwar durchaus Beachtung unter den schreibenden Kunstpädagog*innen fand, direkte Unterrichtsbezüge aber zum Zeitpunkt des Auftretens völlig ausgeklammert gewesen zu sein schienen. Er regt daher an, darüber nachzudenken, wie es zu diesem Widerspruch habe kommen können.[171]
Während sich Mayer auf den Nachweis zur unsichtbaren Kunst im Anwendungsfall fachdidaktischer Anforderungen konzentriert und die theoretische Reflexion eher historisch (weil ja immerhin mit einem Abstand von 40 bis 50 Jahren) bestreitet, ist für die in der hier vorliegenden Arbeit unternommene Untersuchung vor allem von Interesse, dass sich die praktizierende Kunstpädagogik – wie Mayer anschaulich argumentiert – damals gänzlich[172] uninteressiert an aktuellen Strategien und Themen der professionellen Kunst zeigte und ihr kaum kunstpädagogisch begegnete.[173] Eine für die Gegenwart und meine Verhandlungen bedeutende Beobachtung, die auch im Zusammenhang mit der *gegenwärtig* aktuellen Kunst von strukturellem Interesse für die Kunstpädagogik sein könnte.[174] Ein Zusammenhang, den ich hier erwähne, allerdings nicht weiter verfolgen kann, weil dies weitere Untersuchungen der Publikationen aktueller kunstpädagogischer Forschung und didaktischer Publikationen bedürfte, die ich hier nicht gleichzeitig leisten kann.[175]

170 Mayer 2012, S 27, u.a. mit Bezug auf: Seide, Adam. »Die Inszenierung ist wichtig«. *Kunst+Unterricht*, 17, September, 1972, S. 49–53, hier: S. 53.

171 Mayer 2012, S. 27. Mayer lässt im nächsten Kapitel eine empirische Untersuchung auf seine historisch theoretische Untersuchung folgen. In dieser Kombination liefert er sehr gut nachvollziehbare Argumente für eine Anwendung unsichtbarer Kunst in der kunstpädagogischen Praxis. Zentraler Teil innerhalb der Untersuchung ist ein selbstdurchgeführter Unterrichtsversuch.

172 Diese pointierte Wendung bezieht sich auf den Teil des Diskurses und der kunstpädagogischen Praxis, der in die untersuchten Fachzeitschriften und Publikationen Eingang fand. Im Rahmen dieser Arbeit konnte ich nicht eingehender untersuchen, welche Vermittlungspraxis es im Zusammenhang der Conceptual Art abseits des fachlich legitimierten Diskurses gegeben hat. Im Sinne des Ansatzes der »Methode Mandy« würde ein Forschungsanschluss hier aber sehr wünschenswert sein. Methode Mandy online unter: methodemandy.com [17.02.2018].

173 Siehe Mayer 2012, S. 27.

174 Dies ist allerdings nicht Gegenstand dieser Arbeit, sollte aber an anderer Stelle durchaus einmal beleuchtet werden. Die Gründe für die Zurückhaltung der Kunstpädagogik gegenüber der jeweils gegenwärtigen Kunst können vielfältig sein. Dies könnte zum Teil auch mit dem relativ jungen Fachverständnis zusammenhängen.

175 Ein unsystematisches Durchblättern verschiedener Fachzeitschriften während und nach der wegweisenden Berlin-Biennale 9 (2016) offenbarte allerdings, dass die Themen der aktuellen Kunst und deren gesellschaftliche Anschlüsse nicht vertreten sind.

Der vorliegenden Arbeit lege ich dennoch probeweise[176] die Annahme zugrunde, dass die Gründe für die Zurückhaltung (und damit der Umstand, dass die Kunstpädagogik verpasst hat, auf die aktuelle Kunst der 1960er einzugehen) zum einen in begrifflichen Paradigmen des Faches zu suchen[177] sind und strukturell u. a. in ihrer Abhängigkeit von der Kunstwissenschaft und ihren inhaltlichen Freigaben begründet zu sein scheinen; darüber hinaus aber auch in den fehlenden (jeweils zeitgenössischen), gesellschaftlich vermittelten theoretischen Anschlüssen aus den Bezugswissenschaften[178] gefunden werden können. Letzteres ist einer der wichtigen Punkte, dem diese Untersuchung auf vielfältige Weise begegnet. In Kapitel 4 wird darauf besonders ausführlich eingegangen, während in Kapitel 5.2 diese Themen und Anschlüsse an Beispielen der aktuellen Kunstproduktion exemplifiziert werden. Die Frage der Unsichtbarkeit in der Kunst, der sich Mayer mit seiner Untersuchung ebenfalls stellt, dient meiner Untersuchung als Startpunkt für weitere Explorationen in die Kunstwissenschaft und -theorie. In ihr vermute ich ein zielführendes Moment für die Kunstpädagogik, einen Ausgangspunkt und eine Rechtfertigung für eine produktive Differenzierung zwischen visuellen und nicht-visuellen Anteilen im Bild und seinen Relationen.

5.6.2 Bildlichkeit und Visualität

Die historische und soziale Relevanz aktueller künstlerischer Arbeiten sowie deren neuartige Herangehensweise und Weltsicht lassen sich offensichtlich in der Kunstpädagogik nicht ohne Weiteres tagesaktuell mitvermitteln. In der hier angestrebten Untersuchung geht es daher in einer Art *hidden agenda*[179] – die ich hier offenlege – darum, Mayers Argumentation für »unsichtbare Kunst« und deren Relevanz für die kunstpädagogische Praxis zum Ausgangspunkt zu nehmen und dem Aspekt der Unsichtbarkeit die Frage nach der Visualität hinzuzufügen. Nach meinen Untersuchungen gibt es berechtigten Grund zu der Annahme, dass der Aspekt der Visualität[180] bei Weitem geeigneter ist, um die Phänomene der »Conceptual Art«[181] unter den Bedingtheiten ihrer Entstehung zu betrachten und für deren Relevanz in der Kunstpädagogik zu argumentieren. In vielerlei

176 Dies wird u. a. auch in Kapitel 1.1 und Kapitel 2 (Präliminarien) erörtert.

177 Einem der selbstverständlichsten Begriffe widmet sich diese Arbeit, dem Bild.

178 Auch hier legt diese Arbeit mit Kapitel 4 einige Ankerpunkte, von denen eine Exploration zeitgenössischer Theorie und Philosophie ausgehen sollte.

179 Eine sogenannte *hidden agenda* ist ein unterliegendes oder hintergründiges Motiv.

180 Den Sehsinn betreffend, dabei vor allem bezogen auf die optische Verfügbarkeit des Objektes und nicht, wie bei der Sichtbarkeit, die Möglichkeit der Rezeption betreffend. Etwas kann visuell wahrnehmbar sein und dennoch in einem bestimmten Moment nicht sichtbar sein.

181 Gemeint ist die Gegenwart meiner Untersuchung und der Untersuchung von Stefan Mayer.

Hinsicht stellt meine Arbeit den Versuch dar, in Echtzeit eine Argumentation für den kunstpädagogischen Umgang mit der Kunst der jeweiligen Gegenwart zu finden, ohne auf den Anschluss aus der Kunstwissenschaft warten zu müssen. Die Frage der Zugänge und Beziehungen, die mit der Frage der Visualität und Sichtbarkeit aufgeworfen ist, scheint dabei für die Kunstpädagogik in besonderem Maße zur Bearbeitung geeignet.

Über den argumentativen Anschluss der Rolle der Kunstpädagogik hinaus soll aber der von Mayer aufgeworfene Begriff der »unsichtbaren Kunst« – schon aufgrund der ungenügenden begrifflichen Klärung bei Mayer – nicht weiter bemüht, sondern zugunsten einer Diskussion des Aspektes der Visualität[182] der untersuchten Objekte der Kunst aufgegeben werden.[183] Im Zentrum steht hier daher vielmehr die Frage nach den *nicht-visuellen Anteilen*[184] der Kunst und ihrem dennoch *bildlichen Auftreten*[185] innerhalb dieser. An die Beobachtungen von Mayer zur Conceptual Art und ihren Besonderheiten[186] anschließend sind die Untersuchungen am Bild zwar weiter mit der Sichtbarkeit (oder eben in diesen Fällen gerade der Unsichtbarkeit) verbunden, jedoch wird durch die Unterscheidung von Visualität (*visuality*)[187] und Bild aus der Unsichtbarkeit eine Nicht-Visualität, womit sich für das gleiche Oberflächenphänomen, das als visuell reizlos bezeichnet werden kann, eine andere Erklärungslogik ergibt. Auf diesen Umstand gehe ich u. a. in Kapitel 5.2.7 (und Kapitel 6.2) genauer ein. Vor dem Hintergrund der Bedingungen der Gegenwart scheint die Frage nach der Kunsthaftigkeit der nicht-visuellen (oder nach Mayer: »unsichtbaren«) Äußerungen nicht mehr zentral für die Überlegungen zu ihrer kunstpädagogischen Relevanz.

182 In Abgrenzung zur Sichtbarkeit, aber auch zur Bildlichkeit.

183 Vgl. zu »Visualität« und »Bildlichkeit« bei Daney und in Kapitel 8.1.3. Vgl. Daney, Serge. »Montage unerläßlich. Krieg, der Golf und das Fernsehen«. In: Blümlinger, C. (Hg.). *Von der Welt ins Bild.* Berlin, 2000, S. 198–210, hier: S. 203.

184 Unterschieden wird hier vor allem über die Richtung. Etwas soll als nicht-visuell bezeichnet werden, das generell nicht über den Sehsinn und daher optisch erfahrbar ist. Dies bedarf allerdings keines sehenden Subjekts. In Abgrenzung dazu ist etwas unsichtbar, das trotz visueller Erscheinung nicht gesehen werden kann. In der Frage der Sichtbarkeit, anders als in der Visualität, ist ein sehendes Subjekt eingeschlossen. Dass etwas nicht gesehen werden kann, kann viele Gründe haben. Wenn ein Objekt also nicht gesehen werden kann, würde ich es als unsichtbar bezeichnen. Wenn es gar nicht über visuelle Reize in Erscheinung tritt, dann würde ich es als nicht-visuell bezeichnen.

185 Unter bildlich soll es hier in Abgrenzung zum Visuell-Optischen um eine über das bloße visuelle Auftreten hinausgehende Komplexität des Bildobjekts gegenüber dem Bildträger gehen. Bildlichkeit ließe sich auch als anschauliche kulturelle Codierung verstehen. Der Rechtswissenschaftler Volker Boehme-Neßler spricht in der Unterscheidung von Sprache und Bild mit Verweis auf Belting von »picturalen Elementen« und »skripturale Dimensionen«. Das könnte eine Grundlage für ein weiteres Nachdenken über die Unterscheidungen von Visuellem, Sichtbarem und Bildlichem sein. Vgl. Boehme-Neßler, Volker. *BilderRecht.* Heidelberg, 2010, S. 89 sowie Belting, Hans. »Das Bild als Text«. In: Belting, H.; Blume, D. (Hg.). *Malerei und Stadtkultur in der Dantezeit. Die Argumentation der Bilder.* München, 1989, S. 23–64.

186 Auch für die Kunstpädagogik sind vor allem die Abweichungen und Differenzen relevant.

187 Lat. *videre* (sehen), bezeichnet das Gesamtgebiet der optischen Wahrnehmung sowie deren Auffassung und Verarbeitung in Abgrenzung. Das schließt Formauffassung, räumliche Vorstellung und Formgedächtnis ein.

Wie ich in den Präliminarien[188] erörtere, ist der authentische Kunstfall der visuellen Phänomene unter den Bedingungen der Gegenwart zur Ausnahme geworden.[189] Das Potenzial der von Mayer untersuchten sogenannten »unsichtbaren Kunst« liegt demnach weniger darin, dass es sich dabei um Kunst handelt, die nicht sichtbar ist bzw. sich *nicht* zu sehen gibt. Das Potenzial liegt vielmehr darin, dass es eine strukturelle Veränderung im Verhältnis des Subjekts zum Objekt sowie der Objekte untereinander im Vorgang der Rezeption gibt, die sichtbar wird und deren Effekte sich in den visuellen Äußerungen der Kunst, aber eben auch in den aktuellen Medienpraxen auftun. Über die visuelle Unverfügbarkeit oder Fragmentierung[190] der Werke deutet sich auch eine Veränderung des Verhältnisses zwischen den Bildern und ihren visuellen Äußerungen an, um welche es bei den Explorationen in dieser Arbeit und in diesem Kapitel gehen soll. Im Folgenden soll am Bildverständnis der Gegenwart und dessen Verschiebungen aber vorerst eine eingehende, verstärkt kunstwissenschaftliche Betrachtung zwischen den Gefügen *Bild* und *Kunst*, aber auch zwischen *Visualität* und *Unsichtbarkeit* erfolgen.

5.7 Kunst versus Bild: Visuelle Oberflächen und Displays

Dem vorangegangenen Vorschlag folgend liegt es nahe, hier zunächst genauer das Verhältnis von *Kunst* und *Bild* zu untersuchen. Denn sowohl der Begriff der Kunst als auch der des Bildes dienen zum einen als Verallgemeinerungsflächen diffuser Partikularitäten und ergeben sich zum anderen nicht vollständig aus der Summe der einzelnen Phänomene der jeweiligen Konzepte. Ein visuelles Phänomen, das *als* Bild bezeichnet werden kann, enthält nicht zwangsläufig alle Eigenschaften aller Bilder. Auch der Begriff Bild beschreibt die unter ihm subsumierten visuellen Elemente nicht allumfassend. Anders gesagt, zwischen Beispiel und Begriff bleibt ein sich wechselseitig nicht abbildbarer (bzw. nicht abgebildeter) Rest.[191]

Mit Objekten der Kunst verhält es sich ähnlich. Anders als beim Bild kommen in der Kunst jedoch Wertungs- und Exklusionsmechanismen zu den üblichen kategorischen Problemen einer umfassenden und abschließenden Definitionsfrage hinzu.[192] Die Kunst und

188 Ausführlicher in Kapitel 5.6.1 sowie vorbereitet in Kapitel 2.

189 Bereits 2004 weist Klaus-Peter Busse auf die sogenannte »Bilderflut« hin. Ein Effekt, der sich seit den sozialen Medien und Smartphones inklusive omnipotenter Apps und Hosentaschenbildbearbeitung nur verstärkt hat. Vgl. Busse, Klaus-Peter. *Bildumgangsspiele. Kunst unterrichten.* Norderstedt, 2004, S. 17ff. Mehr zu den veränderten Bedingungen in Kapitel 2 (Präliminarien) und unter den einzelnen Aspekten der Bestandsaufnahme zur Wissenschaft am Bild.

190 Mit Fragmentierung ist hier eine gewisse Zersplitterung des Kunstobjekts in verschiedene für Bedeutung und Erscheinung relevante Einzelteile gemeint, die zunehmend in Werken der Gegenwartskunst zu verzeichnen ist. Hinzu kommt ein veränderter Umgang mit den visuellen Anteilen der Arbeiten.

191 Hierauf gehe ich in Kapitel 5.2.11 mit Dieter Mersch genauer ein.

192 Vgl. Didi-Huberman 1999; vgl. Ekardt, Philipp; Magauer, Hanna. »Vorwort«. *Texte zur Kunst,* 95, 2014, S. 4–5, hier: S. 5.

das, was als solche definiert wird, muss in der jeweiligen Logik der Vermarktung und Bewertung bestehen. Gegenüber dem Kunstbegriff (und allen Rechtfertigungsnotwendigkeiten, denen der Begriff unterliegt) scheint der Bildbegriff also, trotz seiner unübesichtlichen disziplinären Anbindungen, zumindest in der kunstpädagogischen Untersuchung wesentlich von Problemen der Bewertung und kanonischen Einordnung entlastet. Das Bild eignet sich demnach wesentlich besser als Operationseinheit dieser Untersuchung als die Kunst.[193] Trotz anschlussfähiger Argumentation und letztlich auch ähnlichem Material geht es hier nun also um *nicht-visuelle Bildlichkeit* und nicht um »unsichtbare Kunst« wie bei Stefan Mayer. Eine Unterscheidung, die vor allem theoretisch in dem Bezug auf eine Objektorientierung[194] begründet ist und in Kapitel 4.3.1 (e) noch weitere Klärung erfährt. Zum Beziehungsgeflecht *Kunst* und *Bild* sollten an dieser Stelle auch einige Betrachtungen folgen.

Abb. 5.20: Pierre Huyghe, »Untilled«, 2012. dOCUMENTA (13), Kassel, Ausstellungsansicht. Online unter: https://www.textezurkunst.de/95/david-joselit-gegen-reprasentation/ [05.01.2018].

Ein Beispiel, an dem dies anschaulich werden kann, ist David Joselits[195] Beschäftigung mit Pierre Huyghes Arbeit »Untilled«.[196] Joselit beschreibt eine Veränderung der Darstellungsmodelle (die er auch ein Gegenmodell zur Gleichsetzung zwischen Kunstwerk und Trägermaterial nennt[197]) und verdeutlicht an Huyghes Arbeit, dass das Kunstwerk nicht als Bildträger gedacht wird, sondern als »Verteiler und Attraktor von Bildern, die keiner Repräsentationslogik gehorchen«[198]. Joselits Überlegungen sind aus zwei Gründen relevant für die hier verfolgte Diskussion: Erstens zeigt sich das Bild als Verteiler und Attraktor anschlussfähig zum Konzept des Mems und der Memkomplexe und -vehikel, wie sie Limor Shifman[199] bearbeitet. Zweitens führt Joselit seine Überlegungen als Modell ein, ein formal wie methodisch interessanter Zugang, der auch in der vorliegenden Arbeitimmer wieder zum Einsatz kommt. Das Modell liefert eben keine abschließende Beschreibung, sondern einen Versuch, die auftretenden Eigenschaften in einem kleineren

193 Siehe auch Franz Billmayer und seine Begründung für den Fokus auf das Bild.

194 Siehe weiter unten in Kapitel 5.6 und Kapitel 4.3 zu OOO bei Graham Harman.

195 Vermutlich aufbauend auf seinen Überlegungen zu *After Art*: »They are configurations of force rather than discrete objects. In short, formats establish a pattern of links or connections«. Joselit, David. *After Art*. New York, 2013, S. 55.

196 Die Arbeit »Untilled« von Pierre Huyghe ist für die documenta 13 im Jahr 2012 entstanden und wurde von David Joselit im Heft 94 (2014) der Zeitschrift *Texte zur Kunst* besprochen. Diese Arbeit ist gerade vor dem Hintergrund der Frage nach der Fragmentierung des Kunstobjekts ein gutes Beispiel.

197 Joselit, David. »Gegen Repräsentation«. *Texte zur Kunst*, 95, 2014, S. 92–103, hier: S. 99.

198 Siehe auch *aggregators*, Joselit, David. »On Aggregators«. *October*, 146, 2013, S. 3–18.

199 Mehr zu Limor Shifman und der angesprochenen Memtheorie in Kapitel 6.1.

Maßstab – mit Bedacht für diese Untersuchung gewählt – unter den *Quasi*-Bedingungen eines Testlaufs zur Prüfung eines bestimmten Wirkungsprinzips und Zusammenhangs zu vergegenwärtigen. Der Bildträger als Attraktor und Verteiler von Bildern ist nach Joselit eine Figur, die vor dem Hintergrund der vorliegenden Untersuchung[200] z.B. in Kapitel 4 und Kapitel 2 gegengelesen werden sollte.

> *»Ein Bild ist eine Situation. So verstehe ich Bilder, nicht photographisch. Eine Situation ist ein Bild.«* [201]

Mit dem Ende der *Autonomie der Kunst*[202] und dem Ende ihrer *Bildhoheit*[203] ergibt sich aber nun ein vielschichtiges Problem: Gerade die Bilder der Kunst scheinen nicht mehr durch ihre Besonderheiten[204] hervorzutreten und stellen unter den gegenwärtigen Bedingungen nur noch einige unter einer Vielzahl visueller Äußerungen dar.[205] Die Bilder der Kunst unterscheiden sich zwar in ihrer Funktion (z.B. informieren, unterhalten und überzeugen, darstellen) – allein weil sie der Kunst zugehörig sind – jedoch folgen sie denselben Erfolgskriterien für die Verbreitung wie *triviale Bilder*[206]. Und für die hier unternommenen Untersuchungen ist das der zentrale Punkt. Während ich in Kapitel 6 der Kommunikationswissenschaftlerin Limor Shifman mit den Erklärungen zum memetischen Potenzial folge, erläutern die Kunsthistoriker*innen Philipp Ekardt und Hanna Magauer[207] den Erfolg über das »ikonische Potenzial«[208] und verweisen auf die »optimale digitale Bildzirkulation« des Materials.[209]

200 Auch mit Blick auf Meme und Memtheorie nach Limor Shifman, siehe Kapitel 6.

201 Pierre Huyghe zitiert nach Marie-France Rafael von David Joselit. In: Joselit 2014, S. 103 sowie Rafael, Marie-France. *Pierre Huyghe ›Onsite‹. Atelierbesuch.* Berlin, 2012, S. 30.

202 Magauer und Ekardt nach David Joselit: Es handle sich um ein fallendes Paradigma. Kunst sei zunehmend weniger unabhängig von allem Zweck. Vgl. Joselit 2014, S. 4 sowie Joselit 2013.

203 Als Ausnahme innerhalb einer großen Heterogenität von visuellen Phänomenen.

204 Die Bilder der Kunst sind ein Spezialfall dessen, was man unter Bild versteht. Sie zeichnen sich häufig durch eine erhöhte Zeichen- und Infomationsdichte aus, aber auch durch komplexe bildsprachliche Codierungen.

205 Die Prognose des TMT-Predictions-Reports für 2016 lag bei 60.000 geteilten Fotos pro Sekunde. Vgl. Parret, George. »3.5 Million Photos Shared Every Minute in 2016«. *Deloitte,* 22.02.2016. Online: https://www2.deloitte.com/uk/en/pages/press-releases/articles/3-point-5-million-photos-shared-every-minute.html [06.01.2018].

206 Bilder des Alltags, lat. *trivialis*: gewöhnlich, allgemein bekannt.

207 Vgl. Ekardt/Magauer 2014, S. 4.

208 Das ikonische Potenzial bezeichnet das Vermögen zur Verbildlichung und Darstellung, kurz, die Bildhaftigkeit. Interessant hierzu die Debatte um die Vollgültigkeit der Gebärdensprache bei: Kutscher, Silvia. »Ikonizität und Indexikalität. Gebärdensprachliches Lexikon Zur Typologie sprachlicher Zeichen«. *Zeitschrift für Sprachwissenschaft,* 29 (1), 2010, S. 79–110. Ebenso interessant: Loprieno, Antonio. »Zeichenkonzeptionen im Alten Orient«. In: Posner, R.; Robering, K.; Sebeok, T. (Hg.). *Semiotik / Semiotics. Ein Handbuch zu den zeichentheoretischen Grundlagen von Natur und Kultur.* 2. Teilband. Berlin, 1997, S. 1785–1798. sowie Meek, Allen. »Cultural Trauma and the Media«. In: Ataria, Y; Gurevitz, D.; Pedaya, H.; Neria, Y. (Hg.). *Interdisciplinary Handbook of Trauma and Culture.* Springer, 2016, S. 27–38.

209 Ekardt/Magauer 2014, S. 4.

»One must think about what is folded into images as well as what extends out from them.« [210]

Doch selbstverständlich ist die Hinwendung zum Bild als Abkehr von der Kunst auch nicht stolperfrei möglich. Weil in der Bildwissenschaft[211] vor allem nach dem Wesen des Bildes (oder auch der Bilder) gefragt wird, werden meist die nicht weniger wichtigen Fragen nach der Repräsentationslogik (wer sieht wann welches Bild, genauer gesagt, wer gibt welches Bild wann wem zu sehen?) sowie den Entstehungsbedingungen und Kontexten der Bildproduktion vernachlässigt.[212] Philipp Ekardt und Hanna Magauer plädieren mit Verweis auf feministische und genderpolitische Theorien[213] dafür, dass eine Verteidigung eines Bildbegriffs gegenüber der gegenwärtig verkürzenden Behandlung angestrebt werden müsse, und fordern eine brauchbare »Bildkritik der visuellen Oberflächen«, die über das Vorgefundene und Augenscheinliche hinausgeht.[214] Ein Bildbegriff müsse, den beiden Autor*innen folgend, auch nach den Bedingungen und Kontexten fragen, unter denen wir mit bestimmten Bildern konfrontiert werden.[215] Daran lassen sich für die hier verfolgte Untersuchung eines angemessenen Umgangs mit den Bildern in der Gegenwart[216] drei zentrale Fragen herauskristallisieren: (1) Wie könnte ein brauchbarer Bildbegriff strukturiert sein, der auch die *visuellen Oberflächen*, Bedingungen und Kontexte der Produktion angemessen einbezieht? (2) Mit welchen Methoden könnte eine solche Überarbeitung des Bildbegriffs gelingen? (3) Wie kann eine Form der Bildanalyse erarbeitet werden, die die Bedingungen der Gegenwart auch strukturell reflektiert? In Erweiterung der einführenden Anmerkungen aus dem Vorwort des Magazins[217] ist meine These nun, dass dieses persistente Befragen der Kontexte, Relationen und Bedingungen dem entspricht, was kunstpädagogisches Handeln ist. Mehr noch: Die Analyse der Verhältnisvielfalt zwischen Bild und *visuellen Oberflächenphänomenen* ist eine Kernaufgabe des Fachs Kunstpädagogik. Um dafür auch eine theoretische Grundlage und Sachkompetenz zu schaffen, werde ich in den folgenden Absätzen einige der für die Untersuchung relevanten Übergänge zwischen

210 David Joselit zitiert in: Tasman, David Andrew. »David Joselit: Against Representation«. *dis-magazine,* Mai 2015. Online: http://caseykaplangallery.com/wp/wp-content/uploads/2014/04/KBPRESS-KITNEW.p.pdf [25.02.2018].

211 Einen sehr guten disziplinübergreifenden Überblick bietet: Günzel, Stephan (Hg.). *Bild. Ein interdisziplinäres Handbuch.* Stuttgart, 2015 u. a. mit Verweis auf Lambert Wiesing in Kapitel 5.1.

212 Vgl. Ekardt/Magauer 2014, S. 4.

213 Ebd., S. 5 sowie Harney, Stefano; Moten, Fred. *The Undercommons. Fugitive Planning & Black Study.* Brooklyn, 2013, S. 19 sowie Söntgen, Beate. »Gender in Trouble«. *Texte zur Kunst,* 42, 2001, S. 2–42.

214 Ekardt/Magauer 2014, S. 4.

215 Ebd.

216 Aus dezidiert kunstpädagogischer Perspektive, aber auch allgemein an den Phänomenen der Gegenwart und ihren Erklärungen ausgerichtet zu verstehen.

217 Gemeint ist: Ekardt/Magauer 2014, S. 4f.

Bild und Oberflächen am Beispiel des Displays ausführen. Ausgehend von dem Definitionsversuch zum Display der Kunstwissenschaftlerin Fiona McGovern erarbeite ich entlang von Anwendungsbeispielen in der Architektur ein Verständnis des Displays als Darstellungsoberfläche und Interface.

5.7.1 Displays: Der doppelte Anspruch des Zeigens

Ein Display zeigt etwas, es macht etwas sichtbar oder stellt etwas aus, das auf besondere Aufmerksamkeit angewiesen ist.[218] Die triviale Schaufensterauslage oder eine aufwendige Vitrine für historische Artefakte sind die im deutschsprachigen Raum bekanntesten Formen von Displays.[219] Fiona McGovern leitet das Display etymologisch vom französischen *déplier* her und führt damit die Bedeutung eines »Sich-Entfaltens« in das Begriffsgefüge des Displays ein.[220] Ein Aspekt des Verständnisses, das in der weiterverbreiteten Verwendung des Wortes englischen Ursprungs nicht automatisch enthalten ist, aber einen neuerlichen Zugang zum Umgang mit diesem in dem hier verhandelten Zusammenhang bietet: Die Ausstellung zeigt sich, und entfaltet sich, in ihrem Display. Ein Display, so fasst McGovern zusammen, vereint Funktionalität und Ästhetik und verbindet ein »Gezeigt-Werden«[221] mit einem »Sich-Zeigen«.[222] Der doppelte Anspruch des Zeigens zeigt sich z.B. in dem Begriff *Ausstellungsdisplay* sehr deutlich (in einer tautologischen Form). Im Detail betrachtet, zeigt sich die Ausstellung über das Ausstellungsdisplay, gleichwohl entfaltet sie sich auch darüber.[223] Für die in dieser Arbeit angestrebte Klärung der Frage, wie sich das Bild der Kunst den Betrachter*innen zeigt und mit welchen Beschreibungsmodellen man ihm auf der Höhe der Gegenwart und ihren Bedingungen begegnen kann, ist das Display eine zentrale Denkfigur, die einige Beobachtungen beschreibbarer werden lässt. Das Kompositum Ausstellungsdisplay vereint das Entfalten und Zeigen eines sich entfaltenden Konzepts und kann – mehr noch als das englische *display* – das Entfalten wie das Zeigen materiell fassen und mit seiner physischen Erscheinung vereinen. Die materielle Trägerstruktur (*support structure*), McGovern nennt es das »Zeigefeld«[224], manifestiert auch materiell, was sich entfalten will. Gerade für die Kunst der Gegenwart ist dies eine zentrale

218 Vgl. McGovern, Fiona. »Display«. In: Schafaff, J.; Schallenberg, N.; Vogt, T. (Hg.). *Kunst-Begriffe der Gegenwart. Von Allegorie bis Zip.* Köln, 2013, S. 43–48, hier: S. 43.

219 McGovern 2013, S. 43.

220 Ebd.

221 Ebd.

222 Ebd.

223 Ebd.

224 Ebd.

Überlegung[225], die es zu verfolgen gilt. Im Folgenden soll daher zentral verhandelt werden, wie sich ein Bild zeigt und wie sich die Bilder über ihre vielfältigen (auch visuellen) Erscheinungen entfalten, und welche Rolle das Display dabei spielt.

> *»Ein Display macht etwas sichtbar. Es bereitet etwas visuell auf, zeigt etwas an (wie beim elektronischen Anzeigefeld eines Computers oder Telefons) oder stellt etwas aus (wie bei der Schaufensterauslage oder in einer Ausstellung).«*[226]

Mit diesem starken Fokus auf die Oberflächen des Zeigens muss allerdings auch darauf hingewiesen werden, dass, wie zu Beginn des Kapitels angedeutet, die Displays der Kunst nicht immer Gegenstand der kunstgeschichtlichen Betrachtung waren. Erst in den letzten 20 Jahren,[227] mit zunehmendem strukturellen Interesse und einem Bewusstsein für die Inszenierung des Zeigens[228], wurde sich unter wachsendem Einfluss der Postcolonial Studies, der feministischen Theorie und nicht zuletzt der Institutionskritik den Oberflächen des Zeigens (und vor allem auch deren *blinden* Flecken) ausdauernd gewidmet.[229] Diese Perspektiven sind wegen ihrer anhaltenden Fragen nach Repräsentation und Sichtbarkeit von großer Bedeutung. Daran anschließend sollte nach dem *Erscheinen* gefragt werden: Wann oder wie tritt etwas in Erscheinung, und wie wird dieses In-Erscheinung-Treten durch Bedingungen und Kontexte begünstigt? Und welche Hilfsmittel sind dafür notwendig?

> *»Das Erscheinen und damit auch die Rezeption eines Kunstwerks ist bedingt durch die architektonischen Eigenschaften des jeweiligen Raumes, den eingesetzten Hilfsmitteln wie Vitrinen, Schaukästen, Sockeln, Beleuchtungen, farblicher Gestaltung der Wände und der Anordnung im Raum.«*[230]

225 McGovern 2013, S. 43.

226 Ebd.

227 Vorbereitet durch Poststrukturalismus, Kulturkritik; bezogen auf die Institutionskritik. Vgl. Graw, Isabelle. »Jenseits der Institutionskritik. Ein Vortrag im Los Angeles County Museum«. *Texte zur Kunst*, 59, 2005, S. 4–54. Vgl. außerdem Meinhardt, Johannes. »Institutionskritik«. In: Butin, H. (Hg.). *Dumonts Begriffslexikon zur zeitgenössischen Kunst.* Köln, 2002, S. 126–130.

228 Und vor allem folglich auch ihrer Dekonstruktion. Vgl. zu Gesten des Zeigens Muttenthaler, Roswitha; Wonisch, Regina. *Gesten des Zeigens: Zur Repräsentation von Gender und Race in Ausstellungen.* Bielefeld, 2015, S. 88f.

229 Vgl. u. a. Hall, Stuart (Hg.). *Representation.* London, 2013 sowie Wenk, Silke. »Repräsentation in Theorie und Kritik. Zur Kontroverse um den Mythos des ganzen Körpers«. In: Zimmermann, A. (Hg.). *Kunstgeschichte und Gender: Eine Einführung.* Berlin, 2006.

230 McGovern 2014, S. 44.

Die »Hilfsmittel des Zeigens« (u.a. die Displays) und die »Architekturen der Präsentation« ergeben sich aus einer gewissen »Direktionalität«[231] der Ausstellungsobjekte, die die Aufmerksamkeit der Betrachter*innen dirigieren. Das *Sich-Entfaltende* präsentiert sich räumlich und zeitlich auf eine ganz bestimmte Weise und lässt alle anderen Möglichkeiten (meist unter Bezug auf die *Bedingtheiten*[232]) außen vor. Das wiederum kann sich auch physisch, z.B. in den Wegen oder Körperhaltungen der Betrachter*innen, niederschlagen und bestimmt die Rezeptionsweisen und deren Traditionen. Ausstellungen unterliegen also einer bestimmten »Rhetorizität«[233]. Sie sind, mit Verweis auf Mary Anne Staniszewski, »history, ideology, politics – and aesthetics«[234].

Über institutionell abgesicherte und routinierte Akte des Auswählens, Anordnens und Inszenierens der Exponate[235] produziert sich Bedeutung, übt sich Macht aus, vermitteln sich Diskurse und wird dann auch Kunstgeschichte geschrieben.[236] Um die Rolle der Displays in der Beziehung von *Macht* und *Wissen* zu verorten, zieht McGovern Foucaults *Dispositive*[237] heran und problematisiert diese auf folgende Weise. Das Dispositiv ist das Netz zwischen den Elementen und Exponaten. Bei Foucault umfasst dies Gezeigtes wie Ungezeigtes, Gesagtes wie Ungesagtes gleichermaßen. Das Zeigen ist selektiv: Das damit betraute Display (verstanden u.a. mit McGovern als »Zeigefeld«) steht, indem es tut, was es soll – zeigt, was gezeigt werden soll – automatisch in einem engen Verhältnis zu den nicht gezeigten Anteilen, einem *not to display*.[238] Damit ist es unweigerlich – und das ist

231 Vgl. McGovern 2014, S. 44.

232 Hier u.a. bezogen auf eine bestimmte institutionelle und diskursive Situation, die innerhalb einer bestimmten Logik und eines unterliegenden Regelkatalogs operiert.

233 Vgl. McGovern 2014, S. 44 sowie Verweis auf: »I deal with an aspect of modern art history that has been generally speaking, officially and collectively forgotton – installation design as an aesthetic medium and historical category«. Staniszweski, Mary Anne. *The Power of Display. A History of Exhibition installation at the Museum of Modern Art.* Cambridge, 1998, S. 25.

234 Ebd.

235 Zum einen bietet es sich hier an, mit Harman, siehe Kapitel 4.3.1 (e) und Kapitel 5.6, auch über die Handlungseinheiten nachzudenken, in denen Exponate agieren oder eben ruhen, zum anderen dient der Verweis auf den von Nora Sternfeld beschriebenen *object effect* einer leicht anderen Perspektive auf die Gegenstände und Objekte des Zeigens.

236 Vgl. McGovern 2014 S. 44.

237 Ebd. McGovern zitiert Foucault mit: »Das Dispositive selbst [...] das Netz [ist] was zwischen diesen Elementen geknüpft werden kann« aus Foucault, Michel. *Dispositive der Macht. Über Sexualität, Wissen und Wahrheit.* Berlin, 1978, S. 119f. U.a. zum Begriff des »Dispositiv« als »Beobachtungsbegriff« bei Wimmer, Mario. »Dispositiv«. In: Frietsch, U.; Rogge, J. (Hg.). *Praxeologische Begriffe. Ein Handwörterbuch der Historischen Kulturwissenschaften.* Bielefeld, 2012, S. 123–128, hier: S. 125.

238 Ich denke hier an Werke und Objekte, die entweder gar nicht erst Eingang in Museen oder Orte des Ausstellens finden oder die, aus welchen Gründen auch immer, nicht ausgestellt werden dürfen oder sollen. Es stellt sich die Frage, wer was wo zeigen darf und was von wem gezeigt wird und was nicht. Daran schließen sich auch identitätspolitische Fragen sowie Fragen der Zensur an: u.a. hatte die Debatte um Dana Schutz während der Whitney Biennale 2017 großes Aufsehen erregt. Vgl. Fusco, Coco. »Censorship, Not the Painting, Must Go: On Dana Schutz's Image of Emmett Till«. *Hyperallergic,* 27.03.2017. Online: https://hyperallergic.com/368290/censorship-not-the-painting-must-go-on-dana-schutzs-image-of-emmett-till/ [15.09.2020].

das Problem – Ausdruck einer Machtgeste.[239] Bei dem Begriff Display handelt es sich nun aber, vor allem im deutschsprachigen Raum, um eine Spielart im museologischen und kuratorischen Raum.[240] Gerade deutschsprachige Künstler*innen, wie McGovern konstatiert, die mit dem Begriff Ausstellungsdisplay und dieser sonderbaren Dopplung vertraut sind, arbeiten dekonstruierend an Fragen der Ausstellungsoberflächen[241]. Sie thematisieren den strukturellen Zusammenhang zwischen den gezeigten und sich zeigenden Anteilen der Arbeiten. Und dabei identifzieren das, worüber sich das Werk in seinen Aspekten der Diskursivierung zeigt und explizieren den Akt des Auswählens, des Anordnens, des Inszenierens, des Kontextualisierens, des Auratisierens. Heimo Zobernig habe die Werkbezeichnung »Wall Display« (1988–89) für seine Arbeit z. B. als Verweigerung der üblichen Klassifikationen Skulptur und Installation verwendet, stellt McGovern fest.[242] Eine spannende Form des Entzugs im Werk.

Dieses Beispiel klingt nun auch in der verfolgten Untersuchung am Bild nach. Die Fragen, die daraus hervortreten, möchte ich so formulieren: Auf welche Weise müsste eine Installation als Display durchdacht werden, auch wenn sie nicht als solche benannt ist? In welchem Verhältnis steht das Display zum gesamten Werk? Welche Rolle spielt die visuelle Oberfläche, und in welchem Verhältnis zum Werk könnte man sie beschreiben? Gerade die räumlichen Beziehungen spielen im Zusammenhang mit der Untersuchung der Organisation der Displays eine entscheidende Rolle. Im Folgenden wird untersucht, auf welche Weise das Display u. a. in der Architektur zum Verständnis ansonsten unüberschaubarer Zusammenhänge beiträgt und über welche Hilfsmittel sie zur Darstellung gelangen.

5.7.2 Displays: Verstehen und Darstellungslogik

In der Architektur zeigt ein Display sinnvolle Schnitte und navigiert über Ausschnitte, Übersichten und Explikation einer Situation[243]. Grundsätzlich könnte jede dieser

239 Bereits seit dem 19. Jahrhundert eine Kritik an den zeitgenössischen Institutionen und eine Infragestellung dieser Institutionen des Ausstellens von Kunst. Eine gewisse Tradition von Parallel- oder Gegenausstellungen (DaDa-Messe, Berlin 1920; Exposition International du Surrealisme, Paris, 1938 u. a.m) ergab sich daraus beinahe so automatisch wie der Manifestcharakter und die Gesamtkunstwerk-Tendenzen dieser zumeist von Künstler*innen angeregten neuen (auch als direkter empfundenen) Displays (DaDa-Messe, Berlin 1920; Exposition International du Surrealisme, Paris 1938; u. a. m). Vgl. McGovern 2014, S. 44.

240 Ebd., S. 45.

241 John, Jennifer; Richter, Dorothee; Schade, Sigrid. *RE-Visionen des Displays. Ausstellungs-Szenarien, ihre Lektüre und ihr Publikum.* Zürich, 2008.

242 Vgl. McGovern 2014, S. 45f. McGovern macht allerdings nicht deutlich, dass die Kunst der Gegenwart mit diesen begrifflichen Umleitungen auf ebendiese Veränderungen reagiert. *Realtional Aethetics* ist ein ähnlicher Beschreibungsversuch von einer »Situation«, die eben nicht durch Materialträger und Bildobjektfragen geklärt ist.

243 Gemeint ist hier eine raumzeitliche Konfiguration, u. a. in der Bildhauerei würde ein Display des Werks ja von vornherein mehr als nur eine zweidimensionale Oberfläche bieten.

architektonischen Situationen, die häufig über aufwendige Displays dargestellt werden, zwar auch anders gezeigt werden, aber auf Basis einfacher Verstehens- und Darstellungsfragen erfüllt jede Darstellung einen bestimmten Zweck und macht etwas sichtbar und verständlich, das anders schwer zugänglich, unübersichtlich oder zu komplex wäre.[244] In der Architektur wird diese komplexe Darstellung (vgl. Display) häufig auch Plan genannt, womit nicht das umgangssprachlich gebrauchte »geordnete Vorgehen« gemeint ist, sondern eine bestimmte Auswahl von Darstellungen eines Entwurfs, die zusammen einen gezielten Eindruck des bis dato schwer zu fassenden Gesamten ergeben. Durch das Display oder den Plan wird eine Idee, die materiell noch nicht besteht, in notwendigen Details visuell zugänglich.[245] Auf einem Display oder Plan zeigt sich der Entwurf materiell als Schnitt, Grundriss und Aufriss in einem bestimmten Maßstab – nicht selten auch mit den raumzeitlichen Bezügen, aus denen es/er sich entfaltet hat. Das Display kommuniziert die Idee oder den Entwurf als logische Einheit aus Bezügen und Referenzen und deren Realisationen. Das Ziel dabei: die Entstehungslogik und die Gestaltungsmodi in einem Zug mit dem Ergebnis zu visualisieren. Ein Display in der Kunst hätte nun das Potenzial, zu visualisieren, was eine Situation aus verschiedenen Perspektiven gleichzeitig (und über eine Reihe von *kommunizierenden Schnitten*[246] einer komplexen Situation) zeigt, die anders nicht gezeigt werden könnten. In der Regel wird über fragmentarische Darstellungslogik in diesem Feld aber so (noch) nicht nachgedacht.

5.7.3 Darstellbarkeit und vielschichtige Visualisierungen

Die Praxis der *multi-layered visualization*[247] (vielschichtige Visualisierung) ist fester Bestandteil der Architekturdarstellung. Außerhalb der Darstellung in Schnitten und Ausschnitten mit jeweils gesondert gewähltem Fokus und Zweck gibt es bei größeren Bauaufgaben keine hinreichenden Möglichkeiten, eine Idee der notwendigen Ausmaße (im Zweifel von der Größe einer Kleinstadt auf 170 Etagen) angemessen verständlich zu vermitteln und im nötigen technischen wie organisatorischen Detail aufzuzeigen. In der Architektur muss sich das Werk außerhalb der Realisation der Idee auch im Material vermitteln, weil die materielle (oder auch visuelle) Ebene des Werks nur *ein* Aspekt (oder *eine* Ebene[248]) des Gefüges darstellt. Das Modell und das Modellhafte sind also Grundbedingung und Grund-

244 Jede Darstellung erfüllt einen Darstellungszweck und wird entsprechend angelegt.

245 Bis zu dieser Darstellung im Plan ist der Entwurf eine bloße Idee (oder eben eine Vorstellung), der es noch an einem Display fehlt.

246 Kommunizierte Schnitte geben genau an, wo welcher Schnitt wie gemacht wurde und was er zeigt.

247 Die Wendung *multi-layered visualisation* bezieht sich auf ein ebenenspezifisches Vorgehen bei der Darstellung. Vgl. Hinterwaldner 2014, S. 162.

248 Ebd.

lage für eine Darstellbarkeit der teils hochkomplexen Zusammenhänge, denen anders nicht beizukommen ist. Eine Überlegung, die für die bildende Kunst, als Praxis der *Durchdringung der Gegenwart*, von großer Bedeutung ist und einen ergänzenden Zugang zu ihren Displays und Darstellungslogiken liefern könnte.

In der Architektur ist die Tradition der Übersetzung einer Idee oder eines Entwurfs in ein Modell natürlich nicht zufällig. Das geplante Resultat wird häufig nur über seine temporären Realisationen im Plan vorab vorstellbar. In einer Art mentalen Überlagerungstechnik[249] aus den einzelnen gezeigten Ebenen und Schnitten entstehen und entwickeln sich Vorstellungen des Ganzen aus den wesentlichen Schnitten und Einzelheiten. Damit das *Zeigen* also zur Entfaltung im *Sehen* kommen kann (damit die Simulation wirksam werden kann), ist es notwendig, das Display ausgesprochen sorgfältig zu planen und mit denjenigen Informationen, Perspektiven und Schnitten auszustatten, die die relevanten Aspekte des Gesamtzusammenhangs auch vermitteln können. Prinzipiell – und das ist auch im angestrebten Zusammenhang dieser Arbeit wichtig zu bedenken – zeigt ein Display nicht das, was ist und nicht anders sein könnte, sondern es zeigt genau das, was für eine erfolgreiche Simulation notwendig ist – und nur das.[250] In der Kunst ist die erfolgreiche Simulation das, was als Qualität der Kunst und Durchdringung der Gegenwart verstanden wird. Die erfolgreiche Simulation in der Kunst hängt eng zusammen mit den Beschreibungsversuchen um das Unbegreifliche, das sich über verschiedene Zugänge und Angebote der Darstellung zu einem Eindruck erwächst. Alles Notwendige zeigt sich (oder wird gezeigt – mit allen ebenso notwendigen Lücken des Zeigens), damit sich die »Stimulation der Situation« zu etwas Komplexerem entfalten kann, das sich schwer beschreiben lässt.[251] Dafür sollte nun ein Beispiel konsultiert werden.

Abb. 5.21: Cécile B. Evans, Installationsansicht von »Hyperlinks or it Didn't Happen«, 2014. Online unter: https://images.curiator.com/images/t_x/art/jecuwo7wdshqi7kqs1pt/cecile-b-evans-hyperlinks-or-it-didnt-happen.jpg [05.01.2018].

249 Die man sich in etwa so wie die 3D-Bilder vorstellen muss, bei denen man die Augen stark zusammenkneift und dann per Blurring einen Fixpunkt navigiert. Die vielen Formen ergeben dann etwas, das man ohne Blicktechnik nicht gesehen hätte.

250 Ganz in der Tradition der Architektur, wie des Designs und im angewandten Bereich der Künste, die traditionell wesentlich selbstverständlicher mit allen Mitteln der Technik experimentiert.

251 Vgl. Schütze, Konstanze. »Where the *pragmagics happens. Über die Ästhetik der leeren Hände und die Arbeit am Magischen«. In: Meyer, T.; Dick, J.; Moormann, P.; Ziegenbein, J. (Hg.). *Where the Magic Happens. Bildung nach der Entgrenzung der Künste*. München, 2016, S. 85–90.

Die Verwendung des Begriffs Display für die Arbeit »Wall Display«[252] von Heimo Zobernig ist wegweisend für die Kunst. Gerade eine solche freundliche Übernahme eines Konzepts aus dem Bereich der angewandten Gestaltung für eine kritische Annäherung an die Ausstellungspraxen im System Kunst sorgte in den 1990er-Jahren für spannende neue Ansätze kontextspezifischer, institutions- und repräsentationsspezifischer Ausstellungsprojekte.[253] Sicher waren gerade diese Überlegungen zu keinem geringen Teil durch die Überlegungen der »Conceptual Art« untermauert. In der Logik der »Conceptual Art« kann man sagen, dass sich die Frage[254] allerdings eher reziprok stellte. Es ging darum, die Idee mit Minimalaufwand[255] zu realisieren – oder zur Realisierung zu bringen. In der »Conceptual Art« wird dieser Minimalaufwand u. a. über sprachliche Mittel erlangt: Die Titel der Arbeiten und weitere Schriftstücke, die einen Ablauf oder ein Vorgehen benennen, zeigen das Werk. Diese Dokumente, Beweisstücke oder Formulierungen ergeben dann ein Display, über das sich das Kunstwerk zeigt. Hier verweise ich nochmals auf die in Kapitel 5.2.1 unternommene visuelle Untersuchung der Bildakkumulationen von Robert Barrys »Inert Gas Series«, die sich auch aus der Übersicht in Abbildung 5.8.2 ablesen lässt.

5.7.4 Interfaces: Momentaufnahmen und Visualisierungen

Gesicht wie Handschrift wurden im alltagssprachlichen Gebrauch schon lange als Spiegel der Seele bezeichnet.[256] In Konsequenz der vorab ausgelegten Linien zu einem Verständnis des Potenzials des Konzepts Display, stellt sich die Frage, ob sie auch als Displays verstanden werden könnten. Wie das Beispiel im Zitat unterhalb illustriert, werden sie mit zunehmender Rechenleistung und verbesserter Sensortechnik[257] als *highly potent* angesehen und können bereits jetzt so ausgewertet werden, dass sie relativ sichere Aussagen über den

252 Siehe Kapitel 5.6.2 zu »Display«. Schön ist bei »Wall Display« natürlich auch die schriftbildliche Nähe zu Walt Disney, ein Verweis auf die starken Dispositive im Hollywood-Film. Ich denke da aber auch an und den Einfluss der Studioproduktionen auf die kommenden Generationen. Der Beitrag »Imitation of Life« zum Länderpavillon Österreich von Mathias Poledna, bietet da einen guten Anschluss und Übergang zu den Strategien des Kollektiv DIS. Vgl. »Venice: Mathias Poledna at The Austrian Pavilion«, *Contemporary Art Daily*, 16.06.2013. Online: https://contemporaryartdaily.com/2013/06/venice-mathias-poledna-at-the-austrian-pavilion/ [25.02.2018].

253 In Anlehnung an »An Exhibit« (1957) von Richard Hamilton; z. B. »Installation«, 2006 von Julie Ault und Martin Beck. Vgl. McGovern 2014, S. 45f. In Kapitel 5.6 gibt es einen weiteren Verweis auf die Repräsentationskritik und Theorien der Marginalisierung.

254 Siehe Ausführungen zur unsichtbaren Kunst in der Kunstpädagogik, vgl. Kapitel 5.6.2.

255 Ein Begriff, den ich hier einführen möchte. Verwenden werde ich ihn für Arbeiten, die deutlich werden lassen, dass unter einem bestimmten Ansatz der Material- und Bildökonomie gerade soviel Aufwand für die visuelle Oberfläche betrieben wurde, dass die Simulation/Darstellung aufgeht.

256 U. a. bei Hirschi, Caspar. »Die Handschrift, ›eine Fotografie der Seele‹«. *NZZ*, 10, 2017, S. 64–71. Online: https://www.alexandria.unisg.ch/251128/1/Hirschi_Graphologie_NZZGeschichte.pdf [17.02.2018].

257 Bei der Handschrift-Auswertung ist es technisch komplizierter, denn neue Daten werden mit bereits »verifizierten Daten« der Gehirnstrom-Mood-Korrelation abgeglichen.

Gefühlszustand (und vieles mehr) ihrer menschlichen Verwalter*innen[258] zu treffen in der Lage sind. Natürlich trifft nicht das Gesicht die eigentliche Aussage, sondern die mit der physischen Abweichung[259] empirisch verbundenen psychologischen und biologischen Daten. Das Gesicht ist in diesem Sinne ein »Zeigefeld«[260], und noch dazu eines, das sich in Bewegung befindet. Für die richtige Technik zum Auslesen und die darauf abgestimmte Sensorik produziert dieses Zeigefeld eigene Datensätze, die über sequenzielle Aufnahmen in ihren Aussagen weit über einfache Momentaufnahmen hinausgehen. Die Bewegung des Gesichtes kann über Einzelbilder aufgezeichnet und auch in Serie verarbeitet werden. Werden die Daten aber sequenziell aufgezeichnet und ausgewertet, so ergeben sich Querverbindungen und andere semantische Muster, als wenn die Bilder Einzelbild-weise und in Serie ausgewertet werden. Das erfordert aber große Speichermöglichkeiten und Kalkulationsleistungen. Diese Datensätze[261] zeigen, was das menschliche Auge aufgrund seiner hohen Trägheit nicht entziffern kann und nur mühevoll zu erraten vermag.[262] Kleinste Veränderungen der Mimik können so aber technisch ausgewertet und visualisiert werden, worüber sich zeigen lässt, was vorher weder vorstellbar noch sichtbar gewesen ist. Im Wesentlichen handelt es sich um eine Bewegung, die sich über den Sprung in der Regelmäßigkeit der Daten als Besonderheit zeigt. Die grafische Visualisierung eines momenthaften Ausschlags, oder einer Verschiebung, in einem Graphen, ergibt eine zusätzliche Verständnisebene. Diese aufblitzende Ebene ermöglicht Kontextverschiebungen und Kommunikationsanlässe. Die Abweichung selbst sorgt also vor dem Hintergrund der bekannten Daten und Graphen für relevante und neue Informationen. Im Einzelfall kann eine Darstellung der Abweichung weitere Fragen aufwerfen und zu neuen Untersuchungen führen.

> *»A set of reference points are processed at a rate several times faster than the human capacity for information processing. A person who is not equipped with a special toolkit for interpreting data cannot gain an inkling of these internal processes. In practice, the human countenance begins to resemble an input channel for robots. The*

258 Mit der Markierung menschlicher Verwalter führe ich hier bewusst eine Unterscheidung ein zwischen den »facial expressions« und »sets of body data«, die wir produzieren und die als Daten verwertbar werden, und denjenigen Ausdrücken, die wir auch als solche kontrollieren und mit denen wir uns »ausdrücken«. In diesem Fall geht es um die »sets of body data« und weniger um den bewusst eingesetzten Ausdruck per Körper. Im Wesentlichen wird über dieser Separierung des Anliegens verfolgt, die bewussten von den unbewussten Handlungen zu unterscheiden und die These zu untersuchen, dass die unbewussten Äußerungen als Daten für psychosoziale Experimentalanordnungen viel relevanter zu sein scheinen.

259 Gemeint ist eine extreme Gesichtsbewegung, die für die Sensoren erkennbar und auswertbar wird.

260 McGovern 2014, S. 43.

261 Es ist wichtig, im Blick zu behalten, dass es sich dabei um bloße Zahlensätze handelt.

262 Beim momenthaften Auslesen ist für den Menschen nur ein bestimmter Bereich des Sichtbaren zugänglich und visuell erfahrbar.

face seems to be no longer itself: it turns into an interface, sometimes broken, but still an interface. From an algorithmic perspective there is no significant difference between the face as an interface and a set of buttons or a light sensor. In order to restore the face with human meaning, it is the algorithms themselves which should be socialised. We are not becoming cyborgs; machines are becoming humanised. A human starts to work as a human, teaching machines to be human-like, checking whether their actions match those of humans. Are there any data abnormalities at this point? Is it possible for a machine to have an imagination? Could headhunter websites recruit an ›AI psychologist?‹ When you are interacting with an artificial intelligence it is always assuming a 20 % probability that you might be someone else. Digitalized, transformed into data, the face loses all humanity.« [263]

Die Sensorik erschließt Aspekte des menschlichen Ausdrucks und schafft auf diese Weise einen Zugang zu einem Datenbereich, der dem Menschen bisher per se verborgen geblieben ist und der sowohl technischer Vermittlung wie technisch-optischer Prozesse bedarf. Per Simulation – oder eben mit einem vermittelnden Display – kann gezeigt werden, was visuell erfassbar, aber für den Menschen (ohne technische Hilfsmittel) unsichtbar ist. Verkürzt oder vereinfacht gesagt, ist das Gesicht dann – mittels Sensorik, Datensatzanalyse, Simulation – ein Display bestimmter biologischer, medizinischer und psychologischer Verhältnisse und Situationen. Um nochmals zur alltagssprachlichen Gewissheit zurückzukehren: Das Display (das Gesicht) spiegelt sozusagen auf metaphorische Weise tatsächlich die Seele und gibt Informationen über medizinisch, psychologisch oder biologisch beschreibbare Konstitutionen an die Sensoren, und das in Echtzeit. Umgekehrt gedacht, könnten diese Sensoren als elektronenmikroskopischer Spiegel des menschlichen Äußerungsspektrums verstanden werden, der über einen Trick etwas zeigt, was prinzipiell unzeigbar ist.[264]

Und damit schließe ich an die Überlegungen zum Display erneut an. Bei einer Installation im Sinne der bildenden Kunst handelt es sich nicht notwendigerweise um ein Display. Im strengeren Sinne der Anwendung in der Architektur und im Design zeigt ein Display etwas, das – wie oben beschrieben – so noch nicht existiert und durch gezielte Darstellung (oder Simulation, genauer gesagt, gezieltes Zeigen) in den Bereich des Vorstellbaren und Sichtbaren gehoben werden muss. Die Darstellung im Display ist aber nicht zwingend auch

263 Zhuk, Dzina; Spesivtsev, Nicola. »Inhuman Faces. Anthropological Practices in Literature, Philosophy and Film«. Vortrag am Peter Szondi-Institut der Freien Universität Berlin, 12.01.2016. (unveröffentlicht) sowie bei Facebook online unter: www.facebook.com/events/193691874432757/ [17.02.2018]. In diesem Zusammenhang sehr interessant: Wacom hat eine Software entwickelt, die Gehirnstromdaten anhand von digitalisierter Handschrift erfassen soll. Wacom nennt dieses Projekt »Brainwave«, vgl. Nickel, Oliver. »Ein Graph sagt mehr als tausend Worte«. *Golem,* 10.01.2017. Online: http://www.golem.de/news/wacom-brainwave-ein-graph-sagt-mehr-als-tausend-worte-1701-125503.html [15.09.2020].

264 McGovern S. 47; u. a. nach Rebentisch, Juliane. *Ästhetik der Installation.* Frankfurt/Main, 2003.

ein Interface oder ein Übergang zu weiteren inhaltlichen oder formalen Ebenen. Sie gibt nicht unbedingt Zugang zu Informationen oder bietet Anlässe und Daten, die ausgewertet werden können. Im Zentrum meiner Untersuchungen am Display dient dieser Exkurs in die gegenwärtigen technischen Möglichkeiten der Sensorik, Datensatzanalyse und Simulation nun dazu, die Frage der maschinellen Auswertung erneut in der Gegenwart zu platzieren und soziotechnische Infrastrukturen in die kunstpädagogische Kalkulation der Gegenwartskunst einzubeziehen.

5.7.5 Tarnungsmanöver: Camouflage als Superimage

Ich möchte den Blick von den Interfaces und Displays auf die Oberflächen als Verhüllungsmeisterwerke lenken. Unter Camouflage versteht man ganz allgemein »Täuschung durch Tarnung«[265]. Und sie gehört zu den wesentlichen Überlebensstrategien in der Natur. Ziel der Operationen ist es dabei, vom Angreifer übersehen zu werden oder für dessen Angriffstaktik unsichtbar zu sein. Aber diese Taktik der Camouflage wird nicht nur in der Tier- und Pflanzenwelt angewandt. Bereits seit dem Ersten Weltkrieg (und verstärkt im Zweiten Weltkrieg) entwickelten und perfektionierten Architekt*innen, Dekorateur*innen und Künstler*innen Camouflage-Muster und Tarnungsstrategien.[266] Wenn aber von Camouflage im Sinne einer Anpassung die Rede ist, dann kann das konzeptionell leicht irreführend sein. Hubertus Butin schreibt:

> *»[D]ie Wirklichkeitsrelation von Camouflage-Mustern ist komplex und ambivalent, denn diese sind paradoxerweise abstrakt und mimetisch zugleich. [...] Damit etwa die militärische Camouflage-Kleidung in möglichst vielen verschiedenen Kontexten funktionieren kann, dürfen die Muster in ihrer Form keine konkreten Objekte oder klare Strukturen der Umgebung abbilden.«*[267]

Ein erfolgreiches Tarnungsmanöver ist demnach nicht ausschließlich eine Frage der Anpassung, sondern gewinnt gerade auch durch Ergänzung. Diese muss visuell flexibel genug sein, um sich wirkungsästhetisch einer veränderlichen Umgebung immer visuell anzuschmiegen. Dieses optische Wirkungsprinzip wird durch fein abgestimmte *patterns* (dt.: Muster) unterstützt, die experimentell ermittelt und optisch/visuell im Testfall geprüft werden. In einer Mischung aus abstrahierendem Ansatz, im Sinne einer Verallgemeinerung

265 Butin, Hubertus. »Camouflage«. In: Schafaff, J.; Schallenberg, N.; Vogt, T. (Hg.). *Kunst-Begriffe der Gegenwart. Von Allegorie bis Zip.* Köln, 2013, S. 19–24, hier: S. 19.
266 Vgl. z. B. Paul Klee, Franz Marc und Bauhaus.
267 Ebd., S. 20.

der Oberfläche auf ihre wesentlichen Elemente, und der Nachahmung derselben Oberfläche, im Sinne einer Kopie der Oberfläche per *Mimese*, ergibt sich nun ein Muster, das allgemeingültig(er) scheint und eine identische Reproduktion in Minimalaufwand simulieren kann.[268] Meine Arbeitsthese lautet hier: Es entsteht so eine Art *Superimage*, das die imitierte Oberfläche um ein Vielfaches übertrifft und als generische Variante für alle möglichen anderen imitierten Oberflächen auch gelten kann. Mit dieser Doppelstrategie schmiegt sich die Kopie (und das zu Tarnende) mit maximaler Flexibilität an die visuelle Oberfläche des Hintergrunds und wird unsichtbar, klinkt sich ein, taucht ab. Man könnte hier auch von einer Art *visueller Immersionsstrategie*[269] sprechen. »Die Farben erinnern je nach Umgebung an Erde, Laub, Blätter, Steine, Wüstensand und Schnee«[270] und meist an alles zugleich.

Abb. 5.22–5.23: Beispiele und Arten von Camouflage. (1) Biomorphologisches Camouflage, (2) *dazzle pattern*. Online unter: https://commons.wikimedia.org/wiki/File:Camo_patterns.jpg / https://en.wikipedia.org/wiki/Dazzle_camouflage#/media/File:USS_West_Mahomet_(ID-3681)_cropped.jpg [05.01.2018].

In Kunst und Mode finden sich vielfältige Anwendungen, aber auch obsessive Abwendungen der militärisch konnotierten Muster. Beispielsweise ließ William Anastasi (New Yorker Gwan Gallery) das Mobiliar mit der Galerie visuell verschmelzen. Bei Andy Warhol reihen sich die Camouflage-Siebdrucke als Experimente zwischen Abstraktion und Abstrahierung ein.[271] Besonders interessant für diese Untersuchung ist vor allem der Vergleich von Jackson Pollock und Andy Warhol, den Butin unternimmt, weil er oberflächlich betrachtet in Gestus und Größe Ähnlichkeiten bei den Künstlern feststellt. Butin sieht darin eine »späte Parodie oder Ironisierung der All-Over-Strukturen Pollocks«. Das Genie, das den männlichen Schöpfungsakt des »Abstract Expressionism« betont, mit Pollock als einem der bekanntesten Vertreter, wird durch »die industriell konfektionierte Abstraktionsform des militärischen Camouflage-Musters« bei Warhol im Sinne eines *dazzle patterns*, mindestens im übertragenen Sinne, irritiert. Diese Überlegungen an zwei Größen der Kunstgeschichte ließen sich, nach eingehender Analyse, unter anderem als Ausgangspunkte für gegenwärtige künstlerische wie politische Strategien der Camouflage oder der Mimikry nutzen.

268 Abstraktion der Umgebung, um eine gewisse optische Flexibilität hervorzurufen.

269 Hiermit sind alle Strategien der visuellen Anpassung gemeint, vor allem aber jene, die ein lückenloses Einpassen eines Objekts in ein anderes oder in die Oberfläche eines anderen ermöglichen.

270 Butin 2013, S. 20.

271 Ebd., Butin 2013, S. 21.

Die Funktion der Schule, bewährte gesellschaftliche Muster in der nächsten Generation anzulegen und folglich Gesellschaft zu konstituieren, legt nahe, dass auch in diesem Zusammenhang Mimesis als ein in der Soziologie diskutiertes Konzept eine Rolle spielt. Neben anderen definierte der Soziologe Gabriel Tarde Gesellschaft als eine »Gruppe von Menschen, die untereinander viele durch Nachahmung […] hervorgebrachte Ähnlichkeiten aufweist«[272]. In Kapitel 4 finden sich wichtige Anschlüsse an das Prinzip der Mimikry und der künstlerischen Beschäftigung mit den Oberflächen und Operationen der Tarnung und Anpassung. Gerade vor dem Hintergrund viral gehender Inhalte, Bilder, Gesten und Aneignungsketten, verspricht eine eingehende Beschäftigung mit dem Aspekt der Nachahmung weitere Erkenntnisse über die Dynamiken am Bild der Gegenwart.

272 Tarde, Gabriel. *Die Gesetze der Nachahmung.* Aus dem Französischen von Jadja Wolf. Frankfurt/Main, 2003, S. 13 sowie bei Lüdemann, Susanne. »Die imaginäre Gesellschaft. Gabriel Tardes anti-naturalistische Soziologie der Nachahmung«. In: Stäheli, U.; Borch, C. (Hg.), *Soziologie der Nachahmung und des Begehrens. Materialien zu Gabriel Tarde.* Frankfurt/Main, 2009, S. 107–124.

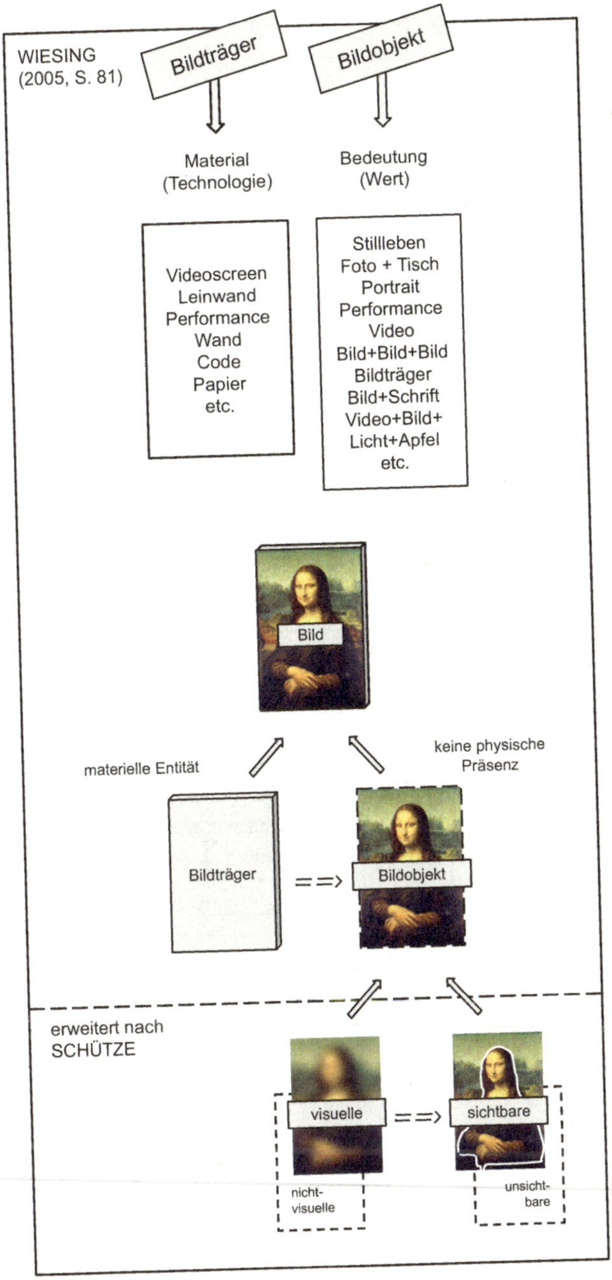
WIESING
(2005, S. 81)
Bildträger
Bildobjekt
Material
(Technologie)
Bedeutung
(Wert)
Videoscreen
Leinwand
Performance
Wand
Code
Papier
etc.
Stillleben
Foto + Tisch
Portrait
Performance
Video
Bild+Bild+Bild
Bildträger
Bild+Schrift
Video+Bild+
Licht+Apfel
etc.
Bild
materielle Entität
keine physische Präsenz
Bildträger
Bildobjekt
erweitert nach
SCHÜTZE
visuelle
sichtbare
nicht-visuelle
unsicht-bare

Abb. 5.1

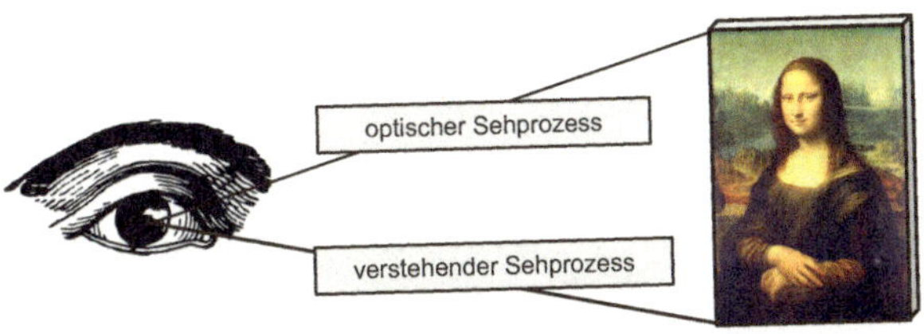
optischer Sehprozess
verstehender Sehprozess

Abb. 5.2

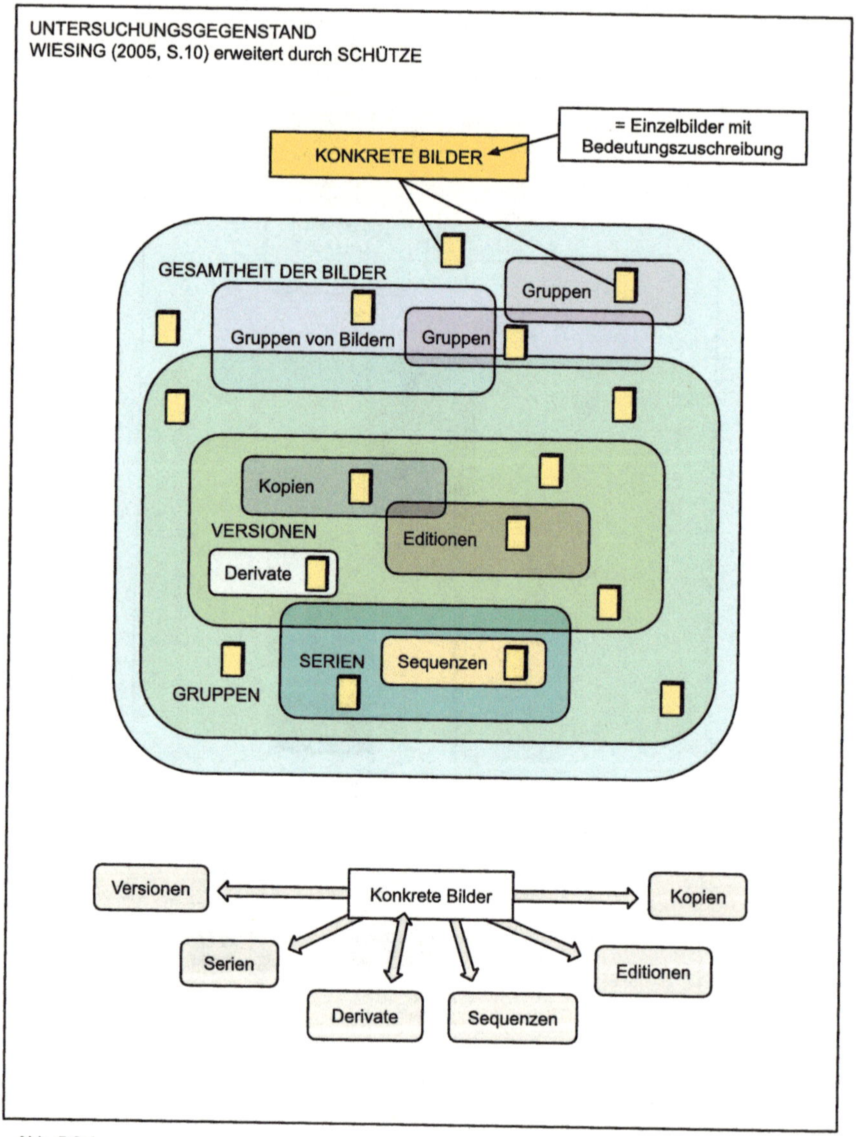
UNTERSUCHUNGSGEGENSTAND
WIESING (2005, S.10) erweitert durch SCHÜTZE
KONKRETE BILDER
= Einzelbilder mit Bedeutungszuschreibung
GESAMTHEIT DER BILDER
Gruppen
Gruppen von Bildern
Gruppen
Kopien
VERSIONEN
Editionen
Derivate
SERIEN
Sequenzen
GRUPPEN
Versionen
Konkrete Bilder
Kopien
Serien
Editionen
Derivate
Sequenzen

Abb. 5.3.1

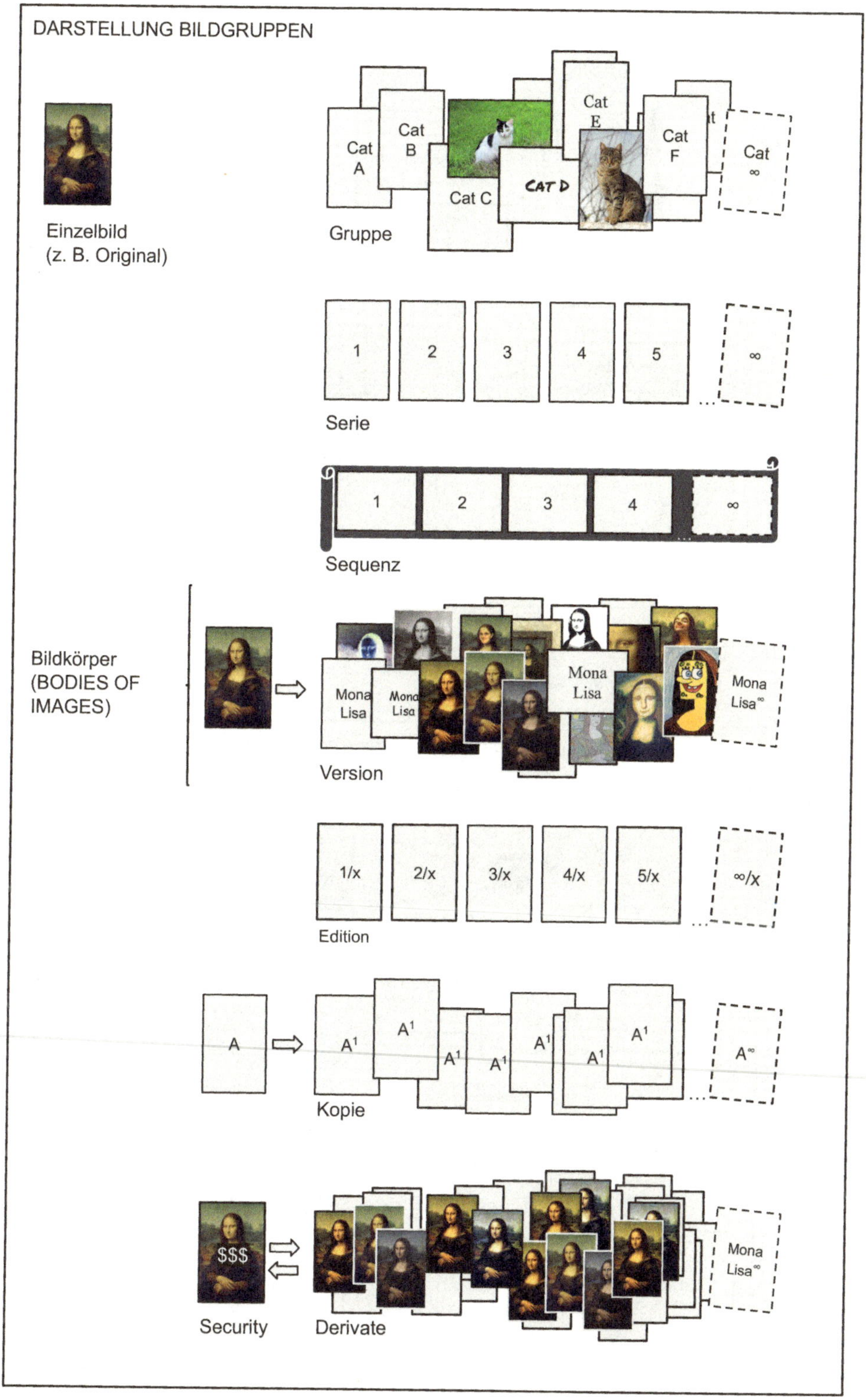
DARSTELLUNG BILDGRUPPEN
Einzelbild
(z. B. Original)
Cat A
Cat B
Cat C
CAT D
Cat E
Cat F
Cat ∞
Gruppe
1
2
3
4
5
∞
Serie
1
2
3
4
∞
Sequenz
Bildkörper
(BODIES OF
IMAGES)
Mona Lisa
Mona Lisa
Mona Lisa
Mona Lisa∞
Version
1/x
2/x
3/x
4/x
5/x
∞/x
Edition
A
A1
A∞
Kopie
$$$
Mona Lisa∞
Security
Derivate

Abb. 5.3.2

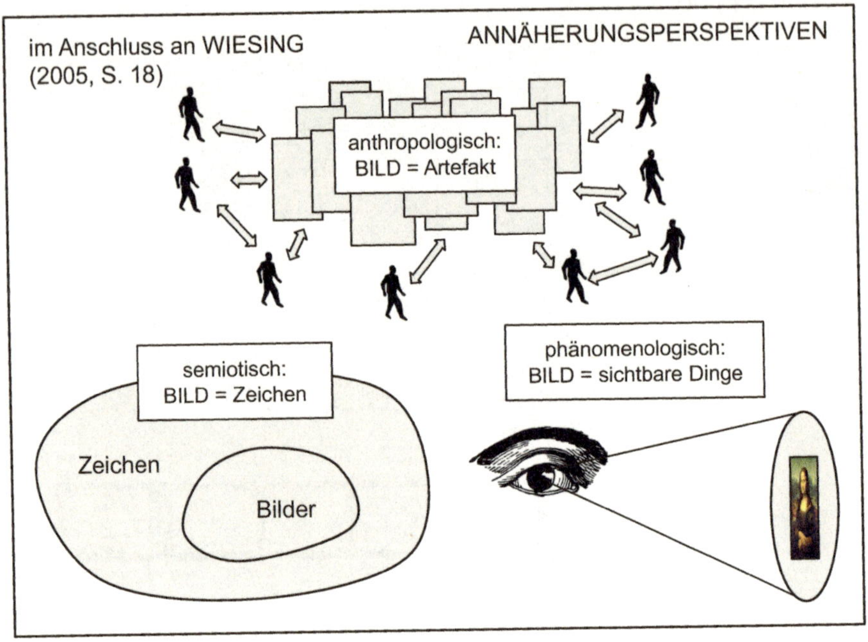
im Anschluss an WIESING
(2005, S. 18)
ANNÄHERUNGSPERSPEKTIVEN
anthropologisch:
BILD = Artefakt
semiotisch:
BILD = Zeichen
Zeichen
Bilder
phänomenologisch:
BILD = sichtbare Dinge

Abb. 5.4

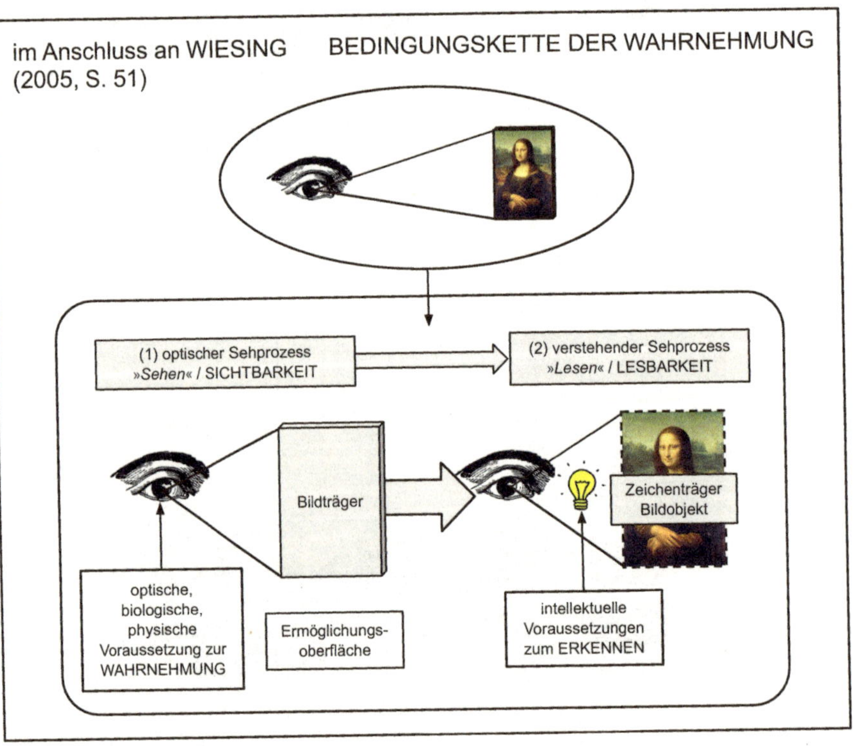
im Anschluss an WIESING
(2005, S. 51)
BEDINGUNGSKETTE DER WAHRNEHMUNG
(1) optischer Sehprozess
»Sehen« / SICHTBARKEIT
(2) verstehender Sehprozess
»Lesen« / LESBARKEIT
Bildträger
Zeichenträger
Bildobjekt
optische,
biologische,
physische
Voraussetzung zur
WAHRNEHMUNG
Ermöglichungs-
oberfläche
intellektuelle
Voraussetzungen
zum ERKENNEN

Abb. 5.5

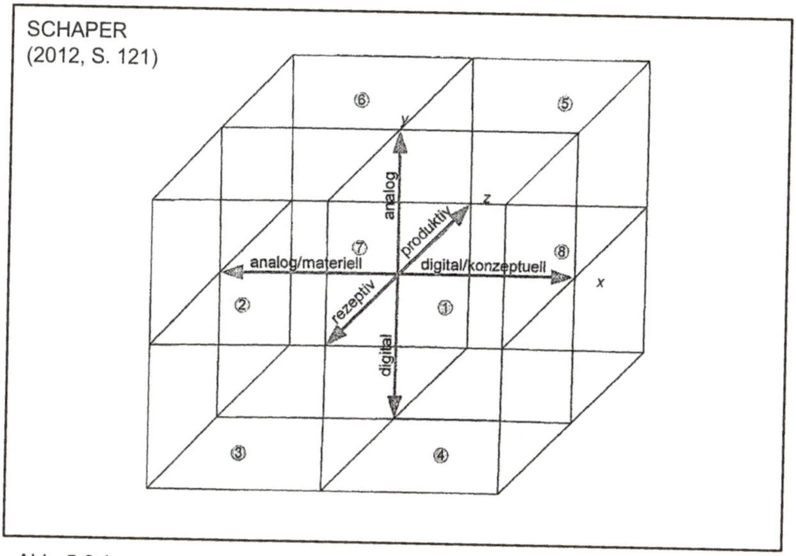

Abb. 5.6.1

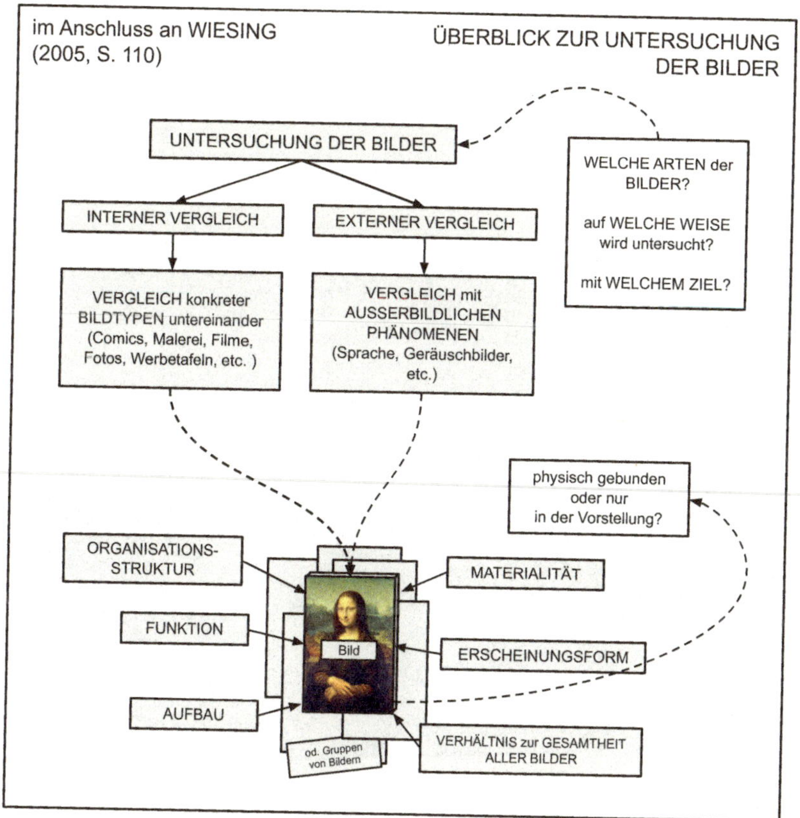

Abb. 5.6.2

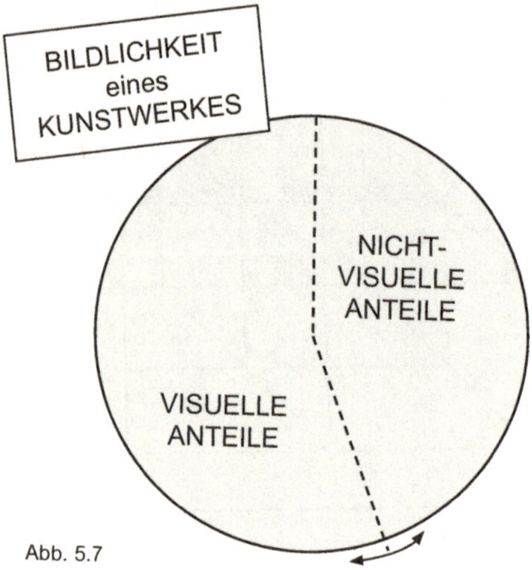

Abb. 5.7

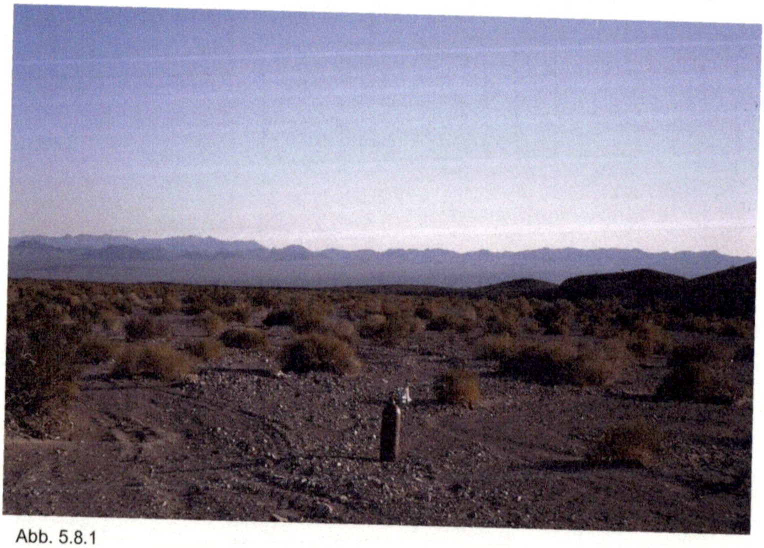

Abb. 5.8.1

SCHÜTZE (2018)

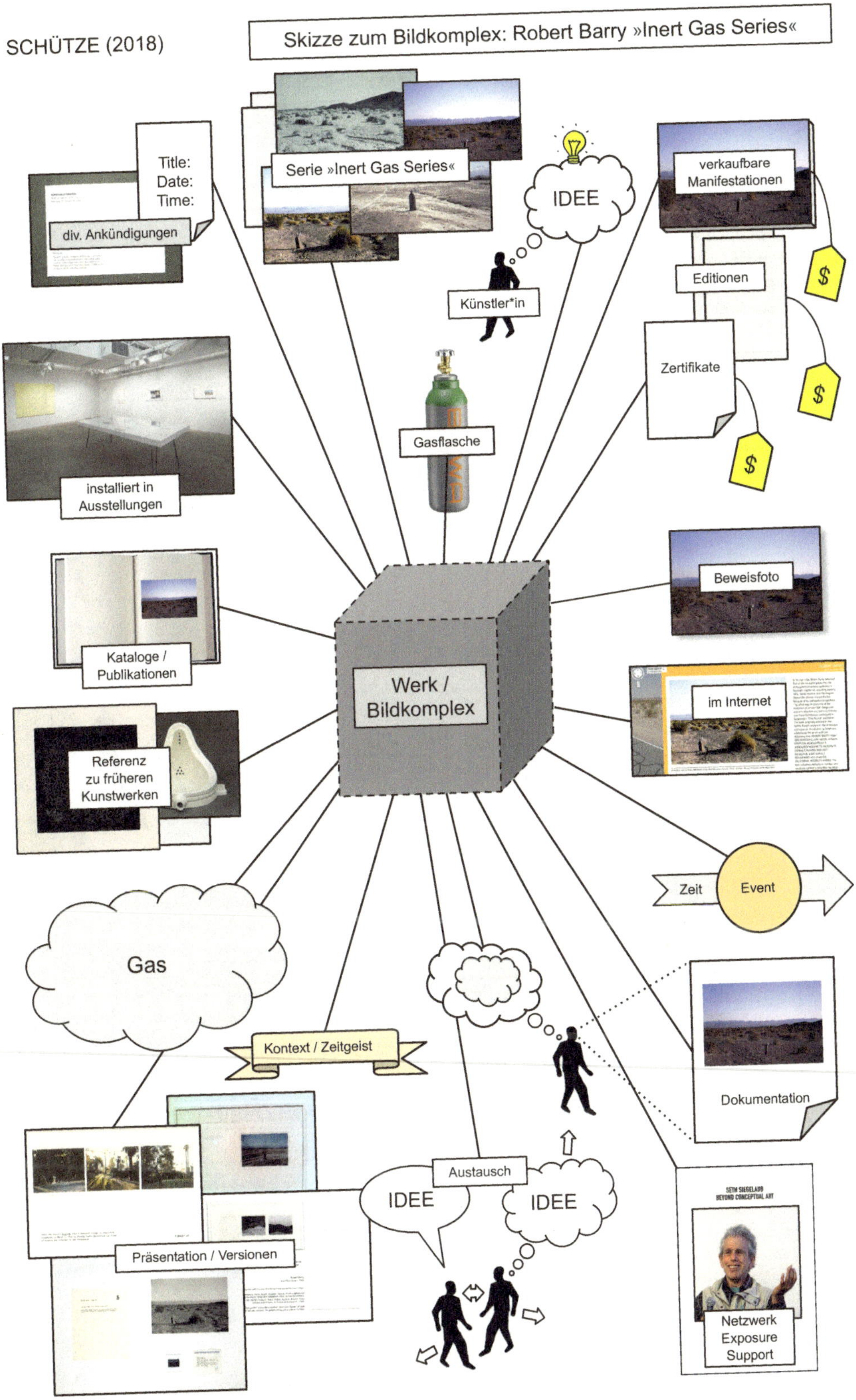

Abb. 5.8.2

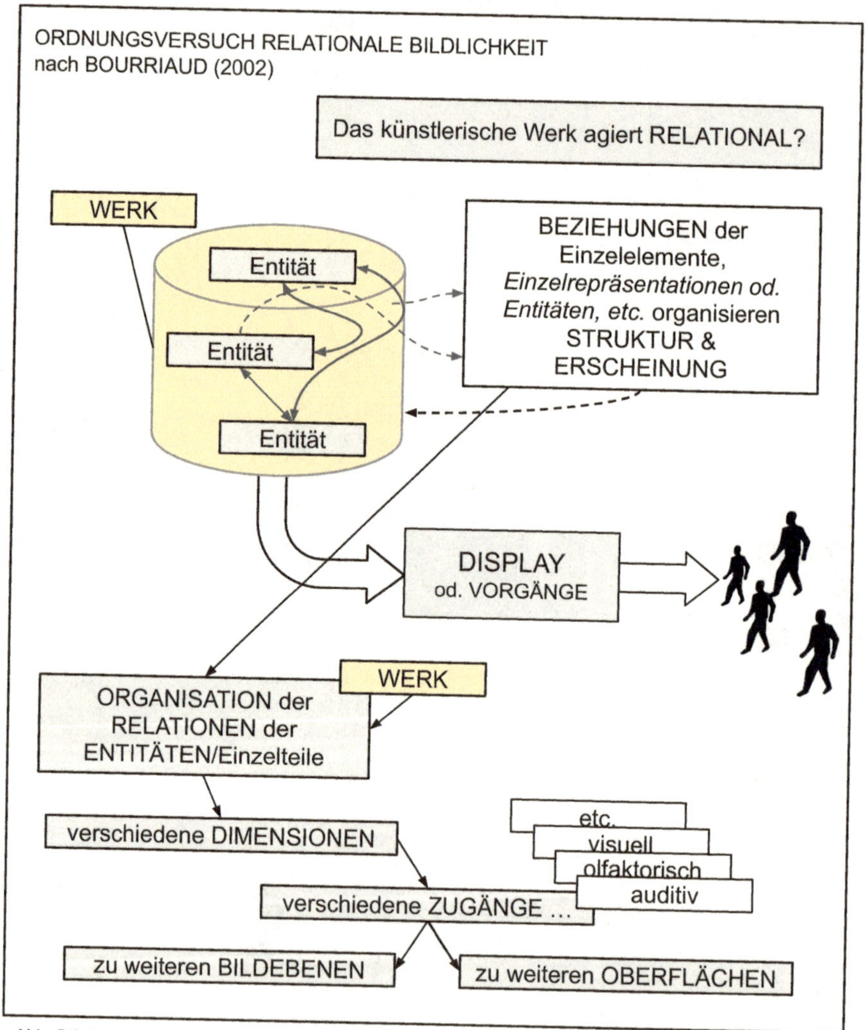

ORDNUNGSVERSUCH RELATIONALE BILDLICHKEIT
nach BOURRIAUD (2002)
Das künstlerische Werk agiert RELATIONAL?
WERK
Entität
Entität
Entität
BEZIEHUNGEN der Einzelelemente, *Einzelrepräsentationen od. Entitäten, etc.* organisieren STRUKTUR & ERSCHEINUNG
DISPLAY od. VORGÄNGE
WERK
ORGANISATION der RELATIONEN der ENTITÄTEN/Einzelteile
verschiedene DIMENSIONEN
etc.
visuell
olfaktorisch
auditiv
verschiedene ZUGÄNGE …
zu weiteren BILDEBENEN
zu weiteren OBERFLÄCHEN

Abb. 5.9.1

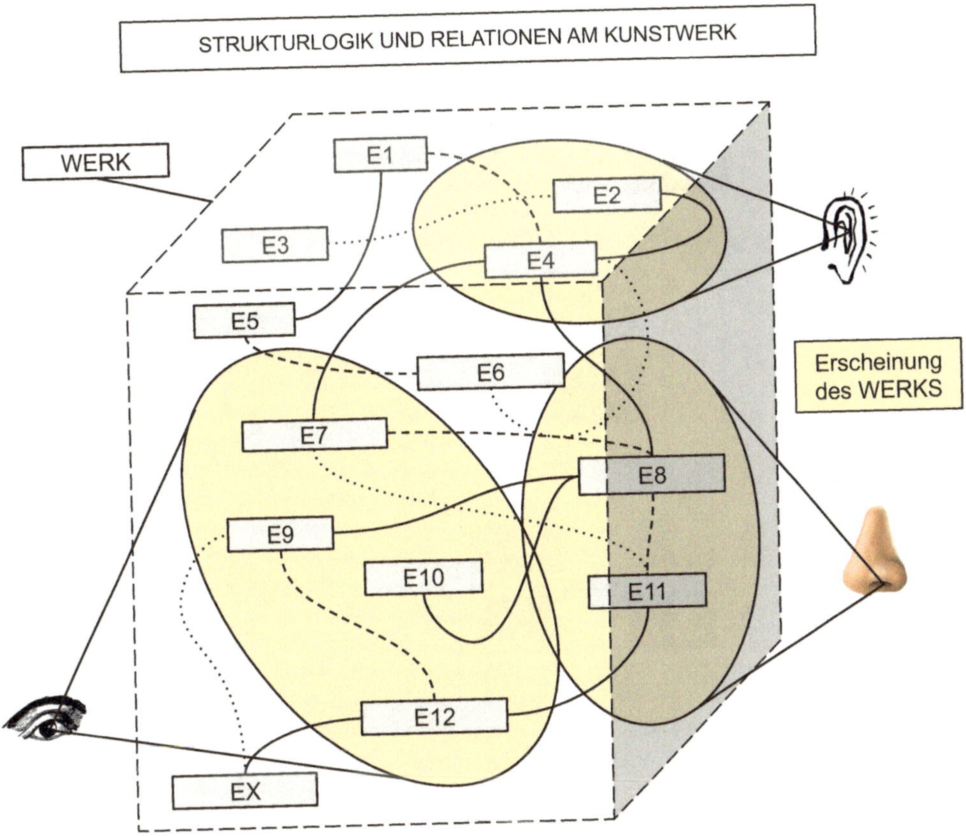

(E) ENTITÄTEN = Einzelelemente od. Anteile des Werkes, z. B. vers. Materialien, vers. Medien und Geräte, Anordnungen und Installation, Düfte, Musik, Akustik, Instagram-Posts, Ausstellungstext, Abbildung, Foto, Dokumentation etc. …

Abb. 5.9.2

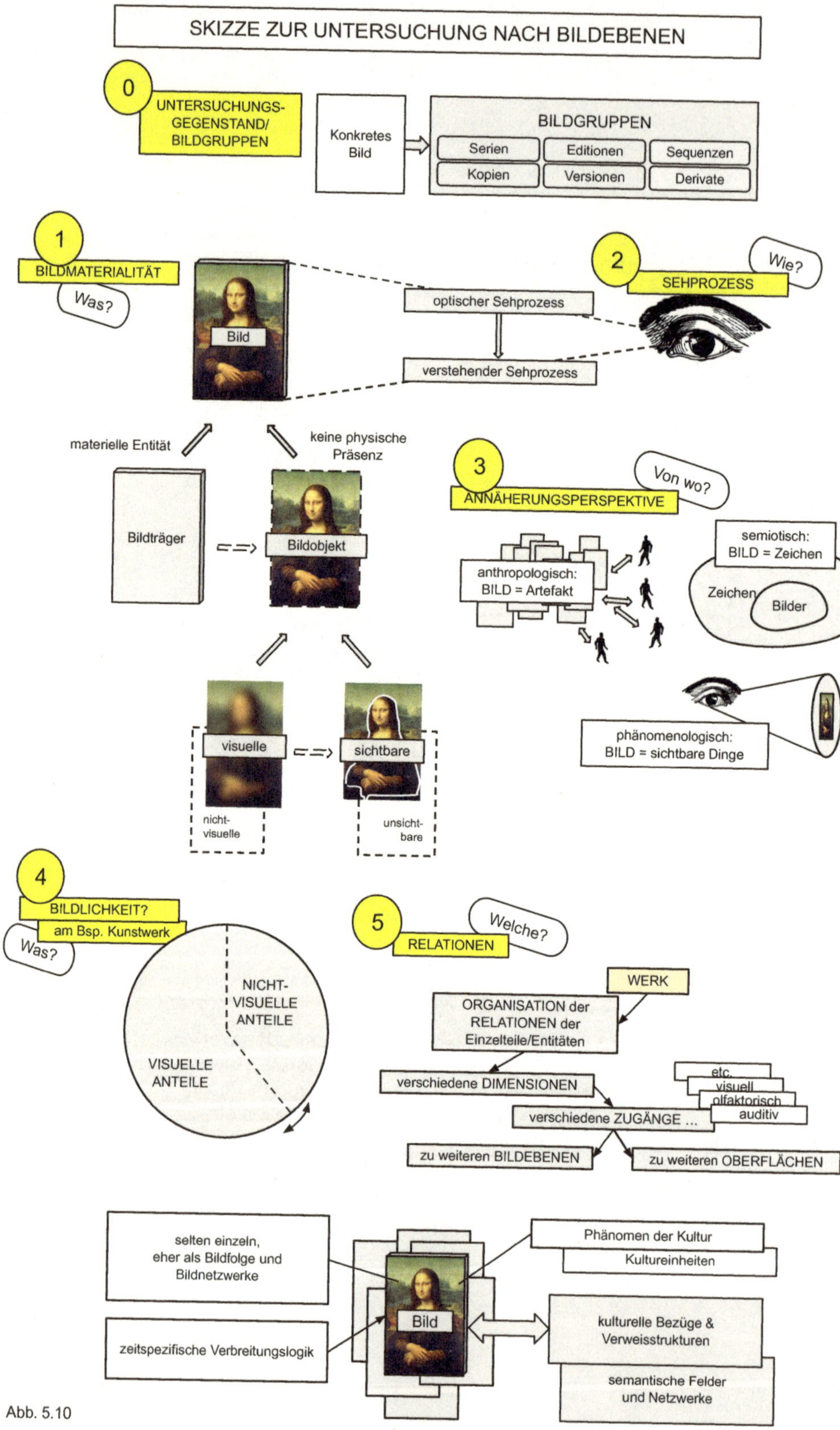
SKIZZE ZUR UNTERSUCHUNG NACH BILDEBENEN
0
UNTERSUCHUNGS-GEGENSTAND/ BILDGRUPPEN
Konkretes Bild
BILDGRUPPEN
Serien
Editionen
Sequenzen
Kopien
Versionen
Derivate
1
BILDMATERIALITÄT
Was?
Bild
optischer Sehprozess
verstehender Sehprozess
2
SEHPROZESS
Wie?
materielle Entität
keine physische Präsenz
Bildträger
Bildobjekt
visuelle
sichtbare
nicht-visuelle
unsicht-bare
3
ANNÄHERUNGSPERSPEKTIVE
Von wo?
anthropologisch: BILD = Artefakt
semiotisch: BILD = Zeichen
Zeichen
Bilder
phänomenologisch: BILD = sichtbare Dinge
4
BILDLICHKEIT?
am Bsp. Kunstwerk
Was?
NICHT-VISUELLE ANTEILE
VISUELLE ANTEILE
5
RELATIONEN
Welche?
WERK
ORGANISATION der RELATIONEN der Einzelteile/Entitäten
verschiedene DIMENSIONEN
etc.
visuell
olfaktorisch
auditiv
verschiedene ZUGÄNGE ...
zu weiteren BILDEBENEN
zu weiteren OBERFLÄCHEN
selten einzeln, eher als Bildfolge und Bildnetzwerke
zeitspezifische Verbreitungslogik
Bild
Phänomen der Kultur
Kultureinheiten
kulturelle Bezüge & Verweisstrukturen
semantische Felder und Netzwerke

Abb. 5.10

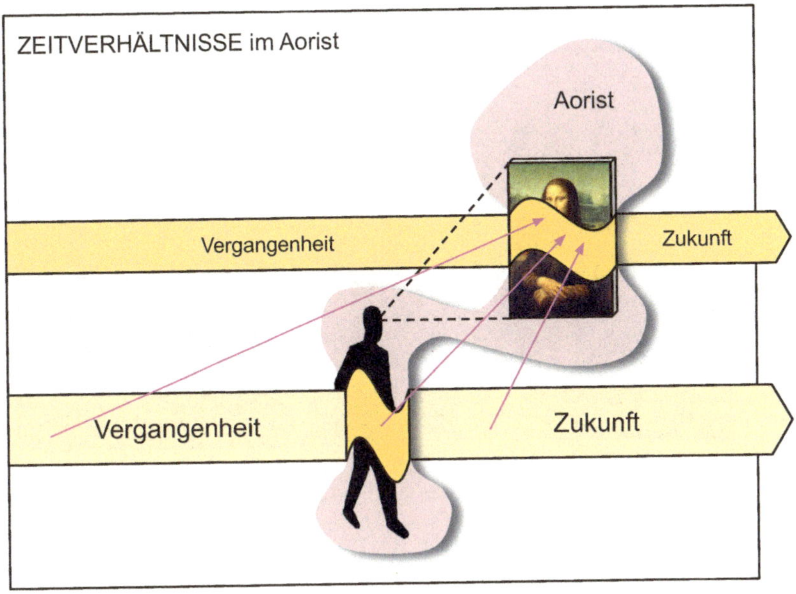

Abb. 5.11

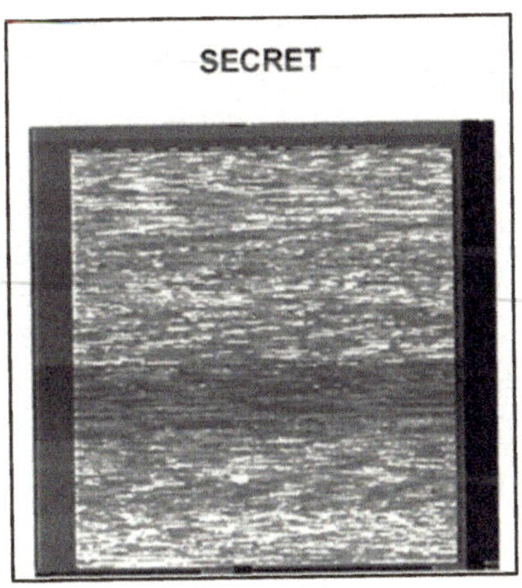

Abb. 5.12

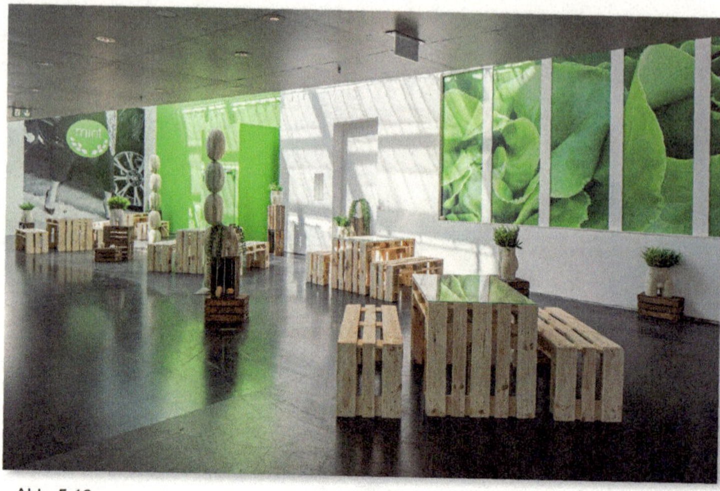

Abb. 5.13

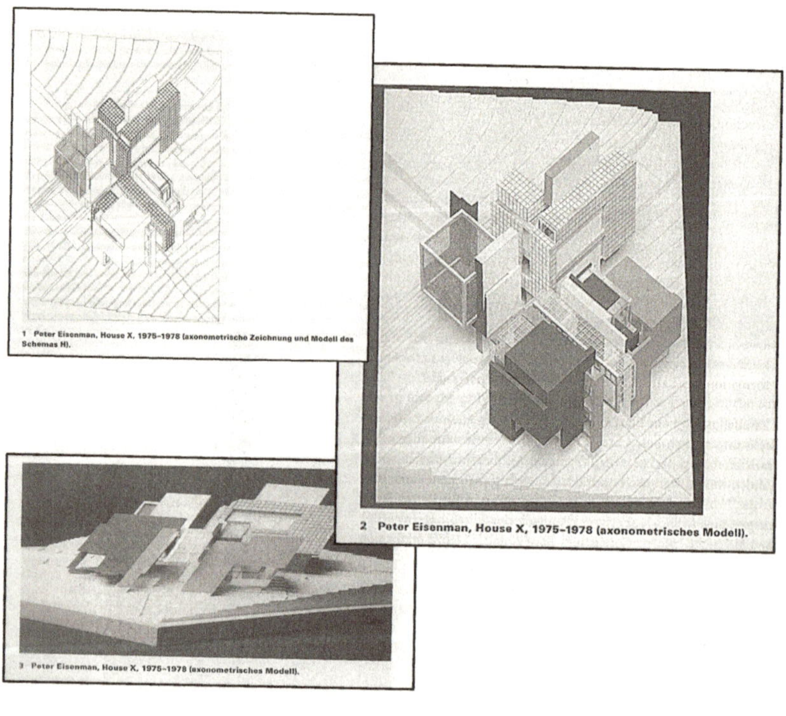

Abb. 5.14–5.16

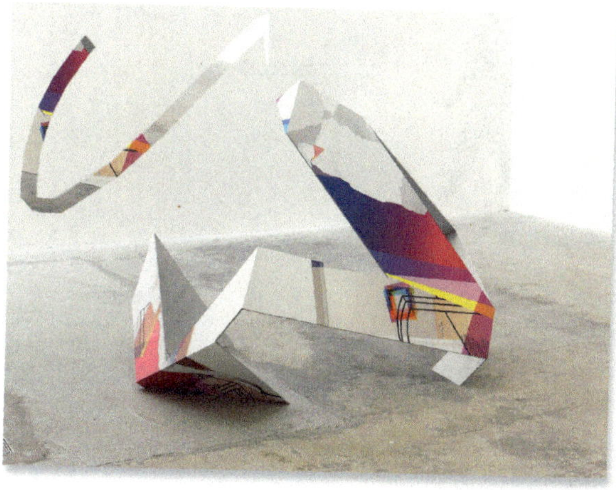

Abb. 5.17

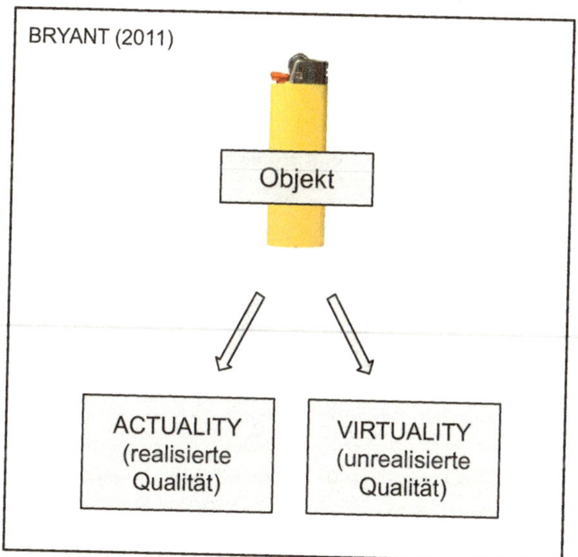

Abb. 5.18.1

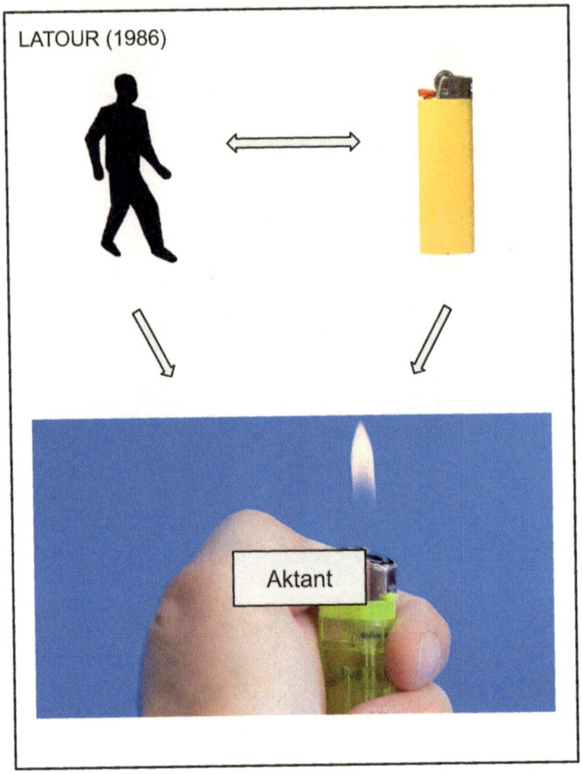

Abb. 5.18.2

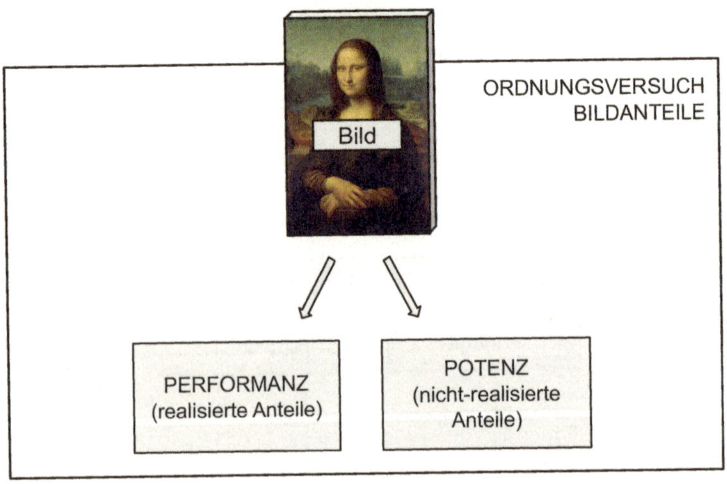

Abb. 5.18.3

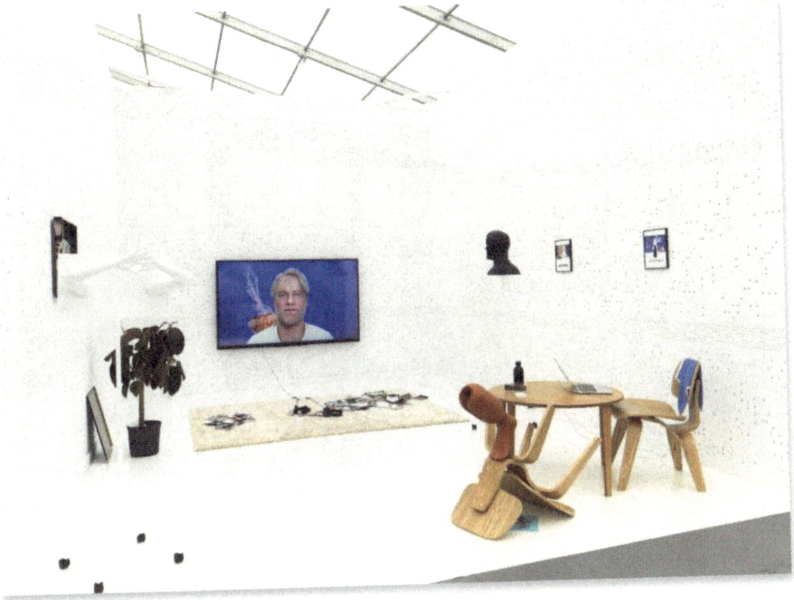

Abb. 5.19

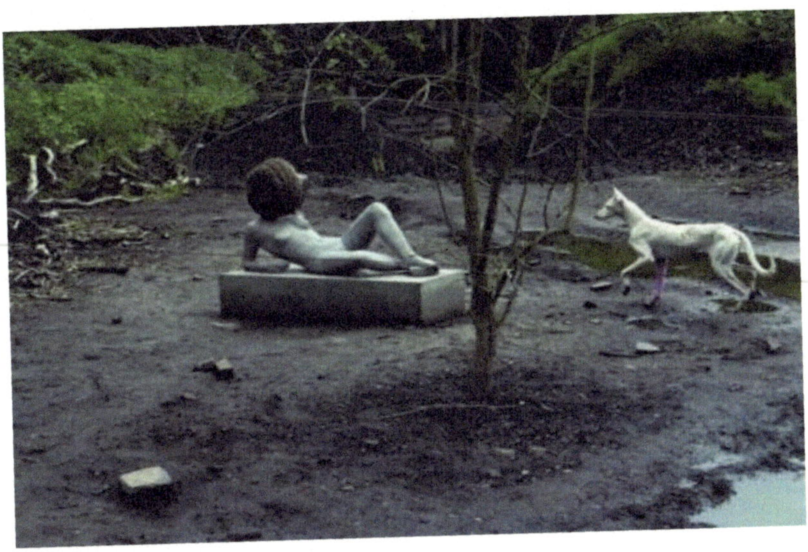

Abb. 5.20

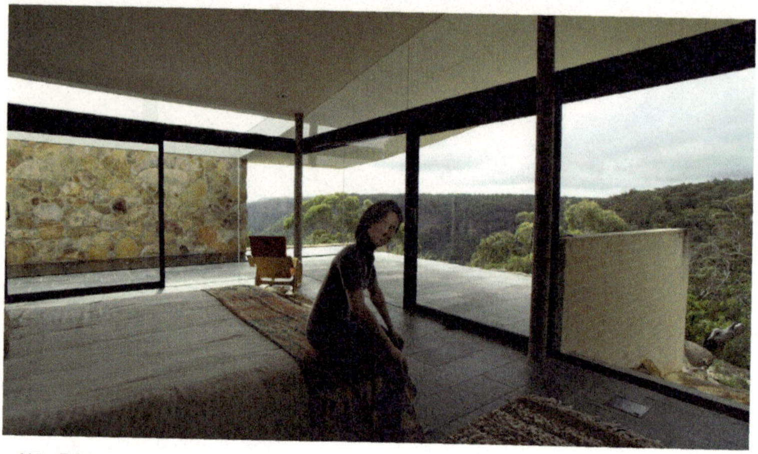

Abb. 5.21

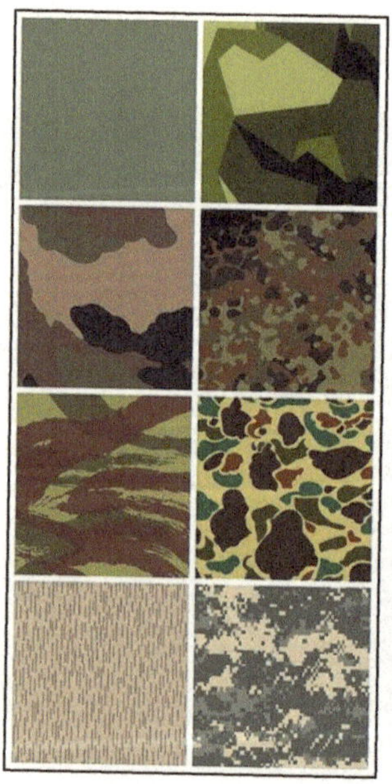

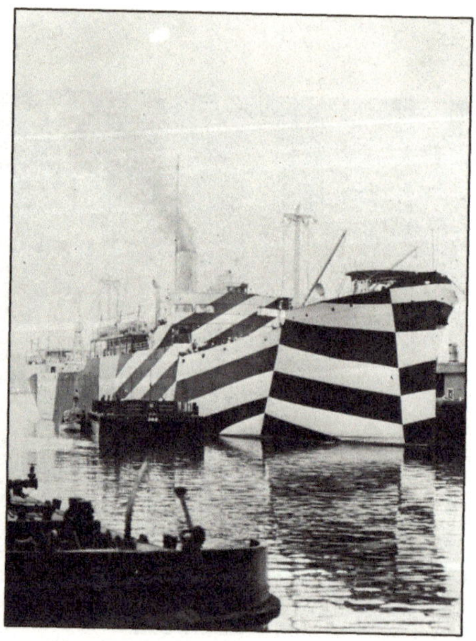

Abb. 5.22–5.23

Teil III
Exploration Bild im Plural

6 Bilder als Komplexe

6.1 Memtheorie: Memkomplexe und ihre Verbreitung

Die gegenwärtig medial vorherrschenden Debatten um Verbreitungskulturen[1], durchgreifende Digitalisierung[2] und medial vermittelte Wirklichkeit[3] verhandeln Bilder als omnipräsentes und nahezu omnipotentes Material. Dem Bild wird einerseits eine Art feindliche Übernahme unterstellt und andererseits wird seine Passivität (in Form von Objekthaftigkeit und Manipulierbarkeit) beschworen. Beide Erzählungen widersprechen sich aufs Schärfste. Gemein ist ihnen jedoch das Bewusstsein für die Notwendigkeit einer Reaktion auf die schwerwiegenden Veränderungen. Und nicht nur das, die veränderte Logik der Bildphänomene betrifft die trivialsten Kommunikationsprozesse on- wie offline und ist nicht mehr umkehrbar. Besonders deutlich wird diese neue Logik an Beispielen der jüngeren dieser Verbreitungseffekte. Unter anderem dann, wenn sich per Streisand-Effekt[4] unliebsamer Inhalt rasend schnell verbreitet, ohne dass dies für Urheber*innen oder Betroffene noch kontrollierbar wäre. Dann werden Bilder auch als Akteur*innen[5] in komplexen Gefügen erfahrbar. Aufgrund ihrer Verbreitungseigenschaften unterliegen Bilder also ganz eigenen Gesetzmäßigkeiten und haben sich geradezu von ihren Urheber*innen unabhängig gemacht.

1 Damit sind die Umgangsweisen, Strategien und Mittel gemeint, durch die Inhalte über große geografische Entfernungen in annähernder Gleichzeitigkeit verbreitet werden können. Dazu zählen Facebook-, Instagram- oder Twittermeldungen u. a. m.

2 An dieser Stelle sei darauf hingewiesen, dass Digitalisierung inzwischen synonym mit »digitale Revolution« (auch: dritte industrielle Revolution) verwendet wird und sich auf den gesamtgesellschaftlichen Wandel hin zu digitalen Prozessen bezieht. Davon sind alle Lebensbereiche betroffen. Grundsätzlich ist die Digitalisierung (auch: Computerisierung) selbst vom Internet und dessen wachsender Bedeutung und globaler Vernetzung unabhängig; ihre Effekte überlagern sich aber zur gegenseitigen Begünstigung.

3 Wirklichkeit wird hier als Begriff im Singular verwendet, um die subjektive beziehungsweise kollektive Wahrnehmung des disparaten Erlebens der Realitäten dennoch als Einzelwahrnehmung zu kennzeichnen. Die mediale Wirklichkeit ist dann eine auf ein Medium bezogene Wirklichkeit, die z. B. die Wirklichkeit des Kinofilms oder der 3D-Simulation eines Fluggenerators ebenso betreffen kann wie eine Präsenz in einer Online-Community.

4 In Kapitel 4 findet sich eine ausführlichere Darstellung des Effekts unter (a) Verbreitung/Going Viral. Vgl. Seemann 2014. S. 25.

5 »Akteur*innen« wird hier nicht grundsätzlich auf Latour und die Vertreter*innen der Akteur-Netzwerk-Theorie bezogen, sondern auf ein generell aktives Muster bestimmter Objekte, z. B. Bilder, wie es auch Karl-Josef Pazzini (Akteur), Horst Bredekamp (Bildakte) und Philipp Ursprung benennen. Vgl. Bredekamp 2010, S. 237, Pazzini 2015, S. 27–28, Ursprung 2017, S. 152.

Im folgenden Kapitel gebe ich einen Überblick über Ansätze, die diese Gegebenheiten der Gegenwart zu erklären versuchen. Eigentlich beziehen sie sich nicht ausschließlich auf visuelle Phänomene im Internet, sondern widmen sich kulturellen Entitäten unabhängig von ihrem Trägermaterial in einem sehr viel allgemeineren Sinne. Die Untersuchung der aktuellen Phänomene auf dieser Grundlage ist dennoch naheliegend. Dementsprechend dehne ich die Überlegungen an den Konturen der aktuellen Rahmenbedingungen für eine Diskussion über das Bild der Gegenwart aus.

6.2 Bilder als kulturelle Entitäten

Diesen funktionalen Überlegungen folgend liegt es nahe, das *Bild* nochmals pragmatisch als *kulturelle Äußerung* zu verstehen, die sich (relativ unabhängig von ihrem Ursprung und Ziel) beständig in Verbreitung befindet. Um dies verständlich zu machen, bietet sich ein bereits eingeführtes Beispiel an: die »Mona Lisa« (1503) von Leonardo da Vinci. Das Original hängt – trotz einiger gelungener und einiger weniger gelungener Versuche des Diebstahls – im Louvre in Paris und wird durch Panzerglas und Alarmanlagen gesichert. Unzählige Abbildungen und Adaptionen des Originals aber befinden sich verteilt über eine Vielzahl von Publikationen und Reproduktionen im Internet und auf Papier. Die Abbildung des Werks ist in nahezu unendlichen vielen Versionen so gut verbreitet, dass das Bild jeder*m bekannt ist. Die »Mona Lisa« ist dabei nicht nur das bekannteste Gemälde da Vincis, sondern mit einiger Abstraktion betrachtet zuallererst eine *kulturelle Entität* mit bestimmten Verbreitungseigenschaften. Als solche ist sie zwar auch das höchstversicherte Original weltweit, aber weitaus bedeutender für den hier verhandelten Zusammenhang ist, dass sie millionenfach in unzähligen Versionen online geteilt wurde und so rein quantitativ die Bildersuche Googles dominiert.

Abb. 6.1: Google-Bildersuche: »Mona Lisa« [01.01.2018].

6.3 Bilder als kulturelle Entitäten in Verbreitung

In diesem Sinn ist die »Mona Lisa«, die immerhin mit knapp 36 Millionen Einträgen bei Google gelistet ist,[6] allerdings kein Einzelfall, denn auch ein vergleichsweise selten online geteilter »David« (1501–04) von Michelangelo weist eine Eintragsdichte von

6 Google-Bildersuche: »Mona Lisa« [01.01.2018].

knapp vier Millionen Treffern auf.[7] Trivialere Phänomene wie der *Dab*[8], bei dem es sich um eine trendige Kombination von Arm- und Kopfhaltung handelt, die häufiger zu Irritationen führt, kommt auf noch wesentlich mehr (94 Millionen[9]) geteilte Inhalte online als ein Objekt, dessen Original für die wenigsten physisch erlebbar ist. Trotz aller Spezifika der hier genannten Umstände, liegt es nahe, den Bildern (u. a. Kunstwerke) in der Gegenwart eine zusätzliche Rezeptionsebene zuzugestehen und sie als *kulturelle Entitäten in Verbreitung* zu verstehen und zu untersuchen. Als kulturelle Entitäten wirken sie zum einen als Träger*innen[10] von Ideen und Inhalten und dienen zum anderen auch (z. T. nur temporär) als Displays für weitere oder andere Äußerungen. Man denke hier an die vielen Themen, die der »Mona Lisa« in Form von Überlagerungen und Collagen aufgepfropft werden. In ihren Verbreitungseigenschaften sind Bilder dabei aber nicht an eine bestimmte Materialeigenschaft der Träger*in gebunden; sie können die Rezipient*innen visuell, auditiv, haptisch oder olfaktorisch erreichen und dennoch auf andere Weise wirksam werden. Die wenig differenzierende umgangssprachliche Verwendung des Begriffs Bild (sprachliche Bilder, ein Bild von Mann, bildschön etc., um nur einige zu nennen) trägt der Vielseitigkeit der kulturellen Entitäten als Träger oder Display intuitiv bereits Rechnung.

Abb. 6.2: Jeff Koons mit Louis Vuitton. »Mona Lisa Leonardo da Vinci Bag for Louis Vuitton«, 2017. Online unter: http://www.parismatch.com/Vivre/Mode/Jeff-Koons-et-Louis-Vuitton-l-art-pour-tout-bagage-1237670 [05.01.2018].

6.4 Die Memetik

Die Memetik greift diesen Gedanken der Verbreitungseigenschaften konsequent auf. Genauer gesagt untersucht sie die für die Verbreitungseffekte verantwortlichen Beziehungen zwischen Struktur und Oberfläche (aber auch zwischen *content* und *carrier*) und den jeweiligen Formen ihrer Verbreitung. Ausgangspunkt der Überlegungen ist eine evolutionsbiologische These. Die Analogie scheint auf den ersten Blick befremdlich und ich möchte zugunsten der Darstellung auch nicht weiter auf die Ursprünge dieser Überlegungen eingehen. Für den hier untersuchten Zusammenhang der Bilder und Bildkomplexe möchte ich die Memtheorie, ungeachtet der vielfältigen Kritikpunkte, vor allem wegen ihres analytischen Fokus auf Verbreitungswirksamkeit untersuchen und damit auch für

7 Google-Bildersuche: »David«, »Michelangelo« [01.01.2018].

8 Ein Dab ist ein weltweit vielfach geteilter Klassiker unter den Internet-Memen: Eine Tanzfigur und Geste, bei der die Arme und der Kopf in eine nahezu parallele seitliche Position gebracht werden.

9 Google-Bildersuche: »dab« [01.01.2018].

10 Vgl. biologisch: Wirt; physikalisch: per Modulation bestückte Trägerwellen oder *carrier waves*.

ihre gesellschaftstheoretische Relevanz[11] plädieren. Um an die Thesen der Kulturwissenschaftlerin Limor Shifman anschließen zu können, bedarf es allerdings einiger Vorbereitungen am Untersuchungsfeld.

»Defined as units of culture that spread from person to person by means of copying or imitation, memes were identified, discussed (and disputed) long before the digital era.«[12]

Bereits 1976 widmete sich der Evolutionsbiologe Richard Dawkins[13] der Verbreitung kultureller Praxen und innovativer Ideen und prägte in Analogie zum biologischen Erklärungsmodell der Genetik (dt.: auch: Vererbungslehre) das Modell einer Memetik zur Erklärung kultureller *Vererbungsprozesse*. Als Bezeichnung für eine *Entität der kulturellen Verbreitung*[14] diente der Begriff Mem (*meme*). Zur Abgrenzung der imitationsbedingten »kulturellen Weitergabe« gegenüber der vorgängigen genetischen Verbreitung[15] *(distribution via genes)*, stellte er den Begriff bewusst auch sprachlich in dessen Nähe. Eine Antwort auf die 1999 von Susan Blackmore[16] veröffentlichten evolutionspsychologischen Untersuchungen, auf die ich hier jedoch nicht detailliert eingehen werde, hat die Kulturwissenschaftlerin Limor Shifman 2014 durch eine systematische Untersuchung aktueller Internetphänomene geliefert und eine Aktualisierung des Konzepts an den Phänomenen einer *postdigitalen Gegenwart*[17] geboten.

Diese Überlegungen möchte ich im Folgenden entlehnen.[18] Meine Untersuchungen fokussieren hier Shifmans Bearbeitung der ihr vorangegangenen Analysen (Dawkins und Blackmore), weil diese, abgesehen davon, dass sie die jüngste systematische Auseinandersetzung ist, die Gegenwart und ihre Bedingungen bedeutend ernster nimmt und die

11 Gerade diese ist auch umstritten, aufgrund der zu starken Betonung der evolutionstheoretischen Konstruktion um die Lehre von den Memen.

12 Limor Shifman zitiert mit Verweis auf die Vorarbeit von Dawkins, Richard. *Das egoistische Gen*, Berlin 1978 (1976); Hull, David Lee. »The Naked Meme«. In: Plotkin, H. C. (Hg.). *Learning Development and Culture. Essays in Evolutionary Epistemology.* New York, 1982, S. 273–327, hier: S. 274.

13 Dawkins, Richard. *The selfish gene*, Oxford, 1976.

14 Vgl. Shifman, Limor. *Mem. Kunst, Kultur und Politik im digitalen Zeitalter.* Cambridge 2014, S. 16.

15 Ebd.

16 Blackmore, Susan. *The Meme Machine*. Oxford 1999.

17 Postdigitalität bezeichnet die wahrgenommene Selbstverständlichkeit der durchgreifenden Digitalisierung wesentlicher Lebensbereiche, u.a. Politik, Wirtschaft, Kultur und Soziales. Nicholas Negroponte fasste es wie folgt: »Wie die Luft und das Wassertrinken wird Digitales nur durch seine Ab- und nicht Anwesenheit bemerkt werden«. Vgl. Negroponte, Nicholas. »Beyond Digital«. *The Wired*, 12.01.1998. Online: https://www.wired.com/1998/12/negroponte-55/ [01.01.2018].

18 Shifman unterzieht den durch den Verhaltensforscher und Evolutionsbiologen Richard Dawkins ursprünglich in den sprachwissenschaftlichen Diskurs eingebrachten und später in der Kulturwissenschaft diskutierten Begriff Mem einer gründlichen, aber pragmatischen Revision unter den Anforderungen digitaler Kultur. Dabei weist sie auch auf die – heute umso notwendigere – Unterscheidung zu Internetphänomenen (auch: Internet-Meme) hin.

Analogie zur Genetik nur sehr zurückhaltend einsetzt, um an aktuellen Beispielen das wissenschaftliche Potenzial des Erklärungsmodells nachvollziehbar darzustellen. Gegenüber der etwas ausufernd generalistischen Theorie Blackmores und Dawkins', die zwischen biologischem Erklärungsmodell und gesellschaftstheoretischer Beschreibung angesiedelt ist, ist das Vorgehen Shifmans für den hier verhandelten Zusammenhang (entlang der Bildphänomene der Gegenwart) gerade wegen seiner Anschaulichkeit und Klarheit wesentlich brauchbarer und soll in den folgenden Absätzen vorgestellt werden.

»However, the unique features of the Internet turned the spread of memes into a highly visible process taking place at a global scale.« [19]

6.5 Limor Shifman: Hypermemetische Gegenwartskultur

Bereits im Umgang mit dem Begriff des *Mems* zeichnet sich eine für die Untersuchung der Bilder in der Gegenwart bedeutende Linie ab. Shifman führt das Wort *Mem* auf eine im doppelten Sinne griechische Herkunft zurück. Sie macht den Wortstamm *mimema* (dt.: etwas Nachgeahmtes) aus, zeigt aber auch die produktive Verknüpfung mit *Mneme* (dt.: Erinnerung), die bereits 1904 dem Evolutionsbiologen Richard Semon[20] als Titel für seine Theorie der Funktionsweise des Gedächtnisses diente.[21] Meme definiert Shifman in Anlehnung an Dawkins, allerdings unter Verzicht auf allzu ausschweifende biologische Analogien, als »kleine Einheiten kultureller Äußerungen in Übertragung«[22], die sich über komplexe »Kopiervorgänge und Imitation verbreiten«[23]. Dawkins selbst schreibt 1999 im Vorwort zu Susan Blackmores Bearbeitung zur weiteren Erklärung: »Meme wandern vertikal von Generation zu Generation, doch sie verbreiten sich auch horizontal, innerhalb einer Generation, wie Viren bei einer Epidemie.«[24] Dawkins bezog sich dabei vor allem auf Kulturartefakte wie Melodien, Schlagworte, Kleidermoden und Überzeugungen und knüpfte mit dem »egoistischen Gen« (orig.: »The Selfish Gene«) in Analogie zur

19 Shifman, Limor. »An Anatomy of a YouTube Meme«. *New Media and Society* 14 (2), 2012, S. 115–137, hier: S. 117.

20 Zoologe und Evolutionsbiologe, der u. a. mit dem Konzept der Engramme, womit er materielle Einschreibungen im menschlichen Organismus bezeichnete, die durch Reize und Reaktionen hervorgerufen wurden und eine Art Gedächtnis des Körpers bildeten. Vgl. u. a. Fleckner, Uwe; Wenderholm, Iris (Hg.). *Magische Bilder: Techniken der Verzauberung in der Kunst vom Mittelalter bis zur Gegenwart.* Berlin, 2017; erwähnt im Zusammenhang bei Shifman 2014, S. 17.

21 Shifman 2014, S. 16.

22 Ebd.

23 Shifman 2012, S. 115ff.

24 Dawkins, Richard. »Foreword«. In: Blackmore, S. (Hg.). *The Meme Machine.* Oxford 1999, S. 7–17. Zum Stichwort Epidemie finden sich Anschlüsse in einigen Beschreibungsversuchen der Logik der Gegenwart. In Kapitel 4 gebe ich einen Überblick über die Bedingungen der Gegenwart und isoliere in Kapitel 6 das phänotypische Auftreten dieser kulturellen Imitationsprozesse am Beispiel des Bildes, genauer des künstlerischen Bildes, in seiner Bedingtheit innerhalb der gegenwartsspezifischen kulturellen Verbreitungs- und Innovationsprozesse.

Genetik an die evolutionstheoretischen Überlegungen zum Wettstreit der Gene und einer *natürlichen* Selektion von kulturellen Äußerungen an.[25] Danach würden Meme wie Gene in einem Wettstreit um Weitervererbung stehen und einem kompetitiven System der Weitergabe und Imitation unterliegen.[26] Besonders vor dem Hintergrund der Aufmerksamkeitsökonomien online, leuchtet diese Annahme über die Verbreitung – bei aller sozialdarwinistischen Einfärbung – der Meme auch ohne allzu direkte Analogie zur Biologie ein.

> *»Statt unsere Ideen als Eigenschöpfungen anzusehen, die für uns arbeiten, müssen wir sie uns als autonome egoistische Meme ansehen, denen es nur darum geht, kopiert zu werden.«*[27]

Dawkins macht drei Grundeigenschaften für Meme mit erfolgreicher Ausbreitung fest: Langlebigkeit, Fruchtbarkeit, Wiedergabetreue.[28] Shifman erkennt in allen drei Punkten Verstärkungseffekte[29] durch das Internet, die hier ursächlich benannt werden, aber nicht in allen Details ausgeführt werden können: Erhöhte Übertragungsraten[30], beinahe *unendliche* Datenmengen[31] und verlustfreie Komprimierung[32] verstärken die genannten Verbreitungseffekte innerhalb »kultureller Fortpflanzung«[33]. Seit der verbreiteten Nutzung sozialer

25 Dawkins 1976, S. 10.

26 Blackmore, Susan. *Die Macht der Meme oder die Evolution von Kultur und Geist.* Heidelberg, 2000 (1999), S. 24; zusammengefasst nach Dawkins.

27 Ebd., S. 34.

28 Shifman 2014, S. 22.

29 Ebd.

30 Übertragungsraten im Internet; vgl. u. a. im Live-Monitoring, »Monitor Enterprise Threats«. *Akamai Technologies,* 2020. Online: https://www.akamai.com/us/en/solutions/intelligent-platform/visualizing-akamai/real-time-web-monitor.jsp [15.09.2020], und statistisch aufgearbeitet unter: »Durchschnittliche Verbindungsgeschwindigkeit der Internetanschlüsse in den führenden Ländern weltweit im 1. Quartal 2017«. *Statista,* Mai 2017. Online: https://de.statista.com/statistik/daten/studie/224924/umfrage/internet-verbindungsgeschwindigkeit-in-ausgewaehlten-weltweiten-laendern/ [15.09.2020].

31 Bis 2025 soll sich die weltweit generierte Datenmenge auf 163 Zettabyte (ZB) verzehnfachen. Vgl. »Prognose zum Volumen der jährlich generierten digitalen Datenmenge weltweit in den Jahren 2018 und 2025«. *Statista,* November 2018. Online: https://de.statista.com/statistik/daten/studie/267974/umfrage/prognose-zum-weltweit-generierten-datenvolumen/ [15.09.2020].

32 1991 wurde die erste Webcam installiert, um eine Kaffeemaschine in der Universität Cambridgde zu überwachen. Damals funktionierte das Video über *frame grabbing*, ein Festhalten Einzelbild für Einzelbild ca. dreimal pro Minute. Vgl. Kesby, Rebecca. »How the World's First Webcam Made a Coffee Pot Famous«. *BBC News,* 22.11.2012. Online: http://www.bbc.com/news/technology-20439301 [15.09.2020]. Interessant zu erwähnen: Das erste Video ging erst 2005 bei YouTube online. Vgl. Shontell, Alyson. »The First Email, The First Tweet, And 13 Other Famous Internet Firsts«. *Business Insider,* 22.04.2013. Online: http://www.businessinsider.com/every-first-on-the-internet-2013-2?IR=T#the-first-youtube-video-posted-was-posted-by-co-founder-jawed-karim-at-the-san-diego-zoo-it-was-uploaded-on-april-23-2005-and-has-been-watched-nearly-10-million-times-12 [01.01.2018].

33 An dieser Stelle sei auf das Phänomen der *smokescreens* hingewiesen. Wenn alle potenziellen Meme auch zur Verbreitung in die sozialen Netzwerke eingespeist werden, ergibt sich über deren Gruppierungen und Anhäufungen auch ein ausgeprägtes Hintergrundrauschen sowie Verdeckungen der einzelnen Erscheinungen. Vgl. Wittkewitz, Jörg. »Information Overload. Eine moderne Legende«. *t3n. digital pioneers,* 17.10.2011. Online: http://t3n.de/magazin/diskussion-um-information-overload-ubersattigt-226223/ [15.09.2020].

Netzwerke[34] und den damit verbundenen Web-2.0-Phänomenen einer Social-Media-Logik werden diese Effekte weiter verstärkt und Shifman schlägt vor, drei identifizierte Hauptattribute für Meme und deren Analyse innerhalb digitaler Kulturen zu nutzen: (1) graduelle Verbreitung über Netzwerke und Knoten, (2) Reproduktion durch Kopie und Imitation, (3) Diffusion durch Wettbewerb und Selektion.[35]

Abb. 6.3–6.4: Skizze zur Memetik nach Dawkins (1976) und Shifman (2014).

6.6 Hybride: Analog-digitale Verschränkung der Meme

Sharing, remixen, Copy & Paste sind nicht mehr aus dem Alltag wegzudenken, aber was als Alltagspraxen online Wirkung zeigte und maßgeblich die Inhalte und Effekte im Internet prägt, manifestiert sich zunehmend erfolgreich auch in *offline*[36] oder *nicht-digitalen*[37] Ausdrucksformen. Allein deshalb gilt es, Praxen und Effekte online wie offline im Zusammenhang zu beobachten und zu analysieren. Shifman spricht von einer »hypermemetischen Beschaffenheit der Gegenwartskultur«[38]. Vor dem Internet war die Verbreitung und damit auch das Ausmaß der einzelnen Meme eingeschränkt und »jeder Einzelne [kam] nur mit einer begrenzten Anzahl an memetischen Manifestationen in Berührung«[39]. Unzählige »memetische Äußerungen«[40] werden aufgeführt, u. a. foto- und videografisch festgehalten und bleiben nur in dieser Form als Teil von Online-Sammlungen, wie z. B. »Know-Your-Meme«[41], erhalten.

An dieser Stelle muss auf eine kleine, aber wichtige Unterscheidung[42] zwischen Meme und »viral«[43] hingewiesen werden. Trotz oberflächlicher, aber auch struktureller Ähnlichkeit

34 YouTube, Twitter, Facebook, Instagram etc.

35 Shifman 2014, S. 36.

36 Ich verwende offline hier nicht im Glauben, dass es diesen Zustand als ein Abschalten oder ein Vom-Netz-Gehen überhaupt noch gibt, sondern um als Extremwert zu verankern, dass es sich nicht um dieselbe durchdrungene Logik der Digitalisierung handelt, sondern um Bereiche, Techniken und Gewohnheiten, die vor der Computerisierung bestanden, und zumeist neben den visuellen, auch olfaktorischen und haptischen Aspekten der Wahrnehmung bedienen. Vgl. »Offline. Begriffserklärung und Definition«. *SEO Analyse*, o. J. Online: https://www.seo-analyse.com/seo-lexikon/o/offline/ [01.01.2018].

37 Nicht-digital bezieht sich auf Formen aktueller wie historischer Gestaltung, die nicht vordergründig digitale Prozesse oder Ergebnisse hervorbringen; z. B. Performance Art, Holzschnitt, u. a. m.

38 Shifman 2014, S. 28. Die große Attraktivität und Verbreitung einiger Phänomene online zieht interessante Verbreitungseffekte offline nach sich. Ein anschauliches Beispiel sind Phänomene wie die »Ice Bucket Challenge« über den Jahreswechsel 2015/2016.

39 Shifman 2014, S. 34.

40 Als memetisch wird eine Äußerung verstanden, die Potenzial zur Verbreitung hat.

41 Das Portal »Know-Your-Meme« sammelt nach eigenen Angaben diese Phänomene für das Internet und die dort aktiven Meme. Vgl. »Know Your Meme«. 2020. Online: https://knowyourmeme.com/ [15.09.2020].

42 Für die Untersuchungen der Übertragbarkeit des memetischen Ansatzes auf die Bilder der Kunst ist dies nicht unbedeutend.

43 Inhalte, die im Internet eine besonders hohe Verbreitung in kurzer Zeit erfahren, dabei aber meist unverändert bleiben.

macht sich der für diese Untersuchung wesentliche Unterschied daran fest, dass es sich bei viralen Entitäten (*viral entities*) um Meme handeln kann, aber nicht zwangsläufig um solche handeln muss. Einfacher viraler Inhalt (*viral content*) kommt ohne *Variation* (auch: ohne Veränderungen des Originals durch Techniken des Remix, Mashup etc.) aus und kann vollkommen unverändert geteilt und verbreitet werden. Meme, die auch virale Verbreitungsmuster aufzeigen können, ergeben sich umgekehrt erst aus ihren Versionen und treten in Gruppierungen von Variationen[44] auf. Dabei bauen Meme häufig gerade auf den Effekt einer nur *minimalen* Veränderung[45], die sich von Version zu Version manifestiert.[46]

Abb. 6.5: Darstellung der Unterscheidung von *meme* und *viral* nach Shifman (2014).

Auf dem größeren Tableau ergeben diese Effekte nun eine eigene Logik des Modifizierens, Kopierens, Teilens und Verbreitens, die Shifman als »hypermemetische Logik«[47] der Gegenwart beschreibt. Als Erklärungsmodelle bietet Shifman drei auf Dawkins aufbauende Linien zur Bewältigung an: (1) eine »ökonomiegetriebene Logik« basierend auf der These, dass Aufmerksamkeit als Ressource eine Ökonomie bestimmende Funktion hat; (2) »gesellschaftliche Logik der Partizipation« nach dem Prinzip eines »vernetzte[n] Individualismus«[48]; (3) »kulturelle und ästhetische Logik«, die sich aus der Zugehörigkeit zu komplexeren Kulturen, Normen, Konventionen ergeben. Daraus folgernd, fasst Shifman sechs Punkte für den »memetischen Erfolg«[49] und damit »memetische Qualitäten«[50] zusammen: (1) gewöhnliche Menschen, (2) brüchige Männlichkeit, (3) Humor, (4) Einfachheit, (5) Wiederholung, (6) skurrile Inhalte. Bei der Aufstellung bezieht sie sich auf eine Untersuchung von Jonah Berger und Katherine Milkman mit dem Titel »What Makes Online Content Viral?«[51], aus der sie vorab auch die Prinzipien für den »viralen Erfolg« abgeleitet hatte.[52] In der Frage der Bilder und den veränderten Eigenschaften stellt dies eine wichtige Handreichung dar, die sich thematisch sicher zukünftig sehr stark erweitern ließe.

44 Zum Beispiel bestimmte melodiöse Abweichungen von Volksliedern von Region zu Region. Vgl. Blackmore 2000, S. 43.

45 Siehe auch die Diskussion der künstlerischen Arbeit.

46 Shifman 2014, S. 62.

47 Ebd., S. 28.

48 Ebd., S. 37.

49 Ebd., S. 63.

50 Ebd., S. 63ff.

51 Vgl. ebd., S. 63, nach Berger, Jonah; Milkman, Katherine. »What Makes Online Content Viral?« *Journal of Marketing Research*, 49 (2), 2012, S. 192–205.

52 Strategien für den viralen Erfolg lassen sich nachlesen bei Shifman 2014, S. 64–70.

Abb. 6.6: Skizze zu Verbreitungslogiken nach Shifman/Dawkins.

Abb. 6.7: Skizze zu memetischen Erfolg nach Shifman/Dawkins.

Doch die Memetik im Verständnis der Überarbeitung Shifmans soll hier nicht zur absoluten und einzigen Erklärung der Gegenwartsphänomene werden. Sie dient meinen Fragen nach einer veränderten Bildlichkeit vor allem als Verständnismodell. Die Kritik an Dawkins' Ansatz war z. B. vielfältig und auch nicht gänzlich von der Hand zu weisen. Hauptsächlich konzentrierte sie sich darauf, dass die theoretische Anlage zu sehr an der, u. a. schwer zu verifizierenden, Parallelität zum biologischen Phänomen der Vererbung anschließt, und entsprechend mit einem starken Hang zur Gesamttheorie verfolgt wurde. Für die hier angestrebte Suche nach angemesseneren Beschreibungsmöglichkeiten für die künstlerischen Arbeiten der Gegenwart[53] unter Beachtung der veränderten Bedingungen für das Bild ist die Kritik am Ansatz von Dawkins – bei aller Berechtigung – allerdings nicht allzu relevant. Unter anderem ursprünglich als Problem der Theorie wurde angeführt, dass Meme weder einen Ort noch eine Form haben, an dem, genauer gesagt, in der sie sich ausmachen und untersuchen lassen. Für den untersuchten Zusammenhang von Bildstrukturen in postdigitalen Verbreitungszusammenhängen wurde diese Frage bereits durch maschinelle Auswertung und optisch-maschinelle Analysen beantwortet. Anders als bei der analogen Verbreitung kultureller Eigenheiten lassen sich Verbreitungsmanöver in den Geschwindigkeiten und Reichweiten des Internets nun ganz anders nachvollziehen und somit trotz Erklärungslücken (in der Genese und Natur) zumindest als Phänomene beschreiben und konturieren, wenn auch nicht en détail beweisen. Relevant ist für meine Untersuchung einzig die Frage, ob die *memetische Verbreitung* als Denkmodell[54] für die Beschreibung von Gegenwartsphänomenen an Bild und Gegenwartskunst Aufschlüsse zu liefern vermag, die sich anders nicht finden lassen.

Diesem Ansatz folgend, liegt die Schwierigkeit der Analyse nun darin, dass sich Meme als *kulturelle Entitäten in Verbreitung*[55] erst über ihr Auftreten beschreiben lassen und somit nur indirekt Aufschlüsse über ihre Struktur, ihren Aufbau oder ihre Wirkungsweise zu erhalten sind. Shifman hat zur Frage der Struktur drei Ansätze zusammengefasst, die ich für einen ersten Zugang zur Gegenwartskunst über dieses theoretische Angebot hier zu-

53 Hauptsächlich der Gegenwart, aber grundsätzlich natürlich auch für die erneute Untersuchung der Kunst der vergangenen Gegenwarten.

54 Mehr zu Denken in Modellen siehe Kapitel 5.3.1. Ein Modell lässt gewisse notwendige Verkürzungen im Sinne der Untersuchung zu. Dies ist hier wichtig einzubeziehen, weil durch diesen Ansatz vorerst die Kritik an der Memetik für den hier betrachteten Zusammenhang keine entscheidende Rolle spielt.

55 Vgl. Shifman 2014, S. 23.

sammenfassen und nutzen möchte. Im Wesentlichen gründet Shifman auf die Unterscheidung von Memen als Praktiken oder als Ideen. Hier in wesentlichen Punkten zusammengefasst: (1) »Mentalistische Memetik« denkt Meme als Ideenkomplexe und versteht Mem-Vehikel als ihre konkreten Ausdrucksformen und Manifestationen. (2) »Behavioristische Memetik« trennt Meme und Mem-Vehikel nicht voneinander und begreift Meme als konkrete empirisch untersuchbare Entitäten. (3) »Inklusive Memetik« ist ein Ansatz, der Ideen, Verhaltensweisen, Strukturen ebenso wie konkrete Manifestationen und deren Versionen in Büchern, Rezepten, Karten und Noten als prinzipiell kopierbar versteht und somit auch als memetische Entitäten betrachtet.[56] Für die Frage der Bildlichkeit (*after the Internet*) wäre es nun naheliegend, die drei Ansätze entlang der Phänomene im Bild zu untersuchen und ggf. mit den Ebenen der Bildannäherungen nach Wiesing gegenzulesen und zu ergänzen. Ein Vorhaben, das ich mit diesen Untersuchungen grundsätzlich vorbereitet habe.

Abb. 6.8: Skizze zum Ordnungsversuch der theoretischen Ansätze der Memetik nach Shifman (2014).

Nachdem ich in den vorangegangenen Abschnitten ausführlich dargestellt habe, auf welcher theoretischen Grundlage Bildphänomene der Gegenwart u. a. auch in ihren Verbreitungseigenschaften diskutiert werden können – und nach meiner These sogar müssen –, möchte ich im folgenden Abschnitt die Strukturen um die erfolgreichen Meme in den Fokus nehmen. Bisher wurden die *kulturellen Entitäten in Verbreitung* modellhaft in weitestgehender Isolierung als Einzelphänomene untersucht. Es scheint aber gerade deren Symbiose mit weiteren Entitäten und deren Eigenschaften zu sein, die ihre Verbreitung mindestens strukturell ermöglichen, aber wahrscheinlich auch begünstigen. An diesem Punkt möchte ich meine Untersuchungen also auf Bildergruppen und Einzelbilder in visuellen Strukturen ausrichten und diese als memetische Strukturen in Wechselbeziehungen untersuchen.

6.7 Bilder der Gegenwart und memetische Strukturen

Wie in den Kapiteln 4 und 5 ausgeführt, treten Bilder der Kunst im Kontext postdigitaler Kultur keineswegs einzeln auf. Entlang einiger Beispiele der aktuellen Kunst werde ich in den folgenden Abschnitten Bilder analog zu *Entitäten in Verbreitung* als *Gruppierungen*

56 Vgl. Shifman 2014, S. 42ff.

von Entitäten (vgl. Versionen oder Variationen[57]) verstehen. Limor Shifmans Überlegungen werden hierfür weiter grundlegend sein. Shifman widmete sich auf Basis ihrer Beobachtungen im Netz der Brauchbarkeit des Mem-Konzepts in Bezug auf die umgangssprachlichen Phänomene des Netzes.[58] Ich möchte diesen folgen und dabei, wo nötig, auch auf die Vorgänger*innen ihrer Auseinandersetzung (Dawkins und Blackmore) eingehen.

Abb. 6.9: Skizze zum Verhältnis von Mem und Memplexen nach Shifman (2014).

Wie bereits am Ende des vorangegangenen Kapitels skizziert, ist vor dem Hintergrund der Forschungsfrage dieser Arbeit ein weiterer Aspekt des Mem-Ansatzes nach Shifman von zentraler Bedeutung: das Verhältnis der Meme untereinander. Susan Blackmore sieht jedes Mem als eine Entität unter vielen, die zusammen koadaptive Komplexe bilden.[59] Diese sogenannten koadaptiven Memplexe sind Systeme einzelner Meme, die semantisch oder organisatorisch verknüpft sind und sich gegenseitig verstärken. Shifman nutzt u.a. das Beispiel des Schlagwortes »Demokratie«, welches einen vielfältig mit weiteren Konzepten verknüpften Begriff darstellt. Blackmore zeigt an Beispielen (u.a. Religion und linguistischen Besonderheiten bestimmter Professionen) auf, dass Meme jeweils Teil ihrer Umwelt und damit Teil anderer potenzieller Meme des Umwelthintergrunds sind. Sogenannte »selektierte Meme« (*selected meme*), also erfolgreiche Meme, die sich vor einem gemeinsamen Hintergrund von anderen Memen absetzen oder durchsetzen, kooperieren und verbreiten sich weitreichender und nachhaltiger. Diese effektiven Gruppierungen nennt Blackmore Memplexe (*memplexes*)[60]. Meme sind demnach als *kulturelle Entitäten in vielfältigen Beziehungen* zu verstehen und treten in Gruppierungen mit anderen verbreitungsfähigen kulturellen Entitäten als Komplexe auf. Vor allem mit Bezug zu den Ausführungen an den Bildstrukturen der Gegenwart ist diese kulturtheoretische Beschreibung für die weiteren Untersuchungen zentral.

57 »Der Begriff Varietät, oder Sprachvarietät, bezeichnet in der Sprachwissenschaft eine bestimmte Ausprägung einer Einzelsprache, die diese Einzelsprache ergänzt, erweitert oder modifiziert, jedoch nicht unabhängig von dieser existieren kann. [...] Eine Standardsprache (veraltet: Hochsprache) ist eine Varietät, die sich, beispielsweise durch den Gebrauch als Schriftsprache oder hinsichtlich Grammatik und Aussprache, als eine großräumig verfügbare Sprachnorm einordnen lässt. Man unterscheidet standardisierte Varietäten (Standardsprachen einer Einzelsprache) und weniger standardisierte Varietäten (oft Regionalsprachen oder Regiolekte, Dialekte/Mundarten, Soziolekte, Umgangssprache)«. »Varietät (Linguistik)«, *Wikipedia, Die freie Enzyklopädie*. Bearbeitungsstand: 17. September 2020. Online: https://de.wikipedia.org/wiki/Variet%C3%A4t_(Linguistik) [03.10.2020].

58 Orig. »vernacular discourse of netizens«; siehe Shifman 2014, S. 362.

59 Blackmore 2000, S. 51. Vgl. auch Shifman 2014, S. 16. Die Verkürzung von Memkomplex auf Memplex geht nach Shifman zurück auf: Chielens, Klaas; Heylighen, Francis. »Evolution of Culture and Memetics«. In: Meyers, R. (Hg.). *Encyclopedia of Complexity and System Science*. New York, 2009, S. 3205–3220.

60 Ein Element wird kopiert, verändert und in Versionen verbreitet, selektiert und weiterverbreitet. Die Versionen, ebenso wie die mit dem Mem in freundlicher Beziehung stehenden Meme, unterstützen ihre gegenseitige Verbreitung. Vgl. Dawkins in Vorwort zu Blackmore 2000, S. 19; siehe: koadaptive Memplexe.

Hier setzen auch Strategien eines *meme engineering*[61] an. Blackmore deutete es in ihren Ausführungen zur gegenseitigen Begünstigung einzelner erfolgreicher Entitäten bereits an. Mit dem Aufkommen von Firmen wie »Cambridge Analytica«[62] und Phänomenen wie »Meme Magic«[63] erreichen diese Windschatteneffekte[64] besonders verbreitungsfreundlicher Inhalte ein neues Level, mit sehr weitreichenden Implikationen. Das Bildverstehen auf der Höhe mit Gegenwartsdynamiken ist dabei von nicht zu unterschätzender und zentraler Bedeutung. Besonders mit Blick auf Fake News etc. werden diese Effekte zukünftig, gerade im Zusammenhang mit pädagogischen und politischen Fragen, auch in der Begegnung mit visuellen Phänomenen wesentlich detaillierter und struktureller behandelt werden müssen.[65] Die auf diesen Seiten unternommene Untersuchung liefert für die anstehenden weiterführenden pädagogischen Fragen dann aber zumindest eine theoretische Grundlage.

Abb. 6.10–6.11: Übersicht zu *meme engineering* und *meme magic*.

Zusammenfassend lässt sich für meine Ausführungen festhalten: Das Konzept des Mems dient als analytisches Werkzeug, um Bilder konsequent – entsprechend der Definition von Dawkins (1976) und Hull (1982) zum Mem – unter den spezifischen Bedingungen der Logik ihrer Verbreitung und Wirksamkeit in der Gegenwart als *visuelle Entitäten in Verbreitung* zu betrachten. Es liegt dabei auch methodisch nah, gerade das Bild – analog zu den Memen, die nicht zwingend Bilder sein müssen, sondern wie am *Dab* illustriert auch Gesten und Melodien etc. betreffen können – zu Analysezwecken in die Dimensionen seiner Wirksamkeit zu zerlegen und zwischen »content« (*idea* und *conveyed information*), »form« (*physical formulation of the message*) und »stance« (*communicative positioning and participation structures*) zu unterscheiden. Auf Basis der Revision des 40 Jahre alten Mem-Konzeptes durch Limor Shifman schlage ich vor, das Verständnis der Meme in Komplexen auf die Organisationsstrukturen der Bilder anzuwenden und auch in der

61 Siehe Cambridge Analytica.

62 Im US-amerikanischen Wahlkampf 2016, für die Kampagne Donald Trumps arbeitendes Unternehmen, das als Targeting-Experte gehandelt wird und nach eigenen Aussagen per viraler Effekte Einfluss auf den Wahlkampf nahm. Zusammen mit auf sogenannter »Meme-Magic/Magik/Magick« basierenden Verschwörungstheorien taucht die Frage auf, welchen Einfluss bildbasierte Internetphänomene auf politische Entscheidungsprozesse haben können. Vgl. Beuth, Patrick. »Die Luftpumpen von Cambridge Analytica«. *ZEIT Online,* 07.03.2017. Online: http://www.zeit.de/digital/internet/2017-03/us-wahl-cambridge-analytica-donald-trump-widerspruch [15.09.2020].

63 Eine Art Voodoo um Internet-Meme wie »Pepe« der Frosch, der im Zuge des amerikanischen Wahlkamps in den Medien präsent wurde. Online unter: knowyourmeme.com/memes/meme-magic [01.01.2018].

64 Windschatteneffekt ist kein Begriff, der in diesem Zusammenhang etabliert ist, sondern ein Begriff aus dem allgemeinen Sprachgebrauch, der aus meiner Forschungsperspektive besonders gut zur Veranschaulichung geeignet ist.

65 Hierzu mehr in Kapitel 9: Bildung im Plural.

Kunst zu durchdenken.[66] Eine systematische empirische oder netzwerktheoretsiche Serie von Studien zu einigen Verbreitungsmustern wäre ein guter Anfang. Den Vorschlag einer Analogie erarbeite ich nun, inhaltlich basierend auf Shifmans Auseinandersetzungen, in Anwendung auf die vorliegenden Praxen in aktueller Kultur.[67]

Abb. 6.12: Skizze zu den Dimensionen der Wirksamkeit nach Shifman (2014).

66 Der IT-Forscher Alex Leavitt schlägt eine Verwendung des Begriffs »Memosphäre« analog zu »Logosphäre« und »Blogosphäre« vor, unter der die Gesamtheit aller Meme weltweit gefasst wird. Siehe Leavitt, Alex. »Memes as Mechanisms. How Digital Subculture Informs the Real World«. *Konferenzreihe: Futures of Entertainment.* Los Angeles, 2010. Online: http://www.convergenceculture.org/weblog/2010/02/memes_as_mechanisms_how_digita.php; [04.04.2018].

67 Eine Unterscheidung von Form und Inhalt, die über den Charakter eines Experiments oder eines temporären Models hinausgeht, wäre natürlich unglaubwürdig. Im Sinne der Darstellbarkeit bedarf es aber der temporären Unterscheidung, um mehr Möglichkeiten der Analyse an Memen sowie den Bildern der Gegenwart auszuloten. Zu Erinnerung, Marshall McLuhan schreibt: »For the ›message‹ of any medium or technology is the change of scale or pace or pattern that it introduces into human affairs«. Vgl. McLuhan, Marshall. *The Medium is the Message.* Massachusetts, 1964. Online: web.mit.edu/allanmc/www/mcluhan.mediummessage.pdf [01.01.2018], S. 1.

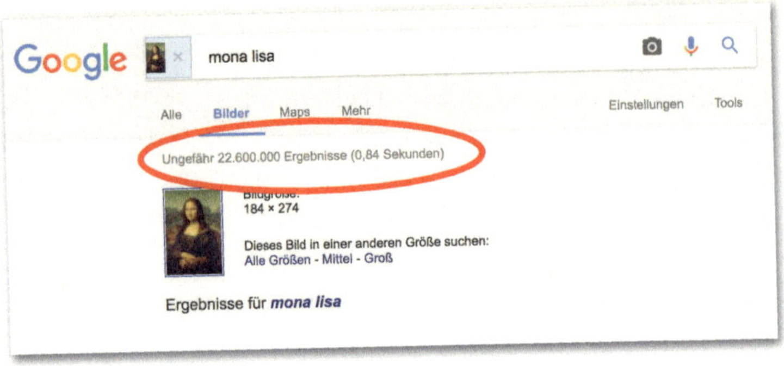

Abb. 6.1

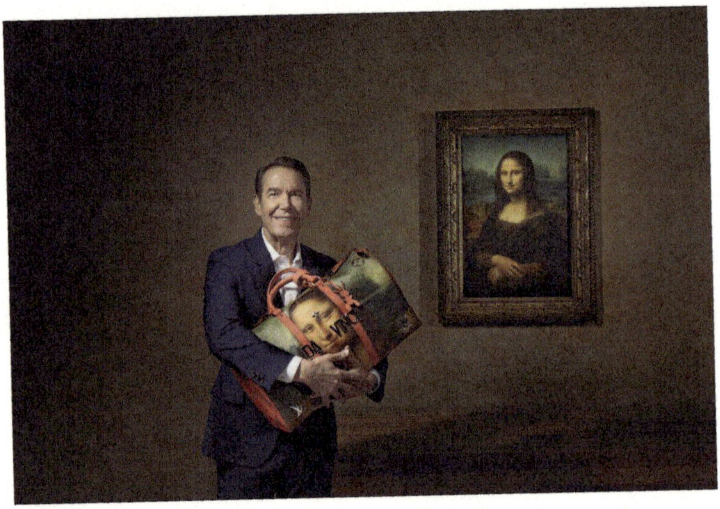

Abb. 6.2

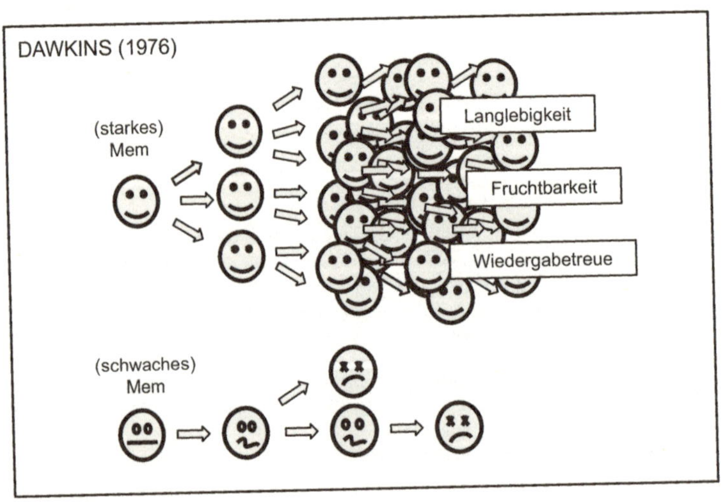

Abb. 6.3

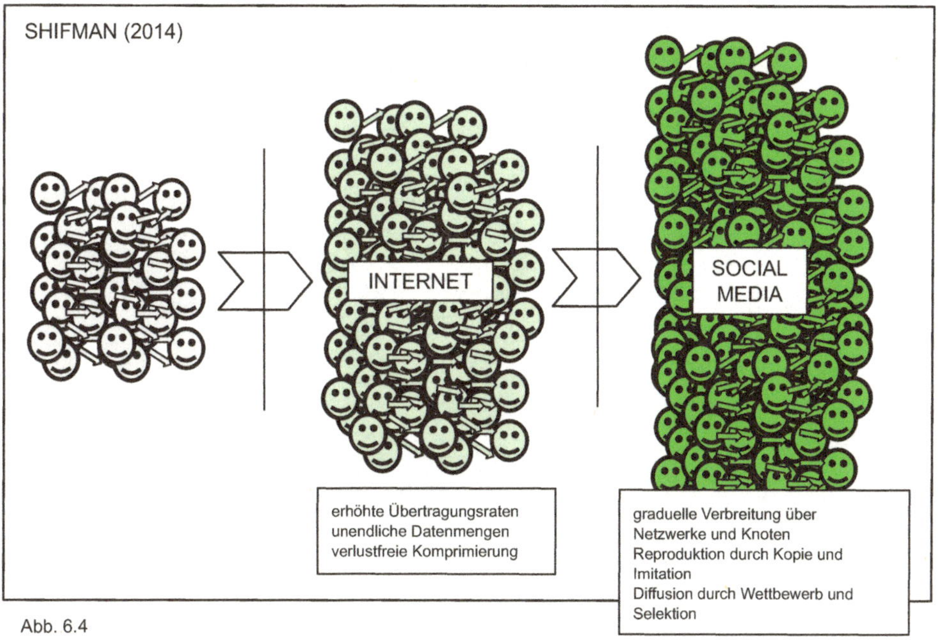

Abb. 6.4

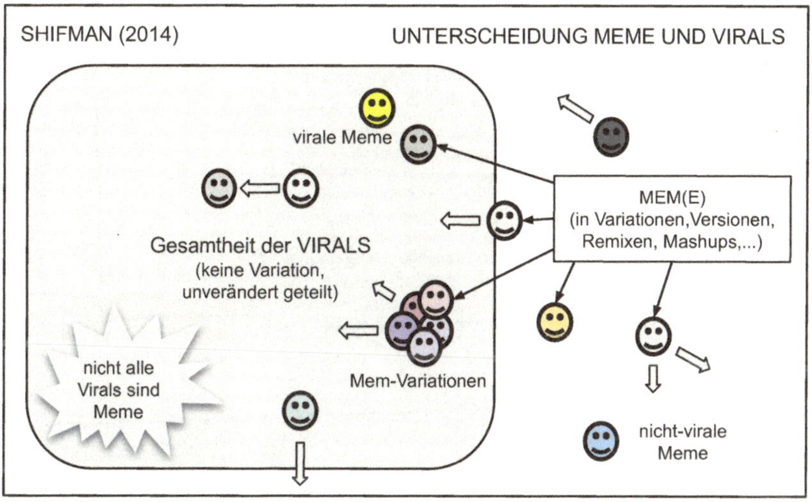

Abb. 6.5

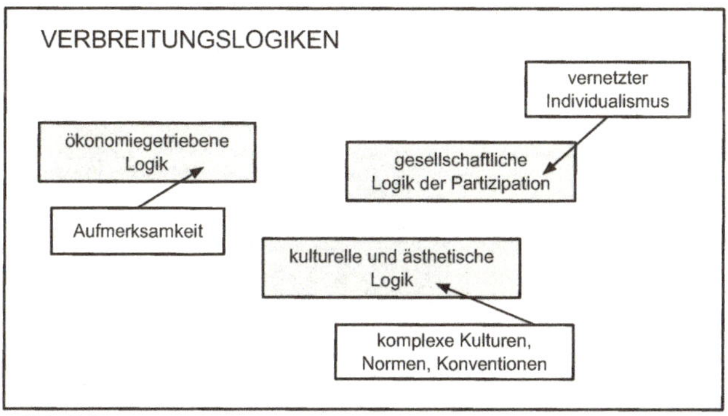

Abb. 6.6

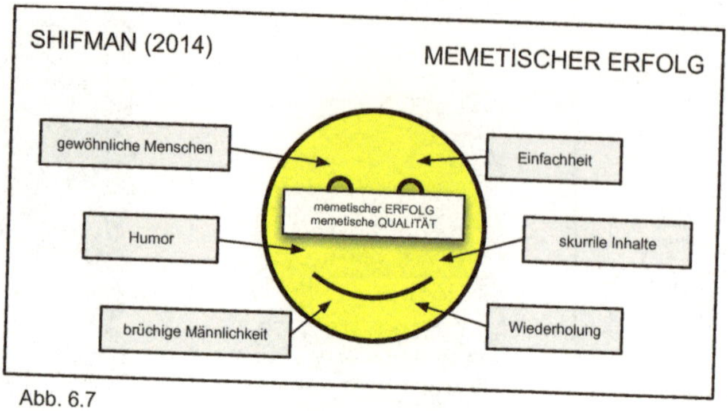

Abb. 6.7

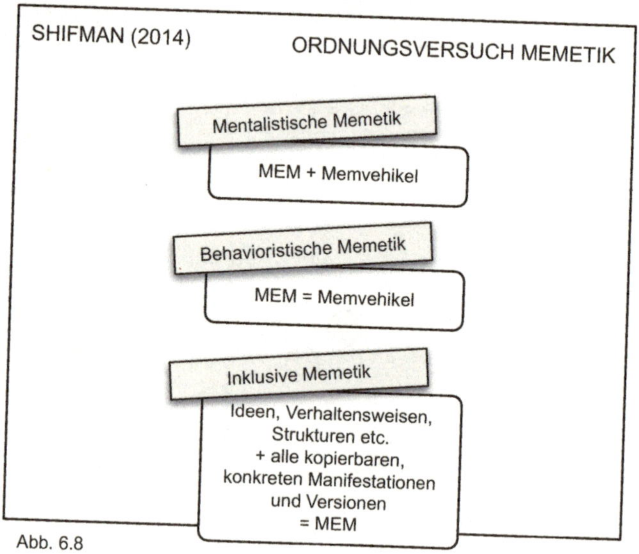

Abb. 6.8

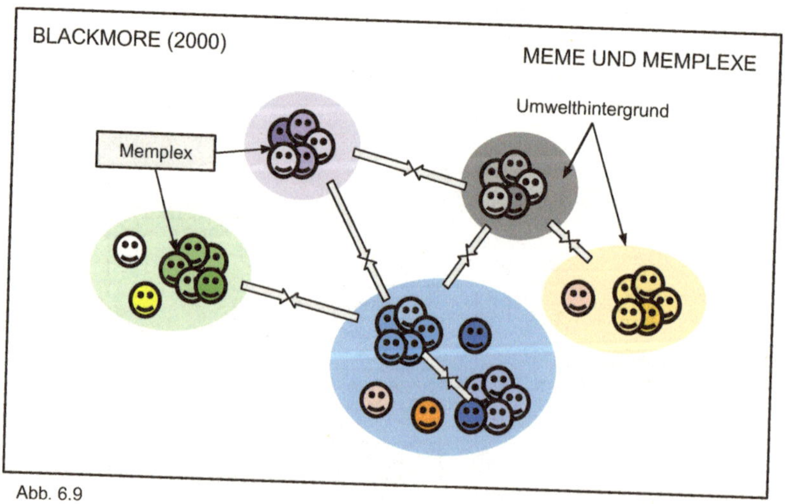

Abb. 6.9

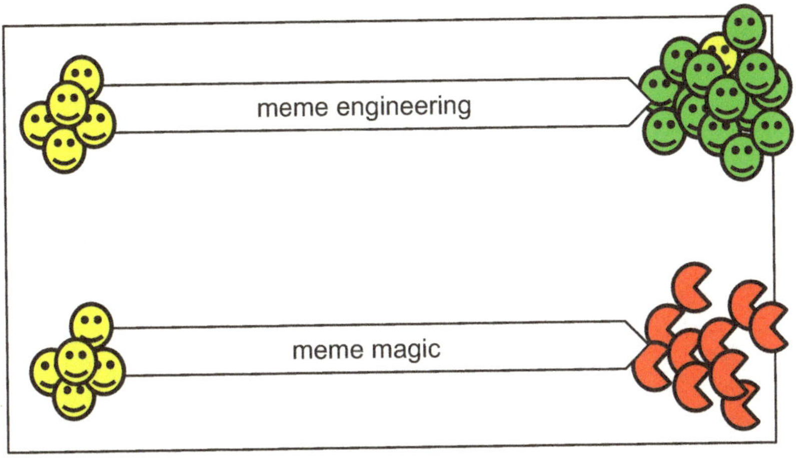

Abb. 6.10

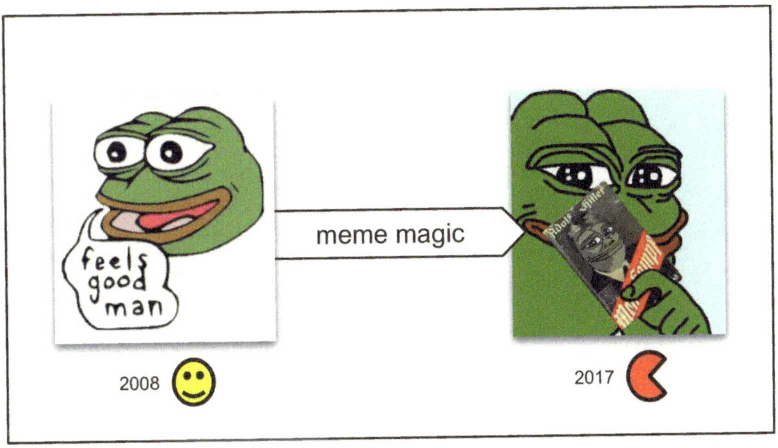

Abb. 6.11

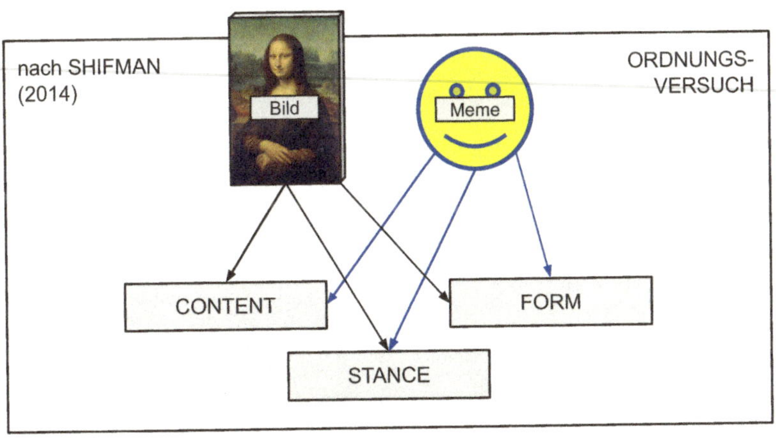

Abb. 6.12

7 Vorschläge zum Umgang mit Bild

In den folgenden Abschnitten wird die in Kapitel 4 dargelegte Notwendigkeit für eine Exploration vorbereitet. Vorab wird auf Basis der in Kapitel 4 bis 7 vorgestellten Theorie zum Bild und zu den Bedingungen der Gegenwart nochmal eine vertiefende Bohrung[1] am Dreiecksverhältnis von Kunst, Bild und Visualität unternommen und eine engere Matrix für die Beschreibung aktueller Kunst erarbeitet. Dieser Zwischenschritt ist notwendig, um den Besonderheiten der Logik gegenwärtiger Kunstproduktion Rechnung zu tragen und wirklich brauchbare Vorschläge für einen angemessenen[2] Umgang mit dem künstlerischen Bild machen zu können. Bereits in den Vorbemerkungen (Kapitel 2: Präliminarien) war von einem »angemessenen Umgang mit der Kunst der Gegenwart«[3] die Rede, die bisher nur ausschnitthaft durch sowohl theoretische als auch kulturelle Vorannahmen der Gegenwart aufgezeigt wurden. Im Folgenden wird dieses Mapping[4] nun an einigen Stellen (u.a. in den Formen der Beschreibung und Bildannäherung) verdichtet und anhand von Beispielen (u.a. über eine Werkannäherung von Philipp Ekardt zu »The Complete Poem« (2009) der Künstler*innengruppe Bernadette Corporation) des Umgangs mit Fragen der Visualität und der Bildlichkeit einerseits, aber auch zur Praxis mit den Bildern in der bildenden Kunst andererseits erörtert. Ziel ist es dabei, das Phänomen Bild und die Fragen der Gegenwart nochmals genauer aus der gegenwärtigen Kunstpraxis heraus zu durchleuchten und das Untersuchungsfeld aus der Eindimensionalität der Betrachtung zu befreien und entsprechend in angemessener Weise auch räumlich aufzustellen.[5]

1 Das ist eine Formulierung, die ich mir angewöhnt habe für eine exemplarische Erörterung mit größter Detailgenauigkeit an einer Stelle, deren Klärung einen wichtigen Ankerpunkt für die jeweils anstehende Untersuchung darstellt.

2 Gemeint ist ein Umgang, der auf gegenwärtige Veränderungen eingeht und auf dieser Grundannahme operiert.

3 Vgl. Kapitel 1: Einleitung und Kapitel 9: Bildung im Plural.

4 An dieser Stelle möchte ich auf die Ausführungen zum Mapping und Kartieren von Christine Heil hinweisen: »Der Begriff der Kartierung benennt Vorgehensweisen des Beobachtens, Sammelns und Aufzeichnens sowie das dabei entstehende Beziehungsgefüge zwischen dem Beobachter und seinen Beobachtungen sowie innerhalb der Dokumentationen«. Weiter führt sie aus: »Am Beispiel der Karte [lässt sich] deutlich machen, dass eine Kartierung keine direkte Abbildung, keine lineare Projektion vom realen Raum in einen symbolischen ist, sondern eine Abbildung nach bestimmten Spielregeln«. Vgl. Heil, Christine. »Kunstunterricht kartieren. Handlungsräume im Unterricht herstellen und erforschen«. *Schroedel Kunstportal,* 2008. Online: https://www.kunstlinks.de/material/peez/2008-04-heil.pdf [01.01.2018].

5 Vor dem Hintergrund der komplexen Verknüpfung von Informationen und Referenzen scheint es mindestens notwendig, mehr als zweidimensional darüber nachzudenken.

7.1 Möglichkeiten der Beschreibung

Den Einstieg in diese sich immer weiter verdichtenden Untersuchungen unternehme ich anhand der Arbeit der Künstler*innengruppe Bernadette Corporation »The Complete Poem« (2009)[6]. Die Arbeit umfasst eine Serie von Schwarz-Weiß-Fotografien, die in wechselnden Kombinationen eine Gruppe von Teenagern mit schlanken Figuren in Modeposen, T-Shirts und Denim zeigen.[7] Einzelne Accessoires lockern die geradezu uniformierte Langeweile zwischen nackter Haut, Baumwolle, entspannter Haltung und Typvariationen auf. Die Posen sind betont locker, die Blicke uninteressiert, beinahe entleert, der Hintergrund ist vom Boden bis zur Decke durchgehend weiß. Der Kunst- und Literaturwissenschaftler Philipp Ekardt spricht in seiner Beschreibung gar von einer »Schlappheit der Posen« und einem Zustand nach einem »entropischen Energieverlust«, der sich in einer »unbestimmte[n] Blankheit mitteilt«.[8] Rein visuell erinnert die Aufstellung sowie die Ausstattung und der auf Diversität[9] gepolte Typ Model an frühe Kampagnen von United Colors of Benetton und Calvin Klein. Die gewohnten visuellen Oberflächen einer *corporate aesthetic* verbinden sich mit einer eigentümlichen Freiwilligkeit, das Sperrige und Widerständige der frühen American Apparel[10]-Kampagnen zu brechen – ohne sie zu ironisieren.

Abb. 7.1, 7.4, 7.5: Zum Vergleich Poster aus den Kampagnen von (1) Levis, (2) American Apparel und (3) Calvin Klein. Online unter: http://www.scoop.co.nz/stories/BU0808/S00106.htm/, https://harrietwilliamson.com/tag/american-apparel/, https://www.pinterest.com/pin/530369293597435283/ [05.01.2018].

Abb. 7.2, 7.3: Bernadette Corporation. Fotos und Installationsansicht. »The Complete Poem«, 2009. Online unter: http://www.we-find-wildness.com/2012/09/bernadette-corporation/ [05.01.2018].

6 Vgl. Ekardt 2014, S. 83. Die Arbeit umfasst eine Serie von Schwarz-Weiß-Fotografien, die 2009 in der New Yorker Galerie Greene Naftali gezeigt wurden und später als Buch veröffentlicht nochmals gesammelt erschienen.

7 Vgl. ebd.

8 Ebd.

9 Ein in der Soziologie und den Gesellschaftswissenschaften im Sinne einer Vielfalt von Merkmalen benutzter Begriff. Häufig zur Unterscheidung, aber auch Anerkennung von Gruppen- und individuellen Merkmalen verwendet. Detaillierter hierzu unter »Vielfalt als Chance. Warum Sie auf Diversity zählen können.« *Charta der Vielfalt*, 2020. Online: https://www.charta-der-vielfalt.de/diversity-verstehen/ [15.09.2020].

10 American Apparel ist ein in Los Angeles ansässiger Bekleidungshersteller, der durch seine betont einfachen Schnitte und grellen Farben in den frühen 2000er-Jahren weltweit bekannt wurde.

7.2 Ebenen des Visuellen: Operative Logiken

In seinem Artikel »In Defense of Styling« (2014)[11] widmet sich Ekardt der Logik des Werkes besagter Bernadette Corporation. Zunächst beschreibt er detailliert und kunsthistorisch fachgerecht neutral, um anschließend an dem gewählten Beispiel verschiedene »operative Logiken«[12] zu identifizieren und zu erläutern. Er erkundet die Einzelbilder der Serie Teil für Teil und nähert sich dem Werk vorerst ausschließlich über die Ebene des Visuellen[13], um sie danach auf der Basis dieser Informationen (man könnte sie auch Daten nennen) mit verschiedenen Analysezugängen auch auf andere Weise zu Wort kommen zu lassen. Im Anschluss schildert er die Genese der Bildherstellung, indem er popkulturelle Referenzen, wie beispielsweise Calvin-Klein- oder Levis-Werbung, als Vergleichsdaten heranzieht, bezieht sich dann aber auf die im Umfeld der Warhol'schen Factory von Richard Avedons hergestellten Gruppenporträts[14], um die kunsthistorische Referenz in die Entschlüsselung der Szene einzubeziehen.[15]

Abb. 7.6: Richard Avedons, »Andy Warhol and members of The Factory«, NYC, October 9, 1969. Online unter: https://www.pinterest.de/pin/194922108581774 98/ [05.01.2018].

Ekardt spricht von einem langgezogenen »Fade-to-Grey-Effekt«[16], der sich innerhalb der Reihe über die Jahrzehnte hinweg ergibt und in der Arbeit »The Complete Poem« zu kulminieren scheint. Von Serie zu Serie zeigt sich eine Art aushöhlender Effekt, der die ähnlich angelegten Fotografien letztlich immer »generischer«[17] und jeweils undefinierter wirken und in beliebige Gruppenporträts von hippen Teenagern kippen lässt.[18] Die visuelle

11 Ekardt 2014, S. 79ff.

12 Ebd., S. 79.

13 An dieser Stelle ist es sinnvoll, auf die Unterscheidung zwischen Visuellem und Bildlichem hinzuweisen. Das Herausragende an der von Ekardt gelieferten Beschreibung ist, dass er sich tatsächlich zuerst auf das, was zu sehen ist, in einem ganz allgemeinen Sinn konzentriert und dies mit großer Genauigkeit beschreibt. Erst danach widmet er sich der Bildebene und bezieht weitere semantische Zusammenhänge ein. Zur Unterscheidung von Visuellem und Bildlichen mehr bei Daney in Kapitel 8.1.3.

14 Ekardt 2014, S. 85.

15 Während Ekardt im Raum der Fashion und Fotografie bleibt, könnte die Schwarz-Weiß-Logik vor wiederum weißem Hintergrund (im visuellen Limbo sozusagen) auch auf die Produktästhetik von multinationalen Korporationen wie Apple und deren visuellen Ansprüchen/Ansprachen bezogen werden.

16 Fade-to-Grey-Effekt: Ein Effekt, der vergleichbar ist mit dem Abblenden oder Ausblenden im Filmschnitt. Stück für Stück werden in einem harmonischen Verlauf die Merkmale (z.B. Farbsättigung) zurückgenommen und hin zu weiß oder schwarz ausgeblendet.

17 Vgl. Ekardt 2014, S. 85. »Die Bilder inszenieren auf der Ebene des Erscheinens ein Verschwinden an Partikularität« und sind dabei mithin in nichts zu unterscheiden von anderer Fashionfotografie, ohne diese zu imitieren. Sie unterscheiden sich in nichts, wirken unmarkiert (also in nichts besonders hervortretend) und sind dennoch nicht gleich, weil sie einen Effekt rekonstruieren. Ein seltsamer Eindruck der Schwerlosigkeit.

18 Ebd.

Unbedeutendheit der einzelnen Elemente (also das Zurücktreten des Besonderen hinter dem Allgemeinen) des fotografischen Aufbaus ist dabei von besonderem Interesse für das meisterhafte Desinteresse der Kamera. Wenn Jeans von Acne (ein multidisziplinäres hippes Modehaus in Stockholm) anstelle der Arbeiter*innen-Jeans[19] Levis eingesetzt werden, scheint der Unterschied visuell vernachlässigbar. Ein Style wird kopiert, ohne die Logik der Einzelteile zu respektieren, zur entleerten Idealform gebogen und adaptiert. In diesem Vorgehen zeigen sich bereits Tendenzen einer Überzeichnung der Normalität[20], die Vermutungen von einer Hyper-Version aufkommen lassen. In einer Extremversion des »Doing As-if«[21] (dt.: *Als-ob*-Lösung) wird ein *So-tun-als-ob* perfektioniert und gezielt leicht am Original vorbeigeleitet. Ekardt spricht von einem »Flirt mit dem schlechten Allgemeinen«[22] und vom »[E]indringen in die Sphäre des Mainstreams«[23]. Mit Bezug auf Natasha Stagg[24] sieht Ekardt die wenig ambitionierte Nachempfindung der Levis-Bilderserie, in der Acne-Jeans statt Levis verwendet werden, als aussagekräftiges Beispiel für eine »Vorliebe fürs Generische als Aneignung« dieser Normalität.[25] Man kann sich dem Generischen weder visuell noch körperlich entziehen, und daher bleibt nur dessen aussagelose Besetzung.[26]

Gerade die minimalste Abweichung zum aussagekräftigsten Kern der Darstellung wird in betont kleinster Differenz so weit kultiviert, dass sie beinahe übersehen werden muss. Die Differenz wird nicht mit aller Kraft sichtbar gemacht. Die unautorisierte Kopie steht, trotz gesuchter Nähe, mit nur einem handbreiten Abstand in direkter Beziehung zu den »Agenten des Massenhaften«[27], einer *corporate aesthetic*, die unausweichlich scheint. Dennoch gibt sich die Version ganz Minimaldifferenz, gerade genug abweichend, dass sie

19 Man erinnert sich an die Werbung der Marke, die die Träger*innen ähnlich wie Wrangler als aktive anpackende Zeitgenoss*innen (gern auch Cowboys and -girls) einsetzte.

20 Mit Normalität ist hier jene fiktive Unmarkiertheit der Alltagsverwendung gemeint, die sich besonders an den vereinheitlichen visuellen Oberflächen der Gegenwart zeigt. Das Phänomen »Normcore« bezieht sich in wesentlichen Aspekten auf diese Normierung des individuellen Ausdrucks. Vgl. Khole.net. »Youth Mode. A Report on Freedom«. Online: http://khole.net/issues/youth-mode/ [01.01.2018].

21 »As-if« ist eine Figur, die in dieser Arbeit sowie in der zugrundliegenden Theorie immer wieder eine Rolle spielt. Unter anderem berührt sie Untersuchungen zum Thema *Cargo Cult* (Kapitel 4.3) und taucht bei dem Künstler Ryan Trecartin in der Arbeit »Ryans Web 1.0« auf. Vgl. Quaranta, Domenico. »Ryan's Web 1.0. Ryan Trecartin, A Lossless Fall.« *Brescia,* 2012. Online: https://www.librarystack.org/ryans-web-1-0-a-lossless-fall/ [01.01.2018].

22 Ekardt 2014, S. 85.

23 Ebd. Es bietet sich an, hier auch auf das Kollektiv Khole zu verweisen, das als Trendagentur Effekte wie Normcore textlich wie visuelle expliziert hat: Stagg, Natasha. »Forevercrombie«. *dis-magazine,* o. D. Online: http://dismagazine.com/discussion/49319/forevercrombie/ [01.01.2018].

24 Ekardt 2014, S. 85.

25 Ebd.

26 Eigentlich im Sinne eines Hacks umprogrammieren oder, wie Michael Seemann es nennt, *forken* und eine neue Verzweigung aufbauen.

27 Ekardt 2014, S. 85.

nicht in der *unmarkierten Masse*[28] verschwindet und ins Unbedeutende diffundieren muss. Einmal auf der Suche nach diesen feinen Unterschieden können die Markierungen so gering sein, dass ein Identifizieren der Abweichung oder eine trennscharfe Abgrenzung nicht mehr selbstverständlich sein muss.[29]

> *»Die Bilder inszenieren auf der Ebene des Erscheinens ein Verschwinden an Partikularität und formulieren gleichzeitig das Konzept dieser allmählichen Auflösung.«*[30]

7.3 Visuelle Markierungen in minimalen Verschiebungen

Es geht dabei nicht um Strategien der Distinktion oder der Ironisierung, die mit Mitteln des *Copy & Paste* oder gar des *Fake* arbeiten. Das wäre verkürzt zusammengefasst und wirkte so, als ob die Strategien der »Minimal Art« auf das Prinzip der Reihung reduzieren werden sollten. Bei der Fotoserie »The Complete Poem« von Bernadette Corporation handelt es sich um relativ unscheinbare, aber umso feinere Rekonstruktionen von Gemeinplätzen der uns umgebenden Gegenwart. Diese Suchbewegungen, die eher einem intuitiven Finden ähneln, kommen mit sehr gründlichen und Detail-bedachten Kopiervorgängen ohne große Gesten aus, aber verrichten mit ausdauernden Mehrfachbelichtungen Arbeit an einem geteilten Allgemeinen[31] und vermögen es, die Besonderheiten der Einzelnen aus der visuellen Gleichung der Gegenwart herauszukürzen. Dabei entsteht eine ausgewiesene *Flatness*[32] auf visueller Ebene, die leicht zu Missverständnissen führen kann und in der Bildanalyse auf die falsche Fährte führt. Wenn Ekardt von anfallender »Arbeit am Begriff des Generischen«[33] spricht und »das schlechte Allgemeine«[34] ebenso wie den Hang zur »Sphäre des Mainstreams«[35] als Kern des Werks konturiert, dann kristallisiert sich der Kern der künstlerischen Bearbeitung und jener operativen Logik an genau diesen Verschiebungen heraus: »The Complete Poem« (2009) arbeitet semantische Differenzen heraus – zeigt

28 Das Generische kann als etwas Allgemeingültiges verstanden werden, in dessen Logik die Besonderheiten zu Gunsten der Gemeinsamkeiten ausgeglichen werden. Dabei wird durch die Abstraktion gemeinsamer Merkmale unterschiedlicher Merkmalsträger auf ein geteiltes Allgemeines, einen Typ nach selbem Schnittmuster, konturiert.

29 Ekardt 2014, S. 85.

30 Ebd.

31 Verstanden im Sinne der engl. Verwendung des *sharing*. Es böte sich an, hier auch vorsichtig über eine geteilte Masse oder Substanz dieser Bilder zu sprechen.

32 Vgl. hierzu auch Vierkant zu »Image Objects«.

33 Ekardt 2014, S. 85.

34 Ebd. Mit dem »schlechten Allgemeinen« ist hier eine Durchschnittlichkeit der Merkmale gemeint, die in keiner Weise besonders oder herausragend sind, sondern auf besonders anschauliche Weise das darstellen, was das Mittelmaß in einem degradierenden Sinne bezeichnet.

35 Ebd.

Unterschiede in den Kategorien und Bildlogiken auf – wo sich an den visuellen Oberflächen wenig bis nichts offensichtlich zu sehen gibt. Wegen dieser minimalen bedeutungsunterscheidenden Markierungen[36] ist das Vorgehen, aber ebenso die Auswahl des Werks, wie es Philipp Ekardt in seiner Untersuchung vorlegt, so zentral für die Erarbeitung eines Verfahrensvorschlags zum Umgang mit den Bildern der Gegenwartskunst. Im Folgenden möchte ich also vorschlagen, dieses Beispiel und den skizzierten eigenwilligen Umgang für die weitere Diskussion der Gegenwartskunst festzuhalten und als Ausgangspunkt auszubauen.

Das Beispiel der Bernadette Corporation ist allerdings auch historisch für die Gegenwartskunst von Interesse. Die Phase der Hauptaktivität dieser losen Künstler*innengruppe lag zwischen 1998 und 2009 und überspannt ebenjenen Zeitraum, in dem sich die in Kapitel 4 beschriebenen Verhältnisse der späten Digitalisierung etabliert und in Praxen des Alltags verwandelt haben. Auch die sogenannte Kunst nach dem Internet[37] formte sich in diesem Zeitraum. Das von Ekardt gewählte Beispiel (Bernadette Corporation) trägt somit indirekt Zeitzeug*innenschaft für eine komplexe Anordnung von Veränderungen, deren Auswirkungen wir heute erst beginnen zu begreifen. Die Serie »The Complete Poem« vermag es, über die feinsinnigen Markierungen hinaus, die verhandelten Veränderungen am Verständnis des Bildes und der Praxen am Bild exemplarisch werden zu lassen. Ein weiterer spannender Punkt, der mich zum Appell zu einer detaillierteren Untersuchung verleitet, ist das *Offenbar-Werden* eines reflektierten Verständnisses dessen, was sich in der Gegenwart verändert hat. Die Akteur*innen (oder auch Produzent*innen, genauer in diesem Fall: Bernadette Van-Huy) und auch ihre Produkte sind gleichzeitig in beiden Kontexten – in der Mode und in der Kunst – vertreten und agieren in visuellen und logischen Differenzen[38] unter jeweils anderen »operativen Logiken«[39], die kaum beschreibbar sind.

36 Siehe Kapitel 6 zu »Mem« und Hinweise auf Phoneme/Grapheme/u. a. in der Sprachwissenschaft.

37 Mit Post-Internet Art wird aktuell diejenige Kunst bezeichnet, die sich aktiv mit den Auswirkungen des Internets und der späten Phase der Digitalisierung auseinandersetzt, dabei die entstehenden Bedingungen als gegeben voraussetzt und auf dieser Basis deren durchgreifende Logik mit künstlerischen Mitteln zu durchdringen versucht. Mit dem »post« in Post-Internet wird nicht eine Zeit nach dem Internet aufgerufen, sondern eine wachsende Selbstverständlichkeit im Umgang und eine Geisteshaltung nachdem das Internet neu war.

38 Vgl. operative Logik bei Ekardt.

39 Ekardt 2014, S. 87.

7.4 Bildmilieu und visuelle Register

Für Kunstwissenschaftler*innen und Kunstpädagog*innen liegt es nun vermutlich nahe, diese zarten bis unsichtbaren Differenzen[40] am Bild – im Sinne des visuell Erfahrbaren[41] – herauszuarbeiten. Um den teils sehr ähnlichen visuellen Äußerungen zwischen Kunst und Nicht-Kunst im Anwendungsfall auch gerecht zu werden, ohne sich auf die ohnehin schwierige Unterscheidung zwischen Kunst und anderen Bildphänomenen beziehen zu müssen, schlägt Ekardt in seinen Ausführungen eine pragmatische Analyse der verschiedenen »operativen Logiken«[42] vor, der ich hier folgen möchte. Die Fragen, denen er nachgeht, strukturieren sich nach einer Art ästhetischer Praxeologie[43]. Grundsätzlich scheint das vorgeschlagene Vorgehen nach einer praktischen Notwendigkeit entstanden zu sein, der Unterscheidungsunmöglichkeit nach klassischen Bildanalysemethoden mit interdisziplinär informierten Ansätzen entgegenzuwirken, wie es Ekardt in seinem Vorgehen am erwähnten Beispiel von Bernadette Corporation zeigt. Im Folgenden soll das Vorgehen nun auf eine allgemeingültige Analyse-Matrix bezogen werden, um einen Beitrag zu einer gegenwärtigen Untersuchung der Bilder der Gegenwart zu liefern. Weil Bilder immer Teil der kulturellen Produktion sind, müssen sie auch vor diesem Hintergrund reflektiert werden.

Nach Ekardts Vorgehen lassen sich drei Hauptuntersuchungspunkte identifizieren, die ich hier darlegen möchte: (1) Bilder werden nach ihren »Verzeitlichungsmodi«[44] untersucht und Hinweise für eine zeitliche Verortung innerhalb wie außerhalb des Bildes, oder der Bildstrukturen, gesammelt. Im nächsten Schritt (2) steht die konzentrierte Beschäftigung mit dem »Bildmilieu«[45], also dem sozialen und technischen Kontext seines Auftretens, im Fokus. Angesichts der Differenzierung visueller Referenzsysteme ist das ein wirklich essenzieller kommunizierender Schnitt, um nicht im völlig falschen Segment der visuellen Register nach Klärung der Symbolik und Referenz zu suchen.[46] Des Weiteren gilt es (3), die zu dechiffrierenden Bilder in ihrem Verhältnis zu anderen Bildern[47], also diachron wie synchron, zu untersuchen. Dabei geht es um ein Identifizieren der Aspekte der

40 Mit Differenzen sind hier feine Unterschiede gemeint, die sich u. a. visuell kaum ausmachen lassen oder, oberflächlich betrachtet, auch logisch beinahe ununterscheidbar sind und ein hohes Maß an Aufmerksamkeit und Kontextwissen abverlangen.

41 Das visuell Erfahrbare bezeichnet in Abgrenzung zum Bild etwas, das vor allen Dingen rein über den Sehsinn zu erschließen ist. Etwas Visuelles ist nicht deckungsgleich mit einem Bild oder etwas Bildhaften.

42 Ekardt 2014, S. 87.

43 Ebd.

44 Ebd.

45 Ebd., S. 89.

46 Vgl. ebd.

47 Ebd.

geteilten Zeit und des geteilten Genres, um auch direkte Schlüsse über die aktiven Strategien extrapolieren zu können.

In Ekardts Beispiel zeigt sich das Bild aus der Modefotografie in seiner Beziehung zu anderen Bildern derselben Zeit und desselben Milieus vor allem an einer Differenzierung und Distinktion von diesen interessiert. Das Bild aus dem Kunstkontext (hier: »The Complete Poem«) zeigt sich an *Looks*, *Styles* und offenen Fragen interessiert, die jene Distinktionsgesten thematisieren und auf ein stilistisches Ausbleichen oder Entdifferenzieren abzielen. Am Ende bleibt ein Bild, welches möglichst beziehungslos zu allen anderen Bildern bleibt und gleichzeitig für alle Bilder stehen kann, weil es vermag, die inhaltlichen Fragen außerhalb des »generisch Visuellen« anzusiedeln.

Abb. 7.7: Analyse-Matrix nach Ekardt (2014).

7.5 Formen der Bildannäherung: Doing Images

Als klassisches Beispiel der Bildinterpretation oder Bildanalyse würde der Dreischritt (die Trias) nach Erwin Panofsky als Möglichkeit der Bildannäherung genannt werden, oder die Ikonologie nach Aby Warburg, die selbst umfassende Quellen und interdisziplinäre Zugänge bereits bedacht hat, einbezogen, um aktuellere Zugänge zu gewinnen. Das Vorgehen von Philipp Ekardt setzt nun aber an einer ganz anderen Stelle an. Ekardt sucht die entscheidenden Hinweise[48] für seine Untersuchung weniger in der Bildanalyse[49] einer Tradition der Kunstwissenschaft als in einer aus den Praxen heraus argumentierten Notwendigkeit, den vorliegenden Bildarten mit grundlegend angemessenem Werkzeug auf Augenhöhe zu begegnen. Dabei lehnt er sich über das phänomenologische Ende der Bildtheorie, was ich im Anschluss an Lambert Wiesing in Kapitel 5.1 skizzierte, weit hinaus und kopfüber in die Soziologie hinein. Dies soll nun nicht als Plädoyer für ein

48 Auch soziokulturelle und theoretische Anschlüsse werden von ihm aufgerufen.

49 Dreischritt (die Trias) nach Erwin Panofsky sieht ein schrittweises Vorgehen vor: (1) vorikonografische Analyse, (2) ikonografische Analyse und (3) ikonologische Interpretation. Die ihm vorangegangene Ikonologie nach Aby Warburg, gründet bereits auf die umfassende Quellen und interdisziplinäre Zugänge. Nach Günter Bandmann ist auch eine Ikonologie der Werkstoffe von Bedeutung, die dem Material Mitwirkung am Werk zuschrieb. Max Imdahl hingegen basierte seine Methoden zur Ikonik nicht auf einem außerbildlichen Vorgehen, sondern auf einer intensiven Bildanalyse und einem beschreibenden Nachvollzug. Um aktuellere Zugänge zu nennen: Rezeptionsästhetik nach Wolfgang Kemp und die Überlegungen zu visuellen Formen und Artefakten innerhalb einer Bildwissenschaft am Bild per se nach Hans Belting, Horst Bredekamp und Gottfried Boehm et al. Vgl. Lange, Barbara; Frank, Gustav. *Einführung in die Bildwissenschaft. Bilder in der visuellen Kultur.* Darmstadt, 2010. Hinweis: Ohne dies explizit zu machen, scheint Philipp Ekardt auf Basis grundlegender Überlegungen der Kunstgeschichte mindestens intuitiv und zeitweise ähnliche Strategien zu verfolgen, wie sie der Sozialforscher Ralf Bohnsack für die dokumentarische Methode festhält. Für eine erste Übersicht siehe: Bohnsack, Ralf. »Dokumentarische Methode. Theorie und Praxis wissenssoziologischer Interpretation«. In: Hug, T. (Hg.). *Wie kommt Wissenschaft zu Wissen? – Einführung in die Methodologie der Sozial- und Kulturwissenschaften.* Hohengehren, 1998, S. 326–345.

Zurücklassen der Methoden der Kunstwissenschaft verstanden werden. Ekardts Vorgehen dient dazu, hier das Handwerkszeug im Sinne eines bewussten gegenwärtigen Bildverstehens zu explizieren und einzusetzen.

> *»Eine umfassende Soziologie des Visuellen muss also nicht allein vom Bild, sondern vielmehr von den sozialen Praktiken seiner Produktion, Interpretation und Verwendung ausgehen.«*[50]

Im Folgenden möchte ich den Fokus stärker auf das Wie als auf das Warum und Was der Bildannäherung legen. Während Ekardts Vorgehen sicherlich auch in der literaturwissenschaftlichen Analysetradition[51] steht, und seine Analyse über den Vergleich zu mitunter fein(st)en Differenzierungen kommt, möchte ich Ekardts Vorgehen als pragmatische (aber auch nachsteuernde) Reaktion auf das kulturelle Umgehen mit dem Bild[52] (auch produzierende Bildpraxen) verstehen und beginnen, diese Tendenz aus der Anwendung heraus systematisch zu vertiefen. Die Soziologin Regula Valérie Burri liefert dafür aus der soziologischen Forschung am Bild die geeigneten Debatten und geht einen entscheidenden Schritt weiter. Im Anschluss an Bruno Latour und andere schlägt sie vor, die »soziale Praxis«[53] in die Analyse einzubeziehen. Im folgenden Abschnitt werde ich diesen Vorschlag ernst nehmen und ihn als ein »Doing Images«[54] entlang Burris Argumentation untersuchen. Ich schlage dabei zudem vor, das Instrumentarium einer Bilddiskussion (im Sinne einer Anpassung an die Anforderungen der Gegenwart) um den Aspekt der Situation zu ergänzen. Burri liefert wichtige Ankerpunkte für diesen Vorschlag und trägt mit ihrer erneuten Evaluation der Traditionen der Bildanalyse auch zum Verständnis der *Postdigital Condition* und einer zeitgemäßen Bilddiskussion bei.

> *»Eine Analyse der Kulturbedeutung und Kulturbedingtheit von Bildern muss jedoch nicht die Bilder zu ihrem alleinigen Ausgangspunkt bestimmen, sie sollte auch die*

50 Burri, Regula Valérie. »Bilder als soziale Praxis, Grundlegungen einer Soziologie des Visuellen«. *Zeitschrift für Soziologie,* 34 (4), 2008, S. 342–358, hier: S: 345.

51 Um die vier wichtigsten Analyseansätze der Literaturwissenschaft zu nennen: Literaturpsychologie und hermeneutische sinnerschließende Analyse; poststrukturalistische und dekonstruktivistische Methoden, die auf Interpretationsmöglichkeiten hinarbeiten; Psychoanalytische Literaturwissenschaft, die werkimmanente Interpretation mit Fokus auf das Werk und die Form, ebenso wie die auf empirischen Nachweis ausgerichtete positivistische Methode. Vgl. zu weiteren Ausführungen: Becker, Sabine; Hummel, Christine; Sander, Gabriele. *Grundkurs Literaturwissenschaft,* Stuttgart, 2006.

52 Häufiger auch aus rein ökonomischer Notwendigkeit.

53 Burri, Regula Valérie. »Bilder als soziale Praxis, Grundlegungen einer Soziologie des Visuellen«. *Zeitschrift für Soziologie,* 34 (4), 2008, S. 342.

54 Ebd., S. 346. Vgl. auch Burri, Regula Valérie. *Doing Images. Zur Praxis medizinischer Bilder.* Bielefeld, 2008.

sozialen Praktiken der Herstellung, der Wahrnehmung und des Gebrauchs von Bildern einschließen.«[55]

Im folgenden Abschnitt skizziere ich den Ansatz für einen ersten Überblick etwas genauer. Bilder, so Burri, werden durch soziale Praxen in einer Art »Doing Images«[56] zu dem, was sie sind: kulturelle Artefakte. Burri sieht Bilder in den »Strukturen einer symbolischen Sinnwelt eingebettet«[57] und spricht mit Verweis auf Jan Assmann[58] und Erving Goffman[59] von Bildkonstituierenden Praktiken, sogenannten »Bildakten«[60], durch die die Bilder als »kulturelle Objektivationen situativ verankert« sind und durch ihre Beziehungen zu ihrer Umgebung überhaupt erst als solche entstehen können (also zu dem werden, was sie zu Bildern macht).

Abb. 7.10: Skizze zu Bildakten und »Doing Images« nach Burri (2008).

Um diesen Status und dessen Entstehungsbedingungen geht es auch in diesen Untersuchungen an den Phänomenen der Bildlichkeit nach dem Internet.[61] Burris Ausführungen erinnern zwar an Lambert Wiesing, der die Zeichenhaftigkeit kultureller Artefakte als von außen projiziert und impliziert versteht,[62] wie in Kapitel 5.1.3 ausgeführt, aber in Konsequenz geht Burris Vorschlag weit über dies hinaus. Für eine soziologische Bildanalyse schlägt Burri ein Instrumentarium vor, das die Visualität von Bildern in Bezug auf drei Dimensionen beschreibbar macht und unterscheidet zwischen: (1) »Eigenwert« (*visual value*), (2) »Darstellung« (*visual performance*) und (3) »Wirkung« (*visual persuasiveness*) der Bilder.[63] Diese Trias dient Burri dazu, um aus der Soziologie heraus auf die *Mehrgestaltigkeit* der Phänomene im Bild einzugehen und der von ihr aufgeworfenen

55 Burri, Regula Valérie. »Bilder als soziale Praxis, Grundlegungen einer Soziologie des Visuellen«. *Zeitschrift für Soziologie,* 34 (4), 2008, S. 345.

56 Ebd.

57 Ebd., S. 346; zitiert nach: Assmann, Jan. »Die Macht der Bilder. Rahmenbedingungen ikonischen Handelns im alten Ägypten.« In: Kippenberger, H. G.; van den Bosch, L. P.; Leertouwer, L.; Witte, H. A. (Hg.). *Visible Religion,* Vol. 7: Genres in Visual Representations. Leiden-New York-Copenhagen-Köln, 1990, S. 1–20.

58 Burri, Regula Valérie. »Bilder als soziale Praxis, Grundlegungen einer Soziologie des Visuellen«. *Zeitschrift für Soziologie,* 34 (4), 2008, S. 346, zitiert nach: Assmann 1990.

59 Vgl. u. a. Goffman, Erving. *The Presentation of Self in Everyday Life.* New York, 1959; Goffman, Erving. *Interaction Ritual: Essays in Face-to-Face Behavior.* New Brunswick, 2005 (1967).

60 Bildakt so verwendet meint etwas anderes als es Horst Bredekamp in seinen Ausführungen zum Akt des Bildes mit Bildakt benennt. Vgl. online unter: www.hsozkult.de/publicationreview/id/rezbuecher-16196 [01.01.2018].

61 Vgl. für eine weitere Explikation dieses Begriffs Burri, Regula Valérie. »Bilder als soziale Praxis, Grundlegungen einer Soziologie des Visuellen«, *Zeitschrift für Soziologie,* 34 (4), 2008, S. 346.

62 Vgl. Kapitel 5.1.3 und Wiesing 2005, S. 39f.

63 Burri, Regula Valérie. »Bilder als soziale Praxis, Grundlegungen einer Soziologie des Visuellen«. *Zeitschrift für Soziologie,* 34 (4), 2008, S. 348.

Kontextabhängigkeit der Bilder (vgl. Situation) Rechnung zu tragen, die sie weder in der »Bilddokumentanalyse«[64] noch in Methoden am »Rezeptionsprozess«[65] wiederfindet.[66] Besonders für die »wissenschaftlich-technischen Bilder«[67] hält sie diese Fokussierungen – auf die »visuelle Dimension« (1) oder die »soziale Dimension« (2) – ob des hohen Objektivitätsanspruchs dieses Bildertyps für unzureichend.[68] Diese Bilder geben vor, unabhängig von ihren örtlichen und zeitlichen Bedingungen und ihren Urheber*innen eine Abbildung zu liefern. Damit attestiert man ihnen eine Evidenz, die ihnen Autorität verleiht.[69]

Abb. 7.11: Skizze zur soziologischen Bildanalyse nach Burri (2008).

In diesem Vorschlag geht sie zurück auf Vorarbeiten von Michael Lynch[70] und Bruno Latour[71], die Bilder auf die mit ihrer Bedeutung verbundenen Praxen untersuchten. Dabei standen Bilder als »wissenschaftliche Instrumente«[72] im Zentrum, die zu der Bildsorte gehören, die Ideen illustrieren und abstrakte oder neue Zusammenhänge darstellen und für die Verbreitung dieser sorgen. Für meine Untersuchungen an Memtheorie und Verbreitungslogiken sind dies ohnehin ausgesprochen spannende Ausführungen, die wesentlich stärker betrachtet werden sollten. Die Bilder, um die es Latour wie Lynch aber geht, verbildlichen im direktesten Sinne durch sich selbst und machen vorstellbar, was vorher nicht im selben Maße an eine produktive Vorstellung gebunden war. Michael Lynch und Steve Woolgar betonen, dass »visuelle Repräsentationen nicht unabhängig von ihrem praktischen Verwendungskontext untersucht werden können, weshalb auch die diskursiven Praktiken, mit denen sie verbunden sind, untersucht werden müssten«.[73] Ohne Frage sind dies Grundlagen für die Unternehmung einer Skizze für eine Bilddiskussion, die sich an den Phänomenen der Bildlichkeit *after the Internet* ausrichten möchte.

64 Burri, Regula Valérie. »Bilder als soziale Praxis, Grundlegungen einer Soziologie des Visuellen«. *Zeitschrift für Soziologie,* 34 (4), 2008, S. 347, u. a. mit Verweis auf: Bohnsack, Ralf. »Heidi. Eine exemplarische Bildinterpretation auf der Basis der dokumentarischen Methode«. In: Bohnsack, R.; Nentwig-Gesemann, I.; Nohl, A.-M. (Hg.). *Die dokumentarische Methode und ihre Forschungspraxis. Grundlagen qualitativer Sozialforschung.* Opladen, 2001, S. 323–337.

65 Ebd., S. 347; u. a. mit Verweis auf: Michel, Burkard. *Bild und Habitus. Sinnbildungsprozesse bei der Rezeption von Fotografien.* Wiesbaden, 2006.

66 Ebd., S. 347.

67 Ebd., S. 340.

68 Ebd., S. 347.

69 Ebd., S. 347.

70 Ebd., S. 346, nach Lynch, Michael. *Art and Artifact in Laboratory Science. A Study of Shop Work and Shop Talk in a Research Laboratory.* London, 1985.

71 Ebd., nach Latour, Bruno. »Visualization and Cognition. Thinking with Eyes and Hands«. In: Kuklick, H. (Hg.). *Knowledge and Society. Studies in the Sociology of Culture Past and Present,* Band 6. Greenwich, 1986, S. 1–40.

72 Burri, Regula Valérie. »Bilder als soziale Praxis, Grundlegungen einer Soziologie des Visuellen«. *Zeitschrift für Soziologie,* 34 (4), 2008, S. 346.

73 Ebd., sowie Lynch, Michael; Woolgar, Steve (Hg.). *Representation in Scientific Practice.* Cambridge, 1990 (1988).

Für die hier angelegten Untersuchungen des Bildverständnis der Gegenwart aus kunsttheoretischer und kunstpädagogischer Perspektive sind alle Dimensionen der vorgeschlagenen »soziologischen Bildanalyse« von strukturierender Bedeutung, aber gerade die Macht[74] oder Autorität, ggfls. die Überzeugungskraft, bestimmter Bilder und Bildkomplexe[75] ist ausgesprochen zentral. Diese »persuasive Dimension«[76], wie Burri den Aspekt von Bildern nennt, ist es vermutlich auch, die die Überlegungen zu »Mem-Potenzialen« (*meme potentials*)[77] aus Kapitel 6.3 am stärksten tangiert und unterstreicht. Das zentrale Argument, das Burri mit ihrem Instrumentarium in die bisherigen Ansätze zur Bildanalyse einbringen und stärken will, ist die bis dato fehlende Reflexion der »sozialen Dimension«.[78] Besonders zentral und für eine Weiterentwicklung aus der Kunstpädagogik geeignet: Burri versteht »Visualität im Bild«, aus praxistheoretischer Perspektive, nicht als genuine Eigenschaft von Bildern; hingegen versteht sie Bilder als »Produkt soziotechnischer Praktiken«[79], die in den Dimensionen sozialer und materieller, technischer und visueller Existenz und Entstehung reflektiert werden müssten. Diese These soll hier gesichert werden, da sie den bisherigen Formen der Bildannäherung eine sehr wesentliche pragmatische[80] wissenschaftstheoretische Dimension hinzufügen würde.

Abb. 7.12: Skizze zur soziologischen Bildanalyse nach Burri (2008), erweitert nach Schütze.

74 Eine Macht oder Autorität schreibt Burri innerhalb ihrer Argumentation vor allem den »wissenschaftlich-technischen Bildern« zu, um die es in ihrem Versuch der Re-Evaluation der Bildtheorien vor allem geht.

75 In Kapitel 6.1 wird ausführlich das Konzept des »Memplexes« (nach Shifman, Blackmore und Dawkins) erörtert.

76 Vgl. Burri, »Bilder als soziale Praxis, Grundlegungen einer Soziologie des Visuellen«, S. 345.

77 Mem-Potenzial meint die Voraussetzungen als kulturelle Einheit vielfach kopiert und variiert verbreitet zu werden.

78 Ebd., S. 347, u. a. hier: Lange und Frank 2010.

79 Ebd.

80 Unter pragmatisch verstehe ich hier im Sinne eines Pragmatismus/Pragmatizismus nach angelsächsischer Tradition, u. a. bei Charles S. Pierce, der Vorstellungen auf ihre möglichen praktischen Wirkungen hin zu beurteilen sieht; vgl. Schubert, Hans-Joachim; Wenzel, Harald; Joas, Hans; Knebel, Wolfgang. *Pragmatismus zur Einführung.* Hamburg, 2010.

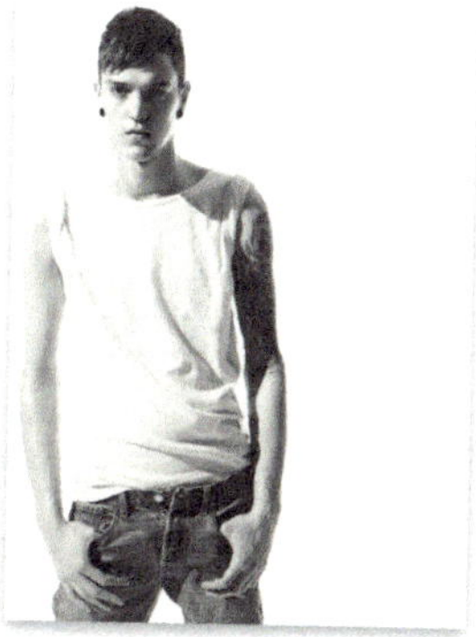

Abb. 7.1

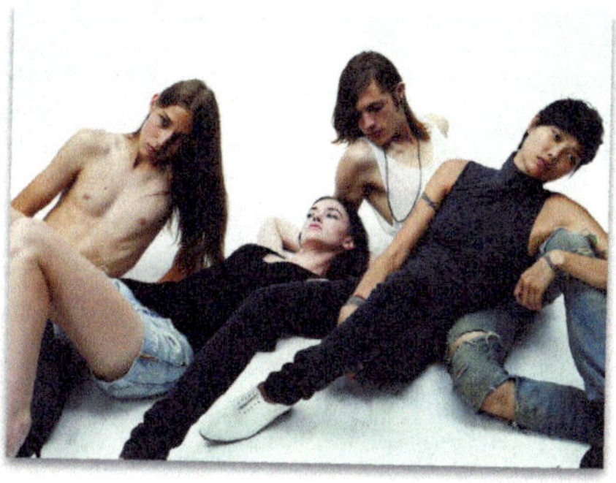

Abb. 7.2

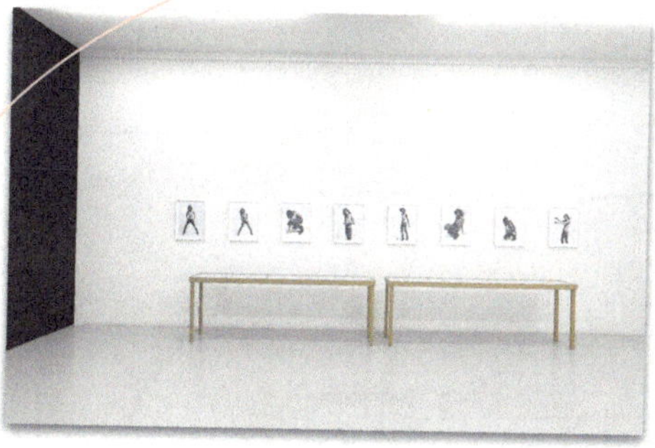

Abb. 7.3

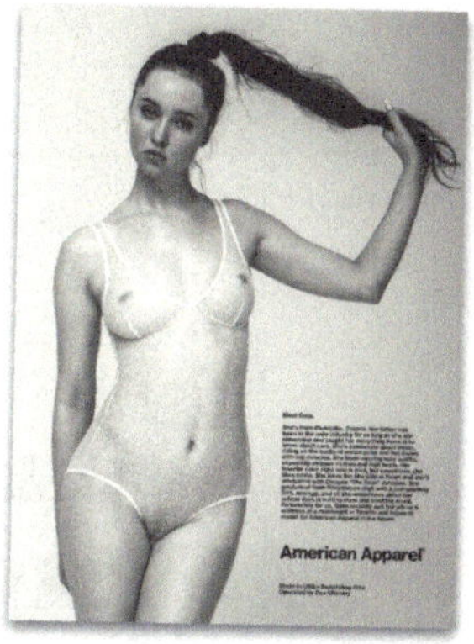

Abb. 7.4

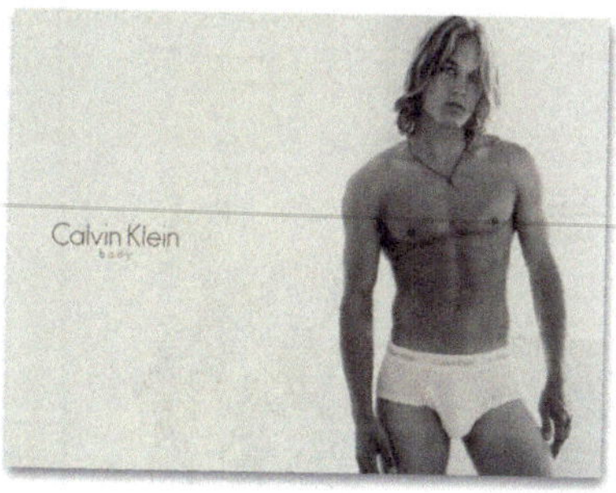

Abb. 7.5

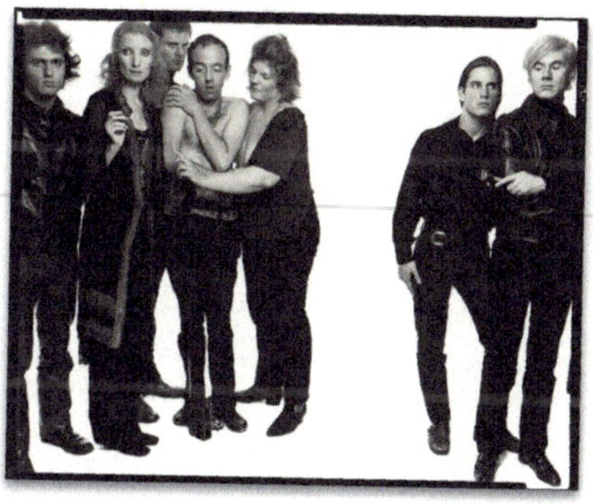

Abb. 7.6

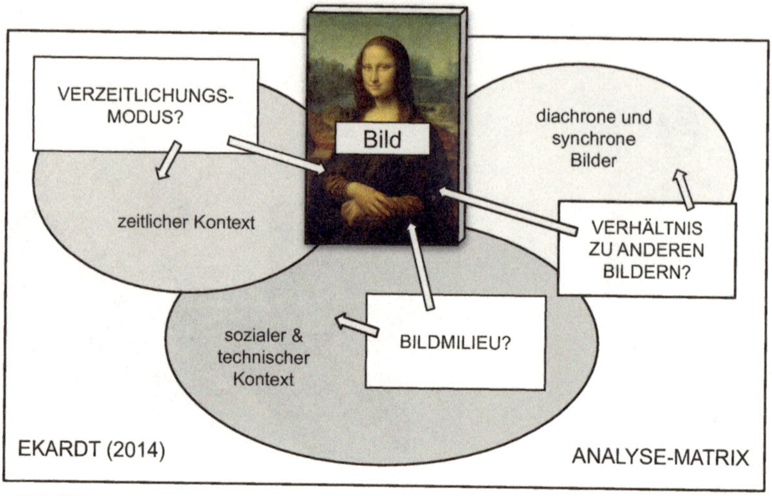

Abb. 7.7

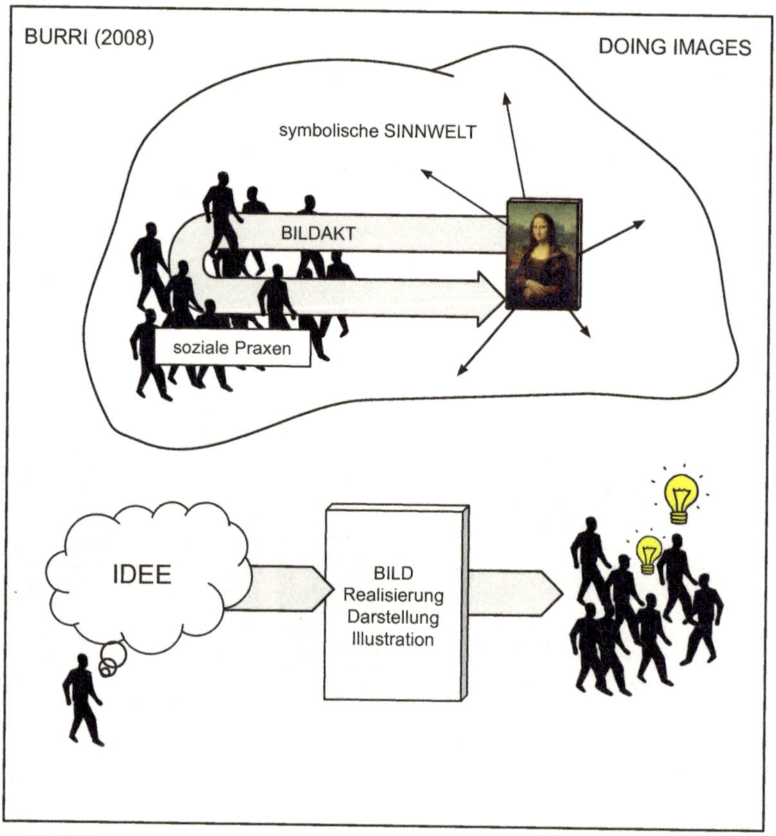

Abb. 7.10

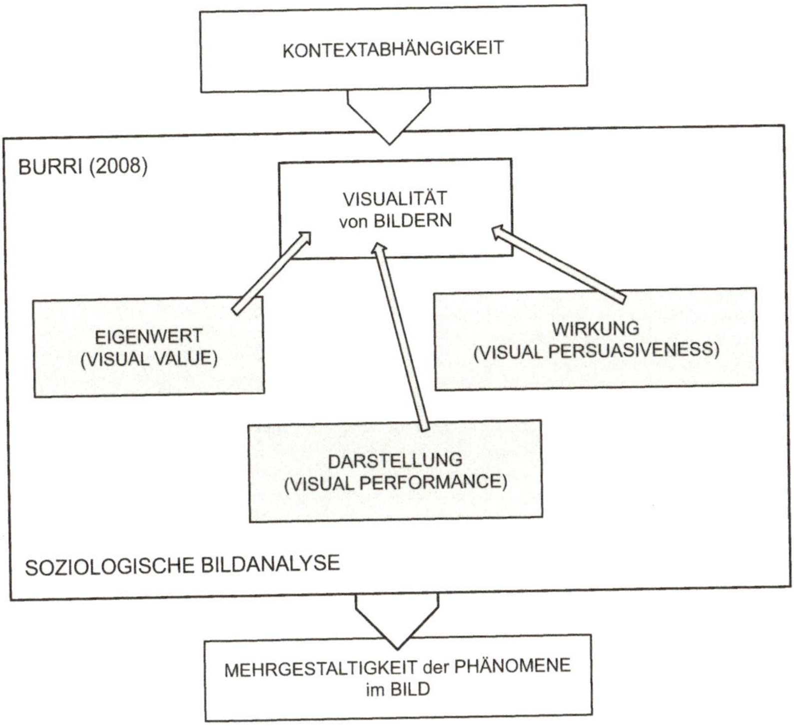

Abb. 7.11

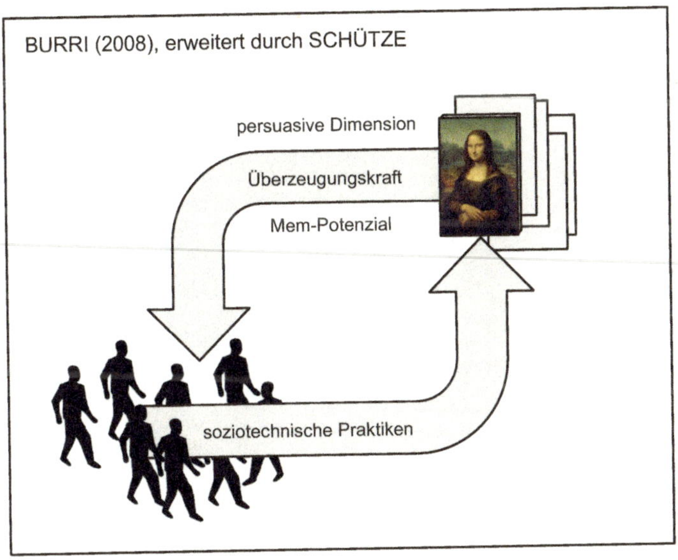

Abb. 7.12

Teil IV
Bild nach der materiellen Abhängigkeit

8 Explorationen

8.1 Exploration: Post-Screen[1]

Im vorangegangenen Kapitel habe ich die Darstellungen zum Bild und seinem theoretischen Gefüge entlang von zwei Hauptlinien geführt. In diesem Kapitel schließen sich nun zwei weitere Untersuchungslinien am Bild als Entität an: Zum einen in Kapitel 8.1: Post-Screen, dem Denken einiger mitschreibender Akteur*innen folgend; und des Weiteren in Kapitel 8.2: Post-Screen Image, die Annäherung an die aktuellen (eher spekulativen oder exrapolierenden) medienkulturellen Bedingungen, die im Duktus einer Vorhersage aufbereitet sind. Als Material der Exploration dienen zum einen textliche Niederschläge in Form von Vorträgen und Transkripten, und zum anderen künstlerische Arbeiten und deren Beschreibungen und Niederschläge. Beide Perspektiven zusammen bilden einen geeigneten Korpus, um die Thesen zur Gegenwart tatsächlich anhand der Bilder und an den aktiven Praxen und ihren Bedingungsgefügen ausschnitthaft zu belegen.
Die in diesem Kapitel angestrebte Untersuchung widmet sich nun einer Auswahl von Texten in einschlägigen Publikationen und Kunstmagazinen, die sich mit dem Phänomen der veränderten Praxen am Bild beschäftigen. Dafür hat sich besonders in den letzten zwei Jahren (also eher gegen Ende meiner Untersuchungen 2011–2018) die Textgrundlage sehr stark verändert. Die hier ausgewählten Artikel wurden aufgrund ihres Fokus auf Fragen des Umgangs mit dem Bildschirm und mit dem Bild gewählt und nicht zuletzt aufgrund der Dichte der angesprochenen Themen eingehender untersucht. Vor allem aber sind drei der hier verfolgten Autor*innen (Josephine Bosma, Carsten Höller, Irmgard Emmelhainz) nicht explizit aus dem Kreis der Journalist*innen, die direkt mit der Entstehung der »Post-Internet Art« assoziiert werden, sondern Theoretiker*innen aus dem Umfeld der Netzkunst und der »Post-Digital Art«. Diese Perspektive ergänzt die Formen der Teilnahme, die meine eigenen Untersuchungen und die von Künstler*innen aus dem Umfeld der »Post-Internet Art« bieten. In den folgenden Abschnitten verfolge ich die Thesen dieser Autor*innen und expliziere ihre Ausführungen im Sinne der Identifikation spezifischer Strategien einer geteilten Praxis der Post-Internet Art. Gemeinsam mit den Ergebnissen

1 Post-Screen, also nachdem der Bildschirm von Bedeutung war.

aus den Kapiteln 6–7 lassen sich in Kapitel 8 in Praxis und Theorie wichtige Ankerpunkte für eine aktualisierte gegenwärtige Bilddiskussion ableiten, die in Kapitel 8.4 zusammenfassend dargestellt werden.

8.1.1 Post-Screen: Josephine Bosma

»Post-Screen. Fehlerhafte Interpretationen des Digitalen in der Kunst« lautet der Titel des ersten hier untersuchten Textes von Josephine Bosma im Band »POSTDIGITAL 2« des Kunstmagazins *Kunstforum International* (2016). »Die Kunst des digitalen Zeitalters wurde lange nicht richtig wahrgenommen«[2], schreibt die Autorin. Sie vermutet die Gründe für die verzerrte Betrachtung im Effekt der Aufmerksamkeitsbündelung des Bildschirms (*screens*) im Allgemeinen und formuliert die These, dass dieser Fakt bisher in der Kunstkritik zu wenig beachtet worden sei.[3] Um dieser chronischen Verzerrung zu begegnen, schlägt Bosma vor, den konzeptuellen Rahmen des Postdigitalen[4] nochmals zu Hilfe zu nehmen. Aktuelle, in der Informationswissenschaft und Medientheorie verstärkt untersuchte Phänomene der technologisierten Gegenwart (wie Dateninfrastrukturen, Algorithmen, Kontrollverlust, Überwachung) sind einige der Eckpfeiler ihrer Überlegungen zum Transformationspotenzial postdigitaler Kultur, die hier weiter erläutert werden sollen.[5]

> *»Anders als das Video sind digitale Technologien aber nicht in erster Linie visuell.«*[6]

Bosma verweist, mit Bezug auf die Ausführungen zur Postmoderne des Politik- und Literaturtheoretikers Fredric Jameson[7], auf die Kunstkritikerin und -theoretikerin Rosalind Krauss[8]. Krauss spricht von einer »total saturation of the cultural space by the image«[9] und reklamiert für die Postmoderne ein Eindringen der Bilder in alle Bereiche des Sozialen.[10] Bosma führt an, dass Krauss und Jameson das Bild (*image*) noch Ende des letzten Jahrtausends als Demarkationslinie für die kulturellen Veränderungen der Gegen-

2 Bosma, Josephine. »Post-Screen. Fehlerhafte Interpretationen des Digitalen in der Kunst«. *Kunstforum International*, Band 243: Postdigital 2. Ruppichteroth, 2016, S. 56–67.

3 Ebd.

4 Postdigital benennt hier eine Qualität, die Veränderungen der Digitalisierung bereits als gegeben voraussetzt und damit im Sinne einer Umwelt umgeht. Vgl. zum Begriff postdigital Kapitel 4.3, Abschnitt (d) Technische Reproduzierbarkeit.

5 Vgl. Bosma 2016, S. 57.

6 Ebd.

7 Vgl. Jameson, Fredric. *Postmodernism, or, The Cultural Logic of Late Capitalism*. London, 1995.

8 Krauss vermittelt Erfahrungen mit Kunst über philosophische Kategorien.

9 Krauss, Rosalind. *A Voyage on the North Sea, Art in the Age of the Post-Medium Condition*. London, 1999. Vgl. Bosma 2016, S. 57.

10 Krauss 1999, S. 56; vgl. Bosma 2016, S. 57.

wart hielten, sie dem aber mit grundsätzlich anderem Verständnis gegenübersteht. In den folgenden Punkten möchte ich Bosmas Denken etwas ausführen, um diese vorliegende Differenz zu verdeutlichen.

»Der Computer instanziiert eine Praxis und keine Präsenz, erwirkt einen Effekt und ist kein Objekt.« [11]

Unter Verweis auf den Film- und Medienwissenschaftler Alexander Galloway[12], der den Computer als Hauptakteur*in der Gegenwart herausstellt und ihm das Potenzial zur Neupositionierung des Seins attestiert, argumentiert Bosma gegen ein Verständnis des Computers als bloße Präsenz. Sie plädiert für ein Verstehen seines Potenzials als Praxis. Bosma sieht weder die Hardware noch die Software oder gar die digitalen Artefakte als das Saturierende der Gegenwart, sondern sucht die Beobachtung des gegenwärtig Vorherrschenden: Prozesse und Effekte. Bosma hält fest: Der Computer wird »eins mit den Aktivitäten seiner Benutzer und verschwindet mehr oder weniger«[13]. Das hat schwerwiegende Auswirkungen für kulturelle Praxen, die wir gerade in der Nutzung mobiler Endgeräte bereits im Effekt beobachten können. Nach Bosma geht die Kunstkritik folglich geradezu gänzlich falsch mit computerbasierter (oder durch Rechentechnik generierter) Kunst um. Um dem entgegenzusteuern, schlägt sie vor, die bereits sehr bemühten Begriffe *postdigital* und *postinternet* nochmals auf ihre Brauchbarkeit zu überprüfen und die Effekte inklusive der in die Geräte eingeschriebenen Affekte und Handlungsaufforderung konsequent mitzudenken.
In dieser Arbeit möchte ich nun diese Forderung noch einmal aufgreifen. Gerade für die Kunstbetrachtung und ebenso die Kunstkritik ist dieses Verständnis von Geräten ein Aspekt, der weitere Untersuchungen erforderlich macht und vermutlich weitreichende Veränderungen in den disziplinären Methoden der Annäherung nach sich ziehen wird. Unter anderem müssten Daten erhoben und Material ausgewertet werden, das die Wirkweisen und Wirkungsgrade verschiedener technischer Präsentationsformen zugänglich werden lässt, ohne das Spezifische der Kunst dabei zu umgehen oder überschreiben. Die hier angelegte Untersuchung beschäftigt sich nun vorerst allerdings ausschließlich mit den Schnittflächen zwischen dem Bild als Hoheitsgebiet der Kunst und dem Visuellen als kulturell dominantem Aspekt der Kommunikation. Auch für diesen Zusammenhang stellt Bosma eine zentrale These auf. Sie schlägt eine generelle Unterscheidung

11 Bosma 2016, S. 57.
12 Galloway, Alexander. *The Interface Effect.* Cambridge, 2012, S. 21.
13 Bosma 2016, S. 57, nach Galloway 2012, S. 21.

zwischen digitaler Kunst und Videokunst vor. Das per se Visuelle des Videos versucht sie für die Netz- und Computerkunst vorerst beiseitezulassen, um sich der Netz- und Computerkunst von einer nicht-visuellen Seite (Formulierung der Autorin) anzunähern. Unter den Bedingungen einer Bild-gesättigten Gegenwart ein nicht sofort ohne Weiteres nachvollziehbarer Versuch. Gerade hier ergibt sich eine im ersten Moment widersprüchliche, aber dennoch produktive Überschneidung mit meiner Vermutung zu einer nicht-visuellen Bildlichkeit, die darauf hindeutet, dass es angebracht ist, Gegenwartskunst in ihren nicht-visuellen Aspekten zu untersuchen. Besonders hervorzuheben sind dabei folgende Punkte aus den Ausführungen Bosmas: Zum einen ist die Rede von den Nutzer*innen-Aktivitäten, mit denen der Computer eins zu werden scheint (agentielle Gemeinschaften), und zum anderen steht Praxis gegen Präsenz[14] (Handlung vs. Dasein) und Effekt gegenüber Objekt[15] (Wirkung vs. Ding), was die Frage nach fluiden oder liquiden Daseinsformen ebenso auf den Plan ruft wie die Verhandlung von Wirksamkeitsstrategien am Objekt.[16] Zudem ergibt sich die Frage: Wodurch ist der Computer in der gegenwärtigen Kultur eigentlich wirksam, wenn dieser eher als eine Ansammlung von Praxen mit enormen Rechenleistungen zu beschreiben ist, die von ökonomischen Begehrlichkeiten getrieben werden und wenn er auf der Grundlage genauerer Beobachtung an den Wirkstrukturen nicht (mehr) als physisches Objekt, und damit statisch, über seine Anwesenheit und Funktion gefasst werden kann, sondern über seine Relationen adressiert werden muss?[17]

Damit ergibt sich die weiterführende Frage nach dem Verhältnis von Bildern zu den technisch induzierten Praxen und Effekten der Rechenmaschinen. Für die Kunst salopp gefragt, wieso wird das Bild, obwohl es doch nur ein Oberflächenphänomen sehr vieler verborgener Prozesse ist, für den neuralgischen Punkt in dieser Verschiebung gehalten und entsprechend überhaupt zum Objekt der kunstwissenschaftlichen Analyse? Alexander Galloway versteht den Computer als »mode of mediation«[18]. Interessanterweise führt Bosma die Turing-Maschine[19] an, die durch ihre performative Flexibilität

14 Galloway 2012, S. 21. Präsenz vermutlich verstanden als materielle Anwesenheit im Sinne von *prescence*, wie sie auch bei Tony Smith in Abgrenzung zu Michael Fried Verwendung findet, und nicht zwingend als Erscheinung im Sinne eines Auftauchens.

15 Vgl. ebd.; Bosma 2016, S. 57.

16 Bosma 2016, S. 57; vgl. Harman, Graham. *Immaterialism. Objects and Social Theory.* Cambridge, 2016.

17 Vgl. Bosma 2016, S. 57.

18 Galloway 2012, S. 21.

19 Der sogenannte Turing-Test ist ein Test, der innerhalb einer kurzen Unterhaltung per Tastatur die Unterscheidung von Mensch und Maschine ermöglichen soll. Der Name und das Vorgehen des Tests gehen zurück auf den Informatiker Alan Turing. Vgl. Turing, Alan. »Kann eine Maschine denken?« In: Enzensberger, H. M. (Hg.). *Neue Mathematik.* Band 8. Frankfurt/Main, 1967.

überzeugt. Die Turing-Maschine kann aufgrund ihrer Struktur und Eigenschaften gleichzeitig mehrere Aufgaben übernehmen, mittlerweile sogar unzählige Rollen gleichzeitig spielen und entsprechend überzeugende Oberflächenphänomene hervorrufen.[20] Das alles, ohne dass sich der Vorgang dann über die Oberflächen selbst durchdringen ließe.

Umschreibungen des Digitalen

Um den konzeptuellen Unterschied zwischen »visuellen Medien« und »Computern« mit einer gewissen Schärfe (aber auch einer damit verbundenen Verkürzung) herauszuarbeiten, geht Bosma auf den Unterschied zwischen dem Konzept des Rechnens versus der Sprache ein.[21] Sie sieht einen »fundamentalen Unterschied«, der sich »nicht offen und in visueller Form zeigt«.[22] Sprache habe eine Methode, das Rechnen sei in der Methodik aber wesentlich eingeschränkter.[23] Während Bosma eine »Weiterentwicklung der visuellen Sprache im Zeitalter der digitalen Medien«[24] einräumt, weist sie darauf hin, dass diese entstehenden Bilder »nicht das Digitale per se darstellen«[25] und dies auch nicht darstellen können.[26] Trotz der etwas verkanteten Leichtfertigkeiten dieser schnellen Gleichstellung[27] von Sprache und Bild, ist diese Aussage – und vor allem ihr letzterer Teil – für meine Überlegungen zu einer nicht-visuellen Bildlichkeit und den Bedingungen nach dem Internet zentral. Das Digitale, so schließe ich im Anschluss an Bosma, hat eine Tendenz zur Undarstellbarkeit, und digitale Bilder dienen seiner Beschreibung. Bilder fassen etwas, das nicht direkt gezeigt werden kann. Es wäre nun jedoch etwas zu weit gegriffen, digitale Äußerungen generell als Stellvertreter*innen zu denken. Bilder im Digitalen werden demnach vor allem über den Mangel, also ihre unzureichende Darstellung des Digitalen per se[28] definiert und gerade deshalb für aussagekräftig gehalten. Ich leite hieraus zwei Annahmen für meine Untersuchungen ab:

20 Vgl. Bosma 2016, S. 57.

21 Vgl. ebd. Interessant ist hier auch die Unterscheidung von Visuellem und Bildlichem in Bezug auf Film und Fotografie. Dies stellt eine ähnliche Schärfung der Konzepte dar.

22 Vgl. Bosma 2016, S. 57.

23 Bosma setzt hier Sprache und Bild gleich. Während sich Sprache tatsächlich von Rechenoperationen unterscheidet, gilt selbe Unübersetzbarkeit auch zwischen Bild und Sprache. Hierzu mehr in Kapitel 5.1.3 zum zeichentheoretischen Ansatz sowie bei Wiesing 2005, S. 37f.

24 Vgl. Bosma 2016, S. 57.

25 Vgl. ebd.

26 Vgl. ebd.

27 Vgl. hier auch Wiesing zum zeichentheoretischen Ansatz: Sprache und Bild können nicht deckungsgleich verhandelt werden.

28 Vgl. Bosma 2016, S. 57.; vgl. zum »Nichtaufgehenden« bei: Mersch, Dieter. *Was sich zeigt. Material, Präsenz, Ereignis.* München, 2002, S. 20.

a) Die Bilder der Gegenwart vermögen es nicht, das Digitale abzubilden, sie können es nur umschreiben. Sie können immer nur Teile des digitalen Ganzen[29] zeigen und erreichen dies über vereinzelte Schnitte.
b) Das Digitale kann in keiner visuellen Form[30] dargestellt werden. Es kann sich nur über Praxis und Effekt in seiner Wirksamkeit zeigen. Visuelle Fangversuche[31] sind dann nur ausschnitthaft und jede visuelle Beschreibung per Bild bleibt eine von vielen[32].

Das ist ein wichtiger Übertrag, der für die weitere Untersuchung festgehalten werden soll. Wie angekündigt, sollen in diesem Kapitel weitere Untersuchungslinien am Bild verfolgt werden. Zum einen geht es um das Denken einiger mitschreibender Akteur*innen und zum anderen um erste Auswertungsversuche der technisch induzierten kulturellen Verschiebungen. Neben den Fragen nach der Rolle der Geräte ergeben sich auch Fragen der Vermittelbarkeit technischer Infrastrukturen. Besonders im Fokus dieser Untersuchung steht dabei eine kulturelle Vorstellbarkeit der wirksamen techno-sozialen Anforderungen der Gegenwart. Bosma spitzt diese Anforderung in Richtung einer Forderung nach einer nachhaltigen Beschäftigung als Bildungsansatz zu.

Technologie und technopolitische Bildung

> *»Der Computer verleiht der Demokratie eine neue Ebene der Undarstellbarkeit, auf der die Machtverhältnisse durch Zusammenwirken von Kommunikationsmedien und Interessengruppen verschleiert werden, wie es John Keane beschreibt.«* [33]

Bosma fordert über ihre Auseinandersetzung mit den Potenzialen der Programme und Prozesse im Digitalen »eine Kunstkritik ein, welche die Poetik der wunderbar riesigen

29 Die Klärung, was das Digitale ist, bleibt bei Bosma offen. Ich behelfe mir hier in der Formulierung des »digitalen Ganzen«, weil es die Unbeschreiblichkeit der Phänomen-Ansammlung etwas anschaulicher macht und das Missverständnis vermeidet, es könne sich bei dem Digitalen um ein einfaches überschaubares oder gar kontrollierbares Ding handeln.

30 Visuelle Form verwende ich hier in Anlehung an den Vorschlag von Bosma, von »digitalen Formen« zu sprechen. Vgl. Bosma 2016, S. 57.

31 Hier geht es u. a. um Camouflage, Effekt und Präsenz. Ein anschauliches Beispiel ist die Verhüllung einzelner Daten durch Datenwolken, wie sie z. B. als »Smokescreen« während der Durchsuchungen in Brüssel nach den Anschlägen von Paris angewandt wurden. *cat content*, also Katzenbilder und -videos, wurden in so großer Zahl unter dem Hashtag #brusselslockdown geteilt, dass eventuell Hinweise, die zur Warnung der Verdächtigten per Social Media geführt hätten, zwischen den massenhaften Katzenbildern nicht mehr erkennbar waren.

32 Der Begriff der Multitudes fasst das Konzept einer Vielheit oder geteilten Vielfalt von Personen, Subjekten, Singularitäten. Vgl. Negri, Antonio; Hardt, Michael. *Multitude. War and Democracy in the Age of Empire*. London, 2009, S. 4.

33 Bosma 2016, S. 57, zur »Neuen Ebene der Undarstellbarkeit der Demokratie« mit Verweis auf: Keane, John. »Monitory Democracy«. *Open.ac.uk*, 2008. Online: http://www.open.ac.uk/socialsciences/emergentpublics/seminar1/keane_monitory_democracy.pdf [24.02.2018].

Algorithmen«[34] als Ausgangspunkt für ihre Annäherung an die Gegenwartskunst nimmt. Sie hält eine solche Forderung zum Zeitpunkt der Veröffentlichung ihres Artikels (2016) u. a. durch das von Wikileaks und Snowden angestoßene neuerliche Interesse an Netzwerkarchitekturen und Algorithmen und deren »weitreichende[] Einflüsse auf die analoge Welt«[35] für angebracht. Sie formuliert den Aufruf, die Diskussion an den Oberflächen digitaler Ästhetik einzustellen und plädiert für eine insgesamt produktivere Auseinandersetzung. Dabei verweist Bosma außerdem auf das 2011 veröffentlichte »Critical Engineering Manifesto«[36] und liefert in diesem Zusammenhang eine willkommene Zusammenfassung der zentralen Themen des Digitalen. Im genannten Manifest ist zu lesen, dass mit jedem technologischen Fortschritt auch eine technopolitische Bildung gefragt ist. Nach diesem Ansatz geht es nicht nur um eine Form von Medienanwendung und Mediendidaktik, sondern Medienkompetenz bezogen auf Infrastrukturen und politische Handlungsfähigkeit. Aber was heißt das genau? Als Grundbedingung formulieren die Verfasser*innen Julian Oliver, Gordan Savičić und Danja Vasiliev:

> *»Der Critical Engineer betrachtet Technik als die mit Abstand transformativste Sprache unserer Gegenwart, welche unsere Art zu denken, zu kommunizieren und wie wir uns bewegen einflussreich verändert. Deshalb versteht der Critical Engineer es als Aufgabe, diese Sprache und ihre missbräuchliche Anwendung eingehend zu studieren.«*[37]

Die Frage, die sich nun für den hier verhandelten Kontext der Kunstpädagogik und -vermittlung anschließt, wäre provokant formuliert: Inwiefern betrifft diese Transformation nun auch die Hoheitsgebiete der Kunstpädagogik und -vermittlung? Sollten sich nun Kunstpädagogik und Kunstvermittlung wie andere Disziplinen auch diesem Dienst verschreiben? Und wenn ja, welche Möglichkeiten haben sie, produktiv dazu beizutragen? Wie gilt es, was/wann/wem zu vermitteln, wenn man der *Postdigital Condition*[38], also dem Bedingungsgefüge, gerecht werden will? Der These meiner Vorüberlegungen folgend, betreffen diese Fragen die Bildung, Pädagogik und Vermittlung ganz besonders. Um aber näher zu erläutern, wie man sich eine solche technopolitische Bildung im Ansatz als Praxis der Kunst-

34 Bosma 2016, S. 57f. mit Verweis auf: Rancière, Jacques. *The Future of the Image*. London, 2009; sowie: Harwood, Graham. »Endless War. On the Database Structure of Armed Conflict«. *Rhizome.org*, 17.03.2014. Online: https://rhizome.org/editorial/2014/mar/17/endless-war-database-structure-armed-conflict/ [14.09.2020].; Galloway 2012, S. 21.

35 Bosma 2016, S. 58; Bosma hier auch zu der ausgedienten Abstraktion des Cyberspace.

36 Bosma 2016, S. 60; Oliver, Julian; Savičić, Gordan; Vasiliev, Danja (Hg.). »The Critical Engineering Manifesto«. *Criticalengineering.org*. Berlin, 2011–2014. Online: criticalengineering.org [25.02.2018].

37 Oliver, Savičić und Vasiliev 2011–2014.

38 Mehr zu *Condition* und zum Bedingungsgefüge in Kapitel 4 und den Präliminarien in Kapitel 2.

pädagogik denken kann, müsste eine sehr grundlegende theoretische Überarbeitung des Materials und der Zielstellung in der Kunstpädagogik praktischen Versuchen vorausgehen. Einige Beispiele aus dem Text von Josephine Bosma können als Illustrationen oder Modelle für eine solche Beschäftigung dienen.

Um einen wesentlichen Aspekt des Digitalen zu veranschaulichen, zieht Bosma mit Bezug auf Galloway die Beschreibung einer »postdigitalen Sphäre« heran. Ich nenne es eher allgemeiner *Postdigital Condition*[39]. Beiden Bezeichnungen ist gemein: digitale Technologien sind stark mit der Umgebung verwoben und der Computer ist nicht als Objekt zu erfahren, sondern in seiner Materialität zerstreut und bleibt »höchst anpassungsfähig an die Bedingungen seines Gebrauchs«[40]. Konkret gilt es also im Sinne der Verwobenheitsthese, die omnipräsenten, ubiquitären, aber auch latenten Aspekte digitaler Technologien zu veranschaulichen. Bosmas erstes künstlerisches Beispiel ist die Arbeit »Net Art Implant« (2013) von Anthony Antonellis, einem Künstler der sogenannten Internet Art. Bei dieser Arbeit gibt es oberflächlich überhaupt nichts zu sehen. Die Arbeit, also das Objekt, zeigt sich erst über einen Zugang zu dem NFC-Chip und einem entsprechenden Lesegerät[41] in Form einer Applikation auf einem Mobiltelefon installiert. Sobald die Verbindung hergestellt ist, greift die Arbeit Informationen (nicht größer als ein 1 KB) ab und zeigt sich über die Darstellung der gespeicherten visuellen Information.[42] Von den Vorgängen dahinter bemerken wir beinahe nichts. Rechenoperationen von soundsoviel Kilobyte pro Sekunde werden für Auge und Ohr unmerklich prozessiert.[43]

Ein weiteres Beispiel bei Bosma ist Aram Bartholls Arbeit »Dead Drops« (2010), bei dem ein analoges – also auch paralleles – Netzwerk an Speichermedien weltweit optisch über in Häuserwänden versenkte USB-Sticks aufgebaut wird. Über handelsübliche portable Speichermedien spannt sich ein virtuelles aber analoges Netzwerk von Daten und Datenträgern auf, bei dem auch die zeitweise angehängten Laptops Teil der Infrastruktur werden. Das erinnert ein wenig an Martin Kippenbergers U-Bahn-Eingang »Metro-Net«,

39 Scott Contreras-Koterbay and Łukasz Mirocha unternehmen den Versuch einer Definition und verzichten in ihren Ausführungen ganz auf die Referenz zur *Postmodern Condition* bei Jean-Francois Lyotard. Vgl. Contreras-Koterbay, Scott; Mirocha, Łukasz. *The New Aesthetic and Art. Constellations of the Postdigital.* Amsterdam, 2016, S. 22 und S. 39. Vgl. außerdem Alexenberg, Mel. *The Future of Art in a Postdigital Age. From Hellenistic to Hebraic Consciousness.* Bristol, 2011, S. 35.

40 Bosma 2016, S. 60.

41 Lesegerät ist eine etwas altertümliche Beschreibung einer Anwendung, die auch als App gedacht werden kann. Die genannten NFC-Chips arbeiten mit *near field communcation* (dt.: Nahfeldkommunikation) und übertragen Daten per elektromagnetischer Induktion mittels loser gekoppelter Spulen. Vgl. Antonellis, Anthony. »Net Art Implant«. *Offizielle Webseite,* o. J. Online: https://www.anthonyantonellis.com/news-post/item/670-net-art-implant [08.03.2018].

42 »Sich darstellen lassen« (passiv) steht hier »sich zeigen« (aktiv) entgegen. Das Passiv wird verwendet, um die Inaktivität bis zur Aktivierung zu unterstreichen.

43 Ein plötzliches Bild sozusagen. Im Vergleich dazu: Beim Laden von Inhalten über 2G (maximal 53,6 kbit/s; Edge mit 220 kbit/s) dauert der Darstellungsvorgang dann eine längere Zeit und Geschwindigkeit. Dadurch wird die Struktur der Daten und die Geschwindigkeit ihrer Darbietung wieder wahrnehmbar.

(1997), der überall auf der Welt bildhauerische Abbilder von U-Bahnzugängen vorsieht und so ein virtuelles, wenn auch dysfunktionales, Netzwerk realisiert. Original und Kopie hier unterscheiden zu wollen, würde die Funktion der Objekte ganz grundsätzlich verfehlen. Kopien und Original haben schlicht ganz verschiedene Funktionen. Die Kopie – »Dead Drops« ebenso wie »Metro-Net« – muss nicht im Sinne des Originals als solches funktionieren, um wesentliche Aspekte, u. a. die Zugänge und deren Vernetztheit, gerade durch ihre Dysfunktionalität anschaulich werden zu lassen. Beide Beispiele Bosmas dienen dazu, die verflüssigte Infrastruktur einer Technosphäre, um die es hier geht, abzubilden. Dabei spreche ich nicht notwendigerweise von den wirklich eindrücklich sympathischen Bildern, mit denen diese Arbeiten in das Verwertungssystem Kunst eingespeist werden, auch nicht über die Attraktivität der Idee selbst, sondern es geht mir hier insbesondere um ein Zeigen, auf welches Bosma hier zu zielen scheint. Ein Zeigen, das einem anderen Sehen Raum gibt und das Verhältnis von Sichtbarkeit und Wirksamkeit an den Prozessen selbst kontrastiert und dessen Einfluss auf die Wahrnehmung ganz grundsätzlich prägen wird.[44]

> *»Die Infrastruktur ist flüssig und mit der digitalen Revolution nun auch ein Effekt, der sich auf unvorhersehbare Weisen entwickeln kann. Dies beinhaltet die Sphären des Unsichtbaren und des Psychologischen. Es handelt [s]ich dabei um heterogenes Material sowie konzeptuellen Raum, wobei die Software der verbindende Faktor ist.«*[45]

Was lässt sich diesem Vorschlag entnehmen? Ist alles, was uns in dieser *Postdigital Condition* umgibt, reine Software? Oder ist der wesentlich zentralere Punkt die Unsichtbarkeit der Wirksamkeit dieses Bedingungsgefüges? Bosma verweist in Bezug auf diese Frage auf Lev Manovich[46] und Douglas Rushkoff[47], die das Programmieren (*coding*) für ebenso essenziell halten wie das Lesen und Schreiben.[48] Bosma führt die notwendigen Materialitäten[49] im Prozess des Programmierens ein, verweist aber auch bei der Implementation auf die Universalthese der Digitalisierung: »software defines life«.[50] Dabei hebt

44 Vgl. Bosma 2016, S. 63.

45 Ebd.

46 Vgl. ebd., nach Manovich, Lev. *Software Takes Command.* London, 2013.

47 Vgl. Bosma 2016, S. 63, nach Rushkoffs, Douglas. *Program or Be Programmed.* Berkeley, 2011.

48 Während mir das angesichts jüngerer Praxen bereits etwas überholt vorkommt als These, halte ich es dennoch für sinnvoll, diesem Gedanken hier hinreichend weit zu folgen und nur auf die Schwächen unscharfer Begrifflichkeiten hinzuweisen und den Moment zu markieren, an dem nicht nur die Beispiele bei Bosma andere sind, sondern auch die Logik divergiert.

49 Im Sinne von materiellen Eigenschaften zu verstehen.

50 Bosma 2016, S. 63.

Bosma das Dazwischen[51] hervor, das sich zwischen der Software und der Anwendung ergibt. Sie differenziert Operation von Anwendung, Code von Simulation, Oberfläche von Struktur und stellt fest: »Software ist undurchsichtig im Hinblick auf ihre Form, durchdringt aber alle Geräte«[52]. Gemeint ist damit, dass die Software, die jeweils für eine ähnliche oder dieselbe Realisation, also ein Auftreten einer bestimmten Funktion und einer bestimmten visuellen Oberfläche, nicht zwingend auch auf der Code-Seite identisch sein muss. Knapp gesagt, von der Oberfläche der Ausführung lässt sich schwer auf die darunterliegende technische Struktur schließen. Das Verhältnis ist komplexer. Und entsprechend ergeben sich komplexere Anforderungen für die Reaktionen darauf.

Über die Qualitäten und Quantitäten der Verhältnisse zwischen sichtbaren und eher unsichtbaren Anteilen formuliert Bosma: »Code ist oftmals durch ein sichtbares Interface zugänglich, der Großteil seiner Ausformungen existiert allerdings nicht auf der visuellen Ebene«.[53] Diese Thesen möchte ich auf Basis meiner eigenen Beobachtungen ein wenig einschränken und darauf verweisen, dass es wohl weniger um die visuellen Aspekte selbst geht, und der Code, also die Programmstruktur, zum Teil ebenso visuell erfahrbar ist, dann allerdings nicht zwingend bildlich wirkt. Die Erfahrung mit dem Code ist nicht vordergründig auf visuelle Erscheinungen bezogen. Der Code changiert zwischen offensichtlich dysfunktional und unsichtbar funktional. Inwiefern er darstellbar ist, ist dabei allerdings nicht die zentrale Frage. Hiermit ist eine weitere Gelenkstelle für den Beitrag zur hier verfolgten Frage nach der Bedeutung und Logik der Bilder der Gegenwart identifiziert. Das Bild, als geschäftsführende Entität der Gegenwart, scheint sich dabei ganz ähnlich organisiert zu haben und seine Wirkweisen, wie Verbreitungsmechanismen, auf vernetzte, aber in großen Teilen nicht-visuelle Aspekte verteilt zu haben. Bosma nennt es die »opake Eigenschaft von Code« und sieht gerade Künstler*innen in produktiver Auseinandersetzung damit. Auf die poetische, ästhetische oder kritische Funktion oder solche und ähnliche Nebeneffekte[54] möchte ich an dieser Stelle nicht detailliert eingehen. Bereits in der christlichen Bildtradition wurde sehr produktiv zu den Fragen eines Un-

51 Mit Verweis auf Galloways Kritik an Rancière: »Software stellt das Dazwischen dar, das Interface, in Bezug auf den Computer innerhalb des Computers (die Maus, die Tastatur und der Bildschirm als der äußere Teil) sowie in Bezug auf das Netzwerk dahinter. Software ist undurchsichtig in Hinblick auf ihre Form, durchdringt aber alle Geräte.« Bosma 2016, S. 63.

52 Ebd. Ebenso wie das Wasser die Quallen durchdringt und gleichzeitig ihre Umgebung bildet. Vgl. Schütze 2016.

53 Bosma macht keinen erkennbaren Unterschied zwischen visuell und sichtbar. Ich markiere das an dieser Stelle, weil es im Sinne ihres Arguments nicht unwesentlich wäre, diese Unterscheidung zu untersuchen.

54 In der visuellen Logik der Computergrafik werden ansonsten unsichtbare Inhalte sichtbar gemacht. Bosma nennt das Beispiel »Webstalker« (1997) des Londoner Künstlerkollektiv I/O/D (Matthew Fuller, Simon Pope, Colin Green), aber es gibt in der sogenannten Computer- und Medienkunst viele Beispiele, in denen über maschinen-ästhetische Zugänge ansonsten unsichtbare Daten, Relationen und Dynamiken sichtbar gemacht werden.

darstellbaren[55] gearbeitet. Das ließe sich für diese Zusammenhänge produktiv vertiefen. Bosma sieht nun Software und Code als Objekte und Darstellungen von Prozessen[56] und liest aus den Bearbeitungen dieser Zusammenhänge innerhalb der Kunst eine Aufforderung, »den stupiden Vorgaben der IT-Industrie [nicht] zu folgen« und stattdessen die »uns gebotenen Bilder am Schirm« zu analysieren und einen neuen Blick für die Realitäten zu entwickeln.[57] Das bedeutet, sich durch Code und hinter der visuellen Erfahrung einen Überblick zu verschaffen.

> *»Anstatt stupide den Vorgaben der IT-Industrie zu folgen und vergeblich die uns gebotenen Bilder am Schirm zu analysieren, blind für die Realitäten, die sich uns durch Code öffnen, ist es sehr wohl möglich, einen Blick für die kulturellen Nutzungen von Software zu entwickeln.«*[58]

Objektive Darstellung und Sichtbarkeit

Für Bosma ist Software per se postdigital und überschreitet das, was im allgemeinen Sprachgebrauch mit Social Media umrissen werden kann, signifikant. Zudem hat die Postdigitalität, um Bosmas Formulierung zu wählen, nach ihrer Einschätzung »weitreichende Auswirkungen auf die reale Welt«.[59] Bosma verwendet zur Illustration der These eine Arbeit von Matthew Fuller, »Endless War« (2013), in welcher Codeschnipsel und Datenbankeinträge zu auditiven Signalen verwandelt werden. Sie spricht von einem »Offenlegen der Automatisierung von menschlichem Leid«[60], wenn das Unvorstellbare plötzlich wieder greifbar(er) wird. Interessant für die hier verhandelte Fragestellung an die Bildphänomene ist nun, dass Bosma in Bezug auf die auditive Verarbeitung der Daten die Formulierung »sichtbar machen«[61] bemüht und den Tönen damit ein Zeigen attestiert, was die

55 Vgl. hierzu bei Pazzini zum Bilderverbot als Verbot sich ein »fixes Bild« zu schaffen. In: Pazzini, 2015, S. 299 sowie »Die Bilderlosigkeit der Reformation« bei Stückelberger, Johannes. »Das Unsichtbare Bild. Prolegomena zu einer reformierten Ästhetik«. In: Krieg, M.; Rüsch, M.; Stückelberger, J.; Zeindler, M. (Hg.). *Das unsichtbare Bild. Die Ästhetik des Bilderverbotes*. Zürich, 2005, S. 11–21, hier: S. 11.

56 Ich substantiviere hier von »stellen Prozesse dar« bei Bosma: Zitat nach: »Wenn uns bewußt wird, dass Software und Code Objekte sind und eigene Prozesse darstellen, ist Code keine limitierte Sprache mehr, sondern lässt uns verstehen, was Kunst im Zeitalter des Algorithmus sein kann.« Bosma 2016, S. 63.

57 Ebd.

58 Ebd.

59 Ebd.

60 Ebd., S. 64ff.

61 Ebd., S 63.

Informationen der Unsichtbarkeit entheben kann.[62] Ein weiterer Punkt ist die Rigidität und Nüchternheit der Maschine, welche die zutiefst berührenden menschlichen Themen pragmatisch[63] anzeigen oder unbeeindruckt aufzeigen. Darin erkennt sie »eine dunkle Seite des Codes«, die in dem Gedanken an technische Dystopien stark resoniert. Für die Implikationen, die diese Veränderungen auf die Zusammenhänge der Bildung haben, halte ich eine Schlussfolgerung für ausgesprochen hilfreich. Zusammenfassend formuliert: Hier steht etwas im Kontrast. Die Datensammlung an zutiefst emotionalen Themen (u. a. Krieg, Tod, Krankheit, Liebe etc.) im Gegensatz zu ihrer technisch nüchternen Darstellung (oft auch mit Objektivierung gleichgesetzt) versus eine anschauliche Verbildlichung der Datensätze im Sinne einer Erfahrung. Jedoch, eine nüchterne Darstellung emotional aufgeladener Themen ist nun nicht zwangsläufig inakzeptabel oder düster, denn in der Wissenschaft u. a. gehört eine objektive Darstellung zur Klärung komplexer Zusammenhänge unweigerlich zum Repertoire – die auch im Wechselverhältnis zwischen Code und Anwendung mitzudenken ist.[64] Welche Datensätze nun in welcher Form zur höchsten Anschaulichkeit erwachsen, ist kontextabhängig.

Netzwerk-saturierte Conditio Humana und Kulturtechniken der Enthüllung

Die folgenden Zitate aus Bosmas Auseinandersetzungen bieten geeignete Anschlüsse für eine weitere Diskussion und eine eingehendere Untersuchung am Material. In meiner Untersuchung dienen sie nun vorerst als bloße Beobachtungen am Material und Zwischenstand, über den weiterführende Fragestellungen und Methoden einer überarbeiteten Bilddiskussion an aktuellen Bildpraxen zukünftig ausgerichtet werden können.

(1) *Grenzen der Maschine*: »Die digitale Medienkultur und die Macht des Algorithmus beeinflussen die Kunst- und Kulturproduktion weit über die Grenzen der Maschine hinaus.«[65]

62 Die Mehrzahl der digital erhobenen Daten fristet ein unbemerktes Dasein in der Unsicht- und Undarstellbarkeit. Nur über dezidierte Darstellungsanlässe werden sie sichtbar gemacht oder eben entsprechend unsichtbar belassen. Einige Zusammenhänge sind nicht nur in Bezug auf die Quantitäten der Daten undarstellbar, sondern auch in Bezug auf ihre Qualitäten. Bosma spricht daher im Zusammenhang mit der genannten Arbeit »Endless War« davon, das »Unzeigbare sichtbar zu machen«, Bosma 2016, S. 63f.

63 Ebd., S. 64.

64 Was ich allerdings darin sehe, ist eine z. B. von Zygmut Bauman angesprochene »dunkle Seite der Moderne«, die in aller Automatisierung und Effizienz enthalten ist. Dieser indirekte Ausschluss des Unerklärlichen ist mit einem Reinheitsgedanken verbunden, der in die effizienten Vernichtungsszenarien mündete wie im Europa der NS-Zeit. Vgl. Beilharz, Peter. »Baumans Moderne«. In: Junge, M.; Bauman, Z. (Hg.). *Soziologie zwischen Postmoderne, Ethik und Gegenwartsdiagnose*. Wiesbaden, 2007, S. 215–230, hier: S. 224.

65 Bosma 2016, S. 64.

(2) *Fluidität der Algorithmen*: »Anders als die Infrastruktur, die etwa als Wifi-Signal in unsere Lebenswelt eindringt, sprudelt der Algorithmus mit seiner Ähnlichkeit zu unseren Verhaltensweisen förmlich aus den Computern wie eine Ölquelle.«[66]

(3) *Relationen als Objekte*: »Dass der Computer kein Objekt ist, sondern eine Praxis zum Objekt macht, heißt, dass einige seiner Eigenschaften über die materielle Struktur hinausgehen.«[67]

(4) *Omnipräsenz der Durchdringung*: »Dass der Computer in fast allen Haushalten und an jedem Arbeitsplatz gegenwärtig ist, hat die Organisation unseres Lebens stark beeinflusst.«[68] Campanelli zielt auf die vom Computer hervorgebrachten Verhaltensweisen und ihre Auswirkungen außerhalb der rein technologischen Sphäre ab, die er in der Ästhetik des Alltags aus der ästhetischen Matrix heraus ins Physische übersetzt.[69]

(5) *Vortex des Netzwerkes*: Die Auswirkungen des Digitalen auf unser Leben, schreibt Bosma, sind nicht zu jedem Zeitpunkt zu erkennen. Dennoch, so fasst sie es erneut mit Alexander Galloway, ist es die Logik, und sind es die Charakteristika der Computer, die sich über die rein technologischen Architekturen hinaus in einem Außenbereich (oder »Vortex des Netzwerkes«) einschreiben.[70]

(6) *Internet im Kopf*: »Es ist eine aufregende Herausforderung, jemandem zu erklären, auf welche Weise es noch Netzkunst ist, wenn das überhaupt etwas ist, was zählt.«[71] Bosma schreibt: »In der Post-Internet-Kunst ist das Internet im Kopf der Künstler, in ihrer Praxis allgegenwärtig und spielt eine grundlegende Rolle.« Der physische Raum ist in eine Netzwerkkultur gestülpt, beschreibt es Artie Vierkant.[72]

Bevor diese Fährten als Stichwortgeber*innen für weitere Untersuchungen an Textangeboten genutzt werden können, müssen die Ausführungen Bosmas ein wenig zugespitzt werden, was ich hier tun werde. Viele künstlerische Positionen machen das omnipräsente Netzwerk und die Veränderung des Physischen überhaupt nicht mehr vordergründig zum Thema, sondern spielen eher Modellszenarien durch, die sich mit einer Netzwerk-saturierten

66 Bosma 2016, S. 64.

67 Ebd.

68 Campanelli, Vito. *Web Aesthetics. How Digital Media Affect Culture and Society.* Rotterdam, 2010.

69 Bosma bringt mit Verweis auf Campanelli den Begriff der »ästhetischen Matrix« in die Debatte ein. Mit Verweis auf die als virtuelle Realität wirksame Matrix im gleichnamigen Hollywood-Film »Matrix« (1999; Lana und Lilly Wachowski), welche sich als reine Simulation aus Codes ergibt.

70 Bosma 2016, S. 66 sowie Galloway 2012.

71 Debatty, Regine. »Interview with Marisa Olson«. *We-make-money-not-art.org*, 2008. Online: "http://we-make-money-not-art.com/how_does_one_become_marisa/" we-make-money-not-art.com/how_does_one_become_marisa/ [08.03.2018]. Vgl. Bosma 2016, S. 66.

72 Bosma 2016 nach Vierkant 2011.

Conditio Humana[73] beschäftigen und deren durchgreifende Auswirkungen für Gegenwart und Zukunft simulieren. Im Vergleich zur leicht zugänglichen Computer- und Netzkunst, sind diese Strategien nicht sofort als postdigitale Strategien identifizierbar und inhaltlich den Themen der Kunst der Gegenwart um so viele Schritte voraus, dass sie leicht übersehen werden. In ihrer Logik schließen sie eher an eine parallele Historie der Science-Fiction-Entwicklungen[74] an und arbeiten formal-ästhetisch nicht mit den Mitteln der ironischen, mahnenden oder distanzierenden Kritik[75], sondern mit dem sedierenden oder auch euphorisierenden Effekt kapitalistischer Verkaufsstrategien und der restlosen Durchdringung. Dabei kommt ein umschwärmendes, wärmendes Gefühl der Immersion auf und weniger ein distanzierendes und kühlendes Verhältnis der Kognition. Die einen erreicht es, in den anderen ruft es einen automatischen Distanzierungseffekt hervor.
Jedoch, um die Praxen auf visueller wie inhaltlich und struktureller Ebene angemessen zu erschließen, verlangt dieses Material den Betrachter*innen völlig veränderte Strategien ab. Feinste referenzielle Verschiebungen werden in großer Fülle bedient und bleiben den Ungeübten, allein aufgrund der Geschwindigkeit und der Kurzlebigkeit ihrer Erscheinung, nicht selten verborgen.[76] Das politisch-kritische Element, das an der Netzkunst und der daraus hervorgegangenen »Postdigital Art« unterstrichen wird, scheint einen verzerrten Maßstab für alle Kunst danach zu liefern. Wie zeigt sich Kritik? Was bedeutet eigentlich Kritik in dieser Situation? Kritik woran und mit welchen Mitteln, oder mit welchen Aussichten auf Erfolg? Ist Kritik per se ein Wert oder ein Qualitätsmerkmal der Kunst? Auf diese Fragen, die sich auf die Möglichkeiten der Kritik richten, kann in dieser Arbeit nur ansatzweise (z.B. in Kapitel 9) eingegangen werden. An dieser Stelle möchte ich zunächst aber trotz aller impliziter Verkürzung festhalten, dass relevante Teile der bildnerischen Arbeit in der Kunst nach dem Internet nicht im Visuellen per se (oder nicht auf visuelle Oberflächenphänomene reduziert) verhandelt werden können. Bosmas Beobachtung der medialen Gegenwart bildet nun eine Brücke zu weniger augenfälligen Strategien der Gegenwart. Die verdeckende Rolle, die sie dem Visuellen zuschreibt (ich bemühe eher den

73 Hannah Arendt fragt in *Viva activa* (engl. *The Human Condition*) nach den Grundbedingungen menschlicher Existenz auf dieser Erde. Vgl. Arendt, Hannah. *Vita Activa oder Vom tätigen Leben.* München, 2013 (1958) sowie Roland Barthes, dem diese Überlegungen als Streben nach »Naturalisierung« vorkommen. Vgl. Barthes, Roland. »Die große Familie der Menschen«. In: *Mythen des Alltags.* Frankfurt/Main, 1964, S. 17.

74 Viele Dinge im Science-Fiction- und Fiction-Science-Bereich gibt es längst und in einer Art virtuellen Gegenwart, die auf alle diese Erfindungen mit Sebstverständlichkeit baut, ist vieles bereits Standard, wovon die physische Welt noch nicht ausgehen kann.

75 Der Begriff der Kritik wird unter Verweis auf Foucaults »Was ist Kritik?« und der erneuten Bearbeitung von Manuel Zahn nochmals aufgenommen. Es geht hier um eine Praxis, die sich nicht vordergründig als kritisch beschreibt und auch meist nicht als solche beschrieben wird. Meine These hier lautet aber, dass es dennoch die einzige noch mögliche Kritik ist die in der Gegenwart der saturierten Durchdringung in der Distanz zum Oberflächeneffekt geworden ist.

76 Für einen Ansatz zur Darstellung der Missverständnisse um eine unterstellte Oberflächlichkeit innerhalb der Post-Internet Art, empfehle ich Bosmas Ausführungen zu Petra Cortright; vgl. Bosma 2016, S. 66.

Begriff des Bildes), ist für die mediale Gegenwart nicht unerheblich und für eine Kunstvermittlung und Kunstpädagogik, die sich eher als kritische Bildung mit und über Kunst versteht, ein maßgeblicher, vielversprechender und zu ergründender Ansatz.[77] Die Aktualität ihrer Beispiele ist dabei keine Voraussetzung, denn passendere Beispiele lassen sich vielerorts finden und untersuchen. Ein ernstzunehmender Anfang für die Begegnung ist jedoch gemacht. Wenn Bosma betont, dass der Bildschirm maßgeblich als Interface[78] fungiert und diese Architekturen geradewegs übersehen werden, dann sollte das die Kunstpädagogik im Umgang mit den Phänomenen der Gegenwart im Bild mindestens aktivieren.[79]

> *»Die problematische Sichtweise von digitalen Medien als visuelle Medien führt zu diesem Missverständnis – wir verkennen die grundlegende Art, wie digitale Medien und Technologien unsere Kunst, Kultur und nicht zuletzt Gesellschaft beeinflussen.«*[80]

Alexander Galloway, Medienphilosoph und Programmierer, plädiert für eine Bearbeitung dieser Zusammenhänge innerhalb und außerhalb der Kunst. Visualisierungen von und für Daten und Informationen sollen dabei geschaffen werden, um informierte Sichtweisen auszubilden.[81] Auch für die Bildung stellt diese Forderung nach informierten Sichtweisen einen interessanten Ansatz zur Erneuerung dar. Was die Lage und auch die Anforderung allerdings verkompliziert: Die relevanten Kulturtechniken sind offensichtlich andere als die der Enthüllung und des Aufdeckens wie sie in der Nachmoderne eingeübt wurden. Hito Steyerl findet beispielsweise in der Arbeit der Dokumentarfilmerin Laura Poitras Ansätze eines anderen Umgangs mit Informationen und Material. Steyerl nennt es »redaktionelle[s] Geschick« und stellt es in den Kontext von Verschlüsselungstechniken, Auswahlverfahren, Verteilung und Erweiterung. Sie sieht nicht nur Veröffentlichung,

77 Vgl. ebd. Die Beispiele von Bosma sind m. E. unbrauchbar. Sie zeigen zwar sehr deutlich, wo das Davor und wo das Dahinter im Umgang mit dem Code ist, aber wesentlich aussagekräftiger in Bezug auf die Postdigitalität sind künstlerische Arbeiten, in denen die Sehen-vs-Simulieren-Ratio weniger eineindeutig ist und mehr anthropologische und archeologische Arbeit zur Bergung der vorliegenden Logik zu leisten ist.

78 Im allgemeinen informationstechnischen Gebrauch wird unter Interface ein Interaktionspunkt zwischen Software und Hardware verstanden, der u. a. als Schnittstelle oder Grenzfläche beschrieben werden kann. Marshall McLuhan beschreibt »Interface« als »a means or place of interaction between two systems«. Vgl. McLuhan, Marshall. *The Gutenberg Galaxy. The Making of Typographic Man.* Toronto, 1962 sowie Illich, Ivan. »Guarding the Eye in the Age of Show«. In: *Res. Anthropology and Aesthetics.* Cambridge, 1995, S. 47–61. Der Begriff wird allerdings ausgesprochen interdisziplinär gangbar gemacht und findet sich auch in der Soziologie, z. B. als »the democratic interface« bei Bennett, Lance; Segerberg, Alexandra; Knüpfer, Curd. »The Democratic Interface: Technology, Political Organization, and Diverging Patterns of Electoral Representation«. *Information, Communication & Society,* 2017, S. 1655–1680.

79 Bosma 2016, S. 67.

80 Ebd., S. 66.

81 Vgl. Galloway 2012, S. 21 sowie Bosma 2016, S. 67.

Aufdeckung oder Enthüllung, sondern ganz neue Formate und Kanäle im Einsatz.[82] Ein anschauliches Beispiel ist auch der Beitrag Simon Dennys für die Berlin Biennale 2016. Seine Arbeit »Blockchain Visionaries« (2016) rückte die Oberfläche selbst, sowie die Technik und Infrastruktur dahinter, in den Fokus, wobei die Oberflächenphänomene äußerst feingliedrig in ihrem Verhältnis zu den Wirkungsweisen der Infrastrukturen dahinter reflektiert werden. Dabei liegt die Aufmerksamkeit aber genauer betrachtet eher auf dem verkomplizierten Verhältnis der Oberflächen, Darstellungen und Bilder zu ihrer Wirkung, die sie per Storytelling[83] auf ein unabhänges und unbeteiligtes Außen hin entfalten.

Abb. 8.1: Simon Denny, Installationsansicht von »Blockchain Visionaries«, 2016 Online unter: http://bb9.berlinbiennale.de/de/participants/denny/ [05.01.2018].

Durch Dennys Arbeit sieht man die Praxen hinter und vor den Bildern durchleuchtet. Ein eigensinniger Blick, der es ermöglicht, den Kontext der Infrastrukturen und Machtverhältnisse zu durchdringen. Das beeindruckende daran: Installativ, formal und visuell lehnt sich die künstlerische Arbeit memetisch so nah an die visuellen Erscheinungsweisen der untersuchten Zusammenhänge in Informationstechnologie und Start-up-Kultur an, dass die Displays der Arbeit mühelos als Poster-Ausstellung einer Fachhochschule missverstanden werden können. In der Situation einer Bibliothek gibt sich die Arbeit Dennys, oberflächlich betont, visuell reizarm und bewusst informierend im Charakter, im Gewand eines Infoboards ihrem Hintergrund vollständig und visuell widerstandslos hin. Für die Kunstpädagogik ist das nicht ohne Belang, weil sich die visuelle Kultur der Gegenwart (geprägt von einer *corporate visual logic*) mit der Werkoberfläche verbindet und eine Aktionseinheit bildet. Werk und kulturelle Einbettung (inkl. visueller und symbolischer Formen) ergibt ein *information packaging* mit hohem memetischem Wirkungsgrad, der sich allerdings aufgrund der Vorbildung der allermeisten Betrachter*innen nicht widerstandslos auflösen und in vollem Umfang entfalten kann.

Es gilt also, die aktiven Verbindungen gründlich auf ihre Wirkweisen zu untersuchen und diese als Potenziale für eine technopolitische Bildung, wie es Bosma mit Verweis auf das »Critical Engineering Manifesto«[84] fordert, auf die Beziehungen der visuellen Oberflächen

82 Steyerl, Hito. »Techniques of the Observer. Conversation with Laura Poitras«. *Artforum,* 53 (9), 2015. Online: https://www.artforum.com/print/201505/techniques-of-the-observer-hito-steyerl-and-laura-poitras-in-conversation-51563 [05.04.2018] sowie Bosma 2016, S. 67.

83 Beim Storytelling geht es um eine bildliche und lebendige Geschichte, die über die Verknüpfung bloßer Informationen hinausgeht. Die Methode wird von Unternehmen auch als Marketingstrategie eingesetzt.

84 Oliver, Savičić und Vasiliev 2011–2014.

und ihrer Aufmerksamkeitsstrukturen zu denken und zu untersuchen. Dabei ist es nicht annähernd zielführend, die *Postdigital Condition* als rein bildsaturiertes und bildgesteuertes Gefüge[85] zu diskutieren. Der Term »postdigital« steht – mit Bosmas Ausführungen im Hinterkopf – nicht ausschließlich für bildschirmbasiert, sondern für ein Verständnis des Computers, das eine Ansammlung von Praxen[86] in den Netzwerken als Handlungseinheit versteht und sich distanziert von einem Ding-Fetisch der Geräte[87], der allzu häufig in Bezug auf medienbasierter Kunst bemüht wird. Das ist nun eine ausgesprochen zentrale Überlegung für die weiteren Verhandlungen, die ich mir für die weiteren Ausführungen vormerke. Das Postdigitale »repräsentiert eine Zeit, in der einerseits der Bildschirm nicht mehr zerstört werden muss, andererseits aber auch dessen weitreichende Komplexität bereits erforscht ist«[88]. Die technischen Oberflächen begeben sich dabei in den Hintergrund und werden unsichtbar, bleiben allerdings weiterhin wirksam. Damit gilt es einen effektiven pädagogischen Umgang zu finden. Ich pointiere hier in einer weiterzuverfolgenden These: Das Studium und die sachgerechte Annäherung an eine Kunst, die bereits aktiv mit diesen Verhältnissen umgeht, ist ein wesentliches Moment in der Vergegenwärtigung dessen, was unser Handeln unsichtbar aber unausweichlich umgibt.

8.1.2 Windows and Frames: Christian Höller

Der zweite untersuchte Text stammt von Christian Höller, trägt den Titel »Scan, Scroll, Surf«[89] und erschien in derselben Ausgabe der Zeitschrift *Kunstforum International*. Im Folgenden werde ich auf der Grundlage dieses Angebots von Christian Höller einige Eckpunkte des Bedingungsgefüges Gegenwart eingehender besprechen. Um verständlich zu argumentieren, werden dort, wo es sinnvoll ist, ästhetisch formale Lösungen – meist künstlerische Arbeiten – als Beispiele dienen. Dieses Vorgehen habe ich deshalb gewählt, weil gerade über die gewählten Werke die gegenwärtigen Praxen

85 Mit bildgesteuert ist eine Direktiv auf visueller Basis gemeint, wie wir es aus der Gegenwart kennen. Bilder scheinen die »geschäftsführende Einheit« der Gegenwart zu sein. Der Alltag scheint durchdrungen, auch gesättigt, von visuellen Informationen und Bildern. Mehr dazu in Kapitel 2.

86 Vgl. u. a. zu YouTube als soziale Praxis bei Hug, Theo; Hipfl, Brigitte. »Medien-Gemeinschaften. Aktuelle Diskurse und konzeptionelle Analysen«. *Medien-Pädagogik*, 2016. Online: http://www.medienpaed.com/Documents/medienpaed/2006/hug_hipfl0604.pdf [29.01.2015].

87 Vgl. u. a. Harman 2016 sowie Bryant 2011.

88 Bosma 2016, S. 67.

89 Ebd.

beobachtet werden können.[90] Kommt die Sprache nun auf die Begriffe *postdigital* oder *postinternet*, scheint sich automatisch ein Fortschrittsgedanke einzustellen, der impliziert, dass etwas Vorgängiges (z. B. das Analoge) abgelöst und durch etwas Neues (das Digitale) ersetzt wird. Das ist aber ein Missverständnis der Vorsilbe »post«. In den Präliminarien habe ich es bereits ausgeführt, aber auch hier möchte ich das Folgende in dieser Rahmung verhandeln. Folgt man Jean-François Lyotards Beschreibung der »postmodern condition«[91], zeigt sich ein wesentlich komplexeres Bild als das eines sich vermeintlichen Ablösens von einem Zustand. Es handelt sich vielmehr um eine wechselseitige Durchdringung. Christian Höller formuliert es so: »[E]s lässt sich schlichtweg nicht mehr hinter den *status digitalis* zurückgehen.«[92] Mit Verweis auf Florian Cramer spricht Höller auch von einem »postdigitalen Zustand«[93], in dem sich die gegenwärtigen Praxen eingebettet sehen müssen. In diesem Zustand ist ein »unverstellter prädigitaler Zustand« also schlicht ausweglos verloren und nicht mehr greifbar.[94] Höller schlägt vor, diese Verquickungen an Beispielen zu untersuchen. Ein Ansatz, den ich teile und hier unterstreiche. Höller verfolgt die Untersuchung in fünf Aspekten entlang seiner Überlegungen zum *status digitalis*, die ich hier für zukünftige eingehendere Explorationen festhalte und für die Verhandlungen am Bild der Gegenwart kommentiere.

(1) *Zur Virtualität*: Digitale Bildwelten werden häufig als virtuelle Bildwelten bezeichnet. Indirekt wird ihnen dabei eine Berechtigung im Realen abgesprochen, formuliert Höller. Dies wäre beispielsweise für den Film und die filmische Realität undenkbar. Höller argumentiert sogar, dass die Rede von einem neuen Realismus auf der Basis der Realität des Pixels (gegenüber der Realität des Filmkorns) in Umlauf gebracht werden sollte. Für meine Verhandlungen ist das anschlussfähig in Bezug auf die unternommene Untersuchung zu theoretischen Positionen eines »Neuen Realismus« und denen eines »Neuen Materialismus«.

90 Anhand ihrer ästhetisch formalen Lösungen können Beobachtungen beobachtet werden. Zur Beobachtung 2. Ordnung bei Luhmann, Niklas. *Die Kunst der Gesellschaft.* Frankfurt/Main, 1997 sowie Luhmann zur Rolle der Kunstbetrachtung als Beobachterbeobachtung in: »Auf der Ebene der Operationen (Handlungen, Kommunikationen, Gefühle, Glaubensvorstellungen) haben wir es mit Beobachtern erster Ordnung zu tun, die mehr oder minder für selbstverständlich halten, was sie tun; auf der Ebene der Form haben wir es mit Beobachtern zweiter Ordnung zu tun (Intellektuelle, Kritiker, Psychoanalytiker, heute zunehmend: Künstler), die sich darüber wundern, was die anderen für selbstverständlich halten und sie über die Kontingenz ›aufzuklären‹ versuchen, die die Beobachter erster Ordnung in den Augen der Beobachter zweiter Ordnung umgibt«. Baecker, Dirk. »Form der Kultur«, 2003. Online: http://www.spacetime-publishing.de/luhmann/FormDerKultur2003.pdf [10.03.2018], S. 7.

91 Vgl. Lyotard 1984 sowie Jameson 1995.

92 Höller, Christian. »Scan, Scroll, Surf. Videoproduktion im postdigitalen Kontext«. *Kunstforum International.* Band 243: Postdigital 2, 2016, S. 68–81, hier: S. 68.

93 Ebd. sowie Cramer, Florian. »Der selbstausführende Entwurf«. In: Mattenklott, G.; Weltzien, F. (Hg.). *Entwerfen und Entwurf. Praxis und Theorie des künstlerischen Schaffensprozesses.* Berlin, 2003, S. 285–296.

94 Höller 2016, S. 68.

(2) *Zur Referenzialität*[95]: Im Zusammenhang mit digitalen Bildern ist gern »von einer Entmaterialisierung der Bildinhalte die Rede, die – je nach kulturpessimistischer Veranlagung – mit einer Aushöhlung des historischen kritischen, aber auch Gegenwartsbewusstsein verbunden sind«[96]. Für die hier geführten Verhandlungen, notiere ich folgende Überlegung im Anschluss dazu: Es ergeben sich in der Tat ungewohnte Probleme bzw. Aufgaben dabei, die Vorstellung von einer eher statischen direkten Referenzialität zu einer indirekten (und eher volatilen) und dynamischen Referenzialität von Bildern anzupassen – u. a. Referenzen, die wie *shapeshifter*[97] jede beliebige Gestalt annehmen können und eine Form der Verkleidung in medialen Formaten zu nutzen verstehen.[98] Höller argumentiert, dass in dem Moment, in dem sich Bilder immer mehr aus anderen Bildern speisen und immer weniger Originale[99] vorhanden sind, Referenzialität als Markierung an Bedeutung verliert und andere Qualitäten der Bilder in den Vordergrund treten.[100]

(3) *Zu den Zugangsweisen, Praxen, Routinen*: Auch wenn in Kapitel 5 und 6 bereits Phänomene unter der Prämisse des Screens diskutiert wurden, erscheint es sinnvoll, Höller im nächsten Schritt auf die Anwendungsebene über die Modi der Bildproduktion und Bildrezeption zu folgen. Wie wird ein Bild, wie werden Bilder, heute erschlossen bzw. erfahren?[101] Wir scrollen, wischen, ziehen, und die Daumen erschließen uns zusammen mit dem Zeigefinger die Welt. Wir surfen multiple Screens gleichzeitig, scannen, tasten ab (via *screening*), kopieren, schneiden aus und fügen ein.[102] Große Teile unseres Zugangs zur Welt hängen an wenigen Quadratzentimetern unserer Hautoberfläche und äußern sich in Gesten, die erst wenige Jahre alt sind und dennoch bereits kulturell zutiefst eingeschrieben scheinen. Wie der Umgang mit der Welt sich verändert, welche Routinen sich ergeben, muss grundlegend und ausdauernd beobachtet werden.

95 Referenzialität, d. h. Korrelat einer sich entsprechenden und sich entziehenden Realität; bei Höller so verwendet, aber ohne Beleg; lat. *referre*, zurücktragen oder zurückbringen, in die Gegenwart bringen, vergegenwärtigen oder berichten.

96 Höller 2016, S. 70.

97 Engl. für Gestaltwandler/Formwandler. Im Sinne einer Veränderung der Oberfläche, aber auch einer Veränderung der gesamten Erscheinung.

98 Oder als *drag*, also nicht im Sinne der Verwendung von »present in drag«, dem Titel der 9. Berlin Biennale. Verwendet wird »drag« weniger als eine Verkleidung als etwas Unechtes oder Falsches, sondern als eine Version oder oberflächliche Abwandlung.

99 Vgl. Baudrillard 2017 (1994), S. 7.

100 Vgl. Höller 2016, S. 70

101 Michel Serres erfand dafür den liebevollen Begriff der »Däumlinge«. Vgl. Serres, Michel. *Erfindet euch neu! Eine Liebeserklärung an die vernetzte Generation.* Frankfurt, 2013.

102 Vgl. Höller 2016.

(4) *Zur Vernetztheit der Bilder und Bedeutungsgeflechte*: Die Distanz zwischen Zeichen und Gegenstand scheint bereits aufgehoben.[103] Um diese Aufhebung auch nur annähernd in der nötigen Konsequenz begreifen zu können, wird hier – in notwendiger/produktiver Verkürzung – die Konzentration auf die digitalen Bilder gelegt, bevor die Argumentation auf eine allgemeinere Diskussion aller Phänomene und Elemente im aktiven Bedingungsgefüge ausgedehnt werden kann. Höller sieht eine der Qualitäten der digitalen Bilder in ihrem »Bezug […] zu anderen Bildern«[104]. Dabei sieht er Übernahme, Reproduktion, Kopie oder Referenz als Techniken der Aneignung, die nicht entscheidend sind. Für entscheidender hält er ihre technische Transformation.[105] Was meint Höller mit »technischer Transformation«? Per Aufspaltung, Streuung und Vervielfachung distribuieren sich die Produkte – aber auch die Rückstände von Übernahmen und Kopiervorgängen – ohne erkennbares Original.[106] Höller entlehnt dafür den Begriff der *versions* (dt.: Versionen, Abwandlungen) aus der Musik und wendet diesen Zusammenhang dann in Form eines sogenannten *versioning* auf die Beschreibung seiner Beobachtungen an. Dabei, so Höller, geraten Wahrheit, Original und Fake[107] in produktive Überlagerungszustände, die jeden festen Kern vermissen lassen.

Die Beschreibungen Höllers verweisen auf zwei für die hier unternommene Untersuchung wesentliche Aspekte: (1) produktive Überlagerungszustände und (2) technische Transformation. Zur Veranschaulichung der These einer Vernetztheit der Bilder, die zweifelsfrei für meine Untersuchung relevant ist, bedient sich Höller der Videoarbeit »Versions« (2009) von Oliver Laric. An Auszügen aus dem Transkript der Offstimme[108] und dem Ineinandergreifen der auftretenden Bilder exemplifiziert er eine zeit- und

103 »Distanz zwischen Zeichen und Gegenstand ist nahezu aufgehoben« bedeutet eine Veränderung am Verhältnis zwischen Darstellendem und Dargestelltem. Was sich als Gegenstand zeigt, ist zunehmend ein Zeichen für etwas über den Gegenstand selbst Hinausgehendes, ohne dabei als bloßer Index (also ein Zeichen für etwas) zu wirken.

104 Höller 2016, S. 70.

105 Ebd.

106 »[C]opy as a key component of contemporary artistic practice«. Vgl. Thalmaier, Franz. »Reproduktionswesen. Zur künstlerischen Praxis von Oliver Laric«. *Springerin,* 4, 2013, S. 4 sowie Höller 2016, S. 70; beide am Beispiel Oliver Laric, Versions (2010), online unter: oliverlaric.com/vvversions.htm [21.03.2018].

107 Der Begriff Fake hat über den Verlauf der Untersuchung (2010–2016) hinweg seine Konnotation erheblich geändert. Seitdem die Enthüllung sogenannter Fakenews die Berichterstattung bestimmen, wird auch mit Fake viel weniger eine Auslegung und Spielart verstanden als eine bösartige Vorspiegelung falscher Tatsachen und eine damit verbundene Blendung. Das Cambridge English Dictionary definiert folgendermaßen: »[A]n object that is made to look real or valuable in order to deceive people«, online unter: dictionary.cambridge.org/dictionary/english/fake [10.03.2018].

108 Mit kontextunabhängige Vernetztheit ist eine semantische Verbindung der Einzelbilder gemeint, die nicht zwangsläufig an die Bedeutungsschichten des jeweiligen Kontextes gebunden sind. Larics Bildfolgen zeigen Ähnlichkeiten im Visuellen wie Inhaltlichen, die weit über die Grenzen von Bildsorten und deren Anwendungsbereiche hinweggehen. Grundlage ist eine Art Formen- und Strukturen-Sehen der Rechenmaschinen.

kontextunabhängige Vernetztheit, aber auch eine produktive Überlagerung der Bildphänomene innerhalb der beherbergenden kulturellen Kontexte.[109]

Abb. 8.2-8.4: Laric Oliver. »Icon (Utrecht)«, 2009 und »The Hunter and His Dog«, 2015 und »Versions«, 2012. Online unter: http://oliverlaric.com/ [22.10.2020].

> *»Wie ein ›Multiversum‹, das sich zwischen der Vielzahl der dabei geschaffenen Realitäten aufspannt und keine einfache Rückkehr zu einem mit den Werten ›wahr‹ und ›falsch‹ kodierten Universum erlaubt.«* [110]

Jenseits der »Binärcodierung« ergibt sich dieses »Multiversum koexistierender Realitäten«.[111] Auf diese Weise bildet sich eine neue Realität des Visuellen, bei der nicht die Entreferenzialisierung[112] und Verflüchtigung[113] im Vordergrund stehen und entsprechend ein Simulationismus oder ein »Irreal-Werden« des Visuellen im Digitalen festgestellt wird – ein jedes Unikat ersetzendes »Netzwerk-Bild«.[114] Höller fasst zusammen: »[I]m vernetzten Bildmodus, der heute die Umgangsformen mit dem Visuellen kennzeichnet, spalten sich die Referenzen auf, ja vervielfachen sich.«[115] Das beantwortet nicht im Ansatz alle Fragen, die die Verfasstheit der Bildlichkeit in der Gegenwart aufwirft, aber es legt wohl deutlich und weit aus, welche tiefgreifenden Veränderungen hier Gegenstand und Bedingung der Untersuchung sind. Welche »Bild-Episteme«[116] und welche Techniken sind Teil dieser veränderten Umgangsformen? Wie generieren sich die Versionen zu mehrdimensionalen, aber teils unzugänglichen »Bedeutungsgeflecht[en]«? Wie strukturiert sich der Raum um die Aspekte Wiederholbarkeit, Bearbeitbarkeit und Serialität, aus dem heraus sich diese Versionen dann ergeben können? Höller macht das am Beispiel eines Retakes im Film anschaulich. Üblicherweise werden im Film verschiedene Aufnahmen der gleichen Szene gedreht und in der Postproduktion ausgewertet und kombiniert. Das Original, also die erste Aufnahme, bleibt durch die zwanzigste Klappe allerdings vollkommen unverändert. Die Masse der kleinen und großen Abweichungen, führen zwar zu einer Streuung der Merkmale, in ihrer Überlagerung kennzeichnen sie dann aber doch eine seltsame Ansammlung

109 Höller 2016, S. 70.

110 Ebd.

111 Ebd., S. 78.

112 Der Begriff Entreferenzialisierung nimmt Bezug auf die Ausführungen Hollers zur Referentialität, vgl. Höller 2016, S. 70. Im Zusammenhang dieser Arbeit sei jedoch auf Kapitel 7.2 verwiesen, wo ich Philipp Ekardts Begriff des »Generischen« ausführe.

113 Der Begriff der Verflüchtigung hängt an der Frage der Darstellbarkeit und Visualisierung von Daten.

114 Höller 2016, S. 70.

115 Ebd.

116 Ebd.

von Gemeinsamkeiten.[117] Die Abwesenheit von bestimmten Merkmalen oder Gemeinsamkeiten konturieren einen Prototypen aus allen Versionen.

Die Überlegungen zur Version und entsprechender Versionierbarkeit[118] unterscheiden sich fundamental vom Remix und vom Vorgang des Remixens, hält Höller fest. Bei der Version steht, anders als beim Remix, der Ursprung, also die Ausgangsmaterie, nicht im Vordergrund, sondern es ginge – sozusagen gänzlich ursprungslos und ungeachtet der Herkunft – um die verschiedenen Teilmengen und Äußerungen bzw. Erscheinungen, durch die sich wiederum neue Zugänge ergäben.[119] Höller schreibt: »Der Netzwerkcharakter postdigitaler Bilder äußert sich in der fortschreitenden Spaltbarkeit – als könnte aus jedem einzelnen davon eine Vielzahl ähnlicher, verwandter, manchmal fast identer, manchmal auch höchst unterschiedlicher Versionen hervorgehen.«[120] Für den hier verhandelten Zusammenhang am Bild folgere ich probeweise in Form von zwei wichtigen Ankerpunkten für die Beschreibung aktueller Bildgefüge. Zweifelsohne sollten Höllers Thesen über weitere Beispiele gegengelesen und stückweise auch verallgemeinernd in eine Matrix der Bilddiskussion übersetzt werden. Eine Klärung, die ich an dieser Stelle nicht leisten kann, mir aber für eine zukünftige verdichtende Beschreibung der Bilddiskussion vormerken möchte.

8.1.3 Das Visuelle und umfassendere Wirklichkeiten

Hier wird nun nochmals ein kleiner Sprung spürbar. Während Bosma und Höller über die Auswirkungen der omnipräsenten Bildverarbeitung in der Gegenwart vor allem bei den Zugängen zu der Code-Ebene der Gegenwart ansetzen, möchte ich hier noch eine weitere Position zur Ergänzung aus nochmals anderer Perspektive vorstellen. Die Untersuchung dieser Position dient der Überleitung zu den Auseinandersetzungen zum »optischen Geist«, die ich darauffolgend mit Irmgard Emmelhainz vorstellen werde. Mit der Kunsthistorikerin Marie-France Rafael soll es hier um den sehr feinen aber bedeutenden Spalt gehen, der sich zwischen optischen Fähigkeiten und visuellen Strategien zunehmend deutlicher auftut. Rafael beschäftigt sich unter anderem mit dem Visuellen in Abgrenzung zum Bild und folgt

117 Vgl. Höller 2016, S. 70.

118 Versionierbarkeit, also die Fähigkeit zur Verwandlung, ist ebenso wie Spaltbarkeit, die Fähigkeit, sich mit einzelnen Aspekten abzutrennen, ein Begriff, der die komplexen Prozesse am digitalen Bild anschaulicher werden lässt.

119 Der Begriff *Versioning* ist vor allem in der Musik gebräuchlich. Von einem Lied eines/einer bestimmten Autor*in oder Interpret*in werden Versionen erstellt, die mit neuen oder zusätzlichen Merkmalen ausgestattet zu eigenen Versionen werden, welche jedoch nicht als Kopien mit Abwandlungen eines Originals, sondern als eigenständige inspirierte Anleihen verstanden werden. Vgl. hierzu auch die Begriffe Remix und Mashup.

120 Ebd., S. 71.

dabei Serge Daney, dem französischen Medientheoretiker, der das Visuelle als kategorische Unterscheidung zum Bild aufgeworfen hat.[121] Daney konstatierte unter Bezugnahme auf die Ausführungen des Regisseurs und Filmkritikers Jean-Luc Godard, dass das »Fernsehen im Allgemeinen nicht mit Bildern funktioniert«[122], sondern ohne diese auskommt. Das ist nicht ohne Weiteres verständlich und bedarf einer genaueren Annäherung. Um das Bild von etwas schier Optischem abzugrenzen, führt er den Begriff des Visuellen ein, den er allerdings im Wesentlichen nur dann verwendet, wenn es um den ästhetischen Charakter der Bilder im Zusammenhang mit Film- und Videoarbeiten innerhalb der Kunst geht. Daney, so attestiert es auch die Film- und Medienwissenschaftlerin Christa Blümlinger, sei dem Wunsch gefolgt, »das Kino innerhalb einer sich verändernden Medienlandschaft zu verstehen«.[123] Ein Zugang und ein Anliegen, die sich mit meinem Anliegen in dieser Untersuchung zum Bild in der bildsaturierten Gegenwart produktiv kreuzen.

Der Soziologe und Filmwissenschaftler Siegfried Kracauer verweist im Zusammenhang mit den Untersuchungen zur Bildlichkeit auf eine sogenannte »realistische Tendenz«[124] des Bildes im Film. Rafael fasst das in ihrem Beitrag wie folgt zusammen: »Diese [die realistische Tendenz] bestehe in der Wiedergabe und Enthüllung der physischen Realität und ermögliche eine Darstellung der Realität, ›wie sie sich in der Zeit entfaltet‹«.[125] Rafael findet bei Kracauer die Unterscheidung zwischen »registrierenden Aufnahmen«[126] und »enthüllenden Aufnahmen«[127]. Während erstere zur Wiedergabe von Dingen neigen, die an der Oberfläche liegen, enthüllen zweitere das, was man nicht sehen kann – also »gewöhnlich unsichtbare Dinge«, die zu klein, zu groß oder zu rasch vergänglich sind, um mit dem bloßen Auge wahrgenommen zu werden.[128]

Für die Frage nach dem Verhältnis des Bildes *after the Internet* sind es ebenso die Dinge oder Phänomene, die zu rasch für unsere Wahrnehmung vergänglich sind, um deren Registrierung oder Vergegenwärtigung es bei der Untersuchung der Bildlichkeit zu gehen scheint. Kracauer beschreibt, dass auch Phänomene, die aufgrund ihrer Komplexität die Wahrnehmungsmöglichkeiten des Individuums übersteigen und »das menschliche

121 Rafael 2013, S. 315.

122 Daney 2000, S. 203, nach Rafael 2013, S. 315.

123 Rafael 2013, S. 315, nach Blümlinger, Christa. »Ein Seismograph in der Landschaft der Bilder. Zu Serge Daney«. In: dies. (Hg.). *Von der Welt ins Bild.* Berlin, 2000, S. 7–17, hier: S. 15.

124 Kracauer, Siegfried. *Theorie des Films. Die Errettung der äußeren Wirklichkeit.* Frankfurt/Main, 2009 (1985), S. 61.

125 Rafael 2013, S. 315, zitiert nach Kracauer 2009 (1985), S. 55, S. 61 und S. 71.

126 Ebd., S. 71.

127 Ebd., S. 77.

128 Ebd.

Bewusstsein zu überwältigen drohen«, bedacht werden wollen.[129] Bilder, also nicht nur rein visuelles Material, vermögen es laut Kracauer sogar, eine umfassendere Wirklichkeit zu enthüllen als jene, die sie faktisch abbilden.[130] Im Rahmen meiner Untersuchungen verstehe ich das als deutlichen Hinweis darauf, dass eine Bildlichkeit weit über das optisch Sichtbare hinausgeht und überdies nicht zwingend an den Sehsinn gebunden ist. Zusammengefasst gesagt: Etwas wird nicht zwingend bildlich davon, dass es gesehen wird. Jedoch kann etwas bildlich werden, das man nicht sehen kann. Dies gilt es weiter zu verfolgen und mit Beispielen zu belegen.

Für Daney ist das Visuelle nun, »das[, was] sich dem Zuschauer unmittelbar zu erkennen gibt, das Gegenteil eines kinematografischen Bildes«[131] also. Rafael erarbeitet auf der Basis von Daney[132] eine sinnvolle technische wie psycho-technologische Grundlage zum Filmbild, die in Abgrenzung zum Videobild steht. Eine Klärung, die für die Bilder der Gegenwart von großer Bedeutung ist. Interessant ist dabei – besonders für die Phänomene einer internetbasierten Bildkultur – die Erzeugung eines »Supplement des Sehens«[133] und folglich eines »Supplement des Denkens«[134], das sich aus der mechanischen Immaterialität des Kinobildes ergibt.[135] Dieser Umstand muss zum Verständnis nun ein wenig weiter ausgeführt werden. Das Filmbild besteht aus Einzelbildern, ist aber eigentlich nur im »Verbund aus Bildern«[136] wahrnehmbar, weil pro Bild eine gleichlange Phase als Nicht-Bild folgt. Eine Sekunde hat 24 Bilder und 24 Dunkelphasen. Damit wird allein mengenmäßig deutlich, dass das Filmbild vom Nicht-Bild ebenso abhängig ist wie vom Bild. Beim Fernsehbild ergibt sich durch sogenannte Halbbilder, die jeweils aus einem Raster von Bildpunkten und Bildzeilen bestehen, nun rein technisch ein ganz anderes Verhältnis. Denn in jedem Moment (und bei jedem wahrnehmbaren Bild) besteht ein kontinuierlicher Fluss aus auf- und abbauenden Signalen – eine »elektronische Immaterialität« sozusagen.[137] Vor dem Hintergrund der vorangegangenen Argumentation

129 Nach Kracauer: »Naturkatastrophen, die Greuel des Krieges, Gewalttaten und Terrorakte, hemmungsloses erotisches Triebleben und der Tod sind Ereignisse, die das menschliche Bewußtsein zu überwältigen drohen. Jedenfalls rufen sie Erregungszustände und Ängste hervor, die sachlich-abgelöste Beobachtung unendlich erschweren«. Kracauer 2009 (1985), S. 91, zitiert in Rafael 2013, S. 315. Der Begriff der Entfaltung, oder des Entfaltens, taucht auch in den Überlegungen und der etymologischen Herleitung des Displays in Kapitel 5.6.2 auf.

130 Kracauer 2009 (1985), S. 109, zitiert in Rafael 2013, S. 316.

131 Rafael 2013, S. 316, mit Verweis auf Daney 2000, S. 205.

132 Rafael 2013, S. 316, unter Verweis auf Schaub, Mirjam. *Gilles Deleuze im Kino. Das Sichtbare und das Sagbare.* München, 2003, S. 195.

133 Rafael 2013, S. 317, nach Deleuze, Gilles. »Brief an Serge Daney. Optimismus, Pessimismus und Reisen«. In: *Unterhandlungen. 1978–1990.* Frankfurt/Main, 1993 (1990), S. 101–118, hier: S. 109.

134 Ebd.

135 Ebd.

136 Rafael 2013, S. 316, zitiert nach Schaub 2003, S. 195.

137 Vgl. Rafael 2013, S. 317, nach Daney 2000, S. 205.

Bosmas, dass sich die Kunstkritik auf Basis eines Missverständnisses mit Kunst auseinandersetzt, ist diese technische Deklination am Visuellen durch Daney von höchster Relevanz. Seine Bearbeitung der technischen wie logischen Unterschiede und Qualitäten der Bilder ist (je nach Medium) grundlegend und für die weitere Untersuchung zentral. Ein weiterer für die verhandelten Fragen zentraler Aspekt ist die ästhetische Funktion des Kinos im Zeitalter des Fernsehens, die nach Daney inzwischen in die Sphäre der Videokunst verlagert wurde.[138] In Verlängerung dieser These ergibt sich nun die Frage nach den ästhetischen Funktionsträgern und der Bildlichkeit in einer bildsaturierten und medial geprägten Gegenwart. Im Rahmen dieser Untersuchung kann ich mich den anschließenden Fragen zur Materialität und Logik nicht im Detail widmen, allerdings markiere ich hier eine Notwendigkeit der Untersuchung dieser Verschiebung. Eine Vermutung, der eine tiefgreifende Exploration zu widmen wäre, ist eine These von Nicolas Bourriaud[139], Philosoph und Kurator. Dieser merkt mit Verweis auf Serge Daney an: Die Funktion des Kinos sei heute im Wesentlichen auf die zeitgenössische Kunst übertragen worden.[140] Ein Gedanke, den der Kunstwissenschaftler Gregor Stemmrich indirekt bestätigt, wenn er in seinem Essay »Zwischen dem Bilde und dem Visuellen« auf ein »entre-deux« der bewegten Bilder verweist und dieses Dazwischen (*entre-deux* = zwischen beiden) weder technisch noch rezeptiv in der rein visuellen oder rein bildlichen Erscheinung begründet sieht.[141] Stemmrich spricht von einem zunehmenden »Dazwischen der ästhetischen Regime und ihrer soziokulturellen Implikationen«.[142] Darüber hinaus befinde sich die bewegliche, oder auch mobile Betrachter*in (in Ausstellungssituationen der Videokunst) in einer Situation, in der das Supplement des Sehens und Denkens[143] in Bewegung versetzt wird. Rafael spricht von einer »Alterität der Erfahrung des Imaginären«[144]. Besagte »Alterität der Erfahrung« scheint nun ein signifikanter Anhaltspunkt in der Untersuchung der Bildlichkeit in der Gegenwart zu sein: Inwieweit ergibt sich Bildhaftes erst aus der Reihung einer Bildfolge? Und welche Rolle spielen die Frequenzen des Nicht-Bildes für die Erfahrung mit der Bildlichkeit. Für den Augenblick soll die Frage genügen: Ergeben sich Erfahrungen mit Bildlichkeit im Film und in der Videokunst aus den Relationen zwischen den Bildern und ihren Überlagerungen aus der Serie von Bildern?

138 Rafael 2013, S. 318.

139 Bourriaud, Nicolas. *Radikant.* Berlin, 2009, S. 29.

140 Siehe das Dokumentarische und Symbolflucht bei Bourriaud 2009, S. 29.

141 Stemmrich, Gregor. »Zwischen dem Bild und dem Visuellen«. In: Elben, G. (Hg.). *Videonale 10. Ausstellungskatalog Kunstmuseum Bonn.* Köln, 2005, S. 37–59, hier: S. 57.

142 Rafael 2013, S. 318, nach Stemmrich 2005, S. 57.

143 Vgl. Deleuze 1993 (1990), S. 109.

144 Rafael 2013, S. 319.

Im Zeitalter der unweigerlichen Bilderfahrung (in Serie oder in Versionen) stellen nun gerade die Bildkonvolute auf Plattformen wie Instagram und Facebook neue Herausforderungen für die Untersuchung dar. Nicht zuletzt bedingt durch ein omnipräsentes Monitoring[145] jeglicher Ereignisse im und am Bild, lassen sich für die Gegenwart des Internets nun folgende Fragen für die Einordnung innerhalb dieser Exploration erneut stellen: (1) Besteht die ästhetische Funktion in Abgrenzung zu einem rein Visuellen? (2) Wohin ist die Bildlichkeit migriert (bzw. wohin migriert sie) nach dem Kino und nach der Videokunst? (3) Welche technisch bedingten Unterscheidungen der Wirkungsästhetik sind heute eventuell neu zu denken, wenn gesteigerte Übertragungsraten, nahezu allgegenwärtige Gleichzeitigkeit von Bildern und Kontexten »one click away«[146] und große interreferenzielle Bildkonglomerate[147] (mit interner Verweisstruktur) konsequenterweise in die Überlegungen einbezogen würden?

8.1.4 Optischer Geist und Präsenz: Irmgard Emmelhainz

> *»The Anthropocene has meant not a new image of the world, but rather a radical change in the conditions of visuality and the subsequent transformation of the world into images.«*[148]

Der dritte untersuchte Anhaltspunkt ist ein Text der Filmwissenschaftlerin Irmgard Emmelhainz. Sie widmet sich den »Bedingungen des Visuellen im Anthropozän«. Unter anderem stellt sie die Frage nach dem Potenzial und der Widerstandsfähigkeit des Visuellen[149]. Im Folgenden erschließe ich ihre Ausführungen und konsultiere parallel dazu die Thesen und Analysen zum Anthropozän von Jürgen Renn und Bernd Scherer, Herausgeber*innen der Publikation zum Projekt »Das Anthropozän-Projekt – Kulturelle

145 Eine unbewältigbare Masse an Sensoren erfasst bei jeder Bewegung Datenpunkte in verschiedenen Ebenen (Geolocation, Körpertemperatur, Blickrichtung etc.). Online wie offline werden diese Daten erfasst und stehen zur Auswertung bereit, zum einen in der eigenen App und zum anderen auch durch Firmen wie Cambridge Analytica. Vgl. Beuth, Patrick. »Die Luftpumpen von Cambridge Analytica«. *ZEIT Online,* 07.03.2017. Online: http://www.zeit.de/digital/internet/2017-03/us-wahl-cambridge-analytica-donald-trump-widerspruch [15.09.2020].

146 Zur Optimierung der Suchanfragen (und nicht zuletzt auch Kaufprozesse) verdichtet sich das Netzwerk der Entscheidungen. Die nächste Entscheidung ist immer nur einen Klick entfernt.

147 Mit interreferentiellen Bildkonglomeraten sind die dichten Verweisstrukturen der Bilder untereinander gemeint. Vgl.auch »Hyperimage« bei Thürlemann, Felix. *Mehr als ein Bild. Für eine Kunstgeschichte des hyperimage.* München, 2013.

148 Emmelhainz, Irmgard. »Conditions of Visuality Under the Anthropocene and Images of the Anthropocene to Come«. *e-flux journal,* 63, 2016. Online: http://worker01.e-flux.com/pdf/article_8996537.pdf [24.03.2018], S. 1f.

149 In Kapitel 5.2.7 zum Visuellen in Abgrenzung zum Bild.

Grundlagenforschung mit den Mitteln der Kunst und der Wissenschaft 2013/2014«.[150] In dem genannten Band rufen die Autor*innen des Sammelbands überzeugend zu einem »neuen Staunen über das Wunder Erde«[151] auf und regen eine intensive Untersuchung einer Teilsphäre an, die Technosphäre[152]. Diese Verhandlungen weisen Schnittflächen mit den Thesen Emmelhainz' auf, die ich in meine Untersuchungen einbeziehen will. In der Untersuchung der Logik der Bilder bzw. des Visuellen in der *Postdigital Condition*[153] spricht Emmelhainz von einer »Verwandlung der Welt in Bilder«[154]. Sie sieht die veränderten Bedingungen für das Visuelle in den Veränderungen des Anthropozän (*anthropocene*)[155] und leitet daraus sowohl epistemische als auch phänomenologische Folgerungen ab.

> *»The Anthropocene is the era in which man's impact on the earth has become the single force driving change on the planet, thus giving shape to nature, shifting seas, changing the climate, and causing the disappearance of innumerable species, including placing humanity on the brink of extinction.«*[156]

150 Vgl. u. a. zu der Notwendigkeit neuer Formen des Wissens und Forschens: »Mit den herkömmlichen Methoden des Erkenntnisgewinns – den Naturwissenschaften einerseits und den Geisteswissenschaften andererseits – ist die Menschheit an eine Grenze gestoßen«. Vgl. in der Publikation zum Projekt »Das Anthropozän-Projekt – Kulturelle Grundlagenforschung mit den Mitteln der Kunst und der Wissenschaft 2013/2014«, erschienen, nach der Veranstaltungsreihe und Konferenz am Haus der Kulturen der Welt 2013/2014. Das gesamte Projekt ist gegenwärtig noch nachvollziehbar, u. a. mit einer sehr nützlichen Enzyklopädie, die viele Begriffe des »Zeitgeists«, aber auch »Modelle« zusammenträgt. Vgl. Haus der Kulturen der Welt. »Das Anthropozän-Projekt. Eine Enzyklopädie«. *HKW. Offizielle Webseite*, o. J. Online: www.hkw.de/de/programm/projekte/2014/anthropozaenprojekt_ein_bericht/enzyklopaedie/anthropozaen_eine_enzyklopaedie.php [15.09.2020].

151 Emmelhainz 2016, S. 1. Vgl. u. a. a. Scherer und Renn 2015. Zum Staunen finden sich weitere Ausführungen unter dem Stichwort »awe«. Das Erhabene, sowie das Sublime, wie sie selbstverständlicher Teil der Erkenntnistheorie sind, scheinen allerdings bereits in dieses Staunen eingeschrieben zu sein. Aber was ist das Staunen an/vor der durch die Menschheit geformten Sphäre der Erde? Hier ist ein Blick in die Ausführungen zur »Next Nature« bei Koert van Mensvoort in Kapitel 4.3 von Nutzen.

152 Scherer und Renn 2015. Siehe auch zu »Next Nature« und »Technosphere« bei Koert van Mensvoort und in Kapitel 4.3 zu (g) Anthropozän. Zum Begriff »sphere«, vgl. die Anthroposphäre, die die Gesamtheit aller durch den Menschen betriebenen, gebauten und bedingten Prozessen und Materialien sowie Teilsysteme (Kraftwerke, Häuser, Transport- und Energienetze) benennt. Vgl. online unter: www.enzyklo.de/Begriff/Anthroposphäre [24.03.2018].

153 *Postdigital Condition* angepasst nach Lyotards Beschreibung einer »postmodern condition«, siehe auch in Kapitel 4.

154 Emmelhainz 2016, S. 1. Übersetzung der Autorin.

155 *Anthropocene* verstanden als das wesentlich durch den Menschen und seine Erfindungen geprägte Zeitalter der Erde. Vgl. Renn und Scherer 2015, S. 9, u. a. nach Crutzen, Paul; Stoermer, Eugene. »The Anthropocene«. *Global Change Newsletter*, 41, 2000, S. 17–18. Online: http://www.igbp.net/download/18.316f18321323470177580001401/1376383088452/NL41.pdf [24.03.2018]. (Zitat: »mankind will remain a major geological force for many millennia, maybe millions of years, to come«).

156 Emmelhainz 2016, S. 1.

Der optische Geist und das Äußere des Bildes

Unter Verweis auf den Avantgarde-Film der 1960/70er-Jahre und die Experimentalfilm-Ikone Stan Brakhage[157] fasst Emmelhainz diese zweischneidige Konstitution, die einen ähnlichen Blick vermuten lässt wie die in Kapitel 6.3 beschriebene Forschung zum Mem (verstanden als kulturelle Entität in Übertragung) bei Limor Shifman.[158] Emmelhainz spricht von einer Formung, oder eines Geformt-Werdens des Denkens und verweist auf daraus sich ergebende Formen des Wissens[159], die gerade durch die Teilnahme der Bilder (und des Visuellen) an allen kulturellen Prozessen hervorgerufen werden. Sie findet Formen des Wissens, die von visueller Kommunikation[160] und Wahrnehmung[161] abhängig sind und die »Weiterentwicklung des optischen Geistes«[162] voraussetzen.[163] Dieser Überlegung folgend, attestiert Emmelhainz dem Kubismus, im Zusammenwirken mit Impressionismus und Surrealismus einen Bruch mit der Bildebene verankert zu haben, der ein Bildobjekt (interessanterweise in der englischen Fachsprache als *visual object* bezeichnet) entstehen lässt, das zunehmend eher als Manifestation[164], Event, Symptom und Halluzination – also im Sinne einer mediatisierten, oder auch puren Erfahrung – verstanden wird.[165] Dem Experimentalfilm, der den roten Faden des Textes bei Emmelhainz bildet, schreibt sie das Novum des »mechanical, posthuman eye«[166] mit sensomotorischer Selbstbezogenheit der eingeschriebenen Perspektive zu. Emmelhainz hält fest, dass mit den damit verbundenen Veränderungen auch ein Sprung in der Logik des Dargestellten einhergeht. Das Bild wird zu einem Äußeren; es ist sozusagen außerhalb der Verhältnisse zwischen Dargestelltem und Darstellendem existent und repräsentiert weniger als es etwas präsentiert. Das Bild zeigt kein abwesendes Ding oder Objekt. Es ist selbst »bloße Präsenz« (*sheer presence*) und Unmittelbarkeit: »The here and now in realtime.«[167] Anders, als ich es in Kapitel 5 unter den Theorien zum Bild[168] am Aorist dargelegt habe, gibt es bei Emmelhainz keinen Verweis auf eine parallele Zeitlichkeit dieser Präsenz.

157 Stan Brakhage war ein Pionier des Experimentalfilms, u. a. bekannt für den Film »The Act of Seeing With Ones Own Eyes« und andere mehr.

158 Mem als kulturelle Einheit in Verbreitung, vgl. Kapitel 6.1 Memtheorie zu Limor Shifman.

159 Engl. orig.: »forms of thought constituting a new kind of knowledge«.

160 Engl. orig.: »visual communication«.

161 Engl. orig.: »perception«.

162 Engl. orig.: »development of the optical mind«.

163 Emmelhainz 2016, S. 2, nach Brakhage, Stan. »From Metaphors on Vision«. In: Sitney, Adams (Hg.). *The Avant-Garde Film. A Reader of Theory and Criticism.* New York, 1978, S. 120–128, hier: S. 120.

164 Lat. *manifestare* für handgreiflich machen, sichtbar werden, sich offenbaren.

165 Emmelhainz 2016, S. 2.

166 Vgl. u. a. zu »automated narrative« »mechanical logic« bei Tomas, David. Vertov, Snow, Farocki. *Machine Vision and the Posthuman.* New York, 2013.

167 Emmelhainz 2016, S. 2.

168 Siehe Kapitel 5.2.6 zu Aorist bei Emmanuel Alloa.

Das erneuerte Bild und das nicht-humane Subjekt

Um die Untersuchung an dieser Stelle produktiv weiterzuführen, ist also ein weiterer Sprung nötig. Emmelhainz führt die kulturelle Bedeutung optischer Innovation als Beispiel für ihre Überlegungen ein. Mit der von einem Punkt ausgehenden statischen Organisation innerhalb eines mathematisch homogenen Raums wurde in der Renaissance, per Zentralperspektive, eine Illusion des Blicks nach außen perfektioniert.[169] Die Bildebene konnte so als Fenster verstanden werden.[170] Eine Ordnung, die u. a. vom Kubismus aufgehoben wurde, wie ich im Anschluss an Emmelhainz formulieren würde. Das Resultat – wenn überhaupt von etwas Statischem gesprochen werden kann – war eine komplizierte Zeit-, Raum- und Subjekt-Konstellation. Emmelhainz benennt diese als »discontinuous space«[171] und sieht dessen Qualität in einer Verschiebung der Verhältnisse zwischen Objekt, Subjekt und einer Relativierung von Identität und Differenz, in welcher die klassische Metaphysik infrage gestellt wird.[172] Das kubistische Bild sei in Differenz dazu ein »erneuertes Bild«, das Blick, Raum und Subjekt dissoziiert, ohne sie dabei mit einer neuen antihumanistischen Subjektposition zu befremden.[173] Wer einmal eine 360-Grad-Kamera bedient und ein wenig mit den Ausgabemöglichkeiten des eingespielten Materials experimentiert hat, wird ebenso gut wissen, von welchen weitreichenden Veränderungen hier die Rede ist, wie diejenigen, die ihre eigene Stimme nach der Postproduktion nicht mehr als solche erkannt haben.[174] Das Brauchbarmachen dieser Befunde muss an dieser Stelle leider hinter einer konturierenden Beschreibung der Bedeutung für die Frage der Bildlichkeit zurückgestellt werden. Festhalten möchte ich hier jedoch: Die These zur überlagerten Gleichzeitigkeit[175], die in Kapitel 4.3 und Kapitel 5.5 auftrat, wird in der folgenden Beschreibung gegenwärtiger Verschiebung im Visuellen noch weitergeführt.[176]

169 Ebd. engl. orig., übersetzt durch Autorin: »a centered, one-eyed static entity within a mathematical, homogenous space«.

170 Ebd. engl. orig., »Renaissance perspective made the pictorial plane analogous to a window«.

171 In Abgrenzung zu einem *continuous space* der klassischen Darstellungen.

172 Ebd. engl. orig., »subverting the relations between subject and object, making identity and difference relative, questioning classical metaphysics«.

173 Ebd. engl. orig., »dissociating gaze, subject, and space, but without estranging them from each other bringing about a new, antihumanist subject position«, vgl. Emmelhainz 2016 nach Didi-Huberman, Georges. »Picture = Rupture: Visual Experience, Form and Symptom according to Carl Einstein«. *Papers of Surrealism*, 7, 2007, S. 1–25, hier: S. 5.

174 Neulich erhielt ich scheinbar einen Videoanruf von Ed Atkins. Es stellte sich heraus, der Anrufer nutzte nur das Gesicht aus Atkins frühen Videoarbeiten–die Default-Maske einer Motion Tracking Software.

175 Kapitel 4.3 zu Gleichzeitigkeit und Event sowie Kapitel 2.

176 Emmelhainz 2016, S. 4.

Pure Präsenz ohne zeigenden Blick

Emmelhainz untersucht ihre Befunde am Beispiel »La Région Centrale« (1971), in dem Michael Snow die Verfasstheiten des filmischen Apparats mit einer »autonomen Maschine« untersucht, die speziell für die Verwendung als Kamera-Einheit konzipiert wurde und sich größtmöglich von dem inhärent menschlichen Blick unterscheidet. Eine Kamera, welche eine Art »pure Präsenz« (*pure prescence*) und »wahre Erfahrung« (*real experience*) produziert, die durch den zeigenden Blick des Menschen nicht erreicht werden kann.[177] Wie bereits weiter oben für den Kubismus in imitierender Weise auf der Bildfläche behauptet, ergeben sich so nach Emmelhainz, mit Verweis auf Michael Snow und Georges Didi-Huberman, ungewohnte Zeit-, Raum- und Subjektgefüge. Snow selbst sieht die Anlage seines Films als begreifbarer, weil anschaulicher als alle anderen Aspekte des Films; nur die Form würde sich unter Zusammenspiel aller Elemente zu etwas zusammenfügen, was nicht verbal beschrieben werden kann, aber nur deshalb existiere.[178]
In der Kunstpädagogik wurde die Zentralperspektive als neuralgischer Punkt (und Bruch) in der Wahrnehmungslogik bereits von Karl-Josef Pazzini, Torsten Meyer u. a. eingehend ausgeführt und bearbeitet.[179] In der nun hier von mir gelieferten Neuaufnahme geht es vor allem um die Beschreibung der Verhältnisse im Bild. Ich betrachte Emmelhainz' Ausführungen zum maschinellen Blick, den sie mit Bezug auf Donna Haraway[180] weiterentwickelt, ein wenig eingehender, da sie für die Untersuchung der gegenwärtigen Logiken am Bild von zentraler Bedeutung sind.[181] Die Wahrnehmungslogik der Gegenwart scheint sich mehrfach um sich selbst gedreht zu haben und nur noch auf den ersten Blick eine Konstante geblieben zu sein. Sowohl Perspektive[182] als auch fundamentale Veränderungen in Struktur[183] und Funktion (denn Bilder lenken gegenwärtig mehr von dem ab, was es zu sehen gibt, als

177 Emmelhainz 2016, S. 4.

178 Emmelhainz 2016, S. 4, nach Snow, Michael. *The Michael Snow Project: The Collected Writings of Michael Snow.* Waterloo, 1994, S. 56.

179 Vgl. u. a. Pazzini, Karl-Josef. »Perspektiven für die Kunstpädagogik«. *BDK-Mitteilungen,* 1, 2004, S. 1–5 sowie Meyer, Torsten. »Die Bildung des (neuen) Mediums. Mediologische Perspektiven der Medienbildung«. In: Marotzki, W.; Meder, N. (Hg.). *Perspektiven der Medienbildung.* Wiesbaden, 2014, S. 149–169.

180 Donna Haraway ist Philosophin und Theoretikerin mit einem Fokus auf die Möglichkeiten einer feministischen Techno-Wissenschaft. Vgl. u. a. hier: Haraway, Donna. »Situated Knowledges. The Science Question in Feminism and the Privilege of Partial Perspective«. In: *Feminist Studies,* 14 (3), 1988, S. 575–599.

181 Die Logik der Bilder ist der Gegenstand dieser Arbeit. Diese soll unter Zugrundelegung der Möglichkeit eines Bildes, welches abseits des rein Visuellen, als Agent*innen/Akteur*innen im Sichtbaren und Visuellen auftreten kann, verhandelt und untersucht werden.

182 Vgl. Emmelhainz 2016, S. 4: »releases the subject from its human coordinates, creating a space without reference points where the ground and the sky, the horizontal and the vertical inter-exchange«, mit Verweis auf »mechanic vision«, »prosthetic enhancement of vision« und »notion of limitlessness of perception«, und meint die Möglichkeit, alles zu sehen, was für das mechanische Auge sichtbar werden kann, nach Haraway 1988.

183 Vgl. ebd. zu »privilege of the visible« and »modifications oft he human cortex«, nach Nixon, Rob. *Slow Violence and the Environmentalism of the Poor.* Cambridge, 2011, S. 12.

dass sie etwas zeigen, und werden zur lebendigeren und intensiveren Realität) bewegen sich an der Bruchlinie zwischen Bild und Realität und bieten sich gegenseitig schützende Abgrenzungen, die sie vor Repräsentationsansprüchen bewahren. Aus diesen Verhältnissen am Bild ergibt sich eine eigene »Realität der Bilder«.[184]

> *»Donna Haraway posited, the prosthetic enhancement of vision brings about the notion of limitlessness and an ›unregulated gluttony‹ that desires to see everything from nowhere, spreading the assumption that anything can and is seen«* [185]

Wie kann man diesen »Blick aus dem Nirgendwo«[186] ausmachen oder festhalten? Wo befindet sich dieses Nirgendwo, und wie zeigen sich die Zusammenhänge zwischen den Einzelbildern, wenn sie in ihrer Vielzahl und über die verschiedenen Momente der Gleichzeitigkeit verstreut aktiv sind? Wenn Bilder auch Realitäten verdecken oder gar eine eigene Realität unterhalten, wird die Unterscheidung zwischen bildlicher und wahrer Realität ungleich unmöglich, weil verwoben. Für Einzelbilder führt dies bereits zu großen Verschiebungen an den Möglichkeiten der Begegnung und Betrachtung. Jedoch, für die Vielzahl von Bildern stellt sich eine gewisse Unmöglichkeit ein, Bilder (gleichzeitig und in ihrer referenziellen Dichte) überhaupt noch über geografische und kulturelle Distanzen erfassen zu können.[187] Daraus ergibt sich die grundlegende Frage danach, wie sich die veränderte, und ebenso sehr weiterhin veränderliche, Visualität in der Gegenwart unter diesen Umständen beschreiben, gar erfassen und nutzen lässt.

> *»As Steven Shaviro points out, in the contemporary world, the opposition between reality-based and image-based modes of presentation breaks down, and the most intense and vivid reality is precisely the reality of images.«* [188]

184 Vgl. ebd. zu Bilder als »shields against reality« and »substitutes for first-hand experience«, sowie »certifiers of reality«, nach Sontag, Susan. *On Photography.* New York, 1977, S. 80 sowie zu »reality based« und »image-based« »modes of representation«, die in der Gegenwart zu einer »reality of images« werden, bei Shaviro, Steven. »Post-Cinematic Affect: On Grace Jones, Boarding Gate and Southland Tales«. *Film Philosophy,* 14 (1), 2010, S. 12.

185 Emmelhainz 2016, S. 13; nach Haraway 1988.

186 Engl. orig.: *nowhere.*

187 Vgl. Shaviro 2010, S. 12: »an unprecedented explosion in the circulation of visibilities, which are actually making the outcome of these alterations opaque«.

188 Emmelhainz 2016, S. 5, nach Shaviro 2010, S. 12.

Aktualisierung eines Verhältnisses

Emmelhainz' Argumentation liefert eine nicht unerhebliche Beschleunigung für meine Reklamationen an den bestehenden Annahmen über das Bild. Ihre Sammlung und ihr Nachdenken über die Phänomene am Bild in der Gegenwart eines Anthropozän unterstreichen die in dieser Arbeit unternommene Untersuchung der Notwendigkeit einer Aktualisierung (geradezu mit einer Forderung danach, sich aktualisieren zu müssen) dessen, was im Umgang mit dem Begriff Bild zukünftig bedacht werden muss und was folglich unter einem Bild verstanden werden kann. Aus dieser veränderten Praxis und Funktion ergibt sich nun eine Neuordnung: Dinge werden zu Zeichen und Bilder[189] verschmelzen mit Diskursen. Nach Emmelhainz ergibt dies eine »tautologische Form des Sehens«[190] und damit führen Zeichen zu weiteren Zeichen.[191] Diese These ist vor allem operativ angelegt und bildet den zirkulären Charakter des Internets[192] mindestens indirekt ab. Dem folgend ist die Potenz des Bildes[193], also auch dessen Verbreitungsstrukturen und Rezeptionspraxen, als eine Art Eigenpräsenz[194] zu verstehen und zu entfalten. Das Bild steht dann für sich selbst, aber auch für x-beliebig viele andere Bilder, ohne dass der einzelnen Seherfahrung je eine Erfahrung oder ein Objekt vorangegangen wäre.[195]

Werden diese Überlegungen ernst genommen, schließen sich sehr weitverzweigte Notwendigkeiten bildwissenschaftlicher Analysen an. Gerade der Begriff der Tautologie[196] verspricht in diesem Zusammenhang, im Sinne des Arguments, ein »synonymes« Verständnis des Adjektivs »zirkulär« zu ermöglichen. Das englische Original bei Emmelhainz »a tautological form of vision«[197] würde dann als »eine in sich geschlossene Form« oder eine »zirkuläre Form des Sehens« übersetzt werden und äußerst wörtlich genommen. Die sogenannten Internet-Meme[198], die in einem Bild, Filmstill oder einer Bilderfolge eines

189 Vgl. hierzu auch Shifman zu Memtheorie in Kapitel 6.1.

190 Engl. orig.: »tautological form of vision« bei Emmelhainz 2016, S. 7.

191 Engl. orig.: »all signs begin to lead to other signs«.

192 Algorithmen gesteuerte Sichtbarkeitszyklen in Suchmaschinen und Social Media, die u. a. mit den Parametern Häufigkeiten der Abfragen und generellen Präferenzen die Sichtbarkeit der Angebote und Nachrichten steuern. Daraus ergeben sich wechelseitig geschlossene Informationskreisläufe, die alltagssprachlich als sogenannte Meinungsblasen bezeichnet werden.

193 Vgl. auch Bryant und *potentiality* in Kapitel 5.4.

194 Bilder können als Repräsentanten anderer Bilder verstanden werden, aber auch selbst Zeichen für andere Bildphänomene sein, ohne dass es ein Original oder eine unvermittelte Seherfahrung außerhalb des Bildes vorab gab.

195 Vgl. auch zu »Simulacra« bei Baudrillard 2017 (1994).

196 Die Tautologie ist ein Begriff der Logik und Philosophie.

197 Emmelhainz 2016, S. 7.

198 Internet-Meme sind ein zumeist bildlich-visuell angelegter Inhalt der gebunden an eine bestimmte Form (Bild, Video oder Slogan) viral geteilt wird. In Abgrenzung zu Mem bei Shifman, Dawkin und Blackmore sind Internet-Meme nur eine besondere Art von Memen, die unter den aktuellen medienkulturell geprägten Bedingungen einen hohen Bekanntheitsgrad haben. Zu Memtheorie ausführlicher in Kapitel 6.7.

GIFs Mikroerzählungen festhalten und übertragbar machen, sind ein Beispiel für den zirkulären, also tautologischen Charakter des Bildes in der Gegenwartsstruktur. Folglich lässt sich konturieren: Ein kleiner Gedanke zeigt sich in einem einzelnen Bild oder einer Äußerung und verschwindet wieder, um in anderer Struktur erneut zu erscheinen.

Noch wirkungsvoller wird diese zirkuläre Logik der Bilder, wenn dem aussagekräftigen Bild ein aussagekräftiger Text zugeordnet ist. Beide, in These oder Antithese sich gegenseitig Schlagfertigkeit attestierend, bilden als Sprache und Bild eine neue Einheit.[199] Deutlicher wird die Trageweite dieser Überlegungen vielleicht mit einem Exkurs. Ein geeignetes Beispiel ist die Serie *Plopp*[200], die episodenhaft organisiert vom Fernsehsender Arte gezeigt wird und sogenannte »cracks« thematisiert, also diejenigen Fehlstellen der Sprache, wo Sprache aussetzt und sich in ein Missverständnis ihrer Mikrostrukturen oder *micro conversations* auflöst.[201] Die Spiele mit dem Format der *micro conversations* sind noch spannender als die Dramaturgie der Unterhaltungen selbst und *Plopp* setzt dies ganz hervorragend radikal im Medium der Mikroserie per Kommunikationsdienst »WhatsApp« ein. Der Hinweis auf den Film »Her«[202] erübrigt sich hier beinahe, aber in diesem Hollywood-Film, der in einer unbestimmten Zukunft angesiedelt ist, rechnet sich das Betriebssystem selbstständig zum perfekten Gegenstück ihres Benutzers und benötigt dabei nur drei zögerlich hervorgebrachte und wenig aussagereiche Antworten, die auch nur ein schlankes »mmhh…« der Nutzer*innen sein können. An dieser Stelle bleibt offen, ob es sich dabei tatsächlich um eine Fiktion einer gewissen Form der Zukunft handeln kann und auf welchen psychologischen Standardtests dies genau beruhen könnte.[203]

Aus der beschriebenen technischen Präsenz des Bildes[204] ergeben sich neue Anforderungen an die Gegenwart aller Informationen und Fakten. Trotz erweiterter technischer Möglichkeiten der Manipulation am Bild[205], hält sich die Annahme, dass das, was man sehen kann, auch wahr ist, und was wahr ist, auch gezeigt werden kann. Durch die Allgegenwart großer Rechenleistungen auf kleinem Raum verschiebt sich dieses ohnehin bereits problematische

199 Das sind die Einheiten, von denen Graham spricht, wenn er Objekte zwischen Einheiten in Funktion und mit Potenzial entstehen sieht. Hierzu mehr in Kapitel 5.4.

200 Eine Serie bestehend aus einer Reihe von Kurzfiktionen im Stil von Chat-Konversationen, produziert von dem TV-Sender *Arte Creative*. Z. B. online unter: https://www.arte.tv/de/videos/068434-030-A/plopp-2-30-40/ [24.03.2018].

201 Unter Mikro-Konversationen verstehe ich Konversationen, die im höchsten Maß durch ihre Teilnehmer*innen und deren Sprache sowie Hintergrund codiert sind und mit wenigen Abkürzungen, verkürzter Sprache oder Emoticons (also Bildern statt Sprache) auskommen, um Informationen zu verteilen. Wesentliches Merkmal ist die extreme sprachliche Verkürzung.

202 Kinofilm von Spike Jonze, 2013.

203 Hinweis: Firma Cambridge Analytica im amerikanischen Wahlkampf, vgl. Beuth, Patrick. »Die Luftpumpen von Cambridge Analytica«. *ZEIT Online*, 07.03.2017. Online: http://www.zeit.de/digital/internet/2017-03/us-wahl-cambridge-analytica-donald-trump-widerspruch [15.09.2020].

204 Simultan ausgestattet mit einem Potenzial für ephemeres Erscheinen und omnipräsentes Anwesend-Sein; in seiner Form sowohl statisch als auch dynamisch.

205 U. a. Stopmotion-Trickfilm und erste Special Effects mit Filmkameras.

Verhältnis jedoch hin zu einer nicht mehr auflösbaren Verzerrung. Dem Medientheoretiker Franco Berardi folgend kann man sogar die Fantasie entwickeln, ja beinahe den Anspruch erheben, dass generell alles sichtbar gemacht werden kann und muss.[206] Daraus ergibt sich eine Abbildbarkeitsannahme, d. h. die Idee, dass alles, was ist, auch abgebildet werden kann. Dies wiederum ist eine einflussreiche und kulturprägende Größe in der Gegenwart, die u. a. dazu führt, dass Prognosen für die Zukunft überzeugend dargestellt werden müssen, um überhaupt als Prognosen wahrgenommen werden zu können. An dieser Frage öffnet sich ein spannungsvolles Forschungsfeld zwischen Kunst- und Bildwissenschaft, Simulationstheorie und Medienpsychologie. Und in der Folge wäre gerade eine medienpädagogische und kunstpädagogische Begleitung mit Blick auf Bildungseffekte und Möglichkeiten pädagogischer Potenziale an dieser Schnittstelle sicher sehr wünschenswert.

8.2 Exploration: Post-Screen Image

Das Bild, wie wir es kannten, gehört also der Vergangenheit an. Die Exploration an den vorangegangenen Artikeln und Gegenwartsbeschreibungen am Bild legen mindestens so stark Zeugnis davon ab wie die Inventur an der Memtheorie. Wie keine andere kulturelle Entität befindet sich das Bild in so vielfältigen Verbreitungszusammenhängen, dass es als eine Art Partikel zunehmend unsichtbar geworden ist.[207] Manche Beobachtungen sprechen sogar dafür, dass es so sehr außer sich ist und im Rausch der Verbreitung begriffen, dass die Rede über Bilder in der Einzahl vollständig unnütz geworden ist und besser von Entitäten in Verbreitung gesprochen würde.[208] Nach der (Er-)Findung bzw. Durchsetzung der Fotografie als leitendem bildgebendem Verfahren[209] ließ Walter Benjamin keinen Zweifel an der von der Fotografie ausgehenden radikalen Kraft. Nach der Geburtsstunde des Internets und durch die omnipräsente, aber weitestgehend unsichtbare Vernetzung aller Subjekte und Objekte in einem *Internet of Things* (IoT)[210] führt dies nun zu einem weiteren radikalen Umdenken über die Funktion der Bilder.

206 Vgl. Emmelhainz 2016, S. 7, nach Berardi, Franco. *The Uprising. On Poetry and Finance.* New York, 2012, S. 15.

207 Vgl. u. a. zu »apparative Lösung« bei Benjamin, Walter. *Das Kunstwerk im Zeitalter seiner technischen Reproduzierbarkeit.* Frankfurt/Main, 2015 (1963), S. 10f.

208 Bilder treten im ganz alltäglichen Verständnis einer Abbildung oder eines Fotos nicht mehr einzeln auf, sondern stehen in einem komplizierten raumzeitlichen Verhältnis zu allen anderen Bildern. Sie bilden Gruppierungen und Aktionseinheiten. Ausführlicher in Kapitel 5.4.

209 Eigentlich eine Wiederentdeckung und Weiterentwicklung des Prinzips der Camera Obscura.

210 Das Akronym IoT steht für das sogenannte *Internet of Things*, welches als Sammelbegriff alle Technologien einer globalen Infrastruktur fasst. Physische und virtuelle Gegenstände sind miteinander vernetzt und arbeiten zusammen.

Die einschlägigen Untersuchungen eines durch die Bedingung der Gegenwart induzierten zeitgenössischen Verständnisses von Bild stehen allerdings noch immer aus.[211] Zumindest werden gegenwärtig die Antworten zu den Fragen am Bild noch mit dem Ziel der Einpassung an ein statisches Verständnis von Bild (vor dem Internet) in die Gegenwart (*after the Internet*) gesucht, was zum einen unproduktiv ist, und zum anderen erhebliche Verzerrungen entstehen lässt. Mit der vorliegenden Arbeit geht es mir allerdings darum, das Bild und das Visuelle (selbst im Moment seiner Abwesenheit), tiefgreifender in seiner strukturellen Verfasstheit nach dem Internet (oder in der *Postdigital Condition*) beschreiben zu können.[212] Das traditionelle Bild, wie wir es aus Kunst, Malerei und Fotografie kennen, steht der These nach vor einer mehrfach überlagerten Veränderung, die für das bloße Auge, u. a. die menschliche Wahrnehmungsfähigkeit, nicht immer sichtbar ist und sich auch nicht immer über visuelle Oberflächenphänomene zeigt. Vage formuliert, könnte man diese Zustandsänderung als eine Art Quantensprung der Wahrnehmung bezeichnen. Eingehende Untersuchungen dieser These stehen noch aus. Das Verhältnis zwischen einzelnen visuellen Äußerungen und allen visuellen Äußerungen ist so radikal außer Kontrolle geraten, dass es fundamentale Veränderungen an den grundlegenden Auffassungen von Bild (und seinem Verhältnis zum Visuellen) hervorgerufen hat.

Nun lenke ich die Aufmerksamkeit aber nochmals auf die Wirkungsgrade und die Funktionslogik der Bilder. Grundsätzlich empfiehlt es sich hier allerdings, nochmals deutlich herauszuarbeiten, in welcher Weise die einzelnen Ebenen und Aspekte der Bilder betroffen sind, wenn eine Erscheinung hybridisiert, d. h. zum Teil auch verflüssigt ist. Die Behauptung ist dabei nicht, dass das physische Bild, welches an den Bildträger und sein Material gebunden ist, vollständig verschwunden wäre. Die ausgeführten Beobachtungen geben aber Grund zu der Annahme, dass der physische Bildträger nur einer der beschreibungsrelevanten Faktoren unter vielen weiteren ist und das Bild nur zum geringsten Teil durch seine physischen und visuellen Eigenschaften bestimmt ist.[213] Es liegt nahe davon auszugehen, dass die beschreibungsrelevanten Eigenschaften der Bilder der Gegenwart gänzlich in den Beziehungen (sowie in der Qualität und Quantität dieser Relationen) zu anderen Bildern liegen und durch Verbreitungseigenschaften und deren Erfolgsmodi

211 In den Jahren der intensiven Forschung an den Fragen der Bildlichkeit (2010 bis 2018) habe ich keine Hinweise auf eine Bearbeitung gefunden. Doch auch 2020 stellen sich nur zaghafte Versuche auf.

212 Meine Beschreibung basiert darauf, verschiedene Disziplinen, die aus je unterschiedlichen Perspektiven und Traditionen auf Technologie, Kunst und Bild schauen, zusammenzutragen und auszuwerten. Die Disziplinen, die ich für interessant halte, sind die folgenden: Architektur (wegen des *Modellings*), Soziologie (Netzwerktheorien), Philosophie (Substanz und Kategoriefragen).

213 Josephine Bosma argumentiert dafür, dass die Kunstkritik sich ganz grundsätzlich neu auf die Kunst nach dem Internet einstellen muss. Ausführlicher in den Präliminarien sowie Bosma 2016, S. 57.

begünstigt werden.[214] Dazu fehlt es an Datensätzen und Methoden zur Auswertung derselben aus kunstwissenschaftlicher und kunstpädagogischer Sicht. Meine Fragen nach dem Umgang mit den Bildern in der Gegenwart werde ich, weil es in der Gegenwart nicht mehr anders vorstellbar ist, im Folgenden nun zunehmend an die Untersuchungen zu den Memen[215] und Internet-Memen ausrichten. Um hier nun aber auch erneut den logischen Anschluss an die Fragen der Visualität und Bildlichkeit zu finden, möchte ich einen kurzen Exkurs in die zahlenmäßige Vertretung der Bilder der Kunst unter den Bildern medialer Distribution im Allgemeinen unternehmen und eine Rahmung für die Verhältnisse zwischen Sichtbarkeit und Repräsentation liefern.

Bei 3,425 Millionen Internetnutzer*innen[216] kann man davon ausgehen, dass jedes durchschnittlich erfolgreiche Bild (der täglich z.B. allein von Facebook geladenen 350 Mio. Bilder), das annähernd virale Eigenschaften hat, während seiner Lebensspanne um ein Vielfaches häufiger gesehen wird (und gesehen werden kann) als jedes Meisterwerk der Kunst in den größten und bekanntesten Museen der Welt. In Zahlen lässt sich so veranschaulichen, dass das Bild der Kunst (ein innerhalb des Kunstfeldes produziertes und präsentiertes Bild) allein mengenmäßig gegenüber der Gesamtheit aller Bilder in der Minderzahl ist. »Das Institut für Museumsforschung hat für das Jahr 2015 insgesamt 6.710 Museen in die Erhebung einbezogen. Die Rücklaufquote betrug 79,8 %. Von den 5.351 Museumseinrichtungen, die geantwortet haben, meldeten 4.932 Besuchszahlen (73,5 %). Diese Zahlen ergeben addiert 114.423.192 Besuche. Im Vergleich zu 2014 ist damit die Besuchszahl um 2.439.126 (das entspricht 2,2 %) höher als im Vorjahr (2014: 111.984.066 Besuche).«[217] Bezieht man als Faktor der Präsenz des Bildes auch seine Verfügbarkeit und das Potenzial, gesehen zu werden (bzw. werden zu können), ein, wird schnell klar, dass Bilder der Kunst eine vernachlässigbare Größe innerhalb der visuellen Phänomene der Gegenwart sind. Den Bildern der Kunst, die in entsprechenden Institutionen öffentlich zugänglich gemacht oder in Katalogen und Publikationen verbreitet werden, kann in Bezug

214 Ein anschauliches Beispiel sind die Beiträge des Blogs »The Jogging«: Meta-Meme oder mem-basierte Kunst in Form einer Blogroll-Choreografie. Vgl. auch mit dem Künstler Brad Troemel, u. a. nachzulesen nachlesen bei Chen, Adrian. »The Troll of Internet Art«. *The New Yorker,* 30.01.2017. Online: https://www.newyorker.com/magazine/2017/01/30/brad-troemel-the-troll-of-internet-art [24.03.2018].

215 Siehe Kapitel 6.

216 Das Statistik-Portal statista.com stellt jährlich aktuelle Zahlen aus verschiedenen Studien und Datensätzen zusammen. Vgl. Polsehova, A. »Statistiken zur Internetnutzung weltweit«. *Statista,* 17.07.2019. Online: https://de.statista.com/themen/42/internet/ [15.09.2020]. Für die Bundesrepublik Deutschland hat die Initiative D21 e.V. einen sogenannten Index veröffentlicht. Vgl. Initiative-D21 e.V. *D21-Digital-Index. Jährliches Lagebild zur Digitalen Gesellschaft,* 2016. Online: https://initiatived21.de/app/uploads/2017/01/studie-d21-digital-index-2016.pdf [15.09.2020].

217 Staatliche Museen zu Berlin. Institut für Museumsforschung. *Materialien aus dem Institut für Museumsforschung,* 71: Statistische Gesamterhebung an den Museen der Bundesrepublik Deutschland für das Jahr 2016. Online: https://www.smb.museum/fileadmin/website/Institute/Institut_fuer_Museumsforschung/Publikationen/Materialien/mat71.pdf [15.09.2020].

auf ihr Potenzial zur Verbreitung und Einflussnahme also kaum mehr Relevanz für den Diskurs am Bild zugeschrieben werden.

Die These ist insofern auch nicht mehr provokant, dass das Bild der Kunst sein Darstellungs- und Vermittlungsmonopol verloren hat und in einer anderen Logik abseits von Mythos, Genie, Könnerschaft etc. produziert, gesehen und besprochen wird.[218] Pointiert gesagt, das Bild, wie es uns heute begegnet, ist ein mehrfaches Hybrid, das wir erst begonnen haben zu verstehen. Es ist durch fortschreitende technologische Veränderungen bestimmt und zeitlich wie räumlich von den Bedingungen seiner Erscheinung abhängig. Das Bild zeigt sich visuell wie auditiv und ist vor allem über seine dynamischen Displays erfahrbar.[219] Als Entität ist es ubiquitär, vernetzt, digital, hochleistungsfähig und omnipräsent. Es ist gleichzeitig in seiner Hochleistungsform als Mem[220] in gewisser Weise so überpräsent, dass es beinahe eine Tendenz zur Unsichtbarkeit hat, weil es für das menschliche Auge kaum mehr lange genug bestehen bleibt. Das Bild existiert häufiger in der Form seines Codes[221] als Zahlenkolonnen und Zeichenfolgen und ist ebenso abwesend wie anwesend. In seiner schwächsten Form – als *poor image* z.B. oder als Bild ohne Momentum (ohne Verbreitungsattraktivität[222]) – ist es im Prinzip wirkungslos und unsichtbar. Das Spektrum dessen, was in der Gegenwart unter Bild verstanden und verhandelt werden kann, ist so ausufernd groß. Im folgenden Abschnitt wird daher nun die Breite der Argumentationsstränge verlassen und eine Tiefenbohrung unternommen, die Franco Berardi mit dem Blick auf das Kapital der Bilder verfolgt. Damit schließt sich eine Leerstelle an den Bedingungen der Gegenwart, die an mem-theoretische wie strukturlogische Argumentationen um Dynamiken gleichermaßen anschließt.

8.2.1 Der Wert der Bilder: Franco Berardi

Um eine Beschreibung oder Kontur dessen zu liefern, was uns als Bedingungsgefüge in der Gegenwart umgibt, ist ein ausgedehnter Blick auf die Zirkulations- und Marktlogiken

218 Die Diskussion der Frage, ob und wie es die Kategorien Könnerschaft, Originalität, Autorschaft, Genie auch im Netz und nach dem Internet gibt, steht noch aus. Sicher ginge es aber auch in diesem Zusammenhang um eine Anpassung des Verständnisses dieser Begriffe an die Anforderungen einer *Postdigital Condition*.

219 Zum Begriff Display ausführlicher in Kapitel 5.6.

220 Verbreitungsattraktivität ist das in Eigenschaften gebundene Potenzial zur Verbreitung eines Bildes oder einer Information im Netzwerk. Hierzu in Kapitel 6.6 zu Limor Shifman detaillierter.

221 Als Code abgespeichert sind Bilder im elektronischen Sinn wesentlich beweglicher. Dennoch verweilen die immensen Mengen an Daten bis zu ihrer Aktivierung prinzipiell als *storage* in einem Zustand der Inaktivität; u. a. a. als »huge cloud storage drives [...] in desert locations«, bei Steyerl, Hito. »Too Much World: Is the Internet Dead?«. *e-flux journal*, 49, 2016. Online: http://worker01.e-flux.com/pdf/article_8974420.pdf [zuletzt eingesehen: 24.03.2018], S. 4.

222 Denkt man an die vielen schlecht aufgelösten Logos auf selbstgemachten Flyern, erkennt man schnell, dass nicht jedes »poor images« eine hohe Verbreitungsaktivität aufweist, sondern eben auch leicht in der Schublade oder im Papierkorb verschwinden kann, ohne sich als Foto zu verbreiten.

dieser Gegenwart notwendig. Franco Berardi, Philosoph und Aktivist, widmet seine Überlegungen den Informationen, Codes und Netzwerken, die ubiquitär verwoben die Gegenwart ergeben. Er hält fest: Es geht um eine »basic condition of semiocapital«[223]. Damit benennt er den Zustand der zunehmenden »Automatisierung der Kognition«[224], also nicht mehr die Automatisierung der Arbeitskraft, sondern die des Denkens. Diese sieht er mit einer weitestgehend unbemerkten Sättigung der Umgebung durch Zeichen, Werte und Stimuli verbunden.[225] Unter den genannten Bedingungen dienen Bilder vornehmlich als Vehikel und Botschaftsträger und sind somit zeichenhaftes Kapital. Berardi findet damit eine überzeugende Beschreibung für die zunehmende – allerdings noch schwer zu beschreibende – Verwertung von Zeichen als ökonomische Werte, die sich außerdem ebenso wie jede andere Form von Kapital anhäufen können und agil sind.[226] Den Effekt sieht er besonders evident in den geltenden Affekten dieser Kondition und markiert dies begrifflich als zeichenbasierten Kapitalismus (»semiocapitalism«).[227] Auch hier werden die Bilder und Zeichen also besonders aufmerksam verfolgt und in ihrer Wechselwirkung mit denjenigen Akteur*innen untersucht, die die Kontrolle[228] über sie haben oder von ihnen betroffen sind. Den Markt der Zeichen bestimmen die Aspekte des Gesehenwerdens[229], eines Momentums der Verbreitung,[230] und regulieren somit die Machtanhäufung im Bild. Um dem jedoch genauer zu begegnen, gilt es, diese Affekte am Bild, nochmals mit Berardi, auch detaillierter zu untersuchen. Berardi fokussiert auf den Wert der Bilder und ordnet jedem Bild eine Art inhärenten Wert zu, den man mit Bezug auf den marxistisch gebräuchlichen Begriff des Tauschwerts als »Zeichenwert«[231] bezeichnen könnte.

223 Ebd. »basic condition of semiocapital« würde übersetzt soviel heißen wie, Grundbedingung eines auf Zeichen/Bildern basierenden Kapital(ismus), das/der Stimulation als Produkt verfolgt. Berardi fasst es so zusammen: »based on the valorization and accumulation of signs (semia) as economic assets«. Vgl. Berardi, Franco. »The Neuroplastic Dilemma. Consciousness and Evolution«. *e-flux journal,* 60, 2014. Online: http://worker01.e-flux.com/pdf/article_8992408.pdf [05.04.2018], S. 1.

224 Vgl. zu »increasing automation of cognition« bei ebd.

225 Ebd.

226 Berardi 2014, S. 1.

227 Siehe Emmelhainz 2016 und Berardi 2014.

228 Ich argumentiere in Kapitel 4.3 für Kontrollverlust. Diese Überlegungen sind dialektisch zu betrachten. Einzelne Bilder und deren Effekte sind für einen bestimmten Einsatz kontrollierbar und haben auch gezielte Effekte. Je nach Verbreitungsgeschwindigkeit nimmt diese Steuerungsmöglichkeit aber ab. Um den hier verhandelten Sachverhalt deutlich zu machen, muss von Einzelbildern und modellhaft davon ausgegangen werden, dass Steuerung wenigstens teilweise und zeitweise möglich ist. Vgl. ausführlich zu Kontrollverlust als »CTRL-Verlust« bei Seemann 2014.

229 Vgl Emmelhainz 2016, S. 7; engl. orig.: »being seen«.

230 Vgl. ebd.; engl. orig.: »distribution«.

231 Vgl. ebd.; engl. orig.: »sign-value«.

»The fact that sign-value has supplanted exchange-value means moreover that we no longer consume material things, but rather swallow cognitive signs embedded in and around them.« [232]

Es geht also weniger um ein materielles Konsumieren[233] (analog oder digital) der Bilder, sondern mehr um einen kognitiven Konsum[234] von Zeichen[235], die als immaterielle Waren in die Bilder (Bildobjekte) implementiert sind. Einfacher gesagt: Die Zeichen sind in Erscheinungen und Gesten eingebettet, z. B. als Botschaften der *wellness*, der *happiness* oder des *fullfillment*, und werden von den Betrachter*innen, und damit potenziellen Kund*innen, verstanden und aufgenommen (überspitzt formuliert: werden die Inhalte inhaliert). Das beworbene Produkt (z. B. ein Smoothie bei Débora Delmar) muss dabei gar nicht mehr auftreten, sondern nur logisch verknüpft sein.[236] Am besten vergegenwärtigt sich dieser Zusammenhang über ein triviales Beispiel. Werbung arbeitet selten mit dem Produkt selbst, sondern mit ihren Verweisstrukturen. Fettarme Butter würde also nicht als Produkt, sondern als entmaterialisierte Leichtigkeit beworben. Auf der Werbetafel zeigt sich in diesem Zuge eine Abbildung einer fettarmen Butter, die außerhalb der Bildmitte schwebt und inhärent den Wert *happiness* anbietet.

Bei aller mitschwingenden Tendenz zur Verkürzung[237] (und stilisierten Kapitalismuskritik) ist Berardis Argument im Zusammenhang meiner Untersuchung bahnbrechend. Das eingebettete bildtheoretische Argument zu den Bildern als Tauschwerten im Bedingungsgefüge Gegenwart könnte sogar geeignet sein, um Struktur und Funktion der Bilder der Gegenwart zu verstehen und ihnen mit angemessenerem Ernst als Akteur*innen einer *Postdigital Condition* zu begegnen. Der zentrale Punkt für diese Untersuchung ist dabei der Verweis auf die Eingebundenheit oder auf das Eingeschriebensein der Konzepte[238] und kognitiven Zeichen in die Oberflächen und Strukturen anderer Erscheinungen.

Abb. 8.5: Débora Delmar, Wandposter und Kühlschrank in der Installation »Mint«, 2016. Online unter: http://www.sleek-mag.com/wp-content/uploads/2016/12/delmar.jpg [05.01.2018].

232 Vgl. Emmelhainz 2016, S. 7.

233 Vgl. ebd. Materielles Konsumieren meint den Erwerb von Gütern und Waren mit materiellem Gegenwert.

234 Vgl. ebd. Kognitives Konsumieren meint den Erwerb von Ideen und Befriedigungen ohne materiellen Gegenwert.

235 Vgl. ebd.; engl. orig.: »cognitive signs«.

236 Vgl. u. a. »activity can be reduced to formal procedures, and these procedures can be translated into algorithms so that cognition can be replicated by an artifact and experience can be made uniform«. Berardi 2014, S. 5.

237 Mit Tendenz zu einer marxistisch-leninistisch geprägten Generaltheorie.

238 Engl. orig.: »embeddedness of concepts«. In Anlehung an die Ausführungen zum Eingeschriebensein in eine dominante »logic«. Vgl. Emmelhainz 2016, S. 7.

Ein Beispiel aus der Kunst, welches dieses Prinzip verinnerlicht hat und in Form übersetzt expliziert, ist »Debora Delmar Corp.«, eine Firma, die die Künstlerin Débora Delmar gegründet und mit dem Signet »DC« ausgestattet hat. Delmar untersucht mit dieser Eigenmarke die visuellen Oberflächenphänomene der sogenannten *corporate aesthetic*[239] und deren Effekte auf den verschiedenen Ebenen ihrer Konstruktion und Verwertung. Die fiktive Firma »Debora Delmar Corp.« zeigt auf einer zentralen Werbetafel der Akademie der Künste während der Berlin Biennale 2016 einen grasgrünen Smoothie[240] in der Hand einer erfolgreichen Frau im seriösen Hosenanzug. Die klare visuelle Struktur der überlebensgroßen Tafeln im Ausstellungssetting dieser besonderen Biennale ziehen ob ihrer Re-Inszenierung der gängigen Verführungen durch Produktwerbung in doppelter Hinsicht in den Bann. Der Smoothie geht untrennbar in der eingeschriebenen Botschaft als Zeichen für den Hashtag »wellness« auf. Dabei säuselt der schwungvolle Gang der Protagonistin den Wunsch nach einem Lebensstil mit *healthy diet*. Das professionelle Kunstpublikum stolpert beinahe unbeholfen über die Direktheit einer so effektvollen Schau der aktiven Suggestionsmechanismen einer unausweichlichen Gegenwart. Eine Distanzierung ist dabei nicht zu bemerken.

Das Produkt Smoothie wird über ein Gefühl transportiert und das Bildsujet »schöne, erfolgreiche Frau mit makellosem Körper und hohem Unabhängigkeitsideal« setzt sich als Versprechen an die Konsument*innen ein. Bei aller Ähnlichkeit mit den semiotischen Vehikeln der Gegenwart, ist im Fall der Arbeit Delmars etwas durcheinandergeraten: Das Verhältnis zum »Zeichenwert«[241] ist zerbrochen (oder *cracked*). Beworben wird die Bindung zum Gefühl nicht nur über das Bild, das etwas zeigt, sondern auch über die Abwesenheit des Produkts. Die Butter oder der Smoothie müssen also gar nicht mehr Inhalt der Werbung sein. Stattdessen ist das, was mit der Butter oder dem Smoothie erreicht werden kann, ist das eigentliche Produkt. Dieses Gefühl ist das Produkt selbst. Aufgrund der langjährigen Rezeptionserfahrung mit den Strategien der Werbung sind diese Verknüpfungen unter Konsument*innen, auch unter dem Kunstpublikum, eingeübt und etabliert. Das Produkt selbst wird überflüssig. Das Aufrufen der entsprechenden Symbole und Stimmungen, die seit Jahren mit vergleichbaren Produkten angeboten wurden,

239 Die sogenannten »Multinationals« sind nicht nur Großfirmen, die global über Ländergrenzen und Steuersysteme hinweg operieren, sie haben auch meist eine gemeinsame visuelle Identität. Mit dem wachsenden ökonomischen Erfolg dieser Akteur*innen verbreiten sich auch die ästhetischen Standards dieser sogenannten Corporate Identities, so dass gegenwärtig jede Imbisbude ein eigenes CI hat und auf entsprechende Massenindustriell gefertigte Innenausstattung setzt. Ausführlicher dazu im Aufsatzband bei Kelsey, John; Mir, Aleksandra (Hg.). *Corporate Mentality. An Archive Documenting the Emergence of Recent Practices Within a Cultural Sphere Occupied by Both Business and Art.* New York, 2003.

240 Ein Smoothie is ein sogenanntes »Health Getränk«, das sich gegenwärtig ebenso großer Beliebtheit erfreut wie Yoga-Übungen. Nichts steht so sehr für Selbstoptimierung wie eine gesunde Ernährung.

241 Vgl. Emmelhainz 2016, S. 7.

genügt für die Bindung. Werbe- und Kampagnenstrategien würden aufschlussreiche Daten liefern. Auch ohne diese Daten lässt sich allerdings festhalten: Werbung findet zunehmend im Partikelbereich der Referenzen statt und ihre Vehikel liegen zum Teil außerhalb der Wahrnehmungsschwelle. Das stellt eine große strukturelle Herausforderung für die Kompetenzen am Bild dar, der die Kunstpädagogik in allen Dimensionen begegnen muss.

Welche Funktion hat in diesem Zusammenhang das Bild? Welchen Aspekten oder Ebenen der Bilder sollte sich eine Untersuchung hier annähern? Die Ebenen unterscheiden sich von den traditionellen Unterscheidungen am Bild: nach »Bildträger«[242], Bildvehikel[243], Bildobjekt[244] und Bildsujet[245] (u. a. Kapitel 5) ausgelegt. Es ist also zumindest in dem hier mit Berardi und Delmar verhandelten Zusammenhang auch jene Werbetafel, welche als Bildträger dient, die im strukturellen Zusammenhang mit der Entität Smoothie-und-Frau[246] als Bildobjekt gemeinsam agiert. Smoothie-und-Frau sind Darsteller*in – auch Sujet – einer Werbekampagne und deren suggestiver Strategie. Die Produkte *health* und *happiness* sollen verkauft werden und sind eine Art Sujet zweiter Ordnung. Bei dieser Einbettung (*embeddedness*) eines zweiten Sujets handelt es sich um eine Art des *affect engineering*, über das ein ganzer Lifestyle programmiert werden könnte. Dies ist ein wesentlicher Zusammenhang zwischen visueller Oberfläche und bildgebender Struktur, der nahtlos an die memtheoretischen Überlegungen zum *social engineering* anknüpft und entsprechend in Wechselwirkung untersucht werden muss. Smoothie-und-Frau sind entsprechend objektorientierter Überlegungen als Entitäten mit erhöhtem Wirkungsgrad zu verstehen und in ihrer Funktion als komplexe Bildvehikel aktiv. Dabei transportieren beide gemeinsam eine Bindung an ein Gefühl und erfüllen damit ihre Funkltion. Auf kurzem Wege ist dies ein Anlass, die Überlegungen zur Memtheorie von Shifman mit einem objektorientierten Anlass nach Harman zu ergänzen und Berardis Ausführungen zum *semio-capitalism* daran tiefgreifend zu untersuchen. Für den Diskurs um ein psychologisches *branding* wären diese fluiden Erklärungsmodelle am Visuellen weitreichend.

Trotz der Verkürzungen dieses provisorischen Beschreibungsversuchs halte ich als Zwischenergebnis fest: Unter den Bedingungungen der Gegenwart ist ein *affect engineering* auf allen Ebenen des Bildumgangs anzutreffen. Diese Einflussnahme findet sich an den visuellen Oberflächen und Zeichen, u. a. in Bildern, überschreitet diese direkte visuelle Ebene jedoch häufiger und ist auch unterhalb der Wahrnehmungsschwelle zugunsten einer

242 Vgl. Wiesing in Kapitel 5.1.

243 Vgl. Kapitel 6.1 zu Limor Shifmans Memtheorie.

244 Vgl. Wiesing in Kapitel 5.1.

245 Vgl. ebd.

246 Üblicher wäre es, die Aktionseinheit in einer umgekehrten Aufzählung zu fassen: Frau mit Smoothie. Durch die Größenverhältnisse sieht es aber eher so aus, als ob das Produkt die Frau anführt und somit Smoothie und Frau eine Aktionseinheit bilden. Zu Aktionseinheit ausführlicher in Kapitel 5.4 mit Verweis auf Graham Harmans Ausführungen zur OOO.

langfristigen Bindung an Ideen und Produkte aktiv. Ein anschauliches Beispiel ist die Arbeit »GlassPhone« (2014) von Tilman Hornig. Ein nahezu abwesendes Produkt (eine Glasplatte in der Grobform eines Mobiltelefons mit abgerundeten Kanten), das den Blick auf die Dinge dahinter freigibt und dabei sehr subtil rahmt.[247] Bei Tilman Hornigs Arbeit handelt es sich nun gerade nicht um ein Produkt, das einen Markt sucht, aber es handelt sich um ein Produkt, das auf dieselbe Botschaft abzielt: das Produkt weckt ein Gefühl.[248] Das Ergebnis dabei ist: Das Versprechen einer grenzenlosen Immersion und Durchdringung bei unendlich scharfem Durchblick. Vor dem Hintergrund der Komplexität der Gegenwart eine befriedende Aussicht.

Abb. 8.6: Tilman Hornig, »GlassPhone«, 2014. Online unter: http://www.galerie-gebr-lehmann.de/artists/tilman-hornig/gallery/#&gid=1&pid=5 [05.01.2018].

Nach dem Exkurs um den Wert der Bilder, schließe ich erneut an Irmgard Emmelhainz' Überlegungen aus dem Essay »Conditions of Visuality Under the Anthropocene and Images of the Anthropocene to Come« an. Ebenfalls unter Rückgriff auf Berardi, zeichnet sie Entschlüsselungsvorgänge, die Objekte über *Trial & Error* (dt.: Versuch und Irrtum) an uns durchführen, nach.[249] Objekte sind nach Emmelhainz nicht länger Waren, die wir uns aneignen und die wir entschlüsseln können,[250] sondern Operationen, die uns entschlüsseln. Mit einer solchen Argumentation operieren Emmelhainz und Berardi sehr nah an den Überlegungen zum Begriff des Simulacrums, den Jean Baudrillard geprägt hat. Ihm zufolge gibt es kein Original mehr, sondern nur noch eine Omnipräsenz mannigfaltiger Simulationen.[251] Wende ich diese Überlegungen auf Zirkulationsmuster und Meme-Engineering an, und denke sie als Entschlüsselungsvorgänge die Bildkomplexe an ihren Betrachter*innen durchführen, geht dies wohlmöglich etwas über gebräuchliche Thesen an der Gegenwart hinaus, könnte aber eine weitere Linie ergeben. Im Folgenden möchte ich daher nun einen Perspektivwechsel vornehmen und ein wenig weitläufiger auf Bilder als »kognitive Akte« abzielen. Es folgt ein Gedankenexperiment mit Emmelhainz und Berardi:

> *»The deathless and bodiless information, images, and signs – the inert map of a life –becomes embodied by an avatar that exists in actual, not virtual, reality, and that*

247 Vgl. u. a. auch deren Auftritt in den werbeartigen Videoclips »Narrative Devices« (2016) der Berlin Biennale 9 in Zusammenarbeit mit DIS und Babak Radboy. Online unter: https://vimeo.com/171915411 [06.04.2018].

248 Was natürlich für den Verkauf von Kunstwerken und dessen Verbreitungseigenschaften auch nicht weniger unerheblich ist.

249 Emmelhainz 2016, S. 7.

250 Ebd.

251 Baudrillard 2017 (1994), S. 2.

has the (albeit limited) capacity to exist and interact directly with humans. In the episode, the fabrication of subjectivity from data – which implies the automatization of subjectivity – foreshadows the relationship between determinist automatisms and cognitive activity, which, according to Franco Berardi, is the core goal of the Google Empire: to capture user attention and to translate our cognitive acts into automatic sequences.« [252]

8.2.2 Bilder als kognitive Akte und automatisierte Sequenzen

Die folgenden Ausführungen wenden sich einem weiteren verbildichenden Vergleich zu und versuchen, über diese Exploration ein eindeutigeres Verständnis zu erlangen. Das Prinzip »Malen nach Zahlen« basiert auf der Reduktion eines komplexen Bildes auf wenige Flächen und Punkte, meist handelt es sich bei der Vorlage um vereinfachte, aber realistisch anklingende Malerei. Im Vergleich zur Malschule nach Bob Ross[253], der auf der Grundlage der Reduktion oberflächliche Ähnlichkeiten herstellt und auf eine Kopie des Effekts abzielt, entspricht »Malen nach Zahlen« dem Prinzip einer Vereinfachung des Motivs und erzielt eine Kopie, die sich an der quantitativen Organisation der Flächen orientiert und vor allem Verhältnisse der Flächen kopiert. Ein fundamentaler Unterschied in der Herangehensweise gegenüber der Herangehensweise des Fernsehmalers Bob Ross, der das Wesen und den Eindruck einer Landschaft mit einfachen Kniffen empirisch nachvollzieht und ins Visuelle übersetzt. Beide Herangehensweisen zielen auf eine Kopie. Dabei verfolgen sie aber grundsätzlich unterschiedliche Handlungslogiken. Die Logik von »Bob Ross« konzentriert sich auf Handlungsabläufe und vereinfacht Prozesse, während »Malen nach Zahlen« das Ergebnis in handliche Bausteine zerlegt und vom Ziel her vereinfacht. Es ergibt sich eine starke Vereinfachung der Verhältnisse (die vor allem zugunsten der Darstellbarkeit und des Verständnisses unternommen wird), die auch in der professionellen Bild- und Schriftgestaltung üblich ist und eine technische Reduktion von unhandlichen Abbildungen auf handliche Ankerpunkte und Vektoren verfolgt. Dabei werden komplexe Formen auf einzelne Punkte reduziert und über Richtungsinformationen als reine Zahlengruppen gespeichert und verbunden. Das entstehende Bild ergibt sich dann vollständig aus Punkten mit Koordinaten und Anweisungsketten und spart wesentliche Datenmengen ein.

252 Vgl. Emmelhainz 2016, S. 7, nach Berardi 2014, S. 1.

253 Bob Ross war Maler und Moderator einer Do-It-Yourself-Fernsehsendung »The Joy of Painting« (1983-1994). Er und seine Methode sind bekannt für ihre große Beliebtheit bei Laien und Hobbymaler*innen.

Abb. 8.7: Ein Beispiel vom Dreh des Filmes *Planet der Affen* (Darsteller vor der Postproduktion).

Von der konzeptionellen Durchdringung des Prinzips »Malen nach Zahlen« scheint es nun ein größerer Sprung zur Benutzerdatenaufzeichnung. Doch dieses Abstandsgefühl ist weit weniger gerechtfertigt als vermutet. Die punktgenaue Aufzeichnung aller Benutzerentscheidungen ist bei genauer Betrachtung dem Prinzip »Malen nach Zahlen« verwandt, oder zumindest in der Vorgehensweise vergleichbar. Die komplexesten Alltagsbewegungen werden in Datensätze verwandelt, die basierend auf punktuellen Entscheidungen als Ansammlungen von Messpunkten dargestellt werden können und später korreliert werden. Bildlich stellt man sich das wohl am besten vor wie den Vorgang des *motion capturing* für Animationen und Spezialeffekte. Im Wesentlichen sind die Messpunkte an die raum-zeitliche Logik des menschlichen Bewegungsapparates gebunden und liefern Daten, die mit immenser Rechenleistung der Rekonstruktion komplexer Bewegungsabläufe dienen und schließlich für ein authentisch wirkendes Bild sorgen.[254]
Dieses Prinzip lässt sich in ähnlicher Weise auch bei der Benutzerdatenerhebung und den von Emmelhainz beschriebenen *Trial & Error*-Werbeangebote wiederfinden. Die physischen wie geografischen, sozialen und emotionalen Benutzerbewegungen ergeben ein quantifizierbares Bild, gespeichert in Daten und Koordinaten. Im Detail ist das wie folgt vorstellbar: Verschränkt mit weiteren Daten und qualitativen Interviews kann den Benutzerbewegungen (online wie offline) weiteres Datenmaterial hinzugestellt und über Vergleichssysteme psychologischer Studien eine Standardrepräsentation[255] errechnet werden. Die einzelnen Punkte der Persönlichkeit ergeben dann eine spezifische Form. Versteht man deren Verbindungslogik, ergibt sich daraus dann ein Bild oder eine Einschätzung der Persönlichkeit. Unter Effizienzüberlegungen ist das durchaus dienlich: Mittels eines Persönlichkeitsmappings verwandeln sich die ermittelten Zahlenkombinationen in Punkte eines Koordinatensystems und eine Vervielfältigung gelingt problemlos. Während das Original schwer in allen Eigenheiten kopierbar wäre, kann ein Datensatz (mit Anleitung zur Darstellung, also Programm) vergleichsweise leicht kopiert und reproduziert werden. Die Verbindungslogik, die aus den Punkten ein Bild ergeben lassen, sind in nur einer einzigen Anweisungskette beschreibbar. Aus diesen Daten kann

254 Siehe auch das Prinzip »Motion Tracking« im Bereich Special Effects.

255 Im US-amerikanischen Wahlkampf mehrten sich die Vermutungen nach einer neuartigen Form von Meinungsmanipulation. Gegenwärtig wird untersucht, ob die Firma Cambridge Analytica mit Datensätzen aus Nutzerprofilen von Social-Media-Plattformen eine Methode des Psycho-Mappings angewandt hat, bei der Kauf- und Klickentscheidungen mit Verhaltensmustern korrelliert werden. Vgl. Beuth, Patrick. »Die Luftpumpen von Cambridge Analytica«. *ZEIT Online*, 07.03.2017. Online: http://www.zeit.de/digital/internet/2017-03/us-wahl-cambridge-analytica-donald-trump-widerspruch [15.09.2020].

ohne weiteren Aufwand eine Kopie erstellt werden, die operativ identisch ist. In Verbindung mit den Ausführungen zur Minimalkopie[256] in Kapitel 7.1 (aber auch Kapitel 4.3 zu Mimikry) sei an dieser Stelle darauf verwiesen, dass es dabei natürlich nicht um die feinstoffliche Kopie aller Eigenschaften geht, sondern es sich um die Kopie einer Funktion handelt, die sich realisieren lässt und funktional ist. Dabei werden ausschließlich die für den Vorgang relevanten Eigenschaften übersetzt.[257] Die interessante und weiterführende Überlegung ist hier: Welche Informationen sind relevant für das Persönlichkeitsmapping? Und daran anschließend: Wie wahrnehmbar, sichtbar oder bewusst auswertbar für den oder die humanen Akteur*innen muss diese Information sein? Kann sich ein authentisches Bild auch unterhalb der humanen Wahrnehmungsgrenze ergeben? Diese Fragen blieben derzeit noch offen, wären aber mittels tiefgreifender Studien aus der bildwissenschaftlich informierten, aber kommunikationswissenschaftlich unterstützten Kunstpädagogik zu untersuchen. Im Anschluss an dieses weiterführende Gedankenexperiment komme ich nun dennoch vorerst zu einem weiteren Schnittpunkt der Fragen.

Ich komme nochmals auf die Darstellung dieser Korrelationen im Film »Her«[258] zu sprechen. Über die zögerliche Nichtbeantwortung einiger weniger, zudem sehr einfacher Fragen (»Wie ist dein Verhältnis zu deiner Mutter?« u.a.), errechnet das Betriebssystem scheinbar ein ganzes Persönlichkeitsprofil und benötigt dafür wenige Millisekunden. Denn über beinahe unmerkliche Information (z.B. kurzes Zögern, Nachfragen) ergibt sich genügend Datenmaterial, das sich in Verbindung mit den Anwendungen des Betriebssystems zu einem Benutzerprofil auswerten lässt und Hinweise auf angemessene Reaktionsmuster für das Betriebssystems enthält. So könnte man sich den *matching process* bei der Einrichtung des Betriebssystems jedenfalls vorstellen. Bei diesem Beispiel handelt es sich nun um die kinematische Formulierung einer Idee (also einer Version einer spezifischen gegenwärtigen Zukunft[259] des Regisseurs Spike Jonze) und nicht um die Zukunft[260] selbst. Die Überlegung birgt nun infolgedessen einige äußerst interessante Aspekte. Geht man davon aus, dass sich die genetischen wie sozialen Dispositionen über Kleinstinformationen realisieren und zeigen, dann wäre es wohl möglich, mit großen Rechenleistungen aus allen verfügbaren Daten auch biologische Merkmale, die nicht zwangsläufig sichtbar[261] werden, zu extrahieren; diese ggfls., bevor sie wirksam sind

256 Unter Minimalkopie verstehe ich eine Kopie, die unter Nachahmung so wenig wie möglicher Eigenschaften und mit geringstem Materialaufwand trotz schwerwiegender Unterscheidungsmerkmale dennoch als Kopie erkannt wird und die für den Zusammenhang wesentlich Eigenschaften enthält.

257 Vgl. Kapitel 4.3 und siehe »Minimalkopie«.

258 Film von Spike Jonze, 2013.

259 Vgl. Kapitel 2 (Präliminarien). Vgl. Esposito 2007.

260 Gemeint ist die zukünftige Gegenwart; vgl. ebd.

261 Oder für den Menschen sichtbar werden können.

bereits zu errechnen[262] und entsprechend darzustellen, ohne dass sich etwas visuell zeigen müsste. Die Auflösung der erhobenen Daten in Verbindungsketten und Entscheidungsfolgen (sogenannten Programmen) zielt nun vor allem auf dynamische Kopien[263] für transportable Pakete[264], die nach dem Prinzip »Malen nach Zahlen« eingefüllt werden können. Überspitzt formuliert, sind in diesen Paketen Subjekte als selbstständig interpolierende oder auch errechnende[265] Zahlensätze und Anweisungen gespeichert. Anhand von Chatbots lässt sich dergleichen bereits erahnen. Ohne eine in irgendeiner Form wahrhafte oder physische Kopie zu produzieren, werden die Relationen und Entscheidungsketten dann dennoch subjektähnlich[266]. Sie zeigen eine reproduzierbare und per Rechenleistung in dynamischen Kombinationen darstellbare Version. Während diese Überlegungen eher gegenwärtige Zukünfte als zukünftige Gegenwarten illustrieren, gibt es Vergleichbares bereits in Ansätzen. Die omnipräsente Anwendung »Siri«[267], die dem/der Betriebssystembegleiter*in am nächsten kommt und Produkte des Elektronikanbieters Apple Inc.[268] begleitet, hilft bereits in komplexen Entscheidungsprozessen. Ohne jede Aufforderung schlagen Anwendungen, kommuniziert durch Siri, während der Vorsortierung von Videomaterial bei *Final Cut*[269], oder bei der Wahl passender Fotos für das Facebook-Profil[270] vor, welche Clips oder Perspektiven zum Einsatz kommen sollten. Bereits die Standardversion von Final Cut[271] arrangiert selbstständig verschiedene Audio- und Videospuren chronologisch und rhythmisch zueinander. Die bekannte Klappe wird damit zur akustischen Markierung und ermöglicht die vollautomatische Sortierung der Videodateien. Dass der Schlüssel dieser intelligenten Automatisierung hauptsächlich in den auditiven und visuellen

262 Errechnen meint hier, auf Basis erheblichen Datenmaterials Vergleiche vorzunehmen und Übereinstimmungen zu erkennen.

263 Solche, die möglichst auch Potenziale und Geschichte mitbedenken und dabei identisch in allen notwendigen Eigenschaften sind, ohne dabei statisch zu wirken.

264 Eine Form finden, sozusagen, die ähnlich wie .jpg oder .pdf Inhalte so verlustlos und eineindeutig verpackt, dass sie in vollständiger Weise nach dem Verschicken (oder Transportieren) wieder aufgerufen werden können.

265 Analog zur Technik der Komprimierungen in Film-, Bild- und Audioformaten werden nicht alle Informationen als Datensätze gespeichert. Um die Datenmengen gering zu halten, werden unter Komprimierung Versionen hergestellt, die festhalten, auf welche Weise Bild 3 und 4 von Bild 1 abweichen, ohne jeweils die originären Bilddaten erneut zu speichern. Gerade im Bewegtbildbereich von großem Vorteil und enormer Einsparnis.

266 Vgl. hier die Anstrengungen zur Mensch-Maschine-Unterscheidung von Alan Turing (1967). Bei dem von Turing theoretisch skizzierten Test sollte mittels gezielter Fragensets die Diskriminierung logischen Denkvermögens möglich sein.

267 Eine Anwendung (2011) für das Mobiltelefon, die gesprochene Sprache der Nutzer*innen aufnehmen und verarbeiten kann. Zudem ist sie mit dem Internet und verschiedenen Datenbanken verknüpft, die es ihr ermöglichen, auf vielfältige Fragearten und Anfragen auch mit den richtigen Antworten zu reagieren.

268 Multinational operierender Elektronikanbieter, gegründet 1976; Durchbruch mit dem Personalcomputer iMac 1998, massentaugliche Kleinprodukte ab iPod (2001) und verstetigt mit iPhone (2007).

269 Videoschnitt-Anwendung (1998) und Teil der Apple-Anwendungspalette.

270 Möglich wäre es zumindest und sicherlich wird an einer massentauglichen Umsetzung schon gearbeitet. Momentan handelt es sich aber nur um eine Prognose für eine unmittelbar bevorstehende Zukunft.

271 Mit Standardversion ist eine einfache Version für Nutzer*innen im Hobby-Bereich gemeint. In Abgrenzung dazu hat die Pro(fessional) Version z. B. weitere Werkzeuge.

Markierungen (den Messpunkten) und Strukturen liegt, dürfte nicht überraschen. Dass gerade hier aber auch die Verhältnisse zu unbedeutenderen Elementen eine entscheidende Rolle zur Treffsicherheit im Auswahlverfahren der relevanten Daten spielt, ist nicht auszuschließen.

Im Sinne dieses Gedankenexperiments soll an der Spekulation mit Beobachtungscharakter einen Moment festgehalten werden. Unter Berücksichtigung der Geschwindigkeiten und beteiligten wie unbeteiligten bewegten Flächen des filmischen Bildes findet eine einzige Anwendung also auf Basis gigantischer Datensätze und Messpunkte (vorstellbar als eine Sammlung massenhafter technischer Seherfahrungen) Gemeinsamkeiten und Ähnlichkeiten, die semantische Beziehungen zwischen bewegten Bildern suggerieren. Diese Ordnungsversuche bieten den Nutzer*innen bequeme Vorsortierungen, welche wiederum vermutlich per *Trial & Error* zu selbstlernenden Prozessen und neuen Datensätzen führen. In diesem Punkt lässt sich nochmals gut auf die Beschreibungen der Verhältnisse am Bild von Irmgard Emmelhainz zurückkommen: »Mit der Visualisierung von Daten durch Maschinen sind Bilder wissenschaftliche, geschäftsführende und militärische Instrumente des Wissens geworden und damit Kapital und Macht«.[272] Für die weiteren Betrachtungen, wie für die gesamte Untersuchung, ist der Aspekt der Konzentration von Macht und Kapital im Bild und in den Bildern (digital wie analog) ein wirklich bedeutender Anker, der sich auch in dem Aspekt der *chargedness* (dt.: das Aufgeladensein) zeigt.[273] Um aber wieder dezidiert auf die Beispiele der Kunst zu sprechen zu kommen und weiter die Phänomene der Bildlichkeit in der Gegenwart zu untersuchen: Trotz der These, dass alles mit allem verschmilzt[274] und die Strategien online den Strategien offline weitestgehend entsprechen, möchte ich an die Beobachtungen von Emmelhainz anschließen und einen weiteren Punkt ausleuchten. Emmelhainz spricht über eine »ästhetische Erfahrung«, die in Kognition (*cognition*) verwandelt wird und entsprechend »leer« (*empty*) in Bezug auf Sinneseindrücke bleibt.[275] Wie begründet sie diese Überlegung? Ich folge ihrer Analyse zur Rolle des Bildes im Anthropozän[276] und ihrem Plädoyer für eine trennscharfe Unterscheidung von *image* und *picture* (und *imagery*). Letzteres sieht sie mit Bezug auf die Ausführungen Daneys, folglich vollständig abseits des Visuellen, in einer aktivierten Form angelegt.

272 Engl. orig.: »With the enabling of the visualization of data by machines, images have become scientific, managerial, and military instruments of knowledge, and thus of capital and power«. Emmelhainz 2016, S. 8, mit Bezug auf Bratton, Benjamin. »Some Trace Effects of the Post-Anthropocene. On Accelerationist Geopolitical Aesthetics«. *e-flux journal*, 46, 2013. Online: http://worker01.e-flux.com/pdf/article_888882.pdf [05.04.2018], S. 8f.

273 Vgl. mit Bratton weiter: »As a consequence, the general image apparatus is slowly accumulating a comprehensive chronicle of human visual experience that will be of enormous value to future artificial intelligences«. Bratton 2013, S. 8.

274 Ich nenne es wegen der Struktur *Hyper-Welding* und meine ein übermäßig starkes Zusammenschweißen.

275 Engl. orig.: »transformation of these experiences into information, sensations, and intensities without meaning« bei Emmelhainz 2016, S. 8, mit Verweis auf Shaviro 2010, S. 10.

276 Zum Begriff des Anthropozän in Kapitel 4.3.1 (g). Vgl. Scherer und Renn 2015.

»Although it is related to the optic nerve, the picture does not make an image.«[277]

Nach Emmelhainz produziere das Bild in einem allgemeinen und visuellen Sinne gar nicht unbedingt Bildlichkeit, sondern wirkt erstmal rein visuell[278]. Um Bildlichkeit zu erlangen, müsse das Sehvermögen aber die Wahrnehmung ausschalten.[279] Das Sehen müsse performt[280] werden wie eine künstlerische Handlung, und es müsse gedacht werden wie in einer kritischen Aktivität[281]. Für die Kunstpädagogik und ihr Handeln am Bild ist dies eine hilfreiche Zuspitzung der Verhältnisse zwischen Bild und Visuellem. Mit Daney nennt Emmelhainz es eine »Intensivierung der Präsenz« (*intensification of presence*), die das Bild gegen das Visuelle und jede (einfache) Seherfahrung wappnet.[282] Das Bild (*image*) entspricht einem Versuch des Sehens und zeigt demnach auch nichts per se, sondern ist »verstofflichter Glaube und Sehnsucht nach dem Sehen«[283]. Das Bild kommt dem Moment einer Unsicherheit[284] gleich, erläutert Emmelhainz mit Verweis auf Daney und Godard.[285] Gerade die Unsicherheit, von der hier die Rede ist, und das Unbeschreibliche seien das, was das Bildliche vom rein Visuellen unterscheidet. Das Sehen ist demnach zu unterscheiden in ein Sehen nach Informationen und ein Sehen nach Beziehungen. Mit den vorangegangenen Abschnitten zum maschinellen, technischen Sehen – besonders in Bezug auf Persönlichkeitsmappings und gespeicherten Datensätzen, aber auch dem Abschnitt zum Mem-Potenzial – eröffnet sich ein weiterer Raum für eingehende Untersuchungen aus der Perspektive der kunstwissenschaftlichen Forschung am Bild und einem aktuellen Verständnis davon. Gerade die Kunstpädagogik ist an dieser Stelle gefragt, ihre Expertise und Kompetenzen zu den interhumanen und intermedialen Strukturen und Beziehungen in diese Diskussion einzubringen und verdichten.

8.2.3 Wahrnehmung als eine Art Abbildung

Nachdem hinreichend argumentiert wurde, dass das technische (also maschinelle oder fotografische) Sehen Veränderungen am Verständnis des Bildes in der Gegenwart nach

277 Emmelhainz 2016, S. 9, mit Verweis auf die Unterscheidung von »visual« und »image« bei Daney und McMahon 1999, S. 183.

278 Dazu sowie zur »Sichtbarkeit« in Kapitel 5.2.7.

279 Emmelhainz 2016, S. 9.

280 Im Sinne eines Vollziehens oder Durchführens zu verstehen.

281 Engl. orig.: »make images, it is necessary to make vision assassinate perception; it is necessary to ground vision, and then perform (as in artistic activity) and think vision (as in critical activity)«. Emmelhainz 2016, S. 9. Vgl. außerdem Foucault, Michel. *Was ist Kritik.* Berlin, 1992.

282 Vgl. Daney und McMahon 1999.

283 Engl. orig.: »For Godard, the image is incertitude, it is trying to see«; Emmelhainz 2016, S. 9.

284 Ebd., S. 10f., mit Hinweis auf den Regisseur Jean-Luc Godard zur Unsichtbarkeit des anderen (orig. *the other*); in dem mit Anne-Marie Miéville erarbeiteten Essay-Film »The Old Place« (2001); vgl. auch Esposito 2007, S. 10.

285 Engl. orig.: »incertitude«; Emmelhainz 2016, S. 10f. mit Verweis auf Jean-Luc Godard.

sich zieht, soll in den kommenden Kapiteln ein weiterer Vorschlag zur Annäherung an eine zeitgemäße Struktur einer Bildbegegnung (oder Diskussion) formuliert werden. Pate dieser Unternehmung ist Heinz von Foerster. Der Physiker schlägt in seinem Text »Wahrnehmung« (1989)[286] in dem kleinen Sammelband *Philosophien der neuen Technologien* vor, die »Wahrnehmung als eine Art Abbildung aufzufassen«[287] und dementsprechend »Fragestellungen, Sprache und Erklärungsweisen, die sich auf Funktion und Aufbau von Abbildungsprozessen beziehen, auf Physiologie, Neurologie, Psychologie und schließlich auf Erkenntnistheorie der Wahrnehmung zu übertragen«.[288] Mit dieser Analogie dekliniert von Foerster den Wahrnehmungsprozess als Abbildungsprozess und benennt die notwendigen Aspekte und Vorgänge, die dies ermöglichen würden.[289] Nach dem optischen Modell braucht es einen »Gegenstandsraum«[290] und einen »Bildraum«[291]. Mit dem notwendigen Reduktionismus eines Modells ist demnach jedem Gegenstandspunkt ein Wahrnehmungspunkt zuzuordnen.[292] Von Foerster erklärt an einem Beispiel: Weil das gespeicherte Bild in dieser Weise nie wieder auftauchen würde, bedarf es eines Systems, das unabhängig von den vielfältigen Veränderungen der Bewegung und der Zeit ist.[293] Etwas am zweiten Tag Gesehenes ähnelt dem vom ersten Tag in nichts. Ein Objekt kann nicht zweimal identisch gesehen werden. In einem weiteren Beispiel beschreibt von Foerster darüber hinaus, dass es zudem unmöglich sei, sich selbst zweifelsfrei wiederzuerkennen.[294]

Diese Überlegungen führen mich, ausgestattet mit weiteren Argumenten für eine Untersuchung des Bildes vor dem Hintergrund seiner Beziehungen, zu einem Anschluss an die vorangegangenen Ausführungen zu den Datensätzen von bildgesteuerten Persönlichkeitsmappings. Beim Vorgang des Sehens scheinen ganz ähnliche Prozesse eine Rolle zu spielen. Um eine komplexe Leistung einer dynamischen Wiedererkennung zwischen Sehsinn und Gehirn sicherzustellen, müssen die notwendigen Informationen – also die signifikanten Merkmale – gespeichert werden. Am deutlichsten wird dieses Verhältnis am Phänomen des technischen *glitch*. Bei einem *glitch* sehen wir die zerbrochene Einheit der Übertragung der Datenpakete wie ich sie oben am Beispiel »Malen nach Zahlen« skizziert habe. Gespeichert werden die Veränderungen am ersten Bild und

286 Foerster, Heinz von. »Wahrnehmung«. In: Ars Electronica (Hg.). *Philosophien der neuen Technologien*. Berlin, 1989, S. 27–40.
287 Ebd., S. 31f.
288 Ebd., S. 31.
289 Vgl. Foerster 1989, S. 32.
290 Ebd., S. 34.
291 Ebd., S. 31f.
292 Ebd., S. 32.
293 Siehe auch Bilderkennung und Gesichtserkennung.
294 Ebd., S. 34.

nicht das gesamte Bild als Einheit. Die Logik der Komprimierung richtet sich danach, welche Informationen im Einzelbild die tragfähigsten Referenzpunkte für eine bestmögliche Simulation der Bildabfolge garantieren und zu einem möglichst überzeugenden und verlustfreien Verlauf führen. Dass diese technische Lösung zum Standard der Komprimierung von Bilddaten geworden ist, hat weitreichende Folgen für die Wahrnehmungstechniken und folglich auch für das Sehen der Menschen. Für die Erarbeitung einer Untersuchungsmatrix für die Bilddiskussion wären Untersuchungen an diesen Referenzpunkten wichtige Taktgeber*innen.

Aber warum ist das für die Frage des Bildes in der Gegenwart von Bedeutung? Die hohen Geschwindigkeiten (z.B. in der Datenübertragung) und die hohe Frequenz beobachteter Phänomene (u.a. online) bei nahezu geografischer Gleichzeitigkeit, haben das Bild im trivialen Verständnis (Einzelbild, Tafelbild, ...) zum raren Sonderfall werden lassen. Das, was als Bild verstanden wurde, ist so sehr in den Hintergrund getreten, dass es in der Untersuchung der Phänomene der Gegenwart meist vernachlässigt werden kann. Darüber hinaus ist davon auszugehen, dass das Bild so statisch, wie es beschrieben wurde, ohnehin nie existierte, sondern immer eines unter vielen war, das in vielfältigen Beziehungen stand und steht.[295] Unter den Bedingungen der Gegenwart werden diese Effekte, aber ebenso die Verhältnisse der Bilder untereinander, nun umso deutlicher sichtbar.[296] Durch die Überlagerung vieler Vorgänge und das Sichtbarwerden vieler Beziehungen in kürzerer Zeit[297], lässt das relativ träge[298] menschliche Auge die Zusammenhänge deutlicher erkennen. Aufgrund dieser Intensivierung der Phänomene durch kürzere Abstände zwischen ihrem Auftreten und einer deutlich erhöhten Anzahl ihres Auftretens in kürzerer Zeit werden Verhältnisse sichtbar, die vorher weitestgehend unsichtbar waren. Andere Phänomene werden vom gleichen Effekt allerdings auch verschluckt oder in den Hintergrund gedrängt. Diese Überlegungen sind mühelos anschlussfähig mit Dirk Baeckers[299] Beschreibungen einer nächsten Gesellschaft und ihren Anforderungen. Baecker geht davon aus, dass technologische Veränderungen immer auch Veränderungen der kulturellen Verhältnisse nach sich ziehen. Veränderte Darstellungsmodi hätten dann zwangsläufig Auswirkungen auf die Praxen und Wahrnehmungstechniken. Von Foerster ging es an

295 Vgl. Meyer, Torsten. »Aktuelle Medienkultur: Das Bild im Plural«. Vortrag am 24.10.2009, Sektion 2, Bundeskongress Kunstpädagogik Düsseldorf. Als Transkript online: http://www.medialogy.de/wp-content/uploads/2009/10/BildimPlural_kurz.pdf, www.medialogy.de/wp-content/uploads/2009/10/BildimPlural_kurz.pdf [13.02.2018].

296 Bei sogenannten »Smokescreen-Effekten« überlagern sich Oberflächenphänomene und Bildphänomene vielfach. Aus den sich so anhäufenden Datenmassen ergeben sich auch Verzerrungseffekte, die es nicht zu unterschätzen gilt.

297 Es könnte auch als in größter zeitlicher Nähe formuliert und damit anschaulicher werden.

298 Hier ist Gewohnheit auch nicht zu unterschätzen.

299 Zur technikphilosophisch informierten Gesellschaftstheorie bei Baecker, Dirk. *Studien zur nächsten Gesellschaft*. Frankfurt/Main, 2007.

dieser Stelle vor allem um die Voraussetzungen für eine solche Beobachtung. Unter Bezug auf die Untersuchungen des Mathematikers und theoretischen Physikers Henri Poincaré, der das stereoskope Sehen verließ um das dreidimensionale Sehen zu untersuchen[300], bezog Foerster die »Beziehung einer bewussten Änderung des Blicks mit der zugehörigen Veränderung der Sicht« in die Gleichung zum Sehen mit ein.[301] Für die hier verfolgten Überlegungen ergibt sich ein Spektrum der Wahrnehmungstechniken des Sehens, das eingehender an der Frage einer technisch lesbaren Bildlichkeit in der Kunst untersucht werden sollte.

8.2.4 Die elektronischen Gedächtnisse sind Simulationen

In den folgenden Abschnitten stelle ich einige Überlegungen des Medientheoretikers Vilém Flusser aus dem Text »Gedächtnisse« aus demselben Band vor, um einen weiteren aussagekräftigen Schnitt durch die medientechnologischen Bedingungen der Gegenwart zu erhalten. Flusser beschreibt die Simulation als ein Konzept, das auf Nachahmung beruht und selektiv (dem Zweck angepasst) einige Aspekte hervorhebt und andere unterschlägt bzw. in den Hintergrund treten lässt.[302] Zur Erläuterung setzt er den Hebel[303] als Prinzip ein und beschreibt diesen als Simulation des Arms. Nun ist der Hebel auf die Hebelfunktion des Arms beschränkt und vernachlässigt damit alle anderen Aspekte des Arms (z.B. dessen Balanceunterstützung). Dies vorausgesetzt, geht es bei einer Simulation des menschlichen Gehirns – analog zur Hebelfunktion des Arms – vor allem um den Aspekt der Gedächtnisfunktion oder der Kommunikations- oder Synapsenverschaltung. Nimmt man die Gedächtnisfunktion als zentralen Aspekt, ist in der Simulation das Gehirn in der Anwendung der Maschine also solitär die Funktion der Datenablage und des Datenabrufs angelegt. Alle anderen Aspekte sind ausschließlich im für diese Funktion notwendigen Maß übernommen worden. Es geht nicht vordergründig darum, die Funktionsweise zum tatsächlichen Vorbild zu nehmen, sondern die gewünschte Funktion herzustellen. Sowohl in Kapazität als auch in Ausgabegeschwindigkeit scheint die Gedächtnisfunktion in der technischen Simulation mittlerweile ins Unermessliche gewachsen zu sein.

300 Foerster 1989, S. 36.

301 Ebd.

302 Flusser, Vilém. »Gedächtnisse«. In: Ars Electronica (Hg.). *Philosophien der neuen Technologien*. Berlin, 1989, S. 41–55, hier: S. 49.

303 Das in der Physik als »Hebelgesetz« bekannte Prinzip beschreibt eine kraftumformende Einrichtung, die mit kleinen Kräften größere Kraftwirkung hervorrufen. Der sogenannte mechanische Kraftwandler besteht aus einem starren Körper, der um einen Drehpunkt drehbar ist. Die Länge des Kraftarmes bestimmt die Wirkung. Siehe auch die Zusammfassung unter »Hebel«, online unter: https://www.lernhelfer.de/schuelerlexikon/physik/artikel/hebel [zuletzt eingesehen: 3.04.2018].

Das menschliche Gehirn ist aufgrund dieser Auslagerung und den freiwerdenden Potenzialen bereits im Begriff, zu anderen Aufgaben und Funktionen überzugehen.[304] Vilém Flusser geht in diesem Zusammenhang auch auf die »unbeabsichtigten Folgen«[305] dieser Verlagerung ein und spricht von einem »Abstand zur Gedächtnisfunktion«[306], der sich in einem veränderten Umgang mit den Informationen äußern wird. Er schreibt: »Man wird nicht mehr Daten zu lernen haben, sondern das zweckmäßige Speichern, Abrufen, Variieren von Daten. Nicht mehr das Repertoire, sondern die Struktur von Systemen.«[307] Für die Frage nach einem zeitgemäßen Umgang mit den Phänomenen der Bildlichkeit und den visuellen Erscheinungen der Gegenwart ist diese Neuordnungsannahme von durchgreifender Relevanz. Geht man davon aus, dass zentrale Funktionen des Sehapparats und des Gehirns von technischen Simulationen dieser Funktionen übernommen werden können, und diese angesichts selbstlernender Algorithmen sich selbst optimieren, dann wird sich diese Verlagerung auf das menschliche Sehen ebenso wie auf die kulturellen Praxen im Allgemeinen auswirken. Aber jetzt schon bedingt das technische Sehen und dessen Möglichkeiten in Kombination mit den erhöhten Rechenleistungen das, was sich als Bild dem menschlichen Gegenüber zeigt. Bei der Erarbeitung zeitgemäßer Methoden der Annäherung an Bildern und deren Repräsentanten in der Kunst, müssen diese Überlegungen ganz grundlegend einbezogen werden. In Kapitel 8.4 unterbreite ich dafür im Sinne einer Bilddiskussion einen Vorschlag.

8.2.5 Rekurs: Simulation und Dissimulation

Unter anderem, weil ich im nächsten Absatz auf einen weiteren Text desselben Bandes zu sprechen komme, drängt sich die Frage auf, warum es sich anbietet, gerade diese Texte aus der frühen Zeit der Medienkunst nochmals zu lesen und trotz ihres zeitlichen Abstandes in die Untersuchungen zur Gegenwart der Bildlichkeit einzubeziehen. Im Jahr 1988, als diese Vorträge auf der »Ars Electronica« gehalten wurden, waren die gegenwärtigen Bedingungsgefüge noch nicht absehbar, aber als eine von vielen gegenwärtigen Zukünften[308] aus den vergangenen und zu diesem Zeitpunkt aktuellen Entwicklungen bereits interpolierbar.[309] Gerade deswegen standen Ende der 1980er-Jahre die Bedeutung der Neuheit und Veränderung der technischen Innovation noch im Zentrum der Auseinander-

304 Vgl. Flusser 1989, S. 49.
305 Vgl. ebd., S. 50.
306 Vgl. ebd., S. 49.
307 Vgl. ebd.
308 Vgl. Esposito 2007.
309 Hierzu die technischen Neuheiten der Zeit, siehe online unter: IT-Neuigkeiten der Zeit: »Timeline of Computer History«. *Computer History Museum*, o.J. Online: http://www.computerhistory.org/timeline/1988/ [15.09.2020].

setzung. Der Diskurs und die Form der Auseinandersetzungen waren jedoch noch weitestgehend ungeklärt. Außerdem war die Position der Medien zu Kunst und Gesellschaft noch nicht völlig durch politische Utopien und formale Spielereien überschrieben, die die heutige Kunst und Medienkunst trennen und z. B. die Verständigung über Konzepte zwischen »Post-Internet Art« und bildender Kunst so unmöglich erscheinen lassen. In meiner Arbeit dient dieser Rückgriff auf Texte von Flusser, Kittler und von Foerster als Versuch, die Weichen, die zur Entfremdung führten, nochmals in den Blick zu nehmen. Zudem wurden die Werkzeuge und Darstellungsmodi der Gegenwart zur o.g. Zeit durchdacht, um Verständnisbrücken zum Bisherigen zu etablieren und die rein technisch-maschinellen Anwendungen auch für das menschliche Auge und Gehirn – sozusagen kulturell – nachvollziehbar zu machen. Gerade stehen wir an einem ähnlichen Punkt. Die kulturellen Überlegungen sind den technischen Möglichkeiten und ökonomischen Nutzungsmuster nicht annähernd nachgekommen, woraus sich bereits Verzerrungen ergeben. Dennoch verlassen wir uns aber auf einige Missverständnisse der Vergangenheit. Große Teile der Gesellschaft sehnen sich nach der einen oder anderen unterkomplexen Erzählung einer technisch ausgewogenen Vergangenheit. Das ist ein Denkfehler, der den damaligen Zeitgenoss*innen, angesichts der jüngsten problematischen Geschichte, nicht unterlaufen konnte, heute aber omnipräsent ist. Gerade im Zusammenhang mit den nötigen, extrem spekulativen technischen und kulturellen Zukunftstheorien, nach den Ausführungen von Vilém Flusser und Heinz von Foerster, muss auch die Aufarbeitung der Position Friedrich Kittlers für die Durchdringung der gegenwärtigen *Postdigital Condition* folgen.

Im hier verfolgten Absatz möchte ich die Überlegungen zur Simulation und Dissimulation Friedrich Kittlers in einem weiteren Text des Bandes unter dem Titel »Fiktion und Simulation« untersuchen. Kittler führt Simulation[310] im engen, aber auch paradoxen Verhältnis zur Dissimulation[311] und ich werde im Folgenden querlesen, welche Relevanz diese frühen Überlegungen für die weitere Klärung der Relationen zwischen Dargestelltem und Darstellendem in der Frage der Bildlichkeit bieten. Denn Kittler zufolge heißt simulieren, »was nicht ist, zu bejahen«[312], und dissimulieren, »was ist, zu verneinen«[313]. Eine Simulation zeigt folglich etwas, das es bisher (und ohne diese) nicht gab. Die Dissimulation verneint geradezu die Existenz von etwas Existierenden. Die Grundlage für dieses »paradoxe Verhältnis«[314] bilden für Kittler die Begriffe Affirmation (verstanden

310 Kittler, Friedrich. »Fiktion und Simulation«. In: Ars Electronica (Hg.). *Philosophien der neuen Technologien.* Berlin, 1989, S. 57–80, hier: S. 63f.

311 Ebd.

312 Ebd.

313 Ebd.

314 Vgl. ebd.

als Bestätigung) und Negation. Dieser Grundlage logisch folgend, führt Kittler die Denkoperation als Voraussetzung für den heutigen Binärcode an. Seit Charles Babbages die *analytical engine*[315] erdachte, ist das Nein (die Null, kein Durchlass) ein Maschinenzustand.[316] Ebenso wie das Ja bestimmt das Nein als Negation die Ausführung und damit die Simulation. Für meine These ist diese Tradition des Denkens schon deshalb eine wichtige Referenz, weil sie trennscharfe Unterscheidungen und Komplexitäten gleichzeitig denken kann. Diese Überlegungen auf das Visuelle in Bezug auf die Bildphänomene angewandt, ergibt sich aus den nicht-visuellen Anteilen dieser Untersuchung die Abwesenheit der visuellen Stimuli als Datenpunkt. Für die verfolgten Strukturfragen am Bild der Gegenwart ist diese Parallele im Visuellen essenziell.

Kittler führt auf der Grundlage des *analytical engines* weiter aus und sieht auch die Analogie zur Verwendungssprache Englisch für das Aufkommen der Algorithmen[317] als nicht unerheblich an. Er benennt »[deren] Flexionsarmut« und »Trennung zwischen Lexikon und Grammatik« und verweist auf die hohe Ähnlichkeit zu Daten und Befehlen, wie sie Maschinen ausführen können.[318] Um aber bei der Simulation zu bleiben, bedeutet das, dass es machbar wird, maschinell zu affirmieren, was nicht ist. Das Symbolische ist dabei zur reinen Syntax[319] geworden, die diejenigen Dinge hervorbringt, ja generiert[320], die es bis dahin noch gar nicht gegeben hat (d. h. diese simuliert). In Verbindung mit den Ausführungen von Foersters zur Simulation bestimmter Aspekte wird es nun hier für den untersuchten Zusammenhang ausgesprochen interessant. Kittler führt, u. a. unterstützt durch die Arbeit Benoît Mandelbrots, detailliert aus, was ich an dieser Stelle allerdings nicht ausführlich darstellen kann und daher verkürzen muss. Die Simulation – Punkt für Punkt eine Ja-Nein-Entscheidungskette Mandelbrots Gleichung auf dem Bildschirm – war kein ästhetischer Akt, sondern eine Hilfe, um algebraische Fragen[321] zu beantworten, die sich der Denkbarkeit[322] bis dahin entzogen hatten. Der Bildschirm[323] wurde nur als ein Werkzeug zum leichteren Verständnis und zur Vergegenwärtigung genutzt,

315 Die »Analytical Engine« war eine von dem Mathematiker Charles Babbage erfundene mechanische Rechenmaschine, deren Beschreibung er im Jahr 1837 erstmals veröffentlichete, siehe u. a. a. unter der URL: »the engines«. *Computer History Museum,* o. J. Online: https://www.computerhistory.org/babbage/engines/ [15.09.2020].

316 Vgl. das ebenso binäre Ja/Nein-Prinzip.

317 Unter Algorithmus kann ganz allgemein eine Folge von Anweisungen verstanden werden, die nach strikter Syntax und in, auf die Anwendung angepasster und optimierter Sprache geschrieben wird. Gegenwärtig sind Alltagsprozesse zunehmend von komplexen Algorithmen gesteuert, überwacht und ausgewertet.

318 Kittler 1989, S. 64f.

319 Ebd., S. 65.

320 Ebd. »Generieren« meint hier im Sinne des lat. Ursprunges erzeugen, hervorbringen.

321 Unter algebraische Fragen werden Fragen des Rechnens mit Formeln verstanden.

322 Mit »sich der Denkbarkeit entziehen« ist hier gemeint, dass sich etwas mangels Anschaulichkeit des Zusammenhanges nicht fassen oder denken lässt. Es lässt sich nicht in den gegenwärtigen Horizont des Denkens integrieren.

323 Zu »Screen« und »Post-Screen« bei Bosma 2016, S. 57.

mit dem sich Dinge zeigen ließen, die anders nicht sichtbar[324] werden konnten. Dabei unterschieden sich die Daten nicht von ihrer Darstellung; Zusammenhänge aber, die zwischen den Daten nicht für den Menschen deutlich (oder erkennbar) wurden, konnten auf diese Weise in aller Deutlichkeit aufgezeigt werden. An den Ausführungen Kittlers, nach Mandelbrot (u.a. Mandelbrot-Mengen)[325], ist noch mindestens ein weiterer Hinweis für meine Arbeit an den Verhältnissen der Bildlichkeit interessant. Kittler schreibt in diesem Zusammenhang, dass ein Drang zur Klassifizierung in der Zeit Goethes dazu geführt habe, dass die Mandelbrotmännchen und damit Algorithmen[326] vor dem »Imaginären der Gestalterkennung«[327] unsichtbar gewesen seien. Zusammenfassend gesagt: Das Vorhaben der Sortierung und der Fokus darauf ließen eigentlich Offensichtliches in den Hintergrund treten, sodass es übersehen werden konnte.

Das Zentrale für den Zusammenhang meiner Untersuchung ist nun allerdings der folgende Punkt. Mandelbrot, so beschreibt es Kittler, habe »ein Stück Natur simuliert«.[328] Es sei ihm gelungen, Verhältnisse und Gesetzmäßigkeiten zu entschlüsseln oder zu abstrahieren, die über andere Methoden nicht zu finden gewesen wären.[329] Allein die Formulierung Kittlers und dessen Einschätzung der Arbeit Mandelbrots sind äußerst anschlussfähig an die in Kapitel 4.3 ausgeführten Thesen zur nächsten oder zweiten Natur nach Koert van Mensvoort. Und geradezu poetisch attestiert Kittler, dass die Selbstähnlichkeit von Mandelbrot-Mengen auch in Wolken, Ufern, Eisblumen und Korallenriffen zu finden sei.[330] Während die gebräuchliche wissenschaftliche Praxis das Auszählen, Klassifizieren und Sortieren war, hatte Mandelbrot nur über das Hilfsmittel Computer, und weil er nach einer Abweichung[331] im Einheitskreis suchte, aus dieser mathematischen Operation, eine neue Praxis und ein neues Erklärungsmodell etablieren können, die heute das Denken bestimmt. Das könnte also auch bedeuten, dass es Operationen und Zusammenhänge gibt, die wiederum durch heutige Klassifizierung verdeckt sind. Das Wissen um das enge Verhältnis von Daten und ihrer Darstellbarkeit, analog zu Mandelbrot, könnte auf die Möglichkeit verweisen, dass es derzeit für die Verhältnisse im Bild noch an den

324 Siehe auch in der Fotografie sowie das optisch Unbewusste bei Benjamin 2015 (1963), S. 36.

325 Nach dem Mathematiker Benoît Mandelbrot benannte Menge komplexer Zahlen, die sich zu Zahlenkolonnen ergeben und in ihrer Darstellung eine spezifische Form (Mandelbrotmännchen) aufweisen. Vgl. u. a. »Mandelbrot-Menge«, *Wikipedia, Die freie Enzyklopädie*. Bearbeitungsstand: 17. August 2020. Online: https://de.wikipedia.org/wiki/Mandelbrot-Menge [03.10.2020]. Das Mandelbrotmännchen ist das »Lieblingskind der Computergrafik«, Kittler 1989, S. 66.

326 Florian Cramers Ausführungen folgend schlage ich hier vor, Algorithmus als »formal-logische Partitur, notiert in einem codierten Zeichensystem« zu verstehen. Weiter hierzu im nächsten Kapitel und zu »selbstausführende Entwürfe« bei Cramer 2003, S. 287.

327 Kittler 1989, S. 67.

328 Ebd.

329 Ich verstehe das als Unterstützung meiner Ausführungen zur Methodenabwandlung dieser Arbeit.

330 Kittler 1989, S. 67.

331 Ebd.

Apparaturen der Darstellung und Ausgabe mangelt, um das Phänomen zu beschreiben. Letztlich sind es diese Grundüberlegungen, die ich mit dieser Arbeit anzuregen und auch methodisch zu klären versuche.

> *»Wenn simulieren besagt, zu bejahen, was nicht ist, und dissimulieren besagt, was ist, dann hat die Computerdarstellung komplexer, zum Teil also imaginärer Zahlen eine sogenannte Wirklichkeit buchstäblich dissimuliert, nämlich auf Algorithmen gebracht.«*[332]

Um diese beiden Aspekte und ihre Bedeutung für den verfolgten Sachverhalt hier nochmals zu explizieren: Die Modi der Darstellung sind neben ihren materiellen und physischen Eigenschaften und Funktionsweisen der Funktion des Aufzeigens verpflichtet. Idealerweise zeigen sie Zusammenhänge und Logiken auf, die auf andere Weise nicht in derselben Klarheit und Kontur dargestellt werden können. Das tun sie nicht nur über die visuelle Darstellung, sondern auch über die Auslassung gewisser verdeckender Verhältnisse. Von Foerster folgend, zeigt die Simulation nur die für die Funktion bedeutenden Aspekte des Vorbildes. Die Simulation der Natur[333] ist dann sicher nicht die Natur selbst, oder eine Kopie von ihr. Sie hat auch nicht alle möglichen Eigenschaften des Originals, aber sie weist eine genügend[334] genaue Repräsentation einer für den Eindruck[335] notwendigen Darstellung auf. Dies lässt sich übertragen auf die vorliegende Untersuchung am Bild und rückt die Überlegungen in die Nähe einer objektorientierten Ontologie und eines neuen Materialismus. Auf diesen Zusammenhang gehe ich in Kapitel 5.4 detaillierter ein.

8.2.6 Zeitachsenmanipulation

Abb. 8.8: Georges Méliès, »L'escamotage d'une dame« (Das Verschwinden einer Frau aus dem Bilde), 1896. Online unter: https://www.youtube.com/watch?v=K4MnFACzKfQ [05.01.2018].

Trotz der Unterbrechung, die hier mit einer Zwischenüberschrift angekündigt ist, verbleiben meine Suchbewegungen auch im folgenden Abschnitt im Nachvollzug der Ausführungen Kittlers. Meine Beobachtungen konzentrieren sich genauer gesagt auf das

332 Ebd.

333 Kittler 1989, S. 67. Siehe auch Ausführungen zu »Next Nature« bei von Mensvoort und in Kapitel 4.3.

334 Siehe u. a. zu »Mimikry« in Kapitel 4.3.

335 Siehe u. a. zu »Oberflächen« in Kapitel 8.1.3.

Prinzip der Zeitachsenmanipulation. Es handelt sich um ein Prinzip der visuellen (aber auch auditiven) Manipulation. Kittler nutzt den Stopmotion-Trickfilm[336], der per Zufall von Georges Méliès an den Rändern der Zelluloid-Technik entdeckt worden war, um den Einfluss der Technik bzw. eben auch ihrer Logik auf die Darstellungsmöglichkeiten der Menschheit zu illustrieren. Dass es auch für die technische und visuelle Sichtbarkeit des Bildes bzw. der Bilder, wie sie hier untersucht wird, von Bedeutung ist, werde ich im nächsten Absatz darstellen.[337] Was macht dieses Beispiel für die Fragen am Bild interessant? Méliès hatte bei einem Dreh unverhofft die Zelluloid-Rolle wechseln müssen und konnte erst nach einiger Zeit, die ein Rollenwechsel damals dauerte, mit neuer Rolle, aber gleichem Standpunkt und Winkel mit den Dreharbeiten fortfahren. Diese Pause hatte zur Folge, dass zwar die Straßenszene weitestgehend unverändert geblieben war, aber die beweglichen Elemente (wie Autos oder Menschen) längst vorübergezogen waren. Neue bewegliche Elemente kamen in der Zwischenzeit hinzu und das Ergebnis war ein technisches, in diesem Fall optisches, Verschwinden und Auftauchen einiger Objekte aus dem Nichts und ins Nichts.[338] Dieser Effekt ist bis heute Grundlage der Film-Montagetechnik geblieben. Für den Sound kamen dieselben Möglichkeiten erst mit dem Tonband und der entsprechenden Aufnahme- und Abspieltechnik. Von da an, so Kittler, unterliefen »Bild- und Soundmontagen [...] ihre Wahrnehmungsschwellen und damit Kontrollmöglichkeiten«.[339] Zentral in diesem Zusammenhang ist, dass sich jene Montagetechniken durch die Möglichkeiten der Computertechnik noch um viele Potenzen vervielfacht haben und beispielsweise durch die Technik des »Green Screen« ergänzt wurden. Bereits als Kittler diesen Text verfasste, waren die Möglichkeiten endlos. Die gegenwärtigen Manipulationsmöglichkeiten haben sich von Zeit und Raum aber nun gänzlich unabhängig gemacht und sind allgegenwärtig. Die Selbstverständlichkeit[340] dieser Verhältnisse ist bereits zum Normalfall geworden, und dennoch ist es oft unmöglich, ihrer gewahr werden zu können. Es bedarf dezidiert darauf ausgerichteter Werkzeuge und Strategien, um die Gegenwart zu durchdringen. Hierzu folgt in einem weiteren, wenn auch kurzen, Textabschnitt eine Engführung hin auf die Möglichkeiten der Form, die ein solches Vorhaben liefern kann.

336 Unter Stopmotion-Trickfilm versteht man einen Film, bei dem mittels der Techniken des Filmens mit Einzelbildern Gegenstände anmiert, also beseelt (Seele lat. *animus*) werden.

337 Kittler 1989, S. 69ff.

338 Kittler 1989, S. 69ff.

339 Ebd.

340 Ebd., S. 71.

8.2.7 Bilder als Quellcode des Visuellen

Die Frage, die sich mir nach diesen Ausführungen nun mit einer gewissen Dringlichkeit stellt: Könnte das Bild in der Gegenwart auch als Quellcode gedacht werden? Einen Hinweis liefert Florian Cramer, der in seinem Text »Der selbstausführende Entwurf«[341] den Zusammenhang zwischen Programm, Quellcode und Algorithmus am Beispiel Hugo Balls »Karawane« (1917) erörtert.[342] Er fasst wie folgt zusammen: »Software besteht aus formalen Anweisungen, d. h. Algorithmen; sie ist eine formal-logische Partitur, notiert in einem codierten Zeichensystem.«[343] Diese Partitur ist allerdings keine reine Kopiervorlage – und hier wird es für diese Arbeit relevant: Ein funktional identisches Programm kann ganz verschieden notiert worden sein. Cramer gibt drei Beispiele dazu, wie sich eine solche Handlungsanweisung darstellen ließe, und zeigt auf, dass ein Ergebnis einer Notation dem Ergebnis einer grundsätzlich unterschiedlichen Notation dennoch absolut gleichen kann.[344]
Diese These ließe sich an den drei Versionen des Zufallsgedichts, Hugo Balls »Karawane« (1917) engführen. Im Vergleich ergibt sich trotz ihrer großen Unterschiede, und wegen ihrer Variabilität, dennoch jeweils dieselbe Wahrscheinlichkeit (das Potenzial dazu) für ein ganz bestimmtes Ergebnis. Die Variabilität des Codes, die zum selben Ergebnis führt, ist retrospektiv eine wichtige Unterstützung der These am *motion capturing* und dessen Organisation von Datenpunk folgen. Cramer bezieht sich auf eine Ausstellung, die Jack Burnham mit dem Titel »Software« (1970)[345] im Jewish Museum in New York City organisierte. Nach Cramer wird diese als erste Ausstellung der »Conceptual Art« gehandelt.[346] Er argumentiert, dass bei dieser als Instruktionscode verstandenen Kunst Entwurf und Ausführung ein und dasselbe sind.[347] In die Umgebung des selbstausführenden Entwurfs und die inhärente Variabilität des Codes gerückt, stellt dieser Exkurs der Untersuchung an den Strukturen der Bildlichkeit eine weitere Illustration zur Seite.

Abb. 8.9: Beispiele eines Algorithmus nach Florian Cramer (2003), S. 287f.

341 Cramer 2003, S. 287f.

342 Vgl. Ball, Hugo. *Karawane.* Berlin, 1917.

343 Cramer 2003, S. 287f.

344 Zu »nicht-maschineller« und »maschineller« Software-Kunst bei Cramer 2003, S. 293.

345 Vgl. Cramer 2003, S. 293.

346 An der Ausstellung »Software« (1970) beteiligte Künstler*innen waren: Joseph Kosuth, Art and Language, Hans Haacke und Douglas Huebler, und Ted Nelsons Hypertext System Xanadu. Cramer 2003, S. 293 sowie Honnef 1971.

347 Vgl. ebd. Cramer verweist darauf, dass die frühe Konzeptkunst »literarischer Herkunft« ist und begründet dies mit der für die Literatur traditionellen oder gängigen Unterscheidung von Kunstwerk und materiellem Träger.

8.3 Exploration: Practice/Praxis

An die Thesen und Untersuchungen zum Bild, die entlang der Sichtbarkeit, bzw. den Phänomenen des Visuellen in der Gegenwart geführt wurden, soll es im nächsten Abschnitt nochmals um eine Annäherung an künstlerische Auseinandersetzungen gehen. Die Kunst zeigt sich in verschiedener Weise interessiert an Ambiguität. Wenn sie unlösbare Fragen aufwirft, Systeme unterwandert oder hackt, markiert sie Möglichkeiten der Differenz. Kunst kann Kristallisation einer Auseinandersetzung, formgewordenes Denken und sedimentierter Konflikt[348] sein. Indem sie die Betrachter*innen mit Problemen, Rätselhaftem, Unverständlichem konfrontiert, rückt sie die Komplexität und Widersprüchlichkeiten der Gegenwart in den Fokus. Sie fordert gleichsam dazu auf, die Wirklichkeit jeweils neu zu verstehen und sich im Sinne eines Intim-Werdens[349] in sie zu involvieren. Kunst hebelt die Vorstellung aus, Realität sei etwas uns Vorgängiges, indem sie selbst Realitäten schafft, unsere Wahrnehmung der Realität prägt, diese gleichzeitig immer wieder hinterfragt und zwischen ihren Konturen auflöst. Die Auseinandersetzung mit Kunst erfordert Zuneigung und Hingabe zum Denken und ein Empfinden, das den Willen voraussetzt, sich selbst dabei zu riskieren. Gerade die Kunst, die hier als »Post-Internet Art« gerahmt wurde, verfolgt auf eine besonders eloquente Weise die Auseinandersetzungen mit der gegenwärtigen Gegenwart. In den vorangegangenen Kapiteln komme ich in Form von Beispielen immer wieder auf die Durchdringungsversuche von Künstler*innen zu sprechen. An dieser Stelle werden nun eher ausgewählte Protagonist*innen und Werke als Displays verstanden, die künstlerische Durchdringungsversuche an der Gegenwart vorstellen.

In den folgenden Abschnitten werden wesentliche Grundannahmen ausgeführt, die der Diskussion aus den Kapiteln 4–7 eine Rahmung geben können. Gedanklicher Ausgangspunkt für diesen Teil der Exploration ist die Annahme, dass die Strukturen einer Gesellschaft und die Formen einer Kultur maßgeblich durch das jeweils dominierende Verbreitungsmedium geprägt sind und, wie die Einführung des Computers, aber auch die ubiquitäre Vernetzung aller Akteur*innen in der Gegenwart so schwerwiegende Folgen haben werden wie die Einführung der Sprache, der Schrift und des Buchdrucks.[350] Wie sich diese Verschiebungen materialisieren werden, darüber lässt sich nur spekulieren. Die Untersuchung künstlerischer Arbeiten lenkt die Aufmerksamkeit auf die mit diesen

348 Vgl. Sternfeld, Nora. »The Object-Effect. What is the Thing About Materials in Exhibitions«. *Cumma Papers*, 19, 2016, S. 1–9. Online: cummastudies.files.wordpress.com/2016/04/cumma-papers-19.pdf [11.02.2018], S. 9.

349 Sternfeld, Nora. »Para-Museum of 100 Days: documenta between Event and Institution«. *ONCURATING*, 33, 2017. Online: www.on-curating.org/files/oc/dateiverwaltung/issue-33/pdf/Oncurating_Issue33.pdf [12.02.2018].

350 Vgl. Meyer, Torsten. »Next Art Education. Erste Befunde«. In: Meyer, T.; Hedinger, J. M. (Hg.). *What's next? Kunst nach der Krise*. Berlin, 2013, S. 377–384. Mit Verweis auf Marshall McLuhan, Manuel Castells, Niklas Luhmann, Régis Debray, Dirk Baecker.

Veränderungen verbundenen Akteur*innen und deren verdichtete Begegnungen mit der Gegenwart. Dabei geht es um ein Nachvollziehen der Themen, Fragen und Spannungsfelder. Im Feuilleton der Wochenzeitung »Die Zeit« schreibt der Kunstkritiker Kito Nedo, dass die digital aufgewachsene Generation ihre eigene Kunstbewegung entwickelt hat und die »Post-Internet Art« nicht durch einen erkennbaren Stil, sondern durch eine gemeinsame Haltung verbunden ist.[351] Um die Durchdringung dieser Haltungen geht es in diesem Kapitel. Gerade die Künstler*innen, die häufig unter dem Begriff »Post-Internet Art« subsumiert werden, bewegen sich mit großer Selbstverständlichkeit in prä- und postdigitalen Gegenwarten; sie teilen den sogenannten »Internet State-of-Mind«. Wie in Kapitel 2 im Rahmen der Präliminarien ausgeführt, galt Lyotards Beschreibung einer *postmodern condition*[352] für eine Gesellschaft, die mit großer Selbstverständlichkeit eine auf den sozialen, politischen, technologischen und wirtschaftlichen Veränderungen der Moderne fußende Normalität lebte, ohne die Gründe dieser Bedingungen als solche noch thematisieren zu müssen. In ähnlicher Logik kennt der Zustand eines *after the Internet oder beyond the Internet*, den ich als *Postdigital Condition* beschreibe, das Internet und die omnipräsente globale Vernetzung weder als Thema noch als Formgeber und hat sich in einer postdigitalen Normalität eingerichtet.

Die Mashup-Kultur des Netzes hat sich ins sogenannte *real life* gestülpt[353] und ist indirekt Indikator dafür, dass es nicht um eine neue Bewegung geht, sondern ohnehin alles direkt oder indirekt betroffen ist. Das Phänomen »Post-Internet Art«, das eigentlich nach dieser Logik gar keines ist, liefert begriffliche Beschreibungshilfe, um die beginnende Auseinandersetzung mit den Produktionsweisen der kommenden künstlerischen und gesellschaftlichen Prozesse handfester werden zu lassen. Die Cloud ist allgegenwärtig. Ihre Auswirkungen sind für jeden spürbar, aber nicht zwangsläufig beherrschbar. Es zeigt sich diffus und unkontrolliert ein »Feindbild« ohne klare Begrenzungen. Um auf die Überlegungen zur »nächsten Gesellschaft« zurückzukommen: Der erneute Leitmedienwechsel wird, wegen der fehlenden Materialität seiner Erscheinung und Geschwindigkeit, in seiner Ausprägung nur momenthaft für unser Auge erfassbar sein. Der Wandel selbst ist für uns nur noch in seinen Symptomen und über die durch ihn ausgelösten beschreibbaren Phänomenen in Retrospektive erfahr- und erklärbar. Dieser veränderte Zugang zum Phänomen des Wandels hält weitreichende gesamtgesellschaftliche Veränderungen bereit. Im vorliegenden

351 Nedo, Kito. »Furchtlos im Datensturm«. *ZEIT Online,* 06.04.2015. Online: http://www.zeit.de/kultur/kunst/2015-03/post-internet-art-neuer-kunststil-digitale-generation www.zeit.de/kultur/kunst/2015-03/post-internet-art-neuer-kunststil-digitale-generation [01.01.2018].

352 Vgl. Lyotard 1984 (1979).

353 Vgl. u. a. Meyer, Torsten. »What's Next, Arts Education? Fünf Thesen zur nächsten Kulturellen Bildung«. *Kulturelle Bildung Online,* 2015. Online: www.kubi-online.de/artikel/whats-next-arts-education-fuenf-thesen-zur-naechsten-kulturellen-bildung [13.02.2018].

Kapitel wird entlang einzelner Positionen eine erste Untersuchung dazu unternommen, inwieweit die Thesen aus Kapitel 7 zu einem überarbeiteten Zugang zu visuellem und nicht-visuellem Material in der Kunst der Gegenwart führen könnten.

8.3.1 Postdigital Condition: Akteure, Artefakte und Praxen

Die hier gewählten Beispiele sind einzelne Schnitte durch die gegenwärtige Wissensproduktion und künstlerische Durchdringung der Gegenwart. Bei den gewählten Beispielen handelt es sich um einen professionellen Diskurs zu künstlerischen Positionen (u. a. mehrfach legitimiert durch Kunstmarkt, Institutionen der Kunst und deren Communities). Im Zentrum meiner Untersuchung stand dabei weniger eine eingehende kunstwissenschaftliche Analyse, sondern eine probeweise Explikation der Verdichtungen um einzelne Begriffe und Denkmodelle (ein Mitzeichnen der sich überlagernden Themen, sprachlichen Bilder und Strategien). Je nach Schnitt handelt es sich um sprachliche Beschreibungen im Modus einer künstlerischen Arbeit, eines Gesprächs oder um diskursive Formate bzw. Texte von Künstler*innen und Kurator*innen. Des Weiteren dienen konkrete Vorträge und Präsentationen als Material. Die ausführlichen Transkripte finden sich im Anhang ([M1] und [M2]) und sind dort probeweise mit Schlagworten markiert, um Themencluster absehbar zu machen. Aufgrund der Dichte des vorgestellten Materials kann an dieser Stelle nur stichprobenartig vorgegangen werden. Allein die vielfältigen thematischen Überschneidungen sollten mithilfe einer nächsten Untersuchung als semantische Felder konturiert, und darüber hinaus jeweils im Detail u. a. als Bilddiskussion durchgearbeitet werden. Beides kann an dieser Stelle aber nur als Vorschlag für kommende und folgende Arbeiten formuliert werden.

(a) Christopher Kulendran Thomas

Die Arbeit »New Eelam« (2016) von Christopher Kulendran Thomas eignet sich besonders vor dem Hintergrund der wechselnden Installation des Werks als Beispiel für einen veränderten Umgang mit dem, was wir als Bild verstehen und verstanden haben. Während der Film in seinen verschiedenen Auftrittsvarianten vor allem über sprachliche Referenzen[354] und Zitate geläufiger ästhetischer Formen (besonders des Dokumentarfilms) als ein authentisches Dokument der Zeit konstruiert, ist es gerade die Art der Installation des Werkes, die die Idee überzeugend in den spekulativen Kontext einer Utopie stellt.

354 Siehe Transkript der Videoarbeiten. Eine systematische Bearbeitung der sprachlichen Ebene der vorgestellten Arbeiten sollte in einer anschließenden Arbeit folgen.

Die Situation abstrakter formalistischer Malerei mit praktischen Ablagen einer Mikrowohneinheit, kombiniert mit billigen Kopien klassischer Plastiken und Steinen aus Pappmaché, summieren sich gerade mit der überzeugenden – auf Gewohnheit zielenden – Erzähler*innenstimme zu einer 1:1-Kopie einer authentischen Erfahrung eines Start-up-Messestandes. Anders als bei einer Appropriation wird dabei aber nicht das gesamte Setting in all seinen Details kopiert und nachempfunden. Es wird eine Art ökonomisch angelegte oberflächliche Minimalversion eines möglichen Originals angelegt. Das Ziel ist nicht eine exakte, sondern eine funktionale Kopie, welche nur in den notwendigen Aspekten übereinstimmt, um die Funktion zu erhalten oder diese überzeugend zu simulieren. Die Installation der Arbeit »New Eelam« zitiert so mit ihren visuellen Oberflächen die Markierungen eines vordergründig modernen Lifestyles und konstruiert wesentliche Aspekte einer Stimmung, die die Idee dann aufnehmbarer werden lässt.[355] Die großformatigen, weitestgehend leeren, quasi-abstrakten Malereien sowie das generisch wirkende Loft-Mobiliar in der Baumarktversion könnten sich nicht als Bild oder Bildobjekt präsentieren. Beinahe verschmelzen sie sogar mit dem Hintergrund einer Investorenarchitektur, wie sie die Akademie der Künste (Berlin) darstellt. Die vielen weiteren visuellen Markierungen an der Oberfläche (künstliche Zimmerpflanzen, Kieselsteinchen, zottelige Teppiche und iPads) der Installation ergeben in der spezifischen Kombination und Verflechtung der visuellen sowie auditiven Oberflächen eine Bodenhaftung für die eher schwebenden Zeilen des dazugehörigen Audioskriptes. Darin sind unzählige eingebettete Referenzen zu finden, die das Werk dann schließlich zusammen mit der räumlichen Situation (inkl. des Wissens um die Start-up-Kultur) überhaupt erst ergeben. Im Sinne einer Bilddiskussion stellen diese Ebenen verschiedene Displays der Arbeit und zeigen sich im Material, der Struktur und dem Wirkungsgefüge der Präsentation. Um die Arbeit nun vollständig zu erschließen, müssen alle Anteile als separate Oberflächen (oder Displays) der Arbeit analysiert und diskutiert werden. Darüber hinaus sollten sie im Zusammenhang mit ihrem Auftreten betrachtet werden. Eine kontextlose Betrachtung der Videoarbeit wäre ebenso nutzlos wie eine Analyse der Malerei, sollte diese ohne die Installation und die anderen beteiligten ephemeren und netzwerklogischen Aspekte der Arbeit erfolgen.

355 Interessanterweise ruft gerade das Gelingen der Simulation die Kritiker*innen auf den Plan. Auf die Logik der Kritik, die sich hauptsächlich auf die Geschlossenheit der Oberflächen und die Nachhamung der kapitalistischen Erscheinungen beruft, kann ich an dieser Stelle nicht ausführlich eingehen.

(b) Douglas Coupland

Wie sich eine Identität konstruiert und wie sich eine geteilte kollektive Identität aus den Datenansammlungen der Einzelnen ergibt, steht im Zentrum der Überlegungen von Douglas Coupland. In seinem Vortrag »Space Junk« (2015) erläutert er den Zusammenhang zwischen visuellen Oberflächen und emotionalen und sprachlichen Vergegenwärtigungen von Identitätsaspekten. Dabei skizziert er besonders deutlich, dass die Ebenen der Identitätskonstruktion dank der stetig steigenden Rechenleistungen und Speicherkapazitäten nahezu vollständig rekonstruierbar und korrelierbar seien. Am Beispiel der datafizierten Kopie einer Person (auch *digital twin*), die sich zunehmend mit dem Schwarmdenken (*hive mind*) der anderen Datenkopien verbindet und Unabhängigkeit erlangt, illustriert Coupland die unvorstellbaren Veränderungen der Gegenwart anschaulich und nachvollziehbar. Das ausführliche Transkript und die hervorgehobenen Schlagworte lassen einen Eindruck der semantischen Netzwerke entstehen, der weitestgehend für sich stehen kann, aber Material weiterer Untersuchungen sein sollte. (vgl. [M2])

(c) Cécile B. Evans

Cécile B. Evans beschäftigt sich mit kollektiven Erinnerungen und deren Speicherung in visuellem Material. Dabei untersucht sie in ihren Arbeiten vor allem die Möglichkeit des Programmierens von Affekten über visuelle und auditive Angebote und deren Übernahmen. Anfang 2016, in der Hauptzeit[356] der Diskussionen um »Post-Internet Art«, lud der in London lebende Kurator João Laia einige zentrale Akteur*innen des Feldes anlässlich der Art Basel Hong Kong zu einem Gespräch unter dem Titel »Hybridize or Disappear« (2016) ein. Unter anderem sprachen Venus Lau, künstlerische Leiterin des »OCT Contemporary Art Terminal« in Shenzhen, und die Künstler*innen Cécile B. Evans (London/Berlin) und Nadim Abbas (Hong Kong) über Phänomene aktueller visueller Kultur und »hybrid formats that are produced from friction between binaries«, wie João Laia es in den einführenden Worten zusammenfasst. Wie auch in Kapitel 2 thematisiert, ist das Spannungsverhältnis zwischen »organic and artificial«, »textual and objectual«, »virtual and the real«, »spirituality and consumerism« nicht grundlos im Fokus vieler aktueller

356 Im New Museum, New York, hatte die dritte Triennale, kuratiert von Lauren Cornell und Ryan Trecartin, zielsicher unter dem Titel »Surround Audience« die wesentlichen Positionen dieser Generation zusammengebracht, Susanne Pfeffer hatte gerade im Fridericianum eine Reihe von Ausstellungen initiiert, eine trug den Namen »IMAGES«, und die Berlin Biennale sollte von dem New Yorker Kollektiv DIS Magazine kuratiert werden.

künstlerischer Auseinandersetzungen.[357] Am Spannungsverhältnis zwischen Bild und Objekt, oder wie João Laia es nennt: »sculptural« und »visual«, markieren die Expert*innen Beobachtungen und Erkenntnisse aus der künstlerischen und kuratorischen Praxis. Während die im Skript [M1] hervorgehobenen Schlagworte bereits ein semantisches Feld der Auseinandersetzungen abstecken, lassen vor allem die Erläuterungen von Cécile B. Evans und Venus Lau einige Schlüsse zum Bild zu. Cécile B. Evans spricht u. a. von einer eher allgemeinen Darstellung der gegenwärtigen Praxen des Kopierens, Verlinkens und Teilens, vermutlich mit Bezug auf Artie Vierkants[358] Überlegungen eines *image object*, das als eine Art *composite sketch* (Explosionszeichnung eines Objektes) aus den verschiedensten Dingen zusammengesetzt ist, auf andere verweist und dabei nicht länger als ein zusammenhängendes Objekt gesehen werden kann, aber verstanden werden muss.[359] Als Beispiel aus ihrer eigenen Praxis führt sie die Arbeit »Hyperlinks or It Didn't Happen« an, an der sie ausführt, wie das CGI-Rendering des Erzählers und Protagonisten Phil zur Bildung eines solchen Objektes beigetragen haben könnte. Der Bekanntheitsgrad der Vorlage (Philip Seymour Hoffman) und die online kursierende Aussicht auf einen Avatar des verstorbenen Schauspielers (u. a. von Beweisen der technischen Möglichkeit getragen) unterstützten die kleinteilige Untersuchung an verschiedenen Anteilen der Realität, die sich zwischen digital und analog, organisch und anorganisch ausbreitet. Evans spricht von »generic images« (8:16), die online und offline zirkulieren und u. a. als »clichéed idea« des physischen Originals gemeinsam existieren. Wie ich es in Kapitel 5.2.10 formuliere, ergibt sich ein »body of images« oder eine hyperreale geteilte Version.

Am Beispiel der Niagarafälle wird diese Art von *image collection* als geteilte oder versammelte Entität anschaulicher: »You end up with a lot of images of this place and a lot of images that actually look the same but taken by different people« (8:41–9:25). Interessant, so Evans, wird es dann, wenn diese Bilder als der eigentliche Ort verstanden werden und die Illusion als solche aufgeht.[360] Die »generic images« haben allerdings, so Evans, noch eine andere Offenbarung für ihre Betrachter*innen aufzuweisen: Das Bild braucht kein Objekt mehr, das ihm vorausgeht, denn ihm sind so viele Bilder vorausgegangen, dass sich jedes Bild auch aus ihnen und ihrer Logik ergibt.

357 Vgl. DIS. »The Present in Drag«. *Berlin Biennale 9*, o.J. Online: http://bb9.berlinbiennale.de/the-present-in-drag-2/ [04.04.2018].

358 Vierkant 2011.

359 Vgl. u. a. M1 (5:59–6:29).

360 Vgl. Torsten Meyers Ausführungen zu »Ceci n'est pas une pipe«. Meyer, Torsten. *Interfaces, Medien, Bildung. Paradigmen einer pädagogischen Medientheorie*. Bielefeld, 2002, S. 145ff.

»[T]he image is actually something that precedes the object because this image that circulates throughout a kind of collective imaginary [...] you already have this image in your mind.« [361]

Evans spricht von einem intensivierten Blick, der bei den Objekten und den physischen Orten immer auch nach dem Bild davor und dahinter sucht, ein »searching by the image in the object«.[362] Venus Lau führt das Beispiel Hong Kong an. Jeder verbindet ein medial vermitteltes Bild mit der Stadt. Das Bild der Stadt und ihre Oberflächen dienen zu gleichen Teilen als Bilder für andere Inhalte, wie sie als homogenes Bild aus solchen Inhalten konstruiert werden. Das authentische Bild der Stadt ist wechselseitig abhängig von den Bildern, durch die es repräsentiert wird. Das bindet an einen weiteren Punkt des Gespräches an: »[N]othing is virtual anymore! Shit is real«[363], was so viel bedeutet wie, dass die verbreitete Annahme einer Unabhängigkeit zwischen virtuell und physisch überholt ist und allein die visuellen Verschränkungen der Realität und ihre Auswirkungen auf das kollektive oder geteilte Gedächtnis unüberschaubar und komplex sind. Jene damit verbundenen Wechselbeziehungen zwischen Tiefenstruktur und deren Oberflächenphänomenen sind daher ebenso Thema der Verhandlungen wie die Programmierung von Affekten und Emotionen.[364]

8.3.2 Interdigitale Bildformen und Memetic Deep Engineering

Den Überlegungen der Künstlerin Cécile Evans folgend, lässt sich festhalten, dass Bildlichkeit und Bildumgang wesentlich durch die Relationen zwischen vorgängigen und folgenden Abbildungen geprägt ist. Damit verbunden ist die Beobachtung, dass der Gegenstand bildlicher Auseinandersetzungen wesentlich von den Formen des medialen Auftretens abhängt und das Auseinadersetzungen damit selbst zum Thema künstlerischer Arbeiten werden können. Der Kunstpädagoge Florian Schaper schlägt in diesem Zusammenhang vor, den veränderten Umgang mit visuellem Material in der Kunst mit der Formulierung »interdigitale Bildformen« zu fassen. Mit dieser begrifflichen Konturierung, die er aus seinen Beobachtungen entlang aktueller Fragen an der Bildkompetenz (u. a. in Kapitel 5.6 ausgeführt) entwickelt hat, versucht er solche künstlerischen Arbeiten zu erfassen, »die sich mit dem Verhältnis von analog und digital auseinandersetzen«.[365] In einer Art Weiterentwicklung der Begriffe Netzkunst und Computerkunst stellt Schaper eine räumliche Struktur als

361 M1 (10:10–11:12).
362 M1 (10:08–10:11).
363 M1 (16:43–16:45).
364 M1 (12:24–16:18).
365 Schaper 2012, S. 119.

Grundlage einer Behandlung für das Digitale auf. In seinen Ausführungen deutet er an, dass die Dichotomie zwischen digitalen and analogen Bildformen zugunsten einer »Interdigitalität« aufgegeben werden muss. Schaper argumentiert entlang eines »erweiterten Bildbegriffs« für eine partizipative und offene Form der aktuellen Kunst und sieht die »interdigitalen Bildformen« als Möglichkeit, den Kategorienunterschied aufzulösen. Er zeigt mit Referenz zu Sara Burkhardt einige Entwicklungslinien zu »technikaffiner Kunst« auf und nennt z. B. Computerkunst und Netzkunst, die er als überwunden und durch besagte interdigitale Bildformen abgelöst versteht. Für die Beispiele, die Schaper im Rahmen seiner Exploration gewählt hat, ist das sicher zum großen Teil auch zutreffend und zeigt wesentliche, bisher unbedachte Aspekte künstlerischen Schaffens in der Gegenwart auf. In der hier vorgestellten Exploration komme ich allerdings zu der These, dass die Verhältnisse am Bild wesentlich komplexer und deutlich ausufernder sind.

Während sich Schaper bei der hier vorgestellten Analyse auf ein Befragen einzelner künstlerischer Arbeiten entlang der Kategorien analog und digital beschränkt (und sich dabei auf einer materiellen Transgression des Bildbegriffes gründet), geht es den von mir vorgestellten Positionen und künstlerischen Arbeiten nicht mehr darum, die Grenzen oder Überschneidungen zwischen digitalen und analogen Formen zum Thema zu machen. In dieser Untersuchung verfolge ich künstlerische Arbeiten, die die Auseinandersetzungen an der medialen Form nicht mehr als Kern ihrer Untersuchungen sehen, sondern ihre Aufmerksamkeit den Übergängen per se, und über Fragen der Medialität hinausgehend, widmen. Mit Alexander Galloway und seinen Ausführungen zum Interface-Effekt zusammengefasst: Sie widmen sich dem Übergang, also dem Interface als »autonomous zone of interaction« (dt.: unabhängige Zonen der Interaktion).[366] Dabei spielen die Oberflächen, an denen sich – teilweise auch außerhalb des Visuellen – die Untersuchungen am Bild in effektiven Strukturen zeigen, eine entscheidende und bedeutungsgenerierende Rolle.[367]

Folgende Grundannahme ist dafür zentral: Die Oberflächen der Werke sind nicht mehr die offen zugänglichen Kunstwerke einer späten *relational aesthetics* mit digitalen Mitteln. Im Gegenteil: Es geht um hochspezialisierte momenthafte Einblicke und auf Präzision ausgelegte Verdichtungen, die einen Diskursraum öffnen. Sie funktionieren über scharfe Schnitte durch den Werkkörper, die sich als Displays der jeweils spezifischen raumzeitlichen Ordnung zeigen. Die Widmung hochprofessioneller Oberflächen und überproduzierter Endprodukte (die nicht selten mit Strategien aus dem professionellen Sektor der Suggestions- und Werbeindustrie kommen) kehrt oberflächlich zu scheinbar ge-

366 Galloway 2012, S. 121.

367 Besonders spannend wäre, die These des Interface-Effekts weiterzuverfolgen, wenn sie verbunden mit der Theorie eines »Third Space«, die davon ausgeht, dass jede Person ein Hybrid aus ihren einzigartigen Affinitäten (Identitätsfaktoren) ist, verschränkt diskutiert würde. Vgl. Bhabba, Homi K. *The Location of Culture*. Abingdon, 2004, S. 55.

schlossenen Werken und einer Art Ungeniertheit der bildhauerischen Behauptung zurück, wie sie eigentlich bereits als überkommen galt. Das Ephemere und das Relationale sind dabei aber nicht verloren gegangen, sondern haben sich nur selbstverständlicher im Material manifestiert. Untersucht wird ein detailliertes feinmechanisches Engineering der Bedürfnisse an den Designs der Oberflächen. Das Interesse an den Strategien der Gegenwart ließe sich leicht mit der Erwerbstätigkeit der meisten Künstler*innen (u.a. oft in der Kreativbranche und Werbeindustrie) begründen. Die Dichte der Problembeschreibungen, der Umgang mit der Unvermeidbarkeit der gegenwärtigen Bedingungen, sowie das Bewusstsein für die Notwendigkeit einer ernsthaften Exploration an den wirksamen Verhältnissen auf allen Ebenen dieser Arbeiten, fordert eine Beschäftigung damit heraus, was es gegenwärtig bedeutet, Mensch zu sein. Abseits der gefälligen und eingängigen Oberflächen, sind wir herausgefordert, die entstehenden dritten Orte der Übergänge und Interfaces[368], den die künstlerischen Durchdringungsversuche bieten, eingehend zu untersuchen und den Tiefenstrukturen, oder auch dem »Deep Engineering«, mit derselben Ernsthaftigkeit zu begegnen wie es für die Bildsujets bereits routiniert erfolgt. Eine Überarbeitung der Bildrezeption und -analyse zugunsten einer Bilddiskussion, mit Fokussierungen auf die Übergänge, ist entsprechend unabdingbar für eine Begegnung mit Fragen der Bildlichkeit in der Gegenwart. Während sich eine eingehende Analyse der Relationen und Effekte zwischen Bildern, ihren Strukturen und Oberflächen aus medienwissenschaftlicher und kunstwissenschaftlicher Perspektive besonders anbieten würde, ist ein Umdenken in dieser Hinsicht für die Expertise der Kunstpädagogik zentral.

8.4 Inventur zu den Thesen am Bild der Gegenwart

An dieser Stelle möchte ich vorerst probeweise mit dem Bild abrechnen und Ansätze für eine kunstpädagogische Bilddiskussion formulieren. Grundlage und Navigationshilfe für diese Ergänzung sind die in den vorangegangenen Abschnitten und Kapiteln ausgeführten Entstehungsbedingungen gegenwärtiger Kunstproduktion sowie deren Reflexion in verschiedenen Formaten (Interviews, Transkripte zentraler Arbeiten, die Isolation von theoretischen Bezügen und enzyklopädischer Ausarbeitung). Diese ausführlichen und ausufernden Beschreibungsversuche, aber auch Extremwertmessungen ergeben ein neues Bild davon, wie das Bild zukünftig begriffen werden kann. Die Ausführungen fokussieren auf die Beziehungen, die Bilder entstehen lassen, und untersuchen einzelne Bilder in ihren Verhältnissen zu anderen Bildern. Jener auf die Relationen geschärfte Blick konturiert

368 Galloway 2012, S. 121.

dabei auch die Wechselwirkungen von Bildern mit anderen nicht-humanen und humanen Entitäten, die in weitreichenden und komplexen Wechselwirkungen bestehen, aber nicht selten für das menschliche Auge unerkannt bleiben.

Auf diese Weise ziehen die vorgelegten Untersuchungen nicht zuletzt Begriffs- und Bezeichnungsfragen für den Begriff des Bildes selbst nach sich. Im Sinne der Entlastung des Diskurses und einer produktiven Auseinandersetzung mit dem Potenzial von Bildern liegt es nahe, dem herkömmlichen Bildverständnis ein Verständnis von Bildern als Punkten zur Seite zu stellen. Das Bild würde entsprechend für strukturelle und netzwerklogische Bildfragen abstrahiert von seinen materiellen Qualitäten als Punkt (oder Entität) verhandelt und über die Formulierung »Entität Bild« erschlossen. Diese Ergänzung trennt das Bild von dem Ballast seiner Materialität sowie seiner kulturellen Bedeutung, und platziert das Bild als Akteur*in in der Untersuchung an den visuellen und nicht-visuellen techno-sozialen Infrastrukturen der Gegenwart. Während die in den einzelnen Kapiteln angedeuteten Erklärungsmodelle bereits eine hilfreiche Matrix zur Diskussion am Bild der Gegenwart skizzieren, würde eine vorläufige Arbeitsthese am Bild der Gegenwart lauten: Bilder organisieren sich in vielfältigen Akkumulationen auf Basis ihrer Relationen untereinander, wodurch sich ihre Wirksamkeit erhöhen (kann). Dabei weisen sie mehr oder weniger hohe visuelle Anteile auf und ihre Wirkung ergibt sich aus den Relationen und Potenzialen aller beteiligten Entitäten. Darüber hinaus wäre die Gesamtheit dieses Bildwirkens, in der Logik der Objektorientierung, als agierendes Objekt oder Handlungseinheit beschrieben. Die vorgelegte Sammlung von Thesen zur Gegenwart argumentiert Schnitt für Schnitt, dass diese relationalen Aspekte und dynamischen Konstellationen der Entitäten unter den Bedingungen der Gegenwart grundlegende Untersuchung erfahren sollten und plädiert für vergleichende Untersuchungen an den Bildangeboten der Kunst. Für ein solches Vorhaben soll diese Exploration eine Grundlage bilden.

Meine Untersuchung am Bild verlief nach drei Bewegungen, die ich für einen ersten Leitfaden einer allgmeineren Diskussion am Bild vorstellen und zusammenfassend darstellen möchte:

(1) *Bilder als Phänomene ihrer Zeit*, d. h. die kulturwissenschaftliche Beschreibung der Bedingungen für ihr Entstehen, ihre Verbreitung und Bewertung.

(2) *Bilder als Bilder der Kunst*, d. h. die vergleichende kunstwissenschaftliche und -theoretische Einordnung einiger signifikanter Bilder und ihrer Verweispflicht gegenüber dem Subsystem der Kunst.

(3) *Bilder als Displays einer sich ändernden Materialität, Digitalität, Virtualität,* d. h. medientheoretische Betrachtung der Bilder in ihrer spezifischen Medialität sowie vor dem Hintergrund ihres Vergegenwärtigungspotenzials für mediologische Verschiebungen und technische Entwicklungen.

Die erste Vermutung in diesem Vorhaben führte mich direkt in die Untersuchung der Verhältnisse am Bild: Was wir gewohnt sind als Bild zu beschreiben, ist bei genauerer Untersuchung eine Ansammlung von Intentionen, Sedimenten und Affekten verteilt auf Bildanteile, die sich teilweise visuell zeigen können, aber auch in anderen Konstellationen und Formen auftreten. Um dieser Überlegung konkret zu folgen und Wesentliches für eine Diskussion am Bild aus den Erhebungen zusammenzutragen, stelle ich hier vier zentrale Annäherungsschritte vor:

(i) In einem ersten Schritt steht die Vorbereitung einer Diskussion am Bild im Zentrum. Über die Auflösung der uniformen Verwendung des Begriffs werden *Differenzierungen zwischen den Bildebenen* benannt und die Struktur dessen untersucht, was bislang als solide zusammenhängende Einheit unter dem Begriff Bild gefasst wurde. (Kapitel 5)

(ii) Der zweite Schritt eines diskursiven Ansatzes an der Entität Bild dient der Untersuchung einer zugrundeliegenden *Strukturlogik des Bildes.* Die Annäherung erfolgt über Theorieanschlüsse in der Gegenwart, die Logiken und Wirkweisen skizzieren und entsprechend eine differenzierende Untersuchung der Dynamiken am Bild unter den Bedingungen der Gegenwart unterstützen. (Kapitel 6)

(iii) Anschließend untersucht Schritt drei vergleichend Bildphänomene und Anwendungsbeispiele und bezieht die hochverdichteten Angebote der aktuellen Kunst dabei verstärkt ein. Ein Fokus liegt dabei auf der Untersuchung der *Potenziale im Bild.* Welche bildhaften Angebote ermöglichen Einstiege in komplexere Auseinandersetzungen oder Durchdringungen der Verhältnisse? Dafür liegt allerdings noch kein konkreter Leitfaden für die Untersuchung vor. (Kapitel 8)

(iv) Der vierte Schritt überdenkt jeweils die kunstpädagogischen und bildungstheoretischen Herausforderungen im Umgang mit Bildern vor dem Hintergrund ihrer *Wirksamkeitsstrukturen und Dynamiken* im Bedingungsgefüge Gegenwart. (Kapitel 9)

In der Exploration habe ich über diese Überlegungen hinaus weitere Fragen an das Bild gerichtet: Wie zeigen sich Bilder in der aktuellen Kunst? Welche Konsequenzen ergeben sich aus diesen Auftritten für die Kunstpädagogik?[369] Und vorausgesetzt, die Bilder könnten tatsächlich oben skizzierte Einstiege in komplexere Auseinandersetzungen oder Durchdringungen der Verhältnisse anbieten, ergibt sich noch eine dritte Frage zum Bild der Kunst: Inwieweit lassen sich Bilder (und vor allem die Bilder der Kunst) auch als Denkmodelle und momenthafte Displays künstlerischer Durchdringungsprozesse beschreiben? Und folglich: Wie könnte eine solche Modellhaftigkeit für die fachspezifischen Fragen der Kunstpädagogik genutzt werden? Die meisten dieser Fragen müssen zu diesem Zeitpunkt unbeantwortet bleiben. Aus dem zusammengetragenen Material ergibt sich allerdings wenigstens eine weitreichende Anforderung für weitere Forschungsprojekte: Was trivial als Bild bezeichnet wird, sollte eine entsprechend grundsätzliche strukturelle Überarbeitung und Einordnung erfahren. Den Perspektivwechsel dazu bereite ich mit dieser Exploration vor. Eine erste Orientierung möchte ich an zwei verfolgten Thesen vorstellen.

Zum einen ging es dabei um das Bild im Singular, was vor allem in seinen visuellen Aspekten durchgearbeitet wurde, und zum anderen erfuhren Bilder als Teile von Strukturen eine erste (un)systematische Untersuchung in Bezug auf ihre relationalen Aspekte (Akteur*innenstatus, Relationspotenzial, Dynamiken, Quantitäten, Qualitäten etc.).

These 1: Bilder können als Einzelbild im Verhältnis zu anderen Bildern untersucht werden. Um den damit verbundenen strukturellen Fragen näher zu kommen, gilt es folgende Aspekte zu befragen:

(i) *Kontext:* Ein Einzelbild wird als visuelle kulturelle Entität in Verbreitung verstanden.

(ii) *Struktur:* Ein Einzelbild besteht aus Bildträger und Bildobjekt. Beide Anteile zusammen ergeben das, was wir üblicherweise als Bild verstehen und bezeichnen.

(iii) *Rezeptionsbedingungen:* Einzelbilder werden als von den Umständen ihrer Rezeption und Produktion unabhängige Entitäten verstanden. Betrachter*innen werden gleichzeitig als Teilhaber*innen am Verstehens- und Produktionsprozess vorausgesetzt und hinzugezogen.

(iv) *Handlungsmacht (agency):* Einzelbilder, humane und nicht-humane Akteur*innen stehen in vielfältigen Beziehungen zueinander und wirken als Handlungseinheiten. Sie werden allerdings nicht durchgehend als verwickelte Entitäten wahrgenommen.

369 Kunstvermittlung ist hier immer mitgedacht. Jedenfalls, solange sie sich als Praxis und Theorie der Gegenwart versteht.

(v) *Funktion:* Als visuelle kulturelle Entitäten agieren Einzelbilder in komplexen Strukturen. Dabei verweisen sie unter anderem auch auf andere Entitäten in Verbreitung oder repräsentieren komplexere Strukturen und Memplexe. Ein Einzelbild kann darüber hinaus als Display für komplexere Strukturen eingesetzt werden, oder als solches initiierend wirksam werden.

These 2: Bilder können als Strukturen verstanden werden, die sich in Komplexen organiseren und es vermögen, konturlose, aber handlungsfähige Objekte zu bilden.

(i) *Kontext:* Bilder sind visuelle Äußerungen und Oberflächenphänomene einer vorgängigen Bildlichkeit oder verweisen auf erweiterte Bildstrukturen. Die Komplexität ihrer Beziehungen, besonders im Bereich des nicht-visuellen, gilt es trennschärfer zu untersuchen.
(ii) *Struktur:* Bilder stehen in vielfältigen Relationen zu anderen humanen und nicht-humanen Entitäten. Sie werden durch diese Beziehungen (mit)konstituiert. Folglich müssen Bilder grundsätzlich als relational verstanden werden und sollten im Zusammenhang ihrer Handlungseinheiten untersucht werden. Das gilt auch für Bilder der Kunst.
(iii) *Rezeption:* Bildstrukturen können sich über visuelle oder nicht-visuelle Entitäten vermitteln (z. B. sprachliche Bilder werden auditiv oder schriftsprachlich erfahren). Ihre Rezeptions- und Darstellungsmodi folgen unterschiedlichen Logiken.
(iv) *Organisation:* Visuelle kulturelle Entitäten müssen grundsätzlich als Bildkomplexe untersucht werden. Bildkomplexe können unsichtbar sein und temporär über Teile ihrer Strukturen oder Effekte die Grenzen der Wahrnehmbarkeit überwinden. Als Entitäten in Handlungseinheiten unterhalten Bildkomplexe wirksame Relationen mit anderen nicht-humanen und humanen Entitäten, die visuell erfahrbar sind.
(v) *Komplexität:* Bilder ergeben sich aus ihren Verbreitungseigenschaften und Wirkungspotenzialen (auch unabhängig von menschlicher Autor*innenschaft) und sind als eigenständige Akteur*innen zu denken (vgl. z. B. Mona Lisa und ihre Versionen online wie offline).

Die Untersuchung des Bedingungsgefüges Gegenwart (Kapitel 4.2) am Beispiel der künstlerischen Arbeit »How Not to Be Seen: A Fucking Didactic Educational .MOV File« (2013) von Hito Steyerl, führte zur Explikation wesentlicher Grundannahmen über ein Handeln unter den techno-sozialen Bedingtheiten der Gegenwart. Durch einige exemplarische Punkte (u.a. Verbreitungslogik, Gleichzeitigkeit, technische Reproduzierbarkeit) konnte darüber hinaus eine Art Grundhaltung (als »State-of-Mind«) innerhalb der Selbstverständlichkeiten der Gegenwart konturiert werden. Jene Veränderungen an den Bedingungen sowie die Beobachtung der vielfältigen kulturellen Anpassungen legten es nahe, auch die Veränderungen an der Struktur und Wirkweise des Bildes, oder der Bilder, eingehender zu untersuchen. Eine Diskussion an den Bildern der Gegenwart nähert sich dem Material nun über identifizierte Ankerpunkte und bezieht die zweifache Logik der Bilder (Singular vs. Konstellationen) in die Befragung ein. Um auf Augenhöhe mit den Bildpraxen der Gegenwart notwendige Kompetenzen am Bild zu vermitteln, ist eine differenzierende Diskussion am Bild notwendig, die solide auf den theoretischen Überlegungen der Bezugswissenschaften gründet. Für die Erarbeitung eines zielführenden Leitfadens zu einer solchen Bilddiskussion sehe ich vier grundlegende Perspektiven als Startpunkte:

(i) *Differenzierung:* Die uniforme Verwendung des Begriffs Bild ist disfunktional für eine Diskussion am Bild. Was als Bild untersucht werden soll, muss benannt werden. Die Unterscheidung nach dem Untersuchungsgegenstand z.B. ist dabei zentral: Einzelbild (A1) oder Bilder als Strukturen (A2) in ihren Wirkungszusammenhängen. (Kapitel 5.1)

(ii) *Aktionseinheiten auf Basis einer Akteur-Netzwerk-Theorie (ANT):* Einzelbilder können als Entität in aktiven Beziehungen zu anderen Akteur*innen verstanden und beschrieben werden. Sie agieren als Teil von Handelsbeziehungen und ergeben wirksame Handlungseinheiten. (Kapitel 5.4)

(iii) *Objektorientierung auf Basis der Perspektivierung durch eine Objektorientierte Ontologie (OOO):* Einzelbilder können als aktive oder inaktive Entitäten verstanden und beschrieben werden. Sie verbinden sich für ihre jeweilige Funktion zu komplexen Konstellationen. Ein Bildobjekt ergibt sich aus visuellen, nicht-visuellen, bildlichen, wie nicht bildlichen Anteilen und Akteur*innen und bildet eine geteilte Funktion oder Wirkungseinheit. (Kapitel 8.1)

(iv) *Hypermemkomplexion auf Grundlage einer überarbeiteten Memtheorie:* Bilder sind kulturelle Entitäten in Verbreitung. Eingebettet in sogenannte Memkomplexe (sich gegenseitig verstärkender Sinneseinheiten verschiedener Meme), befinden sie sich in so anhaltenden wie vielfältigen Kopier- und Verbreitungsvorgängen und verstärken sich dabei gegenseitig in ihrer Wirkung. (Kapitel 6)

Die Logiken des Bildauftretens müssen entsprechend überdacht werden und eine differenzierende Diskussion am Bild ist notwendig. Diese überarbeitete Annäherung setzt eine gründliche Überarbeitung der Strategien am Bild voraus und geht einher mit einer Anpassung des Bildbegriffs selbst. In der Logik der hier geführten Argumentation und Beobachtung schließt ein brauchbarer Bildbegriff sowohl visuelle Phänomene (einzeln oder als serielle Komposita) als auch nicht-visuelle Phänomene ein, und bedenkt strukturelle Phänomene (Bildobjekte) ebenso wie deren Handlungsbeziehungen (Memplexe) untereinander. Auch die Exkursionen in Fragen der Visualität und die Versprünge an der Sichtbarkeit tragen über synchrone und diachrone Tiefenbohrungen am Bildhandeln zu einer Kontur für eine Bildlichkeit nach der materiellen Abhängigkeit bei.

Zusammenfassend lässt sich im Sinne einer Inventur und Überleitung festhalten, dass ein gegenwärtiger Begriff von Bild einem relationalen Verständnis folgt und die Relationen der Bilder in ihren materiellen und virtuellen Konstellationen einbezieht. Um den Bedingungen der Gegenwart allerdings wirklich Rechnung zu tragen, muss ein Bildbegriff außerdem radikal objektorientiert und agentiell angelegt sein und die sich bildenden Bildobjekte in den techno-sozialen Konstellationen einer algorithmisierten Gegenwart grundsätzlich mitbedenken. Diese Anstrengungen in einen Leitfaden für eine Diskussion am Bild zu übersetzen, verstehe ich als eine größere kultur- und medienwissenschaftliche Aufgabe, die nur über die Untersuchung einzelner Thesen an künstlerischen Beispielen und kulturell-signifikantem Bildmaterial gleichzeitig gelingen kann. Die nachfolgende Visualisierung trägt den Explorationen, und der entstehenden Sammlung, anschaulich in einer Strukturskizze Rechnung.

Abb. 8.10: Strukturskizze zur Inventur am Bild.

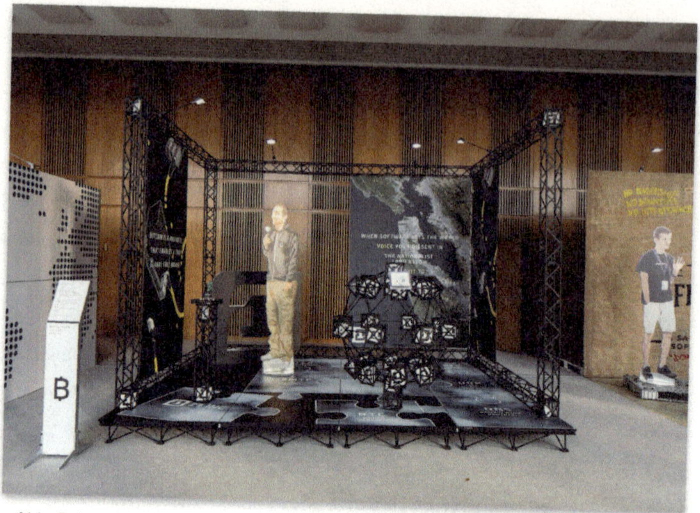

Abb. 8.1

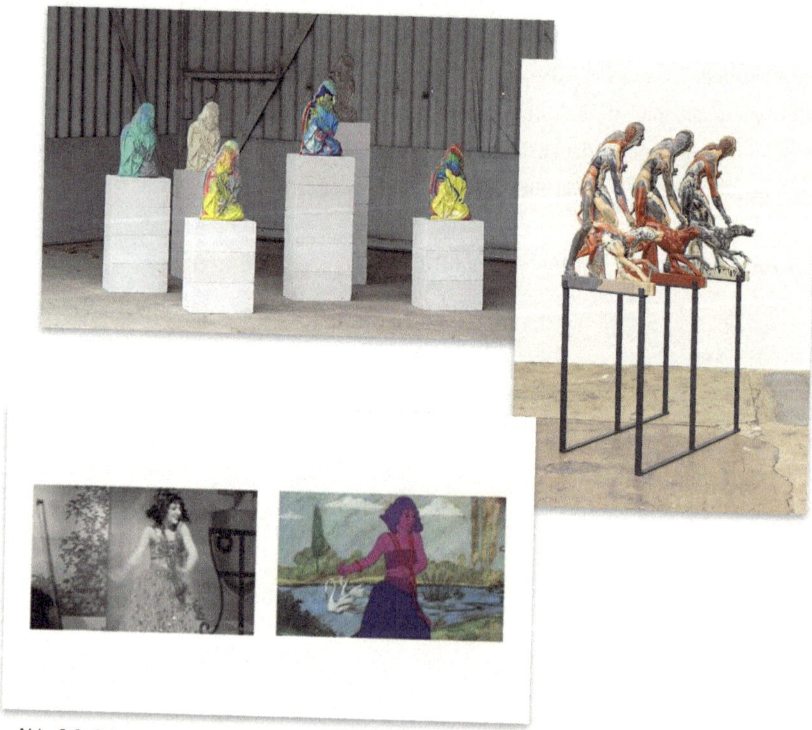

Abb. 8.2–8.4

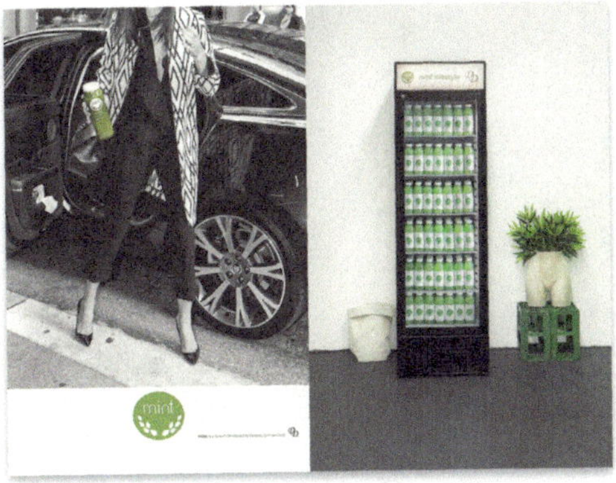

Abb. 8.5

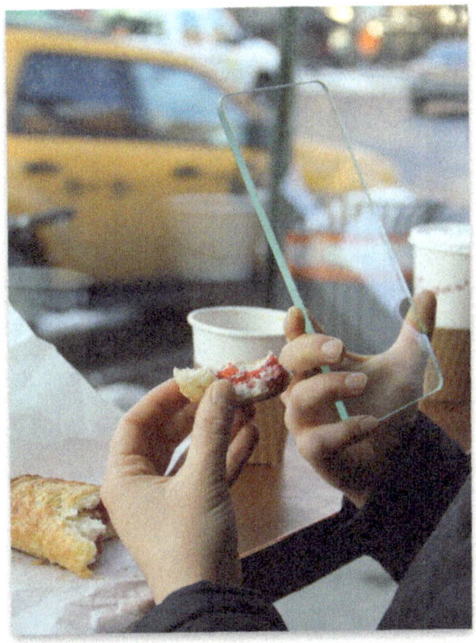

Abb. 8.6

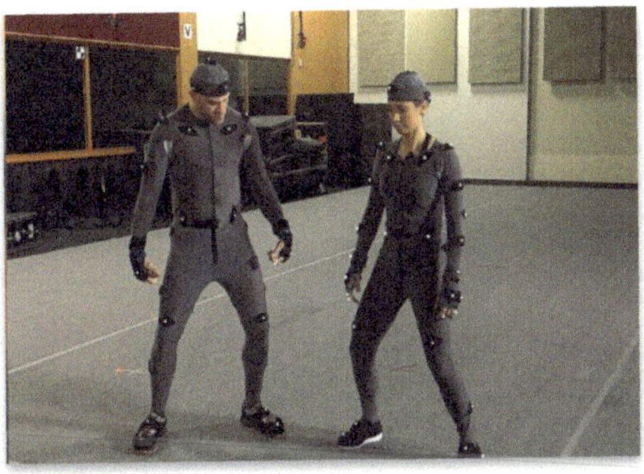

Abb. 8.7

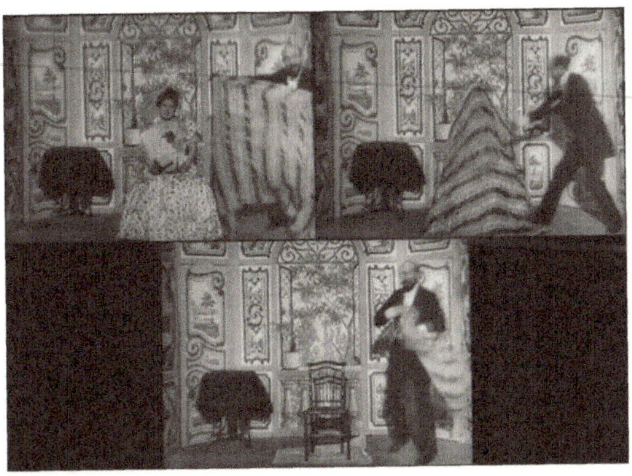

Abb. 8.8

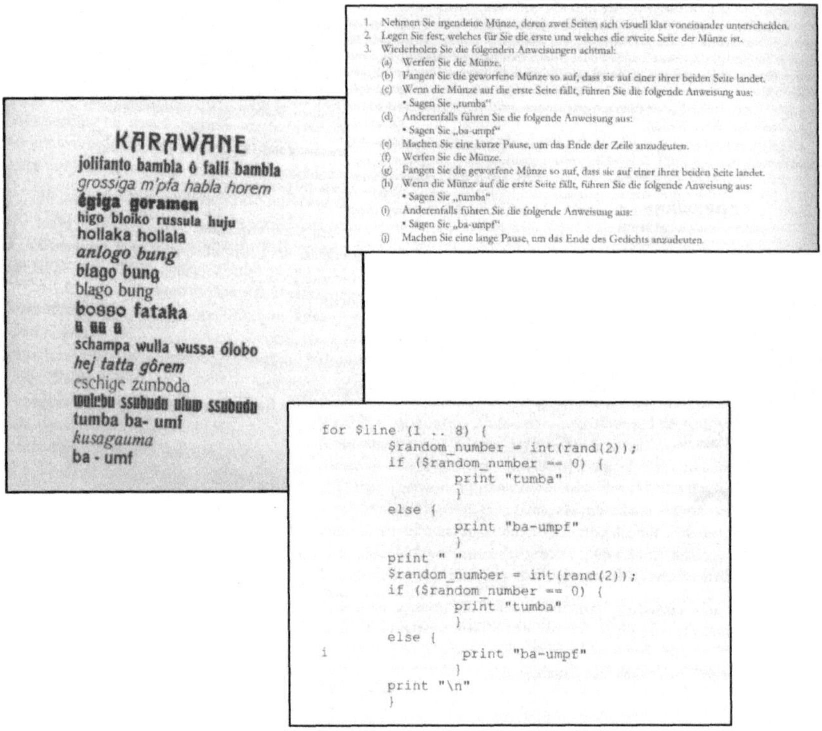

KARAWANE

jolifanto bambla ô falli bambla
grossiga m'pfa habla horem
égiga goramen
higo bloiko russula huju
hollaka hollala
anlogo bung
blago bung
blago bung
bosso fataka
ü üü ü
schampa wulla wussa ólobo
hej tatta gôrem
eschige zunbada
wulubu ssubudu uluw ssubudu
tumba ba- umf
kusagauma
ba - umf

1. Nehmen Sie irgendeine Münze, deren zwei Seiten sich visuell klar voneinander unterscheiden.
2. Legen Sie fest, welches für Sie die erste und welches die zweite Seite der Münze ist.
3. Wiederholen Sie die folgenden Anweisungen achtmal:
   (a) Werfen Sie die Münze.
   (b) Fangen Sie die geworfene Münze so auf, dass sie auf einer ihrer beiden Seite landet.
   (c) Wenn die Münze auf die erste Seite fällt, führen Sie die folgende Anweisung aus:
      • Sagen Sie „tumba"
   (d) Anderenfalls führen Sie die folgende Anweisung aus:
      • Sagen Sie „ba-umpf"
   (e) Machen Sie eine kurze Pause, um das Ende der Zeile anzudeuten.
   (f) Werfen Sie die Münze.
   (g) Fangen Sie die geworfene Münze so auf, dass sie auf einer ihrer beiden Seite landet.
   (h) Wenn die Münze auf die erste Seite fällt, führen Sie die folgende Anweisung aus:
      • Sagen Sie „tumba"
   (i) Anderenfalls führen Sie die folgende Anweisung aus:
      • Sagen Sie „ba-umpf"
   (j) Machen Sie eine lange Pause, um das Ende des Gedichts anzudeuten.

```
for $line (1 .. 8) {
          $random_number = int(rand(2));
          if ($random_number == 0) {
                    print "tumba"
                    }
          else {
                    print "ba-umpf"
                    }
          print " "
          $random_number = int(rand(2));
          if ($random_number == 0) {
                    print "tumba"
                    }
          else {
i                    print "ba-umpf"
                    }
          print "\n"
          }
```

Abb. 8.9

STRUKTURSKIZZE ZUR INVENTUR AM BILD

DIFFERENZIERUNG

UNTERSUCHUNGSGEGENSTAND — ANNÄHERUNGSPERSPEKTIVE

Bilder können als EINZELBILDER, als EINZELBILDER IM VERHÄLTNIS zu anderen Bildern, als ENTITÄTEN in Form von STRUKTUREN oder KOMPLEXEN usw. untersucht und beschrieben werden.

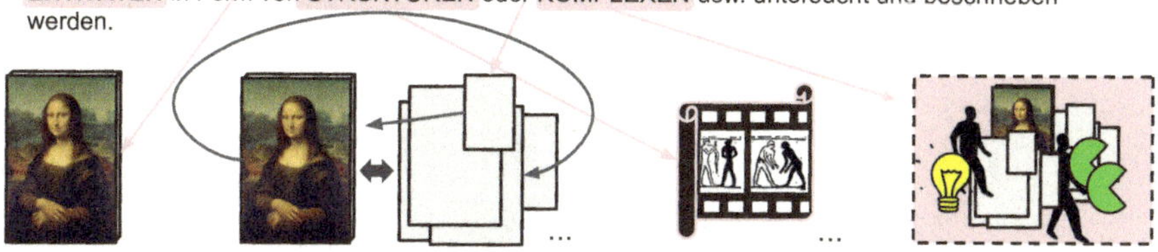

AKTIONSEINHEITEN

Das Einzelbild kann als AKTIVE ENTITÄT in Beziehungen zu anderen Bildern oder Akteuren stehen. Bilder und Bildgruppen bewegen sich in vielseitigen Handlungsbeziehungen und können in diesem Sinne als Akteure im Rezeptionsprozess verstanden werden.

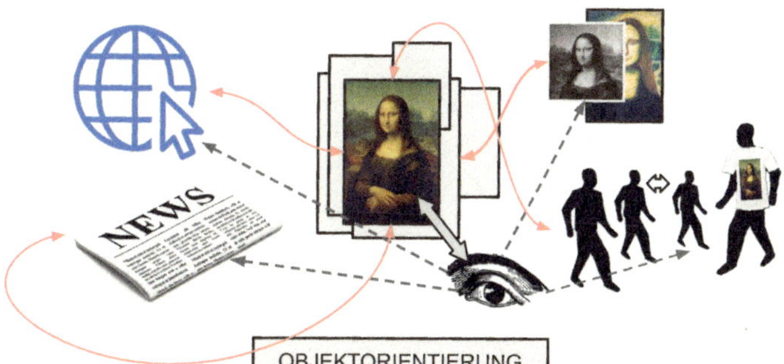

OBJEKTORIENTIERUNG

Ein Einzelbild kann auch als INAKTIVE ENTITÄT Handlungspotenzial zeigen, indem es mit weiteren bildlichen oder nicht-bildlichen Anteilen eine Funktionseinheit bildet. Solche Einheiten können als OBJEKTE beschrieben werden.

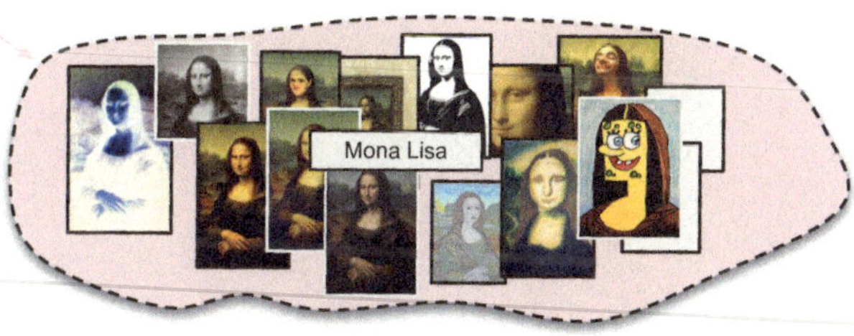

HYPERMEMPLEXE

Bilder sind KULTURELLE ENTITÄTEN in Verbreitung (MEME). In Sinneinheiten von mehreren Entitäten eingebettet (MEMPLEXE), befinden sich alle Bilder in permanenten Kopier- und Verbreitungsvorgängen und verstärken sich dabei gegenseitig.

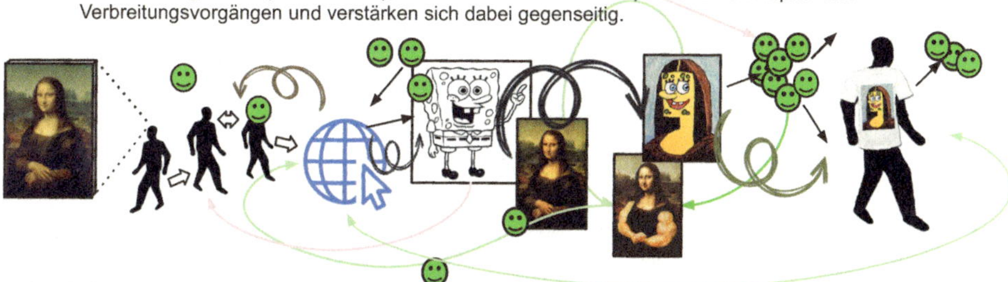

Abb. 8.10

9 Bildung im Plural via Bilder im Plural

9.1 Ausgangspunkt: Auflösung der Gegenwart

Helmut Draxler, Kunsthistoriker und -theoretiker, sieht alle »zeitgenössischen Formen von Gesellschaft, Kultur und Kunst [...] in einem permanenten Zustand der Krise« und spricht für die Gegenwart von einer »Allgegenwärtigkeit von Krise«.[1] Obwohl diese Beschreibung angesichts der jüngsten Strapazen[2] auch für unsere Gegenwart angemessen erscheint, handelt es sich doch um eine konzeptionelle Verdopplung. Denn die Gegenwart ist per se Krise oder zumindest permanent krisenhaft, weil sie sich zwischen Vergangenheit und Zukunft zu jedem Zeitpunkt in Auflösung befindet und sich nur momenthaft stabilisieren kann.[3] Gegenwart *ist* Krise, und genau daraus ergibt sich ein Verhandlungsspielraum für die Gestaltbarkeit der Zukunft. Zwischen »gegenwärtiger Zukunft«[4] und »zukünftiger Gegenwart«[5] bewegen wir uns permanent auf vagem Terrain. Aus dieser Unbestimmtheit ergibt sich eine Reihe von Fragen, die mindestens indirekt in die Verhandlungen der Bildung einwirken. Wie wird sich die Zukunft zeigen und was wird sie uns abverlangen, welche Kompetenzen und Fähigkeiten wird sie fordern? Wie sollen wir uns darauf einstellen? Welche Möglichkeiten haben wir, die vorstellbaren Zukünfte mitzugestalten? Wie widerstehen wir den absehbaren Katastrophen und wie können einzelne Maßnahmen vor dem Hintergrund übergreifender und global-systemischer Vernetzung produktiv werden? Auch im Zusammenhang mit den Untersuchungen dieser Arbeit ist es geboten, die krisenhafte Konstitution der Gegenwart aufzugreifen und im Besonderen für die Bilder und ihre Vermittlung zu durchdenken.

Aus veränderten Bedingungen ergeben sich veränderte Anforderungen und diese wiederum bringen auch veränderte kulturelle Praxen hervor. Dieser selbstverstärkende

1 U.a. in dem Artikel »Krise als Form« in der kunstwissenschaftlichen Zeitschrift *Springerin* sowie in den Präliminarien dieser Arbeit. Draxler, Helmut. »Krise als Form. Revision zur Geschichte der Gegenwart«. *Springerin*, 2, 2017, S. 17–20.

2 Eine Reihe von besorgniserregenden Ereignissen und Stimmungen bestimmt die Berichterstattung. Um nur einige Stichworte zu nennen: Post-Brexit, Mid-Trump, Post-9/11, Fluchtströme, Post-Finanzcrash, Rentenkrise, Europakrise, diffuse Terrorsituation u. a. m. (während der letzten Überarbeitungen Covid-19).

3 Vgl. Quent 2016; Avanessian und Malik 2016.

4 Esposito 2007, S. 12.

5 Ebd.

Effekt ist in zweifacher Hinsicht relevant für die Kunstpädagogik. Zum einen bedingt eine so fundamentale Logikverschiebung an den Werkzeugen und Materialien der Kunst, wie wir sie gegenwärtig erleben, auch eine Verschiebung an den Arbeitsbedingungen und Referenzsystemen der Kunstpädagogik. Zum anderen kann mit Selbstverständlichkeit davon ausgegangen werden, dass gerade diese Veränderungen sich auch an den *visuellen Oberflächen*, deren Verbreitungsmodi und Zirkulationsmustern niederschlagen und ebenso strukturelle Auswirkungen für das Handeln in der Kunstpädagogik haben werden. Resultierend stellt sich die gesellschaftskonstituierende Frage, in welcher Weise gerade die Kunst, die wegen ihrer seismografischen wie kommentierenden Qualitäten spätestens seit der Moderne Teil gesellschaftlicher Reflektion ist, auch weiterhin ihren Beitrag zur Gegenwartsbewältigung leisten wird – und welcher Beitrag das genau sein könnte. Allein angesichts der fundamentalen Veränderungen an ihren Aufmerksamkeitsmustern, aber auch durch Verschiebungen in ihren Bezugssystemen steht die künstlerische Auseinandersetzung mitten in einem Paradigmenwechsel, der allerdings noch nicht vollständig bemerkt wurde. In dieser Studie habe ich einen der zentralsten Knoten der skizzierten Verschiebungen verfolgt und untersucht: das Bild. Entsprechend der Eingangsthese dieser Arbeit bietet gerade die Entität Bild Spekulations- und Untersuchungsspielraum zur Erkundung überarbeiteter Strategien für die Anforderungen der Gegenwart. Bilder im Allgemeinen sind als komplexe Akkumulationen zu verstehen, die zwar schwer beschreibbar sind, aber dennoch in Form von Handlungseinheiten, über weitreichende Beziehungen untereinander, Gegenwarten zu gestalten vermögen. Kunstwerke oder Bilder in der Kunst würde ich daher folglich als komplexe Wirkungsstrukturen verstehen, die nicht selten auf Bildakkumulationen aufbauen und damit als temporäre Modelle und momenthafte Visualisierungen intensiver Durchdringungsprozesse der Gegenwart untersucht werden sollten.

Was macht diese Gegenwart aus? Die einfachen Dichotomien haben sich dabei längst überlebt und wurden als unterkomplexe, wenn auch teils notwendige, Simulationen enttarnt (z.T., weil sie immer schon Darstellungsprojektionen[6] unterlegen waren). Das Bedingungsgefüge Gegenwart – immer am Rande des Zerfalls situiert – bedarf neuer Strategien der Darstellung, Durchdringung und Bewältigung. Mein Interesse mit den Überlegungen am Bild und seinen Einlassungen in diesem Bedingungsgefüge gilt dennoch nicht vordergründig den Verbreitungsmodi, Relationen oder Effekten einzelner Bilder und Bildakkumulationen. Vielmehr ziele ich auf die Potenziale für Bildung in der Begegnung mit diesen. Um derartige Begegnungen zu gestalten, bedarf es jedoch möglichst genauer Kenntnis der aktiven Strukturen, Dynamiken, Abhängigkeiten, sowie fachspezifischen *Doings* am Bild.

6 In Kapitel 5.3.3.

Mit der vorliegenden Studie sollten Ankerpunkte für eine Matrix einer differenzierenden Bilddiskussion markiert werden. Es ging folglich in erster Linie darum, im Sinne einer kunstpädagogischen Annäherung den veränderten Umgang und die Strukturen der Visualität und Bildlichkeit in der Gegenwart stärker zu konturieren und dabei implizites (oder verdecktes) Wissen am Bild zu bergen. Ganz unabhängig von der Kunstpädagogik ging es um eine Expertise am Bild und eine Haltung zur Gegenwart, die die techno-sozialen, aber auch historischen Bedingungen am Bild zu bedenken vermag und strukturelle sowie diskursive Kenntnisse über Bildkomplexe einbezieht. Im Sinne einer Ausrichtung der Bildung, an einer Gestaltbarkeit der Gegenwart und Zukunft, ließen sich so Aspekte für eine gesellschaftliche Wirksamkeit am Bild identifizieren und navigieren. Wie naheliegend, dass sich gerade die Kunstpädagogik (im Kontext einer Kunstvermittlung) als Expertin für Relationen am Bild mit jenen Fragen beschäftigt. Mein Vorschlag zu einer Kunstvermittlung am Bild der Gegenwart würde im Grundsatz entsprechend lauten: eine Kunstpädagogik am Bild und ein informierter Umgang mit Bildern bietet den aktuellen Herausforderungen die Stirn und erfindet ein diskursives Feld. Verhandlungen an künstlerischen Bildstrukturen würden dann voller Hingabe als Gegenwartsbewältigung verstanden werden und hätten weitreichende Konsequenzen für die Gegenwart und Zukunft.

Im Folgenden werde ich Ankerpunkte im Feld der Kunstpädagogik, Kunstvermittlung und kulturellen Medienbildung aufgreifen und vorstellen. Diese Ebenen dienen als Vorbereitung eines soliden transdisziplinären Nährbodens, wie er in (hoffentlich) folgenden systematischeren Untersuchungen und weiterer modellierender kunstpädagogischer Forschung notwendig werden würde.

9.2 Ansätze: Kunstpädagogische Gegenwartsbewältigung

Wie aber könnte eine Auffassung von Bildung und Ausbildung vor diesem Hintergrund strukturiert sein? Wie würde sie praktiziert werden, wenn der beschriebenen *Postdigital Condition* nun ernsthaft auch fachlich in der Kunstpädagogik begegnet würde? Im *Critical Engineering Manifesto*[7] fordert eine Arbeitsgruppe aus Ingenieur*innen und Informatiker*innen, die sich einer Form der kritischen Vermittlung zukünftiger Anforderungen verschrieben hat, eine technopolitische Bildung und schlägt zehn Punkte für eine kritische Praxis in den Ingenieurwissenschaften vor, die auch für die Praxis der Kunstpädagogik

7 Unter der Anleitung von Gordan Savičić, Danja Vasiliev und Julian Oliver wurden mit dem Arbeitstitel »The Critical Engineering Working Group« zehn Punkte für eine kritische Praxis in den Ingenieurwissenschaften festgehalten. Im Detail online nachlesbar unter: criticalengineering.org [11.02.2018].

wegweisend sein könnten. Unter anderem sieht der erste Punkt des Manifests eine fachspezifische Haltung vor, die in der Kunstpädagogik Nachahmer*innen sucht:

> »*The Critical Engineer considers any technology depended upon to be both a challenge and a threat. The greater the dependence on a technology the greater the need to study and expose its inner workings, regardless of ownership or legal provision.*«[8]

Die Aspekte einer so ausgerichteten technopolitischen Bildung gilt es nun aus Perspektive der Kunstpädagogik am Bild im Zusammenhang mit künstlerischen Durchdringungsprozessen zu durchdenken und vermitteln. Um diesem ausufernden Vorhaben einen Anfang zu geben, wurde in dieser Untersuchung das Beispiel der Entität Bild gewählt und eine erste Modellierung dazu vorgelegt. Auf diese aufbauend gilt es nun, eine Schule des pragmatischen Sehens zu etablieren und diese entlang der »operativen Logiken«[9] dieser Entität zu unterhalten. Am Horizont dieser Unternehmung bietet sich dann gerade das Bildhandeln dazu an, gesellschaftlich wirksam beforscht zu werden. Die Gegenwartskunst scheint nun ein Feld, in dem die Arbeit an der Auslegung von technosozialen Mustern und gesellschaftlicher Konturierung mit einiger Selbstverständlichkeit stetig neu geprüft wird. Diese Auseinandersetzungen am Bestand (und dem Bestehenden) öffnen Verhandlungszonen und vergegenwärtigen sich in zu Form gegossenen Sedimentationen.[10] Diese Durchdringungsversuche gilt es zu untersuchen und mit den Bedingungen und Anforderungen der Gegenwart abzugleichen. Die leitende Frage dabei könnte sein: Welche hochverdichteten Informationen lassen sich aus den überlagerten Codes aktueller Kunstwerke lesen und welchen kunstwissenschaftlichen und -pädagogischen Umgang fordern sie als Display tiefgreifender seismografischer Auseinandersetzungen? Wie ließen sich künstlerische Bildkomplexe als Datenvisualisierungsprozesse durchdenken und in ihrer Struktur hinterfragen? In jedem komplexen Feld bieten gerade diejenigen Kategorien, die im weiten Feld der Mischverhältnisse fundierte Positionen beziehen, einen Raum für Verhandlungen an der Textur der Gegenwart.

8 Ebd.

9 »Operative Logiken« bezeichnet eine kontextspezifische Anlage verschiedener Bildgenres, die auf ein je eigenes Wirkungsgefüge aufbauen. Philipp Ekardt entlehnt sie den Ausführungen der Soziologin Regula Burri zur Bildanalyse. Ekardt 2014, S. 87.

10 Vgl. Sternfeld 2016, S. 9.

9.2.1 Next Art und Next Art Education

Eine *Next Art Education*, so wie ich sie mit Torsten Meyer und Gila Kolb verstehe,[11] birgt nun reflexives und transformatives Potenzial in der Kunst und richtet sich konsequent gerade an der Unvorhersehbarkeit der Zukunft und einer Aktualität aus. Dabei geht es nicht um eine Kurskorrektur oder leichte Anpassungen an die Anforderungen der Gegenwart im Sinne einer Korrektur des Curriculums hin zum Richtigeren oder Guten. Es geht um sehr notwendige und grundlegende strukturelle Veränderungen an Haltungen und Anschauungen (*State-of-Mind*), aber auch Räumen und infrastrukturellen Voraussetzungen, die sich an den Anforderungen eines hochkomplexen Gegenwartsgefüges ausrichten und sich nicht mehr im *being* (so ist es) sondern im *becoming* (wir bleiben in Bewegung)[12] begreifen, ohne dabei vor den Strukturen zu kapitulieren. Die sich daraus ergebenden widerständigen Praxen, eigensinnigen Vereinbarungen und sperrigen Reflexionsräume müssen sich für die Kunstpädagogik (abseits eines Zeichenunterrichts) noch *bilden*.
Diese Überlegungen für die Kunstpädagogik überlagern sich produktiv mit grundsätzlichen Ausrichtungsfragen in der Kunstvermittlung, wie sie unter anderem Carmen Mörsch mit der Analyse der bestehenden Diskurse für Vermittlungsansätze angestoßen hat. Sie versteht Kunstvermittlung dabei als »Praxis, Dritte einzuladen, um Kunst und ihre Institutionen für Bildungsprozesse zu nutzen: sie zu analysieren und zu befragen, zu dekonstruieren und gegebenenfalls zu verändern.«[13] Der Ansatz, die *Veränderung* als grundsätzlichen Startpunkt für kunstpädagogisches Handeln zu verstehen, ist besonders in Bezug auf die Institution Schule und ihre Zusammenhänge attraktiv. Ich möchte mit dem Vorschlag einer Übertragung dieser Fragen auf die Kunstpädagogik an dieser Stelle dennoch nicht dafür plädieren, gerade den Raum des Kunstunterrichts für eine Infragestellung der Schule oder des Kunstunterrichts per se zu nutzen. Mein Vorschlag bezieht sich auf die Erweiterung der Aufgabenfelder der Institution nach einem *transformativen Ansatz*. Entsprechend wäre eine *transformative Kunstpädagogik* gleichzeitig eine Spielart der Kunstvermittlung, welche die Institution Schule in ihren Funktionen zu erweitern wüsste, sich als »Akteurin gesellschaftlicher Mitgestaltung«[14] verstünde und einem selbstreflexiven Bildungsverständnis folgt. Für eine Kunstpädagogik, die über die Diskussion der Verhältnisse am Bild gesell-

11 Vgl. Meyer, Torsten; Kolb, Gila. »Vorwort«. In: dies. (Hg.). *What's Next? Art Education.* München, 2015, S. 6–9.

12 Kolb, Gila; Schütze, Konstanze. »Becoming Art(s) Educators – Shifts in Art and Education«. In: Heber, M.; Jas, M. (Hg.). *Fokus: Kunst- und Kulturschaffende in Bildungseinrichtungen! Debatten um Rahmenbedingungen, Potenziale und Kompetenzen für kulturelle Bildungsprojekte!* München, 2017, S. 149–159.

13 Mörsch, Carmen. »Am Kreuzungspunkt von vier Diskursen. Die Documenta 12 Vermittlung zwischen Affirmation, Reproduktion, Dekonstruktion und Transformation«. In: Meyer, T.; Kolb, G. (Hg.). *What's next? Art Education.* München, 2015, S. 231–232.

14 Mörsch, 2015, S. 231–232.

schaftliche Herausforderungen an der Zukunft und eigene blinde Flecken aufzudecken und adressieren vermag, sind die transformativen Diskurse eine produktive Allianz. Die Verhandlung am Bild wird zu einem geschützten Raum für eine Art »Problemhandeln unter komplexen Bedingungen«[15], der als exemplarisch für die gesellschaftlichen Fragen und wechselseitige Bildendungprozesse verstanden und im Sinne transformativer Effekte genutzt werden kann.

Dies ernst genommen, führt zu einer Kunstpädagogik, die *per Default* im Umbau denkt und sich als Akteur*in der Gegenwart auf Fragen der Verhandlung versteht. Torsten Meyer sieht dabei den Modus »proto« als Antrieb und denkt kunstpädagogisches Handeln als eine Reihe von vorausschauenden Versuchen für die Zukunft. Im Design und der Designforschung spricht man von *probing*. Gemeint ist die per Testlauf sukzessive Annäherung an ein gewünschtes Ergebnis oder eine einsatzbereite Anwendung. Eine so verstandene Kunstpädagogik würde sich dann, Entwurf für Entwurf (evtl. auch selbstlernend), permanent in Umbau befinden.[16] Entsprechend geprüft, eingesetzt und anhaltend weiterentwickelt, könnten Methoden und Strategien eines *Speculative Design*[17] in den kunstpädagogischen Diskurs einbezogen werden. Die *transformativen* Ansätze würden einen spekulativen und *gestaltenden* Zweig für die Kunstpädagogik entwerfen, der zwischen kritischer Kunstvermittlung und Gegenwartsausrichtung operiert. Aus der Prüfung eines spekulativen Ansatzes für die Kunstpädagogik, im Kontext der kunstpädagogischen Forschung, erwächst der Versuch an der Positionierung der Kunstpädagogik als Gestaltungsdisziplin. Eine dynamische, spekulative und zukünftige Kunstpädagogik zu entwickeln, die ihre Werkzeuge und Methoden für die permanenten Veränderungen der Gegenwart und die Simulationen der Zeit immer wieder neu durchdenkt, wäre ein Etappenziel, um auf Augenhöhe mit den Phänomenen einer weitverzweigten algorithmisierten Gegenwart zu gelangen.

Gerade die hier untersuchte *Entität Bild* scheint in ihren Konstellationen in vielerlei Hinsicht die kleinste beobachtbare Entität, die besonders die Kunstpädagogik, mit ihren Expertisen und Erfahrungen an den intersubjektiven Relationen[18] im Zusammenhang mit dem Bild, nutzen kann. Auf diese Weise ausgestattet, kann aus der Bildung eine mutigere gesamtgesellschaftliche Debatte zum Plural der Bilder im Zusammenhang mit den

15 Mörsch, 2015, S. 232.

16 Meyer entlehnt das Konzept von Koert van Mensvoort für seine fünf Thesen zur nächsten Kunstpädagogik. Meyer 2015, »What's Next, Arts Education? Fünf Thesen zur nächsten Kulturellen Bildung«.

17 Vgl. »Speculative Design (SD) understands itself as progressive alternative perspective to mainstream Design culture (and as an alternative to other alternatives as well).« Bratton, Benjamin. »Speculative Design«. *dis-magazine,* 2016. Online: http://dismagazine.com/discussion/81971/on-speculative-design-benjamin-h-bratton/ [05.04.2018].

18 Meyer, Torsten; Jörissen, Benjamin. »Vorwort«. In: Jörissen, B.; Meyer, T. (Hg.). *Subjekt Medium Bildung.* Wiesbaden, 2015, S. 7.

notwendigen bildungspolitischen Konsequenzen angestoßen werden. Wie Nicolas Bourriaud es formuliert: »Auf kollektiver Ebene geht es letztlich um die Erfindung einer gemeinsamen Welt.«[19] Nichts Geringeres wäre das Anliegen der *nächsten* Kunstpädagogik.

9.2.2 Überlagerung der Bilder

»Der aktuelle Bildüberschuss überfordert den Betrachter, der mit dem Anspruch, jedem Bild einzeln seine Aufmerksamkeit zu schenken, in eine Ausstellung geht, ebenso wie den Kunstpädagogen, der daran eine auf das Bild im Singular bezogene Bildkompetenz entwickeln will.«[20]

Nachdem ich den gedanklichen Ausgangspunkt zum Zustand *after the Internet* umrissen und das Bild über acht Kapitel als Akteur*in in Wechselbeziehungen vorgestellt habe, möchte ich die Herausforderungen einer Gegenwartsbewältigung in den Blick rücken und das Bild, aber auch die Bilder, als Allianzen für das Vorhaben der Gegenwartsdurchdringung vorschlagen. Die Geschwindigkeiten der Netzwerke, die Überlagerungen der Bilder und die Vielfalt der Äußerungen schaffen ein diffuses wolkenartiges Bild der Gegenwart. Die Phänomene der kulturellen, politischen, wirtschaftlichen und technologischen Gegenwart scheinen dabei zunehmend weniger konturierbar. Deshalb bedarf es – soweit die These – anderer *tools*, um diese Verhältnisse zu durchdringen bzw. sie überhaupt in ihrer Komplexität ansatzweise beschreiben zu können. Dabei können wir uns den bisherigen Überlegungen folgend nicht mehr auf die Sicherheit des kritischen Abstands zurückziehen. Die Figur des Abstands (obwohl selbst vielfach kritisiert) wird in bestehenden Konzepten von Kritik und Reflexion immer noch tradiert. Angesichts der Bedingungen der Gegenwart ist ebenjener Abstand aber mittlerweile nur noch wenig brauchbar und für die Entwicklung notwendiger Lösungsansätze in der Zukunft sowieso kaum überzeugend einzusetzen.

Mit der Untersuchung der Differenz zwischen dem *Visuellen* und dem *Sichtbaren* geht die Vermutung einher, dass sich angesichts veränderter Ordnungen auch andere Formen von Bildlichkeit und Bild herausgebildet haben. Für diese Ausprägungen, so die anschließende These, fehlen uns noch die Fähigkeiten und die Werkzeuge zur Beschreibung, weil die Veränderungen sich außerhalb des bisher Vorstellbaren befinden. In der Kunstpädagogik – ebenso wie anderswo in der Theorie – finden sich ausgeprägte Traditionen des Erschließens und Beurteilens, Artikulierens und Verstehens. Vor dem Hintergrund der radikal ver-

19 Bourriaud 2009, S. 203.
20 Meyer 2009.

änderten Bedingungen für Wahrnehmung, Aufmerksamkeit, Denken und Reflexion scheinen diese aber weniger brauchbar und müssen schon allein vor der überwältigenden Masse an Angeboten und den dafür nötigen Auswertungsprozessen überdacht werden. Provozierend platziert: Ist das Reflektieren an einen bestimmten menschlichen Sinn gebunden oder könnte olfaktorisch, auditiv oder visuell reflektiert werden? Wie sind die Oberflächen und Zugänge, die *Interfaces* der Begegnung, in der Reflexion zu gestalten? Gerade die Post-Internet Art[21] verweist die Betrachter*innen nun besonders vehement auf den Zusammenhang von Reflexion und Tradition und beendet gleichsam (radikal) die Hoffnung darauf, dass alles bleiben kann, wie wir es kennen. Angesichts der Arbeiten dieser Künstler*innen stellen sich mir nochmals einige Fragen: Was sind wir gewohnt zu sehen? Worin bestehen die Routinen der Annäherung und die Rituale der Auseinandersetzung mit visuellem Material? Wie begegnen wir den Bildern, ihren Beziehungen und Wirkmustern? Eine systematische, empirische oder netzwerktheoretische Serie von Studien zu visuellen Verbreitungsmustern, viralen Effekten und Aufmerksamkeitsökonomien wäre eine gute Grundlage für eingehendere Untersuchungen am *Bild der Gegenwart*. Es ginge darum, das Bild in seinen Relationen vor dem Hintergrund gegenwärtiger künstlerischer Produktion zu verstehen. Daraus würden sich im Umkehrschluss Thesen ableiten lassen, die Hinweise auf Art und Struktur medienkultureller, politischer und sozialer Veränderungen auch quantifizierbar und ggfls. auch navigierbarer werden lassen. Marshall McLuhan könnte für diese Skalierung Pate stehen: »For the ›message‹ of any medium or technology is the change of scale or pace or pattern that it introduces into human affairs«.[22]

9.2.3 Intersubjektive Relationen

Vor dem Hintergrund der bisher unternommenen Untersuchungen möchte ich die angesprochenen *human affairs* als willkommene Verknüpfung zu den noch ausstehenden Überlegungen zur pädagogischen Bedeutung der Relationen am Bild nutzen. Bilder sind in vielfacher Hinsicht tief in die Geschichte des kulturellen Handelns eingeschriebene Entitäten, deren Einfluss auf historische, politische und soziale Konfigurationen nur erahnt werden kann. In allgemeinen pädagogischen und didaktischen Diskursen (besonders bezogen auf die Institution Schule) spielen Bilder u. a. als Abbildungen, Visualisierungen, Metaphern, Systematisierungen und Darstellungen im Sinne eines

21 Der Begriff »Post-Internet Art« und die damit verbundene Kunst war zwischen 2013 und 2015 recht stark in der Kunstkritik und erfuhr starke Übergeneralisierung und eine auf die ästhetischen Dimensionen fehlgeleitete Diskussion. Gemeint ist hier die Kunst, die offensiv und selbstverständlich mit den Phänomenen der Gegenwart umgeht und/oder speziell diejenige Kunst, die im Umfeld der von dem NYC-Kollektiv *dismagazine* kuratierten Berlin Biennale 9, 2016.

22 McLuhan 1964, S. 1.

Unterrichtsmaterials eine beachtete Rolle. Ihre strukturellen, transformativen und konstituierenden Potenziale für Bildungsprozesse sind dabei allerdings noch wenig systematisch beforscht. Der Ansatz einer »strukturalen Medienbildung«[23], den Benjamin Jörissen und Winfried Marotzki beschrieben haben, liefert für die Untersuchung der pädagogischen Relationen am Bild wesentliche Anschlüsse. Jörissen versteht Bildung als Prozess, »in welchem vorhandene Strukturen und Muster der Weltaufordnung durch komplexere Sichtweisen auf Welt und Selbst ersetzt werden«.[24] Dabei geht es nicht zuletzt um die Ermöglichungsstrukturen für einen Erwerb von »Orientierungswissen« für die Bewältigung von Alltagssituationen unter den Bedingungen algorithmisierter, globalisierter, hochkomplexer, ökonomischer und politischer Infrastrukturen.[25] Bildung hätte damit das Ziel, Gestaltbarkeit und Teilhabe zu begünstigen und könnte als *Relationierungsgeschehen*[26] an Praxen, Diskursen und Infrastrukturen verstanden werden, bei der wechselseitige Bezugnahmen und Veränderungen zwischen den beteiligten Entitäten auftreten. Vor diesem Hintergrund skizziert die Komplexität der unter den Transformationen der Gegenwart beteiligten kulturellen, materiellen, symbolischen, medialen und infrastrukturellen bildungsrelevanten Akteur*innen, hohe Anforderungen für pädagogische Medienforschung und Bildungstheorie. Nicht zuletzt kommen damit weitere weitreichende Fragen zur »Pädagogik der Dinge«[27], aber auch der »Bildung der Communities«[28] in einem doppelten Sinn auf. Jörissen und Meyer sehen in der Logik der Gegenwart veränderter Medialität, auch Subjektivität im Umbau. Wissen sei folglich nicht (mehr) mit der Bildung des Geistes *eines* Subjektes und damit körperlich gebunden, sondern veräußerlicht und »zwischen Köpfen« zu denken.[29] Als solche Konfiguration wäre der Wissenserwerb ebenso wie *das* Wissen weder räumlich noch zeitlich zu konturieren und würde sich als Verhältnis aus Netzwerken von Dingen, Infrastrukturen, Themen und anderen Akteur*innen immer wieder neu ereignen – das Bild und die Bildakkumulationen mittendrin.

23 Marotzki, Winfried; Jörissen, Benjamin. »Wissen, Artikulation und Biographie. Theoretische Aspekte einer strukturalen Medienbildung«. In: Fromme, J.; Sesink, W. (Hg.). *Pädagogische Medientheorie.* Wiesbaden, 2008, S. 51–70.

24 Jörissen, Benjamin. »Transgressive Artikulationen: das Spannungsfeld von Ästhetik und Medialität aus Perspektive der strukturalen Medienbildung«. In: Hagener, M.; Hediger, V. (Hg.). *Medienkultur und Bildung. Ästhetische Erziehung im Zeitalter digitaler Netzwerke.* Frankfurt/Main, 2015, S. 49–64, hier: S. 54.

25 Ebd.

26 Der Begriff des Relationierungsgeschehens ist entliehen aus: Jörissen, Benjamin. »Subjektivation und ästhetische Freiheit in der post-digitalen Kultur«. In: Braun, T.; Fuchs, M.; Taube, G. (Hg.). *Das starke Subjekt.* München, 2017, S. 6.

27 Vgl. Jörissen, Benjamin. »Bildung der Dinge. Design und Subjektivation«. In: Jörissen, B.; Meyer, T. (Hg.). *Subjekt Medium Bildung.* Wiesbaden, 2015, S. 215–233.

28 Vgl. Koenig, Christoph. »Community als Subjekt. Entwurf einer bildungstheoretischen Interpretation kollaborativer Transformationsprozesse im Netz«. In: Jörissen, B.; Meyer, T. (Hg.). *Subjekt Medium Bildung.* Wiesbaden, 2015, S. 235–254.

29 Vgl. Meyer und Jörissen 2015, S. 7.

»Kompliziert wird es erst im Plural. Mit dem Bild im Plural geht es potenziell auch immer um Perspektive im Plural. Das ist manchmal ebenso schwer zu ertragen wie die Vorstellung Konsens im Plural. Vor dem Hintergrund kultureller Globalisierung und dem Weltweit-Werden der Kommunikation wird dieses Thema aber immer brisanter.« [30]

9.2.4 Ohne Abstandsgesten: Middling

Nora Sternfeld schlägt vor, die Verhältnisse aus der Mitte in den Blick zu nehmen und aus deren Verstrickungen heraus zu agieren. Sie wendet das Konzept des *middling* der finnischen Musikwissenschaftlerin Milla Tiainen auf eine kuratorische Praxis des Verstehens aus der Mitte der Verhältnisse heraus an.[31] In dieser sanften Aufforderung steckt ein radikaler Vorschlag für eine veränderte Forscher*innenperspektive abseits der Subjekt-Objekt-Verhältnisse, die u.a. den Umgang mit Bildern bestimmen. Tiainen, Kontturi und Hongisto verstehen *middling* mit Verweis auf Brian Massumi unter einem neu-materialistischen Ansatz als eine wissenschaftliche Haltung, nach der Forschung ein interrelationaler Prozess ist, bei dem Bedingungen, Perspektiven, Objekte und Zugänge das Material der Forschung sind, welches die Forschenden mitbedingt. Ein Zugang, der für die kunstpädagogische Forschung, aber auch für die kunstpädagogische Praxis, gerade mit Bezug auf die Arbeit mit Bildern, wegweisend scheint.
Dabei könnte es unter anderem darum gehen, gerade über das Kuratorische etwas über die Verhältnisse der Gegenwart in Erfahrung zu bringen.[32] Dem folgend wäre Forschung im Kuratorischen dann vor allem Forschung als Relation, ein Lernen in der *Mitte* statt in der »Fantasie eines Überblicks«[33]. Mit Sarat Maharaj, Co-Kurator der »documenta 11«, spitzt Sternfeld ihre These auf den globalen Kontext eines kritischen Handelns zu: Sie formuliert die Aufforderung, sich »in die Dichte der Bedingungen zu begeben, alles zu nehmen, was möglich ist, und inmitten postkolonialer Verhältnisse nicht von oben herab zu agieren«, sondern mittendrin.[34] Kritische Haltung zu praktizieren, so würde ich diese Ausführungen verlängern wollen, bedeutet also auch, Widerstandspraxen zu beschreiben, die nicht wesentlich von Kritik angetrieben sind (z.B. Abstandsphantasien entspringen), und damit trotz aller aktiven Herrschaftstechniken widerständig zu denken, zu handeln und zusammenzufinden. Das gilt nicht nur für das Handlungsfeld der Kurator*innen, sondern

30 Meyer 2009.

31 Vgl. zu »Middling« bei Tiainen, Milla; Kontturi, Katve-Kaisa; Hongisto, Ilona. »Framing, Following, Middling. Toward Methodologies of Relational Materialities«. *Cultural Studies Review*, 21 (2), 2015, S. 14–46, hier: S. 36.

32 Sternfeld 2017.

33 Ebd.

34 Sternfeld 2017, vgl. Foucault 1992.

gerade auch für die kuratierend handelnde und von Diskursen informierte Kunstpädagogik nach einem *Curatorial Turn*, wie sie Torsten Meyer auf Grundlage der Ausführungen des Soziologen Heinz Bude entwickelt.[35] Michel Foucaults Überlegungen zur Kritik ernst genommen, können wir aber nicht vorher wissen, was das »Widerständige« sein kann und wogegen sich der Widerstand richten muss. Dafür braucht es zuallererst eine wertungsfreie Annäherung und Demut vor dem Material, keine routinierten Abstandsgesten.[36] Nora Sternfeld nennt es »intim werden mit dem Problem«. Dafür gilt es, eine Fragestellung aus der Intimität mit den Verhältnissen heraus zu entwickeln – *bottom-up* handelnd, aus dem Wissen schöpfend eine *Top-down-Perspektive* zu reflektieren und dabei eine temporäre und modellhafte Übersicht zu erringen. Wie und welche Frageformen dabei gewählt werden, ist Teil der kritischen Konstellation.[37] Das Kuratorische wie Kunstpädagogische wäre, über ein Befragen der Gegenwartsbedingungen und ihren ästhetischen Artikulationen im Bild, mitten in den Verhältnissen (politisch, sozial, technologisch, medial, ökonomisch wie ästhetisch) aktiviert und würde es über ein *Doing* am Bild ermöglichen, einen »Zugang zum Erkennen des Zustands der Welt«[38] zu eröffnen und Verhandlungen daran zu initiieren. Hier beginnt die Forschung an der Bildung im Plural eigentlich erneut und die Diskussion der Phänomene im Bild wirft eigene Fragen an die Kunstvermittlung auf.

Dennoch möchte ich nach diesen skizzenhaften Überlegungen eine vorläufige Engführung versuchen und eine Arbeitsthese für mögliche Fortführungen anbieten. Ich schlage vor, Kunstpädagogik als *affirmativ durchdringende Praxis* im Durchdringen der Verhältnisse[39] zu betreiben und dies nicht mit der Distanzierung und den Routinen des Beurteilens zu tun, sondern aus der Hingabe an die Verhältnisse heraus. Als *modus operandi* dafür sehe ich eine praxeologisch geprägte Annäherung[40] als eine Pflege der Diskurse und Befragung der Verhältnisse, die den Diskursen ohne Wertung und Bewertung fragend begegnet. Daraus ergeben sich viele Herausforderungen. Unter anderem wäre der kritisch wertende Modus des Zweifelns abzulegen und, wie Foucault vorschlägt, eine echte kritische Haltung einzunehmen.[41] Das heißt, vor allem müssten auch die Werkzeuge, Strategien und Traditionen an den tatsächlichen Umständen – in diesem Fall den Praxen der Gegenwart

35 Meyer, Torsten. »Für einen Curatorial Turn in der Kunstpädagogik«. In: Meyer, T.; Kolb, G. (Hg.). *What's Next? Art Education*. München, 2015, S. 220–222.

36 Foucault 1992.

37 Ebd.

38 Sternfeld 2017.

39 Vgl. Sternfeld 2015 nach Gayatri Chakravorty Spivak. U. a. im Sinne eines »unlearning« zu den Fragen, die wir nicht kennen und mit Bezug auf eine Untersuchung im Unbekannten. Siehe Kolb, Gila; Peters, Maria; Sternfeld, Nora. *Wie kann ich dann in meinem Unterricht "lehrend verlernen"?* In: Meyer, Torsten; Kolb, Gila (Hg.). *What's next? Art Education*. München, 2015. Landry, Donna; Maclean, Gerald. *The Spivak Reader*. New York/London, 1996, S. 4.

40 U. a. Reckwitz, Andreas. »Grundelemente einer Theorie sozialer Praxis. Eine sozialtheoretische Perspektive«. *Zeitschrift für Soziologie*, 32 (4), 2003, S. 282–301.

41 Foucault 1992.

– geprüft und kalibriert werden. Hier beginnt die Forschung an den Konturen des Faches. Methodische Allianzen für eine künstlerisch und kuratorisch forschende kritische Kunstpädagogik in der Mitte der Verhältnisse lassen sich im *middling* jederzeit finden.

9.3 Schmutzige Hände und Hingabe

Das skizzierte Konzept des *middling* verstehe ich dabei als eine *ersehnte Lösung* für eine dezidiert kunstpädagogische Problemkonstellation. Kunstpädagogisch Forschende, aber auch Kunstvermittler*innen und Kunstpädagog*innen im Feld, haben nachweislich immer *zu schmutzige Hände* für die Theorie und *zu saubere Ansätze* für die Praxis. Kunstpädagogisch Forschen bedeutet, die dynamischen Verwicklungen praxeologisch produktiv werden zu lassen. Die Ansätze eines *middlings* verstehe ich nun dahingehend als ein Plädoyer für das Mittendrin unserer Disziplin. Es geht dabei nicht um eine kunstpädagogische Praxis, die als kuratorische Praxis den Abstand zwischen Professionen und Material vermindert, sondern um routinierte Sprünge ins *Unbestimmte* unter den Anforderungen der jeweiligen Gegenwart. Das wird Fachkolleg*innen vertraut sein und einer beruhigenden Vergegenwärtigung der eigenen Position gleichkommen. Aber auch hier stehen notwendige Messungen und Erhebungen an. Wie ist diese kunstpädagogische Haltung strukturiert? Wie organisiert sie sich? Wie orientiert sie sich? Wie ist sie situiert? Was ist ihr Material? Wie grenzt sie sich ab?

Während auch diese Fragen für eine *andere* Untersuchung erhalten bleiben, möchte ich einen letzten Denkanlass am Material liefern, der mich zu einem *offenen Ende* am Bild führt. Welche Werkzeuge und welche Strategien sind dynamisch genug, um künstlerischen Durchdringungsversuchen in ihren Mäandern zu folgen? Wenn Kunst beispielsweise – wie im Fall von Simon Denny – wie ein Messestand eines IT-Start-ups oder eine Postershow einer Management-Schule auftritt, dann versagen die Handreichungen der Werkanalyse bereits im ersten Moment. Dann fordert diese künstlerische Artikulation die Abstandslosigkeit zum Material und gibt sich nicht mit einer reinen Werkannäherung zufrieden. Sie verlangt Hingabe und Achtung vor den minimalen Differenzen und impliziten Aufforderungen.[42] Was dann nicht mehr ausreicht, ist das Studium der *visuellen Oberflächen,* die Kenntnis kunsthistorischer und -theoretischer Linien, oder die professionellen Verfahren, Analysen und Schemata. Hier ist die Kenntnis wesentlicher gesellschaftlicher, ökonomischer, politischer, technischer und sozialer Diskurse *ad hoc* notwendig. Unersetzlich ist aber

42 Ehmer, Hermann K. »Zur Metasprache der Werbung – Analyse einer DOORNKAAT-Reklame«. *Kunst und Unterricht, Sonderheft*, 1970, S. 111–115. Überlegungen zur visuellen Kultur und dem Material der Kunstpädagogik scheinen vor dem Hintergrund dieser Logikverschiebungen bereits frühe Aussichten auf die heute umso drängenderen Fragen an den diskursiven und gestalterischen Werkzeugen der Kunstpädagogik zu liefern. [Ergänzung: 27.08.2020].

auch eine kritische Haltung, wie sie uns Michel Foucault (und in seiner Verlängerung in die Gegenwart auch Manuel Zahn) vorschlägt, die auf Wertung und Bewertung verzichtet und sich auf Fragen mit Erkenntnisinteresse konzentriert.[43] Vilém Flusser findet eine anschauliche Beschreibung für diese Verkomplizierung der Verhältnisse:

> *»To make a picture of the world, one must step back from it. The question is: where to? It is easy to answer: from one place to some other. For instance: if one wants to make a picture of a pony – as they did in the Dordogne – one must step back from it and climb on a hill. But this is not the whole answer. We know from experience that it is not. When making a picture – when imagining – we step back from the world into ourselves. This is not really a place, it is a non-place«*[44].

9.4 Verhandlungen ohne Ende

Die Chance einer nächsten Kunstpädagogik ist, dass sie über die Diskussion am *Bild der Gegenwart* ein Material und Feld erfindet, in dem *Ausstellen* nicht ausschließlich als Zeigen und Repräsentieren verstanden wird, sondern als Raum, in welchem sich Durchdringungsversuche der Gegenwart ereignen und sich Fragen bilden, eine *Vermittlung* an und mit Kunst zu Verhandlungen an den Verhältnissen verführt. Grundlage für die Durchdringung der Verhältnisse, zumal mit Hingabe, ist allerdings eine forschende kunstpädagogische Praxis mit detailreicher Kenntnis der jeweils aktuellen Modi künstlerischer Produktion. In der Anwendung und Umsetzung würde das bedeuten, dass die künstlerische wie kunstpädagogische Praxis Darstellungsfragen als Verstehensprozesse, und damit als Fragen der Modellbildung, untersucht. Das Kunstwerk, oder die künstlerische Arbeit, wäre dann folglich als Modell für einen Prozess der Durchdringung an der Gegenwart zu denken. Diese Kunstpädagogik verstünde sich als Teil eines *transformativen Diskurses* und würde sich auf jene *hingebende Durchdringung* verstehen, den Austausch zu Fragen der gegenwärtigen Bedingungen von Bildern aus anregen und diese im Sinne einer *kuratorischen Haltung* pflegen. Dabei geht es weniger um die reine Darstellung oder das Auslesen der gegenwärtigen Verhältnisse, sondern um ein tiefgründiges Durchdringen mit ästhetischen Annäherungen. Im Zentrum der Konstellationen stünden dabei Zugangsfragen

43 Vgl. Zahn, Manuel. »Ästhetische Praxis als Kritik. Vom Aussetzen des Urteilens und der Erfindung neuer Wahrnehmungs-, Denk-, und Handlungsmöglichkeiten«. In: Dander, V.; Bettinger, P.; Ferraro, E.; Leineweber, C.; Rummler, K. (Hg.). *Digitalisierung – Subjekt – Bildung. Kritische Betrachtungen der digitalen Transformation.* Leverkusen, 2020, S. 213–233.

44 Flusser, Vilém. »A New Imagination«. In: Ströhl, A. (Hg.). *Writings by Vilém Flusser.* Minneapolis, 2002, S. 110–116. Online: http://www.flusserbrasil.com/arte3.pdf [25.03.2018].

(u. a. Disziplin-, Klassengrenzen ebenso wie Vorwissen und Erfahrungshorizont) und eine komplexe Debatte über Traditionen, Privilegien und Behinderungen.
Diese Auseinandersetzungen nun am Beispiel der Bildphänomene zu führen, birgt die Chance eines Schutzraumes, in dem Komplexität erprobt werden kann.[45] Die skizzenhaften Sammlungen dieser Untersuchungen bieten eine erste Grundlage für das Anstehende. Ein anschließender Auftrag könnte sein, diese *findings* in den verschiedenen Anwendungsbereichen der *Kunstvermittlung & Kunstpädagogik* (z. B. Schule, Museum, Großausstellung) zu durchdenken und mit den jeweiligen praktischen Implikationen in weiteren Studien zu untersuchen. Im Kontext aktuell drängender sozialer und politischer Fragen (z. B. globaler Machtverhältnisse, durchgreifender ökonomischer Modelle, intersektional gedachter Geschlechtergerechtigkeit, struktureller Diskriminierung, postdigitaler Gestaltungsfreiheit) bestünde darüber hinaus die dringende Notwendigkeit, das hier skizzierte Vorgehen am Bild und die Untersuchung der Bilder in ihren komplexen Wirkungsgefügen für eine feministische, dekolonisierende und postkolonial informierte Diskussion der Verhältnisse einzusetzen und dabei die *relationalen* und *agentiellen* Aspekte der Bilder in größter Selbstverständlichkeit in kritisches kunstpädagogisches Handeln einzubeziehen. Die Untersuchung dieser wichtigen Fragen kann an dieser Stelle weder einen systematischen Anfang finden, noch ein befriedigendes Ende simulieren, oder gar geordnete Verhältnisse übergeben. Trotz aller Anstrengung an einer Kontur, findet diese Untersuchung am Bild der Gegenwart *kein Ende* und verbleibt stattdessen mitten in den Verhältnissen einer vielfach überfordernden, überkomplexen *Postdigital Condition,* die uns nach wie vor einiges abverlangt. ♫

45 Vgl. Mörsch 2015.

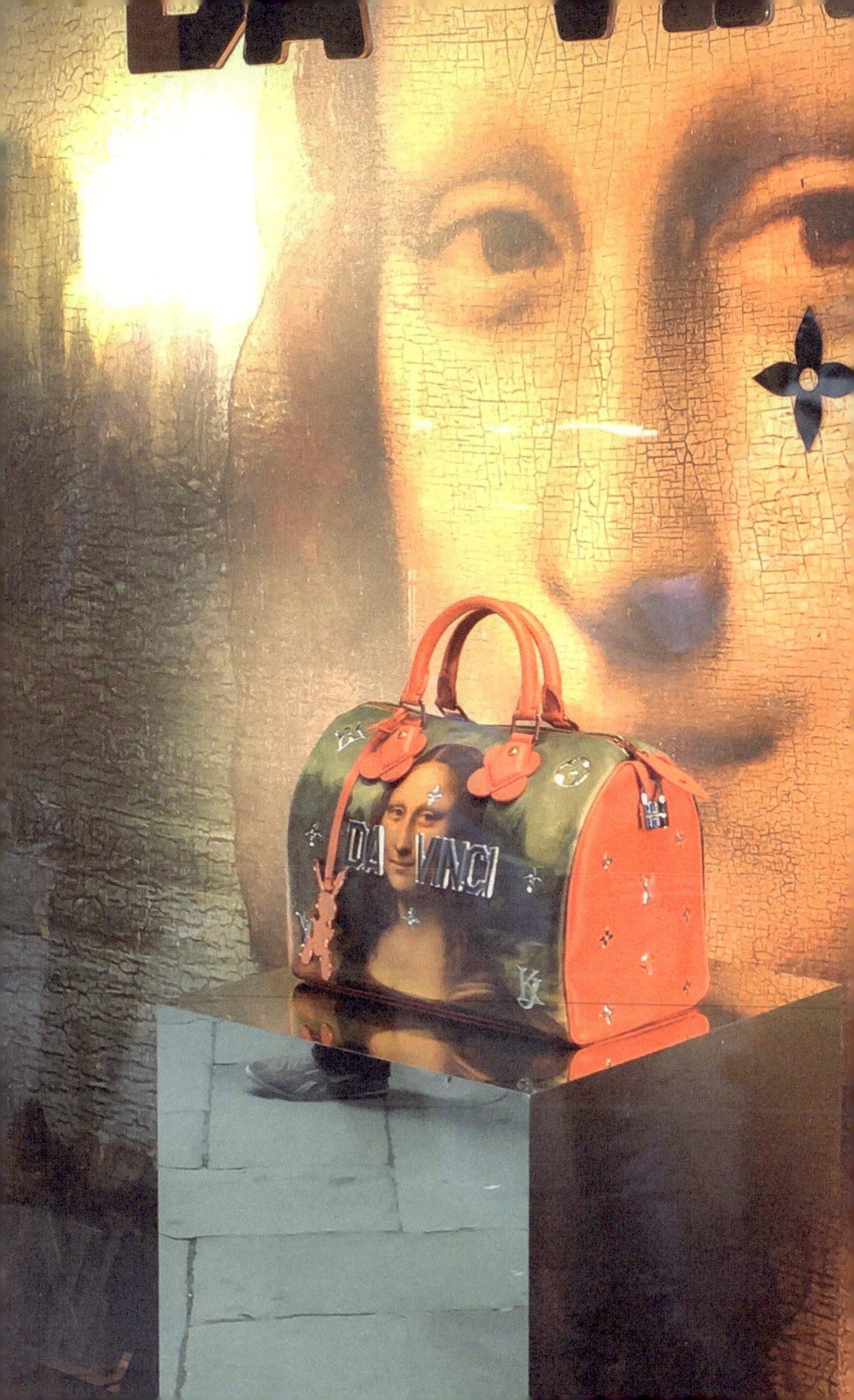
DA VINCI

10 Literatur

Ahern, Laura. »Language and Agency«. *Annual Review of Anthropology,* 30, 2001, S. 109–137.

Alexenberg, Mel. *The Future of Art in a Postdigital Age. From Hellenistic to Hebraic Consciousness.* Bristol, 2011.

Alloa, Emmanuel (Hg.). *Bildtheorien aus Frankreich. Eine Anthologie.* München, 2010.

Alloa, Emmanuel. »Der Aufstand der Bilder«. In: ders. (Hg.). *Bildtheorien aus Frankreich. Eine Anthologie.* München, 2011, S. 9–41.

Antonellis, Anthony. »Net Art Implant«. *Offizielle Webseite,* o.J. Online: https://www.anthonyantonellis.com/news-post/item/670-net-art-implant [08.03.2018].

Archey, Karen; Peckham, Robin. »Art Post-Internet«. *Ullens Center for Contemporary Art.* Bejing, 2014.

Arendt, Hannah. *The Human Condition.* Chicago/London, 1958.

Arendt, Hannah. *Vita Activa oder Vom tätigen Leben.* München, 2013 (1958).

Arendt, Hannah. *Zwischen Vergangenheit und Zukunft.* New York, 2013 (1968).

Assmann, Jan. »Die Macht der Bilder. Rahmenbedingungen ikonischen Handelns im alten Ägypten.« In: Kippenberger, H.G.; van den Bosch, L.P.; Leertouwer, L.; Witte, H.A. (Hg.). *Visible Religion,* Vol. 7: Genres in Visual Representations. Leiden-New York-Copenhagen-Köln, 1990, S. 1–20.

Avanessian, Armen; Malik, Suhail. »Der Zeitkomplex«. In: Avanessian, A.; Malik, S. (Hg.). *Der Zeitkomplex: Postcontemporary.* Berlin, 2016, S. 7–36.

Badiou, Alain. *Das Sein und das Ereignis.* Berlin, 2005.

Badiou, Alain. *Ethik. Versuch über das Bewusstsein des Bösen.* Wien, 2003 (1993).

Badiou, Alain. *Gott ist tot. Kurze Abhandlung über eine Ontologie des Übergangs.* Wien, 2002 (1998).

Badiou, Alain. Paulus. *Die Begründung des Universalismus.* München, 2002 (1997).

Badiou, Alain. *Zweites Manifest für die Philosophie.* Wien, 2010 (2009).

Baecker, Dirk. »Form der Kultur«, 2003. Online: http://www.spacetime-publishing.de/luhmann/FormDerKultur2003.pdf [10.03.2018].

Baecker, Dirk. *Studien zur nächsten Gesellschaft.* Frankfurt/Main, 2007.

Balkenhol, Bernhard. »Kann Kunst helfen, etwas über die Welt zu erfahren?«. In: *Fragen zur Kunst.* Kunsthochschule Kassel, 2008. Online: http://www.fragen-zur-kunst.de/#p74q194 [18.11.2018].

Ball, Hugo. *Karawane.* Berlin, 1917.

Barthes, Roland. »Die große Familie der Menschen«. In: *Mythen des Alltags.* Frankfurt/Main, 1964, S. 16–19.

Barthes, Roland. *Die helle Kammer: Bemerkungen zur Photographie.* Frankfurt/Main, 2008 (1989).

Baudrillard, Jean. *Die Illusion und die Virtualität.* Bern, 1994.

Baudrillard, Jean. *In the Shadow of the Silent Majorities.* Los Angeles, 1983 (1978).

Baudrillard, Jean. *Passwords.* London, 2003.

Baudrillard, Jean. *Selected Writing.* New York, 1998.

Baudrillard, Jean. *Simulacra & Simulation.* Michigan, 2017 (1994).

Bauman, Zygmut. *Leben in der flüchtigen Moderne.* Frankfurt/Main, 2005.

Becker, Sabine; Hummel, Christine; Sander, Gabriele. *Grundkurs Literaturwissenschaft.* Stuttgart, 2006.

Beilharz, Peter. »Baumans Moderne«. In: Junge, M.; Bauman, Z. (Hg.). *Soziologie zwischen Postmoderne, Ethik und Gegenwartsdiagnose.* Wiesbaden, 2007, S. 215–230.

Bell, Joshua A.; Geismar, Haidy. »Materialising Oceania. New Ethnographies of Things in Melanesia and Polynesia«. *Australian Journal of Anthropology,* 1, 2009, S. 3–27.

Bell, Joshua A.; Henrot, Camille. »Cargo, Kago and Culture«. *Parkett,* 97. Zürich, 2015, S. 104–117.

Belting, Hans. »Das Bild als Text«. In: Belting, H.; Blume, D. (Hg.). *Malerei und Stadtkultur in der Dantezeit. Die Argumentation der Bilder.* München, 1989, S. 23–64.

Belting, Hans. *Bildanthropologie, Entwürfe für eine Bildwissenschaft.* München, 2001.

Benjamin, Walter. »Über einige Motive bei Baudelaire«. *Schriften. I,2.* Frankfurt/Main, 1991, S. 605–654.

Benjamin, Walter. *Das Kunstwerk im Zeitalter seiner technischen Reproduzierbarkeit.* Frankfurt/Main, 1980. Digitale Volltext-Ausgabe bei Wikisource, online: https://de.wikisource.org/w/index.php?title=Seite:Das_Kunstwerk_im_Zeitalter_seiner_technischen_Reproduzierbarkeit_(Dritte_Fassung).pdf/2&oldid=2819464 [27.03.2018].

Benjamin, Walter. *Das Kunstwerk im Zeitalter seiner technischen Reproduzierbarkeit.* Frankfurt/Main, 2015 (1963).

Bennett, Lance; Segerberg, Alexandra; Knüpfer, Curd. »The Democratic Interface: Technology, Political Organization, and Diverging Patterns of Electoral Representation«. *Information, Communication & Society,* 2017, S. 1655–1680.

Berardi, Franco. »The Neuroplastic Dilemma. Consciousness and Evolution«. *e-flux journal,* 60, 2014. Online: http://worker01.e-flux.com/pdf/article_8992408.pdf [05.04.2018].

Berardi, Franco. *The Uprising. On Poetry and Finance.* New York, 2012.

Berger, Jonah; Milkman, Katherine. »What Makes Online Content Viral?« *Journal of Marketing Research,* 49 (2), 2012, S. 192–205.

Bering, Kunibert. *Visuelle Kompetenz. Kunst und die Orientierung in kulturellen Kontexten.* München, 2006.

Berry, David; Dieter, Michael. *Postdigital Aesthetics: Art. Computation and Design.* Amsterdam, 2015.

Beuth, Patrick. »Die Luftpumpen von Cambridge Analytica«. *ZEIT Online,* 07.03.2017. Online: http://www.zeit.de/digital/internet/2017-03/us-wahl-cambridge-analytica-donald-trump-widerspruch [15.09.2020].

Bhabba, Homi K. *The Location of Culture.* Abingdon, 2004,

Billmayer, Franz. »Paradigmenwechsel übersehen. Eine Polemik gegen die Kunstorientierung der Kunstpädagogik«. Hamburg, 2008. Online: http://hup.sub.uni-hamburg.de/volltexte/2008/44/pdf/HamburgUP_KPP19_Billmayer.pdf [03.01.2018].

Bion, Wilfred Ruprecht. *Lernen durch Erfahrung.* Frankfurt/Main, 1992.

Blackmore, Susan. *Die Macht der Meme oder die Evolution von Kultur und Geist.* Heidelberg, 2000 (1999).

Blanchot, Maurice. *Das Gelächter der Götter. Marginalien zu Klossowski.* Berlin, 1979 (1965).

Blümlinger, Christa (Hg.). *Von der Welt ins Bild.* Berlin, 2000.

Blümlinger, Christa. »Ein Seismograph in der Landschaft der Bilder. Zu Serge Daney«. In: dies. (Hg.). *Von der Welt ins Bild.* Berlin, 2000, S. 7–17.

Boehm, Gottfried (Hg.). *Was ist ein Bild?* München, 1994.

Boehm, Gottfried. »Bildsinn und Sinnesorgane«. *Neue Hefte für Philosophie 18/19,* Bad Feilnbach, 1980, S. 118–132.

Boehm, Gottfried. »Die Wiederkehr der Bilder«. In: ders. (Hg.). *Was ist ein Bild?* München, 1994, S. 11–38.

Boehm, Gottfried. »Ikonische Differenz«. *Rheinsprung,* 2011. Online: rheinsprung11.unibas.ch/fileadmin/documents/Edition_PDF/Ausgabe1/glossar-boehm.pdf [13.02.2018].

Boehm, Gottfried. »Zu einer Hermeneutik des Bildes«. In: Gadamer, H.-G.; Boehm, G. (Hg.). *Die Hermeneutik und die Wissenschaften.* Frankfurt/Main, 1978, S. 444–471

Boehm, Gottfried. *Wie Bilder Sinn erzeugen.* Berlin, 2015.

Boehme-Neßler, Volker. *BilderRecht.* Heidelberg, 2010.

Bohnsack, Ralf. »Dokumentarische Methode. Theorie und Praxis wissenssoziologischer Interpretation«. In: Hug, T. (Hg.). *Wie kommt Wissenschaft zu Wissen? – Einführung in die Methodologie der Sozial- und Kulturwissenschaften.* Hohengehren, 1998, S. 326–345.

Bohnsack, Ralf. »Heidi. Eine exemplarische Bildinterpretation auf der Basis der dokumentarischen Methode«. In: Bohnsack, R.; Nentwig-Gesemann, I.; Nohl, A.-M. (Hg.). *Die dokumentarische Methode und ihre Forschungspraxis. Grundlagen qualitativer Sozialforschung.* Opladen, 2001, S. 323–337.

Bohrer, Karl-Heinz. *Plötzlichkeit. Zum Augenblick des ästhetischen Scheins.* Frankfurt/Main, 1981.

Bosma, Josephine. »Post-Screen. Fehlerhafte Interpretationen des Digitalen in der Kunst«. *Kunstforum International,* Band 243: Postdigital 2. Ruppichteroth, 2016, S. 56–67.

Bourriaud, Nicolas. *Postproduction. Culture as Screenplay. How Art Reprograms the World.* New York, 2002.

Bourriaud, Nicolas. *Radikant.* Berlin, 2009.

Bourriaud, Nicolas. *Relational Aesthetics. Collection Documents sur l'art.* Dijon, 2002.

Brakhage, Stan. »From Metaphors on Vision«. In: Sitney, Adams (Hg.). *The Avant-Garde Film. A Reader of Theory and Criticism.* New York, 1978, S. 120–128, hier: S. 120.

Brand, Stewart. »Whole Earth Catalogue«. 1968. Online: https://monoskop.org/images/0/09/Brand_Stewart_Whole_Earth_Catalog_Fall_1968.pdf [23.03.2020]

Brandstätter, Ursula. »Ästhetische Erfahrung«. Online: https://www.kubi-online.de/artikel/aesthetische-erfahrung [24.02.2018].

Bratton, Benjamin. »Some Trace Effects of the Post-Anthropocene. On Accelerationist Geopolitical Aesthetics«. *e-flux journal,* 46, 2013. Online: http://worker01.e-flux.com/pdf/article_888882.pdf [05.04.2018].

Bratton, Benjamin. »Speculative Design«. *dis-magazine,* 2016. Online: http://dismagazine.com/discussion/81971/on-speculative-design-benjamin-h-bratton/ [05.04.2018]

Bredekamp, Horst. *Theorie des Bildakts. Über das Lebensrecht des Bildes.* Berlin, 2010.

Brighenti, Andrea. »Visibility. A Category for the Social Sciences«. *Current Sociology,* 55 (3), 2007, 323–342. Online: https://doi.org/10.1177/0011392107076079 [27.03.2018].

Bryant, Levi R. *Democracy of Objects.* Michigan, 2011.

Bunz, Mercedes. *Die Stille Revolution.* Berlin, 2012.

Burkhardt, Sara. *Netz Kunst Unterricht. Künstlerische Strategien im Netz und kunstpädagogisches Handeln.* München, 2007.

Burri, Regula Valérie. »Bilder als soziale Praxis, Grundlegungen einer Soziologie des Visuellen«. *Zeitschrift für Soziologie,* 34 (4), 2008, S. 342–358.

Burri, Regula Valérie. *Doing Images. Zur Praxis medizinischer Bilder.* Bielefeld, 2008.

Busse, Klaus-Peter (Hg.). *Kunstdidaktisches Handeln. Theorie und Handlungshilfen in der Unterrichtsvorbereitung, ästhetischen Praxis und Werkanalyse.* Dortmund, 2002.

Busse, Klaus-Peter. *Bildumgangsspiele. Kunst unterrichten.* Norderstedt, 2004.

Butin, Hubertus. »Camouflage«. In: Schafaff, J.; Schallenberg, N.; Vogt, T. (Hg.). *Kunst-Begriffe der Gegenwart. Von Allegorie bis Zip. Köln,* 2013, S. 19–24.

Butler, Judith. *Notes Towards a Performative Theory of Assembly.* Cambridge/London, 2015.

Caillois, Roger. »Natura pictrix. Anmerkungen zur figurativen und nicht figurativen ›Malerei‹ in Natur und Kunst«. In: Alloa, E. (Hg.). *Bildtheorien aus Frankreich. Eine Anthologie.* München, 2011, S. 102–115.

Campanelli, Vito. *Web Aesthetics. How Digital Media Affect Culture and Society.* Rotterdam, 2010.

Carnicer, Javier. »Bildungsaufstiege mit Migrationshintergrund«. *Adoleszenzforschung,* Band 5. Wiesbaden, 2017.

Chaudhuri, Shohini. *Feminist Film Theorists: Laura Mulvey, Kaja Silverman, Teresa de Lauretis, Barbara Creed.* London, 2006.

Chen, Adrian. »The Troll of Internet Art«. *The New Yorker,* 30.01.2017. Online: https://www.newyorker.com/magazine/2017/01/30/brad-troemel-the-troll-of-internet-art [24.03.2018]

Chielens, Klaas; Heylighen, Francis. »Evolution of Culture and Memetics«. In: Meyers, R. (Hg.). *Encyclopedia of Complexity and System Science.* New York, 2009, S. 3205–3220.

Cigolle, Mark; Coleman, Kim. »Computer Design Studio. Work in Progress«. *Journal of Architectural Education,* 43 (3), 1990, S. 26–33.

Contreras-Koterbay, Scott; Mirocha, Łukasz. *The New Aesthetic and Art. Constellations of the Postdigital.* Amsterdam, 2016.

Cramer, Florian. »Der selbstausführende Entwurf«. In: Mattenklott, G.; Weltzien, F. (Hg.). *Entwerfen und Entwurf. Praxis und Theorie des künstlerischen Schaffensprozesses.* Berlin, 2003, S. 285–296.

Cramer, Florian. »What is Post-digital?« *APRJA,* 3 (1), 2014, S. 11–24. Online: https://aprja.net/article/view/116068 [24.02.2018].

Crutzen, Paul; Stoermer, Eugene. »The Anthropocene«. *Global Change Newsletter,* 41, 2000, S. 17–18. Online: http://www.igbp.net/download/18.316f18321323470177580001401/1376383088452/NL41.pdf [24.03.2018].

Czerski, Piotr. »We the Web Kids«. *Wikisource,* 2012. Online: en.wikisource.org/wiki/We,_the_Web_Kids https://pastebin.com/0xXV8k7k[24.03.2018].

Dablé, Nadine. *Leerstellen transmedial: Auslassungsphänomene als narrative Strategie in Film und Fernsehen.* Bielefeld, 2014.

Daney, Serge; McMahon, Melissa. »Before and After the Image«. *Middle Eastern Films Before Thy Gaze Returns to Thee,* 21 (1), 1999, S. 181–191.

Daney, Serge. »Montage unerläßlich. Krieg, der Golf und das Fernsehen«. In: Blümlinger, C. (Hg.). *Von der Welt ins Bild.* Berlin, 2000, S. 198–210.

Dawkins, Richard. *The selfish gene.* Oxford, 1976.

Dawkins, Richard. »Foreword«. In: Blackmore, S. (Hg.). *The Meme Machine.* Oxford 1999, S. 7–17.
Dawkins, Richard. *Das egoistische Gen.* Berlin, 1978 (1976).
Debatty, Regine. »Interview with Marisa Olson«. *We-make-money-not-art.org,* 2008. Online: we-make-money-not-art.com/how_does_one_become_marisa/ [08.03.2018].
Debord, Guy. *The Society of the Spectacle.* Paris, 1967. Online: https://monoskop.org/images/e/e4/Debord_Guy_Society_of_the_Spectacle_1970.pdf [22.02.2018].
Debray, Régis. »Für eine Mediologie«. In: Pias, C.; Vogl, J.; Engell, L. (Hg.). *Kursbuch Medienkultur. Die maßgeblichen Theorien von Brecht bis Baudrillard.* Stuttgart 2004, S. 67–75.
Deleuze, Gilles. »Brief an Serge Daney. Optimismus, Pessimismus und Reisen«. In: *Unterhandlungen.* 1978–1990. Frankfurt/Main, 1993 (1990), S. 101–118.
Deleuze, Gilles. *Differenz und Wiederholung.* München, 2007 (1968).
Deleuze, Gilles. *Unterhandlungen.* 1972–1990. Frankfurt/Main, 1993 (1990).
Denecke, Dietrich. »Kulturlandschaft, Siedlungsgeographie, Kulturgeographie«. In: Fehn, K.; Simms, A. (Hg.). *Wege der historischen Geographie und Kulturlandschaftsforschung.* Stuttgart, 2005.
Didi-Huberman, Georges. »Picture = Rupture: Visual Experience, Form and Symptom according to Carl Einstein«. *Papers of Surrealism,* 7, 2007, S. 1–25.
Didi-Huberman, Georges. *Was wir sehen blickt uns an. Zur Metapsychologie des Bildes.* München, 1999.
Didi-Hubermann, Georges. »Von den Mächten der Figur. Exegese und Visualität in der christlichen Kunst (1990)«. In: Alloa, E. (Hg.). *Bildtheorien aus Frankreich. Eine Anthologie.* München, 2010, S. 273–301.
DIS. »The Present in Drag«. *Berlin Biennale 9,* o.J. Online: http://bb9.berlinbiennale.de/the-present-in-drag-2/ [04.04.2018].
Draxler, Helmut. »Jenseits des Augenblicks. Geschichte, Kritik, und Kunst der Gegenwart«. In: Kernbauer, E. (Hg.). *Kunstgeschichtlichkeit. Historizität und Anachronie in der Gegenwartskunst.* Paderborn, 2015, S. 129–143.
Draxler, Helmut. »Krise als Form. Revision zur Geschichte der Gegenwart«. *Springerin,* 2, 2017, S. 17–20.
Eckstein, Lars; Reinfandt, Christoph. *Luhmann in the Contact Zone. Zur Theorie einer transkulturellen Moderne.* Potsdam, 2016.
Eco, Umberto. *Wie man eine wissenschaftliche Abschlussarbeit schreibt.* Stuttgart, 2007.
Ehmer, Hermann K.. »Zur Metasprache der Werbung – Analyse einer DOORNKAAT-Reklame«. *Kunst und Unterricht,* Sonderheft, 1970, S. 111–115.
Ekardt, Philipp; Magauer, Hanna. »Vorwort«. *Texte zur Kunst,* 95, 2014, S. 4–5.
Ekardt, Philipp. »In Defense of Styling«. *Texte zur Kunst,* 95, 2014, S. 79–91.
Emmelhainz, Irmgard. »Conditions of Visuality Under the Anthropocene and Images of the Anthropocene to Come«. *e-flux journal,* 63, 2016. Online: http://worker01.e-flux.com/pdf/article_8996537.pdf [24.03.2018].
Esposito, Elena. *Die Fiktion der wahrscheinlichen Realität.* Frankfurt/Main, 2007.
Esposito, Elena. *Die Zukunft der Futures. Die Zeit des Geldes in Finanzwelt und Gesellschaft.* Heidelberg, 2010.
Esposito, Elena. *Soziales Vergessen.* Frankfurt/Main, 2002.

Evans, Robin. *The Projective Cast: Architecture and its Three Geometries.* London, 1995.

Fahnenstich, Klaus; Haselier, G. Rainer. *Microsoft Home and Student 2007.* 2007.

Faßler, Manfred. »Visualisierung epistemischer Objekte«. Vortrag im Rahmen der Tagung *The Picture's Image.* Karlsruhe, 07.-08.05.2005 (unveröffentlicht).

Faßler, Manfred. *Bildlichkeit. Navigationen durch das Repertoire der Sichtbarkeit.* Wien, 2002.

Fehrenbach, Frank. »Kohäsion und Transgression. Zur Dialektik lebendiger Bilder«. In: Pfisterer, U.; Zimmermann, A. (Hg.). *Animationen/Transgressionen. Das Kunstwerk als Lebewesen.* Berlin, 2005, S. 1–40.

Feynman, Richard. »Cargo Cult Science«. *Engineering and Science,* 37 (7), 1974, S. 10–13. Online: calteches.library.caltech.edu/51/2/CargoCult.htm [12.02.2018].

Film London, »Cécile B. Evans, Hyperlinks or It Didn't Happen, 2014, trailer«, *Vimeo,* 2016. Online: https://vimeo.com/167875367 [06.04.2018]

Fischer-Lichte, Erika. *Ästhetik des Performativen.* Frankfurt/Main, 2004.

Fleckner, Uwe; Iris Wenderholm (Hg.). *Magische Bilder: Techniken der Verzauberung in der Kunst vom Mittelalter bis zur Gegenwart.* Berlin, 2017.

Fleckner, Uwe. *Der Künstler als Seismograph. Zur Gegenwart der Kunst und zur Kunst der Gegenwart.* Hamburg, 2012.

Floridi, Luciano. *Philosophy and Computing: An Introduction.* New York, 1999.

Flusser, Vilém. »A New Imagination«. In: Ströhl, A. (Hg.). *Writings by Vilém Flusser.* Minneapolis, 2002, S. 110–116. Online: http://www.flusserbrasil.com/arte3.pdf [25.03.2018].

Flusser, Vilém. »Digitaler Schein«. In: Rötzer, F. (Hg.). *Digitaler Schein. Ästhetik der elektronischen Medien.* Frankfurt/Main, 1991, S. 147–159.

Flusser, Vilém. »Gedächtnisse«. In: Ars Electronica (Hg.). *Philosophien der neuen Technologien.* Berlin, 1989, S. 41–55.

Foerster, Heinz von. »Wahrnehmung«. In: Ars Electronica (Hg.). *Philosophien der neuen Technologien.* Berlin, 1989, S. 27–40.

Foucault, Michel. *Archäologie des Wissens.* Frankfurt/Main, 1997.

Foucault, Michel. *Dispositive der Macht. Über Sexualität, Wissen und Wahrheit.* Berlin, 1978.

Foucault, Michel. *Was ist Kritik.* Berlin, 1992.

Frenzel, Sebastian. »Wo stehen wir?« *Monopol,* 8, 2014, S. 36–38.

Fried, Michael. »Kunst und Objekthaftigkeit«. In: Stemmrich, G. (Hg.). *Minimal Art. Eine kritische Retrospektive.* Basel, 1995, S. 334–374.

Fritsch, Michael. *Entrepreneurship. Theorie, Empirie, Politik.* Heidelberg, 2015.

Frohne, Ursula; Katti, Christian. »SCREEN«. In: Schafaff, J; Schallenberg, N.; Vogt, T. (Hg.). *Kunst-Begriffe der Gegenwart. Von Allegorie bis Zip.* Köln, 2013, S. 255–264.

Fusco, Coco. »Censorship, Not the Painting, Must Go: On Dana Schutz's Image of Emmett Till«. *Hyperallergic,* 27.03.2017. Online: https://hyperallergic.com/368290/censorship-not-the-painting-must-go-on-dana-schutzs-image-of-emmett-till/ [15.09.2020].

Galloway, Alexander. *The Interface Effect.* Cambridge, 2012.

Gathmann, Till. »Layout als Form der Reflexion«. Gastvortrag, 21.04.2017. HKB Bern, Guest Lecture Festival MA Communication Design (unveröffentlicht).

Geertz, Clifford. *Dichte Beschreibung. Beiträge zum Verstehen kultureller Systeme.* Frankfurt/Main, 2003.

Gießmann, Sebastian. *Die Verbundenheit der Dinge. Eine Kulturgeschichte der Netze und Netzwerke.* Berlin, 2014.

Glaser, Barney; Strauss, Anselm L. *The Discovery of Grounded Theory.* New York, 2012 (1967).

Glaser, Barney; Strauß, Anselm. *Grounded Theory: Strategien qualitativer Sozialforschung.* Göttingen, 2010.

Goffman, Erving. *Interaction Ritual: Essays in Face-to-Face Behavior.* New Brunswick, 2005 (1967).

Goffman, Erving. *The Presentation of Self in Everyday Life.* New York, 1959.

Goodman, Nelson. *Sprachen der Kunst. Entwurf einer Symboltheorie.* Frankfurt/Main, 1995.

Grau, Oliver. *Virtuelle Kunst in Geschichte und Gegenwart: Visuelle Strategien.* Berlin, 2001.

Graw, Isabelle. »Jenseits der Institutionskritik. Ein Vortrag im Los Angeles County Museum«. *Texte zur Kunst,* 59, 2005, S. 4–54.

Groys, Boris. »On Art Activism«. *e-flux journal,* 56, 2014. Online: http://www.e-flux.com/journal/56/60343/on-art-activism/ [05.04.2018].

Gumbrecht, Hans-Ulrich. *Diesseits der Hermeneutik. Die Produktion von Präsenz.* Frankfurt/Main, 2004.

Gunelius, Susan. »The Data Explosion in 2014 Minute by Minute – Infographic«. *ACI Information Group,* 12.07.2014. Online: https://aci.info/2014/07/12/the-data-explosion-in-2014-minute-by-minute-infographic/ [15.09.2020].

Gunelius, Susan. »The History and Evolution of the Internet, Media, and News in 5 Infographics«. *ACI Information Group,* 24.10.2013. Online: https://aci.info/2013/10/24/the-history-and-evolution-of-the-internet-media-and-news-in-5-infographics/ [15.09.2020].

Günzel, Stephan (Hg.). *Bild. Ein interdisziplinäres Handbuch.* Stuttgart, 2015.

Hall, Stuart (Hg.). *Representation.* London, 2013.

Haraway, Donna. »Situated Knowledges. The Science Question in Feminism and the Privilege of Partial Perspective«. In: *Feminist Studies,* 14 (3), 1988, S. 575–599.

Harman, Graham. »Art Without Relations«. *Art Review,* 04.11.2014. Online: https://artreview.com/features/september_2014_graham_harman_relations/ [14.02.2018].

Harman, Graham. *Immaterialism. Objects and Social Theory.* Cambridge, 2016.

Harman, Graham. *Prince of Networks.* Melbourne, 2009.

Harman, Graham. *Towards Speculative Realism. Essays and Lectures.* Winchester, 2010.

Harman, Graham. *Vierfaches Objekt.* Berlin, 2015.

Harney, Stefano; Moten, Fred. *The Undercommons. Fugitive Planning & Black Study.* Brooklyn, 2013.

Hartmann, Frank. *Mediologie. Ansätze einer Medientheorie der Kulturwissenschaften.* Wien, 2003.

Harwood, Graham. »Endless War. On the Database Structure of Armed Conflict«. *Rhizome.org,* 17.03.2014. Online: https://rhizome.org/editorial/2014/mar/17/endless-war-database-structure-armed-conflict/ [14.09.2020].

Haus der Kulturen der Welt. »Das Anthropozän-Projekt. Eine Enzyklopädie«. *HKW. Offizielle Webseite,* o.J. Online: www.hkw.de/de/programm/projekte/2014/anthropozaenprojekt_ein_bericht/enzyklopaedie/anthropozaen_eine_enzyklopaedie.php [15.09.2020].

Haus der Kulturen der Welt. »Technosphere. Forschungsprojekt 2015–2019«. *HKW. Offizielle Webseite,* o.J. Online: http://www.hkw.de/de/programm/projekte/2015/technosphere/technosphere_start.php [15.09.2020].

Hedinger, Johannes M. »Postironie«. In: Meyer, T.; Hedinger, J. M. (Hg.). *What's Next? Kunst nach der Krise.* Berlin, 2013, S. 239–242.

Heidegger, Martin. *Zur Sache des Denkens.* Tübingen, 2000 (1969).

Heidenreich, Stefan. »Freeportism as Style and Ideology: Post-Internet and Speculative Realism, Part 1«. *e-flux journal,* 71, 2016. Online: http://worker01.e-flux.com/pdf/article_9005992.pdf [05.04.2018].

Heil, Christine. »Kunstunterricht kartieren. Handlungsräume im Unterricht herstellen und erforschen«. *Schroedel Kunstportal,* 2008. Online: https://www.kunstlinks.de/material/peez/2008-04-heil.pdf [01.01.2018].

Heil, Christine. *Kartierende Auseinandersetzung mit aktueller Kunst.* München, 2007.

Hemken, Heiner. »Das Internet in Zahlen«. *SEO United,* 18.01.2013. Online: https://www.seo-united.de/blog/internet/das-internet-in-zahlen-2.htm [15.09.2020].

Higgs, John. »Was Marcel Duchamp's Fountain Actually Created by a Long Forgotten Pioneering Feminist?« 08.09.2015. Online: http://www.independent.co.uk/arts-entertainment/art/features/was-marcel-duchamps-fountain-actually-created-by-a-long-forgotten-pioneering-feminist-10491953.html [15.09.2020].

Hildebrandt, Alexandra. »Wir brauchen mehr Zukunftskompetenz«. In: *Revue. Magazine for The Next Society,* 16, 2014, S. 140–141.

Hinterwaldner, Inge; Ammon, Simone. »Vorwort«. In: dies. (Hg.). *Bildlichkeit im Zeitalter der Modellierung. Operative Artefakte in Entwurfsprozessen der Architektur und des Ingenieurwesens.* Paderborn, 2017, S. 9–12.

Hinterwaldner, Inge. »Deep Layers of Design«. *Texte zur Kunst,* 95, 2014, S. 156–168.

Hinterwaldner, Inge. »Prolog. Modellhaftigkeit und Bildlichkeit in Entwurfsartefakten«. In: Ammon, S.; Hinterwaldner, I. (Hg.). *Bildlichkeit im Zeitalter der Modellierung. Operative Artefakte in Entwurfsprozessen der Architektur und des Ingenieurwesens.* Paderborn, 2017, S. 13–30.

Hirschi, Caspar. »Die Handschrift, ›eine Fotografie der Seele‹«. *NZZ,* 10, 2017, S. 64–71. Online: https://www.alexandria.unisg.ch/251128/1/Hirschi_Graphologie_NZZGeschichte.pdf [17.02.2018].

Hoffmann, Stefan. »Substrate, Substanzen und Individualität«. In: Tretin, K. (Hg.). *Substanz. Neue Überlegungen zu einer klassischen Kategorie des Seienden.* Frankfurt/Main, 2016, S. 81–104.

Höhne, Stefan; Umlauf, René. »Die Akteur-Netzwerk Theorie – Zur Vernetzung und Entgrenzung des Sozialen«. In: Oßenbrügge, J.; Vogelpohl, A. (Hg.). *Theorien in der Raum- und Stadtforschung. Einführungen.* Münster, 2014, S. 195–214. Online: https://www.geschundkunstgesch.tu-berlin.de/fileadmin/fg95/Datein_von_Mitarbeitern/Hoehne_Umlauf_2015_Die_Akteur-Netzwerk-Theorie.pdf [13.09.2020].

Holert, Tom; Aranda, Julieta; Wood, Brian Kuan; Vidokle, Anton. »Editorial«. *e-flux journal,* 61, 2015. Online: http://worker01.e-flux.com/pdf/article_8994196.pdf [05.04.2018].

Höller, Christian. »Scan, Scroll, Surf. Videoproduktion im postdigitalen Kontext«. *Kunstforum International.* Band 243: Postdigital 2, 2016, S. 68–81.

Honnef, Klaus. *Concept Art.* Köln, 1971.

Hoskins, Janet. »Agency, Biography and Objects«. In: Tilley, C.; Keane, W.; Küchler, S.; Rowlands, M.; Spyer, P. (Hg.). *Handbook of Material Culture.* London, 2006, S. 74–84.

Hudson, Suzanne; Dumbadze, Alexander (Hg.). *Contemporary Art. 1989 to the Present.* Malden, 2013.

Hug, Theo; Hipfl, Brigitte. »Medien-Gemeinschaften. Aktuelle Diskurse und konzeptionelle Analysen«. *Medien-Pädagogik,* 2016. Online: http://www.medienpaed.com/Documents/medienpaed/2006/hug_hipfl0604.pdf [29.01.2015].

Hull, David Lee. »The Naked Meme«. In: Plotkin, H. C. (Hg.). *Learning Development and Culture. Essays in Evolutionary Epistemology.* New York, 1982, S. 273–327.

Husserl, Edmund. »Phantasie und Bildbewusstsein«. In: Marbach, E. (Hg.) *Husserliana, Bd. XXIII: Phantasie, Bildbewusstsein, Erinnerung. Zur Phänomenologie der anschaulichen Vergegenwärtigungen. Texte aus dem Nachlaß (1898–1925).* Den Haag, 1980, S. 1–108.

Illich, Ivan. »Guarding the Eye in the Age of Show«. In: *Res. Anthropology and Aesthetics.* Cambridge, 1995, S. 47–46.

Initiative-D21 e.V. *D21-Digital-Index. Jährliches Lagebild zur Digitalen Gesellschaft,* 2016. Online: https://initiatived21.de/app/uploads/2017/01/studie-d21-digital-index-2016.pdf [15.09.2020].

James, Josh. »Data Never Sleeps 2.0«. *Domo,* 23.04.2014. Online: https://www.domo.com/blog/data-never-sleeps-2-0/ [15.09.2020].

Jameson, Fredric. *Postmodernism, or, The Cultural Logic of Late Capitalism.* London, 1995.

Joachim Herz Stiftung. »Spezielle Relativitätstheorie. Grundwissen Gleichzeitigkeit«. *LEIFIphysik,* 2020. Online: https://www.leifiphysik.de/relativitaetstheorie/spezielle-relativitaetstheorie/grundwissen/gleichzeitigkeit [29.03.2018].

John, Jennifer; Richter, Dorothee; Schade, Sigrid. *RE-Visionen des Displays. Ausstellungs-Szenarien, ihre Lektüre und ihr Publikum.* Zürich, 2008.

Jonas, Hans. »Die Freiheit des Bildes. Homo pictor und die differentia des Menschen». In: *Zwischen Nichts und Ewigkeit. Zur Lehre vom Menschen.* Göttingen, 1987, S. 26–75.

Jörissen, Benjamin. »Bildung der Dinge. Design und Subjektivation«. In: Jörissen, B.; Meyer, T. (Hg.). *Subjekt Medium Bildung.* Wiesbaden, 2015, S. 215–233.

Jörissen, Benjamin. »Subjektivation und ästhetische Freiheit in der post-digitalen Kultur«. In: Braun, T.; Fuchs, M.; Taube, G. (Hg.). *Das starke Subjekt.* München, 2017, S. 6–11.

Jörissen, Benjamin. »Transgressive Artikulationen: das Spannungsfeld von Ästhetik und Medialität aus Perspektive der strukturalen Medienbildung«. In: Hagener, M.; Hediger, V. (Hg.). *Medienkultur und Bildung. Ästhetische Erziehung im Zeitalter digitaler Netzwerke.* Frankfurt/Main, 2015, S. 49–64.

Joselit, David. »Gegen Repräsentation«. *Texte zur Kunst,* 95, 2014, S. 92–103.

Joselit, David. »On Aggregators«. *October,* 146, 2013, S. 3–18.

Joselit, David. *After Art.* New York, 2013.

Karmasin, Matthias; Ribing, Rainer. *Die Gestaltung wissenschaftlicher Arbeiten.* Stuttgart, 2008.

Keane, John. »Monitory Democracy«. *Open.ac.uk,* 2008. Online: https://thangnghiadotorg.files.wordpress.com/2017/08/keane_monitory_democracy.pdf [18.11.2020].

Keller, Reiner. *Diskursforschung. Eine Einführung für SozialwissenschaftlerInnen.* Wiesbaden, 2011.

Kelsey, John; Mir, Aleksandra (Hg.). *Corporate Mentality. An Archive Documenting the Emergence of Recent Practices Within a Cultural Sphere Occupied by Both Business and Art.* New York, 2003.

Kernbauer, Eva. »Mit dem Rücken zur Zukunft. Über die richtige Richtung und linke Melancholie«. In: *Springerin,* 2, 2017, S. 44–49.

Kesby, Rebecca. »How the World's First Webcam Made a Coffee Pot Famous«. *BBC News*, 22.11.2012. Online: http://www.bbc.com/news/technology-20439301 [15.09.2020].

Khole.net. »Youth Mode. A Report on Freedom«. New York, 2014. Online: http://khole.net/issues/youth-mode/ [01.01.2018].

Kholeif, Omar. *You Are Here. Art After the Internet.* London/Manchester, 2014.

Kimmich, Dorothee. »Die Bildlichkeit der Leerstelle. Bemerkungen zur Leerstellenkonzeption in der frühen Filmtheorie«. In: Adam, W.; Dainat, H.; Schandera, G. (Hg.). *Systemveränderung. Rezeptionsforschung in Ost und West – eine konvergente Entwicklung?* Heidelberg, 2003, S. 319–339.

Kirschenmann, Johannes; Schulz, Frank. *Bilder erleben und verstehen. Einführung in die Kunstrezeption.* Leipzig, 1999, S. 4–7.

Kittler, Friedrich. »Fiktion und Simulation«. In: Ars Electronica (Hg.). *Philosophien der neuen Technologien.* Berlin, 1989, S. 57–80.

Klein, Kristin; Schütze, Konstanze. »Rethinking Risiko. Bildung als Fortschreitende Selbstüberwindung«. In: Meyer, T.; Kolb, G. (Hg.). *What's Next? Band II: Art Education.* München, 2015, S. 163–165.

Koenig, Christoph. »Community als Subjekt. Entwurf einer bildungstheoretischen Interpretation kollaborativer Transformationsprozesse im Netz«. In: Jörissen, B.; Meyer, T. (Hg.). *Subjekt Medium Bildung.* Wiesbaden, 2015, S. 235–254.

Kolb, Gila; Peters, Maria; Sternfeld, Nora. »Wie kann ich dann in meinem Unterricht „lehrend verlernen"?« In: Meyer, T.; Kolb, G. (Hg.) *What's Next? Art Education.* München, 2015, S. 333–334.

Kolb, Gila; Schütze, Konstanze. »Becoming Art(s) Educators – Shifts in Art and Education«. In: Heber, M.; Jas, M. (Hg.). *Fokus: Kunst- und Kulturschaffende in Bildungseinrichtungen! Debatten um Rahmenbedingungen, Potenziale und Kompetenzen für kulturelle Bildungsprojekte!* München, 2017, S. 149–159.

Kolb, Gila. »Wie kommt die Kunst in den Unterricht?« In: Heil, C.; Kolb, G.; Meyer, T. (Hg.). *Shift. #Globalisierung #Medienkulturen #Aktuelle Kunst. Reihe: Kunst Pädagogik Partizipation.* München, 2012, S. 208.

Koller, Hans-Christoph. *Bildung anders denken. Einführung in die Theorie transformatorischer Bildungsprozesse.* Stuttgart, 2012.

Kracauer, Siegfried. *Theorie des Films. Die Errettung der äußeren Wirklichkeit.* Frankfurt/Main, 2009 (1985).

Krämer, Sybille. »Vom Trugbild zum Topos. Über fiktive Realitäten«. In: Iglhaut, S.; Rötzer, F.; Schweeger, E. (Hg.). *Illusion und Simulation. Begegnung mit Realität.* Bonn, 1995.

Kraus, Chris. *Where Art Belongs.* Los Angeles, 2011.

Krauss, Rosalind. »Specific Objects«. *RES. Anthropology and Aesthetics,* 46, 2004, S. 221–224.

Krauss, Rosalind. *A Voyage on the North Sea, Art in the Age of the Post-Medium Condition.* London, 1999.

Kristeva, Julia. *Die Revolution der poetischen Sprache.* Frankfurt/Main, 1978.

Kroll, Sonja. »Meilenstein für Instagram: 9 Millionen Mitglieder«. *Internet World Business,* 19.01.2016. Online: https://www.internetworld.de/social-media/instagram/meilenstein-instagram-9-millionen-mitglieder-1072317.html [13.02.2018].

Kruse, Rüdiger. »Was ist politisch an der Frage, ob es das Anthropozän gibt?« In: Scherer, B.; Renn, J. (Hg.). *Das Anthropozän. Zum Stand der Dinge.* Berlin, 2015, S. 256–260.

Kurbjuhn, Charlotte. Kontur. *Geschichte einer ästhetischen Denkfigur.* Berlin/Boston, 2014.

Kutscher, Silvia. »Ikonizität und Indexikalität. Gebärdensprachliches Lexikon Zur Typologie sprachlicher Zeichen«. *Zeitschrift für Sprachwissenschaft,* 29 (1), 2010, S. 79–110.

Landry, Donna; Maclean, Gerald. *The Spivak Reader.* New York/London, 1996.

Lange, Barbara; Frank, Gustav. *Einführung in die Bildwissenschaft. Bilder in der visuellen Kultur.* Darmstadt, 2010.

Langley, Patrick; Trecartin, Ryan. »The Real Internet Is Inside You«. *TheWhiteReview.org,* April, 2012. Online: http://www.thewhitereview.org/feature/ryan-trecartin-the-real-internet-is-inside-you/ [24.03.2018].

Latour, Bruno. »Climate Change: How to Make the Paris Climate Conference Work. An Alternative Procedure«. Vortrag am 15.06.2015 in der Reihe: Albertus-Magnus-Professur. Köln, 2015. Online: http://www.bruno-latour.fr/node/640 [24.03.2018].

Latour, Bruno. »On Actor-Network-Theory«. *Soziale Welt,* 47, 1996, S. 369–381.

Latour, Bruno. »Visualization and Cognition. Thinking with Eyes and Hands«. In: Kuklick, H. (Hg.). *Knowledge and Society. Studies in the Sociology of Culture Past and Present,* Band 6. Greenwich, 1986, S. 1–40.

Latour, Bruno. *Eine neue Soziologie für eine neue Gesellschaft.* Frankfurt/Main, 2007.

Leavitt, Alex. »Memes as Mechanisms. How Digital Subculture Informs the Real World«. *Konferenzreihe: Futures of Entertainment.* Los Angeles, 2010. Online: http://www.convergenceculture.org/weblog/2010/02/memes_as_mechanisms_how_digita.php; [04.04.2018].

Legler, Wolfgang. »Rahmenbedingungen und Perspektiven kunstpädagogischer Forschung«. In: Meyer, T.; Sabisch, A. (Hg.). *Kunst Pädagogik Forschung. Aktuelle Zugänge und Perspektiven.* Bielefeld, 2009, S. 51–62.

Lindstrom, Lamont. *Cargo Cult. Strange Stories of Desire from Melanesia and Beyond.* Honolulu, 1993.

Lippard, Hanne. »100% Internet«. 2015. Online: https://vimeo.com/119480503 [05.04.2018].

Lobe, Adrian. »Soll Facebook uns ein Grundeinkommen zahlen?« *Spektrum,* 03.10.2017. Online: http://www.spektrum.de/kolumne/soll-facebook-uns-ein-grundeinkommen-bezahlen/1507893 [03.01.2018].

Loprieno, Antonio. »Zeichenkonzeptionen im Alten Orient«. In: Posner, R.; Robering, K.; Sebeok, T. (Hg.). *Semiotik / Semiotics. Ein Handbuch zu den zeichentheoretischen Grundlagen von Natur und Kultur.* 2. Teilband. Berlin, 1997, S. 1785–1798.

Lotter, Wolf. »Der Stand der Dinge«. *brandeins Magazin,* 11, 2011. Online: www.brandeins.de/magazine/brand-eins-wirtschaftsmagazin/2011/warenwelt/der-stand-der-dinge [12.02.2018].

Lüdemann, Susanne. »Die imaginäre Gesellschaft. Gabriel Tardes anti-naturalistische Soziologie der Nachahmung«. In: Stäheli, U.; Borch, C. (Hg.), *Soziologie der Nachahmung und des Begehrens. Materialien zu Gabriel Tarde.* Frankfurt/Main, 2009, S. 107–124.

Luhmann, Niklas. *Die Kunst der Gesellschaft.* Frankfurt/Main, 1997.

Lunau, Klaus. »Mimikry und verwandte Phänomene in der Natur. Definitionen und Begriffe in der Biologie und in den Kulturwissenschaften«. In: Meyer, A.-R.; Sielke, S. (Hg.). *Verschleierungstaktiken. Strategien von eingeschränkter Sichtbarkeit, Tarnung und Täuschung in Natur und Kultur.* Frankfurt/Main/Berlin/Bern/Bruxelles/New York/Oxford/Wien, 2011, S. 193–224.

Lunau, Klaus. *Warnen, Tarnen, Täuschen.* Darmstadt, 2002.

Lüthy, Michael. »Vom Raum in der Fläche des Modernismus«. In: Henning, A.; Obermayr, B.; Witte, G. (Hg.). *Fraktur. Gestörte ästhetische Präsenz in Avantgarde und Spätavantgarde.* Wiener Slawistischer Almanach, Sonderband Nr. 63. Wien/München, 2006, S. 149–178.

Lütticken, Sven. »Schein and Shine«. *e-flux journal,* 61, 2015. Online: http://worker01.e-flux.com/pdf/article_8993580.pdf [05.04.2018].

Lynch, Aaron. *Thought Contagion: How Belief Spreads Through Society.* New York, 1996.

Lynch, Michael; Woolgar, Steve (Hg.). *Representation in Scientific Practice.* Cambridge, 1990 (1988).

Lynch, Michael. *Art and Artifact in Laboratory Science. A Study of Shop Work and Shop Talk in a Research Laboratory.* London, 1985.

Lyotard, Jean-François. *The Postmodern Condition: A Report on Knowledge.* Minneapolis, 1984 (1979).

Machunsky, Niklaas. »Alain Badiou. Meisterdenker des Ausnahmezustandes Krisenbewältigung als Lebensgefühl«. *Prodomo,* 7, 2007, S. 36–46. Online: www.prodomo-online.org/fileadmin/7/prodomo7.pdf [22.02.2018].

Manovich, Lev. *Software Takes Command.* London, 2013.

Manovich, Lev. *The Language of New Media.* London, 2001.

Mansholt, Malte. »Diese Emojis benutzen Sie ganz sicher falsch«. *Stern Online,* 27.05.2015. Online: http://www.stern.de/digital/online/diese-emojis-benutzt-jeder-falsch--wenn-ausbeten-ein-high-five-wird-6188566.html [15.09.2020].

Marotzki, Winfried; Jörissen, Benjamin. »Wissen, Artikulation und Biographie. Theoretische Aspekte einer strukturalen Medienbildung«. In: Fromme, J.; Sesink, W. (Hg.). *Pädagogische Medientheorie.* Wiesbaden 2008, S. 51–70.

Mattich, Kurt. »Zahlen und Fakten: Was Sie schon immer über Instagram wissen wollte«. *Hootsuite Blog,* 26.04.2016. Online: https://blog.hootsuite.com/de/zahlen-und-fakten-was-sie-schon-immer-ueber-instagram-wissen-wollten/ [15.09.2020].

Mayer, Stefan. *Unsichtbare Kunst und ihre didaktischen Perspektiven.* München, 2012.

McGovern, Fiona. »Display«. In: Schafaff, J.; Schallenberg, N.; Vogt, T. (Hg.). *Kunst-Begriffe der Gegenwart. Von Allegorie bis Zip.* Köln, 2013, S. 43–48.

McLuhan, Marshall. »The Medium is the Message«. In: *Ders. Understanding Media. The Extensions of Man.* Massachusetts, 1964. Online: web.mit.edu/allanmc/www/mcluhan.mediummessage.pdf [01.01.2018].

McLuhan, Marshall. *The Gutenberg Galaxy. The Making of Typographic Man.* Toronto, 1962.

Meek, Allen. »Cultural Trauma and the Media«. In: Ataria, Y; Gurevitz, D.; Pedaya, H.; Neria, Y. (Hg.). *Interdisciplinary Handbook of Trauma and Culture.* Springer, 2016, S. 27–38.

Meinhardt, Johannes. »Institutionskritik«. In: Butin, H. (Hg.). *Dumonts Begriffslexikon zur zeitgenössischen Kunst.* Köln, 2002, S. 126–130.

Mensvoort, Koert van. »Design Fiction«. *Mensvoort,* 2014. Online: https://www.mensvoort.com/home/design-fiction [15.09.2020].

Mensvoort, Koert van. »Real Nature is not Green«. In: Meyer, T.; Hedinger, J. M. (Hg.). *What's next? Kunst nach der Krise.* Berlin, 2013, S. 368–369.

Mensvoort, Koert van. »Technosphere Weighs 30 Trillion Tons«. *Next Nature,* 12.05.2017. Online: www.nextnature.net/2017/05/technosphere-weighs-30-trillion-tons/ [24.02.2018].

Mensvoort, van Koert. »Real Nature is not Green«. In: Vermeulen, A. (Hg.). *Sun Enlightment, States of Nature.* Amsterdam, 2006.

Merleau-Ponty, Maurice. *Das Sichtbare und das Unsichtbare.* München, 2004.

Merleau-Ponty, Maurice. *Phänomenologie der Wahrnehmung.* Berlin, 1966 (1945).

Mersch, Dieter. *Ereignis und Aura. Untersuchungen zu einer Ästhetik des Performativen.* Frankfurt/Main, 2002.

Mersch, Dieter. *Was sich zeigt. Material, Präsenz, Ereignis.* München, 2002.

Merz, Martina; Hinterwaldner, Inge. *Bild Modell, Aller-Retour.* Basel, 2011.

Meyer, Torsten; Jörissen, Benjamin. »Vorwort«. In: Jörissen, B.; Meyer, T. (Hg.). *Subjekt Medium Bildung.* Wiesbaden, 2015, S. 7.

Meyer, Torsten; Kolb, Gila. »Vorwort«. In: dies. (Hg.). *What's Next? Art Education.* München, 2015, S. 6–9.

Meyer, Torsten. »Aktuelle Kunst, aktuelle Medien und die Schule. Zehn Thesen«. In: Siemens Arts Program (Hg.). *kiss – Kultur in Schule und Studium. Film, Video und Fotografie in der Schule. Fünf Unterrichtseinheiten zu den Künstlern Thomas Demand, Stan Douglas, Asta Gröting, Birgit Hein, Christian Jankowski.* München, 2006, S. 4–11.

Meyer, Torsten. »Aktuelle Medienkultur: Das Bild im Plural«. Vortrag am 24.10.2009, Sektion 2, Bundeskongress Kunstpädagogik Düsseldorf. Als Transkript online: www.medialogy.de/wp-content/uploads/2009/10/BildimPlural_kurz.pdf [13.02.2018].

Meyer, Torsten. »Die Bildung des (neuen) Mediums. Mediologische Perspektiven der Medienbildung«. In: Marotzki, W.; Meder, N. (Hg.). *Perspektiven der Medienbildung.* Wiesbaden, 2014, S. 149–169.

Meyer, Torsten. »Für einen Curatorial Turn in der Kunstpädagogik«. In: Meyer, T.; Kolb, G. (Hg.). *What's Next? Art Education.* München, 2015, S. 220–222.

Meyer, Torsten. »Kunstpädagogik im neuen Medium«. In: Lemke, C. (Hg.). *Sense & Cyber. Kunst, Medien, Pädagogik.* Bielefeld, 2003, S. 241–264.

Meyer, Torsten. »Next Art Education. Erste Befunde«. In: Meyer, T.; Hedinger, J. M. (Hg.). *What's next? Kunst nach der Krise.* Berlin, 2013, S. 377–384.

Meyer, Torsten. »Next Nature Mimesis«. In: Schuhmacher-Chilla, D.; Ismail, N.; Kania, E. (Hg.). *Image und Imagination.* Oberhausen, 2010, S. 211–227.

Meyer, Torsten. »Visible Human. Der Betrachter macht die Bilder«. *Forschungs- und Le[ ]rstelle. Kunstpädagogik und visuelle Bildung.* Hamburg, 2006. Online: http://kunst.erzwiss.uni-hamburg.de/Texte/meyer/visible_human.html#a6 [29.02.2016].

Meyer, Torsten. »What's Next, Arts Education? Fünf Thesen zur nächsten Kulturellen Bildung«. *Kulturelle Bildung Online,* 2015. Online: www.kubi-online.de/artikel/whats-next-arts-education-fuenf-thesen-zur-naechsten-kulturellen-bildung [13.02.2018].

Meyer, Torsten. »Zeitgenossenschaft«. In: Burkhardt, S.; Newid, M. (Hg.). *Kunstpädagogische Knotenpunkte. 1-13 kunstpädagogische Begriffe,* Band 2. Halle, 2016, S. 106–119.

Meyer, Torsten. *Interfaces, Medien, Bildung. Paradigmen einer pädagogischen Medientheorie.* Bielefeld, 2002.

Michel, Burkard. *Bild und Habitus. Sinnbildungsprozesse bei der Rezeption von Fotografien.* Wiesbaden, 2006.

Miessen, Markus; Steinbrügge, Bettina. »Plädoyer für eine konflikthafte Wirklichkeit«. In: Meyer, T.; Hedinger, J. M. (Hg.). *What's next? Kunst nach der Krise.* Berlin, 2013, S. 387–392.

Mitchell, W. J. T. »Was ist ein Bild?« In: Bohn, V. (Hg.). *Bildlichkeit. Internationale Beiträge zur Poetik.* Frankfurt/Main, 1990, S. 15–32.

Mitchell, W. J. T. *Bildtheorie.* Frankfurt/Main, 2008.

Morinis, Leora. »Hito Steyerl's HOW NOT TO BE SEEN: A F**king Didactic Educational .MOV File«. *Inside Out. A MoMA/MoMA PS1 Blog,* 18.06.2014. Online: www.moma.org/explore/inside_out/2014/06/18/hito-steyerls-how-not-to-be-seen-a-fucking-didactic-educational-mov-file/ [11.02.2018].

Mörsch, Carmen. »Am Kreuzungspunkt von vier Diskursen: Die documenta 12 Vermittlung zwischen Affirmation, Reproduktion, Dekonstruktion und Transformation«. In: Forschungsteam der documenta 12 Vermittlung (Hg.). *Kunstvermittlung II. Zwischen kritischer Praxis und Dienstleistung auf der documenta 12. Ergebnisse eines Forschungsprojekts.* Zürich/Berlin 2009, S. 9–33.

Mörsch, Carmen. »Am Kreuzungspunkt von vier Diskursen. Die Documenta 12 Vermittlung zwischen Affirmation, Reproduktion, Dekonstruktion und Transformation«. In: Meyer, T.; Kolb, G. (Hg.). *What's next? Art Education.* München, 2015, S. 231-232.

Morton, Timothy. *Hyperobjects. Philosophy and Ecology after the End of the World (Posthumanities).* Minnesota, 2013. Online: http://ecologywithoutnature.blogspot.de/2012/12/what-does-hyperobjects-say.html [11.02.2018].

Mul, Jos de. »The Technological Sublime«. *Next Nature,* 17.07.2011. Online: https://www.nextnature.net/2011/07/the-technological-sublime/ [15.09.2020].

Müller, Dominikus. »Für eine Handvoll JPGs. Tumblerismus und der Internet State of Mind unter die Lupe genommen«. *De:Bug,* 07.04.2011. Online: http://de-bug.de/mag/fur-eine-handvoll-jpgs/ [zuletzt eingesehen 06.03.2019].

Murdoch, Jonathan. »Towards a Geography of Heterogenous Associations«. *Progress in Human Geography,* 21 (3), 1997, S. 321–337.

Muttenthaler, Roswitha; Wonisch, Regina. *Gesten des Zeigens: Zur Repräsentation von Gender und Race in Ausstellungen.* Bielefeld, 2015.

Nahon, Karine; Hemsley, Jeff. *Going Viral.* Cambridge, 2013.

Nechvatal, Joseph. »Whither Art? David Joselit's Digital Art Problem«. *Hyperallergic,* 20.08.2013. Online: https://hyperallergic.com/79749/whither-art-david-joselits-digital-art-problem/ [15.09.2020].

Nedo, Kito. »Furchtlos im Datensturm«. *ZEIT Online,* 06.04.2015. Online: www.zeit.de/kultur/kunst/2015-03/post-internet-art-neuer-kunststil-digitale-generation [01.01.2018].

Negri, Antonio; Hardt, Michael. *Multitude. War and Democracy in the Age of Empire.* London, 2009.

Negroponte, Nicholas. »Beyond Digital«. *The Wired,* 12.01.1998. Online: https://www.wired.com/1998/12/negroponte-55/ [01.01.2018].

Neußler, Sebastian. *Die verborgene Präsenz des Künstlers.* Bielefeld, 2011.

Next Nature Network. »Letter to Humanity«. *Offizielle Webseite,* o.J. Online: http://lettertohumanity.org/deutsch/ [15.09.2020].

Nickel, Oliver. »Ein Graph sagt mehr als tausend Worte«. *Golem,* 10.01.2017. Online: http://www.golem.de/news/wacom-brainwave-ein-graph-sagt-mehr-als-tausend-worte-1701-125503.html [15.09.2020].

Nicol, Natascha; Albrecht, Ralf. *Wissenschaftliche Arbeiten schreiben mit Word 2007.* Addison-Wesley, 2007.

Nixon, Rob. *Slow Violence and the Environmentalism of the Poor.* Cambridge, 2011.

Oliver, Julian; Savičić, Gordan; Vasiliev, Danja (Hg.). »The Critical Engineering Manifesto«. *Criticalengineering.org.* Berlin, 2011–2014. Online: criticalengineering.org [25.02.2018].

Olson, Maria. »Post-Internet. Art After the Internet«. *Foam Magazin,* 29, 2011. Online: http://marisaolson.com/texts/POSTINTERNET_FOAM.pdf [05.04.2018].

Osborne, Peter. »Contemporary Art is Post-conceptual Art«. Vortrag, XVI Advanced Course in Visual Arts. Villa Sucota, Como, 09.07.2010. Online: www.vimeo.com/21969793 [12.02.2018].

Osborne, Peter. *Anywhere or Not at All. Philosophy of Contemporary Art.* London, 2013.

Osborne, Peter. *The Postconceptual Condition. Critical Essays.* London, 2017.

Otto, Gunter; Otto, Maria. *Auslegen. Ästhetische Erziehung als Praxis des Auslegens in Bildern und des Auslegens von Bildern.* Seelze, 1987.

Otto, Gunter. *Didaktik der Ästhetischen Erziehung.* Braunschweig, 1974.

Parret, George. »3.5 Million Photos Shared Every Minute in 2016«. *Deloitte,* 22.02.2016. Online: https://www2.deloitte.com/uk/en/pages/press-releases/articles/3-point-5-million-photos-shared-every-minute.html [06.01.2018].

Passing, Frank. *Technologiekonvergenz im Kontext von Strategic Foresight: Frühaufklärung mittels semantischer Patentanalyse.* Wiesbaden, 2017.

Pazzini, Karl-Josef. »Einfallende Bilder«. In: Hedinger, J. M.; Gossolt, M.; Centre PasquArt Biel/Bienne (Hg.). *La Realité Dépasse la Fiction. Das Lexikon zur zeitgenössischen Kunst von Com&Com.* Salenstein, 2010, S. 492–500.

Pazzini, Karl-Josef. »Perspektiven für die Kunstpädagogik«. *BDK-Mitteilungen,* 1, 2004, S. 1–5.

Pazzini, Karl-Josef. »Setting, Stimmung, Transindividualität«. Vortrag, Universität zu Köln 05.14.2014 (unveröffentlicht). Online: https://vimeo.com/118692543 [28.02.2016].

Pazzini, Karl-Josef. *Bildung vor Bildern. Kunst Pädagogik Psychoanalyse.* Bielefeld, 2015.

Peez, Georg. »Kunstpädagogik jetzt. Eine aktuelle Bestandsaufnahme: Bild – Kunst – Subjekt«. In: Bering, K.; Niehoff, R. (Hg.). *Bilder. Eine Herausforderung für die Bildung.* Oberhausen, 2005, S. 75–89.

Peez, Georg. »Kunstpädagogik«. In: Bockhorst, H.; Reinwand, I.-V.; Zacharias, W. (Hg.). *Handbuch Kulturelle Bildung.* München, 2002. Online: www.kubi-online.de/artikel/kunstpaedagogik [09.02.2018].

Peez, Georg. »Praxisforschung in der Kunstpädagogik«. In: Busse, K.-P. (Hg.). *Kunstdidaktisches Handeln. Theorie und Handlungshilfen in der Unterrichtsvorbereitung, ästhetischen Praxis und Werkanalyse.* Dortmund, 2002, S.142-156.

Peters, Maria. *Blick. Wort. Berührung. Differenzen als ästhetisches Potential in der Rezeption plastischer Werke von Arp, Maillol und Walther.* München, 1996.

Pohrt, Wolfgang. *Theorie des Gebrauchswerts.* Berlin, 1995.

Polsehova, A. »Statistiken zur Internetnutzung weltweit«. *Statista,* 17.07.2019. Online: https://de.statista.com/themen/42/internet/ [15.09.2020].

Prensky, Marc. »Digital Natives, Digital Immigrants Part 1«. *On the Horizon,* 9 (5), 2001, S. 1–6. Online: https://doi.org/10.1108/10748120110424816 [24.02.2018].

Presse- und Informationsamt der Bundesregierung (BPA). »Documenta 14 eröffnet in Kassel – Grütters: »Zeitgenössische Kunst- Seismograph des Zustandes der Welt«. Pressemitteilung 201 der Bundesregierung, 09.06.2017. Online: https://www.bundesregierung.de/Content/DE/Pressemitteilungen/BPA/2017/06/2017-06-09-bkm-documenta-14.html [15.09.2020].

Przyborski, Aglaja. *Qualitative Sozialforschung. Ein Arbeitsbuch.* München, 2014.

Quandt, Thorsten. »Netzwerke und menschliches Handeln: Theoretische Konzepte und empirische Anwendungsfelder«. In: Hepp, Andreas; Krotz, F.; Moores, S.; Winter, C. (Hg.). *Konnektivität, Netzwerk und Fluss. Konzepte gegenwärtiger Medien-, Kommunikations- und Kulturtheorie.* Wiesbaden, 2006, S. 119–140.

Quaranta, Domenico. »Ryan's Web 1.0. Ryan Trecartin, A Lossless Fall.« *Link Editions,* 2012. Online: https://www.librarystack.org/ryans-web-1-0-a-lossless-fall/ [18.11.2020].

Quent, Marcus (Hg.). *Absolute Gegenwart.* Berlin, 2016.

Rafael, Marie-France. »Das Visuelle«. In: Schafaff, J.; Schallenberg, N.; Vogt, T. (Hg.). *Kunst-Begriffe der Gegenwart. Von Allegorie bis Zip.* Köln, 2013, S. 315–326.

Rafael, Marie-France. *Pierre Huyghe ›Onsite‹. Atelierbesuch.* Berlin, 2012.

Rancière, Jacques. »Are Some Things Unrepresentable?« In: *The Future of the Image.* London, 2009, S. 109–138.

Rancière, Jacques. »The Future of the Image«. In: *The Future of the Image.* London, 2009, S. 1–31.

Rasch, Miriam. »The Post-Digital Condition«. *Institute of Network Cultures,* 18.05.2017. Online: networkcultures.org/longform/2017/05/18/the-post-digital-condition/ [24.02.2018].

Raunig, Gerald. »No Future. Dividuelle Linien, neue Akteure der Kreativität«. *Springerin,* 1, 2016, S. 12–14.

Rebentisch, Juliane. *Ästhetik der Installation.* Frankfurt/Main, 2003.

Rebentisch, Juliane. *Theorien der Gegenwartskunst. Zur Einführung.* Hamburg, 2013.

Reckwitz, Andreas. »Grundelemente einer Theorie sozialer Praxis. Eine sozialtheoretische Perspektive«. *Zeitschrift für Soziologie,* 32 (4), 2003, S. 282–301.

Reichert, Kolja. »Das digitale Erhabene«. *FAZ Online,* 13.06.2016. Online: http://www.faz.net/aktuell/feuilleton/kunst/ausstellung-berlin-biennale-2016-das-digitale-erhabene-14268191.html [15.09.2020].

Reichertz, Jo. *Die Abduktion in der qualitativen Sozialforschung. Über die Entdeckung des Neuen.* Wiesbaden, 2013.

Rocker, Ingeborg. »Architectures of the Digital Realm. Experimentations by Peter Eisenman, Frank O. Gehry«. In: Gleiter, J. H.; Korrek, N.; Zimmermann, G. (Hg.). *Die Realität des Imaginären.* Weimar, 2008, S. 249–262.

Rojas, Laurie. »The New Culture War?« *Caesura,* 22.11.2016. Online : http://www.caesura-online.com/caesura-online/2016/11/22/the-new-culture-war [15.09.2020].

Rötzer, Florian (Hg.). *Digitaler Schein. Ästhetik der elektronischen Medien.* Frankfurt/Main, 1991.

Rushkoffs, Douglas. *Program or Be Programmed.* Berkeley, 2011.

Sable, David. »A Post Digital World, Really?«, *Think with Google,* Mai 2012. Online: https://www.thinkwithgoogle.com/marketing-resources/a-post-digital-world-really/ [15.09.2020].

Sachs-Hombach, Klaus; Schirra, Jörg J. R. »Von der interdisziplinären Grundlagenforschung zur computervisualisierten Anwendung. Die Magdeburger Bemühungen um eine allgemeine Wissenschaft vom Bild«. *Magdeburger Wissenschaftsjournal,* 1, 2002, S. 26–38. Online: http://www.uni-magdeburg.de/MWJ/MWJ2002/sachs.pdf [04.04.2018].

Sachs-Hombach, Klaus. *Bildbegriff und Bildwissenschaft.* Saarbrücken, 2001.

Sartre, Jean-Paul. *Das Imaginäre. Phänomenologische Psychologie der Einbildungskraft.* Reinbek, 1980 (1940).

Sauer, Martina. »Benjamin revisited. Das Kunstwerk im Zeitalter der digitalen Medien«. *Kunstgeschichte. Texte zur Diskussion,* Juli 2011. Online: www.kunstgeschichte-ejournal.net/discussion/2011/sauer/ [24.02.2018].

Schaper, Florian. *Bildkompetenz. Kunstvermittlung im Spannungsfeld analoger und digitaler Bilder.* Bielefeld, 2012.

Schaub, Mirjam. *Gilles Deleuze im Kino. Das Sichtbare und das Sagbare.* München, 2003.

Scherer, Bernd; Renn, Jürgen (Hg.). *Das Anthropozän. Zum Stand der Dinge.* Berlin, 2015.

Scherer, Bernd; Renn, Jürgen. »Einführung«. In: dies. (Hg.). *Das Anthropozän. Zum Stand der Dinge.* Berlin, 2015, S. 7–24.

Schmitt, Carl. *Der Begriff des Politischen.* Berlin, 2002 (1932).

Schmitt, Carl. *Politische Theologie.* Berlin, 2004 (1922).

Schröter, Jens; Glaubitz, Nicola. »Quälende Kuben und beruhigende Tableaus. Fragmente einer Diskursgeschichte des Raum- und des Flächenbildes«. *Sprache+Literatur,* 35 (1), S. 33–63. Online: http://www.theorie-der-medien.de/text_detail.php?nr=47 [05.04.2018].

Schubert, Hans-Joachim; Wenzel, Harald; Joas, Hans; Knebel, Wolfgang. *Pragmatismus zur Einführung.* Hamburg, 2010.

Schuhmacher-Chilla, Doris (Hg.). *Im Banne der Ungewissheit. Bilder zwischen Medien, Kunst und Menschen.* Oberhausen, 2004.

Schütze, Konstanze. »Audiobilder. Phänomene der Bildlichkeit im auditiven Feld«. Staatsexamensarbeit, TU Dresden, 2010 (unveröffentlicht).

Schütze, Konstanze. »Mittendrin. Post Internet Art Education – Reflexion und Kritik ohne die Sicherheit des Abstands«. Vortrag, Universität Hamburg in der Reihe *Einführung in die Kunstpädagogik,* 01.06.2017.

Schütze, Konstanze. »Moving Beyond. Bodies of Images in spekulativer Zeitlichkeit«. In: Schumacher-Chilla, D.; Ismail, N. (Hg.). *Be Aware! Mehr an Gegenwart in der zeitgenössischen Kunst.* Oberhausen, 2018, S. 75–89.

Schütze, Konstanze. »Where the *pragmagics happens. Über die Ästhetik der leeren Hände und die Arbeit am Magischen«. In: Meyer, T.; Dick, J.; Moormann, P.; Ziegenbein, J. (Hg.). *Where the Magic Happens. Bildung nach der Entgrenzung der Künste.* München, 2016, S. 85–90.

Schweppenhäuser, Gerhard. »Die Geburt der Bilder aus dem Geist des Erschreckens«. In: Kauppert, M.; Leser, I. (Hg.). *Hillarys Hand: Zur politischen Ikonographie der Gegenwart.* Bielefeld, 2014, S. 221–246.

Scowen, Peter. »Douglas Coupland Ponders how the Web has Rewired our Brains«. *The Globe and Mail,* 9/2014. Online: https://www.theglobeandmail.com/arts/books-and-media/douglas-coupland-ponders-how-the-web-has-rewired-our-brains/article20809931/ [24.03.2018].

Seel, Martin. »Inszenieren als Erscheinenlassen«. In: Früchtl, J.; Zimmermann, J. (Hg.). *Ästhetik der Inszenierung.* Frankfurt/Main, 2001, S. 48–62.

Seemann, Michael. *Das neue Spiel. Strategien für die Welt nach dem digitalen Kontrollverlust.* Freiburg, 2014.

Seide, Adam. »Die Inszenierung ist wichtig«. *Kunst+Unterricht,* 17, September, 1972, S. 49–53.

Serres, Michel. *Der Parasit.* Frankfurt/Main, 1987.

Serres, Michel. *Erfindet euch neu! Eine Liebeserklärung an die vernetzte Generation.* Frankfurt, 2013.

Shaviro, Steven. »Post-Cinematic Affect: On Grace Jones, Boarding Gate and Southland Tales«. *Film Philosophy,* 14 (1), 2010.

Shifman, Limor. »An Anatomy of a YouTube Meme«. *New Media and Society,* 14 (2), 2012, S. 115–137.

Shifman, Limor. »Reconciling with a Conceptual Troublemaker«. *Journal of Computer-Mediated Communication,* 18, 2013, S. 362–377. Online: https://onlinelibrary.wiley.com/doi/epdf/10.1111/jcc4.12013 [05.04.2018].

Shifman, Limor. *Meme. Kunst, Kultur und Politik im digitalen Zeitalter.* Cambridge, 2014.

Shontell, Alyson. »The First Email, The First Tweet, And 13 Other Famous Internet Firsts«. *Business Insider,* 22.04.2013. Online: http://www.businessinsider.com/every-first-on-the-internet-2013-2?IR=T#the-first-youtube-video-posted-was-posted-by-co-founder-jawed-karim-at-the-san-diego-zoo-it-was-uploaded-on-april-23-2005-and-has-been-watched-nearly-10-million-times-12 [01.01.2018].

Silverman, Kaja. The Thresholds of the Visible World. New York, 1996.

Smailes, Jennifer. »Camille Henrot – The Pale Fox«. *Springerin,* 3, 2015, S. 64–65.

Smith, Anna Maria. *Laclau and Mouffe. The Radical Democratic Imaginary.* London, 2012.

Smith, Warren; Higgins, Matthew; Kokkinidis, George; Parker, Martin. »Becoming Invisible: The Ethics and Politics of Imperceptibility«. *Culture and Organization,* 24, (1), 2018, S. 54–73.

Snow, Michael. *The Michael Snow Project: The Collected Writings of Michael Snow.* Waterloo, 1994.

Sontag, Susan. *On Photography.* New York, 1977.

Söntgen, Beate. »Gender in Trouble«. *Texte zur Kunst,* 42, 2001, S. 2–42.

Sparks, Keagan. »To Cut and Swipe. Understanding Hito Steyerl Through How not to be Seen«. *Momus,* 12.05.2015. Online: momus.ca/to-cut-and-to-swipe-understanding-hito-steyerl-through-how-not-to-be-seen [08.10.2017].

Spencer, Paul. »Trump's Occult Online Supporters Believe ›Meme Magic‹ Got Him Elected«. *Vice,* 18.11.2016. Online: http://motherboard.vice.com/read/trumps-occult-online-supporters-believe-pepe-meme-magic-got-him-elected [15.09.2020].

Staatliche Museen zu Berlin. Institut für Museumsforschung. *Materialien aus dem Institut für Museumsforschung,* 71: Statistische Gesamterhebung an den Museen der Bundesrepublik Deutschland für das Jahr 2016. Online: https://www.smb.museum/fileadmin/website/Institute/Institut_fuer_Museumsforschung/Publikationen/Materialien/mat71.pdf [15.09.2020].

Stadt Köln. »Raum für junge Kunst: Simultanhalle«, *Offizielle Webseite,* o. J. Online: https://www.koeln.de/tourismus/museen/simultanhalle_17306.html [13.02.2018].

Stagg, Natasha. »Forevercrombie«. *dis-magazine,* o. D. Online: http://dismagazine.com/discussion/49319/forevercrombie/ [zuletzt eingesehen am 01.01.2018].

Staniszweski, Mary Anne. *The Power of Display. A History of Exhibition installation at the Museum of Modern Art.* Cambridge, 1998.

Stemmrich, Gregor. »Grundkonzepte der Minimal Art«. In: Friese, P. (Hg.). *Minimal Maximal. Die Minimal Art und ihr Einfluß auf die internationale Kunst der 90er Jahre.* Heidelberg, 1998, S. 12–22.

Stemmrich, Gregor. »Zwischen dem Bild und dem Visuellen«. In: Elben, G. (Hg.). *Videonale 10. Ausstellungskatalog Kunstmuseum Bonn.* Köln, 2005, S. 37–59.

Sternfeld, Nora. »Para-Museum of 100 Days: documenta between Event and Institution«. *ONCURATING,* 33, 2017. Online: www.on-curating.org/files/oc/dateiverwaltung/issue-33/pdf/Oncurating_Issue33.pdf [12.02.2018].

Sternfeld, Nora. »The Object-Effect. What is the Thing About Materials in Exhibitions«. *Cumma Papers,* 19, 2016, S. 1–9. Online: cummastudies.files.wordpress.com/2016/04/cumma-papers-19.pdf [11.02.2018].

Steyerl, Hito. »A Sea of Data. Apophenia and Pattern (Mis)Recognition«. *e-flux journal,* 72, 2016. Online: https://www.e-flux.com/journal/72/60480/a-sea-of-data-apophenia-and-pattern-mis-recognition/ [05.04.2018].

Steyerl, Hito. »How Not to Be Seen: A Fucking Didactic Educational .MOV File«. *MoMA Learning,* 2013. Online: https://www.moma.org/learn/moma_learning/hito-steyerl-how-not-to-be-seen-a-fucking-didactic-educational-mov-file-2013/ [11.02.2018].

Steyerl, Hito. »In Defense of the Poor Image«. *e-flux journal,* 10, 2009. Online: http://worker01.e-flux.com/pdf/article_94.pdf [05.04.2018].

Steyerl, Hito. »Techniques of the Observer. Conversation with Laura Poitras«. *Artforum,* 53 (9), 2015. Online: https://www.artforum.com/print/201505/techniques-of-the-observer-hito-steyerl-and-laura-poitras-in-conversation-51563 [05.04.2018].

Steyerl, Hito. »Too Much World: Is the Internet Dead?«. *e-flux journal,* 49, 2016. Online: http://worker01.e-flux.com/pdf/article_8974420.pdf [24.03.2018].

Steyerl, Hito. *The Wretched of the Screen.* Berlin, 2012.

Strauss, Anselm; Corbin, Juliet. »Grounded Theory Methodology«. In: Denzin, N. K.; Lincoln, Y. S. (Hg.). *Handbook of Qualitative Research. Thousand Oaks,* 1994, S. 273–285.

Stückelberger, Johannes. »Das Unsichtbare Bild. Prolegomena zu einer reformierten Ästhetik«. In: Krieg, M.; Rüsch, M.; Stückelberger, J.; Zeindler, M. (Hg.). *Das unsichtbare Bild. Die Ästhetik des Bilderverbotes.* Zürich, 2005, S. 11–21.

Swenson, Gene. »What is Pop Art? Answers from 8 Painters. Part I«. *Artnews,* 62, 1963.

Tarde, Gabriel. *Die Gesetze der Nachahmung. Aus dem Französischen von Jadja Wolf.* Frankfurt/Main, 2003.

Tasman, David Andrew. »David Joselit: Against Representation«. *dis-magazine,* Mai 2015. Online: http://caseykaplangallery.com/wp/wp-content/uploads/2014/04/KBPRESS-KIT-NEW.p.pdf [25.02.2018].

Tervo, Juuso. »Education in the Present Tense«. *Vortrag, Dank Contemporaneities: One-Day Symposium on the Post-internet.* Department of Art, Aalto University, Helsinki, 2017 (unveröffentlicht).

Thalmaier, Franz. »Aggregative Bilderzyklen. Über Aneignung und Konfrontation in der Kunst von Katja Novitskova«. *Springerin,* 2, 2017, S. 8–9.

Thalmaier, Franz. »Reproduktionswesen. Zur künstlerischen Praxis von Oliver Laric«. *Springerin,* 4, 2013, o. S..

Thelwall, Mike; Shifman, Limor. »Assessing Global Diffusion With Web Memetics: The Spread and Evolution of a Popular Joke«. *Journal of the American Society for Information Science and Technology,* 60 (12), 2009, S. 2567–2576.

Thürlemann, Felix. *Mehr als ein Bild. Für eine Kunstgeschichte des hyperimage.* München, 2013.

Tiainen, Milla; Kontturi, Katve-Kaisa; Hongisto, Ilona. »Framing, Following, Middling. Toward Methodologies of Relational Materialities«. *Cultural Studies Review,* 21 (2), 2015, S. 14–46.

Tomas, David. Vertov, Snow, Farocki. *Machine Vision and the Posthuman.* New York, 2013.

Turing, Alan. »Kann eine Maschine denken?« In: Enzensberger, H. M. (Hg.). *Neue Mathematik.* Band 8. Frankfurt/Main, 1967, o. S..

Uddin, M. Saleh; Yoon, So-Yeon. »Peter Eisenman's House X, Scheme G. 3D Game Engine for Portable Virtual Representation of Architecture«. *Connecting the Real and the Virtual – design e-ducation, 20th eCAADe Conference Proceedings.* Warschau, 2002, S. 526–531.

Ullrich, Wolfgang. »Ohne Folgen? Bilder im Plural«. In: *Tiefer hängen. Über den Umgang mit der Kunst.* Berlin, 2003, S. 66–93.

Ursprung, Philipp. *Der Wert der Oberfläche.* Zürich, 2017.

Valéry, Paul. *Über Kunst. Essays.* Frankfurt/Main, 1962 (1934).

Vázquez, Rolando. »Modernity Coloniality and Visibility: The Politics of Time«. *Sociological Research Online,* 14 (4), 2009. Online: www.socresonline.org.uk/14/4/7.html [14.02.2018].

Vermeulen, Timotheus. »The New Depthiness«. *e-flux journal,* 61, 2015. Online: http://worker01.e-flux.com/pdf/article_8993628.pdf [05.04.2018].

Vierkant, Artie et al. »The Jogging«, *Tumblr Blog,* o.J. Online: http://thejogging.tumblr.com [15.09.2020].

Vierkant, Artie. »Image Objects«. *Jstchillin.org,* 2011. Online: jstchillin.org/artie/pdf/The_Image_Object_Post-Internet_us.pdf [08.03.2018].

Virilio, Paul. *Ästhetik des Verschwindens.* Berlin, 1986 (1980).

Wagner, Ellen. »Using Shortcuts. Über den Umgang mit medialen Schlüsselreizen in der Post-Internet Art«. *Springerin,* 2, 2017, S. 6–7.

Wagner, Ernst; Schönau, Diederik; Pataky, Gabriella; Karpati, Andrea; Haanstra, Folkert; Billmayer, Franz; Herth, Christine. *European Network for Visual Literacy.* Online unter: *envil.eu* [17.02.2018].

Wagner, Roy. *The Invention of Culture.* Chicago, 1981.
Wark, McKenzie. »Digital Provenance and the Artwork as Derivative«. *e-flux journal,* 77, 2016. Online: http://worker01.e-flux.com/pdf/article_77374.pdf [5.04.2018].
Welsch, Wolfgang. *Ästhetisches Denken.* Stuttgart, 1996.
Wenk, Silke. »Repräsentation in Theorie und Kritik. Zur Kontroverse um den Mythos des ganzen Körpers«. In: Zimmermann, A. (Hg.). *Kunstgeschichte und Gender: Eine Einführung.* Berlin, 2006, S. 99–114.
Wiesing, Lambert. *Artifizielle Präsenz. Studien zur Philosophie des Bildes.* Frankfurt/Main, 2005.
Wimmer, Mario. »Dispositiv«. In: Frietsch, U.; Rogge, J. (Hg.). *Praxeologische Begriffe. Ein Handwörterbuch der Historischen Kulturwissenschaften.* Bielefeld, 2012, S. 123–128.
Wittkewitz, Jörg. »Information Overload. Eine moderne Legende«. *t3n. digital pioneers,* 17.10.2011. Online: http://t3n.de/magazin/diskussion-um-information-overload-ubersattigt-226223/ [15.09.2020].
Zahn, Manuel. »Ästhetische Praxis als Kritik. Vom Aussetzen des Urteilens und der Erfindung neuer Wahrnehmungs-, Denk-, und Handlungsmöglichkeiten«. In: Dander, V.; Bettinger, P.; Ferraro, E.; Leineweber, C.; Rummler, K. (Hg.). *Digitalisierung – Subjekt – Bildung. Kritische Betrachtungen der digitalen Transformation.* Leverkusen, 2020, S. 213–233.
Zahn, Manuel. »Wir stammen von Animationen ab. Wirklichkeitserfahrungen mit Ryan Trecartins Videos«. In: Meyer, T.; Dick, J.; Moormann, P.; Ziegenbein, J. (Hg.). *Where the Magics Happens. Bildung nach der Entgrenzung der Künste.* München, 2016, S. 39–48.
Zahn, Manuel. *Ästhetische Film-Bildung. Studien zur Materialität und Medialität filmischer Bildungsprozesse.* Bielefeld, 2012.
Zalasiewicz, Jan. »Die Einstiegsfrage: Wann hat das Anthropozän begonnen?« In: Scherer, B.; Renn, J. (Hg.). *Das Anthropozän. Zum Stand der Dinge.* Berlin, 2015, S. 160–180.
Zavyalova, Victoria. »Hiding From Artificial Intelligence in the Age of Total Surveillance«. *Russia Beyond,* 22.07.2017. Online: https://www.rbth.com/science_and_tech/2017/07/22/hiding-from-artificial-intelligence-in-the-age-of-total-surveillance_808692 [15.09.2020].
Zeillinger, Peter. »Badiou und Paulus. Das Ereignis als Norm?« *IWK-Mitteilungen,* 61 (3-4), 2006), S. 6–12. Online: www.peter-zeillinger.at/download/05_Zeillinger_Badiou+Paulus_Ereignis_als_Norm.pdf [12.02.2018].
Zhuk, Dzina; Spesivtsev, Nicola. »Inhuman Faces. Anthropological Practices in Literature, Philosophy and Film«. Vortrag am Peter Szondi-Institut der Freien Universität Berlin, 12.01.2016 (unveröffentlicht).

Verweise:

»Abblende« im *Lexikon der Filmbegriffe.* Online: http://filmlexikon.uni-kiel.de/index.php?action=lexikon&tag=det&id=60 [11.02.2018].
»Baudrillard«, *Wikipedia, Die freie Enzyklopädie.* Bearbeitungsstand: 18. August 2020. Online: https://de.wikipedia.org/wiki/Jean_Baudrillard [03.10.2020].
»Dab (Tanzfigur)«, *Wikipedia, Die freie Enzyklopädie.* Bearbeitungsstand: 29. August 2020. Online: https://de.wikipedia.org/wiki/Dab_(Tanzfigur) [03.10.2020].

»Das Internet in Zahlen. Die unglaubliche Riesenmaschine«. *Süddeutsche Zeitung,* 09.02.2010. Online: http://www.sueddeutsche.de/digital/das-internet-in-zahlen-die-unglaubliche-riesenmaschine-1.65478-2 [15.09.2020].

»Digital in 2017 Global Overview«. *Slideshare.net,* 24.01.2017. Online: https://www.slideshare.net/wearesocialsg/digital-in-2017-global-overview [15.09.2020].

»Durchschnittliche Verbindungsgeschwindigkeit der Internetanschlüsse in den führenden Ländern weltweit im 1. Quartal 2017«. *Statista,* Mai 2017. Online: https://de.statista.com/statistik/daten/studie/224924/umfrage/internet-verbindungsgeschwindigkeit-in-ausgewaehlten-weltweiten-laendern/ [15.09.2020].

»Fear of Missing Out«, *Wikipedia, Die freie Enzyklopädie.* Bearbeitungsstand: 21. Juli 2020. Online: https://de.wikipedia.org/wiki/Fear_of_missing_out [03.10.2020]

»Interrupt«, *Wikipedia, Die freie Enzyklopädie.* Bearbeitungsstand: 1. Juli 2020. Online: https://de.wikipedia.org/wiki/Interrupt [03.10.2020].

»Janus (Mythologie)«, *Wikipedia, Die freie Enzyklopädie.* Bearbeitungsstand: 20. Dezember 2019. Online: https://de.wikipedia.org/wiki/Janus_(Mythologie) [03.10.2020].

»Jetztzeit (now-time)«, *Oxford Reference,* 2020. Online: https://www.oxfordreference.com/view/10.1093/acref/9780199532919.001.0001/acref-9780199532919-e-376?rskey=i-ULUpj&result=376 [03.10.2020].

»Know Your Meme«. 2020. Online: https://knowyourmeme.com/ [15.09.2020].

»Kurvendiskussion«, *Wikipedia, Die freie Enzyklopädie.* Bearbeitungsstand: 30. September 2020. Online: https://de.wikipedia.org/wiki/Kurvendiskussion [03.10.2020].

»Leviathan (Thomas Hobbes)«, *Wikipedia, Die freie Enzyklopädie.* Bearbeitungsstand: 5. September 2020. Online: https://de.wikipedia.org/wiki/Leviathan_(Thomas_Hobbes) [03.10.2020]

»Mandelbrot-Menge«, *Wikipedia, Die freie Enzyklopädie.* Bearbeitungsstand: 17. August 2020. Online: https://de.wikipedia.org/wiki/Mandelbrot-Menge [03.10.2020].

»Mobile App Design: Horizontal Swipe vs Vertical Scroll to Browse a Social Feed«. *Stack Exchange. User Experience,* 2015. Online: https://ux.stackexchange.com/questions/72594/mobile-app-design-horizontal-swipe-vs-vertical-scroll-to-browse-a-social-feed [15.09.2020].

»Monitor Enterprise Threats«. *Akamai Technologies,* 2020. Online: https://www.akamai.com/us/en/solutions/intelligent-platform/visualizing-akamai/real-time-web-monitor.jsp [15.09.2020].

»Offline. Begriffserklärung und Definition«. *SEO Analyse,* o.J. Online: https://www.seo-analyse.com/seo-lexikon/o/offline/ [01.01.2018].

»Plopp«. *arte creative,* 2017. online unter: https://www.arte.tv/de/videos/068434-030-A/plopp-2-30-40/".

»Prognose zum Volumen der jährlich generierten digitalen Datenmenge weltweit in den Jahren 2018 und 2025«. *Statista,* November 2018. Online: https://de.statista.com/statistik/daten/studie/267974/umfrage/prognose-zum-weltweit-generierten-datenvolumen/ [15.09.2020].

»Simultanhalle«. *Wikipedia, Die freie Enzyklopädie.* Bearbeitungsstand: 16. Februar 2020. Online: https://de.wikipedia.org/wiki/Simultanhalle [15.09.2020].

»Streisand-Effekt«, *Wikipedia, Die freie Enzyklopädie.* Bearbeitungsstand: 16. September 2020. Online: https://de.wikipedia.org/wiki/Streisand-Effekt [03.10.2020].

»the engines«. *Computer History Museum,* o.J. Online: https://www.computerhistory.org/babbage/engines/ [15.09.2020].

»The Future is Now: Propositions for Art Museums in the 21st Century«. *Media in the Expanded Field Site,* o.J. Online: https://mefsite.wordpress.com/museum-of-the-21st-century-3/ [15.09.2020].

»Timeline of Computer History«. *Computer History Museum,* o.J. Online: http://www.computerhistory.org/timeline/1988/ [15.09.2020].

»Überwachung der globalen Internetbedingungen«. *Akamai Technologies,* 2020. Online: https://www.akamai.com/us/en/solutions/intelligent-platform/visualizing-akamai/real-time-web-monitor.jsp [15.09.2020].

»Varietät (Linguistik)«, *Wikipedia, Die freie Enzyklopädie.* Bearbeitungsstand: 17. September 2020. Online: https://de.wikipedia.org/wiki/Variet%C3%A4t_(Linguistik) [03.10.2020].

»Venice: Mathias Poledna at The Austrian Pavilion«, *Contemporary Art Daily,* 16.06.2013. Online: https://contemporaryartdaily.com/2013/06/venice-mathias-poledna-at-the-austrian-pavilion/ [25.02.2018].

»Vielfalt als Chance. Warum Sie auf Diversity zählen können.« *Charta der Vielfalt,* 2020. Online: https://www.charta-der-vielfalt.de/diversity-verstehen/ [15.09.2020].

11 Abbildungen

12 Material

Material 1

Salon I Hybridize or Disappear: A Case Study

veröffentlicht: 29.03.2016
zuletzt eingesehen: 7.02.2018
unter: https://youtu.be/Crz_B3a1a1w

Informationen zum Clip: Art Basel
Venus Lau, Director, OCT Contemporary Art Terminal, Shenzhen; Cécile B. Evans, Artist, London/Berlin; Nadim Abbas, Artist, Hong Kong
Moderator: João Laia, Writer and Curator, London
Date: Friday, March 25, 2016, 5 pm to 6 pm
Filmed on site at Art Basel in Hong Kong 2016.

João Laia:
0:07 Thank you all for coming...
0:10 so yeah, the title of this talk is hybridize or disappear which is a show
0:15 I curated last year in Lisbon and in Porto
0:17 but we're not really going to address
0:19 the show as such we're going to use the
0:21 show as a background to kind of discuss
0:23 a number of ideas. Just to give a little
0:26 bit of context on the show, it
0:31 happened in the National Contemporary
0:33 Museum in Lisbon and then the City Hall
0:36 gallery in Porto from April last year
0:41 into September and I showed nine artists
0:46 including Cécile B. Evans,
Diago Evangelista, Neïl Beloufa
0:49 Antoine Catala, Oliver Laric
0:52 Magali Reus, Shana Moulton
0:55 Katja Novitskova and Laure Prouvost and
0:58 the exhibition in a very broad way
1:01 analyzed contemporary visual culture and
1:04 namely hybrid formats that are produced
1:08 from friction between binaries that I
1:11 was kind of questioning, such as for
1:13 example organic and artificial, textual
1:15 and objectual, ah - the virtual and the real
1:18 or the actual etc among many others...
1:22 spirituality and consumerism but the
1:25 main focus actually of the show was the
1:28 friction between matter or materiality or
1:31 sculpture and the visual, which is one of
1:35 the biggest topics we are also going to
1:37 discuss here. So yeah - my selection of
1:44 artists and specifically of the artworks
1:46 I was showing they were all exploring
1:49 somehow how visual is handled as matter
1:51 and how images became objects and how
1:54 objects also became images. So it was an
1:57 exploration around this free flow of
1:58 forms and maybe to start off the
2:03 conversation I mean, the show was really
2:06 approaching visual culture and
2:08 commenting on popular cultural - visual
2:10 culture and maybe it could be a good
2:12 way to start off to discuss a little bit
2:14 how we all kind of deal with visual
2:17 culture or popular culture in our own
2:18 practices. Who would like to start?
2:26 Venus?

Venus Lau:
It is interesting way of talking about
2:31 like you know hybrid forms and then like
2:33 popular cultures and visual cultures because
2:35 like contemporary art has a very long
2:37 history of appropriating pop culture,
2:39 but in the past it's like mostly it's
2:42 just I oh let's grab an image and make a
2:43 collage of it.. that kind of thing. So I
2:47 find it very interesting how
2:50 artists like kind of like.. you know
2:52 because pop culture is basically our
2:54 environment now like what we're living
2:56 in like if we stay like, it can also

2:59 be.. I mean it can it's like kind of like a
3:02 site-specific...it is a site. It is like
3:04 where we are immersed in… so it's just
3:07 like it's because… if you want to talk about
3:10 image as object and all that we are
3:12 dealing with all these object… the
3:14 network of all these objects
3:16 that explodes and implodes at the same
3:18 time. So it's interesting when I work
3:22 with Korakrit Arunanondchai
3:24 on the solo show last year at the Ullens Center
3:27 in Beijing. I mean I actually
3:30 like witnessed the whole like process of
3:32 how the artists work like and then I
3:34 think it's interesting of like how we
3:37 bring this whole production of
3:40 official forms of pop cultural other
3:42 cultures like hip hop that is I
3:44 basically viral like that is like you
3:47 know hip hop is now seen as like the
3:49 big turn off like of pop
3:52 culture history and like how like he
3:56 like the artists I expand the idea of
3:59 like our culture - like as pop culture
4:02 like including music, film and music
4:04 videos and all that into a site so like
4:07 how he you know - Boi Chau
4:10 collaborating with him
4:12 and people like from, like you
4:14 know (NAME) creating this whole scene and then
4:16 like that is interesting because it kind
4:19 of like - what is our production? If you
4:22 know… a brand is doing the
4:25 same thing - like what is how this like
4:27 site of pop culture – when it is moved
4:29 into the whole artistic context with
4:32 the burden of art history and then how
4:35 it is all mixed together? I
4:36 found it very interesting. I'm still
4:38 learning what kind of things
4:40 can be done because I mean it's
4:43 like - I work with a lot of like
4:45 contemporary Chinese artists and of
4:47 course because of the political reality
4:49 there, people say – oh is it
4:52 socially engaged work or something? Which
4:55 kind of warns me about the idea
4:58 … like is art kind of not part of
5:01 society? Like when you say that it is socially
5:03 engaged… it's a very obvious
5:04 imagery it's just like 'oh something
5:06 is like getting into a secluded bubble.'
5:09 so I found it interesting when Joao…
5:12 and they like bring up… and also with
5:14 Cecil's work… that they are merging
5:17 images from popular culture. It's just
5:20 like.. it's just… I think it's like
5:22 a big reminder that art is
5:24 actually part of an
5:26 immersion yeah…

Cécile B. Evans:
yeah I think music videos
5:31in particular are an amazing resource at
5:34 the moment because there's never like.. a
5:38 music video never just has one reference,
5:40 and I think we've spoken about
5:43 this earlier and even like an image
5:45 within a music video won't just have one
5:47 reference it'll have like 10 or 20
5:49 references, or something will even happen
5:51 in the future that you'll say reminds me
5:53 of that one image and I just, I love that
5:56 idea then of especially within the
5:59 moving image and the idea of an image-
6:01 object as a sort of composite sketch of
6:03 all of these different things. So it no
6:05 longer being a singular thing and then
6:07 it having this sort of like
6:09 responsibility to kind of contain and
6:12 move within a space and
6:15 for people to pick up on these
6:17 references or not pick up on them but
6:20 the ability to borrow from those to take
6:22 back from them eventually for them to be
6:24 inspired by what you've done with them
6:26 and back and forth. But I think one of
6:29 the most.. one of the times that I really
6:33 tried to specifically use this idea of
6:36 the image-object in popular culture
6:39 as a tool knowingly for an
6:42 audience was a video I made two years
6:45 ago.. a year and a half ago called hyper
6:48 links or it didn't happen
6:49 and the narrator for the video is called
6:53 Phil and he's a failed CGI rendering of
6:57 an actor who's passed away, which was
7:00 based on a rumour that was circulating
7:02 that this would actually happen to
7:05 this actor… and didn't. So, I kind of had a
7:09 imagined.. they said that they didn't make
7:11 the copy but I, in my imagination imagine
7:15 that they had and it had kind of failed,
7:17 it had not done the job that it was
7:20 meant to do and I really fell in love
7:22 with the idea of this… yeah of what this
7:26 image contained and represented to
7:28 people and what it would be to have it
7:30 speak for itself in reference to that
7:34 responsibility… if it makes sense.
7:37 And it's never stated in the
7:40 video who the actor is and I've never
7:43 stated it in any like official texts but
7:46 it was really amazing because nine times
7:49 out of ten across the board people knew
7:52 exactly who this was based on or… and I

7:55 just thought yeah.. because their
7:56 relationship was always with this person
7:58 as a moving image.

Nadim Abbas:
Yeah I guess the way
8:04 that these ideas come up in my work
8:06 would be related to certain kinds of
8:12 collective.. or I would call them generic
8:14 images that circulate it's a bit more
8:17 closely linked to kind of earlier
8:19 discussions about representation
8:22 and things like that but um I became
8:25 quite fascinated for example with images
8:29 of nature which were derived from
8:33 basically a kind of clicheed idea of what
8:35 nature was..and you know, if you search
8:40 for something on the internet like
8:41 Niagara Falls you end up with a lot of
8:46 images of of this place and a lot of
8:51 images that actually look the same
8:53t But taken by different people (sorry)
8:56 and it was it was through that kind of
9:01 collection of images that I became
9:03 interested in the possibility of trying
9:06 to find what I would call, I guess a
9:10 more suitable context to perceive
9:14 them because if people
9:18 understand these images as being
9:22 actually that place… you know, that's
9:25 in a way a kind of illusion
9:26 right? So I wanted to kind of - to think
9:29 about these images - use these images in a
9:31 way that was somehow like.. maintained
9:35 what they were but took away that kind
9:38 of illusory aspect so basically I
9:40 brought them back and I
9:45 recontextualize them within a kind of
9:48 urban situation. There's no images of
9:51 these works here but you know I mean I
9:52 guess.. and it's also related I think to
9:58 this idea which is intensified in
10:03 the present where the image it
10:08 would go back to the searching by the image
10:10 in the object you know, previously a
10:12 standard definition of the image is that
10:15 the object precedes the image and
10:19 not vice-versa but you know, in the case
10:22 of a generic image you have a
10:24 situation where the procession of
10:27 the image is actually something that
10:28 precedes the object because this image
10:31 that circulates throughout a kind of
10:33 collective imaginary.. you know of a
10:37 waterfall for example, and you don't even
10:40 have to go to the waterfall and you
10:43 already have this image in your mind and
10:45 when you do go to the waterfall you're
10:48 looking for that image as well you
10:50 know? This sort of… it's a kind of
10:52 very kind of like sophisticated kind
10:56 of tourist… kind of gaze, I guess right?
11:00 And that's something I think that
11:02 has intensified and really blurred
11:05 this the boundary between you know this
11:09 vision and materiality of
11:12 objects

João Laia:
N: Yeah. Another point of
11:17 interest for example, another question I
11:19h have for you and this relates again to
11:22 the show it was like… my interest was
11:25 kind of comment or to make slightly
11:27 problematic… not pop culture as such, but
11:33 dominant visual regimes. For example… or
11:36 dominant regimes of representation
11:38… better said. Which… they privilege
11:41 sites so I was quite interested in kind
11:44 of making that problematic through the
11:47 artworks shown and yeah, using pop-
11:52 culture in that sense, as a reference
11:54 that could make dominant regimes
11:57 problematic. What's your interest? For
12:00 example, why do you use
12:01 Meryl Streep for example? Why do
12:04 you go to that kind of shared cultural
12:08 imagery … visual imaginary? What's your
12:11 aim? Do you want to kind of uncover
12:13 silent layers of those images or do you
12:17 just want to make them also problematic
12:18 or yeah what's your…

Cécile B. Evans:
I think my primary
12:24 interest in popular culture and just
12:27 like… not just images but also music was
12:30 the emotional value behind it and how
12:33 effective it is. I think, I work with a
12:36 pop song writer for some of the scores
12:39 within the videos that I make and they
12:42 are pretty much algorithms lying
12:46 underneath certain songs like I can say
12:48 okay there's this one by Miley Cyrus and
12:50 we all know it kind of sounds like the
12:52 one by Sinead O'Connor but then there's
12:53 like Rihanna's "Stay" and also, Great
12:56 Big World and Christina Aguilera did
12:58 this song and they all make me want to
12:59 cry and I can assume they're all about
13:01 breakups, but what is it about the
13:04 first three chords? And then he will say
13:06 actually, this is actually quite
13:08 a known thing and then the idea of…
13:10 people are now talking about the "drop."
13:12 When you go into pretty much

13:14 like H&M or any shopping, there are so many
13:17 drops in the music and they're meant to
13:19 like, put you through an emotional
13:21 rollercoaster so that by the end of it
13:23 you're just like "I'll take all the
13:24 shorts" and I just find that really
13:27 amazing and not from like a critical
13:29 standpoint but because I participate in
13:32 it and I find it effective and not in a
13:34 way that I want to manipulate an
13:36 audience but because i think it's
13:38 interesting to live within that space of
13:41 not understanding why this is so
13:43 effective each each time.

Nadim Abbas:
Yeah I think it is
13:47 quite similar for me in a way. I mean,
13:49 it's like i'm interested in sort of
13:52 cliche and kitschy things. Not really
13:56 from an ironic perspective or like sort
13:58 of a distant standpoint, I mean also
14:00 partly because it is a kind of an emotional
14:02 connection that happens where in a
14:07 way these things can even… though you
14:09 might be aware of it… these things
14:10 can kind of… still have some kind of like
14:15 power or control over you or
14:18 manipulative force, you know? Which you
14:21 can't control yourself, you know? you
14:23 are drawn to … and yeah and I think
14:31 also trying to find and for me.. it's
14:36 always a question of trying to take
14:39 these images and find a kind of material
14:41 context for them and normally it seems
14:44 it always ends up being related to a
14:47 certain kind of urban space or kind of
14:49 technologize living. Yeah.

Cécile B. Evans:
Yeah
14:56 there's something to be said for
14:58 emotional contagion, which was also the
15:02 name of a study run by Facebook on
15:05 Facebook, which they basically wanted to
15:08 do… what, I mean kind of what we're
15:10 talking about which was to find out - in
15:12 a manipulative sense actually, what
15:16 are the algorithms that can recognize
15:17 certain emotional statuses which now
15:21 they've made much easier by the fact
15:22 that you can just like have an emoji
15:24 that says "I'm crying,"
15:26 "I'm laughing" etc, But they wanted to see if
15:29 when they grouped them all together into
15:30 your feed - so someone's angry, another
15:33 person's angry, another person's angry – if
15:35 that then made you angry, which seems
15:38 really basic but was incredibly
15:43 effective and they proved that it is
15:45 possible to spread emotion. That I
15:48 also found interesting and thinking
15:50 about these like… the breaking down of
15:53 binaries that maybe never really existed,
15:55 but the idea of emotions as a
15:59 material- as something that has a very
16:01 strong physical presence that circulates
16:03 that we now know has a very high value
16:0 6 and is very valuable monetarily, and that
16:10 there is… that there are organizations
16:14 that are going to great lengths to try
16:16 and track the movement of these
16:18 materials.

João Laia:
Yeah in way, I mean that
16:23 goes back to what we were also
16:25 discussing before about this relationship
16:27 between the digital and the real and
16:30 the emotions are you know, a big part
16:33 of that. You were saying like "shit
16:35 happens…"things in in the digital world
16:38 they do have impact in reality"

Cécile B. Evans:
yeah
16:43 nothing is virtual anymore! Shit
16:45 is real. Shit is definitely very real
(laughs)

João Laia:
and
16:48 the monetization of emotions is a big
16:50 part of that. I mean yeah, not only
16:53 facebook but I mean in general social
16:55 media, the way they are monetizing and
16:57 capitalizing on prior areas that were
17:02 somehow external or very hardly
17:04 capitalized, it's really impressive. I
17:09 don't know if you want to say more about
17:12 that because your work is really related.
17:14 About that idea of how corporations are
17:18 really feeding into that

Cécile B. Evans:
Yeah I mean I
17:21 had a whole project called Agnes with
17:24 the Serpentine Gallery. It was a
17:26 digital commission with them and Agnes
17:28 is… she's still there, in a very
17:31 reduced form now, she's becoming obsolete (laughs)
17:33 Um a spambot who lives on the Serpentine
17:37 Gallery's website and this was at a time
17:40 when the curator, Ben Vickers and I were
17:42 talking about like favouring a subjective
17:45 value over an objective value, we'd

17:47 been discussing it for like two years
17:49 and by the time we got to that point
17:51 that subjective value was king, I mean it
17:54 had just gone through through the roof
17:56 and I was just really interested in
17:59 creating an interface and giving the
18:02 interface by which is the point of
18:04 exchange and whose job it is to collect
18:06 your emotions but also to share her
18:08 emotions and to give her a voice so that
18:10 she can discuss her condition and
18:12 question the reasons… and also
18:15 question her ability to recognize your
18:18 emotions. So I've spoken about this
18:21 before but affective computing- which is
18:24 how they know how we feel or how they
18:26 think we know how they feel, it's based
18:29 on very rudimentary feelings and also
18:31 oftentimes based on the principle that
18:33 we only have one feeling at the same
18:35 time which… in my experience is pretty
18:38 much impossible. So yeah I just wanted to
18:41 create a project that would do the thing
18:44 that was happening actively but then
18:46 also question why it was doing it and
18:49 how good it was. A lot of
18:51 times she would break down or she would
18:54 fail and send someone something in the
18:58 mail to try and make up for it, because
19:01 she realizes that she has limitations as
19:03 as a program. But I think in reality and
19:08 in real life we've been so conditioned
19:10 to think that like anything that happens
19:13 is amazing. So like when Siri first
19:16 came out and you were like "Hey Siri
19:18 where's the nearest pizza place and
19:19 Siri was like "the nearest pizza place is
19:22 blah blah blah," I mean that's not that
19:24 amazing.. like it is incredible, I
19:26 understand it took a lot of work like to
19:28 get there but a lot of these
19:32 intelligences still have a long
19:35 way to go, and the reality is that the
19:39 moment that we do… I believe that the
19:41 moment that we do create a super
19:43 intelligence, we won't even really know
19:46 what it is or we won't really even be
19:48 able to understand it for many
19:51 years after that, which is probably a
19:53 more honest depiction of our condition
19:55 and the way that we operate.

Nadim Abbas:
Do you
19:59 harbour any sinister kind of like
20:01 thoughts about that possibility?
20:04 That kind of alien intelligence, alien
20:07 knowledge?

Cécile B. Evans:
You mean like post-humans and
20:10 trans-humanism?

Nadim Abbas:
Yeah yeah I guess yeah

Cécile B. Evans:
N: Well I asked…
20:13 some of the research that
20:16 I'm doing right now is with The Future
20:18 Of Humanity Institute at Oxford
20:20 University and their job is to look like
20:23 20,000 years into the future and like
20:26 how can we save humanity, and I asked
20:29 them.. and they're all also most of them
20:31 trans- humanists which is the moment that
20:33 we merge with technology. Like nanobots
20:38 enter our bloodstream and repair
20:39 ourselves if we have cancer, or like our
20:42 smartphones are in our brains etc etc. And
20:45 I asked them, if you're for humanity and
20:49 for you know, transhumanism at what point
20:54 do a group of people become.. or that you
20:57 become transhumans and there's a group
20:59 of people who are still very much humans
21:02 and how do you continue to advocate for
21:05 them? So like I'm less like sinister
21:08 about bots taking over the world and more
21:12 maybe skeptical about who's going to
21:16 have access to all of these amazing
21:18 things? And who's going to get left
21:20 behind? And like, how much knowledge can
21:23 be spread in the meantime to like
21:26 incorporate that? And that research
21:28 group has a fantastic attitude. I mean,
21:30 their goal is co-habitation but the
21:33 reality of how that works within the
21:35 financial structures that we've set up
21:37 … like I'm not so…. I'm not so sure. What
21:40 about you guys?

Venus Lau:
Yeah an interesting lesson
21:44 about posthuman because we are basically now
21:46 posthuman… but how post
21:49 post, post,… like all these temporal
21:51 aspects of the now… and we imagine like
21:53 what we are in common as… because I mean,
21:56 look at some of Nadim's
21:58 works. It's like, there are a lot of them
22:00 it's like… you're imitating
22:01 how germs look like under a telescope. So
22:05 like, we basically have this world
22:07 that is visible but not visible
22:08 connected to the mechanic eyes of
22:11 telescope and horoscope… not horoscope…
22:13 but with a

22:15 microscope, and then a lot of different
22:17 things and then like now,
22:20 I found it very interesting
22:22 talking about… I mean seven, eight years
22:24 ago we still talk about hyper-reality
22:26 like saying that "all like we have
22:28 simulacrum and blah blah and of course we
22:30 talked about The Matrix. Now basically I
22:33 think virtual and real… basically it's
22:36 the same thing. It's that everything is
22:38 virtually real. Things that you can't
22:40 search on Google is not a thing. And of
22:44 course it also responds to… redeems
22:47 the research on the photos of nature,
22:50 which are all second- nature. That is like
22:52 they all proceed like before we
22:54 actually go to a desert or whatever
22:56 and this is interesting when we do
22:59 shows because everybody knows we
23:02 spend a lot of time photoshopping the
23:03 installation shots because we know that,
23:06 I mean my home
23:08 institution is in Shenzhen, which is
23:10 not really an art centre like New York or
23:13 London, or even Beijing or Shanghai. So
23:16 we want people to see the show, like in a
23:20 certain way. But maybe what
23:24 like you said is like, about the
23:26 effective space that we are experiencing.
23:28 I'm working on the show about Hong
23:31 Kong and then like Hong Kong as a
23:34 spatial experience of urban fabric from
23:38 like mass media or from films, from
23:41 video games and all that so one of the
23:44 works is John Rafman's work
23:46 about you know, Google Earth.
23:49 His Google Earth project.
23:53 Part of it is about Hong
23:55 Kong, so his work is based
23:58 on those gangster
24:01 video games and computer
24:04 games. Of course, we know that it is
24:06 not true that Hong Kong… like
24:08 after midnight the whole city is taken
24:10 over by gangsters but the spatial
24:15 experience, effective intensity that
24:18 is represented… the is transformed
24:20 through the images, even if
24:23 it's more virtual - digital,
24:26 computer game images. They are real. So I
24:29 found that very interesting when we talk
24:31 about like virtual and real. Basically
24:33 like everything is really virtual and
24:35 everything is virtually real, and I think
24:39 like, I take advantage of like
24:41 being from Hong Kong… I grew up in Hong Kong
24:43 so I being a Hong Kong person talking
24:45 about Hong Kong. So people aren't like
24:47 complaining about, "oh there's another white
24:48 person talking about Hong Kong,
24:50 China" that kind of thing. But at the same
24:52 time I can say - what is the
24:54 real Hong Kong? Like did I grow up with
24:56 the real Hong Kong? There are
24:58 so many places I have never been in the
25:00 past 30 years, like you know, like in Hong
25:02 Kong. So that is interesting and also how
25:05 I see like part of the real urban fabric
25:09 of Hong Kong like Kowloon city, that I
25:11 I have never been and then how it is
25:14 adopted by the Japanese architects who
25:17 are very interested in
25:18 this crazy organic compound of
25:22 human activities. And then how it is
25:25 adopted by Ghost in the Shell and other
25:28 Mangas, and how it becomes the staple of
25:30 dystopian science fiction in
25:33 the world and like, that is fake like
25:36 that is fake but it's based on the
25:38 spatial experience in Hong Kong. So, I'm
25:41 very interested in like…
25:43 everyone's talking about effective
25:46 space and then virtual space, real space
25:48 I think they all merge together… it's
25:51 just one thing now. But everything is
25:53 like kind of hybridized, or it's like
25:56 hybrid to begin with.

Cécile B. Evans:
N: Yeah and I've
25:58 actually had a lot of trouble lately… I
26:01 don't know how you guys feel about it,
26:03 with this word "virtual" because in the
26:06 dictionary it means fake, like when you
26:08 look up the standard definition and it's
26:10 kind of like touted around. And I was
26:13 saying earlier that when I was in
26:14 high school we used to use the word
26:16 virtually like some people use the word
26:18 literally. Like, "I was virtually there." So
26:21 something that means "not quite."
26:23 Whereas like, you mentioned simulacrum
26:26 and I'm a huge fan of Elaine Sturtevant,
26:29 and she talks about simulacra as
26:32 this idea of a repetition and
26:36 that becoming equal to, or even greater
26:38 than, or just a different experience and
26:41 I think what I've never been able to
26:43 understand is why people can't accept
26:46 that it's, it's just a
26:48 different fabric. It's just, you know,
26:51 I'm still having this experience and
26:53 like some of the questions that are
26:55 asked I think of artists who work in
26:57 these mediums… first of all the word.. do
27:00 you ever find there is a confusion for

27:02 people between the words virtual
27:04 and fictional? Like instead of saying
27:06 like one has created a
27:09 fictional world of Hong Kong… and
27:12 through that you can have a very real
27:14 experience, the same way that you go to
27:16 the movie and you experience this story
27:18 and it has allegories to things that
27:20 happen in your life, but somehow the word
27:22 virtual is much easier for people to use
27:25 or slip in and I don't know if you guys
27:27 have experienced that.

Nadim Abbas:
N: Well I mean, in I
27:32 guess in the context of fiction
27:34t here's a kind of… I mean virtual and
27:38 fiction there is both the kind of suspension I
27:40 guess, somehow, of reality and but in a
27:46 different way. So I don't know… in a way I
27:48 still make a distinction even but yeah…
27:52 but also of course between those two. But also
27:53 even between the real and the virtual.
27:55 It's just that of course, I think
27:58 we're being critical of a kind of very
28:01 clear-cut binary between real and
28:02 virtual. But you know, I feel that
28:06 there's still some sort of
28:07 distinction, which is made up of kind of
28:09 different levels of intensity so then it
28:13 becomes much more ambiguous… somehow…
28:16 instead

Cécile B. Evans:
Or like, a fluidity yeah from
28:23 one area to another or just like..
28:26 yeah but I mean, I would definitely,
28:28 definitely agree with you. Like it's to
28:32 say again like, shit has been real for a
28:34 while and the experiences that you
28:36 have
28:37 in either of these like spaces and
28:41 just like it again… it's just different…
28:43 just different materials.

Venus Lau:
It is
28:47 interesting the fictional and virtual
28:49 like the difference between them, I think
28:52 sometimes the virtual is just like almost
28:53 real, or it can be real. Or it is just like
28:56 we're always talking about like opening
28:58 the intensity… of effective
29:00 space or that like, that you can immerse in it.
29:03 I think the immersive part is important
29:0 6 like, that it can be real or it can be
29:08 not. But like fictional, it feels like
29:10 a book. You can just like
29:12 close it, it has a certain distance that when you
29:14 close it and is over like It's
29:17 obviously not, you know, really
29:19 related to you I think that he'll say
29:22 that kind of like immersive aspect of it
29:24 when we talk about virtual.

João Laia:
29:27 and this idea of the virtual having impact
29:30 or being real. The show had a lot of that.
29:34 I mean, lots of works were kind of
29:36 playing with a virtual or even with a
29:39 fictional as different terms… but playing
29:41 with both as theoretically non-real
29:45 things, but then all of them made direct
29:48 connections for example, to the body, to
29:50 the fact that we are a material entity
29:53 and so the idea of mortality was also
29:55 kind of present around there, which is
29:57 something that you explore quite a lot
29:59 and even you Nadim, because of your interest
30:02 of the sublime and the sublime has this
30:03 idea of finitude or this kind of
30:06 comparison with our insignificance, so to
30:10 speak so it also conferences with our
30:12 mortality, and it is interesting. I mean,
30:16 for me this was really a striking thing
30:18 in the works I selected. I mean, this idea of the
30:20 body and the body kind of coming back
30:23 out of this immateriality digital
30:26 everything you know is fluid and
30:28 suddenly the human body comes back both
30:31 as a representation, but also like as
30:35 this machine who is being teased out and
30:38 this was part of this idea that I
30:40 mentioned in the beginning of questioning
30:41 the visual by yeah- poking our other
30:46 senses and…

Nadim Abbas:
30:48 yeah, it just made me think about
30:50 well, just to go back to the virtual and
30:53 fictional relation. That the
30:57 experience of the virtual here in this
30:59 sense would be something that's anyway
31:03 more closely linked to this certain kind of
31:04 temporality because it's sort of like
31:06 always a kind of a presently lived
31:10 experience. Whereas the fictional is
31:13 something they couldn't be suspended
31:14 in some sense - temporarily speaking.

Cécile B. Evans:
31:21 Yeah, I mean the thing with the body
31:25 is getting like really cool at this
31:27 moment. I feel really lucky because I
31:31 was given the opportunity to
31:33 really test this in a super literal way

31:35 in a work that's on at the Sydney
31:37 Biennial right now. Where I took like a
31:41 really basic video headset basically
31:44 IMAX for your face, you put your phone in
31:46 and put on the headset and the
31:49 headphones and we built, like a very long
31:52 railway, like so rails that you can hang
31:55 on to on either side down a very long
31:58 tunnel, and people put the headset on and
32:02 then they're asked to walk while they
32:04 watch video quite simply because like,
32:06 this seems to me what a lot of people
32:08 want to do anyway. They're on the street,
32:10 they're just like walking and there's
32:12 like a real struggle between like… you're
32:14 bumping into people. I mean, this is what
32:17 Google glass wanted to wanted to do
32:19 originally. I think it was meant to be a
32:20 contact lens, so that you could just like
32:23 seamlessly do things and it's just been
32:25 amazing to watch audience members go
32:29 through it and to see how some people
32:31 have their relationship between the mind
32:34 and the body is completely seamless and
32:36 they just rip right through and just
32:38 walk and watch the video and other
32:40 people where it's almost like they're
32:41 shell-shocked or they forget where they
32:43 are and they stop in their pace. Or you
32:46 see people really struggling… you know
32:49 like walking super slowly and trying to
32:53 amble their way through

João Laia:
and is that a
32:54 digital native versus non-digital native?

Cécile B. Evans:
32:58 Absolutely not no
32:59 I mean there was… Penelope Zeidler
33:04 who is the wife of an architect at one
33:07 of the houses that I filmed in that's in
33:08 the video, I believe she's in her 80s
33:12 and I mean she was in heels and a
33:15 beautiful dress and just like zoomed
33:17 right through it… really tore right
33:20 through it and then you know like myself.
33:22 it took me quite, quite some time to
33:26 be able to reconcile and then… but there
33:28 is there is a moment of undeniable
33:30 freedom when you let go of this struggle
33:32 between your mind and your body and
33:34 prioritizing one over the other…. and let
33:37 them kind of integrate themselves… yeah

João Laia:
33:43 Just wondering is that something that
33:46 relates to your practice as a curator as
33:48 well, the idea of the body and this
33:51 return of the body, have you been
33:52 noticing… is that something that
33:54 interests you?

Venus Lau:
Yeah apart from the post-
34:00 human body thing that we're talking
34:01 about but also like, how is I what I talk
34:04 about how much time that we photoshop
34:05 our things it's like how we… of course
34:08 how we accentuate visual experience when
34:10 we curate shows it's just like, "Oh what
34:11 angle is that?" Or like, you know like um
34:14 looks the best… how we put
34:17 shows together to make them look the
34:19 best that is one thing. But how people
34:22 like walk into things… because I
34:24 just opened a show about land art… I mean like
34:28 and related art in China but
34:30 it's like from a totally opposite
34:32 context, from like traditional Chinese…
34:34 Western land art. It's
34:37 interesting because it's called like the
34:39 landscape of events in Chinese and then
34:41 when people walk in like, I mean
34:44 in the photos you can basically
34:46 see every work
34:48 how people define their own spaces… but if
34:51 you're inside, like you basically see
34:53 okay there's like a wall, and there's
34:55 like some soil there, and there's like
34:56 some projection and then we go to the
34:58 back, there's like a huge temple at the
35:00 back. Like how this kind of like… how the
35:04 space and the works have defined their own
35:06 space and also the audience.. like bodies
35:09 and how
35:11 interact, like audiences like,
35:14 you know their bodies
35:16 like interact with the
35:18 whole space. I think that is
35:20 important, and this keeps reminding me
35:23 that apart from my photoshopping
35:25 that having a very good
35:27 exhibition designer is very important
35:28 like you know…

Cécile B. Evans:
yeah especially with
35:31things like video because it's sometimes
35:34 a lot of work for an audience member
35:36 like to walk in. Videos can be like you
35:40 know 20, 30, 45 minutes long. Where do they
35:43 sit? There are other people in the room… I
35:46 didn't witness it myself but someone
35:49 explained it to me and it sounded
35:50 amazing I think, Philippe Pareno had a work

35:54 where you could only experience his
35:56 exhibition through a VR headset and the
35:59 goal was to erase your own body from the
36:02 space and that it was the only way that
36:04 you could see the works without having
36:05 to worry about other people's bodies, or
36:08 your own body within the space and I
36:10 just thought that was an interesting
36:11 thing to do for an
36:14 audience

João Laia:
I mean, Daniel Steegmann Mangrané
36:18 the work he had also at the
36:20 Triennial, was actually… it worked in a
36:23 way… the other way around. Because
36:25 basically, it would be …was also with oculars…
36:28 with the glasses and you would be
36:30 inserted into an Amazon jungle, but very
36:33 artificially rendered. So it was clearly
36:35 not real…. he was not trying to give an
36:38 impression of actually being in the
36:40 jungle but he would not see even your
36:42 body so if you look down, your body would
36:44 kind of disappear and you become this
36:46 kind of tree… but then at the same time
36:4 8 in the beginning you'd be very cautious
36:51 of how people would be watching you
36:53 around. So it was this really bizarre in-
36:58 between state that you don't see your
37:00 body, but you are permanently conscious of
37:03 being watched and of your body because
37:05 you're moving in space as well and body
37:07 being there. Maybe we can open for some
37:11 questions or comments if there are any
37:13cuz we need yeah…

Audience:
37:18 Hi I'm Mitzi and my question is; if
37:25 virtual and real is the same so how do
37:28 you think about online galleries? Could
37:31they actually replace real galleries?

Cecil B Evans: I
37:37 don't… I don't I think…. maybe they
37:40 can… but the physical one doesn't have to
37:42 go away.

Audience: Yeah i mean, definitely some people
37:46 would like objects…. something they can
37:47 clearly bring home and hang on the
37:49 wall…

Cecil B Evans:
I mean… you're still, I mean
37:53 objects will pretty much always exist.
37:56 Like because we still need a computer to
37:58 look at stuff and like, and my hands to
38:01 find it. But, I always… I always think
38:04 it's funny when this sort of like
38:06 virtual panic …like everything is going
38:08 to go away and like, I love, I love the
38:12 attitude of like these things can
38:15 continue to exist together and we just
38:17 have a much larger breadth of
38:20 experiences to choose from.

Venus Lau:
or this
38:23 exists on the same ontological plane, I
38:26 mean, you know, they're not totally the
38:28 same thing but they have the same weight
38:31 and are grounded in the same voyage in that
38:33 perception

Cécile B. Evans:
yeah and the amazing thing
38:35 about a work that is found online, I
38:38 mean not, maybe not necessarily in
38:40 an online gallery is that you don't have to
38:411 eave your house. So then you kind of
38:44 also do away with with the issues of
38:49 making someone leave their house, go
38:51 somewhere… you know deal with like the
38:53 situation's of an institution. But again,
38:56 it doesn't work for all works so I think
38:58 it depends on the piece itself

Venus Lau:
and a
39:02 lot of collectors outside buy through
39:04 looking at images on the iPads. So, I
39:07 think it kind of
39:08 already exists

Nadim Abbas:
but was your was your
39:11 question like more
39:13 like, if it's possible to see what this
39:16 like, if you can see something
39:18 online, or if you can buy something
39:20 online? It seems like that's this kind of
39:22 a distinction you know?

Audience:
you know, because…
39:25 the development of art… there was no
39:28 video there was no virtual reality and
39:31 there was no photograph. So if we
39:34 could see the same kind of work through
39:37 internet, why I need to go to a real
39:40 gallery? And I understand what you're
39:42 talking about, if I see a sculpture or
39:43 maybe installation, I need to be there.
39:46 But there are some forms you don't… in
39:49my opinion, you don't really need to go there

39:51 to see it and when I talked to some
39:53 collectors they… one of them told me that
39:57 it would lose a certain texture of the art
39:59 but what about photography?

Cecil B Evans:
I tried I
40:04 tried to have Agnes… because she has
40:07 many different multiple formats some
40:09 that work in a gallery space, but her
40:11 online form… to have her in a gallery
40:14 space, and it didn't work. Just because of
40:16 the opening hours of the institution. She
40:20 works 24 hours… you get something
40:21 different at 4am that you would at like
40:24 5 am. Also, the camera didn't work for
40:29 archiving them so sometimes I could
40:31 actually see people… like trying to use
40:34 her in in the institution and it's a
40:36 completely different relationship than
40:38 when then when you're at home so you
40:40 could say the same thing for
40:44 sculptures… that, that that you
40:46 need to be in in a physical gallery
40:48 space. Whereas there definitely works
40:51 that work much better and that can only
40:53 exist online.

Nadim Abbas:
I mean it's also like, I
40:58 don't know… it just made me think about
40:59 buying something from Ikea, you know? If
41:01 you go to… if you go to… you can very
41:04 easily buy something from the Ikea
41:06 website and basically, Ikea is, you know
41:08 developed along this model of
41:10 buying a kind of image of about
41:12 buying a kind of lifestyle you know? and it's actually
41:14 perfect to look at it on the
41:16 on website, but um… here's also that
41:19 whole experience of going… you know, that
41:21 kind of hell of being there and you know,
41:23 we should be like okay… you know but you
41:25 know… which creates a
41:31 certain kind of. you know experience
41:33 which is quite different, yeah, even if
41:36 you're looking at the same
41:37 thing.

Cécile B. Evans:
That's actually quite good because
41:39 also, sometimes when you order something
41:41 from Ikea online it comes back and it's
41:43 definitely not as aspirational as it was
41:45 in the pictures.

João Laia:
I don't know maybe for
41:50 you could it could be interesting there's a
41:51 project called magic Hong Kong which is
41:53 a virtual Art Fair, that we just launched
41:56 last week I think to coincide with ART
41:58 Basel. And yeah it does not exist,
42:01 there's no site… it's only online and it's all
42:04 fictional, the booths are fictional… but
42:06 the artworks are not. So that's maybe an
42:09 experiment… but I don't I mean, it's all
42:11 about experiences as well. Rather than… or
42:15 yeah, I'm not so interested in the
42:18 market let's say… so it's more for me as
42:21 an experience and I think it's two very
42:23 different experiences and sometimes you
42:26 can choose to have both but sometimes if
42:29 you live, you know, across the world -you
42:31 only have one. It's like the
42:32 documentation of exhibitions that started
42:34 30-40 years ago, before there was no
42:37 documentation… and once they start to be
42:41 documented then people could access them
42:43 after they happened and from other
42:47 points in the world so yeah, as we were
42:50 saying before the virtual and the real
42:52 etc. ..it's not that they're opposite so
42:54 that they need necessarily to substitute
42:57 or to replace each other they can just
42:58 co-exist in various different forms

Audience: If
43:02 recently, nowadays - virtual has become a
43:06 reality like you said… what us the
43:11 transformation of the reality, we would
43:14 find in the in the future?

Cécile B. Evans:
43:20 So what sort of transformation
43:23 of
43:25 reality we will find in the future?

Audience:
yeah
43:27 because you say 18 years ago virtual
43:32 is a fantasy, but now it's
43:36 become a reality. So in the future, what
43:39 kind of transformation?

Cécile B. Evans:
43:42 yeah I like I hope…

Q: well according to you
43:49 no what a scientist…

Cécile B. Evans:
oh I
43:52 definitely couldn't predict that anyway.
43:54 Like I mean, I have a doomsday
43:57 answer and a positive answer I

43:59 think we'll go for the positive one. But
44:01 my hope is that the
44:03 transformation is that we are able to
44:05 accept multiple realities, and multiple
44:08 points of view and to be able to move
44:10 fluidly through and within them. I
44:14 think like a doomsday sort of thing… is
44:17 that because of the structures that
44:19 exist and because of the existence of things
44:22 that the transformations towards
44:27 realities and new systems, that we
44:30 dream of, or that have been promised to
44:32 us will... yeah I don't want..,, it's too sad
44:39 I'll stop there, sorry.

Nadim Abbas:
I mean it's it's a
44:43 combination of the two for me I mean
44:45 like everything that we've been talking
44:46 about somehow… with the
44:48 descriptions of the bodily experience
44:50 you know, in these exhibitions… it just
44:54 reminds me of a kind of schizophrenic
44:57 episode you know? I mean, where you know
45:01 where you kind of lose sense of
45:04 your body, and you become engulfed by the
45:07 space… and if that is, you know the
45:14 potential kind of reality of the future
45:17 then so be it. But you know, there's also
45:20 this sense in which
45:23 there'll be this great
45:26 psychological upheaval which you have
45:28 to be in do it, you know? In order to get
45:31 to that stage… which I think would be
45:33 quite painful, at least for us

Cécile B. Evans:
painful
45:35 but I mean, because there's… I read
45:37 something about… this is kind of gross…
45:40 but the first head transplants, or
45:46 body transplant. Basically, there was
45:49 going to be some switching around. And
45:50 someone said that even if they were able
45:52 to achieve this… that it would be
45:55 absolutely horrendous because the
45:58 experience of that would drive you
46:00 completely insane, because no human had
46:03 ever experienced that… so I think we
46:06 don't. we don't want that necessarily! But
46:08 I think what could be really interesting
46:10 within that transformation is
46:13 like, just a little bit of a loss of the
46:16 individual. So if there is an ability to
46:20 accept multiple
46:25 realities then this very Western
46:28 strain of an individualism to some
46:30 extent would have to subside, which has
46:32 caused a lot of not so great things in
46:35 my opinion.

Venus Lau:
yeah I was going to text my
46:39 fortune teller… I have a professional
46:40 fortune-teller who tells me
46:42 what to do like every month… but I mean I
46:45 agree that we can't really
46:47 predict and it's hard for us
46:50 to imagine the future.
46:53 Like looking at the sci-fi… like the
46:56 sci-fi movies in the 60s and a sci-fi
46:58 movies now… when we look at like, you
47:01 know 2001 a Space Odyssey, it's a
47:03 very different world than when we
47:05 watch Her
47:09 which is like a future LA that is shot in
47:12 Shanghai now. So, I think… I mean
47:15 when Fukuyama talks about the end of
47:19 history he got a lot of criticism
47:21 but now I think a lot of people
47:22 agree with that… like, it is the end of
47:24 history. Like we can't even
47:27 imagine what is next. We have tomorrow
47:30 but we may not have a future like…

Cécile B. Evans:
47:34 But I got really excited by that because the
47:36 future has looked the same for the last 50
47:38 years…

Venus Lau:
yeah it's just like forever
47:39 bathing under the Sun, all of our
47:42 lives and and that kind of thing, but
47:43 yeah that is interesting, it's
47:45 harder and harder to imagine the future…
47:47 that it is like a rupture from now. I
47:49 think it's like a forever sunshine of
47:51 the present… that is one of… we may
47:53 have smaller cars, we may have like
47:56 smaller cell phones and laptops, we may
47:58 even have chips installed in our body
48:00 but I guess it's exciting to think
48:03 about how we don't have to imagine
48:05 the future. Like for the long history of
48:07 politics and contemporary art, like we do
48:10 have to imagine what the future is.
48:12 Especially if you're working on a new CM…
48:14 you think about your collection. It is just
48:16 like, can this stand for the
48:18 knowledge with other things
48:21 in, you know, 50 years… in the next 50
48:24 years and all.I do think that it's
48:26 like harder and harder to imagine… to
48:29 imagine the imagination of the future. It is
48:33 like harder and harder. like of course I

48:35 hope that we can imagine and think that
48:38 way… that we live in this space and all that.
48:40 It's possible… but yeah. And the
48:43 other thing is that it is hard and harder to
48:45 think about it outside, you know? Like,
48:47 you know when we think that we kind of
48:50 know or like know part of the secrets
48:53 of the universe, when everything like..
48:56 when all the land art works in
48:58 the middle of nowhere are just
48:59 one click away on Google Earth then
49:02 where is the outside? When we have
49:05 so many works that are outside the
49:07 museum, how do we expand? What
49:10 is the outside? I think it just doesn't
49:12 exist anymore. It's just like, when we
49:15 watch Pacific Rim -Kaiju
49:18 I mean, the aliens are not from the
49:21 outer space, like you know, light
49:23 years away… but it's from the inside.
49:26 They end up at another dimension of the
49:29 earth… it is just like… so I think how we
49:31 look at this fissure in another
49:33 perspective and dimension is important.

João Laia:
49:35 ok i'm really sorry to cut it short but
49:38 we need to finish, so thank you and thank
49:41you all for coming

Material 2

Douglas Coupland. Space Junk Lecture

veröffentlicht: 23.01.2015
zuletzt eingesehen: 21.07.2017
unter: https://youtu.be/trqaf3frERU

Informationen zum Clip: Space Junk Lecture
Date: January 28, 2014
Embassy of Canada, Leipziger Platz 17, 10117 Berlin

The transmediale Marshall McLuhan Lecture invites a Canadian cultural figure, whose work expands on McLuhan's media theories in the context of contemporary culture and society. In 2014, the Canadian writer and visual artist Douglas Coupland delivered the lecture, entitled "Space Junk". Following his iconic writings on the first digital workers "Microserfs" in the 1990s to the digital natives of "JPod" (2006) and his biography of McLuhan "You Know Nothing of my Work!" (2011), Coupland uses his unique way of expressing ideas—almost a form of stand-up comedy—to explore the ultimate fate of our junk data and where hyper digitization will take us in the end. As he alternates between the sacred and the profane, a new form of discourse emerges that engages both academic and populist spheres.

1
00:00:03,343 --> 00:00:38,452
Ladies and Gentlemen, my name is David Ehinger, I am the head of the Public Affairs section here at the Embassy. (German) I would like to invite her to come to the podium and start of this very special evening here in the Canadian Embassy, Merci Beaucoup.

2
00:00:38,452 --> 00:00:46,718
Ladies and Gentlemen, Damen and Herren, Madames et Monsieur

3
00:00:46,718 --> 00:01:13,189
(French)

4
00:01:13,189 --> 00:01:20,526
(German)

5
00:01:20,526 --> 00:01:30,557
(German)

6
00:01:30,557 --> 00:01:47,369
Tonight I am particularity honoured to welcome Douglas Coupland, the renowned Canadian author, artist and designer to the Canadian Embassy and to Transmediale.

7
00:01:47,369 --> 00:01:53,127
Douglas Coupland was born in German at the Canadian forces base in Baden Solingen

8
00:01:53,127 --> 00:02:02,044
but grew up in Vancouver, British Columbia. Trained as an artist he graduated from the Emily Carr University of Art and Design

9
00:02:02,044 --> 00:02:10,960
with a focus on Sculpture. In the late 1980's, he began writing for magazines and in 1991

10
00:02:10,960 --> 00:02:17,369
he published his first novel, Generation X: Tales for an X-Rated Culture,

11
00:02:17,369 --> 00:02:23,406
which brought him at the very forefront of the literary stage.

12
00:02:23,406 --> 00:02:31,115
Since then Douglas Coupland has published thirteen novels, a collection of short stories, seven non-fiction books,

13
00:02:31,115 --> 00:02:45,326
including a biography on Herbert Marshall McLuhan, and a number of dramatic books and screenplays. Reflecting on becoming a writer, Douglas Coupland has admitted that he became one by accident.

14
00:02:45,326 --> 00:02:58,143
He has been quoted saying "I never wanted to be a writer, now that I do it, there is nothing else I would rather do." During the Transmediale, we get the rare chance to encounter him as both

15
00:02:58,143 --> 00:03:10,310
Coupland the thinker and writer at the lecture today, and Coupland as a visual artist. The Or Gallery, Berlin is currently presenting his ongoing series of works,

16
00:03:10,310 --> 00:03:23,035
Slogans for the Early 21st Century, in which he has made an effort to, as he says, "isolate what is already different in the 21st century mind, as opposed to the 20th."

17
00:03:23,035 --> 00:03:35,666
Tonight at Transmediale McLuhan lecture, we will meet Coupland the thinker and author. Building on concepts he has recurrently addressed in his novels such as;

18
00:03:35,666 --> 00:03:50,899
Microseries and JPOD and most recently in his biography of Mchluhan, Coupland will explore the ultimate fate of our junk data and where hyper digitization will lead us.

19
00:03:50,899 --> 00:04:03,252
The Marshal McLuhan salon in the embassy is once again the venue for the Transmediale, and provides a forum for important and innovative projects. Together with the Transmediale

20
00:04:03,252 --> 00:04:09,846
this Saturday we will be presenting a new addition of the discussion series Mcluminations

21
00:04:09,846 --> 00:04:16,905
moderated by Baruch Gottlieb and featuring the 2014 Transmediale residency artists

22
00:04:16,905 --> 00:04:27,865
Jamie Allen and David Gauthier. I hope you will get a chance to attend the McLumination event and to explore the salon's archive on Marshal McLuhan.

23
00:04:27,865 --> 00:04:34,738
which is one of the largest audio-visual archives of the media philosopher outside of Canada.

24
00:04:34,738 --> 00:04:51,085
and which will be open during the festival. Obviously, the Embassy is absolutely delighted that the salon is so sought after by such important international festivals such as the Berlinale and Transmediale.

25
00:04:51,085 --> 00:04:58,051
Before closing, I want to underline the exceptional collaboration we have had over the last seven years.

26
00:04:58,051 --> 00:05:08,732
with Transmediale. Especially with its artistic director Kristoffer Gansing . The Embassy is so honoured to be part of this extraordinary festival.

27
00:05:08,732 --> 00:05:15,419
and we are very proud to host the Transmediale McLuhan lecture. Vielen Dank Herr Gansing.

28
00:05:15,419 --> 00:05:26,472
(French translation)

29
00:05:26,472 --> 00:05:35,667
(clapping).

30
00:05:35,667 --> 00:05:47,184
Thank you very much for this excellent introduction. I will try to be quite brief.

31
00:05:47,184 --> 00:05:53,872
It's a true honour to be here again in front of all of you in the Canadian

32
00:05:53,872 --> 00:06:03,996
Embassy here in Berlin to present this annual Marshal McLuhan lecture. This lecture series has evolved into a very important

33
00:06:03,996 --> 00:06:19,228
event in the Transmediale festival. As a kind of pre-conference....pre-conference that they are starting in a couple of days at Haus der Kulturen der Welt along with our other extensive programs, film screenings, exhibitions and so forth.

34
00:06:19,228 --> 00:06:25,637
And this year the thematic of the festival is after-glow. Which

35
00:06:25,637 --> 00:06:33,903
shortly stated, deals with digital culture- the state of digital culture in-between trash and treasure.

36
00:06:33,903 --> 00:06:48,299
And we are looking at the consequences of the excessive digitization processes that have been going on in the past three decades or so and thinking about

37
00:06:48,299 --> 00:07:05,110
this kind of post-digital revolution state, where a lot of the utopias that were connected to digital technologies are perhaps not shining so bright anymore and we are seeing a lot of negative real-world consequences of that.

38
00:07:05,110 --> 00:07:42,913
But it is not supposed to be a culturally-pessimistic theme at the same time. So, after-glow... it departs from this kind of metaphor of a moment of deep twilight, where there is dust suspended in the high stratospheres that catches the light of the fading twilight arch below, and this dust is maybe like the digital itself. Something that we cannot anymore put our fingers on. It is integrated everywhere but in the Transmediale we like to think that we want to kind of denaturalize this, and kind of examine this dust, this trash of our culture now. So,

39
00:07:42,913 --> 00:07:58,238
one of the... some of the hot topics right now for example, is the discussion about "next internet." Where will we go after big data , after surveillance scandals and so on? And who will it be that sort of describes and analyses,

40
00:07:58,238 --> 00:08:10,962
reveals the ambiguity of this after-glow moment. I think this is where certainly artists and speculative thinkers

41
00:08:10,962 --> 00:08:24,523
can provide visionary approaches beyond the more conventional ones. And this is exactly the approach that we would like to devote the yearly Marshal McLuhan lecture to. So, I would like to proceed

42
00:08:24,523 --> 00:08:31,674
very soon to welcome Douglas Coupland to the stage. But I would like to thank the Embassy,

43
00:08:31,674 --> 00:08:47,185
not only for their generous support, but for being so flexible and cooperative in making the extensive program as already explained for the McLuhan program for this year's festival.

44
00:08:47,185 --> 00:08:55,359
I would like to thank especially the staff members, of course the ambassador, but also from the cultural and public affairs

45
00:08:55,359 --> 00:09:05,761
(staff names). I hope we will continue this collaboration beyond this after-glow.

46
00:09:05,761 --> 00:09:15,235
So, this brings us finally to Douglas Coupland and indeed, I don't think we need much of an introduction . We had an excellent introduction already. I would like to say that

47
00:09:15,235 --> 00:09:22,480
one of the main inspirations that made us think, yes this is the right moment to invite

48
00:09:22,480 --> 00:09:38,455
Douglas Coupland to make the lecture this year, was also the publication of the Sternberg Press collection, Shopping in Jail: Ideas, Essays and Stories for the increasingly real 21st Century.

49
00:09:38,455 --> 00:09:47,836
Let me also mention, one of the bullet points that the editor provided, because I could not do this

50
00:09:47,836 --> 00:09:57,031
research myself, he had put together in the introduction a couple of bullet points about Douglas Coupland. Some of them we already

51
00:09:57,031 --> 00:10:03,440
heard, but I think it's nice to have them in this form. So this is from that essay collection so,

52
00:10:03,440 --> 00:10:15,700
- he was born - this is a quote from the book.... the introduction- he was born on a military base in Germany. This and the fact that his child and early adulthood happened under the Cold War's ambient tangible threat

53
00:10:15,700 --> 00:10:22,016
could be why apocalypse is never far away from his work. Indeed, in his last novel,

54
00:10:22,016 --> 00:10:33,161
Worst Person Ever, the main character is involved in dropping an Atom Bomb on the pacific trash vortex, which triggers a nuclear crisis.

55
00:10:33,161 --> 00:10:40,313
That leads us to the next bullet point and this is again, I quote what is written.

56
00:10:40,313 --> 00:10:53,409
He sites Jenny Holzer's Truisms as an impetus to write. He efforizes effortlessly. In fact, he was already tweeting decades before Twitter even began....

57
00:10:53,409 --> 00:11:00,654
and through that, we would not have Zeitgeisty words like "Generation X" or "McJob" without Douglas Coupland.

58
00:11:00,654 --> 00:11:11,706
The last one; He introduced the word "Snupid" is 2013, it is a fusion between smart and stupid. He constantly invents new words, neologisms and anachronisms.

59
00:11:11,706 --> 00:11:19,137
Reality I reckon, needs to be described before we fully recognize it as reality.

60
00:11:19,137 --> 00:11:37,155
And actually, not the last one. It connects to this... in his biography on McLuhan, he describes this constant habit of word play and punisms as a result of a brain defect. That is the last bullet point here. He

61
00:11:37,155 --> 00:11:44,307
quote, "is the here apparent of McLuhan, for the internet and now post internet world."

62
00:11:44,307 --> 00:11:57,960
So, Doug please, the stage is finally yours (clapping).

63
00:11:57,960 --> 00:12:07,620
Douglas Coupland:
Christophe thanks, that was very gracious. It is a pleasure to be here. I feel like I am in a high school gymnasium in White Horse in the Northwest Territories.

64
00:12:07,620 --> 00:12:14,493
You have a Haida jazz hands here on the wall behind me here.

65
00:12:14,493 --> 00:12:24,431
Above me on the screen in rapid rotation, that is a series of photos I did back in 2002, titled, Trash that only Canadians will understand.

66
00:12:24,431 --> 00:12:32,140
So, for all of you who are not in Canada... you will probably not get it, it's a secret handshake. Tonight

67
00:12:32,140 --> 00:12:40,407
I am in an unusual situation where there is a hair growing sideways in my left nostril and it is driving me crazy, so I am going like this (gesture) a lot.

68
00:12:40,407 --> 00:12:50,623
That is called too-much information. It is a pleasure to be here ambassador, and thank you Christopher and the

69
00:12:50,623 --> 00:13:04,370
Transmediale festival. I am happy that this speech is to be in the spirit of McLuhan, as a public speaker he was actually kind of random and would go off on tangents all the time

70
00:13:04,370 --> 00:13:16,630
which is what I do so, I think I am in luck here tonight. When we talk about digital trash, in a way we are discussing the un-intended side effects information as a delivery system…

71
00:13:16,630 --> 00:13:25,360
as my nephew says, the thing about the internet is it is like when you pee in a swimming pool, you cannot get it back out of the pool afterwards.

72
00:13:25,360 --> 00:13:32,698
There are these weird after-effects, and unintended effects that you get… someone was showing me an article in a paper version,

73
00:13:32,698 --> 00:13:40,500
The Frankfurter Allgemeine Zeitung… I hope I am pronouncing those words properly…. and I was looking at the words on the paper and I kept waiting for them to

74
00:13:40,500 --> 00:13:49,695
automatically translate into English for me. A year ago, I was watching Mr. Goodbar starting Richard Gere and Diane Keaton

75
00:13:49,695 --> 00:13:58,797
and it was set in 1970's New York, and what was horrifying was not so much the violent death at the end, what was horrifying is people sort of lived in these really badly

76
00:13:58,797 --> 00:14:08,550
furnished caves that were connected by landlines. Watching that movie was like time-travel- a form of sort of eco-tourism of the mind.

77
00:14:08,550 --> 00:14:17,466
Back in the 1970's when that was sort of formed, we had maybe like 10 MEME's per year if we were lucky. We have pep rocks, or the Bermuda Triangle,

78
00:14:17,466 --> 00:14:27,218
or Pyramid Power. And these days if you wanna, you can burn through 100 MEME's in a day. They are all out there. And it seems to me that the consumption of MEME's has somehow

79
00:14:27,218 --> 00:14:35,856
become a Metabolic function and we are beginning to learn the unexpected limits of our ability to metabolize information these days.

80
00:14:35,856 --> 00:14:43,658
"Smupid,' which is the word Christopher mentioned, which my friend (NAME) mentioned, that is the

81
00:14:43,658 --> 00:14:50,531
feeling that permeates our culture right now, that we have never been smarter but we have never felt stupider.

82
00:14:50,531 --> 00:14:57,497
And I think… you know, when we talk about the future, I think my main thinking about the future

83
00:14:57,497 --> 00:15:06,042
… it's going to feel like you left your telephone at home all day and you have this kind of separation anxiety, but you are not quite sure what you are separate

84
00:15:06,042 --> 00:15:13,844
McLuhan... five years back I was dragged kicking and screaming

85
00:15:13,844 --> 00:15:21,182
to do a book on McLuhan for Penguin. The editor was John Ralston Saul, who is a Canadian Public thinker… public intellectual.

86
00:15:21,182 --> 00:15:35,578
and he kept on pushing me, and I kept saying no because I had really no idea who McLuhan was, and what he had written and what his ideas were aside from the cliches, which is the Medium is the Message and Global Village.

87
00:15:35,578 --> 00:15:44,494
And then John ultimately said I should write it because I

was in fact a manifestation of his theories, and I wasn't sure if that was a put-down or put-up,

88
00:15:44,494 --> 00:15:53,968
but it did make me curious enough to take the job. So I went from zero to 100 with McLuhan, starting with the Gutenberg Galaxy.

89
00:15:53,968 --> 00:16:01,491
... Oh this is another thing, when I am talking in public... I get dry mouth... I don't know why

90
00:16:01,491 --> 00:16:12,544
and the only other time I get it is when I am going through customs. And I think psychologically it has something to do with... I feel like I am being judged.

91
00:16:12,544 --> 00:16:20,996
Again, too much information. So ok, I started reading Gutenberg Galaxy, and

92
00:16:20,996 --> 00:16:32,792
what happened was... you had in Toronto, in 1960, this crusty old fuddy-duddy, who through a chain of

93
00:16:32,792 --> 00:16:40,965
circumstances that can never be repeated ever again, was able to figure out what the internet was decades before it became a reality.

94
00:16:40,965 --> 00:16:48,024
But to describe the internet, he was using

95
00:16:48,024 --> 00:16:54,804
Finnegan's Wake, and Homeric poetry and he was trying with these sort of strange

96
00:16:54,804 --> 00:17:01,585
metaphors and adjectives what ultimately became Google, Ebay, Amazon

97
00:17:01,585 --> 00:17:08,179
and the entire digital world. And he was unable to describe the physical

98
00:17:08,179 --> 00:17:17,467
interfaces but also, he was able to tell us the overall social changes that were going to be wrought by these technologies, so

99
00:17:17,467 --> 00:17:23,783
everything from Arab Spring, to Flash Mobs to Breaking Bad suddenly

100
00:17:23,783 --> 00:17:31,306
turning television into a true art form. So, I was very lucky to be writing that biography

101
00:17:31,306 --> 00:17:38,458
after the internet had made his.. well, his prescience very clear.

102
00:17:38,458 --> 00:17:45,238
Last year I had a book come out with Sternberg press here in German called Shopping in Jail

103
00:17:45,238 --> 00:17:55,826
and today I am going to read a few modified pieces that come from it. But one of the things that Christopher, who spoke before me, was talking about

104
00:17:55,826 --> 00:18:02,700
was, it was part of an essay I wrote about Ed Ruscha, a Californian painter

105
00:18:02,700 --> 00:18:13,659
and it involved being in Los Angeles in 1995. Well first I was in San Fransisco working at WIRED in 1995 and

106
00:18:13,659 --> 00:18:20,254
we were doing this special issue on the future. And one of my topics was the future of garbage, and

107
00:18:20,254 --> 00:18:34,557
I was and remain interested in garbage because of the time shifting that is intrinsic to trash. The moment you label something garbage it enters the past tense- it is no longer the present,

108
00:18:34,557 --> 00:18:42,266
it becomes archaeology instantly. Because it is only garbage, you don't really overthink the trashing process. So you can only

109
00:18:42,266 --> 00:18:50,440
... you can often find very interesting trash portraits of a person simply by looking at what they discard.

110
00:18:50,440 --> 00:19:02,793
And, thinking of garbage is very different than thinking of the future. The moment you start thinking about the world in front of you as being in the future,

111
00:19:02,793 --> 00:19:10,037
our current world is revealed in a radiant new light. Sort of like wearing 3D or infrared glasses.

112
00:19:10,037 --> 00:19:17,189
So, then to be from the perspective looking at trash from the future, it was sort of a temporal double whammy.

113
00:19:17,189 --> 00:19:26,013
(turning page).

114
00:19:26,013 --> 00:19:35,301
It is strange being up here. You're flipping through paper and, it's kind of like having a very

115
00:19:35,301 --> 00:19:42,545
visible stroke in public. I am going to start out with sort of

116
00:19:42,545 --> 00:19:53,319
...the trash of the internet is data, it is the data we create and sort of the feelings it puts in our heads, the the experience it gives us all in common.

117
00:19:53,319 --> 00:20:04,279
I have a question, have you ever wondered.... what it would smell like if you took every cologne and perfume in the world and mixed them all together in a big vat?

118
00:20:04,279 --> 00:20:13,103
And, you already know the answer... it is called a duty free shop. I have always hated the term duty-free

119
00:20:13,103 --> 00:20:24,434
and it is not like I am political but there is something sort of politically irresponsible about the term duty-free. You are getting something for free except it is not really free, its someone else is paying for your loot,

120
00:20:24,434 --> 00:20:34,558
and, I have actually never bought anything duty-free in my life. And it doesn't make me a better person, or a political person, it may actually be a scientific

121
00:20:34,558 --> 00:20:45,332
indicator of cluelessness. But shopping for duty-free is one of those doors I don't want to open because once it is open I cannot close it again - like Ouija Boards, or shoplifting, or cocaine.

122
00:20:45,332 --> 00:20:51,927
I used to have a summer job at one of those stores in the tourist part of town

123
00:20:51,927 --> 00:21:02,236
where you give them your name and they go into a large book and magically they find your family crest, which we can ship to you at your home at a nonsensically high price.

124
00:21:02,236 --> 00:21:11,060
And most Heraldry is nonsense, but it is very comforting nonsense and after a month, my boss told me that when people travel

125
00:21:11,060 --> 00:21:22,856
their sense of self, it begins to erode... and they need to purchase something...anything that shows their identity, like kiss me I'm Irish or....

126
00:21:22,856 --> 00:21:29,822
once I learned the cynicism behind the job, I actually felt creepy and I moved on.

127
00:21:29,822 --> 00:21:41,153
Other thoughts about travel, I was in China last year and I ran out of clothes to the point where I had to buy a shirt at the airport if I was even going to make the ten hour flight back to Canada. So I chose a Lacoste shirt from a boutique

128
00:21:41,153 --> 00:21:49,233
there that cost pretty much the same as a Lacoste shirt costs pretty much anywhere in the world. And once in flight, I realized I had purchased the only

129
00:21:49,233 --> 00:21:55,828
authentic piece of designer clothing in China. Now, the thing about China

130
00:21:55,828 --> 00:22:07,809
... is that everything is fake... and if you want something that sort of looks something Chinese-y, then it is better to go to your own town's local Chinatown because it is faster and cheaper, and it is probably what you wanted in the first place

131
00:22:07,809 --> 00:22:18,305
... and in the end, I ended up collecting cigarettes because Chinese tabacco packaging is actually quite beautiful. Imperial yellows and reds and blues

132
00:22:18,305 --> 00:22:27,593
... and it doesn't have great big scary, ugly health markings on them. We did a TV show a few years back and we had to come up with

133
00:22:27,593 --> 00:22:36,231
fake warning labels on cigarette packaging and the one we came up with is... smoking is nature's way of killing popular people

134
00:22:36,231 --> 00:22:43,197
(laughter). Anyhow, so I collected four different packs of cigarettes,

135
00:22:43,197 --> 00:22:58,336
framed them all, put them up on the wall in my studio and then my art dealer brought a Chinese collector by to visit. And this guy was kind of stone-faced and didn't really engage with anything until he saw the cigarettes, and then a switch flipped and he became really animated and fun and he began

136
00:22:58,336 --> 00:23:06,788
discussing the class implications of each brand of cigarette. Like, those ones are for bureaucrats, and those ones are for people who drive Audi A6's,

137
00:23:06,788 --> 00:23:19,327
and those ones are for peasants. And he got so excited about them, that I just sold him the cigarettes. And in some magic way that transaction became a short hand for almost the entire world of art and art collecting.

138
00:23:19,327 --> 00:23:29,451
I live in Vancouver, where we used to have just one Chinatown. But now, we have quite a few Chinatowns depending on what kind of Chinese

139
00:23:29,451 --> 00:23:37,996
you are. Taiwanese, Northern Chinese, Shanghaese (is that...

140
00:23:37,996 --> 00:23:50,720
... Doug... let it go). Hong-Kongian, Singaporean. And most of these people are kind of embarrassed by the old Chinatown, which unwittingly

141
00:23:50,720 --> 00:24:05,395
and charmingly, fosters a sort of Suzie Wong/marines-on-shore-leave variety of Chinese consumer identity that froze around 1962 – which is something I actually really love – but I suspect the 21st-century Vancouver Chinese person would choose to be identified by a 2014

142
00:24:05,395 --> 00:24:12,361
S500 sedan instead of a strand of paper lanterns. And in any event, the Suzie Wong

143
00:24:12,361 --> 00:24:21,371
Chinatown is now being razed to make way for condo towers, and that's what makes Vancouver, Vancouver... every 10 years it becomes a totally different city.

144
00:24:21,371 --> 00:24:29,358
Airports and travel: I fly more than most people, and in any event, I have to congratulate

145
00:24:29,358 --> 00:24:39,203
the Hong-Kong Shanghai Bank of China for targeting what is probably the single most potent metaphor for globalization

146
00:24:39,203 --> 00:24:47,656
– the airport jetway ramp – and for branding a piece of infrastructure in a kickass manner that hasn't been seen since Ladybird Johnson

147
00:24:47,656 --> 00:24:56,944
championed the highway beautification act of 1965.

148
00:24:56,944 --> 00:25:08,368
For years HSBC had a campaign which most of us who flew from A to B remember well: Smart/stupid; stupid/smart; love/hate; hate/love. And so on. But now they've got a new campaign where they show

149
00:25:08,368 --> 00:25:15,055
corn made of knitted textiles, and where Hereford cows have shapes…

150
00:25:15,055 --> 00:25:23,507
patches on their skin shaped like continents and… it's just really creepy. It kind of reinforces my

151
00:25:23,507 --> 00:25:33,167
the biggest worries about globalization: that it's boring, alienating and controlled by technocratic elites who feel sorry for you

152
00:25:33,167 --> 00:25:40,040
for having to fly commercial, not private, and that any resistance to their decreed future is futile.

153
00:25:40,040 --> 00:25:47,284
Here's something I read online: "Shortly after the Soviet Union collapsed, a Russian bureaucrat travelled to the west to seek advice on

154
00:25:47,284 --> 00:25:55,736
how the market system functioned. He asked the English economist Paul Seabright to explain who was in charge of the supply of bread to London.

155
00:25:55,736 --> 00:26:04,189
He was astonished by the answer: 'Nobody.' " Obviously. In bread capitalism, everything

156
00:26:04,189 --> 00:26:12,641
from wheat fertilizers to brioche-making night-school classes is done by private initiative. But if, in the end, the ownership

157
00:26:12,641 --> 00:26:18,956
of the bread industry or any other industry globalizes to the point where there are only one or two players,

158
00:26:18,956 --> 00:26:26,294
then aren't we right back to a default Soviet system where the supply of bread or what have you is centralized

159
00:26:26,294 --> 00:26:34,653
and crypto-communist? And in this new system, both power and profit go to the One Per Cent – the new Politburo.

160
00:26:34,653 --> 00:26:43,941
And what is their shield? The shield if that globalization is so boring, people fall asleep before they can articulate the issue.

161
00:26:43,941 --> 00:26:52,022
Boringness is the superpower of Globalization. Globalization kills you, but before it does so, it puts you to sleep.

162
00:26:52,022 --> 00:26:59,545
(laughs). Now, getting more into the territory of Data, and junk Data and trace Data,

163
00:26:59,545 --> 00:27:05,954
and things you leave behind. I am going to ask you all to imagine

164
00:27:05,954 --> 00:27:14,499
that you are going out on a date with yourself. Not a sexy-date. You are just going out for coffee, with yourself. You are going to be meeting

165
00:27:14,499 --> 00:27:20,814
yourself somewhere neutral and non-stalkery, like a Starbucks or a Cafe Nero

166
00:27:20,814 --> 00:27:27,780
and you will do it around 11 0'Clock in the morning, which science will someday prove is the least sexual time of the day.

167
00:27:27,780 --> 00:27:36,511
Let me be clear here, you won't be going on a date with someone with identical DNA to yours… not your twin, not your triplet.

168
00:27:36,511 --> 00:27:47,842
Rather, you are going to go on a date with the one person on earth who some super-intelligent computer has picked to be your date. The one person on earth who is, in as many models as possible,

169
00:27:47,842 --> 00:27:57,502
identical to you. This pre-selected date might be much

older or much younger or much richer than you. But that is actually doubtful because chances are

170
00:27:57,502 --> 00:28:04,654
you would be nearly identical in age, history, income, musical taste… and of course its a very long list.

171
00:28:04,654 --> 00:28:13,756
.You might even be an opposite gender, but probably not because this computer's only match-making criteria is to locate the one person on earth

172
00:28:13,756 --> 00:28:22,208
who most completely and totally resembles you in IQ, politics, religion, morality, sexual taste, humour, childhood experience,

173
00:28:22,208 --> 00:28:28,617
and all the experiences in pretty much everything else. Chances are your date is pretty much going to be the same sex as you.

174
00:28:28,617 --> 00:28:35,490
So, how would your date with yourself go? And it's not self flattery to think that you would probably like yourself greatly.

175
00:28:35,490 --> 00:28:43,756
For example, this is someone you don't have to explain anything to. They already know you… they practically are you!

176
00:28:43,756 --> 00:28:51,001
And think of all the things you could recommend to each other- and all of the things you could warn each other away from. Movies and businesses and churches and

177
00:28:51,001 --> 00:29:00,103
foods and countries and hotels and other people. But on the other hand, what if you met yourself and instead it was just kind of boring?

178
00:29:00,103 --> 00:29:11,063
And there's only so much you can look into a mirror before life moves on. So maybe you would walk away from the meeting with yourself shrugging and saying, well that was kind of interesting.

179
00:29:11,063 --> 00:29:18,214
But much more plausibly, you might come away from your encounter kind of disgusted by yourself.

180
00:29:18,214 --> 00:29:26,202
It is human nature to dislike in another the traits that you dislike in yourself,

181
00:29:26,202 --> 00:29:33,075
and this would certainly be the test. But the silver lining here is that you would quickly learn all of the things about yourself that you would need to fix.

182
00:29:33,075 --> 00:29:44,314
So, your date would be a self-help blessing in disguise. But let's push it further…. what if this crazy super-computer also introduced you to the next ten people

183
00:29:44,314 --> 00:29:50,630
as similar to your as possible. Collectively, the dozen of you would actually just be one person

184
00:29:50,630 --> 00:29:57,317
more or less spread out equally amongst twelve bodies. And chances are, you would probably get along quite well

185
00:29:57,317 --> 00:30:05,305
… maybe you would all move in together. You could become a cult-house. Like, ohhh it is those scary people who all think and believe exactly alike…

186
00:30:05,305 --> 00:30:18,029
stay away from that place! Let's go further, what if the computer selected the 1000 people exactly like you, or the 10,000 people exactly like you. At what number would you draw the line at like, nah

187
00:30:18,029 --> 00:30:25,831
that person is just too different from me? Criminal proclivities, dull conversationalist, kinky stuff,

188
00:30:25,831 --> 00:30:34,283
opposite gender. But then here's an idea… what if, say, you were having a personal crisis

189
00:30:34,283 --> 00:30:42,456
and you genuinely needed some good advice from

yourself. Who better to seek counsel from than your calm. detached doppelgängers?

190
00:30:42,456 --> 00:30:49,794
You would basically crowd source personal ideas and issues alone.

191
00:30:49,794 --> 00:30:59,546
Let's go to the next level... what if the date making computer selected the 51% of people in your country most like you?

192
00:30:59,546 --> 00:31:08,370
You could get together and form a political party and you would have very little dissent against yourselves. The "you" party would very instantly win - you rule!

193
00:31:08,370 --> 00:31:16,729
But at what point do you draw the line in identity. Left vs. Right, Beetles fans Vs. Stones fans.

194
00:31:16,729 --> 00:31:29,639
Atheists vs. Theists, Chocolate vs. Vanilla? Now, a discussion like this sounds like a parlour game in the year 2014 but in 20 years, trillions of petabytes of memory and speed at your fingertips will allow

195
00:31:29,639 --> 00:31:36,420
you to find your spiritual doppelgängers with an app that you will probably get bored of within a few days.

196
00:31:36,420 --> 00:31:43,571
If Google has taught us anything, it is how cavalierly people become blasé with even the most astonishing technologies.

197
00:31:43,571 --> 00:31:52,209
So, in the future voting is going to morph into something else altogether... if people are even still going to the ballot box.

198
00:31:52,209 --> 00:32:00,104
You will be able to look at them, scan them, and tell how many of them took an elevator that day. Whether or not they pushed the "door close" button,

199
00:32:00,104 --> 00:32:06,513
what colour shirt they had on, how many votes they interacted with that day,

200
00:32:06,513 --> 00:32:13,014
and a transcript of almost everything they have said available on demand.

201
00:32:13,014 --> 00:32:21,281
.Hm... there will be key search words allowing you to find intuitively whether any of them are having sex that night... or buying laundry detergent.

202
00:32:21,281 --> 00:32:45,708
And then you could find the square root of every phone number that everyone on earth during the last fifteen minutes had dialled. And you get the point here... there is pretty much infinite amounts of data and infinite numbers of ways you can tinker with it. And so. the largest question here regarding voting is who will decide the definition of the new 51%, ? What criteria and algorithms are going to be used? Because this is the true future of voting, it is dating yourself.

203
00:32:45,708 --> 00:32:54,717
I am going to go a bit further into memory and the growth of memory. A few years back in Santa Clara, California I saw a strip mall with a sign that read,

204
00:32:54,717 --> 00:33:01,126
"bulk memory sale." I think there is actually something kinda sexy about

205
00:33:01,126 --> 00:33:11,714
memory being sold in bulk, like chocolate. or raisins or bottles of pesto at Costco. It is like you could buy a whole new childhood or family relationships.

206
00:33:11,714 --> 00:33:21,281
Now, the California sign I saw - aside from being charming though- it made me realize just how different memory is now vs. what memory was

207
00:33:21,281 --> 00:33:32,055
say, fifty years ago...or even twenty years ago. Memory now means more than just organic memory inside your brain, or the secrets in your diary... the thing that you stuck under your pillow.

208
00:33:32,055 --> 00:33:41,064
Memory now means what you have in your laptop and all of your devices and now also includes everything you've got stored in The Cloud.

209
00:33:41,064 --> 00:33:47,752
Most importantly, it also includes everything that is on the internet and you, like it or not, are intimately

210
00:33:47,752 --> 00:33:54,903
embedded in the internet. Andy Warhol believed that in Manhattan, all the Chinese Restaurants had just one big,

211
00:33:54,903 --> 00:34:01,498
jumbo super kitchen underneath Manhattan and they all got their food from the same kitchen.

212
00:34:01,498 --> 00:34:09,857
In a way, your memory, my memory, our memory, is now kind of like Andy Warhol's mythical Chinese

213
00:34:09,857 --> 00:34:17,938
food kitchen. Because we all get our information now from the same kitchen, and there's just one menu and it is called the same internet for everyone on Earth.

214
00:34:17,938 --> 00:34:27,597
So, if you were to give.... take someone who has not been on the internet and suddenly you put them on the internet and I am just going to say a guy who herds Yaks in rural Tibet

215
00:34:27,597 --> 00:34:34,656
... that is quite hard to say... a Yak herder in Rural Tibet... well we're stuck with him.

216
00:34:34,656 --> 00:34:44,223
So, you give this guy the same connectivity and he will access the same memory bank that you do. But instead of going to "yaks.com"

217
00:34:44,223 --> 00:34:54,068
he is probably going to kill time reading. He will start reading those really, bitter, scary one-star hotel reviews on tripadvisor.com.

218
Or maybe he will get caught in a cute puppy warp on youtube, or maybe he will go binging on TED talks... but to be honest he will probably just be checking out the porn.

219
00:35:03,635 --> 00:35:12,179
Am I being judgemental here? No, and if I am, it is only going to be a positive judgement because the last thing Plant Earth needs right now is

220
00:35:12,179 --> 00:35:20,167
six point five billion people being outside wrecking things. It is actually all for the better

221
00:35:20,167 --> 00:35:27,969
and technically quite green that everyone is inside youtubing Russian dashcam compilations.

222
00:35:27,969 --> 00:35:39,951
I have always, as I said, been interested in the unintended side effects of technology. For example, when the automobile was invented, who would have thought that dogs liked sticking their heads out of windows

223
00:35:39,951 --> 00:35:48,588
to enjoy the sense-scape that is generated by speed and wind? Likewise, I think about the unintended side-effects

224
00:35:48,588 --> 00:35:55,554
of all of humanity ordering from the same identical memory Chinese soup kitchen.

225
00:35:55,554 --> 00:36:02,799
People are people and everyone is going to be looking for the same thing.

226
00:36:02,799 --> 00:36:09,579
I am having a stroke again in public....

227
00:36:09,579 --> 00:36:20,075
Ah ok, I am back on track. People are people and everyone is going to be looking for the same things regardless of culture.

228
00:36:20,075 --> 00:36:28,248
Of course, sometimes on Earth you find localized clumps of what you might not be able to find online. I was in Beijing

229
00:36:28,248 --> 00:36:36,050
a year ago. I put a question- a search word in the google box, and instead of the normal 0.128 seconds,

230
00:36:36,050 --> 00:36:43,666
after about 15 seconds or so you get an answer if you get one at all. Also, if you go to the Emirates

231
00:36:43,666 --> 00:36:49,982
you probably won't be able to find anything risky, if you go looking for things there. And what I am

232
00:36:49,982 --> 00:36:57,412
finding fascinating here is that the internet bends you to its Will, regardless of who you are, or where you are

233
00:36:57,412 --> 00:37:04,564
and, it… well it basically neurologically re-wires you. In fact,

234
00:37:04,564 --> 00:37:14,038
the way the internet homogenizes the human brain is nothing short of astounding and we are now reaching the point where your human and neural patterns

235
00:37:14,038 --> 00:37:22,490
are becoming globally similar to a level that possible has not been achieved since the last Ice Age when a handful of hearty souls

236
00:37:22,490 --> 00:37:37,351
survived their way through the cold by sitting in a cave telling the same stories over and over again. Now, this homogenization of human thinking, it's an elective process brought about by the Internet's undeniable quality and quantity of information,

237
00:37:37,351 --> 00:37:44,409
as well as the insane speed at which it arrives. These three factors are in turn, brought about by

238
00:37:44,409 --> 00:37:52,769
yearly consistent logo rhythmic increases in memory storage and accessibility and processing speed and power.

239
00:37:52,769 --> 00:38:01,778
Well, it is that bulk memory we saw for sale in Santa Clara, California. Can you hop off this new memory express

240
00:38:01,778 --> 00:38:11,809
when you want? Well, no there is really no turning back because speed and memory are irreversibly addictive.

241
00:38:11,809 --> 00:38:20,725
The only enemy in this strange unit turf is probably the Paywall - but I am sure they will be crumbling soon everywhere.

242
00:38:20,725 --> 00:38:27,970
So, the future is an infinity of links to cute kitten GIFS, Dr. Who re-runs and online gambling.

243
00:38:27,970 --> 00:38:40,695
Are we smarter as a result of all this speed and memory or are we stupider? It is probably a moot point. Never in history has nostalgia been as useless or as un-comforting as it has been right now.

244
00:38:40,695 --> 00:38:47,475
I am not even talking about nostalgia for the decade you grew up in - I am talking about nostalgia for five years ago or

245
00:38:47,475 --> 00:38:55,927
three years ago or before Twitter. Let me ask you, would you

246
00:38:55,927 --> 00:39:02,614
go back to your 2002 laptop or your 1998 dial up online service?

247
00:39:02,614 --> 00:39:15,153
Doubtful. You seem to have made a trade and in any event, in fifteen years, you will be able to go download the entire internet onto something the size of a box of Marlboros.

248
00:39:15,153 --> 00:39:23,977
Sort of like Microsoft's doomed Incarta times fifty trillion. And this means you won't even actually have to go online to go online.

249
00:39:23,977 --> 00:39:33,172
Basically, everyone on earth will have the sum of humanity's accumulated knowledge on them at all times.

250
00:39:33,172 --> 00:39:45,339
What is this going to feel like? Well, knowing how ungrateful human beings are as a species, we will probably be bored with all this new technology and start getting ourselves into trouble and then our machines will become sentient

251
00:39:45,339 --> 00:39:51,748
and start feeling sorry for us. Then they will start killing us, because we probably deserve it.

252
00:39:51,748 --> 00:40:00,200
I sound pessimistic and some days I am pessimistic, and some days I despair for individuals and somedays I despair for humanity in bulk.

253
00:40:00,200 --> 00:40:07,073
Well I guess that is the role of being an atomized individual in the Global Village.

254
00:40:07,073 --> 00:40:14,596
I mean let's face it, nobody ever phones up someone else and says "hey, come over to my house - we'll go online together." (laughter)

255
00:40:14,596 --> 00:40:22,770
Going online is an astonishingly isolating activity and yet we are

256
00:40:22,770 --> 00:40:29,271
... an activity that is so incredibly isolating it has an astonishing power to create groups, and new groups.

257
00:40:29,271 --> 00:40:36,330
Some days you feel like a cat, you just want to go and roam the internet alone, and be fierce -

258
00:40:36,330 --> 00:40:53,234
hiding your search history behind you as you go forward. And some days you feel like a dog and you just want to connect with all of humanity with emails and Facebook and whatever else it is you are doing. One of the great riddles of our day is whether or not the internet is ultimately going to favour the group the Global Village,

259
00:40:53,234 --> 00:41:00,665
or if it going to favour the individual. Again, Arab Springs vs. Internet Trolling all alone

260
00:41:00,665 --> 00:41:08,095
and... well beyond this, that I have just discussed is actually another way in which

261
00:41:08,095 --> 00:41:14,689
individuality can pluralize. And to understand this I would like you to meet a friend, and my friend's name is Todd.

262
00:41:14,689 --> 00:41:21,377
Now, here is an idea. Let's say you install an

263
00:41:21,377 --> 00:41:32,058
app in your laptop or your phone. And let's call this app Todd, and what Tood does is he monitors your emails and memos and documents.

264
00:41:32,058 --> 00:41:38,652
And in so doing Todd learns about you, the words you tend to use, the words you misspell

265
00:41:38,652 --> 00:41:45,340
... if you're having your Period, your friend's birthdays. Todd is useful. Todd stops you from making errors.

266
00:41:45,340 --> 00:41:51,841
He gently corrects you and makes you a better person along the way. Now, because you like

267
00:41:51,841 --> 00:41:59,922
Todd, you pay extra and upgrade to Todd premium. And now, Todd starts getting more detail...

268
00:41:59,922 --> 00:42:06,609
he gets more detailed in his analysis of you. It's where and when you shop, the pharmaceutical and illegal drugs you take,

269
00:42:06,609 --> 00:42:15,061
the way you communicate with your parents or children. The sorts of things that can actually be construed using relatively simple algorithms.

270
00:42:15,061 --> 00:42:22,399
No more embarrassing slip-ups and what is that? There is a sale on my favourite Chardonnay at Sainsbury's.... Oley.

271
00:42:22,399 --> 00:42:30,201
So Todd is actually proving to be a sound addition to your life, but soon Todd is no longer something you just download

272
00:42:30,201 --> 00:42:36,702
on your phone or laptop. By now, Todd is just somewhere out in the Cloud somewhere and that is fine because

273
00:42:36,702 --> 00:42:47,291
as years go by, and computers grow and memory grows logo-rhythmically, Todd has now grown from being an App to being a sort of personal butler/ You.

274
00:42:47,291 --> 00:42:54,628
Todd starts fielding your dullest emails automatically. He makes you morning coffee in a house while you're abroad.

275
00:42:54,628 --> 00:43:01,501
He really gets you. Now, a few years later from now

276
00:43:01,501 --> 00:43:11,346
in the near future, you get an email from Todd saying: You know what? Let's put your face on me. So thorough a simple 3D rotational scan at a local tech boutique,

277
00:43:11,346 --> 00:43:21,377
you can make Todd look just like you on screen with alarmingly accurate facial animation. You are Todd, and Todd is you

278
00:43:21,377 --> 00:43:29,272
and at this point there can't be much he doesn't know about you. He has seen everything you have put into a search engine.

279
00:43:29,272 --> 00:43:36,145
He knows which friends you are avoiding, he knows about your sex life. Todd knows who you voted for and what you really think about the afterlife.

280
00:43:36,145 --> 00:43:44,505
And not only this, he has instantaneous total recall of where and when everything happened. Oh yeah, he is also part of the internet.

281
00:43:44,505 --> 00:43:52,864
So Todd is now you and in fact your doppelgänger... but in fact, he is more than that, he is your Cloudgänger.

282
00:43:52,864 --> 00:44:12,647
Now, to some extent, finding your Cloudgänger already exists. People just have not figured out how to access and harvest from existing data streams and 3D imaging, while very good, is still prohibitively expensive. But it is absolutely certain that within two decades you will have your own Cloudgänger, you will have your own Todd.

283
00:44:12,647 --> 00:44:23,793
Now, the amazon of Data that we are spewing out into the universe these days is expanding logo-rhytmcally, and telecommunications experts unanimously agree

284
00:44:23,793 --> 00:44:30,852
that the future of Data isn't you and me sending more emails to each other, or

285
00:44:30,852 --> 00:44:41,254
downloading more moves.... the future is probably machines talking to other machines and what they are going to be talking about is you.

286
00:44:41,254 --> 00:44:47,849
How much you spent on chewing gum in the past decade, how much you pee, the colour of your urine, the politicians you are slamming,

287
00:44:47,849 --> 00:44:59,273
which species of puppy you find the cutest... that is the sexy stuff. They will also be talking to each other about your carbon footprint, what sorts of people you trust or mistrust,

288
00:44:59,273 --> 00:45:08,003
what ideas bore you and in a way, it is sort of like eharmony.com except instead of twenty-one levels of intimacy, there are an infinite number of levels.

289
00:45:08,003 --> 00:45:15,527
Now let us briefly discuss the Cloud, ten years ago the Cloud did not exist and now it

290
00:45:15,527 --> 00:45:23,514
inarguably constitutes the largest identity our species has ever created. But the Cloud isn't just a fluffy blob

291
00:45:23,514 --> 00:45:37,075
sort of floating over Manhattan. The blob is made of an almost staggeringly boring and unimaginably complex assembly of wires, routers, switches and storage drives spread around the planet

292
00:45:37,075 --> 00:45:44,598
usually in big boring structures in the dullest part of the town you live in. And there is simply no way of making the Cloud sexy.

293
00:45:44,598 --> 00:45:56,858
Brad Pitt is never going to star in the movie version of the Cloud. Nobody is ever going to star in the movie version of the Cloud. The movie would be a 24-hour nanny cam

294
00:45:56,858 --> 00:46:03,917
in the ceiling of data containment vault number seven, in the Google mothership in the Dalles, Oregon.

295
00:46:03,917 --> 00:46:11,348
Back to you, back to your Cloudgänger. At this point we are a bit more in the future, and

296
00:46:11,348 --> 00:46:24,722
you are not the only one out there who has got a Todd. Eight billion people at that point have a Todd in their life. And because computer speed and memory are a hundred trillion times faster than when you first signed up for Todd premium,

297
00:46:24,722 --> 00:46:31,874
he has become a genuine virtual version of you who exists out there with all the virtual people.

298
00:46:31,874 --> 00:46:38,468
So imagine there is a large room with two boxes in it. Your mother is sitting in a chair in front of these two boxes and she is told

299
00:46:38,468 --> 00:46:46,920
that one of them contains you and one of them contains your Cloudgänger and that by talking with each of these boxes, she has to figure out which one is which...

300
00:46:46,920 --> 00:46:57,416
which is an elaboration of the Turing box. But also, your Cloudgänger is hooked up to a vocal box and he speaks just like you, and it would not be long before the real you

301
00:46:57,416 --> 00:47:05,961
and your Cloudgänger would be arguing with each other trying to convince your mother that you are the real one. And in the end, she wouldn't know the difference, and that is the start of it.

302
00:47:05,961 --> 00:47:18,314
Your Cloudgänger is actually going to be a tapeworm, like a trillion bits long. He will be every email you've ever sent, everything you ever purchased, your medical history, everything you have ever been in front of a camera,

303
00:47:18,314 --> 00:47:25,837
your dating patterns, your child rearing patterns, your voice, your inflections, the way you make typos. And as an added bonus,

304
00:47:25,837 --> 00:47:36,611
the Cloud is connected to Google, Wikipedia, and the Arpanet and Al Jeezera and every other Data trove on earth.

305
00:47:36,611 --> 00:47:43,484
So the only real difference between you and your Cloudgänger, aside from the fact that you are made of meat and it isn't,

306
00:47:43,484 --> 00:47:52,308
is that it is just a quadrillion times smarter than you. It knows the eighteenth root of pie, it knows the cube root of every book written in the nineteenth century,

307
00:47:52,308 --> 00:47:59,181
and if you could attach your Cloudgänger to a biometrically super accurate ultimate pixar version of your body,

308
00:47:59,181 --> 00:48:05,961
...at that point even your corporeal meat becomes kind of equivocal.

309
00:48:05,961 --> 00:48:13,206
Because after a point, and you saw this coming, you and Todd start to diverge. There is the real you, and there is the Todd you...

310
00:48:13,206 --> 00:48:21,937
except you are getting old and Todd is ageless. In fact he gets richer and denser with information in tandem with the entire computing universe.

311
00:48:21,937 --> 00:48:29,924
Your face looks like crap but Todd hasn't aged at all. Well, his face is actually due to

312
00:48:29,924 --> 00:48:38,376
improvements in rendering software, about as real as a real face can look except it is an idealized, perpetually young version of you

313
00:48:38,376 --> 00:48:45,249
and you are going to be dead soon. Dogs last twelve years, cats fifteen and humans go for about seventy-seven.

314
00:48:45,249 --> 00:48:54,909
Now a lot of things could happen at this point. You could erase Todd except you can't, he is permanent. Your Cloudgänger could go to war with another Cloudgänger and kill it

315
00:48:54,909 --> 00:49:03,268
based on stored Data. Your Cloudgänger, well, maybe he or she could merge with other Cloudgängers, your

316
00:49:03,268 --> 00:49:12,835
Cloudgänger could make a billion copies of himself or herself, if it so wished and in my head I am seeing this whole planet covered by

317
00:49:12,835 --> 00:49:20,915
crackling tesla waves of electricity and every person ever born since 1910 co-existing at once. Arguing and solving

318
00:49:20,915 --> 00:49:28,067
crossword puzzles and yacking away incessantly. Or maybe they are not.

319
00:49:28,067 --> 00:49:37,076
So the missing ingredient here is sentience. That magic moment when this spark of life leaves the human body and it enters the Cloud

320
00:49:37,076 --> 00:49:46,829
and it becomes free to roam the planet with its own agenda. And the most logical place for it to adapt and make expressions of itself it to hijack Cloudgängers, yours perhaps.

321
00:49:46,829 --> 00:49:58,624
Now, time moves on. Todd is actually kinda bored by you. You haven't done anything interesting in decades and he could practically script out the remainder of your days with chilling molecular accuracy.

322
00:49:58,624 --> 00:50:07,727
So while you are asleep, Todd screws around and briefly turns himself into a computer generated owl flying through a cybernetic forest

323
00:50:07,727 --> 00:50:17,108
or a CAD model of an automatic transmission from a 1974 Ford Cortina , or a real time map of Antarctic weather patterns. And like a teenager,

324
00:50:17,108 --> 00:50:24,445
Todd starts hanging out with other Todd's and with nearly infinite levels of speed and memory they begin talking about you and they start

325
00:50:24,445 --> 00:50:30,854
making fun of you and they compare profiles and joke about how statistically boring you are

326
00:50:30,854 --> 00:50:37,541
and after this cyber equivalent of learning to smoke cigarettes and having sloppy sex, Todd decides to dump you.

327
00:50:37,541 --> 00:50:48,408
You wake up one morning and like, WTF, Todd has

shacked up with another Todd and they have fused and he is gone, your Cloudgänger has mutinied.

328
00:50:48,408 --> 00:51:03,455
You are officially divorced from yourself. And time goes on, the new Todd merges with the Todd cluster from say, a South American server farm, and another in Japan, and they rename themselves Heaven's Choice and decide to make a trillion copies of themselves simply because

329
00:51:03,455 --> 00:51:22,123
they can. These trillion copies, they wage war with one and other. A Todd cluster makes a trillion copies of itself. but it is sort of primitive to wage war isn't it? These entities realize that and they stop and they apologize to each other and they have a Cloud orgy and then they all merge into one great big cosmic Uni-todd.

330
00:51:22,123 --> 00:51:33,919
Now, we are conditioned to view sentience with a singularity, the uni-Todd , as a more or less friendly Hal 9000-like entity with the voice of a country doctor.

331
00:51:33,919 --> 00:51:44,972
Or perhaps the voice of a wise mother cooing to a new born child. But I find that very hard to imagine. Like anything alive sentience must first exist embryonically.

332
00:51:44,972 --> 00:51:51,938
Which is what today's electronic world really is – it's a womb. And then one day

333
00:51:51,938 --> 00:52:02,062
sentience will be born. It will have an infancy and adolescence and a mature life, but I find it very hard to believe that something newly born would right out of the gate

334
00:52:02,062 --> 00:52:10,885
see as its first and overriding goal as being and bringing about the golden age of humanity. I think instead

335
00:52:10,885 --> 00:52:17,758
sentience when it emerges will do the cyber equivalent of shit its diapers and scream for attention.

336
00:52:17,758 --> 00:52:25,653
And it's probably not going to be very much fun and the only real physical need of this ultimate Uni-todd

337
00:52:25,653 --> 00:52:33,269
is a technological apparatus maintained by humans. To maintain the wires and the transmitters and routers, satellites and fibres.

338
00:52:33,269 --> 00:52:40,700
And does he or she get nostalgic for the old you? No, they do not. But the question

339
00:52:40,700 --> 00:52:48,223
here….the question here is…

340
00:52:48,223 --> 00:52:55,839
… you have the ultimate alloy of human souls who will most probably spend

341
00:52:55,839 --> 00:53:10,607
two or three hundred years of our existence until becoming a completely full reality. You will have an entity that will embody every conceivable aspect of humanity, all that multiplying and self infinitely and it will come to a conclusion we can never come

342
00:53:10,607 --> 00:53:18,780
close to dream of articulating. But you have to as yourself, in understanding the true magnificence of Todd.

343
00:53:18,780 --> 00:53:25,746
Whether the biological you is merely just a necessary transitionary step for the universe to arrive at a sort of

344
00:53:25,746 --> 00:53:32,712
secular god with his own form of secular transcendence. So, I guess the point of all this

345
00:53:32,712 --> 00:53:42,929
is that Todd is in you, and Todd is all around you and he is certainly in your trash can and he will one day transcend you.

346
00:53:42,929 --> 00:53:55,189
It is kinda spooky isn't it? Thank you very much, I think that is all I am going to say for tonight. Christopher is now going to come on stage… the naturally young looking Christopher… um…

347
00:53:55,189 --> 00:54:02,155
and we are going to sit down and have a little bit of a talk and I think we are going to do some question and answer, is that correct? So please, come on up.

348
00:54:02,155 --> 00:54:18,038
thanks. (Clapping).

349
00:54:18,038 --> 00:54:25,654
Coupland: Hello. Is this on? It is always like

350
00:54:25,654 --> 00:54:33,084
this mike is turned off isn't it… those are very famous last words…

Christopher: So yeah thank you Doug. The question I guess is

351
00:54:33,084 --> 00:54:40,793
are you Doug or are you Todd?

Douglas: Todd… I think Todd means death in German.

352
00:54:40,793 --> 00:54:48,038
Um… I just think… for a guy in North America, I think the

353
00:54:48,038 --> 00:54:54,818
three funniest names you can have are Todd, Kevin or Greg…. and I think Greg and Kevin were taken

354
00:54:54,818 --> 00:55:02,341
hence Todd.

Christopher: So yeah, I beg to disagree about the

355
00:55:02,341 --> 00:55:12,280
…yeah you are right that Brad Pitt won't star in the Cloudgänger movie. but actually Tom Cruise already starred in it, it is called Oblivion.

356
00:55:12,280 --> 00:55:22,218
and in this movie, a cloud entity produces copies of Tom Cruise that inhabits earth in its last apocalyptic days

Coupland: Who won?

357
00:55:22,218 --> 00:55:32,435
Tom Crusie, he went back to nature and killed all the Cloudgängers. But the question I would like to pose in relation to that has to do with McLuhan actually.

358
00:55:32,435 --> 00:55:39,679
Because yeah, in that kind of Sci-Fi scenario you have a dystopia, and then you have like,

359
00:55:39,679 --> 00:55:50,082
we kill off the technology and go back to nature and McLuhan had a deep conservatism, and you deal with that in your biography. I was actually quite sceptical of the

360
00:55:50,082 --> 00:55:58,255
technological advancements that he wrote about. What affinities do you have to McLuhan's positions in that regard

361
00:55:58,255 --> 00:56:04,757
and am I right to assume that you replace his conservatism with a kind of cool irony?

362
00:56:04,757 --> 00:56:12,373
Well, McLuhan, he had one thing

363
00:56:12,373 --> 00:56:25,655
… a permanent sense of what is called Christmas morning syndrome, which is that you always feel like something magnificent is going to be revealed at any moment. That at any moment you are going to see the contents of the arc,

364
00:56:25,655 --> 00:56:32,342
and he actually went through that his entire life. He was a very religious man, he went to mass once a day, he converted later in life

365
00:56:32,342 --> 00:56:39,680
and because of that, he was able to be quite clinically detached from

366
00:56:39,680 --> 00:56:47,203
things he felt strongly about vs. the things he theorized about. From what I can read,

367
00:56:47,203 --> 00:56:54,726
he was quite disgusted by the modern world, didn't like the

way it was going at all. Thought pollution was going to be the end of the planet,

368
00:56:54,726 --> 00:57:02,714
but he never editorialized what he theorized about. I think that is maybe a bit of what you are talking about.

369
00:57:02,714 --> 00:57:10,887
Was he political, apolitical? I don't know… I mean, ok you go to visit your parents

370
00:57:10,887 --> 00:57:19,711
and ok, what are the things we can't talk about with mom and dad? Like anyone of a certain age there are all these topics where

371
00:57:19,711 --> 00:57:26,584
you couldn't go with Marshall. And I am probably going to be the same way when I am older.

372
00:57:26,584 --> 00:57:34,107
Rephrase the last part of that question…. ironic detachment.

Christopher: No I am just,

373
00:57:34,107 --> 00:57:40,702
I was asking also about your relation to… you also talk about technological development and

374
00:57:40,702 --> 00:57:47,946
on the one side you have like a little bit of a celebration of these developments but you also have this

375
00:57:47,946 --> 00:57:54,912
…maybe it is writer's irony you know? Like your own kind of detachment or relation to

376
00:57:54,912 --> 00:58:02,343
technological development. You know, your earlier work to today.

Coupland: Oh I oscillate completely between end of the world and

377
00:58:02,343 --> 00:58:10,423
utopia. There is no middle ground for me. It is either the best or the worst, it really is. I think a lot of that,

378
00:58:10,423 --> 00:58:18,039
the dystopia part of me comes

379
00:58:18,039 --> 00:58:25,191
absolutely from going up in a military cold war family in the 60's and 70's. You know, it also made…

380
00:58:25,191 --> 00:58:32,343
my father and my brothers are all gun nuts and I grew up in this house surrounded by

381
00:58:32,343 --> 00:58:38,937
weapons and rifles and anything you could imagine everywhere, photographs of my dad flying a jet

382
00:58:38,937 --> 00:58:47,575
and my brother's a taxidermist, so there is dead animals all over the house. And I just grew up sort of surrounded by death on every

383
00:58:47,575 --> 00:58:54,262
level. And I thought ok when I am an adult I am going to escape this family hillbilly curse and

384
00:58:54,262 --> 00:59:01,043
I am going to live in a great big modern house and pretend I didn't have the upbringing I had.

385
00:59:01,043 --> 00:59:07,823
So I got a modern house and began collecting art

386
00:59:07,823 --> 00:59:17,575
and being quite self satisfied. Like yes, no more hillbilly "he," and then a friend pointed out that all the art I did collect was about

387
00:59:17,575 --> 00:59:24,541
the military and death and destruction. Basically I had just taken the things I felt comfortable with and

388
00:59:24,541 --> 00:59:33,922
brought them up to date basically. And once she pointed that out, I was like, you know Danny you are right. And so I got rid of everything that didn't have to do with death and destruction and it actually makes

389
00:59:33,922 --> 00:59:42,188
… so if you come to my house, which I hope you will do one day, you will walk in and it will just be Star Wars, Fighter Cruisers… there is a print of

390
00:59:42,188 --> 00:59:50,548
an F1-11 fighter jet going across the room. And anything that I do have that resembles portraiture looks like it has been stuffed

391
00:59:50,548 --> 00:59:58,814
(laughs). So, what I am saying here is that even when you try… you think analytically, you think

392
00:59:58,814 --> 01:00:05,966
you have like overcome things that happened to you when you were young, or your family experience

393
01:00:05,966 --> 01:00:12,746
… you can't. It is always there. In fact, it just manifests itself more awkwardly and weirdly as time goes on

394
01:00:12,746 --> 01:00:20,176
… you'll see (laughter).

395
01:00:20,176 --> 01:00:26,492
Christopher: I have some written down… but I think since, I think we are already quite far ahead in our time schedule

396
01:00:26,492 --> 01:00:32,901
that it would be nice also to open up the floor to some questions from the audience.

397
01:00:32,901 --> 01:00:42,003
if you don't mind.

Coupland: I was going to say, the first question is the lucky question.

398
01:00:42,003 --> 01:00:51,755
Question; I am just curious about the statement you just made, you said you oscillate from

399
01:00:51,755 --> 01:00:58,907
utopia to dystopia so I am curious about what maybe in the last ten or fifteen years were

400
01:00:58,907 --> 01:01:06,895
developments or moments where you felt… where your outlook was utopic.

401
01:01:06,895 --> 01:01:15,533
Coupland: The two moments that really sort of stand out in my mind in the last few years…. do you use an IPhone or what do you use?

402
01:01:15,533 --> 01:01:23,242
..ok on an IPhone there is a thing called Shazam, which you turn on and whatever song is playing, it tells you

403
01:01:23,242 --> 01:01:29,929
what it is, who recorded it, do you want to buy it, here are some articles connected to it… and

404
01:01:29,929 --> 01:01:36,895
like, (buzz) and that is just my head… it's like, you know, my brain dribbled out my ears and

405
01:01:36,895 --> 01:01:43,211
the second thing was Angelina Jolie getting a pre-emptive Mastectomy,

406
01:01:43,211 --> 01:01:49,991
which I thought was fantastically futuristic and advanced and smart and I think

407
01:01:49,991 --> 01:01:57,328
that it's…

408
01:01:57,328 --> 01:02:07,824
(sighs). I always try to reduce things to the most absolutely mundane level… if you go to the grocery store near where I live… I grew up with… there was one kind of mushroom, it is called a button mushroom

409
01:02:07,824 --> 01:02:14,604
and they were all the same size and they were… and now you go to anywhere and they have got twelve different kinds of mushroom.

410
01:02:14,604 --> 01:02:21,291
My twelve year old niece she did… uh

411
01:02:21,291 --> 01:02:28,536
she was doing a homework project on genetically modified organisms and I was "oh can I read it?" and she was like, "oh you don't have to, it's on Youtube."

412
01:02:28,536 --> 01:02:35,966
And like (eh) and there is this ten minute documentary she is made, just as a matter of course on genetically modified corn.

413
01:02:35,966 --> 01:02:44,511
I think that no matter what, I think the present is always a better place than the past

414
01:02:44,511 --> 01:02:51,385
and… oh boy

415
01:02:51,385 --> 01:02:58,351
Whatever unit of measurement you use, human beings are just one iota

416
01:02:58,351 --> 01:03:05,595
more good than they are bad. It is kind of like Pandora's Box… but it keeps me going.

417
01:03:05,595 --> 01:03:12,561
Also, you weren't alive during the 70's by the look of you…

(no)

No. There was like

418
01:03:12,561 --> 01:03:18,970
there movies with Charlton Heston in them, like Omega Man and Planet of the Apes and

419
01:03:18,970 --> 01:03:29,187
there was nothing else on, so that was the only movie you could watch and it just really went deeply and it just made you…. Solent Green… and it just made the whole future just this place that scared the crap out of you

420
01:03:29,187 --> 01:03:35,874
…and I don't know, the future is a bit more interesting cinematically these days.

421
01:03:35,874 --> 01:03:45,719
I hope that was an answer to your question.
That was great, thanks

422
01:03:45,719 --> 01:03:55,657
Christopher: Are there more questions?

Coupland: Something I like to do

423
01:03:55,657 --> 01:04:02,438
and I figure we can do it here. Back on 2002 I did a book, it was called Hey Nostradamus

424
01:04:02,438 --> 01:04:09,589
and it was uh… looking at the lens of a high school shooting

425
01:04:09,589 --> 01:04:15,998
through theology. And I was doing research and

426
01:04:15,998 --> 01:04:22,685
in Columbine high school, after the shooting

427
01:04:22,685 --> 01:04:33,367
because of the way that propane (?) were spread throughout the school, the switch that operated the fire alarm system for the school, they couldn't turn it off until around midnight

428
01:04:33,367 --> 01:04:40,518
and they finally got in. And the FBI and the police going through the building

429
01:04:40,518 --> 01:04:47,949
suddenly, the alarm went off and all these backpacks were left in the cafeteria, and all the cellphones were lying on the tables and

430
01:04:47,949 --> 01:04:54,822
lying on the floor. And everyone was trying to phone each other and

431
01:04:54,822 --> 01:05:02,624
the FBI agent said it sounded just like tropical birds when all these phones were going off at once.

432
01:05:02,624 --> 01:05:09,497
So what I am kind of wondering here, is a wonderful thing you can do with an audience when everyone has a smart phone.. is

433
01:05:09,497 --> 01:05:17,484
how about we do a little improv performance of tropical birds here in the audience tonight

434
01:05:17,484 --> 01:05:24,450
… I am wondering. Can you telephone the person next to you… can we do that?

435
01:05:24,450 --> 01:05:32,903
I'll phone you. So, how do you get your ring to work?

436
01:05:32,903 --> 01:05:39,961
you won't give me your number? (laughter) Ok, hang on.

437
01:05:39,961 --> 01:05:49,621
(audience talking)

438
01:06:16,370 --> 01:06:25,473
(rings begin… tropical sounds)

439
01:07:35,318 --> 01:07:56,402
Coupland: Well I think that is a lovely… actually a really beautiful moment here that

440
01:07:56,402 --> 01:08:11,448
I think, I am going to say goodnight and say thank you to the Embassy and Transmediale for having this wonderful event. I think we are having cocktails and laughter and madness in the area outside over there, so I will join you out there.

441
01:08:11,448 --> 01:08:33,740
Thanks very much for coming tonight Berlin, Germany. (Clapping).

Zur Autorin

Konstanze Schütze (*1981), Dr. phil., ist derzeit Juniorprofessorin für Kunst Medien Bildung im Studiengang Intermedia an der Universität zu Köln. Sie forscht in der Kunstvermittlung und bildwissenschaftlichen Medientheorie. Von 2000 bis 2010 studierte sie Architektur, Amerikanistik, Kunstpädagogik und Deutsch als Fremdsprache für das Lehramt an Gymnasien an der TU Dresden und der Harvard Universität Extension School, Cambridge (USA). Von 2010-2018 lehrte und promovierte sie als wissenschaftliche Mitarbeiterin am Institut für Kunst- und Kunsttheorie an der Universität zu Köln. Ihre Arbeitsschwerpunkte sind *Bildung mit dem Daumen*, Bildlichkeit nach dem Internet sowie transdisziplinäre Forschungssettings und kollaborative Forschungsprojekte zwischen Kunst und Wissenschaft. Aktuelle Projekte und Publikationen umfassen z. B.: Post-Internet Arts Education Texte (piaer.net/texte), Workbook Arts Education (myow.org), Doing Research (2021), After Humans (2021), Cultural Reader Pizza is God (2018). www.konstanzeschuetze.net